Wencke H.

Es wurde ja nicht gefragt
Wenn Schreie nach Liebe verhallen

Wencke H.

Es wurde ja nicht gefragt

Wenn Schreie nach Liebe verhallen

Rediroma-Verlag

Bibliografische Information der Deutschen Nationalbibliothek:
Die Deutsche Nationalbibliothek verzeichnet diese Publikation in der Deutschen Nationalbibliografie; detaillierte bibliografische Daten sind im Internet über http://dnb.ddb.de abrufbar.

ISBN 978-3-86870-959-9

www.rediroma-verlag.de
19,95 Euro (D)

Inhalt

Vorwort

Gleich zu Beginn möchte ich den Leserinnen und Lesern erklären, dass es sich in diesem Buch keineswegs um eine gewöhnliche Alltagssituation handelt, wie der Titel es vielleicht vermuten lässt. Nichts daran ist gewöhnlich. So paradox und unglaublich Ihnen viele Dinge auch erscheinen mögen: Es ist eine wahre Geschichte. Die Geschichte meiner eigenen Vergangenheit – geprägt von tiefem Absturz und latenter Todesangst!

Sie beginnt in den frühen Sechziger Jahren des vergangenen Jahrhunderts, irgendwo in Deutschland, zu einer Zeit noch unter der Regierung Adenauers, als die Methoden der Kindererziehung noch gänzlich anders und mit heute längst nicht mehr zu vergleichen waren. Kinder wurden damals noch sehr schnell abgestempelt, elterliche Misshandlungen still schweigend geduldet, oftmals sogar von der Gesellschaft toleriert. Nicht wenige Menschen meines Alters kennen die Erfahrung. Etliche dieser Opfer fielen durchs Raster, suchten im späteren Leben außerhalb des Elternhauses nach Liebe und Anerkennung und gingen unter. Die Wenigsten reden darüber. Ich tue es. Es war die Zeit der so genannten »geprügelten Generation« – eine Zeit, in der noch ein weitgehend starres Erziehungsmuster vorherrschte und keine Fragen gestellt wurden – und durch die ich im Laufe der weiteren Jahre unweigerlich auf die schiefe Bahn geriet.

Ich muss ehrlich gestehen, dass die Arbeit an diesem Buch äußerst mühselig und erdrückend war. Das Schreiben fiel mir alles Andere als leicht. Es gab sehr viele traumatische Erlebnisse aufzuarbeiten und so manches Mal bis zu mehreren Wochen Pause, weil ein gewisser seelischer Abstand von Nöten war. Mehr als ein Mal habe ich mich regelrecht zum Weiterschreiben zwingen müssen und es kam auch nicht selten vor, dass sich in Anbetracht der allerschlimmsten Erinnerungen Albträume einstellten und die Tränen flossen. Sie, liebe Leserinnen und Leser, werden sich vermutlich sagen: So unmöglich tief kann ein Mensch doch einfach gar nicht fallen!

Doch, glauben Sie mir – er kann! Und ich fiel sehr tief!

Dieses Buch entstand in über einem Vierteljahrhundert mühsamer Kleinarbeit. Erst waren es von Hand beschriebene Seiten, dann folgten neue Texte auf der manuellen, später auf der elektrischen Schreibmaschine. Und es kamen immer neue Erfahrungen dazu. Die gesamten Notizen wurden im Laufe etlicher Jahre ordentlich gesammelt und am Ende auf dem PC übertragen und abgespeichert. Oft wurde der Text umgeschrieben, Rechtschreib- und Flüchtigkeitsfehler korrigiert und, da das ursprüngliche Manuskript unter großen, stark emotionalen Gefühlen geschrieben wurde, Einiges stark entschärft, um es möglichst jugendfrei zu halten.

Lange habe ich mit mir gerungen, ob dieses Buch überhaupt entstehen sollte, doch in Anbetracht der Tatsache, dass es zu immer mehr Ehescheidungen, immer mehr Zerrüttungen in den Beziehungen zwischen den Geschlechtern kommt und häusliche Gewalt leider einfach nicht auszurotten ist, halte ich es doch für wichtig, über meinen eigenen Schatten zu springen.

Es ist mein erstes Buch überhaupt und wird aller Wahrscheinlichkeit nach auch nicht mein Letztes sein.

In Anbetracht der schlimmsten Vorkommnisse sehe ich mich gezwungen, dieses Buch unter Pseudonym an die Öffentlichkeit zu bringen. Es würde mir von Seiten der Familie niemals verziehen werden, dass sehr private Dinge nach Außen dringen. Von einigen, für mich sehr traumatischen, in diesem Buch beschriebenen Erlebnissen sollten meine Eltern auch niemals erfahren. Niemand außer meinem Ehemann, meinem Bruder, meiner angehenden Schwägerin und meinen drei Stiefkindern wissen, wer die Autorin ist. Am Ende dieses Buches werden die Leserinnen und Leser besser denn je verstehen, warum.

Einiges an meinen Texten mag den Leserinnen und Lesern vielleicht voller schrägem Sarkasmus und bösem Galgenhumor erscheinen. Es spiegelt jedoch nur meine zur damaligen Zeit in den unterschiedlichsten Situationen entsprechenden Gefühle wieder, die ich Niemandem vorenthalten möchte.

Außerdem möchte ich noch anführen, dass sämtliche Namen und Berufe der Personen, die in diesem Buch vorkommen, geändert wurden. Hausnamen wurden grundsätzlich abgekürzt. Eben so verhält es sich mit Städten und Ortschaften, die unkenntlich gemacht wurden. Meine Familie und auch ich selbst müssen vor weiterer Verfolgung unbedingt geschützt sein und haben – wie jeder Mensch – das Recht auf ein friedliches Leben ohne Diffamierung und Spießrutenlauf!

Jede Ähnlichkeit mit lebenden oder bereits verstorbenen Personen so wie Namensangaben ist also rein zufällig.

Auch möchte ich mit diesem Buch keinerlei Mitleid oder Abscheu erwecken – ganz im Gegenteil. Es soll dazu gedacht sein, aufzurütteln. Und zwar die Frauen, die sich in tiefen, menschlichen Abgründen befinden, die verstoßen, geprügelt, vergewaltigt, ausgebeutet, drangsaliert und verfolgt werden. Frauen, die glauben, keine Stimme zu haben. Eben so die jungen Mädel, die – wie ich selbst damals – aus einem emotionslosen, gleichgültigen und völlig überforderten Elternhaus in eine kopflose und total überstürzte Beziehung zu fliehen gedenken, die diese Bezeichnung absolut gar nicht wert ist. Nichtsahnende Teenager, die eventuelle Gefahren (körperliche Attacken, massive Bedrohungen, übelstes Stalking, brutale, permanente Vergewaltigungen, diverse Geschlechtskrankheiten, plötzliche, unerwünschte und unnötig verfrühte Schwangerschaften, Mietprostitution, Obdachlosigkeit etc.) zu Beginn einer solchen Beziehung nicht absehen können. Seid also gewarnt!

Ich selbst habe diese tiefen, menschlichen Abgründe erlebt, lag ganz tief unten im Dreck – und rappelte mich wieder hoch!

Am Ende dieses Buches finden Sie eine Liste mit verschiedenen Hilfsangeboten, die Ihnen in einem solchen Notfall weiter helfen.

Ich widme dieses Buch all den jenigen Frauen und Mädeln, die Opfer von häuslicher Gewalt wurden oder es noch immer sind. Die still schweigend leiden und erdulden. Die glauben, keine Stimme zu haben.

Doch, wir haben eine Stimme. Wir müssen uns nur wagen, ihr freien Lauf zu geben, um den Kreis der Gewalt zu durchbrechen! Wir können zurück schlagen, können uns wehren. Wir müssen es nur wollen!

Wo ein Wille ist, ist auch ein Weg!

Herzlichst

Wencke H., im August 2015

Erste Erinnerungen

Meine erste bewusste Erinnerung ist die an mein kleines Brüderchen. An das Baden, das Wechseln der Windeln, das Füttern, das Babygeschrei. Julian war ganz süß und knuffig und machte kaum Probleme, aber Mutter erlebte ich meist nur im Dauerstress. Der Haushalt, die Wäsche, der Einkauf, das Kochen, der Abwasch und das Baby. Das heißt, ich musste bereits sehr früh lernen, mich mit mir selbst zu beschäftigen.

Wir lebten damals, im Jahre 1967, in P. in einer Zweizimmerwohnung mit Küche, Diele, Bad und Balkon im zweiten Stock. Ein Wellensittich und ein Meerschweinchen, das waren unsere Haustiere. Das Schlafzimmer teilten wir Kinder uns mit den Eltern. Tags über ging ich in den Kindergarten, der nur wenige Minuten von unserem Wohnhaus entfernt lag. Gegenüber der Wohnung befand sich ein großer Spielplatz; ich brauchte praktisch nur die Straße zu überqueren und Mutter hatte vom Balkon aus immer einen guten Überblick. Paps war bei einer Chemiefirma als Arbeiter beschäftigt, Mutter war Hausfrau. Sie musste damals, als ich geboren wurde, ihre Stelle beim Einwohnermeldeamt aufgeben. Zum damaligen Zeitpunkt lebten wir auch noch in einem anderen Vorort. Meine Großeltern mütterlicherseits wohnten im selben Haus, im vierten Stockwerk. Wir wohnten Parterre. Als ich ein Jahr alt war, zogen wir um. Als ich Vier war, wurde, wie bereits gesagt, Julian geboren. Wenn er abends gewickelt und gefüttert war, kam er in seinem Rollenbettchen ins Schlafzimmer. Später, wenn die abendlichen, lautstarken Streitereien endeten und die Eltern schlafen gingen, wurde das Wohnzimmer durchgelüftet und Mutter kam auf leisen Sohlen ins Schlafzimmer und schob so still wie möglich das Rollenbettchen raus, damit Julian in Ruhe schlafen und somit Paps auch nicht wach plärren konnte. Es ließ sich leider nicht immer vermeiden, dass die kleinen Rädchen quietschten – und somit war ich oft genug aus dem Schlaf raus!

Das war auch die Zeit, als die nächtlichen Albträume begannen. Oft genug sah ich nachts Monster und irgendwelche Krokodile. Eines Nachts bildete ich mir einen riesigen Löwen ein, der durch das Schlafzimmer strich, sah das Tier richtig plastisch vor mir! Von Panik beflügelt, sprang ich aus dem Bett und rannte laut schreiend den scheinbar endlosen Korridor entlang Richtung Wohnzimmer, wo meine Eltern noch fern sahen. Der Gang war stockdunkel, schien kein Ende zu nehmen – und je schneller ich rannte, desto länger wurde die Strecke, die mich von der rettenden Tür trennte. Dabei hatte ich die riesige gelbe Raubkatze mit der buschigen Mähne und den langen, dolchartigen Reißzähnen auch noch im Schlepptau! Kreischend riss ich die Türe auf, stürzte ins Wohnzimmer, schlug die Türe hinter mir wieder zu und lehnte mich am ganzen Leibe zitternd mit aller Kraft dagegen. Mutter schreckte hoch und schimpfte sogleich los! Ich solle leise sein, wegen Julian! Paps´ einzige Bemerkung war: »Meine Hacke – die ist ja grün wie eine Heuschrecke!«

Ich wimmerte, draußen im Korridor sei ein Löwe und weigerte mich strikt, wieder ins Bett zu gehen. Mutter verdrehte die Augen und sagte barsch, ich solle mich mal nicht so anstellen. Sie packte mich am Handgelenk und zog mich spornstreichs durch den mittlerweile löwenfreien Korridor zurück ins Schlafzimmer. Ich wurde zugedeckt – und Mutter ging. Es war in unserer Familie nicht üblich, dass sie noch am Bett geblieben und ein paar beruhigende Worte gesprochen hätte. Ja und? Das Kind hatte doch nur schlecht geträumt! Für meine Eltern war die Sache damit erledigt – und ich hatte Erfahrung als »Großkatzen-Dompteurin«!

Dennoch kann und will ich meinen Eltern die Schuld für meine nächtlichen Albträume nicht in die Schuhe schieben. Die Wohnsituation war halt eben beengt; eine größere Wohnung konnten wir uns zu dem Zeitpunkt beim besten Willen nicht leisten. Paps war der einzige finanzielle Versorger der Familie. Urlaub hing genau so Wenig drin...

Kindererholung

Damit ich etwas Vergnügen haben sollte, wurde ich als Fünfjährige nach Bad S. in Kindererholung geschickt. Außerdem sollte ich an Gewicht zulegen und mir das Nuckeln an Julians kaputten Mölny-Schwedenhöschen abgewöhnen. Aus diesen alten Dingern hatte Mutter große Fähnchen heraus geschnitten und so kam ein hübscher Stoß davon zusammen. Die Dinger wurden zusammen mit einem entsprechenden Brief in den Koffer gepackt. Es muss ja auch auf die Erwachsenen einen grotesken Eindruck gemacht haben, wenn ich auf der Couch rum hing, die ausgeleierten milchig-gelben Mölny-Schwedenhöschen-Lappen übers Gesicht gezogen hatte und dabei daumenlutschend ziemlich lautstark genuckelt und geschmatzt habe – und das als mittlerweile Fünfjährige! Irgendwie muss ich damals tierisch drauf gestanden haben. Ich war eine regelrecht fanatische Gummi-Fetischistin!

Meine Eltern sahen das jedenfalls anders als ich. Mutter war schon fast mit den Nerven am Boden, aber auch, was meine Essensaufnahme anging. Ich war eine sehr schlechte Esserin und wenn es gerade mal einen Wachstumsstopp gab, nahm ich zeitweise so gut wie nichts zu mir – aber Teller leer essen war Pflicht! Schließlich sollten wir Kinder ja mal »groß und stark« werden. So jedenfalls sagte man es uns immer. Dabei ist natürlich noch kein Kind auf dieser Welt freiwillig verhungert. Aber die Eltern sahen das mit völlig anderen Augen. Im Falle eines Essstreiks gab es von Paps dann schon mal die eine oder andere Tatze. Das führte natürlich zu Brechreiz, Ekel vor jeglichen Nahrungsmitteln und zu Panik vor dem nächsten Essen. Es ging sogar so weit, dass ich schon laut schreiend und türenknallend geflüchtet bin, wenn Mutter nur damit begann, den Kochtopf aufzusetzen!

Heute, als Erwachsene, führe ich mir natürlich vor Augen, dass beide Elternteile den Zweiten Weltkrieg und auch die Nachkriegszeit erlebt und als Kinder oft genug die Mägen in den Kniekehlen hängen hatten, habe doch eine gewisse Vorstellung von ihrer Sorge um uns. Zur damaligen Zeit waren sie gezwungen, das zu essen, was da war – und wenn es gekochter Sauerampfer, Brennnesselsuppe und Rübenmus war. Der Hunger trieb es hinein. Wir sollten gefälligst nicht abmagern, wir sollten nicht wie die letzten »Hungerhaken« herum laufen. Für unsere Eltern war deren Handeln logischerweise also gut und richtig, auch wenn es tatsächlich ja grundfalsch war, was sie taten. Sie wussten es nicht besser. Ich verstehe meine Eltern heut zu Tage sehr wohl, obgleich ich diese Quälerei meinen eigenen Kindern, sofern Welche da wären, niemals angetan hätte!

Als Essensverweigerin hatte ich selbstverständlich dann auch die entsprechende Ladehemmung im Darm. Manchmal kam Tage lang gar nichts – und wenn dann endlich mal was kam, taten Mastdarm und After dermaßen Weh, dass der nächste »Besuch« prompt wieder eine Verweigerung wurde. Oft genug hatte ich beim großen Geschäft solche Schmerzen am Schließmuskel, dass ich total blockierte und vor Angst vom Klosett hoch sprang. Ich schrie wie ein Spanferkel am Spieß. Mutter war gezwungen, mich mit sanfter Gewalt wieder auf die Klobrille zurück zu drücken. Ich wollte oben nichts rein haben und unten nichts raus geben. Mein Organismus war wie eine Ratte, die sich immer und immer wieder selbst in den Schwanz biss...

Wie gesagt, aus diesen Gründen und unter Anderem für ein wenig Spaß und Abwechslung wurde ich also nach Bad S. zur Kindererholung geschickt!

Den »Spaß« hatte ich gleich nach der Ankunft beim Auspacken des Koffers. Er bestand darin, dass Tante Lisa, die Erzieherin, den beigepackten Brief las und mir auf einen Schlag alle meine heiß geliebten Gummiläppchen fort nahm. Meine ganzen Mölny-Fetische waren weg – von Jetzt auf Gleich!

Das zweite »Vergnügen« bestand darin, dass die Kinder mit der »Alabasterhaut« hin und wieder mal Stückchen roher Leber vorgesetzt bekamen und löffelweise Lebertran gegen ihre »Anämie« zu schlucken hatten. Nein, nicht der mit dem süßen Orangengeschmack, sondern das fischig und tranig stinkende Zeugs aus der Dorschleber! Beim Essen lief das Übliche: Teller leer putzen um jeden Preis! Stämmige, moppelige Kinder mit leuchtend roten Wangen waren angesagt! Sämtliche Mahlzeiten waren total zerkocht und schmeckten fade und laff. Abends gab es regelmäßig gallig schmeckenden Grießbrei mit Rosinen. Hatte eines der Kinder bei Tisch vor Horror und Ekel auf seinen Teller erbrochen, hatte es unter Androhung einer Tracht Prügel das Erbrochene mitsamt den Sachen, die sich vorher schon auf dem Teller befunden hatten, wieder zu essen. Vereinzelt begannen die Kinder bereits schon zu würgen, wenn es zum Mittagessen in den Speisesaal ging. Mir ist es auch mehr als ein Mal so ergangen. Um nicht zu sagen: Mit schöner Regelmäßigkeit!

Die tollste »Abwechslung« hatte man, wenn man von Tante Lisa in den Karzer gesteckt wurde. Das war ein bis auf ein Schemelchen, einem Eimerchen und einem Röllchen Klopapier völlig kahler Raum ohne Bilder und mit einem unerreichbar hohen Fensterchen. Zwischen dem Karzer und dem normalen Flur befanden sich zwei große Glastüren und wenn du es nicht so genau nahmst, hast du dich auf das Eimerchen gehockt und gepullert und gekackt, während dir deine Kameraden – oder besser gesagt: Leidensgenossen – von Außen durch die Glastüren beim Pullern oder Kacken zusehen durften. Es war wirklich eine total entwürdigende Situation! Tante Lisa konnte dich buchstäblich im eigenen Saft schmoren lassen. Die beiden Glastüren wurden selbstredend abgeschlossen. Wer drin war im Karzer, saß wie eine Ratte in der Falle. Es gab keinen toten Winkel, wo man sich hätte verstecken können vor den neugierigen Blicken der anderen Kinder. Ich selber saß mehrmals drin und habe andererseits auch regelmäßig geschaut, wer jetzt schon wieder drin saß. Einer saß fast immer drin. Dieser Karzer wurde bei uns Kindern »Letzter Gang« genannt. Das Schlimmste an der Sache aber war, dass du noch nicht ein Mal dein Lieblingspüppchen mit rein nehmen durftest. Ich musste meine »Lilly« im Schlafsaal lassen. In diesem Schlafsaal lagen acht Kinder zusammen, an jeder Wand je vier Betten. Weinte nachts eines der Kinder vor Heimweh und Sehnsucht, waren die anderen Kameraden aus dem Schlaf raus – und Heimweh ist bekanntlich ansteckend! Kam raus, dass du geweint hattest, gab es Schelte und Tatzen von Tante Lisa. Kinder, die vor Heimweh fieberten, tröstete man nicht, nein, man schickte sie zur Heimärztin. Du bekamst Beruhigungs-Pillchen und das war´s…

Die Spaziergänge bei schönem Wetter waren peinlich genau vorgegeben. Im Gänsemarsch, zackzack, in Zweierreihen – und hübsch brav am Händchen halten! Wie soll ich das beschreiben? Wenn du mal so 5-7 cm aus der Reihe gingst, gab es einen Rüffel wegen unerlaubten Entfernens aus der Truppe. Selbst die Spiele waren vorgegeben. Wir hatten uns die

Spielzeuge noch längst nicht selbst auszusuchen. Es wurde mit den Spielsachen gespielt, die die »Tanten« vorgaben – und das ausschließlich im Kollektiv!

Einige der Deernchen wollten mit Puppen spielen. Nein! Man nahm uns die Puppen aus den Händen. Die »Tanten« stellten uns einen Karton mit »Steckis« hin, zum Basteln eines Autos. Selbst hier herrschte ein sehr strenges Reglement. Spielen nur nach Vorgabe! Mit einigem Sarkasmus gesagt, waren es beinahe Methoden wie in einer Kaserne! Kindererholung war purer Drill!

Wir mussten uns die Kühe, Pferde und Schafe ansehen, die auf den Weiden herum liefen und grasten. Oh Gott, wenn wir dann an den Weiher kamen, rief Tante Lisa immer ganz begeistert: »Guckt mal, die süßen Blässhühnchen!«

Niemanden von uns Kleinen interessierten diese Schiet-Blässhühnchen. Also, das einzige »Blässhühnchen«, das mich persönlich wirklich interessierte, war der Zug nach P...

Ich konnte dann auch nach Ablauf dieser sechs Wochen gar nicht schnell genug meine Koffer packen. Zum Abschied gab es dann von Tante Lisa noch einen ganz dicken Schmatz auf die Wange! Sie hatte Wasser in den Augen! Klar, natürlich liebte sie Kinder wirklich über Alles. Schließlich hatte sie in der Vergangenheit den Beruf der Erzieherin ja gewählt und auch gelernt. Tatsache war, sie liebte Kinder und meinte es von Herzen gut, aber gleichzeitig wandte sie diese biestigen und sehr ruppigen Methoden der Kindererziehung aus eben dem einzigen Grunde an, weil es die einzige Art war, die sie kannte...

Glücklich fuhr ich nach Hause. Endlich lag diese entwürdigende Biesterei hinter mir. Allerdings hatte ich körperlich tatsächlich etwas zugelegt und die heiß geliebten »Mölnys« waren längst Schnee von gestern. Meine Eltern freuten sich richtig über mein blühendes Leben!

Julian wurde als kleiner Knabe auch ein Mal zur Kindererholung geschickt. Angeblich wegen eines bereits vergangenen »Pseudo-Croups« (Luftröhrenkrampf). Mutter sprach damals mit unserem Kinderarzt. Tatsache aber war, dass der »Pseudo-Croup« längst ausgeheilt war und somit eigentlich schon gar nicht mehr zur Debatte stand. Tatsächlich ging es darum, dass Mutter an einer Müttergenesungskur teil nehmen sollte. Julian konnte (oder besser: wollte) sie nicht mitnehmen. Für mich hatte sie ja einen Hortplatz, aber Julian war noch zu jung für einen Hort. Und so wurde kurzer Hand beschlossen, ihn für sechs Wochen in Kindererholung zu schicken – damit Mutter ihre drei Wochen Müttergenesung auskosten konnte!

Hätte es sich um einen notwendigen Sanatoriumsaufenthalt unmittelbar im Anschluss an die Erkrankung gehandelt, wäre diese Maßnahme ja noch zu begreifen gewesen. Aber es war kein Sanatorium, sondern nur eine Kindererholung. Das ist das Unbegreifliche daran. Warum konnte Mutter ihren Sohn nicht mitnehmen? Andere Mütter konnten das auch. In einem Müttergenesungshaus wird tagsüber für die Kinder gesorgt, wenn die Mütter ihre Anwendungen haben oder verschnaufen wollen. Das war auch zu unserer Zeit schon so. Nein, Mutter wollte Julian schlicht und ergreifend aus den Füßen haben. So sehe ich das heute. Es ist traurig, aber wahr...

Ich selbst war im Grundschulalter eine Zeit lang in einer Spieltherapie. Frau R., meine Therapeutin, half mir, mein mehr als mangelndes Selbstvertrauen wieder aufzubauen. Es bekam mir wirklich und ging so lange gut, bis Frau R. mich dazu brachte, eine Kerze anzuzünden. Bislang hatte ich immer eine absolut stockpanische Angst vor Flammen gehabt. Als anderthalbjähriges Kind hatte ich eines Tages mit beiden Händen auf eine glühend heiße Herdplatte gefasst und mir dicke Brandblasen zugezogen, die umgehend ärztlich behandelt werden mussten und zu einem Flammentrauma geführt hatten. Endlich aber war es mir mit Hilfe von Frau R. gelungen, ein Streichholz anzureißen und meine erste Kerze zu entzünden!

Frau R. strahlte mich an. Ich fragte, ob ich die Kerze noch ein Mal anzünden dürfe. Ja natürlich dürfe ich das. Also blies ich die Kerze aus, riss das nächste Streichholz an und entzündete die Kerze. Was soll ich sagen? Die ganze Schachtel Streichhölzer ging dabei drauf! Ich war stolz wie Oscar!

Der Effekt war, dass Mutter mich spornstreichs aus der Spieltherapie nahm! Es könne ja schließlich nicht angehen, dass man kleinen Kindern beibringt, mit Feuer herum zu hantieren!

Einerseits versuchte Mutter, alles zu unternehmen, was mir helfen konnte, mehr Selbstvertrauen zu entwickeln und Freunde zu finden. Gleichzeitig aber vergrauelte sie sich selbst etliche Male eigene Freundschaften und sperrte sie sich gegen alle Hilfe – gerade, weil es mich weiter brachte!

Das heißt: Was auch immer die Therapeutin mit den Händen aufbaute, wurde elterlicherseits mit dem Hintern gleich wieder umgestoßen!

Was hätte die beste Therapie aber bringen sollen, wenn die gesamte innerfamiliäre Atmosphäre schon von Grunde auf nicht stimmte? Das verstörte Kind nimmt regelmäßig an einer Therapie teil und die ebenfalls von der eigenen Kindheit an traumatisierte Mutter stemmt sich mit aller Macht dagegen – und weigert sich, selbst eine Therapie anzustreben!

Leidet eine Mutter bereits unter eigenen massiven, psychischen Problemen und ist nicht bereit, dagegen anzukämpfen, wird sich ihr Fehlverhalten immer wieder dauerhaft auf das Fehlverhalten des Kindes auswirken, denn je früher sich ein bereits gestörtes Verhaltensmuster etabliert, desto mehr Mühe kostet es dann, im Zuge der weiteren Entwicklung noch etwas daran zu ändern.

Das verstörte Kind wird aus der Therapiestunde in genau die Situation zurück gegeben, die die eigentliche Ursache für die Störungen sind! Damit ist nichts gewonnen. Es ist schlicht paradox. Im Grunde genommen war diese Kinder-Spieltherapie eben so sinnlos wie das Einkaufen von Hafer für ein totes Pferd!

Vielen Dank für Ihre Bemühungen, Frau R...

»Watumba« und Aquavit

Wie dem auch sei: Julian und ich wurden älter, größer und blödsinniger. Irgendwann war »Watumba« da. Den hatte ich selbst in Gedanken entworfen. Er hockte in einem Loch in der Wand hinter dem Schlafzimmerschrank, lauerte dort hinter der Türe und war in meiner kindlichen Vorstellung ein Vampir. Für Julian war »Watumba« allerdings eine Rauchwolke. Egal, dieser »Watumba« war ein rechter Kinderschreck, der gerade auf kleine Jungs einen tierischen Rochus hatte. Ich erzählte Julian, dass »Watumba« am Tage ganz harmlos sei, bei Nacht aber gerne auf kleine Jungs lauerte, um sie zu verschlingen. Ich redete daher, wie Kinder halt so reden. Julian nahm sich das zu Herzen, blieb von der Türe weg und war so eingeschüchtert, dass er, an Statt nachts zum Klosett zu gehen, lieber ins Bett schiffte!

Natürlich wurde mir die alleinige Schuld dafür angekreidet. Dann solle ich eben meinem Bruder nicht so einen Schiet verzapfen! Es wurde dabei eine Sache gar nicht berücksichtigt: Julian schaukelte sich selbst nämlich ganz gewaltig an »Watumba« hoch! Ich war bereits längst im Schulalter, als er irgendwann mal verlauten ließ, dass »Watumba« mittlerweile sein Freund geworden sei. Ich hielt mich zwar irrsinnig Ernst bei dieser Bemerkung meines kleinen Bruders, doch insgeheim musste ich lachen über die Vorstellung, dass er eine kriminelle Rauchwolke zum Freund hatte!

Trotzdem die Beiden jetzt »befreundet« waren – Julians nächtliche Schiffereien gingen weiter ins Bett. Es lag also eindeutig nicht an »Watumba«. Wir hatten jetzt Etagenbetten. Glücklicherweise schlief ich oben...

Eines Tages wollte Mutter vertuschen, dass Julian tagsüber in die Hose geschifft hatte. Das hatte er nämlich auch mal drauf. Mutter nahm also die nasse Hose und steckte sie klammheimlich in die Waschmaschine. Am nächsten Tag sollte gewaschen werden. Jedenfalls kam Paps abends von der Arbeit und wollte sein verschwitztes Arbeitshemd in die Maschine stecken. Aus dem Bullauge muss es wohl ziemlich streng nach Urin gerochen haben. Paps hatte plötzlich die nasse Hose in der Hand!

Julian lag bereits im Bett und schlief. Paps wollte von Mutter wissen, wieso sie die Tatsache, dass der Bengel wieder eingenässt hatte, vertuschen wollte. Mutter sagte, Julian sei doch noch so klein und da könne das doch passieren. Paps fletschte: »So jung und klein ist er mit seinen fünf Jahren nun auch nicht mehr! Er ist alt genug, um zur Toilette zu gehen! Und wenn du nicht in der Lage bist, ihm diese Flausen auszutreiben, werde ich es eben tun! Und zwar hier, jetzt und sofort!«

Er riss sich den Gürtel aus der Hose, stürmte wie ein Elefant ins Schlafzimmer, machte volle Festbeleuchtung, zerrte Julian aus dem Bett und prügelte ihn aus dem Tiefschlaf heraus windelweich wie einen jungen Hund! Die Post ging ab – es war weit mehr als verheerend!

Ich stand mit meinen neun Jahren völlig entsetzt und am ganzen Leibe zitternd im Türrahmen, schlug die Hände vors Gesicht und betete, dass Julians Knochen heil bleiben mögen. Mutter schrie Paps an, griff aber nicht ein. Mir war in diesem Moment regelrecht übel. Zu schreien wagte ich mich nicht und um meinem Bruder in dieser Situation helfen zu können, war ich zu jung. Julian durfte nur im Anschluss an das Prozedere die Pyjamahose wechseln, weil er sich nass gemacht und eingekotet hatte. Seine furchtbaren Schreie werde ich nie vergessen...

Das soll in Paps´ Augen schlimm gewesen sein? Er selbst hatte als kleiner Knirps aus ganz anderen, weitaus harmloseren Anlässen Prügel bezogen. Außerdem hatte er oft genug erlebt, dass Opas Wut sich sogar gegen Oma Josephina richtete. Sehr oft war Opa Julius sturzbesoffen und wenn er dann Oma durch die Hütte prügelte, musste Paps seine kleineren Geschwister ruhig halten, damit sie nicht auch noch was abkriegten. Geschrien wurde dort nicht. Wenn Einer schrie, dann Opa. Er konnte nur malochen, picheln, die Oma vertrimmen und ihr alle Nase lang ein neues Lüttje ansetzen. Neun Kinder soll Oma geboren haben, sieht man von den Fehl- und Totgeburten ein Mal ab. Durch Haushalt, Kinder, Vieh, Feldarbeit und Opas Gewalttätigkeiten sah sie mit vierzig Jahren aus, als sei sie im allerbesten Rentenalter...

Paps hatte ebenfalls eine kleine Schwäche mit Alkohol. Er pichelte jetzt nicht regelmäßig, aber wenn er trank, waren es harte Sachen wie »Jack Daniel´s«, Korn oder seinen geliebten Aquavit. Dann reichte ein schiefer Blick von uns Kindern, ein falsches Wort im falschen Moment

– und wir hatten es auszubaden! Allerdings wäre Paps nie im Traum auf die Idee gekommen, sich an Mutter zu vergreifen!

Julians Spielkameraden, Roger und Eugen, bekamen es von ihrem Vater noch viel schlimmer. Besonders der kleine tollpatschige Eugen kriegte es zu spüren. Er wurde so manches Mal von seinem Vater mit gröhlender Stimme herein gerufen. Die Buben wussten, was jetzt passieren würde. Roger und Julian spielten auf der Straße und hörten die klatschenden Schläge und das gellende Kindergebrüll bis nach Draußen. Eugen kam wieder raus, das Hemd zerfetzt und blutig. Er spielte weiter, als sei nichts geschehen. Oft genug kam er aber nur ans Fenster und nuschelte: »Ich muss jetzt drin bleiben. Wir spielen morgen weiter...«

Was ich damit sagen will: Eugen bekam so viel Prügel, dass er bereits vollkommen stumpfsinnig und gefühllos reagierte. Wir dagegen waren nicht gefühllos. Wir konnten weinen – eine Fähigkeit, die man bei Roger und Eugen vergeblich suchte! Wir konnten auch noch herzhaft lachen. Den Sch.-Jungs gingen solche Gefühle total ab und wenn man bedenkt, dass die Sprit-Eule, die sie zum Vater hatten, wesentlich weniger durchgemacht hatte als Paps, konnten Julian und ich uns wirklich glücklich schätzen. Der alte Sch. schlürfte wie ein Gaul und prügelte bereits auf Eugen ein, wenn der Lüttje bei Tisch nur mal aus Versehen ein Wenig kleckerte oder sein Glas umstieß. Paps hätte im schlimmsten Falle gebrüllt.

Ich weiß ja nicht, wie das sonst in völlig normalen Familien abging. Jedenfalls gab bei den wenigen Freundinnen, die ich hatte, ebenfalls väterliche Dresche. Bei Hangül, Sayme, Nilgün und Çemile zum Beispiel war das so. Sie waren Kurdinnen und hatten ihren Vätern gefälligst zu gehorchen. Also war es für mich ganz normal, auch hin und wieder Senge zu kriegen. Es hatte für mich den Anstrich von absoluter Normalität. Selbst, als Paps mich eines Tages in blindem Jähzorn mit dem Hosengürtel verdrosch und mich dabei die schwere, eiserne, baumelnde Riemenschnalle an der Nase traf. Das Blut tropfte nur so. Paps wurde auf Schlag kreideweiß! Er zog mich hoch, führte mich ins Badezimmer und setzte mich auf den Wannenrand. Dort nahm er einen Waschlappen, drehte das kalte Wasser auf, tupfte mir das Blut aus dem Gesicht und inspizierte sorgfältig meine Nase. Mir war todschlecht vor Schmerzen.

Es war zum Glück nichts gebrochen. Für Paps allerdings war es ein heilsamer Schock!

Später kam er in mein Zimmer und drückte mir einen Zwanzig-Mark-Schein in die Hand!

»Hier, für dich…«, stammelte er betreten, »hol´ dir was Schönes…«

Am kommenden Tag hinkte ich los und kaufte ich mir eine kleine Puppe!

Nein, niemals hätte ich das Verhalten meines Vaters in Frage gestellt oder für falsch befunden…

Meine Freundin Nilgün

Die Väter meiner Freundinnen vergriffen sich obendrein auch sogar an ihren Ehefrauen!

Um wieder ein Beispiel zu liefern: Ich war elf Jahre alt und wir wohnten mittlerweile in unserem neuen Vorort von P. Nilgün war meine Klassenkameradin und ich war an diesem besagten Tag bei ihrer Familie zum Essen eingeladen. Fröhlich ging ich hin. Nilgüns Mutter war gerade beim Einkaufen. Der Vater bot mir freundlich Platz an. Nilgün und Çetin, ihr kleiner Bruder, drückten mir Besteck in die Hand und forderten mich zum Essen auf. So saßen wir um den Tisch herum, ließen es uns schmecken, lachten und alberten. Nilgüns Vater lachte mit, gab sogar ein paar harmlose Witze zum Besten. Auf ein Mal ging der Schlüssel im Türschloss. Nilgüns Vater sprang vom Tisch auf und raste in den Korridor. Ich hörte es rumsen und klatschen, hörte, wie Nilgüns Mutter schrie! Nilgün selbst war kreidebleich und stürzte zum Korridor; ich hinter ihr her. Meine Freundin versuchte, mich zurück zu halten, aber ich hatte doch genug gesehen: Überall auf dem Boden verstreut lagen die Einkaufstüten; die Lebensmittel kullerten heraus und verteilten sich über den Boden des Korridors. In dem ganzen Chaos lag, an die Wand gepresst, Nilgüns Mutter. Zur Krönung des Ganzen stand ihr Ehegatte breitbeinig über ihr, prügelte auf sie ein und trat ihr immer wieder mit voller Wucht in den Leib! Dazu beschimpfte er seine arme Frau im kurdischen Wortschwall – und das nicht gerade leise!

Auf mein entsetztes Gesicht hin flüsterte Nilgün mir zu, ihre Mutter sei zehn Minuten zu spät vom Einkaufen gekommen. Wenn der Vater sagte, sie habe um 14.30 Uhr zurück zu sein, könne sie nicht erst um 14.40 Uhr antanzen!

Ich war derart entsetzt, dass mich der blanke Horror packte! Schreiend rannte ich durch den Korridor, stieß Nilgüns gewalttätigen Vater zur Seite, sprang durch die Wohnungstüre und stolperte im Affenzahn die Treppen hinunter bis auf die Straße!

Paps wollte wissen, was los sei. Weinend und bibbernd erzählte ich alles. Paps verließ schweigend die Wohnung und ging hinüber zu Nilgüns Haus. Es dauerte nicht lange, da kam er zurück. Sein einziger

Kommentar: »Da gehst du mir nicht mehr rauf! Wenn du mit Nilgün spielen willst, soll sie entweder zu uns kommen oder ihr spielt auf der Straße! Was ist das für ein Mensch, der sich an der Ehefrau versündigt…«

Der »schiefe Kater«

Meine ersten Erfahrungen mit muslimischen Männern waren, zugegeben, nicht gerade die Besten. Nun gut, in unserem neuen Wohnumfeld lebten sehr viele Muslime. Da Julian und ich fast tagtäglich mit ihren Kindern spielten, kannten sich natürlich auch die Eltern. Unter Anderem lebte im Haus schräg gegenüber, in der Parterrewohnung, ein kurdisches Ehepaar, Bekir und Ayşe K., mit seinen drei kleinen Söhnen. Den Jüngsten der Familie, Kerim, ein erst wenige Wochen junger Säugling, durfte ich regelmäßig in meinen Puppenwagen packen und im Park spazieren fahren. Ich hing natürlich sehr an dem kleinen Kerim und Ayşe wusste das. Sie freute sich auch sehr, war sie doch dann ein Wenig entlastet. Zum Dank lud sie mich öfter zum Essen ein und steckte mir hier und da auch kleine Süßigkeiten zu. Ayşe war eine sehr mütterliche und liebevolle Frau; ich fühlte mich in ihrer Anwesenheit so richtig wohl.

Bekir, ihr Mann, spielte draußen auch oft mit uns Kindern. Wenn er lächelte, verzog sich sein Mund immer zu einem schiefen Grinsen. Überhaupt war sein Mund ziemlich krumm geraten. Mutter nannte ihn deswegen klammheimlich immer den »schiefen Kater«. Julian und ich nahmen das an und im Nu sprachen wir nicht mehr von Bekir K., sondern immer nur noch vom »schiefen Kater«!

Eines Tages, ich war Elf, spielte und tobte ich draußen wieder mit den anderen Kindern herum. Dabei geriet ich plötzlich ins Stolpern und schlug mir das Schienbein auf. Der »schiefe Kater« hatte es mitbekommen und bat mich, ihm doch mit herein zu folgen. Seine Frau habe eine sehr gute Salbe, die bei Verletzungen helfe. Also folgte ich humpelnd dem »schiefen Kater« ins Haus. Warum auch nicht? Schließlich war er kein Fremder mehr. In der Wohnung bot er mir einen Stuhl an und holte die Salbe und ein großes Pflaster. Von Ayşe weit und breit keine Spur. Der »schiefe Kater« nahm sich einen Stuhl, setzte sich mir gegenüber und trug Salbe auf die Wunde auf. Dann begann er, sie vorsichtig einzureiben. Die heile Stelle um die Verletzung rieb er auch noch mit ein. Als er dann noch begann, mein Bein bis hoch zum Oberschenkel zu massieren, wurde mir aber ziemlich mulmig und blümerant. Das ging nun aber mehr als deutlich über eine normale Wundversorgung hinaus! Ich versuchte, das Bein fort zu ziehen, da landete seine Hand auch schon mit festem Griff streichelnd unter dem Rock auf meinem Oberschenkel! Hastig riss ich das Bein weg, sprang vom Stuhl hoch und flüchtete panisch aus der Wohnung hinaus auf die Straße!

Nein, gesprochen habe ich mit Niemandem über diesen Vorfall. Mit wem hätte ich darüber auch sprechen sollen? Mutter hätte höchstens gesagt, es sei meine eigene Schuld; schließlich hätte ich, in dem ich mitgegangen sei, den Kerl ja auch regelrecht zu einem solchen Verhalten animiert. Und Paps? Der wäre spornstreichs hinüber gerannt und hätte dem »schiefen Kater« auf der Stelle sämtliche Gräten im Leib gebrochen!

Also blieb ich lieber still und hielt künftig um den »schiefen Kater« einen respektablen Sicherheitsabstand...

Nur wenige Wochen darauf spielte ich mit Julian und Sigrid, meiner deutschen Freundin, draußen auf der Straße. Neben dem Bürgersteig war ein Wagen geparkt, in dem vier kurdische Männer saßen. Sie blätterten in irgend einem Heft herum und deuteten ganz aufgeregt mit den Fingern auf einige Stellen. Plötzlich kurbelte der Beifahrer die Seitenscheibe herunter und rief uns an den Wagen. Wir gingen in der Annahme, sie hätten einen Stadtplan und wollten uns nach einem bestimmten Weg fragen. Kaum waren wir aber am Wagen angelangt, fragte der Fahrer, ob wir so etwas schon ein Mal gesehen hätten. Damit hielt er uns ein Heft unter die Nasen, in dem nackte Frauen und Männer beim Geschlechtsakt und beim Mundverkehr zu sehen waren! Es war ein widerliches Pornoheft! Julian wandte sich sofort angewidert und geschockt vom Wagen weg. Sigrid rannte kreischend davon und suchte panisch und verstört das Weite. Aus dem Inneren des Wagens hörten wir ein schmutziges Männerlachen…

Doch das Lachen sollte ihnen noch gehörigst vergehen! Clever, wie ich nämlich war, merkte ich mir das Kennzeichen des Nummernschildes, rannte in unser Haus, schnappte mir einen Zettel und notierte die Nummer. Dann brachte ich den Zettel zu Mutter und erklärte hastig, was gerade eben draußen geschehen war. Mutter rannte hinaus – der Wagen war natürlich fort!

Mutter verständigte dann auch umgehend die Polizei und erstattete Anzeige. Kurz darauf wurden wir Kinder einzeln auf dem Präsidium befragt. Mittlerweile war auch der Halter des Wagens ermittelt worden: Hakan Y. – und er wohnte im selben Haus wie der »schiefe Kater«!

Er wurde dann auch vom Gericht zu einer ziemlich hohen Geldstrafe verdonnert!

Im Anschluss an das Urteil wollte er als »Entschuldigung« unsere ganze Familie noch zum Kaffeetrinken einladen!

In seinem Heimatland wäre er für seine Tat wahrscheinlich sogar von den gesamten Familienclans der betreffenden Kinder gelyncht worden!

Kaffeetrinken – dreister geht´s ja wohl echt nicht...

Paps schärfte mir frühzeitig ein, mich vor den muslimischen Männern sehr in Acht zu nehmen. »Sie sind alle gleich und halten deutsche Frauen und Mädel allesamt für Nutten und Freiwild. An die eigenen, muslimischen jungen Mädel kommen sie nicht heran; da machen sie sich statt dessen mal eben an die aus ihrem Blickwinkel ohnehin verdorbenen, westlichen Deerns heran. In ihren Augen ist der Westen ohnehin ein einziges gigantisches Freudenhaus! Muslimische Männer sind unzivilisiert und werden sich auch nicht ändern...«

Dem muss ich deutlich widersprechen! Heute weiß ich längst, dass eben nicht alle muslimischen Männer so sind. Ich machte auch einige sehr gute Erfahrungen mit ihnen. Drei dieser muslimischen Männer sollten sich sogar noch etliche Jahre später als meine Schutzengel und Lebensretter erweisen. Für diese Männer möchte ich eine Lanze brechen! Ohne sie würde es mich vermutlich heute nicht mehr geben! Doch dazu später…

Ernstes Schulgespräch

Auf der anderen Seite konnte Paps selbst sehr konservativ sein. Ein Mal, ich war Sieben oder Acht, spielte ich draußen auf dem Spielplatz mit den anderen Kindern. Ein Teil der Kinder war bereits etwas älter als ich. Eines sagte plötzlich, es wüsste, wo eine Kiste mit jungen Hundewelpen versteckt sei. Natürlich wollte ich die Tierchen unbedingt sehen. Ja, meinte das große Kind, das ginge klar, aber dann müsste ich zuerst meinen nackten Hintern zeigen. Gutgläubig und naiv ließ ich den Schlüpfer runter. Was ich nicht wissen konnte: Eines der Kinder lief los und verpfiff mich bei meiner Mutter. Jedenfalls erschien sie plötzlich auf dem Balkon und rief mich hoch. Ohne mir was dabei zu denken, ging ich nach Oben. Mutter hielt mir gleich eine gehörige Standpauke! Was ich da getan hätte, sei eine bodenlose Sauerei! Ich gab ihr zur Antwort: »Ich brauche mich für meinen Popo nicht zu schämen, im Gegensatz zu deinem dicken Hintern!«

Das hätte ich nicht sagen sollen! Erst ein Mal bekam ich von Mutter Eine getachtelt, dass mir fast der Schädel explodierte! Abends, als Paps wieder daheim war und von Mutter die Geschichte hörte, zierten innerhalb weniger Minuten dicke blutunterlaufene Striemen meinen Rücken, den Hintern und die Oberschenkel!

Es war nicht so sehr die Tatsache, dass ich draußen den anderen Kindern meinen entblößten Hintern präsentiert hatte. Darüber hätte Paps vermutlich nur gelacht. Tatsache war: Ich hatte meine Mutter beleidigt!

Und die blutunterlaufenen Striemen wären vermutlich noch nicht ein Mal aufgefallen, wenn wir nicht am folgenden Tag zufällig Turnen gehabt hätten. Aber wir hatten Turnen und ich saß auf der Bank und weigerte mich hartnäckig, mich umzuziehen. Frau L., unsere Lehrerin, kam schimpfend auf mich zu. Ich duckte mich und riss entsetzt die Ärmchen vor´s Gesicht, eigentlich schon aus Gewohnheit. Wer brüllt, der schlägt auch gleich zu! Anders kannte ich es nicht. Frau L. ging wohl irgend ein Licht auf und sie zog mir behutsam den Pulli und das Unterhemd hoch. Sie sah die Bescherung und ich wurde zum Büro des Schuldirektors gebracht. Der begutachtete mich wie ein seltenes Ausstellungsstück und schüttelte nur ungläubig den Kopf!

Am anderen Tag durften meine Eltern in der Schule erscheinen! Frau L. sowohl als auch Herr Sch. waren überein gekommen, eine Heimunterbringung sei wohl in der Tat das Beste für mich. Herr Sch. griff zum Telefon und meinte: »Ich werde jetzt das Jugendamt verständigen; mir bleibt keine andere Wahl. Ihre Tochter Wencke wird noch heute in einem Kinderheim untergebracht werden. Sie lassen mir keine andere Wahl. Das, was Sie da mit Ihrem Kind gemacht haben, hat mit Bestrafung schon nichts mehr zu tun. So etwas ist mir in meiner gesamten Laufbahn als Schuldirektor noch nicht unter gekommen, wirklich nicht! Gehen Sie jetzt heim, packen Sie die Koffer für Wencke und bringen Sie sie innerhalb einer Stunde hier in mein Büro. Dass ich eine Anzeige gegen Sie mache wegen schwerer Kindesmisshandlung, ist Ihnen hoffentlich klar...«

Aber noch bevor Herr Sch. dazu kam, die Nummer des Jugendamtes zu wählen, brach Mutter in Tränen aus. Schluchzend erklärte sie, das sei wirklich ein einmaliger Ausrutscher gewesen und sie schwor, dass so etwas nie zuvor geschehen sei und auch nie wieder geschehen würde. Natürlich würde sie mich lieben und der Mann sei am gestrigen Tage durch die Arbeit extrem gestresst gewesen. Sie schluchzte Herrn Sch. richtig was vor! Paps stand leichenblass daneben und streichelte mir liebevoll den Kopf. Auf Herrn Sch.s Frage, ob ich lieber ins Heim oder nach Hause wolle, flüsterte ich nur: »Ich will nach Hause...«

Und so wurde das Jugendamt eben nicht verständigt; man verzichtete auf eine Anzeige und ich durfte nach Hause. Mutter müssen einige Gedanken durch den Kopf geschossen sein. Was hätten die Nachbarn und erst recht die Verwandten dazu gesagt, wenn man mich ihr fort genommen hätte? Wencke im Heim? Wie kommt das denn? Werden Louise und Ferdinand mit dem Kind etwa nicht ohne Hilfe fertig? Da muss ja wirklich was vorgefallen sein! Umsonst bekommt kein Elternpaar sein Kind weg genommen!

Zu Mindest bei meinen Großeltern hätten sich meine Eltern nicht mehr blicken lassen dürfen. Mutter wäre bei ihren Eltern unten durch gewesen – und das bis in die nächste Jungsteinzeit!

Gedanken dieser Art müssen Mutter durch den Kopf gegangen sein. Sie machte sich schon immer mehr Sorgen um ihr eigenes Image und gab viel zu Viel auf das, was andere Menschen wohl von ihr denken könnten. In ihren Augen hing das gute, gesittete Benehmen eines Kindes von der Mutter ab – und Mütter durften keine solch gravierenden Fehler unterlaufen...

Leider ist es eine traurige Tatsache, dass gerade schwer misshandelte Kinder die prügelnden leiblichen Eltern einer liebevollen Pflegefamilie vorziehen. Die Jugendämter machen immer wieder diese deprimierende Erfahrung. Die misshandelten Kinder geben sich selbst die Schuld für diese unmenschliche Bestrafung und sind der Meinung, die Eltern schlagen, weil sie ihre Kinder lieben. Sie glauben, sie hätten diese Strafe für ihr eigenes Fehlverhalten wahrhaft verdient. So bleiben sie lieber bei den dreschenden Eltern, lassen sich weiter vertrimmen. Oft dauert es sehr lange, bis diese traumatisierten Kinder begreifen, dass nicht sie die Schuld tragen und von sich aus bereit sind, Hilfe anzunehmen...

Heut zu Tage würde man so etwas auf wohl kaum einer Schule übersehen. Und mittlerweile war ich wirklich ein übernervöses und hippeliges Kind, das ist Fakt. Ich selbst hätte mit einem solchen kleinen Nervenbündel von Kind auch nicht in Mutters Haut stecken wollen. Aber droschen meine Eltern, weil ich so hippelig war – oder war ich so hippelig, weil ich gedroschen wurde? Ursache und Wirkung?

Eine verdammt gute Frage...

Bei den Großeltern

Als kleines Deern war ich auch oft für einige Tage bei meinen Großeltern. Mal auf ein Wochenende, mal während der Oster- oder Herbstferien. Dort war es immer sehr harmonisch. Sie fuhren mit mir zum Adlerfelsen, alberten mit mir herum, überhäuften mich mit Spielsachen und Süßigkeiten. Oma Grete las mir abends vor dem Schlafen immer Märchen vor. Sie hatte eine große Dose mit vielen bunten Knöpfen, die wir auf dem Tisch zu den verschiedensten Figuren zusammen legten. Oma und ich bürsteten uns immer gegenseitig die Haare. Ich kann nur sagen, Oma Grete war eine durch und durch herzensgute Frau.

Opa Erich stand am Herd und kochte für uns Drei. Hin und wieder zauberte er leckere Kirschpfannkuchen. Wenn er es ganz doll drauf hatte, stand er am Fenster, blickte scheinbar konzentriert hinaus – und furzte plötzlich laut los! Es war echt friesisch-herb! Dann zuckte er immer heftig zusammen, schüttelte sein Hosenbein und blickte suchend über den Teppich. Oma und ich schüttelten uns vor Lachen und halfen suchen! Opa erzählte mir auch, er sei früher ein Deern gewesen. Der konnte mit dem trockensten Gesicht die größten Extravaganzen heraus lassen!

Wenn gerade Dult war, bekam ich Zuckerwatte, gebrannte Mandeln und Paradiesäpfel ohne Ende. Bei den Großeltern war es immer so friedlich. Das genau war der Punkt, mit dem ich nicht so recht umgehen konnte. Nachts stand ich am Schlafzimmerfenster, schluchzend, wusste selbst nicht, warum. Opa zog sich an und brachte mich im Dunkeln nach Hause. Abends oder nachts habe ich bei den Großeltern oft geweint. Es war mir selbst unerklärlich.

Heute ist es mir klar. Die Liebe der Beiden verwirrte mich, war mir unheimlich! Mit diesem Gefühl von absoluter, warmer Geborgenheit kam ich einfach nicht zurecht, es war mir fremd. Später gewöhnte ich mich daran. Sie meinten es ja nur gut...

An eine Begebenheit erinnere ich mich noch deutlich. Ich war Sieben oder Acht. Es war bereits später Abend und ich stand wieder ein Mal am Schlafzimmerfenster, schluchzte und wusste selbst nicht, warum. Oma kam herüber, setzte sich auf die Bettkante, zog mich liebevoll an sich und fragte: »Wenckelein…vermisst du deine Spielsachen?«

Damals dachte ich noch nicht so weit. Heute allerdings gibt mir diese Frage meiner Großmutter dagegen gewaltig zu denken. Sie hatte nicht danach gefragt, ob ich Mama und Papa vermisse, sondern meine Spielsachen. Für Oma muss klar gewesen sein: Wenn das Kind etwas vermisst, können es nur die Spielsachen sein! Was außer meinen Spielsachen sollte ich sonst wohl vermissen? Auf eine andere Idee kam sie gar nicht erst. Schließlich kannte sie auch ihre eigene Tochter und deren kühles und distanziertes Verhältnis zu mir…

Schrecklich war es, wenn Oma nachts ins Bett kam. Opa schlief während meiner Anwesenheit im Wohnzimmer. Ich schlief in Opas Betthälfte. Wenn Oma dann kam, war es mit dem Schlafen erst ein Mal vorbei. Sie watschelte um das Bett herum, knipste das Nachtlämpchen an und griff unter ihr Bett. Dort stand nämlich ihr emaillierter Nachttopf aus Metall. Den nahm sie hoch, stellte ihn auf ihre Matratze und raffte ihr Nachthemd. Ihr nacktes Gesäß erschien – der Vollmond ging auf!

Oma setzte sich auf′s Nachtgeschirr und pinkelte laut trullernd hinein. Dabei blies sie auch dann noch ziemlich lautstark die Lure. So eine Bettvase ist ein astreiner Resonanzkörper und verstärkt den Klang zu einem enormen Echo! Im Anschluss kam der Deckel wieder klappernd auf den Nachtpott und das Ganze wurde zurück unters Bett gestellt. Am nächsten Morgen durfte Opa den Topf regelmäßig leeren und reinigen.

Gut, wenn man muss, dann muss man – aber nur wenige Meter weiter war das Badezimmer mit einer Toilette! Der Anblick von Omas nacktem Gesäß hätte mir erspart bleiben können. Ich sah diesen Anblick mit schöner, allabendlicher Regelmäßigkeit. Oma kannte offensichtlich kein Schamgefühl. Sie hatte diese Eigenschaft an ihre Tochter weiter gegeben. Mutter war vom Wesen her ähnlich gestrickt...

Wahrheit über Opa

Meinen Großvater Erich kannte ich nur als lustigen, gutmütigen, gelassenen und stets grinsenden Teddybären. Niemals im Leben hätte ich geahnt, dass er außerdem noch eine zweite,
ganz andere Seite an sich hatte. Eine Seite als gemütlicher Großvater!

Eine zweite Seite als brutales Monster!

Zu was er fähig war, sah man an Onkel Karl. Mutter erzählte von einigen Begebenheiten aus der eigenen Kindheit. Ein Mal – es muss kurz vor Beginn des Zweiten Weltkrieges gewesen sein – vergriff er sich in brutalster Weise an seinem kleinen Sohn. Onkel Karl war gerade fünf Jahre jung. Abends sollte er ins Bett. Onkel Karl wollte noch gerne ein Wenig bei seiner Mama kuscheln. Trotzdem ging er brav ins Nebenzimmer und legte sich hin, weinte allerdings vor Enttäuschung, weil er nicht mehr bei der Mama kuscheln durfte. Opa hörte ihn greinen. Sofort schnappte er sich den großen Holzschlegel, mit dem Oma Grete immer die Kochwäsche im Zuber umrührte. Dann stürmte er mit großem Palaver ins Schlafzimmer. Onkel Karl bekam natürlich einen furchtbaren Horror und kreischte nun um so lauter. Oma saß gemeinsam mit ihrer Mutter im Wohnzimmer. Die Beiden hörten die klatschenden Schläge, Opas Gebrüll und das grauenhafte Kindergekreisch! Meine Urgroßmutter stieß ihre Tochter an und sagte ihr: »Geh´ jetzt sofort rüber und unterbinde das. Das ist ja längst nicht mehr normal!«

Opa hatte auch beim Schreiben eine fürchterliche Sauklaue. Bei seinem eigenen Sohn wollte er genau das verhindern – mit brutaler Gewalt! Wenn Onkel Karl beim Schreiben auch nur ein Bögelchen nicht ganz rund machte, schlug Opa ihm mit der eisernen Suppenkelle derart auf die Finger, dass im Anschluss die ganze Hand dunkelblau anschwoll!

Sein Bestreben war, den einzigen Sohn zu einem »richtigen Mann« zu erziehen. Und ein »richtiger Mann« musste seiner Meinung nach, um fest im Leben zu stehen, eiserne Härte zeigen!

Seine Erziehungsmethoden waren letzten Endes alles Andere als erfolgreich. Onkel Karl, mittlerweile zweiundachtzig Jahre alt, lässt sich – nach Mutters Worten – von Tante Dagmar alles gefallen, ohne den geringsten Widerstand. Er soll sehr nah am Wasser gebaut haben, äußerst schwermütig und depressiv sein und wurde – angeblich – von Tante Dagmar entmündigt. Opa Erich hat ihn ganz offensichtlich mit seinen drakonischen Erziehungsmethoden zu einem kaputten, seelischen Wrack gemacht...

Ein Mal statteten die Eltern gemeinsam mit Julian den Großeltern einen Besuch ab. Mein kleiner Bruder war gerade im Kindergartenalter. Er kletterte auf Mutters Schoß, lehnte den Kopf gegen ihre Schulter und steckte das Däumchen in den Mund. Also das typische Kuschelbedürfnis eines kleinen Jungen, der seine Mama liebt! Sofort fuhr Opa seine Tochter an: »Willst du deinen Sohn zu einer Memme und zu einem Waschlappen erziehen? Auf diese Weise wird er niemals ein richtiger Kerl!«

Mutter durfte sich als kleines Deern auch nichts bei ihm erlauben. Eines schönen Tages – sie war noch ein Kind – saßen sie und Opa draußen auf einer Parkbank. Mutter ließ die Füße in den Sand baumeln und stupste mit der Schuhspitze mehrmals gegen ein kleines Steinchen. Opa befahl ihr, sofort damit aufzuhören. Mutter gehorchte auch auf der Stelle, aber nach kurzer Zeit vergaß sie es wieder und stupste erneut gedankenverloren gegen das Steinchen. Woraufhin Opa ihr sagte, sie solle abwarten, wenn sie daheim seien. Mutter wusste sehr genau, was ihr an diesem Tage noch blühen würde. Die Beiden erhoben sich von der Parkbank, um noch einen Verwandtenbesuch zu machen. Opa benahm sich während des Besuches völlig normal. Mutter stand den Besuch im Stillen durch, saß da wie eine Puppe und bibberte innerlich vor Angst. Auch, als die Beiden sich verabschiedeten, schien alles normal. Opa nahm seine Tochter bei der Hand und dann traten sie gemeinsam den Heimweg an. Niemandem, der die Beiden gesehen hätte, wäre in den Sinn gekommen, dass irgend etwas nicht stimmen könnte. Der Anblick wirkte völlig harmlos. Ein kleines Deern, das an der Hand seines Vaters die Straße entlang ging. Doch kaum waren sie daheim angelangt und die Haustüre hinter ihnen zugefallen, riss Opa die Kellertüre auf und zerrte seine Tochter grob und brutal die Stufen hinab. Dort Unten griff er sich einen Rohrstock, mit dem er immer wieder gewaltsam auf die Kleine eindrosch. Das ganze Haus hörte Mutters gellende Schreie, auch Oma oben auf der vierten Etage!

Opa drosch seine ganze Wut und seinen Frust heraus, bis ihm der Arm taub wurde. Als er sich an der Tochter abreagiert hatte, hörte er auf. Erziehung nach alter Väter Sitte – basta!

Niemand griff ein; der Vorfall wurde einfach tot geschwiegen…

Julian hatte Mutter irgendwann mal gefragt, ob sie glaube, dass Opas drakonische Erziehungsmethoden – selbst für die damalige Zeit – ihrer Meinung nach normal gewesen seien. Mutter musste zugeben, nein, das sei mit Sicherheit nicht normal gewesen. Woraufhin Julian meinte, Opa Erich habe sich glücklich schätzen können, dass seine Kinder stets artig geschwiegen und die Nachbarn nicht die Polizei verständigt hätten. Aller Wahrscheinlichkeit nach wäre Opa in Handschellen abgeführt worden. Seine weit über Gebühr gehende ausfällige Gewalt gegenüber seinem eigenen Fleisch und Blut hätten ihm wohl mit an Sicherheit grenzender Wahrscheinlichkeit einige ansehnliche Jahre Zuchthaus eingebracht...

Großtante Sieglinde, Opas Schwester, konnte ebenfalls ziemlich ungemütlich werden!

Ein Mal, ich war vielleicht Acht oder Neun, waren wir gemeinsam mit den Verwandten zum Gottesdienst. Direkt neben dem Eingang befand sich ein kleines Gefäß mit Weihwasser, damit die Gläubigen sich vor dem Betreten der Kirche segnen konnten. Die Verwandten tauchten auch die Fingerspitzen in das Weihwasser und schlugen schön brav das Kreuz. Ich machte mir meine Gedanken, dachte plötzlich daran, wie unsinnig das Ganze doch war. Wieso sollte ein Mensch sich selbst segnen? Segnen konnte doch nur Gott!

Kaum betrat ich das Gotteshaus, da wurde ich von Hinten mit brutaler Hand am Kragen gepackt und zurück gezogen. Tante Sieglinde!

»Wencke!«, zischte sie, »Du hast vergessen, dich zu segnen!«

»Ich segne mich aber nicht.«, gab ich zur Antwort.

»Und warum nicht?«, wollte Tante Sieglinde wissen.

»Weil ich keine Lust dazu habe.«, sagte ich, »Gott segnet mich.«

Im selben Moment packte meine Großtante zu und drehte mir schmerzhaft den Arm auf den Rücken!

»Wencke!«, fletschte sie, »Du wirst dich jetzt auf der Stelle segnen!«

Tante Sieglinde hatte gar nicht mitbekommen, dass sie mit ihrem Brimborium und ihrem affenhaften Getue mittlerweile den ganzen Verkehr aufhielt!

Paps hatte es aber mitbekommen. Spornstreichs drehte er sich um und kam auf uns zu. Was denn los sei.

»Deine Tochter will sich nicht segnen!«, zischte Tante Sieglinde Paps entgegen.

»Lass´ sofort das Kind los!«, fletschte Paps böse, »Hier wird Niemand gezwungen!«

Sofort ließ Tante Sieglinde meinen Arm los und mischte sich in der Kirche unter die anderen Zelebranten...

Während des Gottesdienstes saß sie genau hinter mir. Mitten in der schönsten Predigt bekam ich mit, wie sie einer anderen Verwandten zuraunte: »Habt ihr die Wencke gesehen? Sie hat sich nicht gesegnet! Und der Ferdi findet das auch noch richtig! Na, er ist ja selbst ein richtiger Pharisäer! Kommt ja schließlich mitten aus den finstersten Karpathen! Was kann man da schon erwarten? Wie der Vater, so die Tochter! Wencke wird auch mal solch ein bäuerisches Wesen kriegen! Wartet mal die kommenden Jahre ab! Passt auf, ich sag´s euch! Das ist doch nicht zu fassen...«

Was ist wohl schlimmer? Dass ein Kind sich nicht segnet – oder dass Jemand während der Predigt bei den Verwandten dummes Zeug heraus posaunt? Und sie hatte Paps böse beleidigt! Als sei er ein grenzdebiler Halbaffe! Durfte man Jemanden in der Kirche beleidigen? Und während der Rede des Herrn Pastors hinter vorgehaltener Hand Mist schnacken? Einem Kind brachial den Arm auf den Rücken drehen?

Dieser gewisse Hang zur Brutalität musste wohl schon immer in dieser Familie gesteckt haben. Opa Erichs andere Schwester, Großtante Waltraud, war in jungen Jahren an einen falschen Mann geraten. Etliche Jahre Knast wegen Wilderei, Diebstahl und Körperverletzung hafteten an ihm; er war äußerst gewalttätig und drosch Tante Waltraud bereits unzählige Male schwarz und blau. Eines Tages ertrug sie dieses Dasein nicht mehr und wandte sich mit gepackten Koffern an ihren Bruder. Der aber hatte ihr jegliche Hilfe versagt mit der Begründung, sie habe sich ihr Elend selbst zuzuschreiben. Sie habe diesen Mann ja schließlich gewählt. Er sei daher nicht mehr bereit, die Schwester wieder in den Schoß der Familie aufzunehmen!

Opa hatte seine Schwester – trotzdem er ihr hätte ohne Weiteres helfen können – unerbittlich ihrem Schicksal überlassen!

Was sollte Tante Waltraud machen? Wie eine geprügelte Hündin schlich sie zurück zu ihrem Peiniger, ging mit ihm die Ehe ein, gebar ihm einen Sohn und ertrug diesen Horror, dieses unsägliche Leid, über mehrere Jahrzehnte, bis sie endlich Witwe wurde! Zeit ihres Lebens wurde sie nicht mehr glücklich. Ihr gesamtes Dasein hatte nur aus Qualen und Demütigungen bestanden. Ein knappes Jahr nach dem Tode dieses Monsters starb auch sie, völlig außer Stande, ohne ihren Peiniger selbstbestimmt auf eigenen Füßen stehen zu können und das nun ruhige, friedliche Leben, ganz für sich alleine, im Alter neu zu entdecken und zu genießen…

Sie war in vergangenen Zeiten auch nur ein unschuldiges, naives junges Deern gewesen, das einfach nur nach Liebe gesucht hatte und ganz schrecklich auf den Hund gekommen war, weil es den Worten eines Mannes glaubte, dem es zeitlebens nur nach seiner eigenen Mütze ging, der nur auf sein eigenes Gusto aus war…

Ein unschuldiges, ahnungsloses junges Deern, das sich im Traume nicht ein Mal hätte vorstellen können, dass es außerhalb der Familie in eine noch wesentlich schlimmere Hölle geraten würde…

Ein verliebtes, junges Deern, dem ein Fehler nicht verziehen wurde und das für die Hartherzigkeit des eigenen Bruders lebenslang unter ging…

Schlafwandeleien

Opa war übrigens nicht nur für seine Brutalität bekannt. Er hatte noch eine ganz besondere Eigenschaft – das Schlafwandeln!

Wenn er nachts auf Ritt ging, war Nichts und Niemand vor ihm sicher! Ramba-Zamba in der Pampa! Oft genug stand er mitten in der Nacht auf, stellte sich vor die Wand des Schlafzimmers und begann, mit beiden Fäusten auf sie einzudreschen. Die Filme, die sich da nachts hinter seiner Stirne abspielten, müssen eine sehr gelungene Mischung aus Krimi, Action und Horrorstreifen gewesen sein! Er drosch dann mit schöner Regelmäßigkeit sehr deftig mit beiden Fäusten gegen die Wand und brüllte dabei wie ein Stier!

Oma Grete wurde durch die Brüllerei natürlich aus dem Schlaf gerissen und musste Opa Erich dann immer sehr umsichtig auf den Boden der Realität zurück holen, bevor noch sämtliche Nachbarn aus den Betten fielen...

Ein Mal – ich war noch ein Kind – hatten meine Großeltern Besuch. Opa Erich quartierte sich für eine Nacht bei meinen Eltern ein. Nachts lagen sie dann zu Dritt im Ehebett. Auf der einen Seite lag Mutter, auf der anderen Seite lag Opa. Paps lag in der Mitte. Plötzlich wurde Mutter aus der tiefsten Nachtruhe heraus gerissen, weil Paps sich mit einem großen Satz und in heller Panik zu ihr auf die Bettseite hinüber flüchtete. Mutter fragte verschlafen, was denn los sei. Paps japste ihr nur ins Ohr: »Herrgott noch mal, ich lass´ mich doch nicht zu Brei schlagen! Dein Vater hätte mir jetzt gerade eben fast die Fresse poliert!«

Und tatsächlich: Opas Faust schlug noch immer hart auf das Kissen, wo gerade noch Paps´ Kopf gelegen hatte!

Es war ja ausreichend bekannt, dass Opa Erich eine gewisse Aversion gegen Paps hegte. Der Schwiegersohn war seiner Meinung nach »der faule Hund aus der Kalten Heimat« – und ich kann mir lebhaft vorstellen, dass Opa dem Paps gerne mal Eins auf die Omme geknallt hätte. So richtig schön die Faust vor den Bilderladen! Nur, dass er sich das im Wachzustand ja nicht gewagt hätte. Also ließ Opa halt im Schlaf seinen Ressentiments Paps gegenüber so richtig freien Lauf!

War ich allerdings für einige Nächte bei Opa zu Besuch, geschah nichts dergleichen. Opa schlief den Schlaf der Gerechten. Gelegentlich brabbelte er schon mal vor sich hin oder fiel aus dem Bett, aber das war´s dann auch schon.

An eine Nacht erinnere ich mich allerdings noch deutlich. Ich war etwa elf Jahre alt. Opa schlief auf seiner Seite des Bettes. Ich lag auf der Seite meiner zu diesem Zeitpunkt bereits verstorbenen Großmutter. In der besagten Nacht war ausgerechnet Vollmond. Da die Gardinen sehr dünn waren, schien sein Licht durch sie hindurch. Man konnte deutlich das Zimmer erkennen. Plötzlich setzte Opa sich auf, starrte an die gegenüber liegende Wand und flüsterte in sehr verschwörerischen Ton: »Armin! Das musst du dir mal vorstellen! Ich hab` doch tatsächlich acht Schlüssel für ein Schlüsselloch!«

Opa unterhielt sich ganz angeregt mit seinem erst vor Kurzem verstorbenen Bruder!

Ich knipste das Nachttischlämpchen an und fragte Opa, was er da tat. Mein Großvater drehte das Gesicht ruckartig in meine Richtung und sah mir mit seinen weit geöffneten, blauen Augen für mehrere Sekunden prüfend ins Gesicht. Dann drehte er den Kopf ruckartig wieder nach Vorne und plumste wie ein nasser Sack zurück auf sein Kissen. Augenblicke später setzte sein leises Schnarchen wieder ein...

Opa wusste am anderen Morgen nichts mehr von seinen nächtlichen Faxen und grinste mich nur amüsiert an. Eben so Wenig konnte er sich daran erinnern, dass er Paps fast mal Eine auf´s Zifferblatt gegeben hatte!

Aber unterhaltsam war er doch, der Opa...

Julian hatte es ebenfalls drauf. Kurz nach unserem damaligen Umzug ging mitten in der tiefsten Nacht plötzlich im Schlafzimmer unserer Eltern die volle Festbeleuchtung an. Mutter schreckte aus dem Schlaf hoch. Da stand Julian, im Pyjama und mit verwuscheltem Haar – und sah Mutter mit offenen Augen an! Mutter fragte, was er denn habe. Julian antwortete ganz treuherzig: »Ich wollte nach dem Weg zur Schule fragen. Der Unterricht fängt gleich an. Ich darf mich doch nicht verspäten…«

Mutter stand auf, fasste Julian am Händchen und führte ihn zurück in sein Kinderzimmer. Julian ging auch brav mit. Er legt sich artig ins Bett und ließ sich zudecken. Sogleich schlief er wieder selig wie ein Engel...

Als Erwachsener war er eines Nachmittags auf der Couch eingeschlafen und träumte von einer Prügelei, bei der er einem Kontrahenten so richtig saftig und schwungvoll in den Hinterschinken trat. Nur leider traf er allerdings bei dieser Aktion keinen imaginären Kontrahenten, sondern die völlig reale Tischkante – heraus kam ein heftig geprellter Zeh!

Der traut sich echt was, der Julian...

Onkel Karl stand nachts auf, ging ein Mal um sein Bett herum – und schiffte so richtig urig auf die Matratze! Ob er dabei auch gebrabbelt hat, wissen wir nicht...

Mutter sang sogar im Schlaf! Oft genug hatte sie Paps aus dem Schlaf gesungen. An das Lied konnte er sich nicht mehr erinnern. Nur, dass es eine wunderschöne, sanfte Melodie war. Peinlich konnte es nur werden, wenn Mutter zu schnacken begann. Sie sprach dann mit ganz klarer, deutlicher Stimme – und sie sagte grundsätzlich immer die Wahrheit! Man konnte sie dann fragen, was man wollte. Sie antwortete stets wahrheitsgemäß – und immer in der richtigen Relation zu der jeweils gestellten Frage! Paps meinte oft, er könne sie, wenn er es drauf anlege, regelrecht ausquetschen. Das aber wollte er dann doch nicht und stellte ihr immer ganz harmlose Fragen...

In so mancher Nacht begann sie aber auch plötzlich laut zu schreien. Sie wusste dann später nur, dass sie von Jemandem verfolgt worden war. Nur nicht, von wem. Mutter erzählte mir mal, dass sie in diesem Traum geflüchtet war wie ein Windhund –und zwar im wahrsten Sinne des Wortes! In diesem Traum lief sie auf allen Vieren. Sobald ihre Handflächen den Boden berührten, sprang sie mit den Beinen hoch und schwang die Füße weit nach Vorne. Kamen die Füße dann auf dem Boden an, streckte sie den Körper, machte die Arme lang und kam mit den Handflächen wieder auf dem Boden auf. Dann schwang sie erneut die Beine vor den Kopf. So hetzte und jagte sie dann über die Rasenflächen und durch die Straßen. Bei diesem wilden »Hundegalopp« muss sie wohl auf ein unglaubliches Tempo gekommen sein. Selbst ein Spitzen-Sprinter hätte das – in einer derart für einen Menschen untypischen und auf Grund seiner Anatomie unmöglichen Körperhaltung – nie im Leben geschafft...

Dieser Traum verfolgte Mutter mit schöner Regelmäßigkeit. Wer dieser nächtliche Verfolger in ihren Träumen war, blieb ein ewiges Geheimnis. Es musste Jemand sein, vor dem sie sich sehr fürchtete. Ich denke, dass es sich bei diesem Verfolger wohl um meinen Großvater gehandelt hat, der noch immer in den Träumen seiner Tochter marodierte. Irgend etwas aus der Vergangenheit ließ Mutter über mehrere Jahrzehnte einfach nicht zur Ruhe kommen. Irgend etwas gab es da, mit dem sie ihr Leben lang zu kämpfen hatte und das für sie um etliche Nummern zu groß war – und blieb...

Bei mir verhält es sich nicht anders mit den Schlafwandeleien. Ich habe meinem Mann auch schon »rote Stifte« geschenkt und ihn vor einem imaginären »Schalter« gewarnt. Ich trank im Schlaf sogar Kakao!

An einem ganz frühen Morgen stand Heinrich unter der Dusche. Da muss ich wohl ins Bad gekommen sein zum Pinkeln. Hinterher stand ich dann auch auf, zog ab und klappte auch den Deckel wieder herunter. Meine Bewegungen seien ganz normal gewesen, die Augen waren geöffnet. Jeder, der mich in dem Moment gesehen hätte, hätte mich eindeutig für wach gehalten. Nur löschte ich dann beim Hinausgehen hübsch brav das Licht!

Heinrich rief: »Heh, Wenckemaus! Du kannst doch das Licht nicht einfach aus machen! Ich dusche gerade!«

Daraufhin muss ich wohl mit den Schultern gezuckt und geantwortet haben: »Ja und? Das juckt mich doch nicht!«

Heinrich sah sich gezwungen, aus der Dusche zu steigen und das Licht selber wieder an zu knipsen...

Ja, nachts, bei Vollmond, verwandelt sich unsere ganze Verwandtschaft in spukende Werwölfe! Der Clan der Lykaner...

Prösterchen!

Aber zurück zu Paps´ Umgang mit Alkohol: Er ging ja zur damaligen Zeit gerne mal nach Feierabend mit den Kollegen noch in die Kneipe, um ein paar Brote zu stemmen. Mehr als ein Mal hatte er einen ganz gepflegten »Tiger« im Tank!

Mit dem Moped verließ er das Werksgelände und traf sich dann mit den Kollegen. Es wurde dann nicht getrunken, es wurde geschüttet. Die Zeit wurde vergessen, es war anscheinend sehr gemütlich – Prösterchen! Fiel Paps dann irgendwann doch mal ein, dass er ein Zuhause hatte, schwang er sich aufs Mofa – wusste aber den Heimweg nicht mehr! Ihm dämmerte aber, dass vor der Kneipe eine Bushaltestelle war. Dieser Bus fuhr den Weg bis zu unserer Straße. Paps wartete also – clever, wie er dann noch war in seinem Zustand – brav auf den Bus. Fuhr der Bus dann an, kurvte Paps hinterher. An jeder Haltestelle, wo der Bus hielt, hielt das Moped auch. Fuhr der Bus wieder an, eierte Paps wieder hinterher. Irgendwie gelang es ihm, unsere Straße zu identifizieren. Dann stieg er ab und wackelte heimwärts. Mutter war begeistert!

Sie durfte ihm beim Einkauf regelmäßig Aquavit, Slibovitz oder eine Flasche Korn mitbringen. Nach meiner Geburt war Schluss damit, Mutter war es Leid. Sie sagte ihm klipp und klar, dass er sich sein Gesöff künftig von seinem eigenen Taschengeld holen solle. Jetzt sei die kleine Wencke da und für die müssten Windeln und Babynahrung gekauft werden. Darüber solle er ein Mal nachdenken. Das Baby sie jetzt wichtiger!

In der sechsten Lebenswoche bekam ich plötzlich einen sehr extremen Brechdurchfall und hohes Fieber. Es war zur Faschingszeit. Paps wusste, wie es um mich stand. Er ging nach Feierabend mit den Kollegen Einen schlürfen. Als er später nach Hause kam, saß Mutter alleine da. Paps fragte: »Wo ist denn die Kleine?«

»Die Kleine ist im Krankenhaus!«, warf Mutter ihm an den Kopf, »Es geht auf Leben und Tod! Bete, dass sie es schafft!«

Paps war auf einen Schlag wieder nüchtern...

Nun, ich schaffte es – Unkraut vergeht eben nicht! Allerdings war Paps bei dem Kinderwunsch die treibende Kraft gewesen und deshalb war seine Gedankenlosigkeit einfach nicht nachvollziehbar. Aber er hatte ein Muttchen daheim, das sich um all den Kinderkram kümmern konnte. Frauen verstehen mehr davon, wenn die Kinder diese ganzen ägyptischen Plagen am Leib haben...

Mutter hatte mich im Spital aber nicht ein einziges Mal besucht. Statt dessen rief sie, um etwas zu erfahren, nur mehrmals dort an. Sie war bereits mit dem ersten Baby restlos überfordert…

Die Schwierigkeiten begannen also recht frühzeitig, schon mit nur einem Kind. Mutter konnte es einfach nicht ertragen, den Säugling hilflos leiden zu sehen. Dabei ist massiver Brechdurchfall bei wenige Wochen alten Kindern gar keine Seltenheit. Natürlich leidet ein Säugling sehr darunter, verliert rapide an Gewicht, behält zeitweise keine Nahrung bei sich, beschmutzt eine Windel nach der Anderen und brüllt zum Steinerweichen. Mutter fehlten von Anfang an die nötigen Nerven. Die Realität zeigte sich völlig anders als geahnt. Das gesamte Gerüst der heilen Familie brach wie ein Kartenhaus in sich zusammen. Dadurch entstanden auch die ersten Ehekonflikte. Ich kotzte mich von Oben bis Unten voll, verlor massiv an Gewicht, brüllte und schiss mir die Windeln ein – und Paps war es Leid und ging nach Feierabend lieber Getreide stemmen!

Mutter musste sich der harten Realität stellen. Die Vorstellungen von einer heilen Familie und einem glücklich glucksenden Baby waren auf einen Schlag geplatzt…

Verlassen im Krankenhaus

Im Alter von neun Jahren musste ich mit Herzrhythmusstörungen ins Krankenhaus. Es sollte ein Herzkatheter gelegt werden, um festzustellen, ob sich eventuell ein Loch in der Herzscheidewand befände. Mutter brachte mich also in die Klinik. Nach einer halben Stunde rauschte sie wieder ab. Ich war mir von jetzt an mit meinen Gefühlen selbst überlassen. Der Eingriff verlief unter Vollnarkose. Das Erwachen war furchtbar. Mir war schweinekalt; ich zitterte am ganzen Leib wie Espenlaub, die Blase drückte tierisch; ich musste ständig vor Übelkeit würgen und hatte einen gewaltigen Durst. Neben meinem Bett stand eine Maschine, durch die ich mit irgend welchen Kabeln verbunden war. Ein Elektrokardiograph. Das ständige *»Beep-beep-beep«* des Gerätes hielt mich vom Schlafen ab. Die Schwester kam, brachte mir einen Tee und setzte mich auf's Thrönchen zum Pipi machen. Ich war noch halb benommen, setzte mich schief auf die Bettpfanne – und der ganze feuchte Segen ging daneben! Nach dem Prozedere durfte die Schwester mein Bett neu beziehen...

Bereits am nächsten Tag durfte ich aufstehen. Zum Frühstück schaffte ich gerade mal eine halbe Scheibe Brot mit Margarine. Davon kam mir mindestens drei Viertel gleich wieder hoch. Später um die Nachmittagszeit bekam meine Zimmerkameradin, die etwa in meinem Alter war, Besuch von ihren Eltern. Au prima, dachte ich, dann kommen Mama und Papa sicher auch gleich. Ich wartete und wartete. Wer nicht kam, waren Mama und Papa! Es wurde früher Abend, die Eltern meiner Mitpatientin verabschiedeten sich von ihrer Tochter mit Küssen und liebevollen Umarmungen. Es gab Abendbrot, die Besuchszeit war zu Ende. Meine Enttäuschung kann ich unmöglich beschreiben. Wo waren meine Eltern? Ich war verwirrt, begriff gar nichts. Irgendwann schlief ich schluchzend ein, weinte mich buchstäblich in den Schlaf. Auch am darauf folgenden Tag wartete ich vergebens. Einzig die Schwester kam. Sie setzte sich an mein Bett, las mir Geschichten und Märchen vor. Der Doktor kam und unterhielt sich mit mir. Er sagte, ich hätte kein Loch im Herzen. Ich sei lediglich zu schnell gewachsen. Der Körper sei viel flotter in die Länge geschossen als das Knochenmark neues Blut habe bilden können. Daher auch die Herzrhythmusstörungen. Das hätten nicht wenige Kinder in der Wachstumsphase und würde sich mit der Zeit automatisch geben. Die nette Schwester und ich spielten mit meinen Puppen und später holte sie ihr Strickzeug und saß wieder bei mir. Vermutlich war sie eigens für mich abgestellt worden. So kam es mir jedenfalls vor. Ich hatte nämlich mitbekommen, als Einer der Weißkittel die Schwester fragte: »Wo sind denn Wenckes Eltern? Warum besuchen sie das Deernchen nicht? Wo bleiben sie denn?«

»Das möchte ich auch gerne mal wissen«, raunte die Schwester dem Arzt zu.

Als meine Mitpatientin dann Besuch von ihren Eltern bekam, bekam ich halt Besuch von der Schwester…

An meinem Entlassungstag stand Mutter dann endlich im Rahmen! Sie ging mit dem Doc noch kurz ins Büro und im Anschluss packte sie meine Sachen in die Tasche und nahm mich wieder mit nach Hause.Viele Jahre später fragte ich sie mal danach, warum sie mich damals nicht besucht hatte.

»Ach«, meinte sie, »du hättest doch nur gebrüllt und geheult. Das Geplärre hätte ich nervlich nicht auch noch verkraften können. Nein, du warst da schon besser in der Klinik aufgehoben...«

Auf meine Frage, ob sie sich denn so gar keine Gedanken um mich gemacht habe, meinte sie nur: »Sicher habe ich das. Ich hab´ doch in der Klinik angerufen und mich nach dir erkundigt...«

Na toll! Von einem lapidaren Anruf hat ein neunjähriges Kind natürlich auch sehr Viel. Auch, wenn der Klinikaufenthalt nur wenige Tage dauerte: selbst wenige Tage können für ein krankes Kind verflucht lang, verwirrend und einsam sein...

Schnell kehrte der Alltag wieder ein. Ich musste mich noch eine Weile schonen und sollte vorläufig keinen Leistungssport machen. Mutter setzte mir das beste Essen vor und achtete auch darauf, dass ich mich nicht zu sehr übernahm. Das war es dann auch schon. Sie war den Problemen wieder ein Mal ausgewichen. Wie ich mich nach der ganzen Aktion fühlte, stand wohl auf einem anderen Blatt. Es ist lächerlich, aber als Julian mit einer Phimose im Krankenhaus lag, besuchten wir ihn ja auch. Er hatte die Familie bei sich. Ich allerdings durfte alleine zuschauen, wie ich zu Rande kam. Was hat denn ein krankes Kind davon, wenn die Mutter in der Klinik anruft und mit dem Personal spricht? Es braucht seine Eltern nötiger als alles Andere, will sie bei sich haben! Es war glasklar: Zwischen Julian und mir wurden anscheinend gewisse Klassenunterschiede gemacht! Insgesamt war ich vier Mal in Kindererholung. Julian war nur ein Mal zur Erholung. Trotzdem er bis zur Vorpubertät ins Bett schiffte – er war nie in irgend einer Therapie! Irgendwann hörte die Schifferei von alleine auf. Er hatte sich wohl endgültig von »Watumba« gelöst…

Wenige Wochen nach dem Eingriff fand meine Heilige Kommunion statt. Ich hatte an einem speziellen Religionsunterricht teil genommen; ein schneeweißes Kleid wurde gekauft, die gesamte Verwandtschaft zu diesem großen Ereignis zusammengetrommelt. Wie eine kindliche Braut herausstaffiert, in meinem weißen Kleidchen und dem Blumendiadem, stand ich an besagten Tage zusammen mit anderen, eben so wie die Pfingstochsen herausgeputzten Kommunionskindern, vorne in der Kirche vor dem Altar und nahm den heiligen Segen des Pfarrers entgegen. Der verheerende Gestank des Weihrauchs verschlug mir fast den Atem! Mir war übel, meine Knie zitterten und ich bemühte mich wacker, mich nicht zu übergeben. Und die Zeremonie dauerte und dauerte. Als es zu Ende war, verließ ich mit den Anverwandten dankbar die Kirche!

Die anschließende Familienfeier fand dann bei uns im heimischen Wohnzimmer statt. Ich hatte einen speziell geschmückten Ehrenplatz an der festlich drapierten Tafel. Die Tanten, Onkel und Großeltern überreichten mir Geschenke, strahlten mich begeistert an und versicherten mir, wie wundervoll niedlich ich doch in meinem Kommunionskleidchen aussähe! Ich saß da – inmitten begeisterter Gesichter und umgeben von Geschenken – und fühlte mich, als habe ich den Lotto-Jackpot geknackt!

Hallelujah!

Dann kam der Fronleichnam. Sämtliche Kommunionskinder der Gemeinde zogen zum Gottesdienst in einer besonderen Prozession zu einer großen Wiese. Ein Podium für den Pfarrer war bereits errichtet worden. Wir Kinder standen in unseren Trachten in mehreren Reihen reglos wie die Zinnsoldaten in der prallen Sonne und lauschten den Worten des Pfarrers. Es war ein richtig bullig warmer Tag; mir lief der Schweiß sehr bald am ganzen Körper hinunter und ich sehnte mich nach Schatten und einer kühlen Limonade. Die Folgen des Eingriffes steckten mir noch in den Knochen. Plötzlich begannen meine Beine unkontrolliert zu zittern. Mein Herz raste und holperte wie verrückt und vor den Augen tanzten schwarze Schleier. Wellen der Panik und der Übelkeit überkamen mich. Unsicher und lallend machte ich mit ausgestreckten Armen einige Schritte aus der Reihe der Kinder heraus. Der Boden schien immer näher zu kommen. Dann spürte ich nur noch, wie fremde Erwachsenenarme mich auffingen. Im selben Augenblick wurde es schwarz vor meinen Augen; ich verlor das Bewusstsein…

Als ich die Augen wieder aufschlug, lag ich ein ganzes Stück weiter auf einem Stück schattiger Wiese. Meine Beine waren hoch gelagert und ich hatte einen gallebitteren Geschmack im Mund. Das Kommunionskleid war mit Erbrochenem befleckt. Ein Sanitäter fühlte meinen Puls und sprach mit meinen Eltern. Mutter sagte ihm, dass ich erst im vergangenen Monat eine Herzkatheteruntersuchung hinter mich gebracht hätte.Verständnislos schüttelte der Sanitäter den Kopf und meinte, ich sei doch ohnehin so ein zartes, zierliches Deernchen. Man hätte die Kommunion doch auf das kommende Jahr verschieben können. Das trage jetzt nicht wirklich zu meiner Genesung bei und sei in dieser Situation für mich einfach unzumutbar. Die Eltern sollen mich nun schleunigst nach Hause bringen; ich bedürfe dringend der Ruhe. Dann reichte er mir einen Becher mit salzig schmeckendem, kühlem Wasser. Nach einigen Minuten hatte ich mich ein Wenig erholt. Man zog mich wieder auf die Beine. Mit einem Taxi wurde ich nach Hause gebracht und Mutter klappte das Sofa auf und holte ein Kissen und eine Decke. Ich zog mein beflecktes Kommunionskleid aus, wusch mich und legte mich dann im Pyjama auf die Couch. Mutter meinte, ich solle jetzt schön liegen bleiben. Der Rest der Familie ginge nun zur Fronleichnamskirmes. Man werde mir auch Reibekuchen und einen Paradiesapfel mitbringen. Ich solle nur ja hübsch liegen bleiben und artig sein. Dann gingen die Eltern mit Julian an der Hand los. Als sie wieder kamen, ließ ich mir die leckeren Sachen schmecken. Julian überreichte mir eine große, bunte Zuckerstange. Das fand ich echt süß von ihm!

Nach einiger Zeit gab es wieder die übliche Behandlung. Selbst Dresche wurde mit einbezogen…

Gebimmel und Klönschnack

Nun war es aber ganz gewiss nicht so, als hätten in unserer Kindheit nur permanente Gewaltausbrüche, Dresche und totale Gleichgültigkeit vorgeherrscht. Diese Phasen wechselten. Ganz im Gegenteil, wir erlebten auch zwischendurch sehr schöne Zeiten.

Als ich Elf war, zogen wir wieder in den Vorort zurück, in dem ich geboren war. Mutter schulte um als Büroangestellte im Kurzdienst und dem entsprechend waren wir finanziell natürlich jetzt besser gestellt. Wir hatten nun eine Vierzimmerwohnung mit Küche, Diele, Bad, Veranda und einem kleinen Ziergarten. Wie bereits gesagt, Julian war Sieben, ich war Elf. Es wurde langsam an der Zeit, dass wir jeweils unsere eigenen Zimmer bekamen. Unsere Interessen gingen auseinander. Was uns verband, waren zwei Spielzeugtelefone, die miteinander gekoppelt waren und auf Blockbatterie liefen. Man brauchte lediglich den Hörer abzunehmen und irgend eine x-beliebige Zahl auf der Wählscheibe zu drehen – und schon bimmelte das Telefon im Zimmer des Anderen!

Wenn wir Kinder uns nachts langweilten, riefen wir uns gegenseitig an und schnackten, was das Zeug hielt. Zwei bis drei Stunden waren gar nichts. Wir kasperten herum, erzählten uns gegenseitig Witze oder Gruselgeschichten. In unseren kindlichen Unterhaltungen tauchten Hexen, Einhörner, Vampire, Wassergeister, Blumenelfen, Trolle, Nachteulen, Drachen, Nebelgestalten, Fledermäuse, Schattenmonster, Poltergeister, Werwölfe, Kobolde, Wichtelmännchen, Uldras und Waldfeen auf. Die kindliche Phantasie ist äußerst kreativ. Unseren geplagten Eltern ging das pausenlose Gebimmel und der Klönschnack irgendwann dermaßen auf den Zwirn, dass Paps kurzerhand die Batterie entfernte!

Die blökende Puppe

Gerne erinnere ich mich an die amüsante Begebenheit, als Paps mir mal eine meiner Puppen reparierte. Diese Puppe hatte eine süße, helle Babystimme und immer, wenn man sie zu Erst auf den Bauch und dann wieder auf den Rücken drehte, erklang ein helles, kindliches »*Mama!*«

Irgendwann war aber die Stimmdose defekt und die Puppe sagte gar nichts mehr. Also ging ich mit ihr zu Paps in die Küche und fragte ihn, ob man da was machen könne. Paps nahm die Puppe und sagte, er werde sie reparieren. Ich solle nur schon ins Wohnzimmer gehen und dort warten; er werde mir die Puppe bringen, wenn sie fertig sei. Paps hatte im Küchenschrank eine Schachtel mit verschiedenen Stimmdosen. Ich ging brav ins Wohnzimmer und wartete.

Nach einiger Zeit ging die Türe auf. Paps kam herein und überreichte mir mit einem schiefen Grinsen die Puppe. Ich nahm sie, drehte sie zu Erst auf den Bauch und dann auf den Rücken – doch statt eines hellen, kindlichen »*Mama!*« ertönte nun plötzlich ein im tiefsten, männlichen Bariton lang gezogenes ***»Böööööh!«***

Daddy hatte ihr die Stimmdose eines Teddybären eingesetzt!

Mich traf in diesem Moment fast der Schlag! Eine blökende Babypuppe – das war einfach unnatürlich! Das hörte sich ja furchtbar an!

Paps grinste mich verlegen an und meinte treuherzig: »Ja, es tut mir ja auch Leid; ich habe hier Oben leider keine »Mama-Buxen« mehr gehabt – und ich wollte der Puppe doch wenigstens eine Stimme geben! Ich will aber in den nächsten Tagen mal runter in den Keller gehen, da sind noch Welche…«.

Wenige Tage später hatte er die Puppe erneut repariert und statt eines tiefen, männlichen ***»Böööööh!«*** gab sie nun wieder ein helles, kindliches »*Mama!*« von sich...

Eine andere Puppe hatte einen total zerschlissenen Körper. Zu Flicken gab es da nichts mehr. Es musste ein neuer Körper her. Also ging ich erneut zu Paps und erklärte ihm die Sachlage. Paps nahm die Puppe und schickte mich wieder hinaus. Nach einiger Zeit kam er mit der Puppe wieder hinein und überreichte sie mir stolz. An Stelle eines weichen Schlenkerkörpers hatte sie nun einen knallharten, rechteckigen Leib. Die

Arme standen ihr nun vom Körper ab und die Beine waren ziemlich gespreizt!

Paps hatte den neuen Körper aus einer Männersocke gefertigt und Diesen dann mit einem neuen Küchenschwamm ausgestopft! Ja, für so etwas hatte er echt ein Händchen...

Böse Vater-Scherze

Paps konnte allerdings auch anders. Ich erinnere mich, wie er mich als Fünfjährige mit in die nahe gelegene Heide nahm. Dort hin nahm er mich oft zum Spielen. Ich hatte damals ein kleines, hellblaues Kinderportemonnaie, in das er manchmal heimlich eine Münze oder ein Bonbon steckte, einfach, um mich zu überraschen. An dem besagten Tag fragte er mich wieder, ob er das Portemonnaie haben könnte. Er habe eine Überraschung für mich. Also gab ich es ihm und spielte weiter. Plötzlich kam Paps wieder zurück, überreichte mir das kleine Portemonnaie und sagte mir, ich solle es mal ganz vorsichtig öffnen und meinen Finger hinein stecken. Gutgläubig tat ich das auch – und im selben Moment schoss mir ein glühender, brennender Schmerz durch den Zeigefinger!

Eine aggressiv summende Hummel hatte sich an die Spitze des Zeigefingers geklammert und sich regelrecht fest gebissen! Sie tobte sich richtig aus! Paps lachte sich halb schlapp!

Ich dagegen fand das gar nicht zum Lachen...

Jahre später, ich war Elf, plagte mich eine ziemlich dicke Erkältung. Paps kam an und reichte mir eine durchsichtige, weiche Kapsel. Er meinte, ich solle sie aber nicht schlucken, sondern zerbeißen. Arglos steckte ich mir die Kapsel in den Mund, zerbiss sie – und ein ekelhafter Geschmack machte sich an meinem Gaumen breit! Mir wurde todsterbensschlecht!

Paps hatte mir eine Kapsel mit Knoblauchsaft gegeben!

Würgend rannte ich zum Klo und kotzte mir fast die Seele aus dem Leib! Im Hintergrund hörte ich das schallende Gelächter meines Vaters...

Als sechzehnjähriger Teenager saß ich abends mit Paps gemeinsam bei einer Tasse Kaffee in der Küche. Paps steckte sich eine Zigarette an und bot mir auch Eine rüber. Er gab mir Feuer und ich sog genüsslich den Rauch ein. Ein Zug, der zweite Zug, der dritte Zug – und plötzlich gab es einen ohrenbetäubenden Knall! Die Zigarette war zerfleddert und die Funken flogen mir nur so um den Kopf. Paps hatte zuvor ein Knallplättchen in den Tabak hinein gesteckt!

Mindestens eine Woche litt ich noch unter einem massiven Hörsturz. Die Sache hätte eben so ganz fürchterlich ins Auge gehen können. Welcher Vater macht so etwas? Sollte ein Kind nicht lernen, den Eltern in jeder Beziehung zu vertrauen? Aber auf diese Weise lernt ein junger Mensch genau das Gegenteil, nämlich, dass selbst den eigenen Eltern nur mit äußerstem Misstrauen zu begegnen ist!

Vertrauensbildende Maßnahmen sehen anders aus...

Eines Tages hatte er eine sehr neugierige Nachbarin von Gegenüber auf dem Kieker! Diese Frau war aber auch wirklich penetrant! Sie hatte wohl extreme Langeweile – und außerdem ein Fernglas, mit dem sie oft ihre Nachbarschaft bespannte! Ständig hing sie an ihrem Fenster, mit dem Feldstecher vor den Augen, und glotzte zu uns hinüber. Das ging Wochen lang. Egal, ob wir in der Küche waren oder im Garten saßen; diese Frau bespannte uns. Wir waren nun in ihrem Fokus! Es war echt widerlich!

An einem Abend saßen Paps und ich gemeinsam bei einer Tasse Kaffee und einer Zigarette in der Küche und hielten Klönschnack. Plötzlich schaute Paps in Richtung Verandafenster.

»Da glotzt das alte Käuzchen schon wieder!«, knurrte er, »Na, der Alten werd′ ich jetzt mal eine nette Lektion erteilen!«

»Was hast du vor?«, fragte ich.

»Geh′ mal zum Lichtschalter und mach′ es dunkel.«, grinste Paps, »Wirst schon sehen…«

Brav ging ich zum Schalter und löschte das Licht. Paps ging zum Verandafenster. Seine Silhouette bewegte sich; es raschelte leise.

»Mach′ das Licht wieder an.«, sagte Paps.

Ich drückte auf den Schalter und hätte fast einen Kreischer gelassen:

Da stand Paps, in tief nach Vorne gebeugter Haltung. Ich sah nur seinen Hinterkopf, seinen Rücken – und den oberen Teil seines nackten Hinterns, den er in Richtung Verandafenster streckte!

»Papa!«, kreischte ich lachend, »Was machst du? Hör′ auf damit!«

Nach etwa einer Minute meinte Paps, nun könne ich das Licht wieder löschen. Erneut raschelte es. Dann durfte ich die Küchenbeleuchtung wieder einschalten. Paps stand korrekt gekleidet vor mir!

»Was hast du getan?«, flüsterte ich kichernd.

»Na, was wohl!«, lachte Paps, »Ich hab´ dem alten Käuzchen meinen nackten Arsch gezeigt! Sie wollte doch was zu Glotzen haben!«

Geholfen hat es in der Tat! Sechs Wochen waren die Rollläden dieser Frau unten. Auch im Anschluss an diese Zeit hatten wir unsere dauerhafte Ruhe...

Urlaubs-Idylle

In Urlaub fuhren wir jetzt regelmäßig nach F., einem kleinen Dörfchen in einem benachbarten Bundesland. Während des Zweiten Weltkrieges waren Mutter, ihr Bruder Alex und die Großmutter dort bei einer Bauernfamilie evakuiert gewesen. Es existiert sogar noch ein altes Foto, auf welchem Mutter als kleines Deern abgebildet ist, wie sie im Badehöschen mit frechem Gesichtsausdruck am Löschteich steht!

Auf eben diesem Löschteich hätte sich mir fast mal der Magen umgestülpt!

Wir badeten darin und Paps hatte wohl den alten Gummireifen eines Autos gefunden oder das Ding schwamm schon im Wasser, weiß der Geier. Jedenfalls setzten Paps und ich uns drauf – und zwar so, dass wir uns in die Augen sahen. Die Beine steckten wir in die Mitte des breiten Gummiwulstes durch das Loch. Paps wedelte mit den Händen im Wasser herum und wir trudelten los, kreuz und quer über den kleinen Löschteich. Eine Zeit lang machte das auch wirklich Fez. Irgendwann aber begann Paps, auf der Gummiwulst leicht herum zu wippen und stärker zu wedeln. Das Ding fing an zu schaukeln und drehte sich schneller. Die Umgebung begann zu kreiseln. Ich wurde so langsam grau wie ein Handtuch und mir war schummerig. Alles schaukelte, kreiste und rotierte um uns her. Ich sagte Paps, mir sei jetzt schlecht. Der aber grinste nur und schaukelte noch ein Wenig schneller. Irgendwann fing ich dann an zu würgen und wir trudelten vorsichtig ans Ufer. Ich hatte reichlich tatterige Knie. Minuten später, es ging mir wieder besser, haben wir beide vor Lachen fast Tränen geschluchzt! Auf einem kleinen, unscheinbaren Löschteich war ich seekrank geworden! Ich hatte immer gedacht, so etwas passiert Einem nur auf der Hochsee!

Ein anderes Mal kam Paps auf die begnadete Idee, abends mit einem über den Kopf gestülpten Bettlaken im Dunkeln durch das Dorf zu schleichen. Zwei jugendlichen Dorfschönheiten hat er damit einen derartigen Schrecken eingejagt, dass sie schreiend und kreischend von ihrer Sitzbank hoch sprangen und entsetzt das Weite suchten!

Im Kuhstall zog Paps diese Show auch ab, einfach, um mal zu testen, wie die Kühe auf einen solchen Anblick reagieren würden. Er marschierte als leise, stille Geistererscheinung vor den Rindviehchern auf und ab, ohne ein Wort zu sagen. Die einzige Regung der Tiere war ein leises »Muh!« und ein leicht erstauntes Geglotze. Rindviehcher sind also nicht ein Mal durch Gespensterspuk aus der Fassung zu bringen!

Apropos Rindviehcher: Zu bemerken sei, dass die Viehställe wirklich unter aller Sau waren! Die Wassertränken waren total verstopft, der Boden dick mit Fäkalien beschmiert – und durch die Ritzen pfiff der Wind! Im Kuhstall waren unter Anderem auch drei Dauschen (Zuchtsauen) untergebracht. Die Schweineboxen waren derart marode, dass man es nicht wagte, auch nur einen schiefen Blick darauf zu werfen. Hätte Eine der Sauen auch nur einen Schritt zu sehr rückwärts gemacht, wäre die Öffnungsklappe aufgebrochen – und die Sau hätte mitten auf dem begehbaren Gang gestanden! Das kam auch des Öfteren schon vor...

Die Mastbullen standen buchstäblich bis fast zu den Sprunggelenken in der eigenen Jauche und wenn Eines der Tiere Durst hatte, musste es warten, bis sein Stallnachbar die Blase entleerte. Die armen Tiere soffen sich gegenseitig buchstäblich den Urin unter´m Bauch weg! Wir haben uns erst ein Mal Eimer geschnappt und brachten den bedauernswerten Geschöpfen frisches Wasser. Auch misteten Paps und ich die Stallungen aus und brachten neues Stroh, so gut es ging, um es den Tieren wenigstens einigermaßen erträglich zu machen. Es war eine wahre Freude, die Augen dieser massigen Goliaths dankbar und glücklich strahlen zu sehen!

Naja, und im großen Schweinestall befand sich ein nicht abgesichertes großes Loch im Boden, das in die Sickergrube führte. In diesem Stall stand mal eine hochtragende Sau. Eines schönen Tages befanden Paps und ich uns gemeinsam auf dem Weg zu eben diesem Schweinestall, um den Tieren ihr Futter zu bringen. Dort angekommen, stellten wir dann fest, dass diese eben besagte Sau mitten in den Geburtswehen lag! Ja, sie lag – und zwar so ungünstig, dass das Hinterteil samt der Geburtsöffnung genau über dem verwünschten Loch positioniert war! Der Hintern der Muttersau war blutverschmiert und sie machte soeben erneut Anstalten zu pressen. Wir riefen nach Hinnerk, dem ältesten Sohn des Bauern. Hinnerk kam angewackelt – und just in diesem Moment rutschte ein Ferkelchen aus dem Mutterleib direkt in sein Verderben! Hinnerk hopste über das Gatter und versuchte, die Sau irgendwie weg zu schieben, um weiteres unnötiges Unheil zu verhindern. Die Sau war aber ziemlich schachmatt und bewegte sich keinen Zoll von der Stelle, auch dann nicht, als Paps mit an ihr zerrte. Wir warteten auf das nächste Ferkelchen und Hinnerk hielt auch schon erwartungsvoll die Hände unter den Hintern der Muttersau. Es tat sich eine Weile aber nichts mehr und so kam Hinnerk auf die Idee, mal in die Sau hinein zu greifen, um zu schauen, ob noch Kleine drin steckten. Nee! Die Muttersau war leer! Wir hatten das allerletzte Ferkelchen gerade noch in die Sickergrube plumsen sehen! Ein total unnötiges Drama, das durch ein paar einfache Handgriffe und mit nicht ein Mal allzu großem handwerklichem Geschick hätte vermieden werden können!

Den armen Kühen erging es auch nicht viel besser. Bei Einer der Kühe setzten am frühen Abend die Geburtswehen ein. Das arme Tier quälte und quälte sich durch die Stunden. Wir konnten nicht schlafen, weil die Mutterkuh die gesamte Nacht hindurch fast ununterbrochen brüllte! Erst am nächsten Morgen kam Herr N. endlich mal auf die Idee, dass es doch so langsam an der Zeit wäre, den Landveterinär kommen zu lassen. Der Tierarzt kam auch, setzte der total geschafften Mutterkuh eine Spritze und danach ging es so schnell wie sonst was. Zack – innerhalb weniger Minuten war das Kälbchen geboren!

Eine andere Kuh hatte ihr Kleines zwar ohne Schwierigkeiten zur Welt gebracht, war aber nicht in der Lage, die Plazenta auszustoßen. Es ist ja natürlich, dass die Nabelschnur noch eine ganze Weile im Anschluss an die eigentliche Geburt aus der Mutterkuh heraus hängt, für einige Stunden bis hin in den kommenden Tag. Nicht mehr normal aber ist, wenn das am dritten Tag nach dem Abkalben immer noch der Fall ist! Die Mutterkuh sabberte vor sich hin, hatte glasige Augen, heiße Ohren, nahm keine Nahrung an und schwankte bereits verdächtig. Paps musste dem Bauern erst mal klar machen, dass diese Kuh sehr, sehr bald eine tote Kuh sei, wenn jetzt nicht schnellstens der Tierarzt anrücken würde. Herr N. überwand sich wieder ein Mal, der Tierarzt kam und – zack, war die Sache erledigt!

Eine dritte Kuh hätte um Haaresbreite auf der Weide abgekalbt! Am frühen Morgen wurde die Kuhherde auf die Weide getrieben. Vielleicht eine Stunde später wollten Mutter und ich einen Spaziergang machen.

Wir blieben an der Weide stehen und sahen den Tieren beim Grasen und Wiederkäuen zu. Plötzlich zeigte Mutter auf eine etwas abseits stehende Kuh. Das Tier setzte blutigen Schleim ab, machte einen Buckel und presste. Das mehrmals hintereinander. Die Kuh legte sich, stand wieder auf, ging einige Schritte und legte sich erneut, um zu pressen. Mutter sagte: »Bleib bei den Kühen; ich geh′ zurück ins Dorf und sag′ dem N. Bescheid! Die Kuh schafft das nicht mehr. Er soll eine Schubkarre mitbringen, dann braucht das arme Kälbchen heute Abend den Weg bis zum Stall wenigstens nicht selbst zu laufen.« Mutter meinte es wirklich nur sehr gut, aber das hätte sie wohl besser bleiben lassen. Kurz darauf kam Herr N. mit einem Treibstab. Und trotzdem die Vorderläufe des Kälbchens bereits zu sehen waren, wurde die arme Kuh gezwungen – breitbeinig und pressend – den gesamten Weg bis zurück in den Stall zu laufen! Anscheinend hatte Herr N. keine gesteigerte Lust darauf, abends das Kleine noch großartig hoch zu wuchten und zurück in den heimischen Stall zu karren. Sollte die Mutterkuh sich doch mal gefälligst zusammenreißen!

Auf halber Strecke zum Dorf kam das Mäulchen des Tierbabys auch schon an! Dass die Mutterkuh es überhaupt noch bis in den Stall geschafft hat, grenzt an höhere Magie! Kaum war sie an ihrem Platz angebunden, flutschte das Kleine aus ihr heraus wie Zahnpasta aus der Tube!

Man hätte diese arme Kuh ruhig auf der Weide abkalben lassen können. Rinder sind Fluchttiere. Bis zum frühen Abend wäre das Kalb kräftig genug gewesen, ein knappes Viertelstündchen neben der Mama her zu laufen. Es war schlicht und ergreifend die Bequemlichkeit des Landwirtes, unter der das Tier zu leiden hatte!

Um ganz ehrlich zu sein: Einen Urlaub auf einem solchen Bauernhof hätte ich als Mutter mit meinen Kindern zwei Mal gemacht – zum ersten und zum letzten Mal! Nee! Derartige Tierquälereien hätte ich meinen Kindern liebend gerne erspart...

Aber es gab ja schließlich noch so viele andere Dinge in und um F. Paps baute aus Haselbaumästchen kleine Pfeifchen. Aus denen kam zwar nur ein einziger Ton, aber wir Kinder waren sehr stolz auf unseren begabten Vater! Mutter spazierte mit uns über den alten Dorffriedhof und hatte zu manchem Grabstein über den Verstorbenen was zu erzählen. Zum Beispiel lag da die Frau des alten Bauern St., seine angetraute

Josephine. Die hatte Gebärmuttermyome, blutete bei jedem sexuellen Verkehr wie ein Schwein und wurde vom Bauern angeblich sogar auf dem Plumsklo genommen, um das Bettlaken nicht einzusauen. Josephine St. wurde angeblich irgendwann wohl von ihrem Gatten regelrecht zu Tode vergewaltigt!

Diese weit mehr als haarsträubende Geschichte erzählte Mutter mir aber erst, als ich im Teenageralter war. Wer weiß schon, ob sie stimmte. In den kleinen Dörfern wird schließlich viel geschnackt...

Wir pflückten im Wald Blaubeeren und abends gab es dann leckeren Blaubeerpfannkuchen. Paps trenste für uns Stan und Ollie, die beiden Ponyhengste von Bauer N. Die Hengste waren Zwillingsbrüder, schön schwarz-weiß gescheckt – und manchmal sehr temperamentvoll! Besonders, was Stan anging. Entweder er mochte dich oder er mochte dich nicht. Im Letzteren wäre jeder Reitversuch sinnlos gewesen; du wärst keine paar Sekunden auf seinem Rücken geblieben! Mich mochte er, Gott sei Dank. Allerdings auch nicht von Anfang an. Ich war damals, im Jahre 1973, eine zehnjährige Deern, eine rechte Stadtpflanze, die nicht die geringste Ahnung von Pferden hatte und dem zu Folge auch nicht wissen konnte, dass man sich Pferden, die ja Fluchttiere sind und deren Blickradius seitlich ausgerichtet ist, logischerweise möglichst nur von der Seite nähern sollte. Ich stieg in meiner grenzenlosen Naivität also über das Gatter und ging frontal auf Stan zu. Das Pferdchen erschrak fürchterlich und galoppierte auf mich zu. Stan stieg auf die Hinterhand und donnerte mir einen Vorderhuf vor´s Kinn! Besten Dank, Stan! Mir explodierten feurige Brezeln vor den Augen, mein Schädel zerplatzte fast und zu allem Überfluss landete ich mit dem nackten Rücken noch in einem großen Brennnesselbusch! Autsch, das tat Weh! Ich rappelte mich ungeachtet der Schmerzen hoch und flüchtete auf das Gatter zu, gefolgt vom zähnebleckenden, laut und wütend wiehernden Stan. Mann – der hatte mir echt Einen verplättet! Entsetzt sprang ich über das Gatter in Sicherheit und hatte erst ein Mal von Pferden die Nase gestrichen voll!

Wenige Tage später kam der Augenblick, der zwischen Stan und mir alles veränderte. Ich ging spazieren und kam an der Pferdekoppel vorbei. Schon von Weitem hörte ich ein lautes, durchdringend gequältes Gewieher und rannte hin, um zu sehen, was los sei. Da stand Ollie völlig verschüchtert in der Ecke. Sein Bruder Stan war an einem Birnbaum fest gebunden; er konnte nicht ein Mal den Kopf wenden. Ein Junge, etwas älter als ich und zweifellos mit einem leichten Inzest-Syndrom, traktierte den armen Stan mit einer Mistforke!

Das Pferdchen schrie, zitterte und bebte am ganzen Leib. An seiner linken Flanke waren tropfende Blutspuren. Ich stand da, gelähmt und starr vor Entsetzen! Doch dann – urplötzlich – explodierte die Höllenwut in mir! Jähzornig sprang ich über das Gatter, rannte von Hinten auf diesen abartigen Burschen zu und riss ihm die Mistforke aus den Händen! Jetzt bekam der Knilch die scharfen Metallzinken selbst zu spüren! Er stolperte schreiend und laut blökend über die Koppel und ich stach ihm mit aller Wucht die Forke in den Hinterschinken! Als er über das Gatter flüchtete, war seine Hose ziemlich blutig und lädiert! Wäre er nicht so schnell fort gekommen; ich glaube, ich hätte ihn in der Tat gelyncht...

Ich ließ die Mistforke fallen, atmete tief durch, um meine flatternden Nerven zu beruhigen. Holte hastig einen Eimer Wasser und einen sauberen Lappen, ging zu Stan, der noch immer dort angebunden stand. Vorsichtig wischte ich das Blut fort und sprach mit zitternder Stimme auf ihn ein. Als er sich etwas beruhigt hatte, wagte ich es sogar, ihn los zu binden. Mehr, als erneut auf mich los zu gehen und mich mit seinen Hufen und Zähnen zu attackieren, könnte er nicht. Das wäre schlimmstenfalls mein persönliches Pech gewesen.

Aber nichts dergleichen passierte! Er glotzte mich nur dankbar an und drückte mir seine warmen, weichen Nüstern gegen den Hals. Und dort klebte er dann für die nächsten zehn Minuten, Ich sprach beruhigend nonstop auf ihn ein und ging langsam kreuz und quer über die Koppel. Stan hing an meinem Hals, folgte mir wie ein Schatten und war anhänglich wie ein Knösel. Wie ein kleines Kind, das Halt und Hilfe suchte!

Ollie taute auch auf und kam langsam aus der Versenkung. Ich ließ die beiden Brüder alleine, rannte zurück auf den Hof und sprach mit Herrn N. über den Vorfall. Der meinte nur: »Jaja, der Knilch wohnt im Nachbardorf mit seinen Eltern. Der ist geistig zurück. Der ist bekannt für solche Biestereien. Ich werd´ mal doch mit seinen Eltern reden. Die sollen den Spacken gar nicht mehr frei rumlaufen lassen. Dieser Erzverbrecher gehört hinter Gittern, am Besten lebenslänglich in ein geschlossenes Irrenhaus!«

Ob Herr N. seine Worte wahr gemacht hat, weiß ich nicht, ja, ich wage es sogar zu bezweifeln. Eines jedoch war sonnenklar: Ich hatte mir Stan zum Freund gemacht!

Ollie wurde ebenfalls zu meinem Freund, alleine schon deshalb, weil er seinem Bruder nacheiferte. Er machte alles das, was Stan vormachte. Die Beiden büxten auch des Öfteren mal aus, galoppierten auf den Feldern herum oder spielten im Wald. Stan ließ sich wesentlich leichter wieder einfangen als sein jüngerer Zwilling. Das machte jedoch nichts. Sobald Stan dingfest gemacht und zurück auf die Koppel gebracht war, trabte Brüderchen einträchtig und brav hinterher. Doch umgekehrt war es genau so. Keiner konnte ohne den Anderen!

Ollie war meistens schüchtern und verlegen, doch wenn es um »Leckerlis« ging, gab er seine Zurückhaltung gänzlich auf. Ich machte mir morgens öfter mal den Spaß und schnitt Möhrchen, Äpfelchen und Rübchen zurecht, verstaute die Leckereien in sämtliche Jeans- und Jackentaschen und begab mich zur Koppel. Sofort kam Stan mit schrillem Gewieher und donnernden Hufen angaloppiert und rempelte mich erst ein Mal freundschaftlich und kumpelhaft mit der Kruppe an, dass ich gepflegt ins Schwanken kam. Ollie knabberte an meiner Kopfhaut herum, bis die Schwarte taub war. Dann suchten sie mich nach den Leckerlis ab, von Oben bis Unten. Die beiden Brüder wussten ganz genau, dass ich immer etwas am Körper versteckt hatte. Ich muss ihnen vorgekommen sein wie der Weihnachtsmann! Die Jungs waren doch so verspielt...

Ab und zu fuhren Julian und ich mit den Eltern nach A. zum Einkaufen. Dort haben wir dann immer im »Restaurant Schl.« zu Mittag gegessen. Wobei Mutter und ich uns jedes Mal über den Namen »Schl.« ganz furchtbar beölten. Doch im Gegensatz zu mir konnte Mutter sich eisern beherrschen. Ich selbst traute mich schon fast nicht mehr in das Restaurant hinein, aus Angst, plötzlich unbeherrscht loslachen zu müssen! Der Inhaber des Restaurants war nämlich so ein kleines, verhutzeltes Männchen, das eine Haltung und einen Gesichtsausdruck hatte, als habe es ein entsprechendes Trauma überstanden! Nomen est Omen! Dann kam dieses Wichtelchen auch fast immer persönlich an unseren Tisch und bediente uns. Am Schlimmsten war, dass Paps mir genau gegenüber saß

und heimlich seine albernen Faxen machte! Ich versuchte, stumm auf meinen Teller zu starren, um nicht los zu prusten! Paps äffte Herrn Schl.s komischen Blick nach – und glotzte mir dabei auch noch frech und herausfordernd ins Gesicht! Ich hockte vor meinem Teller und schwitzte buchstäblich Wasser und Blut!
Nach dem Essen haben wir uns auf der Straße jedes Mal fast eingeschifft vor Lachen...

Vom Mädel zur Frau

Im Alter von zwölfeinhalb Jahren bekam ich in F. meine erste Menstruation. Es begann mit Bauchkrämpfen und passierte morgens völlig unvermutet auf dem Klo. Plötzlich war alles voller Blut. Ich wusste zwar Bescheid, aber dennnoch war es erst ein Mal ein gewaltiger Schock. Eine neue Lebensphase hatte begonnen. Ich war jetzt eine Frau. Mutter durfte nach A. düsen, um für mich Binden, Watte, Tampons und Tabletten zu besorgen. Am späten Nachmittag gingen wir auf den Feldwegen spazieren. Mutter erklärte mir, dass ich nun körperlich eine Frau und im empfängnisfähigen Alter sei. Es sei mir ja hoffentlich klar, dass jeder sexuelle Verkehr mich zur Mutter machen könne. Aus diesem Grunde sei es angebracht, dass ich mich von nun an tunlichst vor den Männern in Acht nehmen sollte. Oh, die Menstruation sei eine reine Biesterei; Mutter selbst hatte als junges Deern ja auch damit zu schaffen gehabt. An die Schmerzen müsse ich mich wohl oder übel gewöhnen. Nach der ersten Geburt ginge das vorbei, aber damit hätte ich ja schließlich noch eine Menge Zeit. Wichtig sei jetzt, dass ich den Herren der Schöpfung erst ein Mal aus dem Wege ging. Und diesen Schietkram hätte ich von nun an alle vier Wochen et cetera…

Natürlich erzählte Mutter dann einer anderen Miturlauberin, dass an diesem Tage meine erste Regelblutung eingesetzt hätte. Na toll! Sie hätte ja gleich ein großes Reklameschild ans Scheunentor nageln können: Wencke hat ihre Tage bekommen! Innerhalb kürzester Zeit wusste es dann auch die Bäuerin, deren Tochter Gundula – bis hin zum Bauern, dessen Sohn Hinnerk und Kai-Ole, dem Knecht! Die Nachricht verbreitete sich auf dem Hof wie ein Steppenbrand!

Bravissimo! Echt super gelaufen…

Tatsächlich schienen mich die Männer von diesem Tage an in einem ganz anderen Licht zu sehen! Kai-Ole zum Beispiel, der mich nie zuvor beachtet hatte, verrenkte sich nun plötzlich wie verrückt den Hals nach mir! Als mir sein dämliches Gegaffe endgültig auf den Zwirn ging, fragte ich ihn kackfrech: »Sag′ mal, Kai-Ole, was gaffst du mich so blöde an? Hast du dir am Hals irgend ein Scharnier verklemmt, oder was ist los?« Sofort hörte die Glotzerei auf!

Herr N. hatte auch plötzlich ganz komische Anwandlungen. Ich stand im Kuhstall und sah in die drei Schweineboxen, um nach den Dauschen zu schauen. Meine Eltern standen ebenfalls im Stall und unterhielten sich mit dem Bauern. Der stand genau hinter mir und schaute beim Reden ebenfalls in die Boxen. Plötzlich merkte ich, wie eine grobe, schwielige Männerhand an meinem Oberschenkel entlang strich. Erst dachte ich an einen Zufall, aber dieser »Zufall« wiederholte sich mehr als ein Mal – und zwar bei den unterschiedlichsten Gelegenheiten! Ich hielt mich dann doch von Herrn N. künftig fern…

Bei den alten Bauern und den Knechten schien es wirklich nur eine Regel zu geben: So lange ein Mädel noch nicht in der Menstruation ist, gilt es einfach nur als Kind. Sobald jedoch die erste Regelblutung einsetzt, bist du eine Frau, bist du gebärfähig, bist genau das, als was auch eine Zuchtkuh oder eine Dausche zählt. Du bist nicht mehr und nicht weniger als eine Zuchtstute, die von nun an hemmungslos von den Hengsten besprungen werden kann. Diese Landwirte und Knechte sahen es doch mit schöner, alltäglicher Regelmäßigkeit bei den Tieren. Mehr als ein Tier in der Brunft ist eine junge Deern für gerade solche ungehobelten Hinterwäldler nicht mehr.

Die alten Bäuerinnen waren ja in jungen Jahren auch oftmals nur Zuchttiere für ihre Ehegatten und dienten im Endeffekt nur dem einen Zweck, nämlich Stammhalter in die Welt zu setzen…

Poppie

Poppie, der Hofhund, war knorke drauf! Mit dem gingen wir oft spazieren. Poppie war mittelgroß und sah aus wie der »Strolch« aus dem bekannten Walt-Disney-Film. Nur war er nicht grau, sondern schwarz. Paps benutzte einen Hosenriemen als Leine, denn über so etwas verfügten die N.s ja nicht. Wir tippelten mit Poppie die Feldwege und den Waldrand entlang und der Hund hatte seinen Spaß daran. Um die Mittagszeit kratzte er immer an unserer Türe, setzte sich unter den Tisch, legte uns abwechselnd den Kopf auf die Knie und sah uns mit seinem »Bitte-Bitte-Blick« von Unten treuherzig mit bettelnden Augen an. Poppie bekam immer seinen Anteil an Fleisch und das wusste er ganz genau. Eines seiner Lieblingshobbies war »Ferkelchen hetzen«. War er auf dem Hof und es verirrten sich mal einige neugierige Ferkelchen nach Draußen, rannte Poppie wie ein geölter Blitz hinter ihnen her, jagte und scheuchte sie wie ein Zerberus! Nein, er biss nicht zu, war auch nicht aggressiv diesen Winzlingen gegenüber. Bellen und Scheuchen, das war alles. Er tat es gerne und mit voller Inbrunst. Aggressivität lag ihm völlig fern. Wir alle amüsierten uns königlich darüber, wie eilig es selbst die neugierigsten Ferkelchen dann plötzlich hatten, wieder zurück zu Muttern in die Box zu kommen!

Ja, da war noch so eine Sache. Poppie war ein Rüde – und unkastriert! Tja, und in ganz F. gab es keine einzige Hündin. Man kann sich also leicht vorstellen, was der arme, testosterongesteuerte Poppie mitmachte! In Ermangelung an Hundedamen kriegte der arme Kerl dem zu Folge von Zeit zu Zeit einen ganz gepflegten Samenstau. Ab und zu musste er den ja auch mal abreagieren. Raus mit dem Ejakulat! Zu eben diesem Zweck begab er sich in den Kuhstall. So viel geballte Weiblichkeit! Die Kühe, die im Stall standen, hatten nichts zu befürchten. Aber wehe, Eine der Kühe lag oder war im Begriff, sich nieder zu legen! Poppie ging sie sofort an und fing an zu rammeln wie ein wild gewordener Karnickelbock! Schwupps – da konnte man die Kühe aber blitzschnell wieder hoch springen sehen! Doch es waren nicht nur die Kühe. Ab und zu versuchte der wuschige Bursche auch, im Schweinestall reihenweise die

Sauen zu vergewaltigen! Dort hatte er mehr Glück. Die Schweine hielten eher mal ruhig...

Und im Alter von fünfzehn Jahren habe ich fast mal geschrien vor Lachen! Es war ein wunderschöner Sommertag. Poppie spazierte ganz harmlos über den Hof. Ein kleines Deernchen, etwa gerade fünf Lenzchen jung und die Tochter eines anderen Urlauberpaares, fragte mich, was Poppie denn da unterm Bauch hätte. In Anbetracht des jungen Alters des Mädels sagte ich: »Ach, der Poppie hat da eine Pistole!« Bis dahin gut und schön. Tags darauf hörte ich das kleine Mädel plötzlich gellend schreien. Ich rannte hinunter und sah die Bescherung: Poppie lag auf dem Hof, leckte sein Geschlechtsteil und hatte eine richtig harte, stramme Erregung! Das Deernchen stand völlig geschockt, verstört und kreidebleich daneben und hatte krampfhaft die Finger in die Ohren gebohrt. Auf meine duselige Frage, was sie denn hätte, schrie die Kleine: »Pass auf – der Poppie schießt gleich!« Lachend zog ich das Mädel ins Haus, ging mit ihm zu seinen Eltern. Die hatten das Geschrei des Töchterchens nicht mitbekommen, da sie sich im rückwärtigen Bereich des Hauses aufgehalten hatten. Kichernd setzte ich sie über den Vorfall in Kenntnis und sagte ihnen, sie sollten dem Töchterlein doch besser mal gewisse Dinge, aber ganz gewisse Dinge aus dem Tierreich vorsichtig erklären. Die Beiden wurden knallrot und grinsten verschämt. Oh Mann, ich hätte vor Lachen abjodeln können…

Letztendlich fand Poppie im hohen Alter ein trauriges Ende:

Er wurde beim Streunen im Wald von der Schrotflinte des ortsansässigen Försters schwer verletzt. Der Förster hatte Herrn N. allerdings zuvor bereits mehrfach gewarnt, da in den Wäldern der Umgebung Tollwutgefahr herrschte. Herr N. nahm das aber wohl nicht allzu Ernst. Dann eines Tages hatte er Zwei seiner Nichten zu Besuch. Die Beiden hatten einen Boxerrüden namens Pedro dabei. Da die beiden Hunde sich gut verstanden, wollten die Deerns mit ihnen einen Spaziergang machen. Pedro hatten sie an der Leine, Poppie leider nicht. So zockelten die beiden Teenager mit den Hunden los. Etwa zwanzig Minuten später, ich stand gerade auf dem Hof, kam plötzlich vom Waldrand her ein lauter Knall! Kurz darauf kamen die Teenies tränenüberströmt mit Pedro an der Leine den Weg herunter gerannt. Poppie sei angeschossen worden und liege am Waldrand auf dem Weg! Hinnerk, der älteste Sohn des Bauern, schnappte sich Paps. Die Beiden ließen sich die genaue Stelle erklären, griffen sich eine große blaue Mülltüte zum Bergen des verletzten Hundes und machten sich gemeinsam auf den Weg. Als sie später zurück kamen, war der Sack blutverschmiert und ein großes Bündel lag darin. Poppie hatte eine Schrotladung abbekommen, die ihm die Schulter total zerfetzt hatte! Aus einer Schlagaderverletzung spritzte das Blut! Er habe zwar noch gelebt, aber kein Tierarzt der Welt hätte ihn retten können. Die Männer mussten Poppie direkt an Ort und Stelle erlösen. Man begrub ihn hinter der Scheune unter´m Apfelbaum...

Eines Tages fing Paps mir eine Blindschleiche. Sie kam in ein großes sauberes Gurkenglas, das speziell eingerichtet wurde. Für die Sauerstoffzufuhr hatten wir Löcher in den Deckel gebohrt. Zu Fressen bekam das Tier Insekten. Ich war riesig stolz und musste der Bäuerin natürlich gleich meine Blindschleiche präsentieren!

Frau N. bekam beim Anblick des kleinen Reptils fast die Schnappatmung! Sie hätte nie geglaubt, dass es in dieser Region noch Schlangen gäbe!

Die arme Frau, nicht gerade mit Bildung gesegnet, konnte ja nicht wissen, dass Blindschleichen keine Schlangen, sondern beinlose Eidechsen sind. Diese Tiere sind auf dem Wege, sich zu Echten Schlangen zu entwickeln. Der Körper streckte sich und im Laufe der Evolution bildeten sich die Beine zurück, bis sie vollständig verschwanden. Die Tiere züngeln auch bereits, können aber noch mit den Augen blinzeln, was Echte Schlangen nicht können. In einigen Millionen Jahren wird es wohl etliche neue Schlangenarten geben. Voraus gesetzt, der Mensch rottet sie nicht vorher kaltblütig aus. Noch sind es allerdings lediglich Schleichen. Frau N. jedenfalls meinte nur schnappend, ich solle ihr ja mit dieser ekelhaften Schlange vom Hals bleiben!

Natürlich wurde das Tier wieder unbeschadet frei gelassen...

Tierliebe

Tierquälerei hätte es bei uns ohnehin nicht gegeben. Lag eine Taube verletzt am Straßenrand – sie wurde bei uns gesund gepflegt. War Eines unserer Tiere krank, ging man mit ihm zum Tierarzt. Hätten wir in unserem Garten ein frisches Spinnennetz mutwillig zerstört, hätte das gewaltigen Ärger mit den Eltern gegeben. Wir konnten die kleinen Lebewesen in Feld und Flur gerne mit einer Lupe beobachten, wären aber schon von uns aus niemals auf die Idee gekommen, sie zu quälen oder gar zu töten!

Wir Kinder bekamen von unseren Eltern ein gewisses Motto mit auf den Weg: Quäle nie ein Tier zum Scherz, denn es fühlt wie du den Schmerz!

Ein Mal – ich war noch ein Kind – ist Paps fast wirklich mal ernsthaft ausgerastet! Da war Francis, unser Goldhamster. Ein saufreches Vieh! Der konnte ganz gemein zubeißen. Oft genug biss er sich dann regelrecht fest. Jedenfalls hatte Paps den Käfig an besagtem Tag morgens auf den Balkon gestellt, damit Francis frische Luft bekam. Er war wirklich um das Wohlergehen des Tieres besorgt. Paps sagte Mutter dann noch, sie solle, wenn die Sonne auf den Balkon wandern würde, den Käfig wieder hinein stellen. Dann ging er zur Arbeit. Mutter vergaß natürlich über Kinder und Haushalt das Tier. Abends, nachdem Paps wieder daheim war, fiel ihr schlagartig der Käfig ein! Paps stürzte auf den Balkon und sah nach. Francis war natürlich tot – in der prallen Sonne buchstäblich zu Tode gegrillt! Daddy hat furchtbar gebrüllt! Dass er Mutter dafür keine Tatze gegeben hat, war alles. So lief das bei uns mit den Tieren...

Ein Aquarium nannte Paps noch sein Eigen. In ihm lebten Neonfische, Black Mollies und diverse andere Wassergeschöpfe. Einen großen Fisch, »Neptun«, hatten wir auch mal. Der allerdings verspeiste mit schöner Regelmäßigkeit seine Mitinsassen. Also kam er zurück in die Zoohandlung. Die Black Mollies bekamen über Nacht jede Menge Nachwuchs. Zeitweise probierte Paps es mit Skalaren. Die gaben aber reihenweise ihren Geist auf. Kampffische hatten wir auch eine Weile. Später kleine Goldfische. Ich weiß gar nicht mehr, wann Paps das Aquarium aufgegeben hat. Irgendwann war es fort. So nach und nach hatten wir etliche Tiere: Kanarienvögel, eine Griechische Landschildkröte, eine Zauneidechse, Kaninchen, Hunde, eine Ratte, diverse Hamster und

Wellensittiche. Falko, den Ara, gaben die Eltern Jahrzehnte später in papageienkundige Hände...

Ein Hamsterweibchen, Patty, stand in meinem Zimmer. Sie war ein Teddyhamster. Bei Patty musste mit schöner Regelmäßigkeit die lange Haarschleppe am Hinterteil gestutzt werden. Die wuchs urig schnell, wie Unkraut. Ich stutzte auch brav. Nur kam Mutter irgendwann mal der Furz in den Kopf, ich würde mich mich zu Wenig um meine Patty kümmern. Was ja nicht stimmte. Ich hielt den Käfig sauber, gab Futter, Wasser, Heu und spielte abends mit ihr. Eben halt alles tat ich, was gut für Hamster ist. Mutter aber nahm mir kurzerhand aus einer irrigen Laune heraus den Käfig aus dem Zimmer. Mit dem einzigen Kommentar, sie werde sich von jetzt an ganz alleine um Patty kümmern; ich solle ja die Pfoten vom Käfig lassen! Insgeheim dachte sie wohl doch, ich würde das weiterhin tun. Ich allerdings hatte Muffe vor Mutters Ausbruch, hielt den Mund und kam, um Ärger zu vermeiden, dem Käfig nicht mehr zu Nahe. Das Ergebnis: Innerhalb kürzester Zeit war Patty still und leise verhungert!

Natürlich bekam ich dann die große Szene gemacht. Mir platzte endgültig der Kragen und ich schnauzte Mutter an, sie solle sich doch mal wieder an den Schiet mit Francis erinnern. Wenn sie nicht in der Lage sei, vernünftig mit Tieren umzugehen, warum hielt sie sich dann Welche? Und kein wirklicher Tierfreund würde so eine kleine Kreatur zu Tode grillen oder vor Hunger verrecken lassen!

Das Ergebnis meines Ausbruchs war eine saftige Tatze!

Mutter wollte sich diesen zweiten Fehler auch nicht eingestehen, genau so wenig wie den Ersten. Was dazu kam, war, dass sie grundsätzlich keine Kritik an der eigenen Person ertrug. Sie konnte ihr Lebtag nur austeilen, sogar grob beleidigend werden. Einstecken war ihr jedoch absolut fremd. Auf Austeilen verstand sie sich besser. Ja, was hätte ich denn noch tun können außer Käfig reinigen, füttern, tränken, das Fell stutzen und mit Patty spielen? Mein größter Fehler war, Mutter auf die Tatsache aufmerksam zu machen, sie selbst habe mir Patty schließlich entzogen. Mutter war schon immer sehr dominant und gestand sich grundsätzlich keine eigenen Fehler ein. Doch mein allergrößter Fehler war, ihr die Sache mit Francis noch ein Mal unter die Nase zu jubeln. Das war mehr, als Mutter ertragen konnte. Louise Allmächtig – Mütter machen einfach keine Fehler! So steckte ich die Maulschelle halt weg; eine weitere Debatte hätte eh keinen Sinn gehabt...

Später adoptierte ich Mimi, ein Goldhamsterweibchen. Paps schaute sich das Tier an, grinste und sagte, es sei trächtig. Ich grinste zurück und dachte, er mache einen Scherz mit mir. Tatsächlich bekam Mimi dann sieben Babies, fünf Söhne und zwei Töchter. Einer von den Buben hat es nicht überlebt. Junge Hamster haben nämlich so ab der dritten Lebenswoche die blöde Angewohnheit zu hüpfen. Der besagte Bursche hüpfte mir beim Saubermachen aus der Hand, klatschte auf den Teppich, brach sich ein Hinterbein und wurde von seiner Mama aufgefressen. Die anderen Junghamster kamen in die Zoohandlung, aus der ich Mimi hatte...

Zwei Mal leistete sich Mimi einen ganz dicken Hund:

Eines schönen Abends war sie, zusammen mit Maxi, unserem Zwergkaninchen, auf dem Sofa. Irgendwer kam auf die Idee, ein Möhrchen für die Tiere dazu zu legen. Maxi hatte keinen Jieper zu teilen. Mimi allerdings auch nicht. Und so fing sie an zu keifen und sprang Maxi ins Gesicht, wo sie sich dann fest biss! Die Tiere schrien und keilten sich auf der Couch herum wie die Kesselflicker! Lange Rede, kurzer Sinn – Paps blieb nichts Anderes übrig, als die Beiden mit Gewalt zu trennen! Maxi hatte einen kleinen blutenden Schmiss, aber an Sonsten war Keinem der beiden Tiere etwas passiert...

Das zweite Mal hatte Mimi in der Sofaritze ein Bonbon der Sorte »Nimm 2« ausgegraben und hamsterte das vermeintliche Leckerli, wie es Hamster nun ein Mal zu tun pflegen, ungerührt in ihre Backentasche. Sie bemerkte den Fehler schnell, auf Grund sofort eintretender Maulsperre, gekoppelt mit Panik- und Erstickungsanfällen. Natürlich versuchte sie, den dicken Knebel wieder los zu werden, nur leider vergeblich, da er sich ganz ungünstig im Mäulchen verkeilt hatte. Glücklicherweise aber so, dass ein Schnipsel des Bonbonpapierchens vorne aus dem Mäulchen heraus ragte. Paps fing die auf dem Sofa kreiselnde Mimi ein, öffnete ihre Kiefer und zog in Sisyphusarbeit – und ohne ihre Zähne zu verletzen – den süßen Bomber aus ihrem Rachen! Paps schwitzte anschließend buchstäblich Erbsensuppe und Mimi röchelte dankbar nach Sauerstoff. Sie war geläutert und machte zeitlebens – egal, wie verführerisch und lecker die Dinger auch dufteten – einen Riesenbogen um jegliche Bonbons! Es hatte ihr gründlichst abgestellt! Sie hatte die Nase gestrichen voll!

Es wurde ja nicht gefragt

An meine Schulzeit denke ich noch heute mit Grausen zurück!

Ich wurde im Jahre 1969 in P. in der F...straße eingeschult, wie gesagt, bei Frau L. Ich hatte schöne weißblonde Zöpfe. Leider spielte ich mit denen während des Unterrichts immer herum. Frau L. empfahl Mutter, sie solle mir die Zöpfe abschneiden. Was dann auch prompt geschah. Von einem Hochbinden des Haares war ja nicht die Rede. Eigentlich kam ich im Unterricht immer verhältnismäßig gut mit. Nur Rechnen war absolut nicht mein Ding. Mit Zahlen hatte ich es ohnehin nicht drauf. Das blieb bis heute. Ich erinnere mich noch genau daran, als Paps mit mir das Einmaleins paukte. Für jede falsche Antwort gab es Schelte. Platzte Paps endgültig der Kragen, gab es schon mal eine Maulschelle. Urigerweise hatte ich mit dem Rechtschreiben noch nie Probleme. Auch Schönschreiben lernte ich rasch. Was Basteln und Malen anging, lag ich weit an der Spitze! Aber ein dickes Problem bestand: Ich wusste grundsätzlich nie, was ich an Hausaufgaben hatte! Mutter schickte mich dann immer zu Einer meiner Klassenkameradinnen, die mir die Aufgaben aufschrieb. Es war ein kleiner Tick bei mir. Doch an Sonsten war ich nicht übel, was das Lernen anging.

Mein Cousin Alex sollte eigentlich mit mir gemeinsam eingeschult werden. Man befand ihn jedoch beim Test als geistig noch etwas zu unreif und steckte ihn erst ein Mal in die Vorschule. Ich kam also ins erste Schuljahr, Alex hatte Vorschule. Ich kam ins Zweite, Alex ins Erste. Ich kam ins Dritte, Alex blieb im Ersten kleben. Ich kam ins Vierte, Alex kam ins Zweite. Ich kam auf die Hauptschule F...Straße, also ins Fünfte, Alex blieb schon wieder kleben. Er war ein Fall für die Sonderschule!

In der Hauptschule kam ich zu Frau M. Ich war äußerst schüchtern, wollte mich bei Klassenkeile nie zur Wehr setzen. Gab es Dresche, hielt ich lieber still und schrie nur um mein Leben. Ein anderes Kind vermöbeln? Mich körperlich zur Wehr setzen, Eigeninitiative zeigen? Diese Idee wäre mir im Traum nicht eingefallen. Da mir Prügel von Daheim aus sehr wohl bekannt war, eben so wie die damit einher gehenden körperlichen Schmerzen, wollte ich das Selbe keinem Anderen antun. So etwas tat ich einfach nicht, egal, wie sehr mich manche Mitschüler peinigten. Einer anderen Person Schmerzen zufügen; dieser Gedanke lag mir absolut fern. Da ich auch während des Unterrichts die Zähne nicht auseinander bekam, kam ich zu Frau L. in die Klasse. Die Bezeichnungen für mich waren »psychisch auffällig« und »schwer verhaltensgestört«. Ich galt als äußerst sensibel und seelisch labil. Punktum! Selbst Herr S., der Hausmeister unserer Schule äußerte meinen Mitschülern gegenüber auf dem Pausenhof, ich sei geistig zurück. Es war eine Zeit, in der ein Kind noch sehr rasch abgestempelt wurde. Nach etwaigen innerfamiliären Ursachen wurde damals nicht gefragt.

Ich möchte allerdings heute noch wissen, woher unser Hausmeister diese Weisheit hatte. Hätte er Psychologie studiert, wäre er wahrscheinlich kaum als Hausmeister geendet, oder? Aber das Stigma war nun ein Mal eingebrannt. Die ersten ernsten Probleme kristallisierten sich allmählich heraus. Man wollte mich jedenfalls sehr bald schon in die Sonderschule abschieben. Das aber konnte Mutter wohl mit ihrer forschen Art und ihrer Redegewandtheit verhindern...

Ich hatte so gut wie keine Freundinnen, außer Veronika. Sie war ein Jahr älter als ich, hatte einen Vollalkoholiker zum Vater und eine äußerst verhärmte Mutter. Veronika und ich besuchten uns immer gegenseitig. Sie hielt sich eine Schnecke mit Haus in einem Blumentopf und zeigte mir, wie man sich die Fingernägel lackiert. Als ich mich an sie gewöhnt hatte, zogen wir in einen anderen Vorort!

Dort kam ich in die Städt. Hauptschule P...straße. Meine neue Lehrerin hieß Frau St. Als ich meinen Familiennamen nannte, meinten meine neuen Mitschüler: »Du bist aber auch keine Deutsche!«

Ich erwiderte, dass ich durchaus eine Deutsche sei. Mein Vater sei zwar in Rumänien geboren und aufgewachsen, aber meine Wurzeln lägen in Süddeutschland um Ulm oder Stuttgart herum. Von väterlicher Seite seien wir Donauschwaben, die ursprünglich als Tagelöhner in verschiedene Länder des Balkans angeworben worden waren, da sie sich in Landwirtschaft und mit Ernten besonders gut auskannten. In diesen Ländern seien die Donauschwaben dann ansässig geworden und brachten es zu eigenem, kleinem Grundbesitz. Die Familiennamen wurden geändert, allerdings zwangsweise, von behördlicher Seite. Nein, wir seien keine Rumänen, klar?

Aber so klar kam das offensichtlich doch nicht an! Ich lernte die Bedeutung des Wortes »Bastard« kennen und dass ich ein Solcher war. Mutter galt bei meinen neuen Mitschülern als »Rumänenschnalle« und ich denke mir, dass Einige meiner Mitschüler derartige Flausen wohl von ihren Eltern, die es nicht anders wissen konnten (oder wollten), noch tüchtig ins Hirn gepflanzt bekamen. Denn von Irgendwo her mussten meine Mitschüler derartige Äußerungen ja haben. Man rotzte mir ins Haar, stieß mich die Treppenstufen hinunter oder stach mir mit einem Feuerzeug glühend heiß gemachte Stecknadeln ins Fleisch. Wie sollte Frau St. da noch reagieren? Prügelstrafe oder Nachsitzen waren längst »mega – out«!

Überhaupt war auf dieser Schule Einiges im Argen!

Mehrmals im Monat musste ein Krankenwagen anrücken, weil sich zwei Schüler mal wieder gegenseitig krankenhausreif vertrimmt hatten. Ein Mädel aus der Fünften wurde auf dem Schulklo von mehreren Jungs aus der Neunten brutal vergewaltigt. Ein junger Türke stach einem jungen Griechen eine scharf gemachte Colaflasche in den Bauch. Wurde ein Schüler wegen irgend welcher Delikte von der Schule verwiesen, war das an sich schon absolut nichts Besonderes mehr. Auch gingen einige Mädel ab wegen Schwangerschaft. Eine Ehemalige aus unserer Klasse, Lena, bekam im Alter von sechzehn Jahren eine kleine Tochter! Amanda, eine andere Mitschülerin, schenkte im Alter von Fünfzehn einem Sohn das Leben!

Übrigens beschränkten sich die Beschimpfungen und die körperlichen Attacken nicht nur auf die Schüler. Selbst Lehrer wurden zu Tipp-Kick-Figuren degradiert, zu Opfern perverser Späße. Herrn K. wurde ein Kaugummi ins Toupet geschmiert und sein Kollege, Herr C., erlitt nach einem Schülerangriff sogar Rippenbrüche. Herr A. wurde als »Puppenköpfchen« bezeichnet. Die Titulierungen waren mannigfaltig. Frau St. war eine »hysterische Valium-Musch«, weil sie oftmals – vor versammelter Klasse – eine Valiumtablette schlucken musste, um den Unterricht wenigstens einigermaßen ohne Nervenzusammenbruch durchzustehen!

Um es mal direkt zu sagen: Unsere Schule war der Prototyp der modernen Extrem-Schulen von heute!

Nachts wälzte ich mich im Bett hin und her, morgens litt ich schon dermaßen unter extremer Schulangst, dass ich keinen Bissen hinunter brachte. Nach der Schule rannte ich oft flennend nach Hause. Jeden Abend die gleiche, stumme Frage: Wie lange dauert es, bis du selber mal im Spital landest? Wann trimmt dir Jemand die Zähne aus? Oder sticht die ein Glas in den Bauch? Oder fällt wie ein Tier auf dem Mädelklo brutal über dich her? Wie lange schauen die Lehrkräfte noch weg und schweigen aus Angst?

Im Unterricht sackte ich in etlichen Fächern ganz gewaltig ab – aber nie tief genug, um sitzen zu bleiben! Hätte ich mir erlaubt, eine »Ehrenrunde« zu drehen: ich weiß nicht, was daheim passiert wäre...

Meine Mitschüler hielten mich ganz offensichtlich für total hässlich. Ich sei käsig, klapperdürr, hätte schiefe Zähne. Zwar war ich noch nie hässlich, aber da mir das über Jahre hinaus immer wieder eingeredet wurde, glaubte ich es irgendwann selbst. Gut, braun wurde ich selbst in der heißesten Sonne nie, trug immer eine »vornehme Blässe« am Leib. Ich habe halt eine Alabasterhaut. Es stimmt, ich konnte essen, so viel ich wollte, meine Figur blieb sehr grazil. Die Fehlstellung meiner oberen Frontzähne habe ich dem Umstand zu verdanken, bei einem Unfall auf meinem Fahrrad auf einem leicht abschüssigen Weg mit einem Denkmal kollidiert zu sein. Nun, jedenfalls habe ich mir zum damaligen Zeitpunkt noch wirklich jede Kleinigkeit zu Herzen genommen. Wenn man alle Nase lang so einen irrsinnigen Humbug eingeredet bekommt, ist das wohl nur zu verständlich.

So kam es, wie es kommen musste: Mein eigenes Selbstwertgefühl sank nun logischerweise endgültig auf den Nullpunkt!

Erste Liebe

In ausgerechnet dieser Gemütssituation lernte ich Dschingis U. kennen. Es war im Frühjahr auf dem F...platz, einen Steinwurf vom Rathaus entfernt. Dort saß ich auf einer Bank und las in irgend einer Jugendzeitschrift. Irgendwann setzte sich Jemand dazu. Ich hatte den Menschen gar nicht richtig beachtet, sah nur eben aus dem Augenwinkel, dass es sich um einen Asiaten handelte. Vermutlich ein Tourist. Schnell vertiefte ich mich wieder in meine Zeitschrift. Doch irgendwann hielt dieser Typ mir plötzlich mitten im schönsten Lesen eine Zigarette vor die Nase. Okay, ich nahm sie an und bedankte mich auch artig. Schnell verwickelte der fremde Mann mich in ein Gespräch. Ich erfuhr, dass Dschingis Mongole war und in einem asiatischen Restaurant ganz in der Nähe arbeitete. Da er der deutschen Sprache nicht mächtig war, verständigten wir uns auf Englisch, das ich damals schon recht gut beherrschte. Dschingis lud mich ein auf Cola und Hamburger. Okay, da ich ohnehin sonst nichts Besonderes vor hatte, willigte ich ein. Wir gingen in einen Whopper-Laden. Als ich Dschingis nach dem Warum dieser Einladung fragte, antwortete er lächelnd: »Du bist ein sehr hübsches Mädel und ich möchte dich gerne kennen lernen!«

Das war ein Hammer für mich! Ich sollte hübsch sein, war plötzlich für Jemanden interessant!

Wie dem auch sei, dieser Dschingis U. hatte mich genau da, wo er mich haben wollte. Natürlich verabredeten wir uns und nach der Schule tigerte ich jetzt des Öfteren wieder in die Stadt, denn da war ja nun ein triftiger Grund. Ich zappelte quasi wie eine Forelle am Haken. Dschingis nahm mich mit und zeigte mir das Restaurant, in dem er arbeitete. Er sagte, ich könne jederzeit zum Essen kommen – aber bitte durch den Hintereingang, damit die Inhaberin mich nicht sehen und meckern könne!

Spätestens in diesem Moment hätte mir schon was dämmern müssen, aber stocknaiv und ohne das Wissen von Hupen und Tuten ging mir die Sache natürlich nicht im Geringsten auf. Ganz im Gegenteil, ich ließ mich von Dschingis sogar noch mit zu sich nach Hause nehmen. Unterwegs kaufte er noch eine große Tüte Pflaumen. Mit irgend etwas muss ein erwachsener Mann einem fünfzehnjährigen Mädel ja imponieren! Wir saßen also bei Dschingis in der kleinen Bude rum, tranken Cola und aßen Pflaumen. An und für sich eine sehr gute Zusammenstellung für Leute, die unter chronischer Dauerverstopfung leiden – oder für die ganz Waghalsigen, die gerne mal aus zwanzig Metern Entfernung in eine Aquavitflasche kacken wollen! Aber Dschingis und ich schienen die reinsten Schweinemägen zu haben; wir steckten das weg wie nix. Pflaumen auf Cola, das hatte was...

Wir unternahmen Viel, gingen in den Zoo, schipperten auf der Fähre über den See, bummelten gemeinsam Arm in Arm durch die Stadt, speisten bei McDonald´s, warfen unser Leibgericht ein (Pflaume auf Cola, selbstredend) und wir küssten und schmusten auch sehr viel. Nur zum Äußersten kam es nie!

Vor dieser Sache hatte ich zum damaligen Zeitpunkt auch noch zu viel Angst. Bislang hatte ich mir die ganze Angelegenheit immer irgendwie furchtbar eklig vorgestellt, hatte das ja im Urlaub mit schöner Regelmäßigkeit bei Hengsten, Rüden, Bullen und Ebern gesehen. Am Herbsten und Unappetitlichsten waren die Schniedel bei den Ebern. Wenn ich mir nun versuchte bildlich vorzustellen, wie so etwas bei einem Mann wohl aussehen würde – oh, nee! Richtiger Sex mit einem leibhaftigen Mann war für mich zu diesem Zeitpunkt einfach noch nicht vorstellbar!

Gut, ich lag mit Dschingis des Öfteren auf dem Bett, aber so bald er Anstalten machte, seine Jeans zu öffnen, schlotterte ich vor Panik am ganzen Leib und glaubte, jeden Moment schreien zu müssen! Dschingis spürte meine Angst auch und hielt sich brav zurück. Einerseits war ich schon verdammt neugierig auf die Sache, aber andererseits wollte ich es auch wiederum gar nicht so genau wissen.

Und so ging das wirklich einige Monate lang. Alles lief rein platonisch. Ich ging auch oft durch die Hintertüre des Restaurants und aß dort gratis, wenn Dschingis in der Küche arbeitete. Dschingis´ Kollegen kannten mich ja mittlerweile und ich durfte mir das Menü selber aussuchen. Die Inhaberin des Restaurants bekam ich nur ein Mal ganz flüchtig zu Gesicht. Eine Blondine; ich wusste lediglich, dass sie eine Deutsche war...

Irgendwie hatte Dschingis eine sehr positive Wirkung auf meine Psyche. In der Schule setzte ich mich plötzlich dermaßen durch, dass alle

Mitschüler einen Heidenrespekt bekamen! Auch meine schulischen Leistungen besserten sich schlagartig! Allerdings wusste Niemand auf der Schule, dass ich nun einen Freund hatte. Einen Menschen, der mich wahr nahm, der mir sein persönliches Interesse entgegen brachte, mir seine warme Zuneigung schenkte. Meinen Eltern gegenüber hatte ich Dschingis mal erwähnt. Mutter meinte nur: »Komm ja nicht eines Tages mit einem dicken Bauch nach Hause! Dann, und das dürfte dir ja wohl klar sein, stecke ich dich dahin, wo du dann auch hin gehörst! In ein Heim für junge Teenager-Mütter! Das sind ja alles so frühreife, läufige Flittchen, die sich herum treiben! Unter meinem Dach bleibst du dann jedenfalls nicht mehr! Dann kannst du alleine zuschauen, wie du mit dem Balg klar kommst! Ich habe zwei Kinder aufgezogen; von diesem allnächtlichen Babygebrüll habe ich ein- für allemal die Nase gestrichen voll! Das mache ich kein drittes Mal mit!«

Manchmal habe ich heute noch den Eindruck, sie hatte mich innerlich ohnehin schon abgeschrieben und keine Lust mehr, noch genau wissen zu wollen, was ich so trieb. Fakt aber war: Sie war selber in ihrer Rolle als Mutter gänzlich überfordert und hatte schlicht und ergreifend einfach keine Kraft mehr, sich noch großartig Gedanken über mich zu machen…

Es war nur sonnenklar, dass sie sich mit der Zeit verstärkt auf Julian konzentrierte. Wenigstens er sollte in normalen Bahnen bleiben! Dass ich mich herum trieb, qualmte und wohl ganz offensichtlich auch mit diesem Mongolen herum hurte, das alles war schon schlimm genug für sie. Es muss dazu gesagt werden, dass Mutter aber grundsätzlich in Allem das Unmoralische sah. Nicht nur in Sexualität vor der Eheschließung – sondern in Sexualität überhaupt! Sex war nichts, was wunderbar sein konnte. Ich war zwar aufgeklärt, aber das war auch schon alles. Jetzt kann ich andererseits aber auch beim besten Willen nicht behaupten, Mutter hätte mich nicht gründlichst aufgeklärt. Im Gegenteil, sie hatte mir sogar das Buch »Die gesunde Frau« besorgt, von Claus-Peter Legal, einem Gynäkologen, geschrieben. Gegenüber meiner Großmutter war sie, was diese Sache betrifft, überraschenderweise schon sehr fortschrittlich. So wusste ich also über alles sehr gut Bescheid, angefangen von der Sexualhygiene über den Bau und die Funktion der weiblichen Geschlechtsorgane über den gesamten weiblichen Zyklus bis hin zu

Empfängnis, Schwangerschaft und Geburt so wie diverse Frauenkrankheiten, Verhütungsmethoden, Abtreibung und Wechseljahre. Wer von den heutigen Teenagern weiß denn wohl, was die »Knaus-Ogino-Methode« (*wovon übrigens ganz dringend abzuraten ist*) oder was das »Corpus Luteum« ist? Oft genug hatten Mutter und ich diese gesamten Themen von Vorne bis Hinten durchgesprochen. Also kann ich wirklich nicht sagen, sie hätte mich »dumm« gelassen! Mit meinen damals erst fünfzehn Jahren hätte ich so manch einer Vierzigjährigen in Sachen Aufklärung haushoch was vormachen können!

Aber Eines wusste ich nicht, nämlich, dass Sex mit einem Mann Freude und Vergnügen machen sollte. Zwar kannte ich den Höhepunkt und was dahinter steckt. Nun kannst du bei der Masturbation aber auch jeder Zeit abbrechen, wenn du die Schnauze voll hast. Genau das war der Knackpunkt und meine insgeheime Angst: Kannst du, wenn du mit einem Mann aus Fleisch und Blut zusammen liegst, auch einfach abbrechen? Hört der Mann sofort auf, wenn er merkt, dass du Panik schiebst? Was ist, wenn es zu einem Scheidenkrampf kommt? Wird der eigentliche Geschlechtsakt vielleicht sogar brutal?

Über so Etwas sprach Niemand mit mir und ich wagte mich auch nicht, Mutter danach zu fragen. Sie war für dieses Thema wohl nicht unbedingt die geeignete Gesprächspartnerin. Mutter sprach nur über den rein mechanischen Vorgang, doch von Gefühlen war nie die Rede. Auch nicht über Gefühle, die tief aus dem Herzen kommen. Sie sprach eben nur: »Wenn du verheiratet bist, musst du deinem Mann auch regelmäßig zu Willen sein. Du kannst schließlich nicht jedes Mal Migräne oder Rückenschmerzen vortäuschen, wenn der Herr Gemahl gerade mal wieder »in Stimmung« ist. Wenn du dich fortwährend verweigerst, holt er sich sein Vergnügen eben woanders. Diese Idioten haben eh nur das Eine in ihren verfaulten, verdorbenen Gehirnen! Keine Frau möchte, dass ihr Mann umtriebig wird. Welche Frau teilt ihren Mann denn schon gerne mit einer Anderen? Wenn dein Mann also seinen Samenstau abreagieren will, hältst du besser ruhig. Das wirst du noch früh genug merken, wenn du selber mal unter der Haube bist!«

Für sie selbst war der Geschlechtsakt eine widerliche und eklige Angelegenheit und wenn es nach ihr ginge – sie könne gut und gerne auf diesen ganzen Schietkram verzichten...

Heute denke ich, dass Mutter mir mit ihrem derart negativen Gerede die körperliche Liebe madig machen wollte. Sie versuchte, mich vor etwas zu bewahren, das ich – zu Mindest zum damaligen Zeitpunkt – noch nicht haben sollte. Vielleicht wollte sie mir für´s Erste den Appetit auf Sex vergällen in der Hoffnung, das Verlangen bei ihrer jugendlichen Tochter noch ein paar Jährchen hinaus zu zögern. Hinzu kam: sie wurde selbst als junges Mädel in ihrem eigenen Elternhaus tatsächlich derart asexuell erzogen.

Darauf aber stellte sich für mich die ganz große Frage: Wie zum Henker hat sie es fertig bekommen, all die langen Ehejahre, in denen Sexualität ja logischerweise eine nicht ganz unbedeutende Rolle gespielt haben muss, mit zusammengebissenen Zähnen zu erdulden und den Akt quasi mit äußerstem Ekel zu ertragen? Und das, ohne auf die Dauer vor Ekel und Abscheu durchzudrehen? Denn schließlich existierten Julian und ich – und jeder existierende Mensch (*außer bei den modernen, heutigen Methoden der künstlichen Insemination*) ist ja nun ein Mal das Produkt sexueller Aktivitäten seiner Eltern!

Wenn es Mutter so anwiderte, wäre sie doch vielleicht in einem Kloster besser aufgehoben gewesen. Und überhaupt: Eine Frau, die die körperliche Vereinigung so dermaßen verabscheut, sollte doch ganz im Grunde genommen froh sein, wenn der Mann sich sein Vergnügen außerhalb der Ehe sucht. So hat die Ehefrau doch wenigstens ihre Ruhe – und der Ehemann ist dennnoch glücklich!

Noch besser allerdings ist es für eine solche Frau, gleich von Vorne herein auf ein Zusammenleben mit einem Mann zu verzichten…

Jahre später brachte ich in Erfahrung, dass Großmutter, bevor sie Großvater begegnet war, bereits eine relativ kurze, aber unglückselige Ehe hinter sich hatte. Nach wenigen Jahren hatte ihr erster Mann sie plötzlich Monate lang nicht mehr angerührt. Oma hatte eines Tages beim Bettenmachen einige eitrige Watteflocken unter seinem Kopfkissen gefunden. Sie hatte sie in einen Beutel gepackt, war damit zu ihrem Hausarzt gegangen und hatte die mit Eiter beschmierten Watteflocken analysieren lassen. Heraus kam dabei, dass Omas erster Mann an Tripper litt!

Oma fragte ihren Hausarzt: »Kann mein Mann sich das vielleicht auf irgend einer öffentlichen Toilette geholt haben?« Woraufhin sie zur Antwort bekam: »Nein, wohl eher bei einer anderen Frau!«

Oma wurde bei dieser Gelegenheit gleich mit untersucht. Bei ihr fanden sich keine Tripper-Erreger; sie war kerngesund. Es konnte also dem zu Folge bereits seit längerer Zeit kein ehelicher Geschlechtsakt mehr stattgefunden haben!

Abends hatte Oma ihren Mann dann zur Rede gestellt und ihn mit der Analyse konfrontiert. Der hatte ihr dann zur Antwort gegeben: »Ja, ich habe mir mein Vergnügen anderweitig gesucht. Mit dir kann ich auf dieser Ebene nichts anfangen; du bist wie eine Eisenbahnschwelle!«

Oma hatte ihre Sachen gepackt, war wieder zurück zu ihrer Mutter gezogen und reichte umgehend die Scheidung ein. Sie wurde schuldlos geschieden – mit gerade ein Mal Mitte Zwanzig!

Jahre später, als sie dann mit Opa verheiratet und selbst Mutter war, warnte sie ihre Tochter natürlich vor den Männern. Wie ekelhaft und abartig ihr Verhalten sei, was sie alles an Schietkram von ihren Frauen verlangten. Man könne keinem Mann vertrauen; sie seien in ihren Biestereien alle gleich gestrickt. Besser wäre es ohnehin, auch die Tochter nicht mit dem Vater alleine in der Wohnung zu lassen…

Vermutlich hatte Oma von Vorne herein auch bereits eine asexuelle Erziehung genossen. Selbst ihren eigenen Vater hatte sie nur als Säufer und brutalen Schläger gekannt. Alltägliche Rohrstock-Klatsche und Tatzen waren fast schon die Regel. Was sonst noch vorgefallen oder nicht vorgefallen war, weiß ich nicht, wage mir Eventuelles oder nicht Eventuelles gar nicht erst vorzustellen. Omas Vater hatte sogar, wenn es ihm nicht schmeckte, die Bratkartoffeln in den Ofen geworfen und zischend drüber geschifft! Oma Grete war somit die panische Angst und der unüberwindbare Ekel vor Männern frühzeitig eingeimpft worden. Nach ihrer Scheidung wurde sie – von Opa Erich schwanger – von ihrer herzlosen Mutter Knall auf Fall vor die Türe gesetzt! Opa nahm sie auf und ging mit ihr die Ehe ein, bevor Onkel Karl geboren war. Hätte Opa Erich sie nicht geheiratet – wer weiß, in welchem unsäglichen Elend Oma Grete gelandet wäre! Und nun gab sie an ihre eigene Tochter – meine Mutter – ihre schlechten Erfahrungen in der Erziehung weiter. Es

nimmt daher nicht Wunder, dass Mutter die selbe asexuelle und total gegen sämtliche Männer gerichtete Einstellung entwickelte!
Aber wie dem auch sei, ich glaubte ihr diesen Ekel. Ich hatte vor Dschingis´ bestem Stück eine panische Angst und träumte und bibberte munter weiter...

Kakerlakenbrut

Zwischendurch war endlich Schulentlassung. Es kam mir vor wie die Beendigung einer unvermeidlich langen Gefängnisstrafe!

Nach den Sommerferien sollte ich auf die hauswirtschaftliche Frauenberufsschule gehen. Apropos Schule: Die Städt. Hauptschule P...straße existiert als Solche nicht mehr! Mutter erzählte mir vor vielen Jahren, man habe in dem alten Schulgebäude mittlerweile eine Volkshochschule eingerichtet, mit Kursbereichen für Kunst, Musik, Fremdsprachen, Rückentraining, Yoga, Basteln usw. Es ist also nun ein »sauberes« Gebäude. Wahrscheinlich war der Mistbunker als Hauptschule einfach nicht mehr tragbar. Denn viele meiner ehemaligen Mitschülerinnen und Mitschüler sind ja mittlerweile ebenfalls selbst längst erwachsene Leute. Unter Denen werden nicht Wenige sein, die später selbst Kinder im schulpflichtigen Alter hatten. Die betreffenden Mütter und Väter, die diese Hauptschule selber noch von der eigenen Schulzeit kannten, werden es sich mit Sicherheit zwei Mal überlegt haben, ob sie ihre Sprösslinge auf diese verruchte Schule schicken sollen. Auf jeden Fall denke ich mir, dass dieser Umstand bei unserer Stadtverwaltung Anlass zum Nachdenken gegeben haben muss. Irgend etwas muss publik geworden sein bei den an Sonsten schlafenden, städtischen Angestellten. Diese Schule war äußerst unbeliebt und wurde offenbar wie die Pest gemieden! Es kamen viel zu wenig Neueinschulungen, lohnte sich nicht mehr!

Also wurde die Hauptschule aufgelöst und zu einer Volkshochschule umgewandelt!

Wenn man eine Kakerlakenbrut endgültig los werden will, genügt es nicht, nur einzelne Individuen zu entfernen. Man muss schon das gesamte Gebäude von Grund auf ausräuchern! Anders geht es nicht!

Es war das wohl denkbar Beste, was überhaupt passieren konnte...

Treue Freunde

Unsere Urlaubsferien verbrachten wir wie üblich wieder in F. Mutter lag mir mittlerweile schon seit etlichen Wochen in den Ohren, wie dreckig und verhurt ich mich aufführen würde und dass sie selbst in meinem Alter noch mit Puppen gespielt hätte anstatt mit Kerlen herum zu scharwenzeln. Ich führe mich wie eine frühreife Nutte auf, wie ein scharfes Radieschen – und dann auch noch mit einem Mongolen!

Selbst in F. ging der Terror weiter. Konnte sie mich selbst im Urlaub nicht damit in Frieden lassen? Dschingis war weit weg, war momentan also für mich unerreichbar. Ich hatte Ferien, wollte ausspannen und kam einfach nicht zur Ruhe. Ich vermisste Dschingis ganz schrecklich, seine ruhige, sanfte Art. Sein liebes Gesicht, sein Lächeln, seine Fähigkeit, zuhören zu können. Ich versuchte mich bei den Tieren auf dem Hof abzulenken und spielte viel mit ihnen. Mutter ging ich aus dem Weg, so gut es ging. Lieber streifte ich einsam durch die Wälder. Wie gerne hätte ich Jemandem von meinem ganzen Druck und dem Kummer erzählt! Nur bei den beiden Ponies Stan und Ollie sprach ich mich aus, fand ein wenig Frieden und Trost. Doch das kann natürlich einen Menschen nicht ersetzen. Von Mutter kamen praktisch nur noch ellenlange Gardinenpredigten und Beschimpfungen am laufenden Band…

Irgendwann fasste ich plötzlich den Entschluss, aus dem Leben zu gehen. Einen soliden Strick findet man auf jedem Bauernhof und einen Solchen hatte ich auch schnell zur Hand. Mein Gedanke war, über den Feldweg in den Wald zu gehen, direkt zu meinem geliebten Steinbruch, mir dort einen starken Baum zu suchen, an ihm hinauf zu klettern, den Strick um Einen der starken Äste zu binden, mir die Schlinge um den Hals zu legen und mich mit einem Sprung von der Welt und diesem ganzen Nerventerror befreien…

Ich wollte allerdings nicht gehen, ohne mich zuvor noch von Stan und Ollie zu verabschieden. Mit dem langen, gerollten Seil in der Hand kletterte ich über das Gatter zur Pferdekoppel. Die beiden Hengste kamen auch sofort angetrabt – aber nicht so stürmisch wie gewohnt, sondern ungewohnt langsam und mit hängenden Köpfen. Sie stupsten mich ganz sanft und liebevoll an. Die Beiden müssen irgend etwas gespürt oder geahnt haben, denn in ihren Augenwinkeln glänzten Tränen und Stan sah mich so traurig an, als wolle er sagen: »Bitte tu´s nicht!«

Ich blieb lange bei ihnen. Stan und Ollie zeigten mir doch, wie gern sie mich hatten und bewiesen mir ihre treue Freundschaft. Der Strick flog im hohen Bogen über die Koppel und ich klammerte mich abwechselnd an die Hälse der beiden Pferdchen und weinte völlig hemmungslos!

Der Gedanke, aus dem Leben zu gehen, war schneller verflogen, als er gekommen war. Nein, wieso sollte ich das tun? Daheim in P. hatte ich Joe und hier in F. hatte ich Stan und Ollie. Ich war doch nicht völlig alleine. Schließlich hatte ich mich wieder beruhigt. Es war irgendwie tröstlich, mit Stan und Ollie so »auf du und du« zu sein. Einen Nebeneffekt aber hatte das Ganze: Seit eben diesem Tage ist mir der Gedanke daran, Pferdefleisch essen zu müssen, gehörigst vergangen! Bis zum heutigen Tage habe ich meinen Schwur nicht gebrochen!

Und egal, wie sehr mir Mutter immer wieder einzutrichtern versuchte, dass ich, sollte ich irgendwann mit einem kleinen »Bastard« im Bauch ankommen, meine Siebensachen packen könne – es ging mir von diesem Tage an, auf Deutsch gesagt, gründlich am Kopf vorbei und prallte nur noch an mir ab...

In der selben Woche bekam ich dann auch gleich ein passendes Beispiel geliefert. In einem Nachbardorf musste eine Sechzehnjährige heiraten, weil sie schwanger war! Wir waren bei der kirchlichen Trauung dabei!

Abends reifte in mir plötzlich ein Wahnsinnseinfall hoch, der sich Tag für Tag immer tiefer in meinem Kopf fest pflanzte. Der Gedanke kam mir selbst sehr unheimlich vor. Wie konnte ich diese Idee überhaupt in Betracht ziehen? Und doch war mir klar, dass es die einzige Möglichkeit war, aus dem Elternhaus fort zu kommen. Heureka! Ich musste schlicht nur das Gegenteil dessen machen, was Mutter mir seit Monaten einzutrichtern versuchte! Eine andere Lösung gab es einfach nicht!

Nach unserer Rückreise würde ich ohne weiteren Hokuspokus mit Dschingis in die Koje gehen. Ich wollte es ganz bewusst darauf ankommen lassen, um möglichst rasch von daheim fort zu kommen...

Natürlich hatte ich auch nach wie vor gehöriges Fracksausen bei dem Gedanken daran, dass Dschingis mich mit seinem Ding berühren und damit sogar in mich eindringen würde. Die letzten Tage im Dorf bra-

chen an und ich musste mich bemühen, das Gefühl der ansteigenden Panik und des mittlerweile doch langsam aufkommenden Ekelgefühls zu überwinden. Schließlich liebte ich Dschingis doch auch von ganzem Herzen. Jetzt würde ich ihm zu Willen sein, würde ihm geben, was er sich wünschte, wonach er sich doch so sehnte. Schließlich wollte ich ihn ja auch nicht verlieren; er war praktisch meine einzige noch existierende Bezugsperson. Wer bekommen wollte, musste auch geben können. Für Männer schien die Liebe ganz offensichtlich auf Sex zu basieren. Sie erwarteten, dass die Frau die Beine für sie breit machte. Irgendwann würde Dschingis mein pausenloses, geziertes Affentheater nicht mehr mitmachen wollen, dessen war ich sicher. Was mich erneut in Isolation und Einsamkeit treiben würde. Er hatte schon einige Male leicht entnervt die Augen verdreht! Für Männer war Sex ganz offenbar eindeutig ein Liebesbeweis. Ich sagte mir, dass noch keine Frau durch das erste Mal gestorben sei. Jetzt noch geschähe es freiwillig. Später, in einer Ehe, würde der Gatte mit schöner Regelmäßigkeit darauf bestehen!
Ich konnte Dschingis nicht auf alle Ewigkeit hin halten und mich weiterhin wie eine Zicke am Milcheimer benehmen. Bis Pflaumenpfingsten würde er sicher nicht warten. Gab es überhaupt seit Bestehen der Menschheit auch nur eine einzige Sekunde, in der nicht irgendwo auf der Welt ein Geschlechtsakt statt fand und neues Leben entstand? So extrem eklig konnte es dem zu Folge also gar nicht sein. Warum bitte wurde sich dann auf dem gesamten Globus pausenlos lustig und munter herum vergnügt? Es kam ja nicht ganz umsonst ca. alle vier Sekunden irgendwo auf der Welt zu einer Niederkunft! Es sollte doch schließlich geschehen; ich wollte es doch so, oder etwa nicht? Eine Geburt war mit Sicherheit deutlich schmerzhafter als ein Geschlechtsakt. Und schließlich hatte sogar meine eigene, übertrieben puritanische Mutter derartige »Attacken« ebenfalls überlebt...

Das erste Mal

Ich weiß es noch genau, als ob es gestern gewesen sei:

Am 6. August 1978 kamen wir nach P. zurück und genau einen Tag später fuhr ich in die Stadt und schlich mich wieder in die kleine Restaurantküche. Dschingis und ich fielen uns überglücklich in die Arme! Aufgeregt wie ich war, bekam ich keinen Bissen runter. Mein Hals war trocken wie Stroh. Nachmittags hatte Dschingis dann den Rest des Tages frei. Als er Feierabend hatte, gingen wir gemeinsam bis zu seinem Haus, dann hoch in sein Zimmerchen. Ich erzählte ihm von meinem Urlaub und er strahlte mich an und flüsterte nur unter Tränen, wie sehr ich ihm gefehlt habe. Ich war dankbar, reden zu können. Das Gespräch lockerte mich ein Wenig auf, denn heute sollte »es« schließlich geschehen. Ich redete von dunklen Wäldern, den Kühen, Ponyreiten und Ferkelchen – wohingegen Dschingis wohl an ganz eine andere Art der »Ferkelei« gedacht haben dürfte! Aber er hörte mir geduldig zu und freute sich, dass ich so einen wunderschönen Urlaub verlebt hatte und jetzt endlich wieder bei ihm sei. Das Reden entkrampfte meine eigene, innere Stimmung ein Wenig. Wie üblich gab es Cola und Pflaumen.

Irgendwann lagen wir unter der Bettdecke, Beide in voller Montur. Dschingis half mir aus dem T-Shirt und öffnete meine Hose. Bebend, zitternd und schlotternd ließ ich es mir gefallen. Er half mir aus den Sachen und zog sich dann selbst aus. All das spielte sich natürlich ganz züchtig unter der Decke ab. Dschingis fragte mich sogar, ob ich die Pille nehmen würde. Ich log und sagte, ja, mittlerweile würde ich sie nehmen. Dschingis lächelte zärtlich und flüsterte, ich solle keine Angst haben. Er würde mir so wenig als möglich Weh tun. Er wälzte sich über mich und mir schlug vor Panik das Herz bis zum Hals hinauf. Als er mir mit dem Knie die Beine auseinander drückte, ging mir nur noch ein Gedanke automatisch durch den Kopf: Jetzt wirst du harpuniert! Jetzt wird er dich attackieren und beschmutzen...

Aber in dem Moment, als Dschingis in mich eindrang, war ich plötzlich von Jetzt auf Gleich die Ruhe selbst. Ich spürte ihn tief in mir und dachte: So – das ist es also! Er bewegte sich vorsichtig und behutsam in mir. Das Ekelgefühl aber blieb bei mir aus. Im Gegenteil, es war trotz der Tatsache, dass ich so zu sagen Neuland betrat, noch nicht ein Mal so unangenehm. Es war sogar irgendwie eine sehr zärtliche und geborgene Erfahrung. Mir war nur bewusst, dass ich jetzt – so wohl körperlich als auch moralisch – wirklich eine Frau war. Dschingis´ Frau, denn er hatte mich in diesem Augenblick dazu gemacht!

Irgendwann war die angeblich so eklige Angelegenheit beendet und nach einigen Kuschelminuten standen wir auf und kleideten uns wieder an. Wir aßen die restlichen Pflaumen, rauchten noch eine Zigarette. Da ich nicht zu spät nach Hause kommen wollte, fuhr ich nach einer letzten zärtlichen Umarmung zurück zu meinem Vorort. Zuerst natürlich zu Despina, meiner griechischen Freundin. Ich sagte ihr, dass der sexuelle Akt überhaupt nicht so schlimm sei, wie manche Leute behaupteten. Despina hatte ebenfalls einen Freund und das gleiche Fracksausen vor der körperlichen Vereinigung. Es war zwischen uns beiden Mädels quasi nur eine Frage der Zeit gewesen, Welche von uns Beiden als Erste die Unschuld verlieren würde. Nun hatte ich sie überholt! Potzblitz – ich hatte es geschafft!

Am anderen Tag fasste Despina sich dann auch ein Herz und gab sich ihrem Freund körperlich hin...

Und was nun?

Meinen Eltern gegenüber ließ ich mir nicht das Geringste anmerken und setzte mein Pokergesicht auf. Despina hätte mir ja notfalls ohnehin ein Alibi besorgt. Das hatten wir beiden Mädels vorsorglich bereits abgesprochen. In der nächsten Zeit habe ich mich also sehr oft mit Despina getroffen. Nur, dass Despina mit einem Male Schlitzaugen hatte und an Statt der deutschen und der griechischen Sprache mächtig zu sein, beherrschte sie plötzlich nur noch Englisch und Mongolisch!

Die echte Despina deckte mein Tun sehr gut und besuchte mich selber auch sehr häufig. Eben so, wie ich sie tatsächlich oft besuchte. Ich wurde sogar dermaßen überlegt, dass ich ihr die Uhrzeiten nannte, von wann bis wann ich bei Dschingis war. Wir wollten verhindern, dass sie plötzlich bei meinen Eltern aufkreuzte – und das zu einer Zeit, in der ich angeblich gerade bei ihr war! Das hätte nämlich gerade noch gefehlt. Die Sache flog auch echt nicht auf; unser Deal lief wirklich astrein. Ich genoss die Liebesstunden mit Dschingis und kam dabei noch nicht mal in Stress. Zu Hause schien ich doch eh Allen egal zu sein und irgendwie wollte ich jetzt nur noch die ganze Angelegenheit auf mich zukommen lassen. An manchen Tagen blieb ich auch ganz daheim und auch das schien der Familie egal zu sein. Wencke war abgemeldet. In den Augen meiner Mutter machte ich doch ohnehin, was ich wollte. Also vermied man Streit und stellte auch keine großartigen Fragen mehr...

Wie der Teufel es will, blieb meine nächste Periode prompt aus! Es gelang mit sogar, meinen Eltern gegenüber Bauchschmerzen zu simulieren, trotz meiner inneren Unruhe. Ich ließ klammheimlich einige Tampons verschwinden, allerdings so, dass es auffallen musste, dass in der Schachtel Welche fehlten. Mutter und ich bedienten uns nämlich aus einer Box. Mittlerweile überfiel mich sogar ein Anflug von Panik. Was wäre, wenn? War es wirklich richtig, was ich getan hatte? Aber vielleicht würde die Regel ja etwas später einsetzen. Junge Mädel hatten gelegentlich mit Schwankungen in der Menstruation zu tun, das wusste ich. Bei mir allerdings hatte sich die monatliche Regelblutung schon ziemlich pünktlich eingependelt...

Mittlerweile besuchte ich nun auch die hauswirtschaftliche Frauenberufsschule. Eine reine Mädelklasse! Unsere Klassenlehrerin hieß Frau Gabler. Ich hatte Freundinnen und fühlte mich auf der Schule pudelwohl!

Zu Dschingis ging ich jetzt gar nicht mehr. Erstens fehlte mir irgendwie der Drive dazu und wie hätte ich ihm zweitens erklären sollen, warum meine Brustwarzen härter und empfindlicher wurden? Ich ging also brav zur Schule und meine Regel kam auch weiterhin nicht…

Als sie den zweiten Monat immer noch nicht einsetzte, bekam ich wirklich Panik. Jeden Abend tastete ich im Liegen meinen Unterbauch gründlich unter der Decke ab. Da war doch ein winzig kleiner harter Ball zu fühlen – oder bildete ich mir das nur ein? Der war doch sonst nicht da. An Sonsten gab es bis auf meine jetzt überempfindlichen, harten Brustwarzen keinerlei besondere Anzeichen. Auch kein Heißhunger, von dem im Allgemeinen immer die Rede war. Das Einzige, was mir auffiel, war die Tatsache, dass mir morgens auf dem Schulweg beim Geschaukel des Busses und dem Geruch der Ledersitze schon mal etwas übel wurde – etwas, das mir vorher nie Probleme bereitet hatte. Mehr als ein Mal musste ich würgen und sprang an der nächsten Haltestelle in´s Freie, um mich dann in einer Ecke oder in den Papierkorb zu erbrechen. Außerdem begann ich, mit dem Reißverschluss meiner knallengen Lieblingsjeans zu kämpfen. Also zog ich einen weiten Schlabberpulli über und ließ die Hose halt offen.

Doch was war jetzt Fakt? Ich musste mir natürlich Klarheit darüber verschaffen, was mit mir los oder nicht los war. In einem günstigen Augenblick ging ich klammheimlich an die Geldkassette meiner Eltern, die sich im Wohnzimmerschrank befand, nahm mir fünfzig Mark heraus, suchte mir eine möglichst weit vom Wohnort entfernte Apotheke und besorgte mir einen Schwangerschaftstest.

Einige Tage später fügte es sich, dass beide Elternteile Spätdienst hatten. Julian war bei den Sch.-Jungs. Ich kramte das Päckchen hinter meinem Bett hervor und las den Beipackzettel genau durch. Dann ging ich zur Toilette und mischte die angegebene Menge Urin mit den beigefügten Chemikalien in dem kleinen Reagenzglas, welches in den kleinen Spiegelständer kam. Das Ganze stellte ich auf die Fensterbank und zog die Gardine vor. Dreißig Minuten hatte ich jetzt zu warten. Aber was anfangen mit dieser Zeit? Alle Nase lang in das kleine Spiegelchen zu starren würde auch nichts bringen. Um mich selber nicht ganz und gar verrückt zu machen, beschloss ich, einige Runden um den Block zu drehen. Meine Armbanduhr ließ ich ganz bewusst daheim. Die Versuchung wäre nämlich zu groß gewesen, alle Nase lang auf das Zifferblatt zu starren. Das hätte die Sache auch nicht einfacher gemacht.

Als ich meinte, die halbe Stunde müsse jetzt vorbei sein, ging ich wieder nach Hause. Mit belegter Zunge und einem Frosch im Hals betrat ich mein Zimmer und ging zur Fensterbank, wo ich die Gardine zur Seite schob und in das kleine Spiegelchen starrte. Auf dem Grund des Reagenzglases war in aller Deutlichkeit ein scharf abgegrenzter, rotbrauner Kreis zu sehen. Ach, du grüne Neune! Mir wurde abwechselnd heiß und kalt – positiv! Ich war schwanger!

Im ersten Moment saß der Schock derart tief, dass ich dachte, das Ergebnis müsse ein Irrtum sein. Doch dann begannen sich meine Gedanken wieder zu sammeln. Ein falsches negatives Ergebnis, das wäre ja noch denkbar gewesen. Aber ein falsches Positives? Nein. Nein, ncin und nochmals nein! Ich wollte diese verdammt sichtbare und alles beweisende Tatsache auf der Fensterbank nur noch verleugnen und verdrängen. Hätte ich mir doch diesen beschissenen Schwangerschaftstest nie geholt! Das Ganze war doch nur ein böser Fake! Es war doch nur einige wenige Male passiert. Davon konnte es doch nicht schon zu einer Schwangerschaft gereicht haben. Mein Verstand lief regelrecht im Zickzack. In diesem Moment vergaß ich Alles, was ich an vernünftiger Aufklärung gelernt hatte. Wieder starrte ich auf den kleinen dunklen Ring in dem Spiegelchen. Nein und nein, da gab es nichts zu rütteln. Auf der Bettkante saß kein Teenager mehr, sondern eine werdende Mutter!

Donnerhacke, Wencke, schoss mir augenblicklich durch den Kopf, was hast du getan? Ich wollte doch das Kind, wollte es so sehr haben, hatte auf diese Situation doch hin gearbeitet. Ich wollte dieses Kindchen so sehr! Aber dennoch war ich entsetzt über meinen Zustand. Meine Gefühle standen miteinander in völligem Widerstreit!

Ich rappelte mich auf, packte den Schwangerschaftstest in eine Tüte und verließ das Haus. Einige Blocks weiter landete das Ganze in einer Mülltonne...

In der Nacht wälzte ich mich hin und her. Malte mir in Gedanken aus, dass ich bald mein Elternhaus verlassen müsste, malte mir die neue Umgebung aus, in die ich kommen würde. Ich dachte an mein Kind. Wem würde es ähnlicher sehen, seinem Vater oder mir? Im Stillen hoffte ich, dass es mehr nach mir käme. Es würde es später leichter haben. Suchte schon einen Namen aus. Namen aus dem nordischen Raum gefielen mir sehr. Sollte es ein Deernchen sein, dachte ich an »Runa-Sanne«, ein Knabe sollte »Nils-August« heißen. Wie würde die Geburt ablaufen? Würde es sehr lange dauern? Wie würde ich mit den Wehenschmerzen fertig? Ob ein Kaiserschnitt nötig würde? Würde ich brüllen? Ob man mir Schmerzmittel gäbe? In welchem Krankenhaus würde ich meiner Tochter oder meinem Sohn das Leben schenken? Müsste ich geschnitten werden? Würde ich einreißen? Wer wäre an meiner Seite? Wer würde mich beruhigen und meine Hand halten? Ob die Geburtszange eingesetzt werden müsste? Wäre das Kleine gesund? Würde es sofort schreien? Wie würde sich der erste Schrei meines Kindchens anhören? Ob man es mir sofort auf den Bauch legen würde? Würde man mich beglückwünschen oder bemitleiden? Fragen über Fragen stürzten wie Pingpongbälle durch meinen Kopf. Ich dachte an die Horror-Geschichten, die Mutter mir über die Geburt erzählt hatte. Die grausamen und bestialischen Schmerzen, die ein neues Leben einleiten. Wäre ich wirklich tapfer genug, das alles auszuhalten? Fragen über Fragen…

An das kleine Würmchen selbst dachte ich gar nicht ein Mal so sehr dabei. Es war einerseits ein Mittel zum Zweck, das mir ermöglichte, aus diesem gleichgültigen, frostigen Elternhaus fort zu kommen. Letztendlich wäre ich dann auch nicht ganz alleine. Andererseits: Natürlich würde ich mein Kindchen lieben und es zu einem ehrlichen, verantwortungsbewussten Menschen erziehen!

Ich dachte allerdings nicht im Geringsten darüber nach, dass ich sowohl diesem kleinen Wesen als auch mir selbst schon mit dem Augenblick der Geburt die gesamte Zukunft verbauen würde. An die heutigen Neonazi-Verhältnisse hätte zu diesem Zeitpunkt noch Niemand zu denken gewagt. In den Siebzigern war es längst noch nicht derart ausgeufert als in der heutigen Zeit. Ich weigerte mich daran zu denken, dass mein Kindchen später eventuell als so genannter »Bastard« in der Schule und auch im späteren Leben gegen permanente Anfeindungen zu kämpfen haben würde. Vielleicht sogar mit noch schlimmeren Attacken, als ich sie selbst am eigenen Leib erfahren hatte! Ich konnte nicht die gesamten Schuljahre ununterbrochen in Klasse und Pausenhof neben meinem Kind stehen, um es vor den eventuellen Grausamkeiten seiner Mitschüler zu schützen!

Natürlich kam ich auch nicht auf den Trichter, dass ich mir durch diese Geburt selbst die Zukunft zerstören würde. Discoabende? Die könnte ich an den Nagel hängen! Freundinnen besuchen und auf Parties gehen? Mitnichten! Den Gedanken würde ich wohl knicken können. Statt dessen würde ich künftig mit dem Geruch von Muttermilch, Babykost, Creme, Puder, Pisswindeln und Babykacke leben. Tag und Nacht Gebrüll und Geplärre um die Ohren! Das Leben würde in allernächster Zeit nur noch aus Baden, Wickeln, Füttern, Kinderarztbesuchen, Windeln waschen, Schnuller- und Flaschendestillieren, Fencheltee kochen, Bäuerchen abklopfen, Bäuchlein massieren, Beruhigen, Näschen putzen, Nabelpflege, Gewichtskontrollen, Nägelchen schneiden, Fieber messen, Speien und Babyfürzen bestehen. Das würde meine kleine, eingeschränkte Welt sein. Bestenfalls würde ich spätabends irgendwann todmüde ins Bett kippen – um mich gleich darauf erneut aus dem Tiefschlaf plärren zu lassen. Für den eigenen Freiraum würde kaum noch Gelegenheit bestehen, denn da wäre plötzlich ein kleines, hilfloses Bündel Mensch, das praktisch rund um die Uhr voll und ganz meine gesamte Aufmerksamkeit beanspruchen würde!

Doch in meinem noch sehr unreifen und jugendlichen Zustand sah ich diese Probleme gar nicht. Mir fehlte ganz einfach die nötige Reife, Belastbarkeit und Weitsicht. Das alles lag für mich noch in so unerreichbar weiter Ferne. Die Zeit von der Zeugung eines Kindes bis zu dessen Geburt vergeht sehr schnell. Was sind schon neun Monate? Innerhalb eines gesamten Menschenlebens ist diese Zeit nichts weiter als ein Lidschlag! Es bedeutet ein sehr hohes Maß an Verantwortung und eine immense innere Kraft und Stärke, ein Kind zu haben. Doch daran verschwendete ich zum damaligen Zeitpunkt nicht einen Gedanken. Auch war es mir, ehrlich gesagt, so ziemlich piepegal, wie Dschingis dazu stehen würde. Vermutlich würde er unser Baby nicht akzeptieren. Schließlich hatte er mich beim ersten Mal ja nicht umsonst nach der Antibaby-Pille gefragt. Er wollte poppen, nicht zeugen! Seinen Spaß wollte er haben, aber doch keine Verantwortung tragen. Aber auch als allein stehende Mutter würde ich mich schon irgendwie durchwursteln. Hauptsache, ich wäre nicht ganz alleine, wenn ich gehen müsste. Ich würde in diesem Kind einen Blutsverwandten haben. Das Kleine würde in meiner Familie genau so wenig akzeptiert wie ich; wenigstens wir Beide hätten einander. Gemeinsam würden wir uns schon irgendwie durch die Kacke kämpfen!

Um sicher zu gehen, besorgte ich mir noch einen zweiten Schwangerschaftstest aus einer anderen Apotheke. Dieses Mal machte ich es mit Morgenurin. Positiv...

Als meine zweite Regel auch schon zwei oder drei Wochen überschritten war, beichtete ich Mutter dann in der Stadt, dass ich eventuell schwanger sei. Von den beiden positiven Schwangerschaftstests sagte ich ihr wohlweislich nichts. Denn laut meinen eigenen Berechnungen war ich bereits in der elften bis zwölften Woche. Ich wollte Zeit schinden, so viel wie möglich, bis es für einen Abbruch zu spät war…

Mutter bekam einen gewaltigen Schock! Ich wäre vermutlich ebenso baff, wenn ich eine gerade mal fünfzehnjährige Tochter hätte, die mir so etwas plötzlich unter die Nase jubeln würde. Die Vorstellung, mit knapp neununddreißig Jahren Großmutter zu werden, würde mich wahrhaftig nicht begeistern!

Nach dem ersten Schrecken meinte Mutter, ich hätte aber doch angegeben, meine Regel immer ganz normal bekommen zu haben. Ich beichtete ihr die Lüge und erzählte ihr, dass ich absichtlich hätte Tampons verschwinden lassen und dass meine Unterleibskrämpfe gespielt gewesen seien. Mutter wollte nun wissen, wann ich denn nun tatsächlich zum letzten Mal meine Regel gehabt hätte. Als ich ihr sagte, das sei im Urlaub in F. gewesen, wurde sie kalkweiß! Sie wollte wissen, wie lange das mit diesem Mongolen schon ginge. Ich gab ihr wahrheitsgemäß zur Antwort, dass der erste sexuelle Kontakt einen Tag nach unserer Rückreise aus F. stattgefunden habe. Zuvor sei nicht das Geringste gewesen.

»Aha!«, japste Mutter, »Ich hab´s mir doch gedacht, dass das so kommen musste! Mit freundlicher Unterstützung; volle Ladung und sofort ins Schwarze! Ich habe in deinem Alter noch mit Puppen gespielt – und du treibst dich mit einem Kerl herum!«

Insgeheim fragte ich mich in diesem Augenblick ernsthaft, welcher fünfzehnjährige Teenager wohl noch mit Puppen spielt…

Abends, als Paps von der Sache erfuhr, rastete er fast aus! Nein, vertrimmt hat er mich nicht. Er warf mir einen Koffer vor die Füße und befahl mir, meine Sachen zu packen. Ich könne gehen – und zwar auf der Stelle!

Mutter fiel ihm dazwischen und sagte, es sei doch noch gar nicht raus, ob ich wirklich schwanger sei. Erst ein Mal kitzelte sie mir die Adresse von Dschingis´ Arbeitsstelle aus der Nase und wollte sein Passfoto haben. Was genau sie damit vorhatte, wusste ich noch nicht. Das erfuhr ich dann am nächsten Tag, als ich von der Schule kam. Erst ein Mal bekam ich gleich beim Empfang an der Wohnungstür eine saftige Dröhnung! Mutter war, während ich im Unterricht gesessen hatte, bei Dschingis´ Arbeitsstelle gewesen und hatte in Erfahrung gebracht, dass er bereits Mitte Vierzig war – drei Jahrzehnte älter als ich selbst! Er hätte mein Vater sein können!

Eine plötzliche Gänsehaut überkam mich. Ich war tief bestürzt! Dschingis hatte mir nämlich weis machen wollen, er sei wesentlich jünger. Er hatte angegeben, Mitte Zwanzig zu sein. Gut, daran habe ich auch nie so richtig glauben wollen. Ich selbst hielt ihn für Anfang bis Mitte Dreißig, hatte aber auch nie tiefer gebohrt, war in dem festen Glauben, das sei von seiner Seite aus eine Notlüge gewesen und er habe vermutlich nur Angst gehabt, mich zu verlieren, wenn er sein richtiges Alter nennt. Immerhin war er Ausländer und als ein Solcher hätte er es ja wohl hier im vorurteilsschwangeren Deutschland weit mehr als schwer genug, Freunde oder einen geliebten Schatz zu finden. Das war meine persönliche Überzeugung gewesen. Außerdem sind Asiaten doch aus europäischer Sicht altersmäßig wesentlich schlechter zu schätzen als unsere eigenen Landsleute. Wichtig war für mich doch, dass da ein Mensch war, der mich – wenn auch leider nur scheinbar – als die Person akzeptierte, die ich nun mal war und der sich nicht um schiefe Zähne und blasse Haut scherte! Ich sponn mir weiter selbst allen erdenklichen Jungdeern-Humbug in die Tasche…

Jedenfalls teilte Mutter mir mit, sie habe persönlich mit der Inhaberin des Restaurants gesprochen. Die Frau habe mich angeblich bereits auf meine Beziehung zu Dschingis angesprochen. Sie hatte sogar behauptet, mir geraten zu haben, mich tunlichst von ihm fern zu halten. Angeblich habe die Frau mich sogar schon aus der Restaurantküche verwiesen!

Jetzt war ich wirklich platt! Kein Wort, keine einzige Silbe hatte ich jemals mit dieser Frau gewechselt geschweige denn, dass sie mich bei der einzigen, sehr kurzen Begegnung überhaupt so richtig wahr genommen hatte! Aber irgendwie musste sie ja jetzt nach Außen hin Mutter gegenüber eine scheinbar blütenreine Weste bewahren. Im Grunde war es ihr eher egal, mit wem ihre Leute sich nach Feierabend die Zeit vertrieben. Die Freizeit ihrer Angestellten hatte sie als Vorgesetzte im Prinzip ja auch nicht das Geringste anzugehen. Dienst ist Dienst und Schnaps ist Schnaps. Mutter gegenüber musste sie nun aber ihren blütenreinen Persilschein vorzeigen. Aber was ihren Angestellten betraf: Der Name »Dschingis U.« stimmte...

Jedenfalls telefonierte Mutter herum und schon am nächsten Tag schleppten mich meine Eltern zur Erziehungsberatungsstelle. Besser wäre gewesen, sie hätten mich vielleicht erst ein Mal zu einem Gynäkologen gebracht, um überhaupt eine eventuelle Schwangerschaft feststellen zu lassen, aber auf diese Idee kamen sie nicht, reagierten total kopflos, wie immer. Erziehungsberatungsstelle – das war jetzt das Nonplusultra schlechthin!

Frau J., die Sachbearbeiterin, wollte natürlich erfahren, was passiert sei. Mutter legte auch gleich los und zischte: »Meine saubere Tochter ist vermutlich schwanger – und das von einem Mongolen! Mit dem poussiert sie ja bereits seit einigen Monaten herum. Sie hat diesen Schurken ja wohl dazu provoziert, sie anzusprechen. Sie hat es wohl voll darauf angelegt, dieses Früchtchen…«

Mutter ging nun richtig in die Vollen und legte das Passfoto von Dschingis vor, das sie mir aus der Nase georgelt hatte. Jetzt kam sie erst richtig in Fahrt!

Wütend fletschte sie: »Wissen Sie, das ganze Zimmer meiner Tochter hängt voll mit Indianer-Postern. Sie interessiert sich ja praktisch nur noch für diese Rothäute. Klar, dass dieser Kerl ein Mongole sein musste. Schauen Sie sich das Foto doch mal an. Die dunkle Haut, das lange Haar! Diese Schlitzaugen! Der sieht doch fast aus wie Einer ihrer Rothäute! Wahrscheinlich phantasiert sie jetzt schon still und heimlich von einem kleinen…«

Das durfte nicht wahr sein; was für einen Hardcore schob die? Ich saß da; das Blut rauschte mir in den Ohren, mir war speiübel vor Ekel und

Wut! Vor meinen Augen tanzten feurige Brezeln. Krampfhaft und am ganzen Leibe zitternd hielt ich mich an den Stuhllehnen fest und atmete tief durch, bemüht, mich nicht übergeben zu müssen. Ich zitterte am ganzen Leib, war weiß wie ein Laken. Vieles hätte ich Mutter zugetraut, aber das nicht! Niemals einen solch perversen Spuk!

Frau J.s Blick wanderte hinüber zu mir. Sie erfasste meinen augenblicklichen Zustand, schickte meine Eltern aus dem Büro, da sie sich gerne ein Mal mit mir alleine unterhalten wolle. Als die Beiden endlich draußen waren, war es mit meiner Fassung endgültig vorbei und ich habe nur noch losgeschluchzt! Frau J. ließ mich in aller Ruhe ausweinen und wollte nun meinen Sachverhalt dazu hören. Ich erzählte ihr zögernd, wie ich Dschingis kennengelernt hatte und dass ich zum Zeitpunkt der ersten Begegnung ganz erhebliche Schul- und Privatprobleme hatte. Dass nicht ich Dschingis, sondern er mich angesprochen hätte und es einfach ein Zufall gewesen sei, dass dieser Mann Mongole war. Wäre es ein weißblonder Däne mit eisblauen Augen gewesen, hätte es mich eben so glücklich gemacht. Ich sei doch lediglich froh gewesen, einen Menschen zu haben, der mir zuhörte und mich zum ersten Mal im Leben Ernst nahm. Dass ich mit Dschingis den sexuellen Verkehr aufgenommen hätte, damit diese Situation, in der ich ja jetzt wohl offensichtlich steckte, eintreten solle. Ich wolle nur noch auf dem schnellsten Wege von daheim weg, wollte in Frieden mein Kind gebären und es aufziehen, lieb haben und ihm eine gute Mutter sein! Frau J. lächelte mich liebevoll an und sagte: »Du kämpfst ja jetzt schon wie eine Löwin!«

Schniefend fragte ich: »Können mir meine Eltern das Baby denn eigentlich nicht weg nehmen? Ich bin ja noch nicht erwachsen!«

Frau J. beruhigte mich und sagte, kein Mensch könne mir so ohne Weiteres mein Kindchen weg nehmen. Denn schließlich und letztendlich sei ich die Mutter dieses Kindes. Natürlich könne ich das Kindchen zur Welt bringen und auch aufziehen, selbstverständlich mit Unterstützung des Jugendamtes und der zuständigen Heimfürsorge, da ich ja noch minderjährig sei. Zu Nächst aber solle ich jetzt direkt am kommenden Morgen zu einem Gynäkologen gehen, damit eine Schwangerschaft erst ein Mal festgestellt würde. Wäre das der Fall, bekäme ich einen Mutterpass ausgehändigt. Mit Diesem solle ich dann möglichst sofort zu Frau J. ins Büro kommen, nicht erst nach Hause. Sie würde sich dann gleich mit dem zuständigen Mütterwohnheim für junge Mädel in Verbindung setzen, damit ich auf der Stelle für mich und mein künftiges Kindchen einen Platz zum Leben bekäme. Dann fragte sie mich vorsorglich nach Dschingis´ Wohnadresse. Auf mein dummes Gesicht hin meinte Frau J., dass, sollte sich die Schwangerschaft bestätigen, die Angelegenheit ans Jugendamt weitergeleitet werde. Schließlich hätte Dschingis das Seinige zu dem Baby beigesteuert – ob ihm das nun passte oder nicht – und deshalb sei er nun ein Mal unterhaltsverpflichtet. Egal, wie er letztendlich zu dem Kindchen stehen werde. Falls er doch Kontakt zu seinem Kindchen haben wolle, sei ich die Einzige, die zu entscheiden habe, wie und wo das Treffen stattfinden solle. Selbst für den Fall, dass er sich als Drückeberger erwiese, müsse er dennnoch seinen Obulus an Alimenten zahlen. Frau J. gab mir noch die Adresse eines Gynäkologen mit. Sie klopfte mir aufmunternd auf die Schulter und sagte: »Das kriegen wir schon hin!« Wir verabschiedeten uns und ich ging mit meinen Eltern wieder nach Unten...

Sternenbaby

Daheim hagelten und prasselten weitere Beschimpfungen auf mich ein. Ich gab nur noch gedämpft contra, fühlte mich völlig ausgebrannt. Jetzt würde alles so kommen wie es kam. Ich hing total in den Wanten, hatte keine Kraft mehr zum Weinen. Ich würde mein Kindchen zur Welt bringen und da ich ja offensichtlich ein »Bastard« war, kam es auf Einen mehr oder weniger auch nicht mehr an. Meine Eltern brauchte das nicht mehr zu interessieren. Ich würde ihnen ohnehin jeglichen Kontakt zum Enkelkind strikt untersagen!

Abends ging ich früh zu Bett, fühlte mich total ausgelaugt und gleichgültig, war kaum noch in der Lage, einen klaren Gedanken auf die Reihe zu bekommen. Außerdem war mir mittlerweile wieder übel; meine Beine zitterten und in meinem Unterleib spürte ich ein leichtes Ziehen. Ich wollte mich nur noch schonen; mir schlug Aufregung schon immer auf den Unterleib. Ein wenig Ruhe, dann ginge das auch bald vorbei. Irgendwie döste ich auch weg, doch mitten in der Nacht schreckte ich plötzlich mit gehörigen, wellenartigen Krämpfen im Unterbauch wieder hoch. Mir ging ein wenig rosafarbenes schleimiges Zeug ab. Es roch wie gezuckerter Urin. Ich dachte, dass es vielleicht doch besser sei, mich wieder hinzulegen und zu entspannen. Irgendwann ließen die Schmerzen nach und mir fielen nun richtig die Augen zu…

Am frühen Morgen erwachte ich mit einem leichten Druck im Unterbauch. Ich wollte ja ohnehin zum Gynäkologen und der könne mir dann besser helfen. Der dumpfe Druck ging nach Unten, ich dachte an Stuhlgang und ging zur Toilette. Zwischen meinen Oberschenkeln spürte ich eine klebrige Feuchtigkeit. Aber in dem Moment, als ich auf der Toilette saß und drücken wollte, wurde mir augenblicklich schwindlig und schwarz vor den Augen. Es kam ganz plötzlich und dauerte nur einen winzigen Moment. Mühsam kämpfte ich gegen einen Anflug von Panik an. Mir war, als kippe ich in der nächsten Sekunde von der Klosettschüssel! Als das vorüber war, hatte ich das Gefühl, als sei mein Unterleib in einen Schraubstock geraten. Etwas drückte sich wie glühend durch den Unterleibskanal. Dann ein ganz kurzer widerlich brennender Krampf, verbunden mit dem Gefühl eines Hinausgleitens. Ich zitterte am ganzen Leib, hörte etwas in die Klosettschüssel platschen. Unter meinem Hintern wurde auf Schlag alles nass. Ich begriff sofort, was geschehen war, atmete tief durch und klemmte mir Klopapier zwischen die Beine. Es blutete sofort durch und ich nahm noch Papier dazu. Mir schlotterten die Knie wie verrückt, aber ich kam irgendwie hoch, drehte mich langsam um und starrte in die Klosettschüssel. Da lag es, winzig und reglos, mit ganz feinen Gliedmaßen. Das zarte, kleine Körperchen lag im Blut – und ich starrte einfach nur ungläubig darauf!

Seltsam, schoss mir durch die Stirn, wie winzig ein Mensch doch sein kann...

Völlig entsetzt zog ich an der Strippe. Es verschwand sofort. Halb gebückt schlich ich zur Badewanne, wusch mich, nahm mir Watte und eine Binde, verpackte mich, wankte, mir den Bauch haltend, in mein Zimmer und zog mir mit zitternden Knien ein frisches Nachthemd an. Mutter stand gerade auf. Sie fragte, was los sei. Ich nuschelte, dass gerade eben meine Regel eingesetzt hätte und zeigte ihr das blutige Nachthemd!

»Naja«, meinte sie erleichtert, »da hast du ja noch mal Glück gehabt. Hoffentlich war dir das eine Lehre. Jetzt bist du sicher klug genug, um dich nicht noch mal in eine solche Sache hinein zu manövrieren. Du hast einen verdammten Massel gehabt und kannst froh sein, so glimpflich davongekommen zu sein!«

Mutter war erleichtert – ich nicht! Mit schlotternden Knien kroch ich zurück unter die Decke...

Das eigentliche Begreifen dessen, was geschehen war, setzte in der folgenden Nacht ein. Ich hatte ein Kind verloren! Ich sah es mit Latzhöschen und mit einem bunten Ball unter dem Arm vor meinem Bett stehen. Irgendwo in meinem Zimmer schrie ein neugeborenes Baby. Aber da war kein Baby und auch kein kleines Kind, das mich hätte zum Spielen auffordern können. Mein Unterleib krampfte, die Brüste schmerzten; ich fühlte mich nur noch leer, ausgehöhlt und amputiert. Die Trauer, die ich in diesem Moment empfand, war unbeschreiblich. Ich vergrub das Gesicht im Kissen, stopfte mir einen seiner Zipfel in den Mund und ließ meinen Tränen freien Lauf. Was hätte ich sonst auch tun können? Die Trauer um das, was hätte sein können, musste ich im stillen Alleingang bewältigen. Anvertrauen konnte ich mich ohnehin Niemandem. Man hätte mich höchstens unter weiteren Vorhaltungen und Beschimpfungen in die Klinik geschafft – und eine Gebärmutterausräumung hätte ich in meiner derzeitigen desolaten Gemütsverfassung nicht auch noch durchgestanden. Ich glaube, da wäre ich komplett durchgeknallt! Das gleißende Licht, das kalte Metall, die pieksende Nadel, die tastenden Hände, das brummende und röchzende Geräusch des Absaug-Gerätes! Mich wunderte nur, dass die ganze Sache so schnell von Statten gegangen war. Das Ganze hatte ja nicht ein Mal eine Minute gedauert!

Wieso konnte das Kleine denn schon derart gut ausgebildet sein? War die Schwangerschaft etwa doch schon weiter gewesen, als ich geglaubt hatte? Warum war ich nicht zusammengeklappt, im Blut schwimmend? Ich blutete zwar sehr stark, aber körperlich ging es mir besser als seelisch. Nee, schoss mir nur durch den Kopf, diesen Schiet machst du nicht noch ein Mal…

Nach zehn Tagen hörte die Blutung dann auch auf. Über die Brustwarzen klebte ich Pflaster, weil sie einige Tage noch etwas Sekret absonderten. Meine Lieblings-Jeans passte mir nun auch wieder. Nach gut zwei Wochen war ich, zumindest körperlich gesehen, wieder ganz die Alte!

Das Dumme an der Sache war nur, dass Dschingis jetzt öfter versuchte, Julian von der Schule abzufangen. Julian kam mehr als ein Mal heim, verstört und heulend. Er hatte immer nur »Wencke« und »Baby« verstanden, denn die englische Sprache beherrschte er zu diesem Zeitpunkt ja noch nicht. Dschingis war manchmal den halben Weg von der Schule auf der Strecke nach Hause neben ihm her gelaufen und hatte ihm total die Ohren voll gequäkt! Dieser Scheißtyp gab einfach nicht auf!

Ja, was denn? Kam Dschingis sich jetzt etwa vor wie »Mister Universum«, dass er glaubte, sich alles heraus nehmen zu können? Ich hatte ohnehin wegen seiner Lügen einen stinkigen Rochus auf ihn! Wenigstens sollte er meinen Bruder in Frieden lassen!

Kurz darauf wollte es der Zufall, dass ich Dschingis in die Fittiche lief!

Sofort begann er, mich zuzuquäken, wollte wissen, was nun mit seinem kleinen Baby sei. Jetzt war meine Gelegenheit gekommen! Ich lud ihn ein, mit nach Hause zu kommen; meine Eltern seien nicht da. Wir könnten einen Kaffee trinken und über unser gemeinsames Baby sprechen. Wahrscheinlich war es wohl eher, dass er mich zu einem Abbruch überreden wollte. Natürlich wusste ich ganz genau, dass Paps daheim war! An der Haustüre angekommen, suchte ich ziemlich umständlich nach meinem Schlüssel und schellte dabei mit der Schulter klammheimlich Sturm. Paps kam heraus und sah Dschingis nun in voller Lebensgröße! Er brüllte den völlig geschockten, verschüchterten Menschen an und ich half ihm tatkräftig dabei!

Dschingis schrumpfte buchstäblich zusammen wie eine Spinne auf der heißen Herdplatte! Er wurde zinnoberrot, schüttelte den Kopf, hob die Hände und stammelte mehrmals ein »Sorry!« heraus! Ich schrie ihn auf Englisch an, dass ich ihn nie mehr wieder zu sehen wünsche, übersetzte ihm sogar das, was Paps ihm entgegen brüllte. Dass Dieser ihm nämlich beim nächsten Auftauchen sämtliche Knochen im Leib brechen werde!

Das schien Dschingis zu kapieren. Total eingekuscht gab er auf wackligen Beinen Fersengeld – und zwar so schnell er konnte! Eine absolute Bangbüchse war er also auch noch...

Einige Zeit später traf ich beim Einkaufen auf eine koreanische Kollegin von Dschingis. Bei dieser Gelegenheit erfuhr ich dann auch gleich, dass er nicht mehr in diesem Restaurant arbeitete. Nachdem Mutter mit der Inhaberin gesprochen hatte, war er hochkant aus dem Job geflogen! Gleich am nächsten Tag durfte er im Büro antanzen und sich auf der Stelle seine Papiere holen...

Doch dann, im Mai 1079, lief ich Dschingis in der Innenstadt noch ein Mal in die Fittiche! Ich hatte ihn wohl nicht gesehen, er aber dafür mich. Sogleich begann er wieder hinter mir her zu laufen und quäkte mir erneut mit dem Baby die Ohren zu. Ich konnte einfach von Babies nichts mehr hören; unser Kleines wäre nämlich normalerweise gerade zu eben dieser Zeit geboren worden. Das Alles war schon schlimm genug für mich. Traurig und enttäuscht glotzte ich in jeden Kinderwagen, starrte jeder hochschwangeren Frau hinterher. Jedes Mal musste ich gewaltig schlucken, um nicht in Tränen auszubrechen!

Und jetzt dieser abstoßende Bursche wieder, der beinahe der Vater meines Kindes geworden wäre – ich konnte seinen Anblick einfach nicht mehr ertragen! Er ekelte mich an und stellte mir nur noch total ab!

Um also Dschingis los zu werden, blieb mir nichts Anderes übrig, als die Beine in die Hand zu nehmen und zu rennen. Dschingis spurtete hinter mir her wie ein geölter Blitz! Hakenschlagend flüchtete ich mich in das nächste Schuhgeschäft. Was im Grunde läppisch war, denn er hätte mir im Menschengewimmel ja nicht großartig etwas antun können. Ein Verkäufer, den ich um Hilfe bat, zeigte mir den Notausgang. Auf Umwegen schlich ich mich zurück zur P...straße, in der Annahme, Dschingis suche mich jetzt in den W...gasse. Dem war aber leider nicht so. Ich wollte zum Busbahnhof. Auf halbem Weg aber legte sich mir plötzlich von Hinten eine Hand auf die Schulter – Dschingis! Da er etliche Jahre seines Lebens in der mongolischen Steppe zugebracht hatte, war er natürlich außerordentlich gut trainiert! Ich erschrak fast zu Tode und rannte einfach wieder los. Konnte dieser Schieter mich denn, verdammt nochmal, einfach nicht in Frieden lassen?

Kurz vor dem Rathaus ging mir dann endgültig die Puste aus! Sollte er doch kommen! In gewisser Weise hatte er doch ein Anrecht auf die Klärung der Angelegenheit. Ich saß schnaufend auf der Steintreppe und sah ihn auf mich zukommen. Eigenartig, schoss mir durch den Kopf, ausgerechnet an diesem Platz, nur wenige Meter entfernt, waren wir uns das erste Mal begegnet. Und ich beschloss, dass es hier auch enden sollte!

Dschingis setzte sich keuchend neben mich und fragte: »Warum läufst du denn vor mir weg? Ich habe gesehen, dass dein Bauch flach ist. Wo ist das Kindchen?«. Ich gab ihm so ruhig wie möglich zur Antwort, ich sei laufen gegangen, weil ich meine Ruhe vor ihm haben wolle und mein Bauch sei flach, weil ich das Kindchen, bedingt durch die ganze Aufregung, einige Monate zuvor auf dem Klosett verloren hatte!

Dschingis starrte mich total entsetzt an und dann war es mit seiner Fassung vorbei; er begann, bitterlich zu weinen! So kühl als möglich sagte ich ihm: »Gerade du hast den wahrscheinlich allergeringsten Grund zum Flennen.« Dschingis sah mir mit seinen rot geränderten Augen ins Gesicht und schluchzte: »Eigentlich habe ich mir schon immer einen Sohn gewünscht, aber meine Frau hat mir nur zwei Töchter geboren...«

Nun war ich es, die starrte! Dschingis gestand mir weinend: »Ja, ich bin verheiratet. Meine Familie lebt in Ulan Bator. Meine älteste Tochter ist ebenfalls in deinem Alter!«

Als ich ihn entsetzt fragte, was er sich denn dabei gedacht habe, mit einem Mädel ins Bett zu steigen, das vom Alter her seine eigene Tochter hätte sein können, gab er mir zur Antwort, er habe mich halt so süß und unglaublich niedlich gefunden, habe sich ganz spontan in mich verguckt. Aber er sei nun ein Mal verheiratet und ich viel zu jung. Eigentlich sei er über das mit mir gezeugte Kindchen alles Andere als begeistert gewesen, aber dass es so geendet war...

Erneut begann er zu greinen. Als Dschingis sich wieder in der Gewalt hatte, bat er mich, zu gehen. »Die Sache ist vorbei.«, schluchzte er, »Ich werde dich nie mehr wieder belästigen und halte dich lediglich noch als die Mutter meines dritten Kindes in lieber Erinnerung!«

Als die Mutter eines Kindes. das nicht leben durfte…

Ja, für eine Beziehung war ich ihm viel zu jung. Für´s Poppen anscheinend aber wohl nicht. Genau das sagte ich ihm auch ins Gesicht. Dann erhob ich mich von den Treppenstufen und ging meiner Wege, ohne mich auch nur noch ein einziges Mal umzudrehen. Er war es mir nicht wert. Ich hatte eine wichtige Lektion gelernt. Ja, sein drittes Kind. Es durfte nicht leben!

Jetzt, im Jahre 2015, wäre dieses Kind im sechsunddreißigsten Lebensjahr, also schon längst ein erwachsener Mensch. Vielleicht hätte es mich bereits zur Großmutter gemacht. Und es ist die große Frage, ob sein Erzeuger, ein alter, bemooster und runzliger Greis von mittlerweile einundachtzig Jahren, überhaupt noch lebt...

Gottseidank hatte ich nun endlich Ruhe vor ihm und in der Schule hatte ich zu den anderen Deerns einen astreinen Kontakt. Die alten Zeiten aus der Hauptschule gehörten nun der Vergangenheit an. Mit meinen neuen Freundinnen verstand ich mich blendend. So hatte ich nun wenigstens genug Ablenkung, um darüber wegzukommen, was geschehen war.

Ich ging fleißig auf Parties und gewöhnte mir im Laufe der Zeit sogar ab, mit traurigem Dackelblick in jeden Kinderwagen zu starren...

Auf Trebe

Da der Familienfriede sich aber nicht wieder einstellen wollte – ich hatte ja nun daheim unweigerlich meinen Status als frühreife Lolita weg – und ich diesen Dauerterror einfach nicht mehr ertragen konnte, hing ich jetzt oft in Discos und Kneipen herum. Mit der Zeit gewöhnte Mutter sich dann die ganze Meuterei fast gänzlich ab und sprach überhaupt kaum noch mit mir. Sie hatte es jetzt ganz besonders mit Biggi und Waldi drauf, unseren beiden Hunden. Die kläffenden Flohkissen waren nun ihre erklärten Lieblinge!

Die Beiden waren auch der Grund für meinen Trebegang. Es war im Frühjahr 1979. Auf diese Idee brachte mich eine gewisse Hanna, die ich in einer Kneipe kennengelernt hatte. Sie war Neunzehn. Ich war in die Kneipe geflüchtet, weil Mutter eines Abends in ihrem unkontrollierten Jähzorn so richtig heftig die Gäule durchgegangen waren!

Dazu allerdings muss ich weiter ausholen. In der letzten Zeit hatte Mutter sich, wie bereits erwähnt, darauf verlegt, mich zeitweise mit ihrem eisigen Schweigen komplett zu ignorieren. Ich konnte fragen, was ich wollte – sie behandelte mich, als sei ich Luft und würde gar nicht existieren. Jede einzelne meiner Fragen war eine Frage, die irgendwo ins Nirgendwo ging. Ein Kampf gegen Windmühlen!

Dann, an eben diesem Tage, hatte Mutter eine sehr große Leberwurst gekauft. Ich war nachmittags in meiner Stammdisco gewesen, war abends entsprechend hungrig und freute mich so richtig auf ein leckeres Leberwurstbrot. Aber im Kühlschrank war nicht ein kleines Zipfelchen mehr. Ich ging ins Wohnzimmer und fragte Mutter ganz harmlos nach der Leberwurst. Sie aber schrie mich vollkommen hysterisch an: »Glaubst du etwa, die Hunde sollen verhungern?«

Ich fletschte zurück: »Die Hunde haben ja wohl mehr als überreichlich Chappi, Frolic und das andere Zeugs im Schrank! Mal aus reinem Interesse – sind dir die Hunde eigentlich so viel wichtiger als die eigene Tochter?«

»Jawohl!«, zeterte Mutter, »Die Hunde sind mir in der Tat wichtiger!«

Ich stand im Türrahmen wie vom Donner gerührt!

In diesem Moment schoss mir nur noch ein Gedanke durch den Kopf: Wencke – du bist überflüssig!

Ich drehte mich auf der Stelle um und verließ die Wohnung, diesmal aber nicht, um eine Cola zu trinken, sondern in der Absicht, mich wirklich zu betrinken. Das war regulär überhaupt nicht meine Art!

Ich betrat also die nächstbeste Spelunke, hockte mich an den Tresen und bestellte eine Whisky-Cola. Neben mir saß, wie gesagt, diese Hanna. Wir kamen schnell ins Gespräch. Hanna war bereits verheiratet und wohnte in einem weiter entfernten Vorort. Ihr Mann hieße »Wolli« und dessen Cousin »Rollo« würde ebenfalls bei ihnen leben. Ich erzählte von meinem chaotischen Desaster daheim und was gerade an diesem Abend wieder vorgefallen sei. Hanna meinte kurz und bündig, meine Eltern würden mich hassen und seien doch froh, wenn ich weg sei. »Die wollen dich auf diese Tour doch nur hinaus ekeln.«, meinte sie, »Peilst du das denn nicht? Deine Mutter hat dich nie gewollt, so viel steht fest. Für die bist du doch praktisch jetzt schon gestorben.« Sie machte den Vorschlag, ich solle doch einfach mitkommen und bei ihr leben! Ich hatte gewisse Skrupel und sagte Hanna, dass meine Eltern mir, falls ich türmen ging, mit Sicherheit die Polizei an den Hals hetzen würden.

»Deine Alten werden sich hüten!«, lachte Hanna, »Die sind doch überglücklich, wenn du ihnen nicht mehr zur Last fällst! Pack´ deinen Ausweis und die nötigsten Klamotten zusammen und dann treffen wir uns morgen früh um zehn Uhr am Busbahnhof. Einen Job werden Wolli und ich schon für dich finden. Ich bin früher immerhin selbst mal von daheim türmen gegangen. Und was sagst du jetzt… ich bin frei und glücklich!«

Im Grunde genommen hatte Hanna doch Recht. Sehr schnell hatte sie mich überzeugt. Also sagte ich zu, wir verabschiedeten uns. Ich ging nach Hause und packte klammheimlich Einige meiner Klamotten zusammen...

Am nächsten Morgen war ich, wie verabredet, an besagtem Treffpunkt. Lange brauchte ich nicht zu warten; Hanna war pünktlich! Wir fuhren zu ihrem Vorort und kamen an ihr Wohnhaus. Diese lag parterre. Hanna hatte eine pechschwarze Schäferhündin namens Lotta. Die begrüßte mich ganz lieb! Wolli und Rollo schliefen noch tief und fest. Die lernte ich mittags kennen. Sie fanden es dufte, dass ich bleiben wolle. Mit einem kräftigen Handschlag hießen sie mich willkommen!

Ich half Hanna beim Kochen und nach dem Essen fuhren die beiden Männer in die Stadt. Hanna und ich machten den Abwasch und putzten gemeinsam die kleine Wohnung. Dann gingen wir noch mit Lotta an die frische Luft. Als wir zurück kamen, wurde es so richtig gemütlich! Hanna holte eine Flasche Asbach hervor und davon, gemixt mit Cola, gossen wir beide uns ganz urig Einen auf die Lampe! Schiff ahoi! Ich fragte Hanna ganz direkt, wie es jetzt weiter gehen solle. Hanna winkte lachend ab und meinte: »Heute werden keine Probleme mehr gewälzt! Greif′ nur ordentlich zu und mach′ dir die Kehle feucht!«

Irgendwann am späten Abend – ich war doch schon gewaltig berauscht – begann Hanna, vom Puff zu reden. Sie selbst ginge manchmal nachts ins Ausländerwohnheim und würde dort für ein wenig Geld die Freier befriedigen. Wolli würde sie hinbringen. Ich solle doch ein Mal mitgehen und es auch mal probieren. Es gäbe ganz schöne Knete und anstrengend sei es auch nicht!

Donnerhacke, schoss mir durch den Kopf, die wollen dich auf den Strich schicken!

Zwar war ich durch den Alkohol reichlich besäuselt, aber so besäuselt nun auch wieder nicht, um nicht zu peilen, was da abgehen sollte! Gerade noch nüchtern genug sagte ich Hanna, ich wolle natürlich mitziehen. Im Stillen aber bastelte ich schon wieder Fluchtpläne. Als Junghure wollte ich nun wirklich nicht enden!

Hanna und ich gingen zu Bett und Lotta pflanzte sich mit ihrem ganzen Gewicht auf mich. Hanna konnte schlafen, im Gegensatz zu mir. Das Körpergewicht der Schäferhündin nervte und gleichzeitig dachte ich an meine Eltern. Wenn da noch ein ganz winziger Funken Liebe war, dann mussten sie mich doch vermissen!

Mitten in tiefster Nacht kamen die Männer zurück. Rollo warf sich in der Wohnküche auf die Couch, Wolli kam herüber und warf sich erst mal auf seine Hanna. Ich stellte mich schlafend. Auf mir lag nur die Lotta...

Nach einer fast schlaflosen Nacht stand ich verweint und todmüde auf! Die Anderen waren bereits auf den Beinen. Die Männer gingen Brötchen holen, während ich mich wusch und anzog. Es war jetzt die Frage: Wie sollte ich ungesehen weg kommen?

Zum Glück kam mir Meister Zufall zu Hilfe. Eine Nachbarin schellte an. Hanna ging zur Türe und schnackte mit der Frau herum. Indessen packte ich im Schlafzimmer schnell und leise meine Sachen zusammen – und hatte dabei noch alle Hände voll zu tun, um die treue und anhängliche Lotta abzuwimmeln! Ich sperrte sie aus dem Schlafzimmer aus, öffnete das Fenster, schwang die Beine über die Brüstung und ließ mich einfach fallen! Geduckt rappelte ich mich hoch, schnappte mir meine Klamottentüte und rannte über den Rasen zur Straße, ohne mich auch nur noch ein einziges Mal umzuschauen!

Doch schon tat sich das nächste Problem auf. Wo sollte ich jetzt hin? Zurück nach Hause auf gar keinen Fall!

Ich tigerte also einfach drauflos und stand irgendwann an einer Autobahn. Es dauerte auch gar nicht lange und ein Wagen hielt an. Darin saß mein Schutzengel in Gestalt einer Frau! Sie fragte mich, wo ich hin wolle. Ich gab ihr zur Antwort, es sei mir egal, nur irgendwo hin. Der Frau dämmerte gleich, dass ich eine Trebegängerin war. Sie sagte mir das auch auf den Kopf zu und fragte mich behutsam nach den Gründen. Ich fasste langsam Vertrauen zu dieser Frau und erzählte ihr den ganzen Jammer, auch vom Vorfall des vergangenen Tages. Sie sagte mir, sie selbst hätte zwei Söhne, Einer davon in meinem Alter. Und dass sie sich ganz schreckliche Sorgen machen würde, wenn Einer der Jungs plötzlich fort sei. Genau eine solche Angst hätten meine Eltern jetzt auch. Ich lächelte sie traurig an und meinte, sie würde meine Eltern ja auch nicht kennen. Die würden mich ganz bestimmt nicht vermissen. Nach mir würde daheim doch keine Sau grunzen. Doch, meinte sie, ganz sicher sei das so! Sie machte mir den Vorschlag, mit mir nach Hause zu fahren und sogar mit meinen Eltern zu reden, vorausgesetzt, ich bliebe im Wagen sitzen und würde keinen weiteren Fluchtversuch unternehmen!

Also fasste ich langsam ein wenig Vertrauen zu dieser Frau und gab ihr meine Heimatadresse. Wir fuhren in meinen Vorort. Die Frau beruhigte mich, weil ich nun heftig zu zittern begann. Sie drückte mir sogar noch zwanzig Mark in die Hand, ein kleines Geschenk. Noch ein Mal beschwor sie mich, im Wagen sitzen zu bleiben. Ich versprach es ihr hoch und heilig! Die Frau stieg aus, ging zur Haustüre und schellte bei meinen Eltern. Der Türsummer ging und ich sah sie im Haus verschwinden. Einige Zeit später erschien sie wieder, kam zum Wagen und sagte, sie habe mit meinen Eltern geredet, es sei alles in Ordnung. Sie brachte mich noch bis zur Türe. Mutter fiel mir mit total verheultem Gesicht um den Hals! Die Frau wünschte mir noch alles Gute, verabschiedete sich, drückte mich kurz und fuhr wieder ab...

Mutter sagte unter Tränen, sie habe bereits die Polizei verständigt. Es wäre auch ein Streifenwagen gekommen und die Beamten hätten auch Einiges über mich wissen wollen und einige sehr peinliche und unangenehme Fragen gestellt. Ob ich misshandelt worden sei oder Drogen nähme. Ob ich schon Geschlechtsverkehr gehabt hätte und wenn ja, wann und mit wem. Mutter hatte den Beamten dann erklärt, nein, weder sei ich misshandelt worden noch hätte ich etwas mit Drogen zu schaffen. Ja, Geschlechtsverkehr hätte ich bereits gehabt, mit einem Mongolen. Die Sache sei aber mittlerweile erledigt. Die Beamten meinten, naja, irgend einen Grund müsse es aber doch für mein plötzliches Verschwinden geben. Woraufhin Mutter nur erwiederte, ich sei ja schon immer so aufsässig gewesen und sie habe so ihre Probleme mit mir.

Die Beamten hatten gemeint, Aufsässigkeit bei einem Teenager käme ja nicht von Ungefähr. Da müsste doch etwas vorgefallen sein, ganz umsonst liefe ein junges Mädel nicht von daheim fort. Sie hatten Mutter gefragt, ob sie mich im Falle meiner Ergreifung nach Hause bringen oder in einem Jugendheim unterbringen sollten. Mutter hatte ihnen gesagt, sie mögen mich bitte nach Hause bringen!

Als sie mir das sagte, war ich mehr als erstaunt! Wo ihr doch diese gottverdammten Hunde wichtiger schienen als das eigene Kind...

Mutter schluchzte und strahlte gleichzeitig vor Erleichterung! Ich war lebend und in einem Stück wieder daheim!

Sie fragte mich, warum ich denn so einfach abgehauen sei. Man hätte doch darüber reden können. Ich sagte ihr, nein, das hätten wir nicht. Sie hätte ja keine meiner Fragen beantwortet, hätte überhaupt nicht mehr mit mir geredet und mich nur noch wie Luft behandelt. Ich erzählte ihr, wo ich gewesen war und sprudelte heraus, wie es mir ergangen sei. Mutter stellte mir Bratkartoffeln, Backfisch, Salat und ein großes Glas kalte Milch auf den Tisch. Mein Gott, ich müsse doch Kohldampf haben!

Ich hatte Kohldampf! Hastig stopfte ich mir das Essen in den Schlund. Das Glas Milch war in einem Zug leer. Eigentlich verständlich, wenn man seit fast vierundzwanzig Stunden nichts mehr im Magen hatte!

Unterdessen rief Mutter bei der Polizei an und meldete, dass ich wohlbehalten wieder daheim sei und die Suche also abgeblasen werden könne...

Heute denke ich, meine Eltern haben zeitlebens nie wirklich begriffen, warum ich damals abgehauen war. Man wurde als Teenager ohnehin nicht für voll genommen. Es waren immer die Eltern, die vorgaben, die größte Weisheit zu besitzen. Was hatten Kinder und Jugendliche denn schon für großartige Probleme? Sie brauchten nicht für den Lebensunterhalt der Familie rackern zu gehen, die allmonatlich anfallenden Fixkosten zu zahlen, die Wohnung in Schuss zu halten und sich über die lachhaften Belängchen der Sprösslinge aufzuregen. Sie hatten nicht Krieg, Nachkriegszeit, Hunger, Flucht und Entbehrungen erlebt. Im Gegenteil, sie bekamen nach der Meinung meiner Eltern mittlerweile doch von Vorne bis Hinten den Puderzucker in die Muffe geblasen!

Sie hatten ein dauerhaftes Dach über dem Kopf, modische Kleidung, gutes Essen, Spielzeug, ausreichend Taschengeld und sie brauchten dafür noch nicht ein Mal was zu tun. Also waren die Problemchen der Kinder doch wirklich vollkommen ohne Belang...

Mutter konnte *(oder wollte)* sich dann auch tatsächlich nicht mehr daran erinnern, den Satz mit den Hunden je gesagt zu haben! Paps fragte nur niedergedrückt, warum ich nicht dort geblieben sei, wo ich her käme...

Bei Mutter glaube ich, dass sie damals wirklich einfach die Nerven verloren und einen Blackout hatte. Es war der berühmte Funken auf dem Pulverfass, der das Ganze zur Explosion brachte. Bei Paps glaube ich, war es verletzter Vaterstolz. Er hatte doch, zu Mindest seiner Meinung nach, alles für mich getan. Dennnoch war ich türmen gegangen. Sein Ego war angeschlagen, hatte einen gewaltigen Knacks bekommen. Sein gesamtes Weltbild als Vater brach wie ein Kartenhaus zusammen! Und jetzt war ich zurück, stierte mit glasigem Blick wie ein Zombie vor mich auf den Teller und stopfte wie eine Barbarin das Essen in mich hinein. Er wähnte sich als verloren. Die Tochter war gegangen – ein Zombie war gekommen!

Besser überhaupt keine Tochter als nur einen Schatten...

Und was betraf eigentlich mich? Ja, ich hatte ein eigenes Zimmer, Kleidung, Spielzeug, Hobbyzubehör, Bücher, Essen, Süßigkeiten und Taschengeld. In materieller Hinsicht fehlte mir nichts. Ich bin kein Kriegskind. Ich wurde in den Sechzigern geboren. Beim Zweiten Weltkrieg kann ich daher nun ein Mal aus persönlicher Sicht nicht mitreden. Meinen Krieg, den hatte ich daheim. Ja, auch Flucht kannte ich, war aus einem Elternhaus geflüchtet, wo man als Teenager gerade ein Mal am Rande wahr genommen wurde wie ein Hamster oder ein Kanarienvogel. Was hilft und nützt es denn, wenn man zwar in materieller Sicht alles hat, aber sich nach Einem ganz besonders sehnt und es einfach nicht bekommt? Etwas, das noch nicht ein Mal Geld kostet – und dennnoch fast unerreichbar bleibt. Wenn du menschliche Wärme suchst und sie dir, weil sie es doch gut mit dir meinen, die Heizung aufdrehen?

Ich war in den Augen der Eltern der erstgeborene Hoffnungsträger. Es wurde noch herum experimentiert. Sie hatten ganz offensichtlich viel zu hohe Erwartungen in mich gesetzt und waren einfach in der Erziehung deutlich zu altbacken und verkrampft. Sie träumten von einem braven, untergeordneten Wesen, eben von dem, was sie selbst in ihrer eigenen Kindheit für ihre Eltern waren. Doch ich war nicht nach ihren Wünschen maßgeschneidert, hatte ganz andere Ambitionen und Vorstellungen als sie. Die Folge davon war, dass ich irgendwann anfing, massiv dagegen zu rebellieren. Ich wollte kein Turnierpferd sein, das ständig sauber in der Spur blieb, nur brav parierte!

Meine Eltern sahen lediglich, dass ihr erstgeborener Hoffnungsträger nicht nach ihren eigenen Wünschen und Vorstellungen funktionierte. Also kam ich irgendwann in die Schublade für das Muster ohne Wert. Ich war von nun an der Kanarienvogel, der den ganzen Tag aus Leibeskräften flötete und dessen Geflöte man aus lauter Gewohnheit schon überhörte und mit der Zeit einfach nicht mehr wahr nahm...

Das Tagebuch

Andererseits schien Mutter aber alles, was mich betraf, besonders genau wissen zu wollen. In meinem Zimmer hatte ich ein persönliches Tagebuch, dem ich meine ureigenen Geheimnisse anvertraute. Dieses Tagebuch befand sich stets in der Schublade meines Nachtschränkchens. Welcher Teenager führt wohl kein Tagebuch?

Ein Mal hatte ich meine Monatsregel sehr stark. Das kommt bei vielen Teenagern hin und wieder vor. Von eben dieser Monatsregel schrieb ich auch in mein Tagebuch. Von den Krämpfen und dem Geklebe Dass ich mich nicht mehr zu lachen oder zu husten wage und dieser Zyklus eben ein ekelhafter Schietkram sei…

Wenige Tage darauf wollte ich einen Eintrag über den letzten, abendlichen Disco-Besuch machen. Da die linke Seite des Tagebuches beschrieben war, begann ich nun mit der rechten Seite. Plötzlich fiel mir aus dem Augenwinkel etwas auf: War auf der linken Seite nicht eine Freizeile? Tatsächlich! Die Freizeile war nicht mehr da. Wo sie sich befunden hatte, stand nun unter dem Eintrag mit der Periode: *Das war sicher ein zu wildes Schäferstündchen!*

Wie bitte? Ich glaubte es ja wohl nicht! Es war eindeutig Mutters Handschrift – und sie hatte sogar versucht, fein säuberlich meine eigene Schrift zu imitieren! Nun wollte ich es ganz genau wissen, blätterte hastig die beschriebenen Seiten durch und wurde noch mehrmals fündig! Ein Mal hatte ich eingetragen, dass ich Eine von Mutters Anweisungen absichtlich nicht befolgt hatte. Was stand jetzt darunter?

Die Belange meiner Mutter gehen mir doch ohnehin am Arsch vorbei!

Wochen zuvor hatte ich in das Tagebuch geschrieben, dass ich mich in einen Schulkameraden verknallt hatte.

Darunter stand jetzt, wieder in Mutters Handschrift: *Ich habe ja noch nicht genug herum gelümmelt und muss schließlich noch diesbezügliche Erfahrungen sammeln!*

Wutentbrannt sprang ich auf, rannte zu Mutter in die Küche und hielt ihr das von ihr bekritzelte Tagebuch unter die Nase, wobei ich auf die entsprechenden Stellen zeigte! Was dieser Schietkram denn sollte? Sie habe gefälligst nicht in meinem ganz persönlichen Tagebuch herum zu schnüffeln! Wie es ihr wohl gefallen würde, wenn Jemand in ihren ganz privaten, intimen Sachen herum kramen würde? Und wieso sie diese ganzen Bosheiten auch noch in mein Tagebuch gekritzelt habe? Ob sie glaube, ich sei so dämlich und merke es nicht? Sie solle künftig die Finger von meinen persönlichen Sachen lassen! Und das Tagebuch habe sie mir gefälligst zu ersetzen!

Mutter stotterte und stammelte mit zinnoberrotem Kopf verlegen und betreten unverständlich vor sich hin. Einen logischen Grund für ihr Handeln aber nannte sie mir nicht, konnte ihn mir aller Wahrscheinlichkeit nicht ein Mal nennen. Tags darauf aber überreichte sie mir ein neues Tagebuch und stotterte halbwegs entschuldigend vor sich hin. Sofort schrieb ich alle meine Einträge in das neue Buch hinein, diesmal ohne diese ganzen Ferkeleien. Dann schnitt ich am Kopfende einen Schlitz in den untersten Stoff der Matratze und schob das Tagebuch hinein. Mutter sollte nicht noch ein Mal in Versuchung kommen...

Ich möchte heute noch gerne wissen, warum Mutter so etwas tat. Wollte sie mich besser verstehen lernen? Dann hätte sie doch ganz normal von Frau zu Frau mit mir reden können. Wollte sie sich allgegenwärtig machen? Mich vielleicht klein machen, um selber größer zu wirken? Hatte sie solche Komplexe? Wie verdreht muss ein Mensch sein, der im geheimen Tagebuch seines Kindes nicht nur herum schnüffelt, sondern auch noch seine eigenen Kommentare und Interpretationen hinein schreibt? Davon ausgehend, dass ich es nicht bemerken würde?

Sie musste mich echt für stockstrunzdämlich halten!

Ich zog daraufhin nur mein Resümee: Mutter war für mich als Vertrauensperson endgültig gestorben. Jeglicher Rest von Vertrauen war endgültig dahin geschmolzen…

Knicks und Diener

Besonders Mutter ist in der so genannten guten, alten Zeit stehen geblieben. Erzieherische Weiterentwicklung und Umdenken waren und blieben ihr fremd, ihr ganzes Leben lang. Ihr gesamtes Denken und Handeln ist ausschließlich rückwärts gerichtet, in die Vergangenheit.

Julian zum Beispiel war bereits im Kleinkindesalter beigebracht worden, einen Diener zu machen, kaum, dass er laufen konnte. Mir war in ebenso jungem Alter beigebracht worden, Verwandtenbesuch mit einem kleinen Knicks begrüßen. Welches Kind aus der Sechziger-Generation machte das wohl noch? Nicht Wenige, wie ich später erfuhr. Die Erwachsenen aßen ihren Kuchen im Wohnzimmer, wir Kinder mussten im Nebenzimmer essen. Es wurde halt allgemein so verlangt. Wenn Erwachsene redeten, hatten Kinder grundsätzlich zu schweigen. Wir hatten nur den Mund zu öffnen, wenn wir etwas gefragt wurden. Waren wir irgendwo zu Besuch und bekamen Hunger, durften wir nicht nach einer kleinen Mahlzeit fragen. Wir durften nehmen, wenn uns etwas angeboten wurde. An Sonsten mussten wir möglichst versuchen, das Knurren des Magens zu unterdrücken. Gähnen – selbst dezent und hinter vorgehaltener Hand – war absolut verpönt. Schon gar nicht, wenn das Treffen bei uns statt fand. Gähnen hätte den Besuch vergraulen können. Julian und ich durften nur wie zwei Ölgötzen auf dem Sofa sitzen und uns im Duett langweilen! Bei Tisch wurde gerade gesessen, die Ellenbogen runter. Während des Essens wurde nicht geredet. Von Eins bis Drei am Nachmittag hatten wir ruhig zu sein, sogar in der Wohnung. Er zog sich durch die gesamte Kindheit. Es gab unter den Erwachsenen ein ungeschriebenes Gesetz: Kinder hatte man nur zu sehen, aber möglichst nicht zu hören! Julian und ich begrüßten mit höflichem Kratzfuß die Verwandten, reichten den Besuchern ausschließlich die rechte – »gute« – Hand, hielten möglichst brav den Mund, bedankten uns artig für kleine Geschenke, saßen still und schweigend bei Tisch, zogen uns auf Verlangen zurück. Wir Kinder hatten uns von Klein auf so verhalten, wie von der Mutter gewünscht, in der Hoffnung auf Lob und Anerkennung, weniger aus dem eigenen, persönlichen Verständnis heraus. Wie hätten wir das ganze Erwachsenengetue also begreifen sollen?

Zum Beispiel, warum man die Füße, wenn Besuch da war, nicht auf den Couchtisch legt? Eine Antwort wäre vielleicht: Weil sich im Teppich unsichtbare, winzige Bakterien tummeln, die von Straßenschuhen stammen und die auf diese Weise auf den Tisch gelangen und einen Menschen krank machen können!

Fakt war für uns nur: Wir hatten es gefälligst zu unterlassen!

Mutter legte, wenn wir unter uns waren, ebenfalls mit schöner Regelmäßigkeit die Füße auf den Couchtisch! War sie nur mit uns dann eher ganz alleine?

Warum man zum Beispiel keinesfalls in der Nase popeln oder in den Zähnen stochern darf? Eine mögliche Begründung wäre: Weil man im Anschluss an das Popeln und Zähnestochern Keime und Bazillen an den Fingern hat, die bei einem Händedruck übertragen werden und ebenfalls Erkrankungen auslösen können – und die Leute sich davon angeekelt fühlen!

Für uns aber galt: So etwas schickt sich einfach nicht!

Selbst Paps popelte oft genug gedankenverloren und hingebungsvoll in der Nase und stocherte in den Zähnen, ohne, dass Mutter etwas sagte! Warum durfte er – und wir nicht?

Warum man zum Beispiel in Gesellschaft das Aufstoßen und Furzen möglichst verhindern sollte? Eine logische Schlussfolgerung wäre: Weil es übel riecht, sich eben so übel anhört und den Leuten einfach den Appetit verdirbt!

Für unsere Kernfamilie stand fest: Wir sind schließlich keine Bauern!

Kerstin, Mutters Cousine, rülpste und furzte bei Tisch ja ebenfalls dreist und laut, dass es beim besten Willen nicht zu überhören war! Und Mutter lachte sich still und heimlich darüber ins Fäustchen! Warum?

Ist es denn so schwer für einen Erwachsenen, bereits einem kleinen Kind zu ganz bestimmten Geboten eine kindgerechte, ganz plausible Erklärung zu geben an Statt einfach nur zu bestimmen? Regeln des Anstandes und gesellschaftsfähige Manieren bedürfen einer einleuchtenden Erklärung!

Logische Antworten, warum man ausgerechnet Dieses tun und Jenes unbedingt zu unterlassen hatte, gab es ja nicht. Mit zeitraubenden Erklärungen hielt man sich gar nicht erst lange auf. Der Mensch tat gewisse

Dinge einfach nicht, weil es sich nun mal einfach nicht gehörte – Basta, aus! Ende der Fahnenstange!

So lange wir also den Vorstellungen der Mutter und der Verwandten vollkommen gerecht wurden und der Familie keine Schande machten, lief es prima daheim! Und mittlerweile war ich ja ein Teenager, hatte gefälligst keine Sorgen zu haben. Möglichst auch keinen eigenen Willen. Es zog sich wie ein Rattenschwanz vom Kindergartenalter bis in die Teenager-Jahre hinein. Das eigenständige Denken wurde Einem praktisch abgenommen...

Nun aber fiel Mutter plötzlich aus allen Wolken, als ich nach meiner Rückkehr so heraus sprudelte! Ich machte ihr klar, dass ich keinen Jieper mehr darauf hätte, nur noch – und ausschließlich – für ganz besonders gute Leistungen beachtet zu werden. Weder sei ich ein Hamster noch ein Kanarienvogel. Ich sei auch keine Maschine, die man mal eben entsorgt, wenn sie mal versagt. Ich sei ein lebender, atmender, denkender und fühlender Mensch, kein Turnierpferd, das man zu Höchstleistungen anspornt. Und als ein Solcher ließe ich mich nicht von zwei verblödeten Kläffern verdrängen und mir einen solch verbalen Einlauf machen! Dass Mutter schließlich mich geboren habe – und nicht die beiden Hunde!

Teenager-Scherze

Mutter muss sich – zu Mindest zeitweise – wohl doch ein paar Gedanken gemacht haben, denn in der nächsten Zeit lief es dann wesentlich besser zwischen uns. Wir fuhren öfter ins Schwimmbad und unternahmen auch sonst so einige Dinge.

Eines Abends spazierten wir durch das Parkgelände und Paps kriegte wieder einen seiner berühmten Fürze in den Schädel. Unter etlichen Bäumen, halb zwischen den Büschen versteckt, waren runde Panzerglasplatten in die Erde gelassen. Unter den Scheiben befanden sich Lampen, die von Unten die Bäume anstrahlten. Paps sagte, wir sollten uns in den gegenüber liegenden Büschen verstecken. Julian, Mutter und ich machten das auch brav. Paps selbst trat hinter lichtes Gestrüpp, stülpte sich zur Krönung des Ganzen noch die oberen Augenlider nach Außen, stellte sich auf eine dieser beleuchteten Glasscheiben, senkte leicht den Kopf und blieb total regungslos da stehen. Mensch, Kinners! Mit der grünlichen, diffusen Beleuchtung am Leib sah er original aus wie ein Graf Dracula, dem die letzte Bluttransfusion nicht ganz so gut bekommen war! Lichteffekte können sagenhaft täuschen. Er hatte mit sich selbst keinerlei Ähnlichkeit mehr und wäre es uns nicht klar gewesen, dass unser Herr Vater da stand, nicht mal wir hätten ihn auf Anhieb erkannt. Er war völlig grün im Gesicht, wirkte total eingefallen und die umgestülpten Augenlider glitzerten diabolisch. Paps wäre mit Sicherheit der absolute Knüller auf jeder Geisterbahn gewesen! Als der Gehenkte vom schottischen Hochmoor! Ein Zombie im Busch!

Kurz darauf kam ein kleines Grüppchen Leute daher, das sich ganz angeregt unterhielt. Als sie Paps sahen, blieben die Leute ruckartig stehen und wurden sehr still! Dann, nach der ersten Schrecksekunde, begannen sie zu diskutieren, besahen sich die leuchtende Gruselfigur von allen Seiten, trauten sich aber nicht zu nahe heran, da sie sich in der Dunkelheit wirklich nicht sicher waren, ob sie nun eine Marmorstatue oder einen lebenden Menschen vor sich hatten! Und unser Vater stand da mit seinen umgestülpten Augenlidern und rührte sich nicht!

So ging das noch eine Weile, doch als Paps plötzlich »Buuuuuh!« rief und noch dazu so blöde schielend mit den Augen rollte, spritzten die Leutchen nach allen Seiten weg und suchten kreischend das Weite!

Hinterher, auch noch zu Hause, haben wir uns über die Sache beölt wie kleine Kinder...

Mutter hatte auch zeitweise ganz tolle Schoten auf Lager!

Ihr Bruder, Onkel Karl, hatte den Arm einer Schaufensterpuppe gefunden. Er hatte aber an dem Ding kein Interesse mehr. Also landete das Gebilde irgendwann mal bei uns und Mutter fiel auch gleich das Passende dazu ein. Sie trennte den rechten Ärmel aus Paps´ altem Oberhemd, stülpte Diesen über den Puppenarm, verteilte als Krönung des Ganzen etwas Ketchup über die Hand, drückte mir das schauerliche Horrording in die Finger und schickte mich damit zum gegenüber liegenden Haus. Dort standen große Müllcontainer. In Einen davon sollte ich das Ding so platzieren, dass lediglich die blutige Hand und ein kleines Stück des Unterarms heraus schaute. Dann solle ich nur noch die Containerklappe schließen. Ich machte das auch und Mutter stand am Fenster Schmiere. Falls nämlich Jemand gekommen wäre, hätte sie laut gepfiffen! Es kam aber Keiner und nachdem die Idee in die Tat umgesetzt war, trippelte ich auf flotten Sohlen wieder zurück in die Wohnung. Mutter und ich standen nun gemeinsam hinter der Gardine, gacksten uns ins Fäustchen und harrten der Dinge, die da kommen würden! Kurz darauf erschien das erste Opfer. Ein türkischer Junge trat aus dem Haus, ging seelenruhig an den Containern vorbei – und blieb plötzlich wie angewurzelt stehen! Er wurde abwechselnd zinnoberrot und kreidebleich, drehte sich um, wahrscheinlich um sich zu vergewissern, ob er richtig gesehen hatte. Nachdem er die schlaffe, blutverschmierte Hand aus dem Container ragen sah, holte er tief Luft und rannte laut blökend und kreischend wieder ins Haus zurück! Mutter und ich standen in Julians Zimmer hinter der Gardine und kreischten fast vor Lachen! Donnerhacke, war das ein Mords-Jux!

Nachdem der Arm dann noch sehr vorsichtig von einigen sehr mutigen, erwachsenen Türken inspiziert worden war, die das Horrorgebilde schließlich ganz in den Container stopften und kopfschüttelnd wieder verschwanden, holte ich das Teil unter Mutters wachsamen Augen wieder zurück. Hätte man uns erwischt, wären wir eventuell sogar noch wegen »groben Unfugs« dran gekommen! Zu Mindest für eine Anzeige hätte es wohl dicke gereicht...

Ein anderes Mal – Mutter und ich waren in der Stadt – war uns wieder nach Humor! In der Nähe des Kaufhofs gab es einen kleinen Laden für Scherzartikel aller Art. Mutter und ich schaukelten uns gegenseitig hoch. Also betraten wir das Lädchen und kauften eine Dose Eberspray. Auf dem Weg zum Busbahnhof hatte Mutter die Dose schon griffbereit. Der Bus kam, wir stiegen ein und nahmen Platz. Mutter nahm leise den Verschluss ab und verteilte unbemerkt einige ganz leise Sprühstöße. Im Nu stank der ganze Bus nach brünstigem Borstenvieh!

An der nächsten Haltestelle wurde der Bus so richtig proppenvoll! Und ausgerechnet eine große Gruppe Teenager stieg zu!

Etliche Fahrgäste begannen zu japsen und zu würgen, rissen die Oberlichter auf, zückten diverse Erfrischungstücher, beschuldigten die armen Teenager. Die wiederum beschuldigten sich gegenseitig, denn Keiner von ihnen war sich einer Schuld bewusst. So beschuldigte Jeder Jeden. Es stank ganz erbärmlich – wie in einem Saustall!

Ich hielt mir, um nicht blöde aufzufallen, ein aufgeklapptes Taschentuch vor das Gesicht und schluchzte verkrampft gacksend hinein. Es war ja auch faszinierend: An jeder neuen Haltestelle prallten die Jenigen, die einsteigen wollten, angeekelt zurück und rümpften die Nasen! Die Jenigen, die aussteigen wollten, sprangen nur so aus den Türen! Es waren immer die gleichen Reaktionen! Und erst der arme Busfahrer!

Ich gackste mit zuckenden Schultern in mein Taschentuch, schweißnass vor eiserner Beherrschung. Mutter fragte ganz scheinheilig: »Ist dir schlecht? Wir können gern aussteigen und auf den nächsten Bus warten!«

»Nee…«, röchelte ich Mutter entgegen, »es geht schon…«

Natürlich stiegen wir nicht aus. Denn wahrscheinlich hätte Mutter, bei ihrer momentanen Jungmädel-Laune, im nächsten Bus noch einen Dampfmann losgelassen!

Wir blieben also brav im Ebermief hocken und fuhren weiter bis an unseren Zielort. Den Gestank auszuhalten war uns die Gaudi natürlich wert! Doch dann, nachdem wir ausgestiegen waren und uns auf dem Weg vom Busbahnhof fort bewegten, war es dann endgültig mit meiner Beherrschung vorbei! Bei Mutter aber auch. Wir kringelten uns in

Lachkrämpfen und kriegten uns auf dem ganzen Weg bis nach Hause nicht mehr ein...

Wenn unsere Eltern gut gelaunt waren, konnte man also jede Menge Fez zusammen mit ihnen erleben. Sie machten uns Kindern in so mancher Beziehung sogar noch etwas vor! Es ist erstaunlich, was für kindische Einfälle erwachsene Menschen so entwickeln können. In F. zum Beispiel bestanden die Treppenstufen aus Holz. Mutter trug Schuhe mit ziemlich lauten Sohlen. Sie kriegte mal wieder einen Koller und winkte mich leise ins Treppenhaus. Mit der linken Hand hielt sie sich am Treppengeländer fest, mit der rechten Hand stützte sie sich an der Wand ab. Dann polterte sie mit den Füßen über die Holzstufen, dass es laut rumste! Er klang wie ein ganz gewaltiger »Kladderadatsch«! Unten flog die Türe auf, die Bäuerin stand ganz verschreckt im Rahmen und fragte ganz entgeistert, ob Jemand gestürzt sei…

Ich glaube, Mutter hätte als Teenager liebend gerne so manchen Fez gebaut, nur, dass sie es vielleicht nicht durfte! Sie hatte wohl ganz gewaltigen Nachholbedarf und wenn sie ihre Anwandlungen bekam – naja...

Mutter durfte auch als junges Deern zu Hause ja nicht zu albern sein! Die Großeltern hatten zum Beispiel mal so eine komische kleine, kunterbunte Schimpansenfigur mit schlenkernden Extremitäten. Diese Puppe war wohl auch noch gigantisch doof gekleidet. Jedenfalls saß dieser Schimpanse mal so blöde mit seitlich geneigtem Kopf und hängenden Gliedern auf einem Stuhl. Er sah aus wie ein einfältiger, sturzbesoffener, bunter Zirkusaffe! Mutter fiel es auf und sie begann hemmungslos zu kichern und zu lachen. Oma begriff die Albernheit ihrer Tochter nicht und befahl ihr, damit aufzuhören. Mutter aber konnte den Blick nicht von diesem Schimpansen abwenden und kringelte sich vor Lachen! Oma schimpfte gehörig und scheuchte Mutter aus dem Zimmer. Die kleine Louise sollte gefälligst draußen weiter lachen – und es ja nicht wagen, wieder herein zu kommen, bevor sie sich nicht gründlichst ausgelacht hätte! Mutter ging auch hinaus und wurde todernst, als der Schimpanse außer Sichtweite war. Sie versuchte wieder hinein zu kommen, nur, da saß doch dieser alberne Schimpanse! Sie begann unweigerlich erneut zu lachen. Oma motzte und scheuchte ihre Teenager-Tochter erneut hinaus. Draußen brauchte Mutter aber nicht mehr zu lachen, denn da war ja kein Schimpanse mehr. Sie blieb eine Zeit lang draußen und glaubte wirklich schon, es überstanden zu haben. Als sie wieder herein kam und den Affen sah, kam die nächste Lachsalve. Oma brüllte rum und hätte Mutter fast Eine verplättet!

Mutter hatte als Teenager gefälligst nicht lustig und albern zu sein. Jugendgerechtes Verhalten war offenbar strikt verpönt. Vielleicht konnte Oma keine fröhlichen Menschen ertragen. Darunter hatte ihre Tochter permanent zu leiden. Die Folge davon war, dass Mutter als Erwachsene so Etliches an Firlefanz nachholte…

Auch wir Kinder durften albern sein, lachen oder ganz harmlose Streiche spielen. Ich erinnere mich, als wir eines guten Tages mal im Zoologischen Garten waren. Da gab es im Terrarienhaus einen Kiosk. Ich hatte mir dort eine schöne lange, fette Gummischlange geholt. Die Terrarienscheiben waren etwas nach Innen versetzt, aber es gab kleine, steinerne Vorsprünge. Als gerade Niemand schaute, platzierte ich das Gummireptil auf eine dieser Vorsprünge und zwar so, dass Kopf und vorderer Teil des Körpers vorne vor der Terrarienschcibe herunter baumelten. Es kam ein älteres Ehepaar daher, das sich ganz interessiert die verschiedenartigen Kriechtiere anschaute. Die Frau war wohl etwas kurzsichtig und ging mit dem Gesicht sehr nahe an die Scheiben heran. Plötzlich sah sie die fette Gummischlange ganz dicht vor ihrer Nase baumeln! Mühsam unterdrückte sie einen Kreischer und floh sich in die Arme ihres Gatten, der ebenfalls ziemlich blass um die Nase war! Mutter stand ein Stückchen weiter, versteckte sich halb hinter einer großen Palme und prustete sich dumm und scheckig...

Ein andermal hatten Julian und ich es mit einer großen Gummispinne drauf! Es war beim siebzigsten Geburtstag von Onkel Gunnar, Omas jüngerem Bruder. Dieser Anlass wurde in einem Restaurant gefeiert. Jedenfalls hatten wir Kinder diese fette Gummispinne dabei. Sie hing an einem Bindfaden und wir alberten zuerst ganz harmlos damit unter dem Tisch herum. Irgendwann aber musste ich mal und auf dem Weg zum Klosett sah ich eine große Türe. In dieser Türe befand sich ein breiter Schlitz. Ich schielte durch und stellte fest, dass der Blick in die Kombüse ging. Wieder zurück, gab ich Julian Bescheid und natürlich hatten wir auch gleich einen Plan ausgeheckt. Also schlichen wir uns gemeinsam zurück zu dieser Küchentür und ließen die Gummispinne durch den

Schlitz gleiten. Wir hatten ja von Außen das unsichtbare Schnürchen in der Hand. Es dauerte auch gar nicht lange, da sahen wir eine Mamsell mit dem Arm voller dreckiger Töpfchen ausgerechnet auf diese Tür zugehen! Julian und ich zogen am Schnürchen und ließen die dicke Gummispinne tanzen. Die arme Frau sah das Vieh und bekam fast einen ausgewachsenen Nervenschock! Sie schrie wie ein Spanferkel, riss die Arme hoch – und sämtliche Töpfchen und Deckelchen flogen mit lautem Geschepper durch die Restaurantküche! Julian wollte die Spinne so schnell als möglich wieder einholen, riss aber leider etwas zu hart an der Schnur. Schiet – die Spinne war in der Kombüse! Die Schnur war gerissen! Einer der Köche kam, inspizierte das nette Tierchen und hörte uns wohl hinter der Türe kichern und prusten. Gott sei Dank machte er kein Drama daraus und wir bekamen die Spinne zurück. Onkel Gunnar, das Geburtstagskind, lachte dröhnend! Mutter grinste still und heimlich in sich hinein...

Wie schon gesagt, sie war für jede Gaudi zu haben. Das waren die Momente, an die man sich gerne zurück erinnert – gerade, weil sie so verhältnismäßig selten waren!

Nur mit unseren Sorgen und Problemen waren wir eben bei Mutter an der falschen Adresse. Denn sie hatte in ihrer Kindheit und Jugend auch nie die Möglichkeit gehabt, sich mitzuteilen. Gerade dieser Umstand wurde mit der Zeit für sie zur Normalität. Was Gefühle und Emotionen anging, war sie abgestumpft, verknöchert und vernagelt. Lustige oder erfreuliche Dinge konnten wir ihr erzählen, auch in ihrer Gegenwart Witze reißen – aber wir hatten ihr bitte nicht mit Problemen zu kommen!

Wenn wir wirklich Probleme hatten, waren wir bei Paps richtiger. Er versuchte auch oft genug, sich in uns Kinder hinein zu versetzen. Merkte er allerdings, dass man absichtlich einen ganz dicken Bock geschossen hatte, kam auch schon mal der Lederriemen oder der Kleiderbügel zum Einsatz.

Entsprechende Narben auf meinen Oberschenkeln zeugen noch heute davon…

Räuber und Gendarm

Einen wirklich besonders kapitalen Bock schoss Julian im Alter von sieben oder acht Jahren. Er hatte in der Schule einen griechischen Freund namens Spiros. Die beiden Buben kamen eines Tages auf die glorreiche Idee, im Keller unseres Hauses »Räuber und Gendarm« zu spielen. Der Kellerraum von Ehepaar L. stand dummerweise offen. Die L.s hatten dort unter Anderem eine große Truhe mit Gewändern stehen. Sie waren nämlich aktive Mitglieder im Heimat-Trachtenverein! Außerdem stand im Kellerraum der Nachbarn ein großer Topf, der gedacht war, um Obst einzukochen...

Die Knaben hüllten sich dort unten also in diverse Gewänder und spielten »Räuber und Gendarm« im Kellerraum. Es fiel auch Niemandem auf. Spiros ging später nach Hause und Julian war wieder unten in unserer Wohnung. Aber irgendwann musste dann Frau L. wohl hinunter in den Keller und sah das heillose Chaos! Da wir die einzigen Kinder im Hause waren, kam sie sofort auf uns und schellte bei Mutter an. Julian gab alles gleich kleinlaut zu und verpetzte auch seinen Freund, denn der hätte schließlich ebenfalls mitgemacht. Mutter verbot Julian ab sofort den Umgang mit diesem verflixten Bengel, der ihn offensichtlich zu diesem Unfug angestiftet hatte!

Als Paps nach Hause kam, verschanzte Julian sich natürlich vor Angst sofort unter dem Bett. Nachdem Paps dann von Mutter erfuhr, was gelaufen war, rastete er komplett aus! Er rannte durch sämtliche Zimmer und brüllte lautstark nach seinem Sohn. Der wiederum lag stocksteif und still wie eine Mumie unter seinem Bett und rührte keinen Muskel! Irgendwann wurde Paps etwas ruhiger. Ich sagte ihm, dass ich zwar wisse, wo Julian sei, es ihm aber erst verraten würde, wenn er verspräche, ihn nicht zu schlagen! Paps versprach es und ich holte meinen kleinen Bruder unter dem Bett hervor. Er fing sich trotzdem ganz gewaltige Knallzigarren und Riemenschläge ein...

Das große Finale dieses Falles gab es allerdings einige Tage später!

Es hatte Stunden lang kräftig geregnet – und vorne aus der Regenrinne floss das Wasser nicht mehr ab. Es pladderte in kräftigem Strahl von Oben auf die Straße hinab. Als Paps nachschaute, steckte ein kleines, pinkfarbenes Gummipüppchen fest im Regenrohr! Es verhinderte den freien Abfluss des Wassers. Nun musste Paps erst mal das mistige Gummipüppchen aus dem Rohr popeln. Damit aber noch nicht genug. Auf dem niedrigen Dach der Grundschule fand sich – total versifft und triefpatschnass – die Trachtenhaube von Frau L.!

Das wäre ja auch noch nicht so tragisch gewesen, aber im Keller stank es ganz erbärmlich nach Kacke! Frau L. fand die Quelle des Gestanks nicht und außerdem war es ja schließlich auch Mutters Angelegenheit. Immerhin war sie für das verantwortlich, was Julian verboxbeutelt hatte. Mutter kam später vom Keller hoch, natogrün im Gesicht! Sie hatte das dicke Schieterle ausfindig gemacht – es befand sich in dem großen Einwecktopf! Mutter schrubbte und scheuerte diesen Topf sauber und stellte Julian zur Rede. Der gab zu, dass er beim Toben im Keller plötzlich mal gemusst hätte. Aber um sich nach Oben auf's Klosett zu bequemen, dazu hatte er keinen Jieper gehabt. Und der Einwecktopf war das Einzige, was ihm eingefallen sei. Juchheißassa – echt ein Spezi, der Julian!

Wie dem auch sei: Frau L. hat es nie erfahren…

Vertrauensbruch und Vaterliebe

Überdies schien Julian sogar noch für diesen Schiet belohnt zu werden. Es war im folgenden Sommer. Ich erwachte früh am Morgen, weil die Blase drückte. Mutter und Julian standen im Bad, halb angezogen und putzten sich die Zähne. Ich pinkelte und fragte, warum die Beiden denn schon so früh auf seien. Mutter gab zur Antwort, sie müssten nur etwas Wichtiges erledigen und kämen sofort wieder zurück. Schlaftrunken wankte ich zurück in mein Zimmer und kroch ins Bett. Irgendwann erwachte ich durch ein Geräusch. Paps stand im Zimmer, grinste wie ein Honigkuchenpferd und meinte, das Frühstück würde warten. Ich wusch mich, zog mich an und fragte nach dem Rest der Familie. »Ja«, meinte Paps, »Mutsch ist mit Julian für drei Wochen nach F. in Urlaub gefahren!«

Erstmal starrte ich Paps total ungläubig an und dann bekam ich einen Wutanfall, der sich gewaschen hatte! Paps ließ mich in aller Ruhe ausbrüllen. Für mich war das, was Mutter getan hatte, ein ganz dicker Vertrauensbruch! Sie hätte genau so gut mit uns beiden Kindern gemeinsam abdüsen können anstatt nur mit Julian! Für mich war es sonnenklar: Sie wollte mich eine Zeit lang nicht mehr um sich haben und schob mich eiskalt an Paps ab!

Allerdings machte er aus unserer trauten Zweisamkeit einen wunderschönen Abenteuer-Trip. Wir unternahmen sehr Viel, fuhren auf dem Motorrad hinein in´s Blaue, machten Picknick auf Waldwiesen, besahen uns Kühe und Pferde und ich bekam Eis, so viel ich wollte. Ein anderes Mal fuhren wir nach H. zum Schwimmbad, wo wir den Tag verbummelten. Wir wanderten in E. kreuz und quer durch den Wald und aßen später Bratwürste. Wenn uns dann definitiv nichts mehr einfiel, blieben wir mit den Hintern auch ganz daheim und spielten »Mensch-ärgere-dich-nicht« oder »Mühle«, das machte auch Laune. Ich blühte förmlich auf!

Irgendwann kam dann bei mir der Punkt, in dem mir der Gedanke an Mutter und Bruder total am Ast vorbei ging. Es lief doch wundervoll ohne die Beiden. Streit mit Paps gab es nicht ein einziges Mal. Es war so friedlich! Paps ging einkaufen und kochte, ich half willig beim Abwasch und beim Staub wischen. Wenn das schon so lief, dann konnte es doch auch ruhig so bleiben! Bei Paps funktionierte das Alltagsleben perfekt und mir kam der Gedanke, es wäre für alle Beteiligten besser, die Eltern würden sich trennen! Mutter und Julian bräuchten meinetwegen gar nicht mehr wieder zu kommen. Zu Mindest Mutter nicht...

Natürlich kamen die Beiden irgendwann wieder und innerhalb kürzester Zeit ging der Hader wieder los! Ich verschloss mich total vor Mutter und ließ meine Wut und meinen aufgestauten Frust nun an Julian aus. Mutter versuchte freundlich, mich mit ihrem schönen Gelaber voll zu schleimen und je mehr sie schleimte, desto aggressiver reagierte ich. In kürzester Zeit war der alte Zustand also wieder hergestellt!

Als Ansprechpartnerin hatte ich Kerstin, Mutters Cousine. Wir telefonierten oft miteinander und sie hörte geduldig zu, wenn ich etwas auf dem Herzen hatte. Kerstin versuchte oft, zwischen Mutter und mir zu vermitteln. Mutter war dann natürlich ziemlich angefressen, beschwerte sich über die Telefonrechnung und meinte, Kerstin wolle mich ohnehin nur aushorchen. Wieso Kerstin eigentlich von mir alles eher erfahren würde als sie selbst? Wenn ich irgend etwas hätte oder etwas zu bereden wäre, solle ich gefälligst zu Mutter kommen!

Nun, die Erfahrung hatte mir bereits oft genug gezeigt, dass ich das eben im Endeffekt doch nicht konnte...

Britta und Ursula

Ganz ähnlich erging es Britta, meiner Cousine!
Sie ist die Tochter von Onkel Justus, Paps´ jüngerem Bruder. Brittas Mutter, Ursula, konnte ich auf den Tod nicht ausstehen. Sie war hippelig, rechthaberisch, egomanisch und aufbrausend bis zum Gehtnichtmehr und ich hätte sie am Liebsten gemieden wie der Teufel das Weihwasser! Die Ehe zwischen Onkel Justus und ihr war auch bereits nach wenigen Jahren wieder geschieden worden, weil Ursula ständig fremd ging. Sie hatte sich während der Abwesenheit meines Onkels laufend irgendwelche wuschigen Burschen in die Wohnung geholt und ließ sich deftig beglücken – im Ehebett! Kam Onkel Justus von der Arbeit nach Hause, waren die Macker natürlich schon fort. Nur war das Ehebett frisch bezogen, aber es lagen vereinzelt noch benutzte Kleenex-Tücher herum. Die hatte Ursula leider in der Eile vergessen zu entsorgen. Das Ganze war wohl mehr als ein Mal passiert und zwar immer dann, wenn Onkel Justus zur Arbeit und Britta in der Schule war! Als Onkel Justus seine Frau zur Rede stellte, muss sie ihn wohl als »Schlaffi« tituliert haben! Onkel Justus hatte die Nase gestrichen voll, suchte sich eine eigene Wohnung, packte seine Sachen, zog aus und reichte die Scheidung ein. Ihm hatte es restlos gelangt!

Übrig blieb nur ein eingeschüchtertes kleines Mädel namens Britta, das keine Mutterliebe bekam und letztendlich emotional auf der Strecke blieb...

Britta kuschte auf Pfiff; sie hatte es nicht anders gelernt. Ihr Selbstvertrauen war praktisch gleich Null und sie hatte das Temperament von zwanzig Schlaftabletten! Kamen Ursula und Britta aus A. nach P. gefahren, um uns zu besuchen, verdrehte ich schon im Voraus die Augen. Ich sah Brittas blödes Grienen vor mir und dachte nur: Was soll ich jetzt schon wieder mit dieser Schnecke?

Britta hatte, wenn sie auftauchte, immer ihre Puppe »Mina« dabei, ein fieses fettes, blondes Ding mit großen, blauen Glubschaugen. Ich dagegen hatte »Lindsay« vorzuweisen, eine süße, kleine Babypuppe mit niedlichem schwarzem Krauskopf, hübschen dunklen Augen und einer herrlich tiefschokobraunen Haut. Meine »Lindsay« war nämlich ein Negerbaby!

Zu unserer Zeit galt der Ausdruck »Neger« nicht als Schimpfwort. Es leitet sich viel mehr vom spanischen Wort »Negro« ab, was »schwarz« bedeutet. Eingedeutscht wurde »Neger« daraus. Das war in keiner Weise rassistisch gemeint und für unsere Generation eine vollkommen normale Bezeichnung für einen Menschen schwarzer Hautfarbe. Es ist schließlich ein ganz gewaltiger Unterschied, ob man »Neger« oder »Nigger« sagt...

Ursula fragte mich mal gespielt scherzhaft, wie ich denn an das Negerchen gekommen sei. Ich, mittlerweile im Teenageralter, gab den Scherz zurück und antwortete ihr: »Da kannst du mal sehen! Der Vater meines Babies ist ein schwarzer US-Ami!«

Ursula war natürlich gleich wieder über alle Maßen bedient...

Sie mokierte sich sowieso grundsätzlich über alles und fand es ja schon mehr als merkwürdig, dass ich Bücher von James Fenimore Cooper und Karl May schmökerte. Bücher, die eigentlich ja doch eher für Buben zugeschnitten waren. Winnetou, Der Ölprinz, Das Halbblut Apanatschi, Unter Geiern, Lederstrumpf, Der letzte Mohikaner – nein, so etwas sei nichts für eine Deern! Unmöglich!

Was bitte ist so unmöglich daran – nur, weil du ein Mädel bist?

Zum Geburtstag wünschte ich mir ein Buch über Indianer von ihr. Was bekam ich? Ein Buch, natürlich. Es hatte den Titel: »Wencke im Tierparadies«! Ich hätte es am Liebsten gleich ungelesen auf den Müll geschmissen...

Apropos Native Americans: Als ich Vierzehn war, wollten mich Onkel Karl und Tante Dagmar in den Sommerferien mitnehmen auf einen USA-Urlaub. Onkel Karl besprach die geplante Reise in meinem Beisein mit Mutter. Für die Eltern würden lediglich die Flugkosten anfallen; alles Andere würden Onkel und Tante übernehmen. Es sollte erst nach Kalifornien, dann nach Florida in´s »Orlando Sea World« gehen, danach war ein Abstecher zum Grand Canyon geplant, dem ein Trip zum Mount Rushmore folgen sollte. Mutter war auch einverstanden und meinte, sie müsse das nur noch mit Paps besprechen. In meinem jugendlichen Leichtsinn fragte ich Onkel Karl, ob wir auch einige Reservate der amerikanischen Ureinwohner, besonders das der Sioux, besuchen könnten. Auf der Stelle ging bei Mutter die Jalousie herunter! Nein – ich bliebe hier!

Dabei wäre doch gerade eine USA-Reise genau die Gelegenheit gewesen, meinen Horizont deutlich zu erweitern und Erfahrungen zu sammeln, meine Englischkenntnisse zu verbessern und gleichzeitig festzustellen, dass amerikanische Ureinwohner einem schwärmerischen Teenager aus Europa nicht gleich hoch erfreut um den Hals fallen – nur, weil er die amerikanische Urbevölkerung so toll findet!

Ganz im Gegenteil, Native Americans sind sehr oft von extremem Misstrauen oder höflicher Zurückhaltung geprägt. Sie hatten schon mehr als genug durch weiße Invasoren, Genozid und Behördenwillkür erdulden müssen. Und dieser USA-Trip wäre einfach eine vielleicht einmalige Gelegenheit gewesen, von dieser kranken, verdrehten und überromantisierten deutschen Karl-May-Winnetou-Romantik herunter zu kommen und mehr über die tatsächliche heutige Lebenssituation der amerikanischen Ureinwohnervölker zu erfahren. Besonders, was die Bewohner der Reservationen angeht. Die bis zu 80% hohe Arbeitslosenquote alleine in Pine Ridge (South Dakota). Der Alkoholismus bei werdenden Müttern und die damit verbundenen Gefahren des Fetalen Alkohol-Syndroms (FAS). Das »Project Phoenix«, eine soziale Wohngruppe, zu dem alkoholgeschädigte Jugendliche geschickt wurden, damit sie nicht in Gewahrung der ohnehin schon hoffnungslos überfüllten Stammesgefängnisse kamen. Das weit verbreitete FuA (Fahren unter Alkoholeinfluss) und die damit verbundenen Todesopfer. Das kollektive Konsumieren von »Montana-Gin« (Lysol-Lösung, auf eine Scheibe Brot geträufelt und dann ausgesaugt). Das Schnüffeln von Billigparfüms und Kleber. Das Blitztrinken. Die außergewöhnlich hohe Selbstmord- und Fehlgeburtsrate. Massenweise Zwangssterilisationen bei indianischen Frauen im gebärfähigen Alter. Der Uranabbau und die damit unweigerlich verbundenen Krebsfälle. Mangelernährung, Diabetes- und Tuberkulosefälle. Massive häusliche Gewalt gegen Ehefrauen. Halbblut gegen Vollblut. Gerade zu dieser Zeit, in den Siebzigern, stand es bei den Lakota (Sioux) besonders schlimm. Man denke an die einundsiebzigtägige Belagerung von Wounded Knee (1973) und die Aktivitäten der AIM (American Indian Movement). Der korrupte Halbblut-Stammespräsident Dickie Wilson und die Aktionen seiner Schlägertrupps. In den deutschen Medien drang kaum etwas durch. Das lag gerade ein Mal viereinhalb Jahre zurück, steckte dem Volk der Lakota noch mehr als gehörig in den Knochen.

Ich hatte von alledem nicht die geringste Ahnung – und genau dort wollte ich in meiner jugendlichen Naivität und Unwissenheit hin, wollte Indianer in ihren Tanztrachten sehen, wie sie ihre »Friedenspfeife« kreisen ließen, sangen, tanzten, wollte ihre bemalten Gesichter bewundern! Die kunterbunten, wild-romantischen Seifenblasen wären auf einen Paukenschlag zerplatzt! Ein Besucher musste sich nämlich beim zuständigen Stammesbüro eine Erlaubnis geben lassen, einen triftigen Grund anführen, um das »Res« überhaupt erst ein Mal betreten zu können. Wir wären direkt an der Reservatsgrenze gescheitert. Und selbst wenn nicht: Ich hätte alleine auf Grund eines völlig anderen und – leider – nur allzu realistischen Bildes umdenken lernen müssen. Diese Reise hätte mich ganz schnell auf den Boden der Tatsachen zurück geholt!

Aber leider musste ich ja dummerweise fragen – die USA-Reise war ersatzlos gestrichen!

Echt tragisch wurde es, wenn Ursula mich für einige Tage nach A. einlud. Sie fuhr nämlich wie eine gesengte Sau, schnitt jede Kurve haarscharf. Ihr Fahrstil war wirklich zum Kotzen rasant!

Dann musste ich zusätzlich noch diese dämlich grinsende Valiumpille namens Britta ertragen. Die kicherte, wo es definitiv nichts zu Kichern gab und außer Häkeln und Püppchen füttern konnte man nichts mit ihr unternehmen. Eine Woche konnte verflixt lang sein...

Die einzig vernünftige Person in diesem Haushalt war Paul, Ursulas zweiter Ehemann. Er war ausgeglichen, geduldig und sehr lieb. Nur sein Familienname war allerdings sehr gewöhnungsbedürftig. Den werde ich auch nicht nennen. Nur habe ich mich über diesen leicht vulgär klingenden Namen immer klammheimlich, aber deftigst amüsiert!

Es war zu komisch; ich hätte vor Lachen schreien können!

Schon wenn wir die Treppen hoch kamen zu der gewissen Wohnungstüre, an der dieser groteske Name prangte, musste ich dreckig lachen! Ursula schaute mich nur verständnislos an und ich musste einfach weiter lachen und konnte mich nicht mehr bremsen, weil der Name so saudämlich war!

Na gut, Paul konnte ja schließlich nichts für seinen albernen Familiennamen. Dafür war er sehr gutmütig, kinderlieb und gelassen. Einzig Ursula gelang es, auch ihrem zweiten Ehemann das Leben buchstäblich zur Hölle zu machen.

Man stelle sich folgende Situation bitte ein Mal bildlich und plastisch vor: Beim Mittagessen zwang sie Paul doch tatsächlich dazu, gegen dessen Willen noch ein zweites Schnitzel zu essen! Sie klatschte es ihm einfach auf den Teller und brüllte ihm recht unelegant und lautstark entgegen, dieses Schnitzel würde aber gefälligst noch gegessen!

Was sollte Paul machen? Ihr Eine schallern? Das hätte er nie getan! Seufzend fügte er sich in sein Schicksal und würgte gegen seinen Willen, aber brav das Schnitzel hinunter!

Und auch diese zweite Ehe hielt nicht allzu lange. Irgendwann hatte Paul von Ursula´s ganzen Tyranneien die Faxen dicke, zog aus dem ehelichen Gefängnis aus und reichte die Scheidung ein!

Ursula traf danach die weise Entscheidung, nicht wieder zu heiraten. Statt dessen verlegte sie sich wieder auf das wilde Gelümmel mit ihren wuschigen »Kurzzeit-Mackern«. Rückte ihr Einer der lüsternen Kerle zu sehr auf den Pelz, schnappte sie sich kurzerhand ihre Tochter und zog mit ihr – von Jetzt auf Gleich – in eine andere Stadt! Britta wurde aus ihrem gewohnten Umfeld gerissen, konnte sich noch nicht ein Mal von ihren Schulkameradinnen verabschieden! Ende und aus die Maus – am neuen Wohnort baute sich Ursula dann sogleich einen neuen Wirkungskreis auf. Bis zur nächsten Flucht…

Irgendwann tauchte sie dann wieder in A. auf und ließ sich endgültig dort nieder. Onkel Justus hätte seine Tochter gerne zu sich genommen, musste aber arbeiten, um Unterhalt zahlen zu können. Später heiratete er erneut, Tante Beate. Warum er Britta dann nicht zu sich nahm, ist mir schleierhaft. Das wird ein ewiges Geheimnis bleiben. Vielleicht war das Interesse an der kleinen Tochter dann doch wieder nicht so groß. Die Ehe zwischen Onkel Justus und Tante Beate blieb kinderlos...

Für mich jedenfalls war der Aufenthalt bei Ursula der blanke Horror! Es begann damit, dass Britta mir voller Stolz ihre »Helga« zeigte. Helga war eine dicke, lange bunte Schlange, die direkt innen an der Wohnungstüre lag, wegen des Durchzugs, damit kein Wind in die Wohnung pusten konnte. Natürlich war Helga selbstgehäkelt, aus bunter Wolle.

Britta hatte sie auch schön prächtig ausgestopft. Helga sah aus wie eine monströse, überdimensionale Leberwurst, aber meine Cousine fuhr voll auf sie ab! Helga war Brittas Spielgefährtin und ich kam irgendwie drauf, dass das arme Mädel wohl keine anderen Freunde hatte – oder Diese vielleicht auch gar nicht haben durfte! Was sogar stimmte. Ursula hatte Angst, ihre Tochter könne sich durch den Umgang mit anderen Teenagern ihrem Kontrollradius entziehen...

Zum Beispiel hatte Britta nach der Schule ohne Umschweife nach Hause zu kommen und weder hatte sie eine Schulkameradin mitzubringen noch Diese zu besuchen. Wollte Ursula abends ausgehen, wurde das beklagenswerte Mädel kurzerhand in der Wohnung eingeschlossen! Basta!

Britta war total menschenscheu und im Umgang mit anderen Teenagern hoffnungslos unbeholfen. Es hätte sich ohnehin Keiner ihrer Mitschüler ernsthaft für sie interessiert. Warum auch? Mit so einer stillen und verkrampften grauen Maus konnte ja eh Keiner auch nur das Geringste anfangen. Britta hatte bestenfalls den Charakter eines großen Steiff-Tieres. Die einzigen Geschöpfe, die ihr in ihrer aufgezwungenen Einsamkeit Gesellschaft leisteten, waren Mina, Helga und »Moppi«, ihr Plüschhase!

Ein Mal konnte ich sie zu einem Besuch ins Schwimmbad überreden. Allerdings gab Ursula ausnahmsweise ihre Einwilligung. Ich war ja ihre *(ehemalige!)* Nichte und da konnte Britta nichts passieren. Meine Cousine machte zwar mit, verhielt sich aber im Wasser total verkrampft und schüchtern. Sie schien überglücklich, als die für sie völlig ungewohnte Prozedur endlich vorüber war und wir den Heimweg antraten…

Tags darauf wollten Ursula und Britta mir die Innenstadt von A. zeigen, natürlich via Auto. Es wurde grauenhaft! Wie bereits erwähnt, fuhr Ursula wie eine gesengte Sau. Sie fuhr nicht schnell – sie flog tief! Ich hockte hinten auf dem Sitz, natogrün im Gesicht, die Hände im Schoß verkrampft und mir war zum Kotzen übel!

Ursula checkte irgendwann aber doch mal, dass ich auf nichts, aber wirklich auf rein gar nichts reagierte. Sie zeigte auf diese und jene Sehenswürdigkeit und ich glotzte nur starr vor mich hin, gerade eben noch in der Lage, mit einem verkrampften, maskenhaften Grinsen höflich zu nicken – und dabei meinem schlingerndem Magen keine Zugeständnisse zu machen, der das Mittagessen wieder hoch würgen wollte!

Ursulas wütender Kommentar: »Du bist aber – zum Donnerkeil – vielleicht phlegmatisch! So etwas Undankbares! Mit dir fahre ich nicht mehr!«

Wofür ich ihr von ganzem Herzen dankbar war! Am Dankbarsten, als wir zurück am Haus waren, denn fünf Minuten länger in dieser rollenden Kotzmühle und es wäre passiert: Dann hätte ich Ursula nämlich da Hinten in hohem Bogen die Rücksitze so richtig herzhaft voll gereihert!

Fez hatten wir beiden Deerns nur, wenn Ursula abends auf der Rolle war. Wir lagen im Bett und alberten herum. Ich erzählte Britta auch, dass mir nach der rasanten Kurvenschnitzerei kotzschlecht geworden sei und ich deshalb so lethargisch im Wagen gekauert hätte. Britta meinte, ihr sei es früher ebenso ergangen, aber dann habe sie sich mit der Zeit daran gewöhnt. Nun – man gewöhnt sich auch an´s Hängen. Alles in Allem war ich nach dieser Art Besuchen dann doch jedes Mal sehr glücklich, wieder zurück nach P. zu dürfen...

Britta dagegen durfte nie zu uns. Erstens wollte Mutter das nicht und zweitens wäre meine Cousine dann außerhalb Ursulas Kontrollradius gewesen!

Ursula beschwerte sich natürlich wie üblich bei Mutter über mich, aber das ging mir mittlerweile am Allerwertesten vorbei. Wir waren zwar Cousinen, Britta und ich, spürten aber dennnoch sehr genau, dass wir uns von den Erwachsenen nur gegenseitig aufgezwungen wurden. Freundinnen – wie von den Erwachsenen erhofft – wurden wir deswegen absolut nicht...

Immerhin gelang es Ursula, im Laufe ihrer Erziehung aus Britta ein seelisches Wrack zu machen. Meine Cousine hat bereits eine Scheidung hinter sich, war in therapeutischer Behandlung und hat mit ihrem zweiten Ehemann zwei Kinder, einen Sohn namens Jörg und eine Tochter namens Tanja. Britta hängt mittlerweile mit den Nerven total in den Wanten. Jörg, mittlerweile ein Teenager, ist – wie Mutter mir sagte – schwerstens verhaltensgestört, besucht eine Sonderschule, hat eine unglaublich destruktive Ader und bereitet seinen Eltern endlosen Kummer. Britta ist gezwungen, ihren Sohn morgens zur Schule zu fahren – um sicher zu stellen, dass er überhaupt dort ankommt!

Sie lebt nun mit ihrer Chaos-Familie in B. und hat den Kontakt zu ihrer Mutter bereits vor über zwanzig Jahren gänzlich abgebrochen. Vor einigen Jahren versuchte ich mal, mit Britta in Kontakt zu kommen, sowohl telefonisch als auch brieflich. Es blieb bei einer absoluten Einseitigkeit. Also gab ich es auf. Britta hat sich mit ihren massiven Problemen vollkommen in ihr eigenes Schneckenhaus zurück gezogen und lebt nun in ihrem persönlichen Nirvana – dank der Erziehung von Seiten ihrer wenig liebevollen und dafür stark besitzergreifenden, gottähnlichen Mutter!

Irgendwann wird sie wohl vermutlich mal mit einem Herzkollaps zusammenklappen. Ihr ist nicht mehr zu helfen; ihr Leben ist wohl hoffnungslos versaut...

Onkel Justus ist vor einigen Jahren verstorben. Magenkrebs. Tante Beate ist nun allein, hält aber regen Kontakt zu ihrer Stieftochter.

Und Ursula? Vermutlich schlampt sie noch immer noch lustig durch die Lande. Sie soll ja für ihr Alter noch sehr rüstig und agil sein, hat allerdings wohl ihre cholerische, schrullenhafte Ader beibehalten. So fährt sie zum Beispiel von Zeit zu Zeit in die Nachbarstadt, bespitzelt dort manchmal Stunden lang wie ein Papparazzo heimlich von der anderen Straßenseite aus das Wohnhaus ihrer Tochter, um wenigstens vielleicht mal einen heimlichen Blick auf ihre beiden Enkelkinder zu erhaschen – und fragt sich wahrscheinlich nach wie vor, warum Britta den Kontakt zu ihr abgebrochen hat. Sie hat doch das Beste für ihr Kind getan!

Nun lebt sie vollkommen allein und tröstet sich vermutlich lieber mit neuen Kurzzeit-Wuschern, als total beziehungsunfähige Frau. Sie ist Anfang Siebzig – Unkraut vergeht nicht...

Onkel Julius, Paps´ älterer Bruder, starb vor einigen Jahren an einem Schlaganfall. Davon hatte er bereits Etliche. In den letzten Jahren seines Lebens war er praktisch an Rollstuhl und Bett gefesselt. Der letzte Anfall war zu stark für seinen ohnehin bereits sehr geschwächten Organismus. Tante Daniela sitzt im Rollstuhl und ist nun seit November 2008 Witwe.

Die Beiden haben eine große Familie. Da sind Heinrich, Gustaf und Richard, meine drei Cousins, sowie Elke und Melanie, meine Cousinen. Sie alle haben ebenfalls längst eine Menge erwachsener Kinder. Auch die ersten Urenkel gibt es bereits. Mutter nannte es immer abschätzig »Vielkinderei«!

Die Donau-Schwaben sterben so bald nicht aus...

Früher waren wir oft bei Onkel Julius. Wenn er sprach, brauchte man echt »Ohropax«! Sogar Paps ging es gewaltig auf die Nerven, wenn ihm sein großer Bruder Stunden lang und mit wachsender Begeisterung non-stop in den Gehörgang brüllte! Und das mit seinem schönsten schwäbisch-bayrischen Dialekt! Paps meinte mal, Onkel Julius sei schon als Kind in Rumänien so lautstark gewesen. Der hatte immer das größte und lauteste Organ in der Familie. Oh, diese Herrlichkeit…

Paps´ Brüder

Paps, Onkel Julius und Onkel Justus, das waren die Einzigen, die von der einst kinderreichen Familie übrig blieben und die sich über die Donau bis nach Deutschland durchschlagen konnten! Opa starb in russischer Kriegsgefangenschaft. Er bekam von einem Aufseher einen Gewehrkolben gegen die Schläfe gedonnert, weil er den Mund einfach nicht halten konnte. Sein Schädel war gebrochen. Das war sein Ende. Oma starb an Typhus. Zu diesem Zeitpunkt war Paps gerade mal ein Kind von zwölf Jahren. Onkel Sascha erstickte als kleiner Junge an einer Fischgräte. Tante Regina wurde nur neunzehn Lenze jung. Berlin, ein Bombenangriff. Tante Brunhilde starb als kleines Mädel, kaum, dass sie laufen konnte. Auch die restlichen Geschwister von Paps – alle tot! Typhus und starke Unterernährung. Damals verreckten die Menschen wie die Fliegen, meistens alle an der gleichen Sache. Paps und Onkel Justus kamen in ein Budapester Kinderheim, wo sie Jahre lang unter absolutem Drill und menschenunwürdigsten Bedingungen vegetieren mussten. Onkel Julius war beim Militär, wo Paps Jahre später auch landete. Ende der Fünfziger Jahre schlug Paps sich von Rumänien nach Deutschland durch, an eine Wassermelone geklammert durch die Donau treibend. Über das Deutsche Rote Kreuz fand er seine beiden Brüder, denen die Flucht ebenfalls gelungen war.

Onkel Justus war eine rechte Tranfunzel! Der war Elektriker von Beruf und sein Hobby war Seemannsgarn. Er nuschelte leise vor sich hin, wenn er sprach, ganz das Gegenteil von Onkel Julian. Länger als zwanzig Minuten konnte er sich auf kein Gespräch konzentrieren. Dann holte er sein Büchlein hervor, das »1x1 des Seemannsgarns«, in dem er geistesabwesend herum blätterte. Sogar, wenn er bei uns zu Besuch war! Paps fletschte seinen kleinen Bruder an: »Also Justus, bist du nun gekommen, um uns zu sehen – oder um dich durch´s Buch zu blättern? Das ist hier keine Bibliothek! Lesen kannst du auch daheim!«

Als Baby muss Onkel Justus immer über den Hof getapst sein und hatte sogar, wenn man ihn nicht davon abhielt, getrocknete Schafsköttel gegessen. Es musste also permanent auf ihn geachtet werden, man durfte ihn keine einzige Sekunde aus den Augen lassen!

Eines schönen Tages wollte er mal gut sein und die kleinen Enten- und Gänseküken waschen, auf dass sie schön sauber würden. Also badete er die kleinen Geschöpfchen im Wasser des Hausbrunnens. Das wäre ja eigentlich noch gegangen, aber um sie trocken zu kriegen, machte er sich daran, die Tierchen gehörig auszuwringen! Im Anschluss legte Onkel Justus die misshandelten Tierbabies noch hübsch ordentlich in Reih und Glied auf die Steine des Brunnenrands, wahrscheinlich zum Bleichen. Dass die armen Vogelkinder dieses Prozedere nicht überlebten, ist selbstverständlich! Nur sah Oma Josephina plötzlich, was da im Hof abging. Der ganze Brunnenrand war voll belegt mit Gössel-Kadavern – und Onkel Justus war fleißig am Wringen! Da Paps eigentlich die Aufsicht über seinen kleinen Bruder hatte, kam es, wie es kommen musste: Oma schoss aus dem Haus, rannte wutentbrannt auf Paps zu – und dann hagelte es Backpfeifen und Arschtritte!

Und Oma konnte nichts Anderes mehr machen, als Onkel Justus hoch zu reißen und ihn so an seinem weiteren Gemetzel zu hindern. Eine winzig kleine Anzahl an Tierchen war wenigstens übrig geblieben und die mussten vor Onkel Justus´ Tun gerettet werden, bevor dieser Minimum-Bestand auch noch buchstäblich im Brunnen flöten ging!

Meine Hacke, Onkel Justus...

Den wahrscheinlich kapitalsten Bock aber schoss Opa, als Tante Brunhilde, das letzte Kind, geboren wurde! Während Oma sich im Ehebett schreiend, stöhnend und pressend mit den Geburtswehen abmühte, saß er, sturzhacke wie eine gekochte Eule, die Tokajerflasche in der Hand, draußen vor dem kleinen Haus auf den Stufen und jodelte aus voller Kehle: »Jedes Jahr ein Kind – bis wir Neunundneunzig sind!«

Geburt und Tod

Paps sagte mir, dass, sollte ich mal einen Sohn haben, Diesem bitte niemals den Namen »Sascha« geben solle. Dieser Name ziehe in unserer Familie das Unglück an!

Wie gesagt: Paps´ kleiner Bruder, der diesen Namen trug, starb als Kleinkind an einer Fischgräte.Was ich aber bislang noch nicht erwähnt habe: Auch Julian und ich hätten einen Bruder namens Sascha gehabt!

Er wurde im November 1965 geboren, zwei Wochen über die eigentliche Zeit. Die Fruchtblase war bereits daheim gesprungen und das Fruchtwasser, das normalerweise hätte klar bis leicht gelblich sein müssen, war quietschgrün! In dieser Situation waren meine Eltern los geschlichen Richtung Krankenhaus, welches nur wenige Minuten von daheim entfernt lag. Mutter krampfte sich wegen der Wehen alle paar Meter an Paps fest. Im Krankenhaus angekommen, hieß es dann nur noch: »Ab in den Kreißsaal!«

Da die Fruchtblase ja bereits gesprungen war, war es natürlich für einen Einlauf zu spät. Bei der ersten Presswehe hatte Mutter ihren Darm nicht mehr unter Kontrolle und konnte den Stuhl nicht mehr halten! Dann wurde Sascha geboren, ein acht Pfund schweres Riesenbaby!

Was sofort auffiel: Er konnte nicht richtig atmen und das, was ein Schreien hätte sein müssen, war ein quietschendes, lang gezogenes gequältes Krächzen. Man wusch Sascha, packte ihn ein und Mutter durfte ihn für einen kleinen Augenblick mal im Arm halten. Sascha war blass, seine Lippen und Fingerkuppen waren blau verfärbt. Man nahm ihn Mutter aus den Armen, packte ihn schleunigst in den Brutkasten und fuhr ihn mit Blaulicht und Martinshorn zur Kinderklinik. Dort war es dann nach einem dreieinhalbstündigen Todeskampf zu Ende!

Wäre Sascha am Leben geblieben, würde Julian vermutlich heute auch gar nicht existieren. Ich nehme an, die Eltern wollten einen Ersatz für den verstorbenen Sohn haben, denn knapp sieben Monate nach dem tragischen Verlust war Mutter erneut schwanger. Sie hoffte und betete für einen neuen Sohn. Heraus kam dabei, wie gesagt, Julian!

Mutter trauert in gewisser Weise heute noch um Sascha. Ich sagte ihr, dass er höchstwahrscheinlich schon im Mutterleib an Sauerstoffmangel gelitten hätte und das Fruchtwasser wäre wohl bereits mit zersetztem Kindspech verseucht gewesen. Daher auch die grüne Farbe. Hätte man ihn noch retten können, würde er wohl heute wahrscheinlich mit einem ganzen Rattenschwanz von Behinderungen zu kämpfen haben. Hinzu kämen zweifellos einige geistige Defekte. Nach dreieinhalb Stunden akutem Sauerstoffmangel sei so manch Einer nicht mehr ganz richtig dabei!

Mutter hatte seit diesem tragischen Verlust regelmäßig ein- und den selben, immer wiederkehrenden Albtraum: Sie stand auf dem Friedhof vor dem kleinen Grab. Tief aus der Erde drang gedämpftes Babygeschrei. Just in diesen Momenten erwachte sie dann jedes Mal zitternd und in Schweiß gebadet...

Dieser ständige Albtraum verfolgte sie über einen Zeitraum von etlichen Jahren. Erst danach hörte es auf. Mittlerweile glorifiziert und verherrlicht sie ihn regelrecht!

Im Stillen geht mir manchmal durch den Kopf, dass sie wohl auch derart intensiv um Sascha trauert, weil er ihr ja praktisch nie zur Last gefallen war. Julian sieht es genau so. Wäre Sascha am Leben geblieben – ganz gleich, ob gesund oder behindert –, hätte Mutter statt Julian halt einen anderen unbequemen Klotz am Bein hängen gehabt...

In Paps´ Heimat

In Rumänien waren wir auch mal für wenige Tage. Danach ging es nach R. an die Adriaküste, für insgesamt drei Wochen. Es war im Sommer 1979; wir fuhren mit dem Autoreisezug. Im Zielland angekommen, ging es mit unserem Wagen nach O., Paps´ Geburtsort. Mutter, Julian und ich bekamen bei unserer Ankunft erstmal einen ganz gehörigen Kulturschock! Die Häuser waren primitiv, viele in einem sehr schlechten Zustand. Der Putz bröckelte überall ab und so etliche Türen und Fensterrahmen waren wurmstichig. Von der »Hauptstraße« ganz zu schweigen! Sie war eine riesengroße, lange und breite Schlammbahn und erweckte den Eindruck, als habe sich dort eine Riesenrotte Wildschweine herum gesuhlt! Unser Wagen blieb dann auch prompt im Morast stecken und ein paar Dorfbuben kamen und schoben uns an. Kinners, dachte ich nur, was für Zustände...

Jetzt galt es erst ein Mal, Paps´ früheres Elternhaus ausfindig zu machen. Als er endlich vor der Türe stand, schwammen seine Augen in Tränen!

Die Leutchen, die jetzt dort wohnten, waren Rumänen. Als Paps ihnen erklärte, dass er in diesem Haus geboren sei und er nur sein Elternhaus noch ein Mal sehen wollte, nahmen die Leute uns gleich sehr freundlich auf und boten uns an, doch für einige Tage zu bleiben! Das hätte es bei uns in Deutschland nicht gegeben!

Der Hausherr hieß Ludo, seine Frau hieß Viola. Die Beiden hatten eine zehnjährige Tochter namens Zara. Ludos Mutter lebte ebenfalls bei ihnen. Die war eine richtig verhutzelte, schäbige alte Roggenhexe. Sie trug Kopftuch, kaute auf den Felgen und hätte einem Zeichner des Horror-Genres entsprungen sein können! So richtig zum Gruseln und Fürchten...

Da ich damals bereits sehr unternehmungslustig war, wollte ich einen Spaziergang durch das Dorf machen. Paps schärfte mir ein, die Leute zu grüßen. Das sei hier so üblich. Ich machte mich also, mit guten Ratschlägen versehen, auf den Weg. Es dauerte auch gar nicht lange, da lief ein uralter Opa an mir vorüber. Ich grüßte höflich und schmunzelte ihn freundlich an. Opilein blieb ruckartig stehen, glotzte mich an, kam laut gestikulierend auf mich zu und brabbelte mir mit seinem rumänischen Kauderwelsch buchstäblich einen Knopf an die Backe! Au weia – ich stand vor ihm, verdattert und völlig ratlos, wusste nicht mehr weiter in meiner Not und sagte einfach auf Deutsch, dass ich ihn nicht verstünde!

Dagegen verstand Opilein aber Deutsch!

Er starrte mich aggressiv an und fragte in giftigem Tonfall, was ich hier in O. zu suchen hätte. Ich gab zur Antwort, ich sei eine deutsche Urlauberin. Opilein fletschte zurück, so ein Quatsch, hier nach O. kämen keine Urlauber!

Etwas mutiger geworden, gab ich dem aggressiv starrenden alten Knacker zur Antwort, na schön, dann sei ich halt die erste Urlauberin hier in O.! Opilein fauchte herum und wollte nun wissen, mit welchem Recht ich überhaupt in das Dorf gedrungen sei. Ich lächelte und sagte, mit dem Recht, den Geburtsort meines Vaters kennen zu lernen. Meine Familie sei ebenfalls hier und wir würden einige Tage im Geburtshaus meines Vaters bleiben!

Opilein fragte misstrauisch nach meinem Familiennamen. Ich nannte ihm den Namen. Nur, damit konnte Opilein nichts anfangen. Jetzt hatten meine Großeltern früher im Dorf aber einen Spitznamen – die »Knödels«! Ich sagte dem alten Knacker, meine Großeltern hätten die Spitznamen »Knödel Julius« und »Knödel Josephina« gehabt.

Der alte Mann stand vor mir, wurde plötzlich mit einem Schlag kreideweiß und starrte mich an wie ein Gespenst! Ich nickte und sagte, meine Großmutter hätte Josephina K. geheißen und sei eine geborene W. Opilein starrte mich völlig entgeistert an und fragte mich nach dem Namen meines Vaters. Er habe die ganze Familie persönlich gekannt!

Als ich sagte, der Name meines Vaters sei Ferdinand, strahlte Opilein mich an und wäre fast aus allen Wolken gefallen! Das Eis war nun endgültig gebrochen!

Das Alterchen packte mich kräftig bei den Oberarmen und schüttelte mich erst ein Mal vor Begeisterung herzhaft durch! Joi, dass er das noch erleben dürfe! Ja, der »Ferdi« sei einer der Frechsten gewesen! Der hätte von ihm auch schon so manche Watsch´n verpasst gekriegt! Mein Gott, ja, ich sei haargenau das getreue Ebenbild meiner verstorbenen Tante Regina! Ein »hibsches Meedel« sei sie gewesen! Eine echte, kleene

Dorfscheenheit! Joi nochmal, der freche »Kneedel Ferdi« sei auch da! Oh Gott, dass er das noch erleben dürfe...

Opilein bekam vor Begeisterung fast einen Veitstanz! Er packte mich mit kräftigem Griff am Handgelenk und schleifte mich hinter sich her. Jetzt wolle er mich erst mal seiner Frau vorstellen und dann müsse ich essen und trinken – und keinerlei Widerrede!

Opa zerrte mich an ein kleines Häuschen. Da hockte eine uralte Omi auf den Stufen, eine Schüssel auf dem Schoß und entkernte Kirschen. Sie sah auf und starrte mich misstrauisch an! Opa brabbelte begeistert schreiend auf sie ein! Omilein strahlte mich an und ihr rutschte fast die Schüssel aus den Händen!

Sie war früher ein Mal Oma Josephinas enge Freundin, hatte ihr sogar bei einigen Geburten beigestanden!

Ich bot an, ihr beim Entsteinen der Kirschen zu helfen. Aber nein, krächzte Omi begeistert, ich solle mich nicht schmutzig machen! Ich solle nur mit ihrem Mann ins Haus gehen und mich bewirten lassen!

Also zerrte Opilein mich in die Küche, drückte mich auf einen Stuhl und schnitt eine Scheibe Brot ab, die er dann noch so richtig fingerdick mit Pflaumenmus beschmierte. Dann schenkte er mir noch ein großes Glas Milch ein. Dabei plapperte er die ganze Zeit ununterbrochen auf mich ein, wollte wissen, was aus Onkel Julian und Onkel Justus geworden sei. Kauend informierte ich ihn über die Familienverhältnisse. Zwischendurch kam Omilein, starrte mich strahlend an und schmunzelte von einem Ohr zum Anderen!

Opi selbst war gebürtiger Ungar. Er erzählte mir, O. sei früher ein Schmelztiegel osteuropäischer Volkskulturen gewesen. Es habe Ungarn, Rumänen und Deutsche gegeben. Er selbst sei noch als halbes Kind hierher gekommen und dadurch habe er logischerweise auch meine ganze Familie gekannt. Ich hockte am Tisch und musste essen, gezwungenermaßen, denn eigentlich verspürte ich nach der langen Reise keinerlei Hunger. Aber in diesem besonderen Fall konnte ich schlecht ablehnen. Es war pure Höflichkeit.

Als plötzlich zu allem Überfluss auch noch eine Henne auf den Tisch geflattert kam und auf der Tischplatte so richtig schön ihre »Kratzfüßchen« machte und dabei lustig pickte und scharrte, wäre das Brot fast im hohen Bogen geflogen! Ich riss mich ganz gewaltig zusammen und kaute tapfer weiter. Es gesellten sich noch weitere Hennen dazu, die »Kratzfüßchen« machten. Ich war froh, als die Essprozedur beendet war...

Kaum hatte ich aufgegessen, zerrte Opa mich hinaus auf den Hinterhof. Ganz stolz zeigte er mir seine Schweine und seine tollste Errungenschaft – das Plumsklo!

Dann watschelte er über den Hof, öffnete eine große Türe. Heraus kam eine große, fuchsfarbene Stute mit ihrem erst wenige Wochen alten Fohlen! Opa erzählte ganz begeistert, was für liebe Pferdchen das seien! Ja, ich dürfe ruhig streicheln, das hätten sie so gern. Das Kleine sei ein Stutfohlen. Mir fiel auf, dass die Mutterstute sehr langsam und vorsichtig einen Huf vor den Anderen setzte und permanent die Ohren hin und her drehte. Ich sah der Stute in die Augen. Da, wo glänzende braune Retinas hätten sein müssen, waren nur zwei stumpfe, weiße Flächen. Die Mutterstute war stockblind!

Auf meine Frage, wie das passiert sei, meinte der alte Ungar, ja, die Stute sei sehend geboren worden. Im Alter von etwa sechs Monaten sei sie übermütig auf der Weide herum getollt. Am Rande der Weide sei sie dann plötzlich weg gerutscht und ihr Kopf habe sich im Stacheldraht verfangen. Er habe das Tier zwar noch befreien können, aber die spitzen Haken des Stacheldrahtes hätten sich bereits zu tief in ihre Augen gebohrt! Opa habe daraufhin den Tierarzt kommen lassen und Dieser habe nur gemeint, die Stute sei jetzt wertlos, er wolle das Tier einschläfern. Opi habe einen Veitstanz bekommen und hätte darauf bestanden, die Stute solle gerettet werden! Der Veterinär hatte Opi eine große Tube Salbe gegeben. Opilein hatte seine Stute gepflegt und sie im Alter von zwei Jahren einem Deckhengst zugeführt. Nun hatte sie ein kräftiges, gesundes Töchterchen!

Stolz tätschelte Opilein der Stute den Hals und meinte, sie solle auch noch ein- bis zwei Mal ein Fohlen setzen. Sie sei schon jetzt eine ganz hervorragende Mutter. Das Stutfohlen, das sie jetzt hätte, solle auch zeitlebens bei ihr bleiben. Ob ich mal reiten wolle?

Ich winkte dankend ab und meinte, es sei zwar gut gemeint und unter normalen Umständen hätte ich das Angebot auch gerne angenommen, aber ich sei dem Tier völlig fremd und das Tier sei völlig blind. Also beschränkte ich mich darauf, die Stute und ihr kleines Fohlen ausgiebig zu streicheln…

Jetzt aber wurde Opilein plötzlich ganz geierig auf Paps!

Er brachte die beiden Ladies zurück in den Stall, packte mich am Handgelenk und bestand darauf, ich solle ihn zu »Ferdi« führen! Also verabschiedete ich mich von Omilein und wir gingen los. Opi war reichlich nervös, als wir vor Paps´ Geburtshaus ankamen. Ich bat ihn, mit hinein zu kommen, aber er bestand darauf, ich solle Daddy heraus holen. Also betrat ich das Haus. Paps schmunzelte mich an und fragte, wo ich so lange gesteckt hätte. Ich gab das Schmunzeln zurück und sagte, er solle mal mit hinaus kommen, da warte eine Überraschung auf ihn. Paps kam mit zur Haustüre, starrte mit riesigen Augen, schnappte laut hörbar nach Luft und stand mit ziemlich weichen Knien im Türrahmen! Dann lief er mit weit ausgebreiteten Armen auf Opilein zu! Der alte Ungar sprang Paps vor Freude mit einer Energie um den Hals, die ich diesem antiken Kauz gar nicht mehr zugetraut hätte!

Beide Männer hatten die Augen voller Tränen! Sie schnatterten aufeinander los, eine wilde Mischung aus Deutsch und Rumänisch!

Dann holte Paps noch Mutter und Julian heraus, um sie Opilein auch noch zu präsentieren. Opa strahlte und meinte, wir Kinder könnten jeder Zeit zu ihm kommen, essen und trinken und mit den Pferden spielen. Aber jetzt hatte er erst ein Mal seinen »Ferdi« – alles Andere war nun so ziemlich abgemeldet...

Natürlich ging jetzt die Nachricht, dass Deutsche in O. seien, durch das Dorf wie ein Steppenbrand!

Doch nicht von allen Bewohnern des Dorfes wurden wir so freundlich empfangen wie von Ludo, Viola und dem alten Ungarn. Oh nein, noch ewig lange nicht! Julian und ich spazierten durch O., als einige Schulbuben kamen, uns als »Scheiß-Deutsche« titulierten und Steine nach uns warfen. Ich packte mir gleich zwei dieser Burschen und stieß sie gehörig mit den Köpfen zusammen, dass es nur so knallte! Die Buben zogen kuschend die Schwänze ein und belästigten uns nicht mehr...

Eine andere Dorfbewohnerin, eine uralte Omi von mindestens achtzig Jahren, band sich enge Gummibänder um die Ärmel ihrer weiten Bluse und verstaute dort ihr ganzes Geld und ihre Papiere in den so geschaffenen Taschen. Sie wollte sich auch anfangs nicht vor uns zeigen und schlotterte vor Panik! Die Deutschen waren gekommen! Jetzt würde sie beraubt! Wir würden ihr all ihr Hab und Gut nehmen! Ihr Sohn, ein älterer Mann, lachte sich halb tot, zog sein völlig verschüchtertes Mütterlein ins Freie und redete beruhigend auf es ein. Langsam fing sich das arme Omilein wieder. Ich denke mir, die Greisin litt noch immer an einem ganz gepflegten Kriegsschock. Raub und Mordbrennerei hatte sie wohl zur Genüge mitgemacht. Ich kann das sehr gut verstehen. Gerade die Deutschen waren ja nicht unschuldig daran. Mittlerweile gab es in O. auch schon seit Jahrzehnten keine Deutschen mehr. Und jetzt, urplötzlich, wurde die alte Dame wieder mit ihnen konfrontiert! Sie kannte die Deutschen wohl nur von der schlechtesten Seite und war auch nicht in O. geboren, denn sonst hätte sie sich eindeutig an die »Knödels« erinnert!

In mir selbst hinterließen derartige Beispiele aber ebenfalls einen ganz gepflegten Knacks. Ich bekam eine Identitätskrise. Wer oder was war ich eigentlich? Bei uns in Deutschland wurde ich als »Drecks-Rumänin« tituliert und hier in Rumänien ging ich als »Scheiß-Deutsche« durch. So etwas tat – herrgottnochmal – verdammt Weh! Es machte die ganze Sache wirklich nicht leichter. In Deutschland waren wir nicht willkommen – und Rumänien lehnte uns ebenso ab! Vielleicht war ich ja wirklich der verdammte Mischling, dieser Bastard. Es tat grenzenlos Weh...

Also hielt ich mich lieber an die Jenigen, die keinerlei Vorurteile hatten. Zum Beispiel an Igor, einen jungen Russen. Der war nicht viel älter als ich und führte mich ruckzuck in seine Teenager-Clique ein. Oder er lud mich in die einzige Dorfpinte auf eine Cola ein. Außerdem verfügte er über eine ganz wunderbare Eigenschaft: Er sprach Englisch!

Wir gingen im Abendrot spazieren und lauschten der monotonen Kakophonie des Frosch- und Krötengequakes. Von diesen Hüpftierchen gab es in O. en gros und en masse. Spät abends, im Schein der Laternen, war der gesamte Rathausvorplatz ein riesiges, lebendes Gewimmel! Man konnte sich nur vorsichtig schlurfend fortbewegen. Links und rechts spritzten und hüpften die kleinen Teichbewohner quakend vor den Füßen weg und suchten panisch das Weite, um sich hinter unseren Fersen erneut zu versammeln…

Die Verständigung mit Igor klappte hervorragend. Der blonde junge Russe war sehr tolerant und weltoffen. Er ranzte sogar seine eigene Mutter wegen ihrer törichten Vorurteile zusammen!

An Sonsten war da noch Zara, die junge Nachbarin. Sie war Anfang Zwanzig und hatte eine kleine Tochter. Mit Zara war ich auch oft zusammen. Wir brachen uns bei der Verständigung fast die Finger und die Zungen! Oft genug holte ich mir Paps als Dolmetscher rüber. Morgens holte Zara mich raus zu sich in den Garten an den Brunnen, bewappnet mit Handtüchern und Shampoo. Beim Waschen der Haare benötigten wir uns nämlich gegenseitig, eben wegen des großen Pumpenschwengels. Während die Eine sich die Haare wusch, musste die Andere kräftig pumpen. Brrr - war das Wasser kalt! Aber trotzdem es Einem die gesamte Kopfhaut zusammen zog, Fez machte es doch!

Nachts ging es bei Zara dann richtig zur Sache! Wenn ihr Herr Gemahl, diese Schnapsdrossel, sturzbezwitschert heim kam, wurden die Möbel gerückt und sich gegenseitig angeblökt! Wir warfen uns in den Betten herum, konnten nicht schlafen bei dem Mordsradau. Nebenan tobte der Rosenkrieg, draußen erklangen die Frosch-Serenaden. Es war einfach idyllisch!

Am Tage fühlte ich mich dann auch entsprechend und war müde genug, um mich nach dem Frühstück gleich ins Maisfeld zu schlagen. Dort suchte ich mir ein schönes, lauschiges Plätzchen und ratzte erstmal so richtig herrlich ab. Doch auch da fand ich nicht wirklich die nötige Ruhe. Es kamen nämlich einige äußerst neugierige Schlangen angekrochen, die vor meinem Gesicht herum züngelten und mich gehörig auf Trab hielten! Da ich zu diesem Zeitpunkt noch keinerlei Kenntnisse über die Giftigkeit oder Ungiftigkeit von Schlangen hatte, sprang ich kreischend hoch, flüchtete mich weiter und suchte mir einen neuen Ruheplatz. Was mir folgte, waren Schlangen. Es war der pure Horror...

Dann waren da noch die Nachbarn K. Die junge Frau, Eda, war Neunzehn, hatte ein kleines Mädelchen und einen gerade mal zwei Wochen alten Knaben. Die Tochter hatte sie geboren, als sie Siebzehn war. Geheiratet hatte sie mit sechzehn. Kálman, ihr Ehemann war auch erst Mitte Zwanzig. Der soff nicht und war auch sonst ganz friedlich und zugänglich. Auf das winzige Lüttje durfte ich auch hin und wieder aufpassen und es wickeln und knuddeln. Die junge Teenager-Mama strahlte dann immer über das ganze Gesicht und wenn das Neugeborene schrie, nötigte sie mich förmlich dazu, es aus dem Bettchen zu nehmen und mit ihm zu knutschen...

Eda wusste, dass ich Sechzehn war. Sie ging wohl davon aus, dass auch ich sehr bald verheiratet sein und ein Baby haben würde. In O. konnten die jungen Mädel den Umgang mit Säuglingen nicht früh genug erlernen...

Dracula und andere Vampire

Dann war da noch der alte Juri mit seiner Gattin Milana. Die Beiden wohnten im Haus auf der gegenüber liegenden Straßenseite. Juris Eheweib, Milana, hatte Haare am Kinn, ein ganzes Büschel voll. Dem zu Folge verpasste Mutter ihr heimlich einen ganz süßen Kosenamen: Das »Schnauzweib«!

Bei Denen waren wir mal zum Zucchini-Essen im Garten eingeladen. Es waren noch andere Dorfbewohner anwesend. Alles lief wunderbar. Bis ich hinter dem Garten eine Scheune sah. Die obere Luke stand offen und eine längliche große Holzkiste stand ein ganzes Stück heraus. Ich flüsterte Mutter zu, das Ding sähe fast aus wie ein Sarg. Woraufhin Mutter laut los lachte und meinte, vielleicht läge ja Dracula darin…

Peng – das hatte gesessen!

Wenn auch die Dorfbewohner an Sonsten nichts von unserer Unterhaltung mitbekommen hatten – das Wort »Dracula« aber hatten sie klar und deutlich verstanden! Die älteren Herrschaften wurden grau im Gesicht und glotzten uns peinlich berührt von der Seite an, so richtig betreten! Eine der alten Omi´s schaute entsetzt von der Kiste zu uns und begann, sich hastig zu bekreuzigen!

Nun, abgesehen von der Tatsache, dass besagter Herr Dracula vor einigen Jahrhunderten (es muss so um das Jahr 1463 gewesen sein) tatsächlich unter dem Namen »Vlad Dracul Tepeś« existiert hatte, und zwar eben in Rumänien, war das meiner Meinung nach doch noch lange kein Grund, so auszuflippen! Sicherlich, es gab da so Einiges über diesen Herrn zu sagen. Dieser Mensch war ein Bojar, also ein Graf oder Edelmann. Er hatte seine Feinde, die Türken, auf ihrem eigenen Grund und Boden geschlagen. Dieser Graf muss ein brillanter Kriegsherr und Taktiker gewesen sein. Das war die eine Seite. Auf der anderen Seite war er aber sehr blutrünstig und tickte wohl nicht so recht im Oberstübchen. Er war ein Sadist erster Güte, pfählte seine Feinde bei lebendigem Leib und feierte grausame Blutfeste. Genau wie die in Ungarn beheimatete und berühmt-berüchtigte Gräfin Erszebieta Bathory. Mit dieser Gräfin soll er angeblich sogar über mehrere Ecken verwandt gewesen sein!

Das »Lebendig-Pfählen« war wohl seine Lieblingsmasche. So war es unter seiner Blutgier auch vielen osmanischen Kriegern ergangen, die er gnadenlos bekämpft hatte. Auch war es Herrn Draculas Angewohnheit, seine Feinde noch zu enthaupten und die Köpfe auf spitze Pfähle zu stecken, als Abschreckung. Irgendwann aber war auch er nicht mehr unter den Lebenden! Man verscharrte seinen Körper. Einem Gerücht zu Folge soll der Leichnam dieses Bojaren einige Tage nach seinem Ableben exhumiert worden sein und er soll keinerlei Anzeichen einer beginnenden Verwesung gezeigt haben. Seine Lippen seien blutig gewesen und an den Mundwinkeln der Leiche hätten sich ebenfalls dünne Rinnsale geronnenen Blutes befunden! Heut zu Tage ist natürlich längst bekannt, dass solche Phänomene bei einige Tage alten Leichen durchaus normal sind, besonders, wenn sie nicht mehr gekühlt werden. Dann nämlich kommt es zu einem allmählichen Zusammenfall und zur Selbstauflösung der inneren Organe, also auch der Lunge. Dadurch wird das in ihr befindliche Blut, zusammen mit dem sich bildenden Leichenwasser, durch dic Luftröhre hinauf in die Mundhöhle gedrückt. Ist sie dann zu voll, sickert es irgendwann nach Außen.

Damals aber, vor mehreren Jahrhunderten, war dieses Wissen noch völlig unbekannt, zumal die Verstorbenen meist sehr schnell unter die Erde gebracht werden mussten, da es keine Kühlräume gab. Jedenfalls kursierten nach der Verscharrung des Bojaren wohl irgend welche völlig verblödeten und hanebüchenen Hirngespinste, die in den umliegenden Dörfern und Ortschaften in Umlauf kamen. Der Bojar Vlad Dracul Tepeś, der »Pfähler«, sei wieder auferstanden, fiele nächtens die arglos schlafende Bevölkerung an, meistens unschuldige Kinder. Denen würde er das Blut aus dem Halse saugen. Wahrscheinlicher dürfte es wohl gewesen sein, dass die armen Bauernkinder an der Pest oder einer der anderen damals üblichen Volksseuchen eingegangen sind. Aber das Gerücht war nun ein Mal in Umlauf! Abergläubig ging man der Sache nach, grub Mr. Dracula aus und fand auf Grund der blutbefleckten Lippen die vermeintliche Bestätigung! Und je nach dem Mineralgehalt des Erdreiches, in dem der Graf verscharrt war, kann es schon möglich gewesen sein, dass der Verwesungsprozess sehr verlangsamt eingesetzt hatte. Aber die Leutchen hatten das, was sie brauchten!

Irgendwann kam dann ein englischer Autor namens Abraham »Bram« Stoker auf die Idee, aus diesem dummen Gerücht ein Buch zu machen. So kam »Dracula« heraus! Es wurde ein reißender Bestseller!

Jedenfalls muss dieser Graf – oder auch die grausamen, blutrünstigen Geschichten, die man sich über ihn erzählte – den gesamten Balkan unsicher gemacht haben!

Und auch O. war geprägt von tiefem Aberglauben, besonders, was die alten Leute anging. Ich hätte mich echt gehütet, noch die Worte »Stregojka« oder »Vrolo« in den Mund zu nehmen. Ersteres heißt »Hexe« und Zweiteres bedeutet »Werwolf«. Und erst recht das Wort »Nosferatu«, was so viel wie »Blutsauger« bedeutet. Dann hätten nämlich, wie gesagt, zu Mindest die Greise einen tierischen Pfefferminzschlag bekommen! Also hielten Mutter und ich jetzt besser brav die Goschen und gluckten lieber still in uns hinein, anstatt uns noch total unbeliebt zu machen…

Bei Ludo und Viola wurde es noch richtig lustig!

Mit denen feierten wir nämlich auch mal abends im Garten. Ludo schnappte sich ein Beil und Mutter musste den Kopf auf den Hackklotz legen – mit musikalischer Untermalung von herzzerreißenden Geigenklängen! Davon wurde ein Foto geschossen. Das Ganze wirkte hochdramatisch!

Später hielt Ludo sich eine riesige Zwiebel vors Auge, wobei er mit dem anderen, weit aufgerissenen Auge ganz dämlich rollte und dabei noch groteske Grimassen schnitt. Das Ganze wurde natürlich ebenfalls fotografiert. Ich schiffte mich vor Lachen fast ein!

Also, Eines muss man sagen: Ludo und Viola hatten garantiert keine Manschetten vor irgend welchen Vampiren! Die Beiden ganz bestimmt nicht...

Am Tag unserer Abreise kam es dann zwei Mal noch ganz verschärft:

Wir standen sehr früh auf, noch vor der Morgendämmerung. Mutter musste austreten. Draußen war es noch stockdunkel. Mutter wollte nicht aufs Plumsklo, weil dort der ganze Boden mit Fäkalien verschmiert war. Also ging sie hinter das kleine Häuschen und wollte sich dort hinhocken. Es flatschte und schmatzte und sie quiekte laut auf und ließ einen tierischen Schrei! Auf meine dämliche Frage, was denn passiert sei, sagte Mutter keuchend, herrgottnochmal, es sei fürchterlich! Ja, es war passiert: Sie stand bis zu den Knöcheln in der Jauche! Arme Mutsch! Ich stand da, vornüber gebeugt, hatte einen gewaltigen Lachkrampf und krümmte mich! Mutter hatte das Plumsklo meiden wollen – und war statt dessen noch in die Sickergrube geraten!

Sie kam kreideweiß und würgend angewatschelt und ich musste den Pumpenschwengel bedienen, damit Mutter sich ihre muffigen Füße waschen konnte. Hinterher fühlte sie sich dann besser und musste selbst darüber lachen...

Dann kam Knaller Nummer zwei:

Nach dem Frühstück schälte Viola Kartoffeln. Ich hatte die Ehre, der Haussau die Schalen zu bringen. Die Sau war sehr verschmust und nach dem Fressen ließ sie sich ausgiebig streicheln. Dabei schaute sie mich mit ihren treuen Äuglein noch so lieb an!

Anschließend ging ich zurück ins Haus, um meine Sachen zu packen. Wir wollten nämlich noch nach R. an die Adria, wo wir eine Ferienwohnung gepachtet hatten. Die Männer sprachen miteinander und gingen dann hinaus auf den Hof, wo sie sich versammelten. Ich dachte an nichts Böses und war mitten im schönsten Packen, als draußen plötzlich ein ganz erbärmliches Gequieke ertönte. Neugierig lief ich hinaus auf den Hinterhof, um zu schauen, was denn dort los sei. Ich krallte mich zurückprallend am Türrahmen fest. Die Männer hatten die Sau gepackt und waren dabei, sie zu schlachten! Sie warfen das Tier mit vereinten Kräften um. Es wehrte sich natürlich und schrie ganz erbärmlich. Einer der Männer, Kálman, der nette junge Familienvater von Nebenan, hielt ein Messer und stieß es der Sau mit Schwung in den Hals! Sofort schoss ein dicker Blutstrahl aus der Wunde. Eine Schüssel wurde untergeschoben, um das Blut aufzufangen. Das Tier zappelte und schrie immer noch. Doch die grausamen, gurgelnden Schreie verstummten ganz abrupt, als der Schlächter das Messer tiefer zog und der Sau die Stimmbänder durchtrennte!

Natogrün im Gesicht und unfähig, mich von der Stelle zu bewegen, musste ich mit ansehen, wie die tote Sau zerteilt wurde. Gut, das Tier hatte nun das Zeitliche gesegnet und Fleisch war Fleisch. Dass sich die Eingeweide der Sau über den Boden verteilten, war weiß Gott noch nicht das Allerschlimmste. Aber als man den Magen des Tieres aufschnitt, ergoss sich dessen gesamter Inhalt über den Boden. In ihm befanden sich, deutlich sichtbar, die Kartoffelschalen, mit denen ich das Tier an diesem Morgen gefüttert hatte! Ich hatte dem Tier, ohne es zu ahnen, seine Henkersmahlzeit gebracht!

Meine Gedanken liefen Amok. Ich hielt mich krampfhaft am Türrahmen fest, hatte feurige Brezeln vor den Augen und wusste nicht, ob ich schreien oder mich übergeben sollte! Paps bemerkte mich und schubste mich sofort in die Stube. Er war selbst kreideweiß und sagte später, Kálman habe ihm sogar noch angeboten, Fotos vom Schlachten der Sau zu machen. Paps aber hatte Kálman zur Antwort gegeben, er werde keinesfalls das Gemetzel und den grausamen Todeskampf dieser Haussau auf Polaroid bannen. Erstens habe er zu viel Achtung vor der Kreatur und zweitens seien derartige Blutbilder keine Urlaubsfotos!

Als kleiner Dorfknilch hatte Paps selbst mit schöner Regelmäßigkeit beim Schlachten mitgeholfen. Es war eine zwingende Notwendigkeit gewesen und hatte ihm nie etwas ausgemacht. Nun aber war er bereits durch das Jahrzehnte lange Großstadtleben verweichlicht, hatte ebenfalls – genau wie meine Wenigkeit – ein steingraues Gesicht, einen dicken Kloß im Hals und reichlich tatterige Knie…

Wenige Minuten später hatte ich mich wieder so weit in der Gewalt, um nach Draußen zu schauen. Die Männer trugen mit breitem Grinsen die Schinken und Schnitzel fort. Auch von den Eingeweiden keine Spur mehr. Kálman kam grinsend auf Paps zu und brabbelte auf ihn ein. Paps schüttelte den Kopf und hob abwehrend die Hände. Er erklärte uns später, Kálman habe ihm etwas Fleisch und Schnitzel zum Mitnehmen angeboten. Für die lange Reise.Viola könne es schnell noch braten. Paps lehnte das Angebot dankend ab. Von uns wäre ohnehin Niemand fähig gewesen, davon zu essen!

Übrigens war von der Fütterung des Tieres bis zum Wegtragen der Schinken kaum eine Stunde vergangen!

Wir beluden unser Auto und verabschiedeten uns noch von den Dorfbewohnern. Sogar Igor war da. Ihm fiel der Abschied auch nicht leicht und er verkniff sich nur mit Mühe die Tränen. Nur Zara fuhr mit bis nach Budapest. Zum Abschied umarmten wir uns und ich winkte ihr nach, bis sie nicht mehr zu sehen war...

Geckos, Schlangen und Skorpione

Nachdem wir dann einige Grenzübergänge genommen hatten, total müde waren und fast unter einem gepflegten Hitzekoller standen, kamen wir endlich in der Küstenstadt R an!

Pedrag, der Hausherr, kam strahlend auf uns zu und nahm uns die Koffer ab. Dann führte er uns durchs Haus und zeigte uns die Räumlichkeiten. Die Küche war unten. Im Hinterhof konnten wir unsere Wäsche auf die Leine hängen. Das Bad und die beiden Schlafzimmer lagen oben. Julian und ich hatten noch einen großen Vorhang in unserem Schlafraum, als Raumteiler. Hinter diesem Vorhang führte eine Türe zum Schlafzimmer der Eltern. Von unserem Fenster aus hatten wir einen herrlichen Blick auf die schöne, blaue Adria! Pedrag hatte unten noch seinen Privatraum.

Das Häuschen war sehr idyllisch und der Urlaub machte Spaß. Allen – außer Mutter! Das Problem begann gleich am ersten Morgen beim Früh stück. Wir sahen uns während des Essens in der Küche um. Mutter glotzte plötzlich angewidert an die Decke und ihr wäre fast das Butterbrot aus der Hand gefallen! Wir sahen nach Oben und amüsierten uns königlich: Genau über dem Esstisch klebte ein Gecko unter der Zimmerdecke!

Mutter betete nur, dass die kleine Echse nicht den Halt verlieren und auf den Tisch plumsen möge. Dann bekäme sie nämlich einen Schreikrampf!

Paps lachte und erklärte ihr, dass Geckos spezielle Saug-Lamellen unter den Füßen hätten und dem zu Folge könne das Tierchen nicht fallen!

Mittags beim Kochen hätte Mutter fast gestreikt! Wegen der Geckos, die wieder überall an den Decken und Wänden klebten! Es wurden immer mehr. Sie machten sich richtig herrlich breit. Mutter schrie, Paps solle die Geckos weg scheuchen, bevor sie ihr noch in den Kochtopf fallen würden! Paps pflückte also diese niedlichen kleinen Echsen von den Wänden und setzte sie behutsam nach Draußen. Sofort waren sie wieder drin! Mutter bekam fast eine ausgewachsene Nervenkrise. Sie schrie, sie käme sich bald vor wie in einem Reptilienhaus!

Geckos haben wirklich zwei penetrante Angewohnheiten: Erstens strotzen sie vor Neugierde und zweitens kleben sie genau da, wo sie sich heimisch fühlen. Setzt man sie vorne heraus, kommen sie hinten wieder hinein...

Der nächste Nerventerror kam für Mutter, als sie frisch gewaschene Wäsche im Hinterhof auf die Leine hängen wollte. Was lag da in der Sonne, schön gemütlich zusammengeringelt? Yabadabadoo – eine Schlange! Mutter schrie Zeter und Mordio und Paps blieb mal wieder nichts Anderes übrig, als das arme Reptil, das doch nur ein wenig Sonne tanken wollte, vom Hof zu entfernen!

Ein anderes Mal weigerte sich Mutter hartnäckig, die Treppe hinunter zu kommen. Sie hatte nämlich einen kleinen Skorpion gesichtet, der putzmunter und quicklebendig auf Einer der Stufen herum krabbelte!

Paps schaffte auch ihn weg…

Geckos, Schlangen, Skorpione – für Mutter war die Zeit in R. eine fürchterliche Tortur. Wo immer sie im Haus hin wollte, wir mussten zuvor prüfen, ob die Luft rein war. Sogar Pedrag musste über ihre Ängstlichkeit lachen. Paps versuchte ihr zu vermitteln, dass die Tier-Situation halt landestypisch sei, an die sie sich einfach gewöhnen müsse. Die Geckos würden ihr mit den Saug-Lamellen an den Füßen nicht in die Suppe fallen! Die Schlange sei eine harmlose Natter gewesen und der Stich eines einheimischen Skorpions wäre ebenso tödlich wie ein Mückenstich in den Allerwertesten! Mutter riss sich also ganz gepflegt zusammen und bald klappte es.

Tags über gingen wir dann an den Strand und planschten in der Adria. In einer kleinen Wassermulde entdeckten Julian und ich einen toten Tintenfisch. Wir spielten damit herum, kneteten ihn, zupften an seinen Saugnäpfen, schätzten sein Gewicht und zogen ihm die Tentakel lang. Dann packten wir ihn am Schlafittchen und zeigten ihn unseren Eltern. Prompt erschien ein italienisches Ehepaar, nahm uns den Tintenfisch fort und brabbelte auf uns ein. Paps erklärte uns, die Leute hätten das Tier extra in die Wassermulde gelegt, um es frisch zu halten, weil sie es essen wollten!

Julian und ich sahen uns ganz entgeistert an und mussten beide gehörig schlucken...

Tags darauf war ich alleine an der Küste und aalte mich auf der Decke. Wurde es mir in der prallen Hitze zu warm, kühlte ich mich in der Adria ab. Wurde es im Wasser zu kalt, verzog ich mich an die Küste. So vergingen die Stunden. Irgendwann aber bemerkte ich einen starken Juckreiz und ein komisches Brennen auf der Rückenhaut. Also schnappte ich meine Sachen und ging zurück ins Haus. Paps sah meine zinnoberrote Pelle und schickte mich erst ein Mal unter die kühle Dusche. Später trug Paps mir eine Salbe auf. Ich jodelte vor Schmerzen!

Am nächsten Morgen wurde ich durch einen leisen Schrei geweckt. Julian lag neben mir und warf mir angeekelte Blicke zu. Mutter und Paps standen um mein Bett herum und starrten mich an, als sei ich das achte Weltwunder! Ich lag auf dem Bauch, wusste noch immer nicht, was los war, außer, dass mein Rücken tierisch Weh tat und fürchterlich brannte. Also machte ich das Beste daraus, grinste, warf einen Blick über die Schulter und sah es auch schon. Eine dicke Brandblase nach der Anderen! Ich ließ mir von Mutter einen Spiegel bringen, den sie so hielt, dass ich meinen ganzen Rücken überblicken konnte. Au weia! Die Blasen sahen aus wie riesige Spiegeleier und tummelten sich nur so, ein Ballon dicht neben dem Anderen! Noch mehr Blasen hätte mein Rücken gar nicht werfen können; es war kein Platz mehr da!

Was sollte ich jetzt tun – lachen oder flennen? Mir schoss in diesem Moment nur durch den Kopf, dass mein Urlaub jetzt ja wohl gelaufen sei. Ich lag da, betastete vorsichtig die dicken, heißen »Krötenblasen« und flennte leise vor mich hin. Mutter ging in die Küche, holte ein Paket eiskalten Quark und spachtelte mir die Pampe auf Paps´ Anraten hin schön dick auf die knallheißen Brandblasen. Ich bekam fast einen Pfefferminzschlag und brüllte auch dementsprechend!

Nach wenigen Tagen war zum Glück alles überstanden und ich begann, mich wie eine Schlange zu häuten. Na gut, mir wurde zwar gesagt, ich solle die Blasen auf keinen Fall aufpieksen, doch im Bad piekste ich zu Mindest die Dinger, an die ich heran kam, doch klammheimlich mit einer Sicherheitsnadel auf. Es suppte nur so heraus! Zwischendurch, nach dem Duschen, schnappte ich mir auch einen Fön, hielt ihn mir über die Schulter nach Hinten und trocknete mit Kaltluft die Scherereien aus. Dann begann die Haut, sich zu pellen. Julian und unsere Eltern wechselten sich ab und wenn mich der Juckreiz überkam, zogen sie mir in langen Streifen die Tapete vom Rücken. Manchmal saßen wir gestaffelt hintereinander und pellten uns gegenseitig. Eine »Familien-Conga«! Es war ein tiefes Gefühl von Gemeinsamkeit und Geborgenheit. Wenn du voll dabei vertieft bist, gerätst du so richtig in gemütliche Verzückung!

Hinten kribbelt und krabbelt es und vor dir sitzt Einer, dem du den gleichen Gefallen tust…

Nächtlicher Spuk

Dann eines Nachts, fuhr ich erschrocken hoch. Etwas bewegte sich auf meinem Oberschenkel. Es war unter der Decke. Beim Nachschauen entdeckte ich eine kleine Schlange, die es sich auf meinen Beinen gemütlich gemacht hatte! Es war eine Ringelnatter – nur eine kleine Ringelnatter! Ich packte das Tier und ließ es aus dem Fenster auf die Veranda gleiten, allerdings so, dass das arme Geschöpf weich in den Blumen ankam...

Einige Nächte darauf schreckten Julian und ich beide gleichzeitig aus dem Schlaf hoch!

Der große Vorhang in unserem Zimmer bewegte und teilte sich. In Kopfhöhe erschien ein breiter, heller Fleck und wir glaubten, Jemanden leise atmen zu hören. Ich robbte vorsichtig hinüber zu Julian, wollte leise wispernd wissen, ob er es auch sah und hörte. Er nickte nur und griff ängstlich nach meiner Hand. Wir dachten beide an Pedrag, gingen davon aus, er würde hier oben herum schnüffeln. Vielleicht hatte sich ein Einbrecher Zugang ins Haus verschafft und war im Begriff, uns auszurauben. Unsere Eltern schliefen schon, konnten es nicht sein. Wir hätten doch die Schlafzimmertür hören müssen. Wir lagen still und in Schweiß gebadet eng aneinander gekuschelt unter der Decke, verständigten uns nur im leisesten Wisperton und starrten angstvoll zum Vorhang hinüber. Der helle, breite Fleck bewegte sich zwar in der Vorhangritze, blieb aber dort, wo er war. Da es an Sonsten fast stockfinster im Zimmer war, nur kleine Schatten auszumachen waren und dieser Jemand uns wahrscheinlich gar nicht erkennen konnte, beschloss ich, dass etwas unternommen werden sollte. Ich wisperte Julian ganz leise meinen Plan ins Ohr. Er war einverstanden und wir robbten uns ganz leise hinüber in meine Betthälfte, von wo aus wir geduckt hinunter auf den Boden krochen. Am Fußende stand ein Stuhl. An der Lehne dieses Stuhles hing ein dicker, sehr massiver Kleiderbügel. Diesen krallte ich mir ganz leise, den Blick starr auf das breite »Mondgesicht« gerichtet. An der anderen Hand hielt ich Julian, als seelischen Beistand. Zitternd und schlotternd schlichen wir ganz langsam an der Wand entlang, nur hoffend, dass dieser Jemand unser elendes Zähnegeklapper nicht wahrnehmen würde. Uns klopften die Herzen bis hoch in die Hälse. Kurz vor dem Vorhang hob ich den Arm mit dem rustikalen Kleiderbügel, um dem »Mondgesicht« einen gepflegten Scheitel zu ziehen!

Just in dem Moment, als ich gerade so richtig schwungvoll ausholte, verschwand das Gesicht und wir hörten ein leises Gepolter. Ich ließ geschockt das Prügelinstrument fallen und flüchtete mich ins Bett. Julian hüpfte laut blökend hinterher. Unsere Zähne klapperten wie spanische Kastagnetten!

Plötzlich ging die Nebentüre auf und unsere Eltern kamen herüber, wollten wissen, was denn geschehen sei. Geschockt stotterten wir unsere soeben erlebte Story heraus. Paps ging nach Unten und schaute nach. Er kam wieder hoch und meinte, nein, da sei Niemand. Türen und Fenster seien fest verschlossen. Vermutlich hätten wir einen Albtraum gehabt. Wir gingen alle wieder schlafen.

Beim Frühstück am nächsten Morgen grienten unsere Eltern uns an, als seien Julian und ich nicht ganz dicht! Wir allerdings bestanden auf unserer Geschichte. Zwei Personen, die zur selben Zeit den selben Albtraum hatten? Unsere Eltern grinsten uns an wie zwei Waschbären!
Irgendwann rückten sie dann doch mal damit heraus, dass es sich bei dem geheimnisvollen, unheimlichen »Mondgesicht« um Mutter ganz persönlich gehandelt hätte! Wir bekamen einen Lachkrampf! Um ein Haar hätte ich Mutter in meiner Panik mit dem rustikalen Kleiderbügel einen saftigen Scheitel gezogen!

Reptilien-Schock

Eines schönen Tages machten Mutter, Paps und Julian einen Spaziergang um die Halbinsel. Als sie zurück kamen, überreichte Paps mir eine große, schöne Schlangenhaut. Ich fragte, woher er die hätte. Paps lachte und erzählte, sie hätten das Natternhemd auf einem Waldweg gefunden. Paps habe es an sich genommen, als Schmuckband für meinen Strohhut. Dann seien sie weiter marschiert. Unterwegs sei ihnen ein anderes deutsches Touristenehepaar entgegen gekommen. Sie hatten Paps mit der Schlangenhaut gesehen, wollten wissen, wo er sie her hätte. Als er erklärte, wo er das abgeworfene Natternhemd entdeckt hätte, packte die Frau ihren Gatten am Arm und erklärte, damit sei dieser Weg für sie zu Ende! Wir lachten uns im Nachhinein halb tot...

Was sollte Paps groß dazu sagen? Er war selbst in einer Schlangenregion aufgewachsen. Schon als Kind, bei einer »großen Sitzung« im Feld, passierte es, dass ihm gelegentlich eine Schlange um den nackten Hintern herum kroch. In den meisten Fällen waren es irgend welche kreuzbraven Nattern. Nichts, was weltbewegend war. Paps hatte als kleiner Knirps gemeinsam mit den anderen Dorfbengeln mit den Reptilien gespielt. Wer hat die Bunteste, wer hat die Längste? Er war an das Leben und den Umgang mit einheimischen Schlangen gewöhnt, konnte auch die giftigen Exemplare von den Harmlosen unterscheiden. Das war doch nix.

Mich selbst faszinierten Reptilien schon immer. Wäre Mutters stockpanische Heidenangst nicht gewesen, hätte Paps mit Sicherheit den Furz gekriegt und mir ein Schlangenterrarium eingerichtet! Nun, nachdem ich nun meinen eigenen Haushalt habe, was ist aus mir geworden? Ich bin Schlangenhalterin und pflege zwei russische Steppennattern und drei nordamerikanische Kornnattern – und das mit Stolz, Liebe und Hingabe!

Aber Mutter hatte nun mal diese Reptilien-Phobie. Sie hatte, wie gesagt, vor allem Angst! Wenn wir zum Eis essen waren und die Honigproduzenten kamen angesummt – oh nee! Seitdem Mutter »Die Biene Maja« gesehen hatte, kamen ihr die Tiere so »menschlich« vor! Und ich hatte sie immer für tierlieb gehalten!

Paps lachte darüber und meinte, sie könne doch glücklich sein, Urlaub in einem »Gecko-Haus« zu machen. Wo Geckos vorkämen, gäbe es kaum noch Insekten mehr...

Im seichten Adriawasser ging es ja. Da kamen nur ab und zu ein paar Fische, die uns an den Zehen lutschten. Wurden die Zehen uninteressant, gaben die Adriabewohner das Nuckeln dran und zogen ab. Die permanent angespülten Quallen auf den Steinen sahen eher aus, als habe Jemand deftig gerotzt!

Julian und ich begegneten in der Adria auf unseren Luftmatratzen auch mal einem kleinen Hai. Der ließ sich nicht stören und schwamm friedlich seine Bahnen. Wir waren uns erst auch nicht ganz sicher, ob es das war, wofür wir es hielten und beschrieben später unseren Eltern den Fisch. Nur hätte Paps uns hinterher fast Eine getachtelt! Wir bekamen eine geharnischte väterliche Standpauke gehalten. Hai-Attacken auf Menschen seien in der Adria zwar selten, aber ganz auszuschließen sei so etwas trotzdem nicht. Und für den Rest des Urlaubes hätten wir uns künftig nur noch in dem Bereich aufzuhalten, wo wir noch im Wasser stehen könnten! Nicht weiter!

Wir zitterten beide noch rückwirkend. Paps meinte, vielleicht sei dieser Hai ja harmlos gewesen. Vielleicht hätten wir aber auch nur das große Glück der Ahnungslosen gehabt. Wenn wir Angst gezeigt hätten, wäre der Hai – vielleicht – sogar zum Angriff übergegangen!

Die väterliche Standpauke verfehlte ihre Wirkung nicht. Ab sofort hielten wir uns nur noch im »Pisser-Bereich« auf…

Überwachung

Abends ging ich dann sehr oft zum Tanzen. Für wenige Dinare Eintritt konnte man in der Nähe ein großes Tanzlokal besuchen. Die Getränke waren sehr preiswert. Die Musik war dufte und es gab reichlich tanzwütige Männer, Touristen wie Einheimische. Mich sprachen meist nur Insulaner an. Es wurde getanzt, gelacht und etwas Cola getrunken. Meist ging ich alleine.

Komischerweise wussten meine Eltern aber sehr genau, wann, mit wem und wie ich getanzt hatte. Mutter ranzte dann schon mal herum und meinte, mit diesem oder jenem Mann hätte ich wohl etwas zu »nuttig« getanzt! Als ich sie fragte, woher sie diese Weisheit hätte und wie sie von meiner Tanzerei erfahren haben wolle, gab sie zu, gemeinsam mit Paps auch dort gewesen zu sein und die Beiden hätten mich von der Balustrade aus beobachtet!

Ich gab ihr zur Antwort, dass so etwas eine bodenlose Unverfrorenheit sei! Ob ich etwa unter Kuratel stünde? Schließlich sei ich mit meinen sechzehn Jahren ja wohl alt genug, um ohne Bewacher auszukommen! Ob mich der Umstand, dass im Jahr zuvor mal was mit einem Mongolen gelaufen sei, direkt zu einer Nutte machen würde? Ich hätte keinesfalls vor, halb R. zu vernaschen! Ja, wer ein Mal Mist gebaut hätte, dem glaube man eben nicht mehr! Das würde ich ja zur Genüge kennen! Ob ich denn noch ohne Bewacher den dicken Zeh aus der Türe strecken dürfe? Auch ich hätte schließlich das Recht auf ein wenig Urlaubsfreude! Ob ich etwa kein ureigenes Privatvergnügen hätte? Mutter griente etwas betreten und versprach, dass es nicht mehr vor käme. Bis ich Tage später beim Tanzen vorsichtig in der Halle umher schielte und bemerkte, dass die Eltern mich erneut beobachteten. Und das, trotzdem die Beiden zuvor angegeben hatten, sie wollten einen Ausflug gemacht haben. Jetzt saßen sie im Tanzsaal, halb versteckt hinter anderen Gästen, glotzten wieder zu mir hinüber und verfolgten jede meiner Bewegungen mit den Augen!

Meine Hacke – für wie blöde hielten sie mich eigentlich?

Der Tanz war beendet. Ich flüsterte meinem Tanzpartner eine kurze Entschuldigung ins Ohr, drehte ab und ging über die Tanzfläche und zwischen den anderen Gästen direkt auf Mutter zu! Sie wurde zinnoberrot und sehr verlegen! Mit einem freundlichen Lächeln schüttelte ich ihr die Hand und drohte ihr im herzlich klingenden Ton, falls sie ihr Verhalten nicht ändere, würde ich sie mit Geckos bewerfen! Das sei definitiv mein voller Ernst! Ich würde ihr Skorpione in die Schuhe stecken und ihr Schlangen unter die Bettdecke legen! Ich hätte die Schnauze gestrichen voll und sie solle es nicht auf die Spitze treiben! Behummsen könne ich mich auch alleine! Diese hübschen Sachen mit den Tierchen würde ich eiskalt bringen und wenn sie mich noch ein einziges Mal bespitzeln würde, hätte sie für den Rest des Urlaubs garantiert keine ruhige Minute mehr! Das saß! Von nun an hatte ich beim Tanz meine Ruhe. Immerhin kannte ich den Reptilienhorror meiner Mutter und so ganz nebenbei: Ich hätte es getan. Außer mit Geckos werfen. Die hätte ich ihr nur von Hinten auf die Schulter gesetzt. Denn entweder geht man gemeinsam zum Tanz – oder gar nicht! Aber auf so einen Mist stehe ich nicht. Das stellt mir ab. So etwas ist schlicht und ergreifend primitiv...

Wir gingen auch öfter mal an die Zigeunerstände. Daddy kaufte mir dort einen bunten Läufer als Bettvorleger, ein T-Shirt mit Küstenbild und dem Aufdruck »R.«, eine Holzflöte sowie ein Paar handgearbeitete Ledermocassins. Wir machten einen Ausflug zur Grotte von Postojna, einem riesigen unterirdischen Felsendom. Eine herrliche Tropfsteinhöhle! Bei der Führung musste man an manchen Stellen ganz schön schwindelfrei sein. Stalagmiten kamen von Unten, Stalaktiten von Oben. Das lernten wir dort auch. In der Grotte waren einige große Becken eingebaut, in denen Grottenolme herum krochen. Das sind kleine. rosafarbene molchartige Geschöpfchen, die es auch nur in dieser Region gibt. Wo Augen sein sollten, waren nur noch winzige schwarze Pünktchen vorhanden. Die Augen hatten sich der Lebensweise der Tierchen angepasst und waren, da die Grottenolme ja ihr gesamtes Leben im Dunkeln verbrachten, zurück entwickelt. Sie wurden einfach nicht mehr benötigt. An den Köpfchen hatten die Tiere kleine Kiemenbäumchen. Ich habe mich sofort in diese drolligen, putzigen süßen Geschöpfchen verliebt. Mutter hat sich wieder ein Mal nur geekelt…

Urlaubsende

An unserem vorletzten Tag fuhren wir nach L. und nahmen uns dort Hotelzimmer. Alles war sehr luxuriös eingerichtet, wir kamen uns vor wie in einem Palast. Zum ersten Mal in meinem Leben sah ich ein Bidet! Mutter musste mir erst ein Mal die Funktion erklären. Da sowieso Niemand von uns die Fernsehnachrichten verstehen konnte, machten wir einen Spaziergang und schauten uns in den Geschäften die verschiedenen Auslagen an. Paps ging mit Julian in den Biergarten und Mutter und ich studierten die Modeläden. Plötzlich schubste sie mich an und meinte, da seien Typen, die uns ganz dämlich mustern würden. Tatsächlich, da standen mehrere Männer und begafften und taxierten uns auffällig von Oben bis Unten! Die hatten wohl gerochen, dass wir Touristinnen waren. Wir starrten stur zurück und die blöde Gafferei hörte schlagartig auf. Also gingen wir auch zum Biergarten. Paps bestellte für uns große Krüge mit jugoslawischem Bier. Der Einzige, der Limo bekam, war Julian.

Eine ältere Rumänin, ebenfalls Touristin, bekam mit, dass wir Deutsche waren, und setzte sich an unseren Tisch. Sie sprach auch Deutsch und wir unterhielten uns sehr nett mit ihr. Mutter schenkte ihr ein kleines Probefläschchen Parfüm. Mann, war die Frau begeistert! Sie gab uns auch Einen aus und als wir Vier dann zurück zum Hotel kamen, waren Drei von uns ganz schön angezwitschert. Julian war der Einzige, der keinen Rausch hatte! Paps, Mutter und ich schwankten die Treppe hoch, kicherten und Einen weg und fielen sofort todmüde in unsere Betten!

Am nächsten Morgen machten wir uns frisch, packten unsere Koffer, fuhren zum Bahnhof. Dort wartete der Autoreisezug und es ging zurück nach Deutschland. Mutter war überglücklich, endlich die Geckos, Schlangen und Skorpione vom Hals zu haben, sich wieder in ihrer eigenen Muttersprache unterhalten zu können und ihr geliebtes heimatliches Rathaus wieder zu sehen!

Kollegen und andere Katastrophen

Nach dem Urlaub nahm Mutter mich von der hauswirtschaftlichen Frauenberufsschule herunter. Meine absoluten Schwachpunkte waren Physik, Chemie, Mathematik – und Kochen! Die Küche lag mir definitiv noch nie. Zwar hätte ich das Jahr wiederholen können, wäre dann aber eine »Sitzenbleiberin« gewesen. Statt dessen empfahl mir Mutter, Damenoberbekleidungsverkäuferin zu werden. Sie selbst hatte diesen Beruf als junges Mädel erlernt. Eben so wie auch ihre Mutter...

Also begann ich meine Lehre in einem großen Bekleidungsgeschäft. Frau C., die Abteilungsleiterin, hatte mich irgendwie von Anfang an auf dem Kieker. Wahrscheinlich, weil ich mehr Blusen und Hemden verkaufte als sie selbst! Nach wenigen Wochen zoffte sie dann plötzlich mit mir herum, verlangte nur noch die größten Drecksarbeiten von mir und stopfte mich, so oft es ging, nach Hinten ins Lager. Irgendwann kam es zum dicken Knall. Das kam so: Die Pause ging eine Stunde. Eine ältere Kollegin hatte mich an diesem Tag in die Pause geschickt. Nach einer Dreiviertelstunde war ich wieder im Geschäft, wollte noch zur Toilette und anschließend eben noch eine Zigarette rauchen. So viel Zeit blieb mir gerade noch; schließlich beherrschte ich ja die Uhr. Aber just in diesem Augenblick kam Frau C. angerauscht und veranstaltete einen Höllenspuk! Sie wollte mich nicht zur Toilette lassen und war in dem Irrglauben, die Stunde sei schon um. Ich erklärte ihr, etwa zehn Minuten vor Beginn meiner Pause hätte ich hinten im Lager noch aufgeräumt, daher habe Frau C. mich vorne im Geschäftsraum logischerweise nicht finden können. Sie möchte doch bitte die Kollegin fragen, die hätte mich ja selbst noch in die Pause geschickt. Dann ging ich zur Toilette.

Kaum saß ich auf der Keramik, bummerte Frau C. von Außen an die Klotüre! Ich solle sofort runter kommen vom Klo! Mittlerweile ziemlich entnervt gab ich ihr zur Antwort, wenn sie schneller kacken könne als ich, solle sie es mir doch bitte mal vormachen! Und sie könne machen, was sie wolle: Ich würde mir jetzt gleich noch eine letzte Pausenzigarette rauchen! Die vollständige Pause stünde auch einem Lehrling zu!

Nachher stellte meine Kollegin zwar klar, dass ich im Recht war, aber Frau C. kriegte sich nicht mehr ein und meinte, mich mitten im Verkaufsbereich vor versammelter Kundschaft zusammenrappeln zu müssen! Ich fletschte, jetzt mittlerweile mit den Nerven komplett am Boden, lautstark zurück, titulierte Frau C. als »hysterische Gans« und hatte erreicht, dass ich mir im Büro auf der Stelle meine Papiere abholen konnte!

Nun mag es ja mehr als genug Menschen auf dieser Welt geben, die sagen: Lieber hundert Mal kuschen – selbst dann, wenn du hundert Mal im Recht bist –, aber Hauptsache den Job behalten! Ich persönlich stehe eher auf dem Standpunkt: Lieber hundert Mal zurück schnauzen – wenn dir wirklich Jemand absolut dumm und schräg kommt und mit vernünftiger Logik und Diplomatie nichts mehr zu erreichen ist – und notfalls den Job riskieren, als ein Leben lang als Kotzeimer und Prellbock für die lieben Vorgesetzten her zu halten und irgendwann als Mobbing-Opfer total arbeitsunfähig zu werden und im schlimmsten Falle in einer psychosomatischen Klinik zu landen!

Und das Beste kommt ja noch: Mutters Cousine Kerstin und Frau C. kannten sich aus der eigenen Lehrzeit! Kurz nach meinem Rauswurf trafen die Beiden nämlich im Bekleidungsgeschäft zusammen. Nach der Begrüßung kam Kerstin auf mich zu sprechen. Warum denn das Lehrmädel Wencke gefeuert worden sei? Frau C. muss mehr als verdutzt gewesen sein und Kerstin gefragt haben, wieso sie denn überhaupt von diesem Lehrmädel Wencke wisse. Als Kerstin sagte, dass es sich bei diesem Lehrmädel um die Tochter ihrer Cousine handeln würde, fiel Frau C. aus allen Wolken! Was, das Mädel sei Kerstins Großcousine? Um Gottes Willen! Ja, wenn sie das gewusst hätte, dann wäre die Lüttje nie gefeuert worden! Dann hätte man an der ganzen Sache ja was drehen können...

Prima, nicht wahr? Hast du die richtigen Beziehungen, geht komischerweise alles ganz unkompliziert! Mit »Vitamin B« läuft plötzlich alles wie geschmiert!

Diese Person äußerte dann Kerstin gegenüber, naja, vielleicht habe sie mich ja auch wirklich viel zu hart angefasst. Wenn sie das alles geahnt hätte, wäre sie ganz anders mit mir umgegangen. Sie hätte mir dann auch mal eher zugehört und versucht, meinen Standpunkt zu verstehen! Warum denn erst dann? Diese Frage stelle ich mir gelegentlich sogar heute noch. Aber zum Glück hatte Frau C. meine Beziehung zu Kerstin zuvor nicht gekannt So zeigte sie mir wenigstens noch rechtzeitig genug ihr wahres Gesicht! Außerdem wäre ich, ehrlich gestanden, in diesem Bekleidungshaus ohnehin nicht glücklich geworden. Ich hatte Mutter einen Gefallen tun wollen mit dieser Ausbildung, hatte es nicht freiwillig und aus eigener Überzeugung zu diesem Beruf angefangen. Genau das hatte Mutter nämlich früher getan. Selbst meine Großmutter war bereits gelernte Verkäuferin in der Damenoberbekleidung. Mutter sollte in ihre Fußstapfen treten und erlernte diesen Beruf auch. Kaum aber hatte sie ihre unliebsame Lehre beendet, sattelte sie um auf einen anderen Beruf. Hauptsache, sie hatte – der alten Familientradition gemäß – ihre »Damenoberbekleidung« in der Tasche!

Mein Glück wäre es niemals geworden, pausenlos mehr als vollbusige Frauen auf deren eigenes, ausdrückliches Verlangen hin in viel zu enge Blusen hinein zu quetschen, die vermischten Gerüche von Parfüm und Achselschweiß ertragen zu müssen und mir dann noch ständig das Gemecker der Kundinnen anzuhören, warum die Knöpfe und Schließen denn nicht zu gingen. Nein, der Rauswurf war in diesem Falle das Beste, was mir überhaupt passieren konnte...

Jedenfalls steckte Mutter mich in einen Nähmaschinenkurs und im Anschluss daran ging es für einen Monat auf Probe in eine große Weberei. Privat herrschte zu dieser Zeit nur noch Stress und ich kämpfte praktisch ständig gegen diesen permanenten Familienkollaps an. Seelisch und moralisch reagierte ich nun auch unweigerlich im Büro darauf. Ich überzog nun wirklich Pausen und aß jede Menge Würfelzucker. Das schien so eine Art Nervennahrung zu sein. Bei der kleinsten Kleinigkeit brach ich in Tränen aus und die Arbeitsleistung litt massiv. Am Monatsende war ich wieder draußen...

Das Dilemma an der Sache war, dass ich mich selbst unter permanenten, massiven innerlichen Erfolgsdruck setzte aus Angst, Mutter würde mich eines Tages mit Sack und Pack auf die Straße setzen. Angedroht hatte sie es mir bereits mehrmals – und es war ihr durchaus zuzutrauen! Und je mehr ich unter diesem Druck stand, desto mehr klappte ich nervlich zusammen und konnte dem zu Folge ja praktisch nur noch versagen...

Mutter drohte mir nach dem erneuten Scheitern dann auch wieder an, mich hinaus zu wippen, falls ich nicht binnen weniger Tage eine Tätigkeit finden würde. So pendelte ich also in verschiedenen Jobs als billige Küchenhilfe herum, bis ich was in einem Baumarkt fand, in der Taschenannahme. Dort war ich dann ein Dreivierteljahr und besuchte ein Mal wöchentlich die gewerbliche Berufsschule. Nie hatte ich mir zu dieser Zeit Gedanken über einen Beruf gemacht. Ich bekam es doch innerhalb der eigenen Verwandtschaft deutlich vorgelebt. Miriam arbeitete nicht, Kerstin arbeitete nicht, Tante Elfriede arbeitete nicht, meine Großmutter hatte nicht gearbeitet – und auch sonst arbeiteten die Frauen in der Verwandtschaft nicht. Die waren alle verheiratet, zogen Kinder auf und kümmerten sich um den Haushalt. Arbeiten gingen die Männer. Mutter schien eine große Ausnahme von dieser Regel zu sein. Weshalb mir also Gedanken um eine Berufswahl machen? Was hätte ich später damit anfangen können, wenn ich erst ein Mal unter der Haube war?

Mein Lieblingsberuf wäre Tierpflegerin gewesen, aber auch das hätte ich nach meiner Hochzeit wohl knicken können. So zu Mindest dachte ich zu diesem Zeitpunkt. Geh´ einige Jahre in Billig-Jobs rackern und nimm´ dir einen Mann. Dann kommen ruck-zuck einige Kinder angepurzelt und in beruflicher Hinsicht läuft eh nichts mehr. Dann hast du den Haushalt zu schmeißen, dem Mann gut zu sein und die Kleinen zu versorgen. Zum Arbeiten hast du dann keine Zeit mehr. Sind die Kinder erwachsen und aus dem Haus, bist du eine alte Frau. Was nützt dir dann noch dein Beruf? Dann kannst du für deine Enkel noch Pullover und Socken stricken oder Enten und Schwäne am Weiher füttern. Schließlich waren alle Frauen aus der gesamten Mischpoke verheiratet, ich sah es ja. Und so weit ich wusste: Keine von ihnen ging einer Arbeit nach! Faul sein wollte ich aber auch nicht. Meinem späteren Ehemann und den künftigen Kindern wollte ich schon ein schönes Zuhause richten. Putzen, Einkaufen, Kochen, Waschen, Bügeln, Staub saugen, mit den Kindern spielen, sie bei den Hausaufgaben betreuen, an Elternabenden teilnehmen oder mit den Kleinen zum Kinderarzt gehen. Mann und Kinder sollten stolz auf mich sein! Ja, wenn ich etwas wirklich von ganzem Herzen sein wollte, dann Ehefrau und Mutter!

Nur meine eigene Mutter warf mir permanente Faulheit vor. Was hatte sie denn elf Jahre lang getan? Sie war ja selbst Hausfrau, saß oft genug auf dem Sofa herum, strickte und sah dabei pausenlos fern oder hörte Musik. Aus wessen Tasche stammte denn bitte das Strickgarn, das sie

alle Nase lang bei der Wollfirma »3 Pagen« bestellte? Paps hatte das Geld verdient und wir waren doch ausgekommen. Der einzige gewaltige Nebeneffekt war: Seitdem Mutter wieder das Arbeiten angefangen hatte, schien sie noch weniger Zeit für die Familie zu haben – und das trotz permanenten Kurzdienstes! Dennoch hörte sie nicht auf, weiter pausenlos auf mir herum zu hacken.
Ich konnte nicht mehr und zählte förmlich die Tage bis zu meiner Volljährigkeit...

Auf dem Weg in die Hölle

Im Herbst 1980 lernte ich dann in einer Kneipe Horst H. kennen. Innerhalb der nächsten Wochen kamen wir uns näher. Er zählte bereits 53 Lenze, hätte also theoretisch mein Vater sein können. Mich störte der mehr als deutliche Altersunterschied nicht. Zu Mindest damals nicht, trotzdem er in meinen Augen ja bereits steinalt war. Nun, was will ein so blutjunges, noch nicht ein Mal dem Teenageralter entwachsenes Deern von solch einem antiken Wrack? Es sucht Zuneigung und Verständnis! Und das suchte und brauchte ich. Verliebt war ich nicht, sah in Horst eher so eine Art Elternersatz. Mein damaliges Verhalten war im Grunde nur eine völlig überstürzte Flucht nach Vorne!

Heute, als erwachsene Frau, ist mir natürlich längst klar, dass die vermeintliche Zuneigung bei Horst hauptsächlich auf Sex basierte. Was sollte so ein altes, bemoostes Museumsschiff denn wohl sonst von einem so unreifen Teenager wollen? Entweder er befindet sich mitten in einer Midlife-Crisis und will eine Bestätigung haben, so ein junges Deern, mit dem er vor den anderen überreifen Tattergreisen angeben kann oder aber er hat panische Angst vor der reiferen, gleichrangigen Frauenwelt! Eines von Beidem ist es auf jeden Fall. Eine gescheite Konversation zwischen einem jungen Teenager-Mädel und einem alternden Halbgreis ist nämlich auf Dauer schier unmöglich, alleine schon mal aus der Sicht der verschiedenen Lebenserfahrungen. Was für gemeinsame Interessen sollte es denn überhaupt noch zwischen den so unterschiedlichen Generationen geben? Das junge Deernchen kann dem Opa ja die »BRAVO« vorlesen und ihn mit Kosmetiktipps und Disco-Freundinnen zuschnacken. Im Gegenzug erzählt Opilein seinem jungen Deernchen dann von seinen Erfahrungen aus der Kriegszeit – und wie ihm der Feind im Schützengraben beim Kacken den Haufen unter´m Hinterschinken weg geschossen hat! Super Austausch, oh ja...

Nun hat so manch ein junges Mädel, wie ich es damals war, ja nicht den blassesten Schimmer, wie es im Leben wirklich abgeht. Und erst recht nicht, wenn man aus einem erzkonservativen Elternhaus kommt, permanent fremdbestimmt war und praktisch keinerlei Lebenserfahrung hat. Zu dem, wenn alles, was mit Partnerschaft *(bis auf die Sexualität)* zu tun hat, total ekel-romantisiert wurde. Stunden lang Muttis Schallplatten mit herzzerreißenden Liebesschnulzen, aus denen der Schmalz nur so tropft – und Sexualität ist der reinste Schietkram!

Da wird die Geschichte vom Wegschießen der Kacke und den immer noch tief im Fleisch steckenden Granatsplittern zu einem wahren romantischen Highlight!

Jedenfalls bot Horst mir nach wenigen Wochen an, ich könne, so bald ich volljährig sei, mit ihm zusammen ziehen. Er würde schließlich selbstständig in der Metallbranche arbeiten und ich könne ihm als seine Lebensgefährtin den Haushalt führen. Gut, ich hatte zwar kaum Ahnung vom Kochen, aber das würde Horst mir mit ein wenig Geduld und Liebe sicher beibringen. Wie heißt es so schön: Auf alten Kleppern lernt man das Reiten! Aber ich konnte waschen, putzen, bügeln, Staub wischen und Einkäufe tätigen. Den Haushalt würde ich sehr liebevoll einrichten und uns Beiden ein kuscheliges, gemütliches Nest herrichten. Als Horst mir die Sache noch ein Mal ans Herz legte, hätte ich vor Freude und Seligkeit jubeln können!

An meinem achtzehnten Geburtstag, im Januar 1981, machte ich Ernst, packte meine Koffer und zog wirklich zu Horst!

Ich hatte mich an diesem Tag sogar mit einem jungen Labrador-Welpen selbst beschenkt. Er stammte aus der Tierabteilung eines großen Einkaufszentrums, viel zu verfrüht von der Mutterhündin weg. Horst fuhr nämlich auch auf Hunde ab – und Mutters einziges Geschenk bestand darin, dass sie mir die Schlüssel zur Wohnung abnahm und hinter mir dicht machte! Ich hatte bei den Eltern nichts mehr verloren…

Ich landete also bei Horst und abends feierten wir meinen Geburtstag ganz groß in unserer Stammkneipe! Ich bekam von meinem Gefährten ein Riesen-Blumengesteck!

Das Problem begann bereits in der ersten gemeinsamen Nacht: Hündchen »Arco« war total unsauber, verheult und verjault! Nachdem wir nachts abwechselnd mit ihm draußen waren und er uns trotzdem noch die Hütte mit Urin und Kot einsaute, dazu noch mitten in tiefster Finsternis sein herzzerreißendes Welpengeheul ertönen ließ, erklärte ich mich damit einverstanden, dass Horst den Arco zu Bekannten gab...

Die ersten Tage mit Horst waren sehr friedlich. Doch dann kristallisierten sich bei ihm immer mehr Macken heraus: Seine »selbstständige

Arbeit« bestand darin, dass er in einem kalten, zugigen Kellerloch Fahrradspeichen auf Naben setzte, um seine Frührente ein Wenig aufzustocken! Körperlich sah es bei ihm folgendermaßen aus: Eine Narbe auf der Stirn, von einer Schlägerei. Rückgrat verbogen, Beckenknochen zertrümmert, Gicht in den Händen, beide Kniescheiben marode, chronische Prostata-Entzündung, Blinddarmnarbe, obendrein noch Plattfüße wie ein Yeti und die einst so stolzen Adleraugen gaben auch langsam aber sicher ihren Geist auf. Er litt an Magengeschwüren, Nierensteinen und hatte den rollenden Gang eines Stinktieres!

Von einem Stinktier muss er wohl auch sein Benehmen abbekommen haben, denn so nach und nach wurde er immer frecher. Wollte er sexuellen Verkehr, wurde ich gar nicht lange gefragt. Er zerrte mich ins Bett und ohne langen Federlesens ging es dann einfach direkt zur Sache! Gekocht wurde übrigens mit Propangas. Klosett und Bad durfte ich fast tagtäglich hinter Horst sauber schrubben. Er hatte einige Jahre zuvor nämlich eine Hämorrhoiden-Operation gehabt, durch die der Schließmuskel seines Afters in Mitleidenschaft gezogen worden war. Dadurch verdaute er natürlich nicht mehr wie ein zivilisierter Mensch, sondern wie ein Barbar! Dem entsprechend sah dann auch die Toilettenschüssel immer aus. Wenn er mich nachts benutzte, grunzte er ekelerregend, wobei mir permanent sein Schweiß in die Augen tropfte. Ich versuchte nur noch, den Kopf zur Seite zu drehen, um mich bei dem Schweiß und diesem ekelhaften Geröchel nicht auf das Kissen übergeben zu müssen!

Wieso ich das Alles zuvor nicht bemerkt hatte? Ganz einfach. Mit seinen ganzen körperlichen Gebrechen rückte Horst erst nach meinem Einzug heraus. In meiner grenzenlosen Naivität hatte ich auch nicht nachgehakt, was genau er in der Metallbranche tat oder für welche Firma er arbeitete. Es war mir auch damals ziemlich zweitrangig gewesen. Was ich gesucht hatte, war ein Zuhause, Liebe und Verstehen!

Was den Sex anging: Vor meinem Umzug zu Horst hatten wir nur am Tage körperliches Beisammensein, das von mir geduldet wurde. Tags über schwitzte er bei Weitem lange nicht so extrem wie bei Nacht. Außerdem hatte er sich bis zu meinem Einzug auch körperlich wesentlich sauberer gehalten und während des Beischlafs hatte er sich, was sein Gegrunze und Geröchel anging, ganz gepflegt zusammengerissen. Er hatte bestenfalls leise gestöhnt. Doch nach meinem Einzug ließ er dann so nach und nach die Sau raus. Körperpflege? Fehlanzeige! Sex? Es war reines Abreagieren! Essen? Weiches Dosenfleisch mit Kartoffeln! Horst benahm sich immer mehr wie ein Barbar! Es wurde immer schlimmer mit ihm...

Warum ich nicht zurück ins Elternhaus zog? Ganz einfach. Ich durfte nicht mehr. Paps hätte sofort sein Okay gegeben, aber Mutter war unerbittlich! Ich hatte zu viel Schiet gebaut, war unerwünscht! Auf Besuch bei den Eltern war ich geduldet...

Eines Tages waren Horst und ich dann zum ersten Male gemeinsam zu Besuch bei meinen Eltern. Die Männer saßen in der Küche, tranken Aquavit und schienen sich sogar einigermaßen zu verstehen. Paps wollte von Horst natürlich wissen, warum ein Mann in dessen Jahren sich ausgerechnet so ein ganz blutjunges Deernchen nahm und keine Frau seines Alters. Ich sei doch noch wie ein junges Bäumchen, das gerade in der allerersten Blüte stünde. Horst hörte sich das an, grinste und meinte, das seien doch nur »rumänische Sprüche«!

Diese Randbemerkung hätte er sich besser verkniffen. Paps rastete von einer Sekunde zur Anderen total aus! Er sprang auf, holte mit der flachen Hand weit aus – und es rumste und klatschte ganz gewaltig! Horst lag bäuchlings in der Küche und küsste den Boden! Diese Gewalttätigkeit, wenn Paps ernsthaft ausrastete, kannte ich ja selbst zur Genüge. Er riss Horst vom Linoleum hoch, prügelte ihn aus der Wohnung und schob mich gleich hinterher. In meiner Panik suchte ich Schutz und Unterstützung bei Mutter. Sie blickte mich nur eiskalt an und schob mich von sich, als hätte ich Lepra oder Räude...

Der Abend wurde zum schlimmsten Horror meines bisherigen Lebens! Kaum daheim angekommen, riss Horst mir die Kleidung vom Leib, warf mich zu Boden geworfen und ich wurde regelrecht vergewaltigt. Splitternackt wie ich war, stürzte er sich in blindwütigem Jähzorn auf mich und reagierte sich an mir ab. Mein ganzer Unterleib loderte und pochte vor Schmerzen. Endlich war er fertig, aber die Tortur war noch lange nicht beendet. Ich lag noch immer halb besinnungslos am Boden. Horst hielt plötzlich eine Paketschnur in den Fingern, fesselte mich an Händen und Füßen und rollte mich auf den Bauch. Ganz am Rande meines Blickfeldes bekam ich mit, dass er eine Bohrmaschine aus einem Werkzeugkoffer geholt hatte und einen Eisenbohrer aufschraubte, wobei er mir noch entgegen zischte: »Mit diesem Ding werde ich dir jetzt über den Rücken fahren und dir die Haut verzieren!«

Wie ich es geschafft habe, mich von der Paketschnur zu befreien, weiß ich nicht. Auch nicht, wie es mir gelang, aus der Wohnung zu kommen. Ich stand plötzlich im Treppenhaus, nackt, wie die Natur mich schuf! Meine gellenden Schreie zerrissen die Stille des Hauses!

Horst packte mich und riss mich zurück in die Wohnung. Mit einem Mal war er wie ausgewechselt. Er packte mich auf die Couch, holte eine weiche Decke, hüllte mich hinein und machte sich daran, für mich einen Tee zu kochen. Zwischendurch kam er zur Couch und streichelte mir über die Wange. Ich ließ es apathisch mit mir geschehen. Brav und zahm hielt er mir die Tasse an den Mund, lächelte freundlich und meinte: »Die Sache mit dem Bohrer hätte ich doch nicht wirklich gemacht! Ich werde doch meinem kleinen, kranken Deernchen nichts antun und für solch einen brutalen Vater kannst du doch nichts! In solch einem Elternhaus musst du ja krank geworden sein! Ich werde dir künftig Vater und Mutter ersetzen und schwöre, dich nie wieder zu prügeln!«

Aller Wahrscheinlichkeit nach hatte er wohl eher riesengroße Manschetten vor einem eventuellen Polizeieinsatz, denn an Sonsten hätte er mich an diesem Abend mit an sehr grenzender Wahrscheinlichkeit in den Rollstuhl geprügelt...

Anderntages, nachdem Horst das Haus verlassen hatte, schleppte ich mich mühsam von der Couch hoch. Jeder Muskel in meinem Leib schmerzte höllisch. Mein Unterleib brannte wie Feuer. Ich schleppte mich stöhnend ins Schlafzimmer, riss einen Koffer vom Schrank, stopfte meine Kleidung hinein, so gut es ging und zog mich unter Schmerzen an. Dann verließ ich das Haus, fuhr in die Innenstadt und nahm mir für´s Erste ein Hotelzimmer, um in Ruhe zu überlegen, wie es jetzt weiter gehen sollte. Das Hotel war eine billige, heruntergekommene Absteige, aber es war das preiswerteste Quartier in der Gegend…

Da das Geld drohte, zu knapp zu werden, fuhr ich am nächsten Tag wie eine geprügelte Hündin zurück zu Horst. Der weinte echte Krokodilstränen und spielte den Überglücklichen. Bis er mich Tage später erneut zusammenschlug!

Eines Abends brachte er einen Bekannten mit – Wolfgang R.!

Dieser Mensch war mir kein Unbekannter und für mich jungem Deern mit seinen Mitte Vierzig auch fast schon ein antikes Museumsschiff. Er hatte einen kleinen Ramschladen, wo man alles Mögliche an Plunder kaufen konnte, von Süßigkeiten über Scherzartikel bis hin zu Billigkosmetik, Modeschmuck und Eierbechern. Mit seinem Geschäft verdiente er ganz gut und hatte reichlich Geld an den Füßen. Wolfgang hielt sich mehrere Stunden bei uns auf. Irgendwann ging Horst los, um Bier zu holen. Wolfgang meinte, ich sei doch im Grunde viel zu schade für Horst. Er fragte mich, ob ich nicht Lust hätte, bei ihm im Laden Ware auszuzeichnen, Regale aufzufüllen, Preisschilder für das Schaufenster zu malen und für Sauberkeit zu sorgen. Er werde mich bei Horst raus holen, mir bei der Wohnungssuche behilflich sein und mich, bis ich was Eigenes gefunden hätte, erst ein Mal in seiner Wohnung unterbringen!

Ich überlegte gar nicht lange. Der Mann kam mir buchstäblich vor wie Santa Claus! Strahlend ging ich den Deal ein. Horst veranstaltete natürlich ein Riesen-Tammtamm, als Wolfgang und ich ihn vor vollendete Tatsachen stellten! Ich ließ mich aber nicht mehr von meinem Vorhaben abbringen und packte hastig ein paar Sachen. Wolfgang meinte, ich solle nicht zu Viel mitnehmen; er werde sich in den nächsten Tagen schon darum kümmern und den Rest meiner Sachen holen. Ohne mich von Horst zu verabschieden, verließ ich mit Wolfgang, diesem für mich fast wildfremden Mann, die Hütte. Nun, in der Not frisst der Teufel Fliegen...

Wolfgangs Wohnung war erstklassig eingerichtet! Nicht so siffig und schäbig wie bei Horst. Die Wände waren mit glänzenden Holzpaneelen getäfelt, ebenso die Zimmerdecken. Alles strahlte vor Sauberkeit! Wolfgang bot mir Platz an, holte zwei Gläser und schenkte uns Bier ein. Er fragte, ob ich Hunger hätte, aber ich verneinte. Wir unterhielten uns über meine Lage und wie es jetzt für mich weiter gehen sollte. Wolfgang erklärte mir, ich solle auf Steuerkarte arbeiten und vorerst bei ihm mit in der Wohnung bleiben. Bei der Wohnungssuche sei er mir selbstverständlich behilflich. Mit Empfehlung des Arbeitgebers werde ich bei den Vermietern keine Probleme haben!

Zwischendurch war ich auf der Toilette und als ich wieder zurück im Wohnraum war, redeten und tranken wir weiter – bis mir plötzlich sämtliche Lampen ausgingen! Ich hatte einen kompletten Blackout, einen regelrechten Filmriss!

Wolfgang musste mir in meiner kurzen Abwesenheit K.O.-Tropfen oder eine andere Chemikalie ins Bier gekippt haben, denn das Letzte, was ich wusste war, dass wir zusammen im Wohnzimmer am Tisch gesessen und geredet hatten. Plötzlich befand ich mich übergangslos im Schlafzimmer, hatte keinen blassen Schimmer, wie ich dort hin gekommen war. Jegliche Erinnerungen dazwischen fehlten, waren wie ausradiert!

Nur war ich urplötzlich im Schlafzimmer und das Nächste, was ich fühlte, war meine Nacktheit, ein dickes Kissen unter meinem Bauch und einen glühend brennenden Schmerz im Analbereich! Ich wurde total von Panik ergriffen und wollte schreien, was mir aber nicht gelang, eben so wenig, wie ich mich bewegen konnte. Ich lag bäuchlings und geknebelt im Bett und Wolfgang klammerte sich von Hinten an mich wie ein rossiger Hengst. Ich fühlte, dass er mich anal missbrauchte. Wie lange das andauerte, weiß ich nicht. Ich hatte rasende Schmerzen und jegliches Zeitgefühl fehlte mir. Das Ganze konnte Minuten oder Stunden gedauert haben. Ich fühlte mich, als habe ich eine mäßige Dosis Meskalin eingeworfen. Ich stieß gellende Schreie aus, doch sie versanken ungehört in meinem Inneren. Oder glaubte ich nur, zu schreien?

Die abscheulichen, glühend brennenden Schmerzen im Enddarm hielten mich aus der Betäubung durch das Narkotikum in einem halbwachen, aber unwirklichen Zustand gefangen. Irgendwann – nach einer gefühlten Ewigkeit – fand ich mich blutend und stark zitternd unter der Dusche wieder. Dann befand ich mich übergangslos wieder im Bett und weiß noch, das Wolfgang sagte, er habe das doch nicht gewollt. Er hätte so lange keine Frau gehabt und sich in der Aufregung vertan. Ich hätte ihm von Anfang an gefallen, schon früher als Kundin. Er ließe mich nicht mehr zu Horst zurück und wolle am nächsten Tag meine restlichen Sachen holen. Und er versprach, mir nie mehr Weh zu tun! Ich blutete wie ein geschlachtetes Huhn. Noch benebelt und total groggy von der Wirkung des Narkotikums und der Nachwirkung der Schmerzen knackte ich, neben Wolfgang liegend, vollkommen weg...

Beim Erwachen merkte ich, dass da ein fremder Mann neben mir lag! Was machte ich hier? Es dauerte eine ganze Weile, bis ich die letzte

Wirkung der K.O.-Tropfen abgeschüttelt hatte und sich meine Gedanken langsam wieder sammelten. Dieser fremde Kerl, das war Wolfgang! Er hielt mich fest umschlungen im Arm, gähnte, blinzelte mich verschlafen an, lächelte und rollte sich erneut auf mich. Ich hatte nur noch panische Angst und einen Heiden-Ekel, aber nun hatten wir normalen Verkehr. Wolfgang war sehr zärtlich, Was natürlich keinesfalls darüber hinweg täuscht, dass es eine erneute Vergewaltigung war!

Schlotternd und bebend ließ ich es über mich ergehen, biss nur noch die Zähne zusammen. Vielleicht, schoss mir durch den Kopf, hatte Mutter doch Recht mit ihrer negativen Einstellung gegenüber der Sexualität. Vielleicht war es genau das, was irgendwann in einer Partnerbeziehung zwangsläufig auf jede Frau zukommen würde. Der körperliche Schmerz musste, gemessen an dem absoluten Ekel, noch harmlos sein...

Nachdem wir aufgestanden waren, kochte Wolfgang Kaffee und bereitete das Frühstück. Ich wusch mich unterdessen, zog mich schleppend an und setzte mich vorsichtig an den Frühstückstisch. Jede Faser meines geschundenen Körpers schrie vor Schmerzen. Den Stuhlgang hatte ich zurück gehalten.

Wir waren so ziemlich mit dem Frühstück fertig, als es an der Türe schellte. Es war Horst! Er stürmte in die Wohnung, donnerte Wolfgang an, packte meine paar Sachen, packte mich und schubste mich ins Treppenhaus. Horst verlangte sein »Eigentum« zurück! Die beiden Männer trompeteten sich gegenseitig an. Doch dann, durch puren Zufall, bekam ich gerade noch aus dem Augenwinkel mit, wie die Beiden sich in einer kurzen Atempause angrinsten. Wolfgang zwinkerte Horst zu und schob ihm einen Hundertmarkschein entgegen!

So war das also! Mit einem Schlag kam mir die Erkenntnis, was sich abgespielt hatte! Diese ganze Brüllerei war von Vorne bis Hinten ein abgekartetes Spiel. Dieses ganze Szenario war von den Beiden aller Wahrscheinlichkeit nach bereits am Tage zuvor abgesprochen worden. Auch der Köder mit dem Job im Laden war gut ausgelegt. Freiwillig wäre ich ja niemals mit Wolfgang los gezogen. Mit irgend einer Masche mussten sie mich schließlich kobern. Wolfgang war wuschig – Horst brauchte Geld! Da ich ja vorher bereits wusste, dass Wolfgang Geschäftsmann war, kam diese Tour gerade recht, um mich zu einem freiwilligen Mitgang zu bewegen. Und jetzt kam Horst lautstark angetanzt und mimte meinen Retter! Das Grinsen der Männer und die Übergabe des Geldscheins aber liefen in einen Patzer. Ich hätte es nicht sehen sollen und hatte es doch gesehen. Ich hätte es nicht begreifen sollen und hatte es doch begriffen. Horst hatte mich für diese eine Nacht an Wolfgang vermietet!

Und er würde es sicher wieder tun! Immer und immer wieder! Auch noch mit etlichen anderen wuschigen Freiern, die er koberte! Eingeritten hatte er mich ja offenbar bereits. Er würde Geld mit mir verdienen und bald mir gegenüber keinen Hehl mehr daraus machen! Ich ahnte, was für ein Schicksal mich bei Horst erwarten würde! Er würde es immer wieder tun...

Im Augenblick des Begreifens hielt mich nichts mehr! Ich raste einfach los! Dass ich dabei nicht die Treppenstufen hinunter geknallt bin, grenzt fast an ein Wunder! Ich stürzte aus dem Haus, tränenblind, hastete die Straßen entlang in Richtung Elternhaus. Der Beutel mit meinen paar Sachen schlenkerte mir beim Laufen ständig gegen die Beine; mir war alles gleichgültig. Meine Familie war das Einzige, was mir jetzt noch helfen konnte...

Beim Elternhaus angekommen, warf ich mich keuchend gegen die Haustüre, schellte Sturm und taumelte Mutter buchstäblich vor den Bug! Sie stand da wie angewurzelt vor Schreck und ich keuchte ihr entgegen, dass ich vergewaltigt worden und wie das alles passiert sei. Dass ich zur Polizei wolle, um gegen die beiden Männer Anzeige zu erstatten. Ich bat um Obdach. Ob sie mich wieder aufnehmen und mich zur Polizei begleiten würde?

Mutter gab mir zur Antwort, ich hätte mir diese Situation ja selbst zuzuschreiben. Daher könne ich alleine zur Polizei. Ich wolle ja mit meinen achtzehn Jahren unbedingt so erwachsen sein – und da solle ich selbst sehen, wie ich mit diesem Problem auch alleine zu Rande käme! Es habe mich schließlich Niemand gezwungen, zu dieser Sprit-Eule zu ziehen. Und wenn ich mich diesem anderen Typen, der mich angeblich vergewaltigt hätte, so derart an den Hals werfen würde, sei ich mein Unglück doch selbst Schuld. Das könne man kaum als Vergewaltigung ansehen. Und um diesen Mist der Polizei zu erzählen, bräuchte ich Mutter ohnehin nicht. Ihr hätte ich schließlich auch alles frank und frei von der Leber weg erzählt. sei ja ihr gegenüber auch nicht gerade auf die

Schnute gefallen. Wegen Obdach führe Mutter mit mir zur Pfarrkirche unserer Gemeinde. Dort könne man mir ebenso eine Unterkunft verschaffen. Sie selbst sei auf gar keinen Fall bereit, mich wieder aufzunehmen! Im Pfarrbüro könne ich Hilfe bekommen.

Mutter packte mich ins Auto und wir fuhren los. Im Pfarrbüro empfing uns eine Frau. Auf unser Verlangen verständigte sie den Pastor. Der kam auch umgehend. Weinend und schlotternd erzählte ich ihm, was alles passiert war. Pastor M. hörte mir ruhig und geduldig zu. Mutter bekräftigte noch ein Mal mit Nachdruck, dass sie absolut nicht mehr gewillt sei, mich wieder aufzunehmen!

Pastor M. schüttelte verständnislos den Kopf, hängte sich umgehend ans Telefon und wählte irgendwelche Nummern. Nach kurzer Zeit kam er zurück und eröffnete mir, er habe einen Platz für mich gefunden. Bei einer Resi-Maria A., einer praktizierenden Katechetin, die schon mehr als ein Mal »entgleiste« junge Mädel bei sich aufgenommen hatte, bis sie auf eigenen Füßen stehen konnten. Pastor M. gab uns die Adresse dieser Frau und meinte, wir sollen umgehend zu ihr kommen!

Mutter und ich fuhren sofort zu ihr. Frau A. war eine zierliche, brünette Dame mit Brille. Sie machte einen warmen, sympathischen Eindruck und ich erzählte ihr, was alles passiert war. So lernten wir uns schon ein Wenig kennen. Frau A. machte aus, dass ich monatlich dreihundert Mark zahlen solle. Darin sei alles inclusive. Ich war einverstanden und erklärte nur Mutter, dass ich meine Koffer und die restlichen Sachen bei Horst hätte und die müssten noch geholt werden. Frau A. sah das ein und überredete Mutter, mir wenigstens noch in dieser letzten schweren Angelegenheit beizustehen. Wenn Mutter auch sonst keinerlei Gefühle mehr für die Tochter habe – aber zu Mindest das solle sie als Christenmensch noch tun...

Mittlerweile war es Abend geworden. Mutter und ich fuhren vor das Haus meines Peinigers. Nach Oben musste ich dann aber allein. Ich sprach mich mit Mutter ab und sagte ihr, dass sie, falls ich nicht binnen zwanzig Minuten wieder unten sei, die Polizei verständigen solle. Würde ich in dieser Zeitspanne nicht wieder auftauchen, dann sei mir etwas passiert. Sie versprach es und ich stieg aus.

Meine Knie schlotterten wie wahnsinnig, als ich aufschloss und nach Oben ging!

Wie erwartet, saß mein alter Peiniger am Tisch, vor sich den übervollen Aschenbecher und eine halb geleerte Bierflasche. Er sah mich, stand auf und meinte lakonisch: »Das ist aber fein, dass ich auch man endlich wieder zurück bist!«

Ich tat so, als hätte ich diese Bemerkung überhört, ging ins Schlafzimmer, holte ganz ruhig meine Koffer vom Schrank und begann, meine ganzen Sachen zu ordnen und zu packen. Horst war mir gefolgt, stand total verdattert im Türrahmen und fragte, was das hieße. Ich versuchte, so ruhig als möglich zu bleiben und gab ihm furztrocken zur Antwort: »Was das heißt, siehst du doch. Ich packe! Ich lasse mich von dir nicht zur Hure machen! Ich gehe. Und davon hält mich Nichts mehr ab, weder du noch irgendein verlotterter Freier. Die vergangene Nacht hat mir vollends gereicht. Ich habe endgültig genug!«

Horst wurde abwechselnd zinnoberrot und kreidebleich! Dann dämmerte es ihm. Aufgebracht trompetete er: »Du gehst nicht! Ich bohner′ dir die Fresse, solltest du auch nur den Versuch machen, die Wohnung zu verlassen! Ich trimm′ dich tot!«

Mittlerweile vollkommen gelassen, griente ich ihn an wie ein Waschbär und sagte: »Jaja, im Prügeln hast du ja bereits Routine. Aber bevor du mich tot prügelst, solltest du dich besser zuvor mal lang machen und aus dem Fenster schauen. Meine Mutter steht mit dem Wagen unten. Wenn ich in zwanzig Minuten nicht wieder heil und in einem Stück mit samt meinen Koffern unten bin, verständigt sie die Polizei. Das ist abgesprochen und ich kenne meine Mutter gründlich genug. Sie ist keine Wortbrecherin. Wie ist es denn jetzt mit dem Totprügeln? So schnell, wie du die Bullen auf dem Hals hast, kannst du dich meiner Leiche gar nicht entledigen!«

Horst stand kreideweiß im Türrahmen und zitterte am ganzen Leib wie Espenlaub! Ob vor Angst oder vor Wut, kann ich nicht sagen. Wahrscheinlich wegen Beidem. Jedenfalls ging es ihm plötzlich gar nicht mehr schnell genug, mich los zu werden! Urigerweise half er jetzt sogar, beeilte sich und brachte mir mit fliegenden Fingern meinen Cassettenrecorder samt den dazu gehörigen Cassetten! Nachdem alles gepackt war, brachte ich die Sachen zur Wohnungstüre. Dort drehte ich mich noch ein letztes Mal zu Horst um und sagte ganz ruhig: »Es ist auch gesünder für dich, dass du mich gehen lässt. Du kannst froh sein, dass ich dich nicht noch wegen Zuhälterei angezeigt habe!«. Damit drückte ich Horst die Schlüssel in die Hände, nahm meine Koffer und ging nach Unten zum Wagen. Hinter mir hörte ich Horst vor Wut durchs ganze Haus brüllen! Es war mir gleichgültig.

Sechs Wochen Inferno waren für mich zu Ende…

Aus der Bratpfanne ins Feuer

Gleich am ersten Abend habe ich mir dann bei Frau A. alles von der Seele geredet. Irgendwann musste ich dann aber doch zur Toilette; es ließ sich einfach nicht mehr vermeiden. Um endlich Stuhlgang zu haben, war ich gezwungen, mir den After dick einzucremen, aber ohne elende Schmerzen lief die Prozedur natürlich nicht ab und ich hockte bibbernd wie ein Häufchen Elend auf der Klobrille und wimmerte ganz schön! Danach wusch ich mich dann vorsichtig und cremte mich neu ein. Wenn ich ging oder stand, war es ja einigermaßen auszuhalten, nur das Sitzen bereitete echte Probleme. Ich rutschte hin und her, saß meist auf einer Pobacke. Aber die Verdauung quälte nicht mehr und das war eine wahre Erleichterung!

Frau A. hatte eine bequeme Liege in ihrem Büro und dieser Raum wurde mein Zimmer. Nur meinen Wellensittich, der noch bei den Eltern war, durfte ich nicht bei mir haben. Frau A. mochte keine Tiere. Aber in diesem Moment, als ich alleine im Zimmer in dieser gemütlichen Dunkelheit lag und mich auf der breiten Liege unter meinem kuscheligen Federbett langsam entspannte, war mir das auch egal. Das Vögelchen hatte – im Gegensatz zu mir – ein liebevolles Zuhause und ich war ebenfalls in Sicherheit, brauchte keinerlei Angst mehr vor körperlichen Attacken zu haben. Mein After brannte wie Feuer, meine Knochen schmerzten, aber auch das würde vergehen. Vielleicht würde der Ekel bleiben. Vielleicht könnte ich mich nie wieder im Leben ganz normal, unbefangen und ohne eine gewisse Abscheu einem Mann hingeben. Aber darüber wollte ich mir in diesem köstlichen Moment wirklich und wahrhaftig nicht den Kopf zerbrechen. Mir war nicht mehr nach Männern; ich empfand einen herrlichen warmen Frieden...

Gleich am nächsten Morgen kam dann der erste Schock: Ich sollte für das Frühstück Eier kochen! Noch nie im Leben hatte ich jemals Eier gekocht, weder zu Hause noch sonst wo! Ich war ohnehin eine mehr als miserable Köchin. Frau A. wollte wissen, wovon denn Horst und ich gelebt hätten. Sie war ehrlich geschockt und konnte es gar nicht begreifen, dass ein achtzehnjähriges Mädel keine Eier kochen konnte!

Ich sagte ihr, dass ich daheim nie an den Kochtopf gedurft hätte, dass Mutter lieber alleine in der Kombüse war und uns Kinder das Kochen mangels eigener Geduld nie beigebracht habe. Und als Küchenhilfe hätte ich dann lediglich gelernt, Kartoffeln zu schälen, Zwiebeln zu pellen und zu schneiden, Salat zu putzen und Karotten zu schaben. Im Elternhaus hatte ich auch lediglich die »niederen« Küchenarbeiten verrichten dürfen, all das, was Mutter halt zu lästig war. Auf der hauswirtschaftlichen Frauenberufsschule hatte mich die Küche dann mittlerweile gar nicht mehr interessiert, da sie mir auch ohnehin nicht lag. Nein, als Smutje tauge ich nun mal nicht Viel. Oh, ich sei durchaus in der Lage, Nudeln zu kochen, Kartoffeln gar zu kriegen, Salate zu fabrizieren, Pudding anzurühren, Spiegeleier in die Pfanne zu hauen oder »Arme Ritter« zu brutzeln!

Frau A. verdrehte die Augen im Kopf und schlug entsetzt die Hände vors Gesicht! Jetzt wollte sie natürlich wissen, wie das denn bei Horst und mir mit der Fleischernährung gewesen sei. Ich erklärte ihr, bei uns habe es lediglich Büchsenfleisch gegeben, da Horst ohnehin kein anderes Fleisch aß. Bedingt durch die Tatsache, dass er auf den Felgen kaute, hätte er gar keine Steaks, Koteletts oder Schnitzel essen können. Beim ersten Versuch wäre ihm eher die Zahnprothese entgegen gesprungen als dass er auch nur einen Bissen Fleisch geschluckt hätte! Meistens habe er sich selbst gerne aus Konserven ernährt, da das nicht nur weicher war, sondern auch schneller ging. Der billige Mischmasch wurde ein Wenig aufgepeppt und dann schmeckte das schon. So hätten wir das natürlich auch beibehalten. Frau A. starrte mich an wie ein Fragezeichen! Also brachte sie mir gleich erst ein Mal das Eierkochen bei. Wir setzten uns an den Frühstückstisch und ich wollte gerade herzhaft in mein Brötchen beißen. Frau A. aber nahm mir Dieses aus der Hand und sagte: »Nein, jetzt wird erst gebetet!« Okay, dachte ich, sie ist praktizierende Christin – also machst du das Ritual halt mit. Immerhin gibt sie dir Obdach, hat dich quasi aus der Gosse gefischt, obwohl du im Grunde eine Fremde für sie bist. Also – spiel das Spiel mit! So faltete ich brav die Hände und tat so, als würde ich mitbeten. Nach dem Frühstück ging es sofort an den Abwasch und Frau A. stellte mir gleich eine Flasche Scheuermittel parat, um die Spüle auf Hochglanz zu polieren. Sie wollte es absolut biologisch steril. Wenn ihr etwas verhasst war, dann waren es Wasserflecken im Spülbecken...

Frau A.s Mutter, Frau J., wohnte im selben Haus, und zwar parterre. Sie hatte reichlich Geld an den Füßen, eine betagte Spitzhündin namens »Coco« – und sie war die Besitzerin des Hauses! Frau J. war seelisch und wahrscheinlich auch geistig etwas zurück. Ihre Angewohnheit war es, die letzten zwei bis drei Wörter eines Satzes mehrmals hintereinander zu wiederholen. Sie hatte äußerst nah am Wasser gebaut, war aber im Großen und Ganzen eine sehr liebe und gutmütige Frau. Sie war verwitwet. Frau A. war zwar verheiratet, aber ihre Ehe bestand lediglich noch auf dem Papier. Ihr Mann war Jahre zuvor mit einer Anderen durchgebrannt, mit der er aber wohl eine sehr glückliche Dauerbeziehung führte. Er wollte auch schon seit Jahren die Scheidung von seiner Frau. Frau A. aber weigerte sich strikt, als Christin einer Scheidung zuzustimmen! Irgendwann, so meinte sie, werde ihr Mann mit Sicherheit zu ihr zurück kommen. Kinder gab es keine...

Es waren ja, wie gesagt, dreihundert Mark für meine Kost und Logis ausgemacht, doch plötzlich stellte sich mit einem Mal heraus, dass Frau A. das Doppelte haben wollte! Dreihundert Mark für Kost, dreihundert Mark für Logis!

Ja, was sollte ich denn machen? Eine schriftliche Vereinbarung existierte nicht und ich wusste auch zum damaligen Zeitpunkt noch nichts über die Existenz von Frauenhäusern. Wäre mir darüber etwas bekannt gewesen, hätte ich mich dort hin gewendet. In diesem Falle nämlich wäre das Sozialamt für sämtliche Kosten aufgekommen. Bei Frau A. gingen die Rücklagen natürlich von meinem Sparbuch herunter.

Heute bin ich felsenfest davon überzeugt, dass der Pfarrei die Existenz von Frauenhäusern nicht nur bekannt war, sondern dass dort auch einige entsprechende Telefonnummern vorlagen. Aber einige Pfaffen spielten sich anscheinend wohl lieber selbst gegenseitig die Bälle zu. Es gibt ja ein sehr bekanntes Sprichwort: Eine Krähe hackt der Anderen kein Auge aus. In einem Frauenhaus hätte ich ja auch zu allem Übel noch erfahren, nicht die Einzige zu sein, die das Opfer eines Mannes geworden war. Ich fühlte mich ohnehin schon wie ein Gänseblümchen, auf das erbarmungslos ein Schaf kackt. Und anscheinend war das auch der Sinn der Sache, denn Frau A. sagte mir wortwörtlich: »Ihr Freund hat sie misshandelt, Ihre Familie hat sie verstoßen, aber Gott nimmt sie an und führt Sie auf den rechten Pfad!«

Ja klar – für monatlich sechshundert Mark tat er das!

Ich selbst konnte mir kaum noch persönliche Kleinigkeiten leisten, weil »Gott« mir so tief ins Sparbuch fasste! Ich hatte ja schon verdammt viel Gerede über Gott gehört, aber nicht, dass er so derart raffgierig war! Wenn ich die Eltern besuchte, steckte Paps mir oft genug heimlich Tabak, Hülsen und etwas Taschengeld zu. Oder aber er kam bei mir vorbei und brachte mir immer einige Kleinigkeiten mit. Dabei schärfte er mir dann jedes Mal ein, Mutter ja nichts davon zu sagen...

Für die sechshundert Mark, die Frau A. monatlich von mir bekam, durfte ich dann auch noch bei ihr jeden Freitag die Küche putzen, das Bad schrubben, ihre gesamten Parfümflacons abreiben, mit Saugrohr und Staubwedel durch die Wohnung tanzen und ihre Pflanzen gießen! Die Fenster wurden vierzehntägig geputzt.

Wie sie mir das Kochen beibrachte? Ihre Methoden waren wirklich mehr als herb! Ein Mal sollte ich wilden Reis zubereiten. Da ich das natürlich noch nicht konnte, versuchte sie mich mit folgenden Worten klein zu kriegen: »Wissen Sie, in Indien gilt ein Mädel erst dann wirklich als heiratsfähig, wenn es perfekt Reis zubereiten kann!«

Ich antwortete: »Jaja, das kann schon sein. Nur, dass die Inder wahrscheinlich auch außer Reis kaum etwas Anderes zu essen haben und dass dort ein Mädel wohl auch gar keine andere Wahl hat, als Reis zu kochen und zu heiraten. Curry-Reis, Mango-Reis, Reis mit Hühnchen, Reis mit Pilzen, Reis surprise! Aber ich bin nun ein Mal kein indisches Mädel, sondern lebe hier in Deutschland, wo ich nicht gezwungen bin, von morgens bis abends Reis zu essen. Und warum muss es denn ausgerechnet wilder, loser Reis sein? Kochbeutelreis geht doch viel schneller und ist einfach praktischer und glücklicherweise brauche ich ja nun auch keinen Inder zu heiraten...«

Ein Mal brachte es Frau A. sogar fertig, mich mit etlichen Zutaten einfach in der Küche einzuschließen und mir von Außen an den Kopf zu rufen, ich würde erst dann wieder heraus gelassen, wenn ich ein Mittagessen zu Stande gebracht hätte – wie, sei meine Sache!

Worauf ich ihr als Retourkutsche an den Kopf warf, das sei Freiheitsberaubung und für den Fall, dass sie nicht auf der Stelle diese verdammte Küchentüre wieder aufschließen würde, bliebe mir nichts Anderes übrig, als das Fenster zu öffnen und die ganze Nachbarschaft zusammen zu schreien! Sie selbst müsse das Geschrei, den Menschentumult und den eventuellen Polizeieinsatz ertragen – wie, sei ihre Sache!

Frau A. entschied dann doch lieber zu meinen Gunsten und ich hatte diese Runde 1:0 gewonnen!

Diese scheinbar so nette Frau, so merkte ich bald, musste irgendwie einen gepflegten Schatten haben. Sie konnte nicht so ganz koscher sein. Bei Gesprächen bezüglich Gott schien sie zeitweise in eine manische Euphorie zu fallen und beim Kommunizieren sonntags im Gottesdienst erweckte sie – wirklich und ohne Übertreibung – den Eindruck einer Frau, die gerade einen Mega-Törn erlebt!

Von Anfang an sah ich mich genötigt, sonntagsmorgens mit zum Gottesdienst zu gehen. Als ich ihr irgendwann mal sagte, dass ich das doch bitte nicht mehr möchte, meinte sie nur, dann müsse ich leider das Haus verlassen und sehen, wo ich unter käme. Wäre ich frech genug gewesen und hätte die Traute gehabt, hätte ich ihr gesagt, dann müsse sie leider auch auf die praktische, Geld speiende Hausdienerin und auf die sechshundert Mark monatlich ebenfalls verzichten. Aber den Schneid hatte ich nicht; ich brauchte das Bett und ein Dach über dem Kopf. Also biss ich lieber in den sauren Apfel und trabte sonntags – wenn auch gegen meine eigene Überzeugung – brav zum Gottesdienst!

Dennoch, was die Frau praktizierte, war absolute Nötigung. Ich hatte auch wirklich nichts dagegen, mein Zimmer sauber zu halten, Küche und Bad mit zu putzen oder das große Esszimmer und den Wohnraum mit zu reinigen. Arbeitsteilung ist für mich eine absolute Selbstverständlichkeit. Gemeinsam benutzte Räume sollten auch gemeinsam geputzt werden. Aber für ihr eigenes Schlafzimmer oder ihre vielen kleinen Parfümflacons war meiner Meinung nach Frau A. selbst verantwortlich, eben so wie ich selbst für meine eigenen Sachen. Weshalb beispielsweise war stets ich ausschließlich die Jenige, die das Treppenhaus zu fegen und zu wischen hatte? Frau A. ging ja auch durchs Treppenhaus. Hätte man sich da nicht abwechseln können? Und für den Löwenanteil an Hausarbeit, den ich ableistete, bezahlte ich dann auch noch sechshundert Mark! Besser konnte Frau A. doch gar nicht fahren...

Zeitweise verstanden wir Beiden uns ja auch ganz prima. Wir unternahmen auch schon mal einen Stadtbummel oder gingen Eis essen und Kaffee trinken. Wie zwei beste Freundinnen!

Doch dann kam es eines Tages ganz verschärft. Und zwar dermaßen, dass es mir buchstäblich die Achsen abdrehte! Frau A. grinste mich nachmittags plötzlich an und fragte, ob ich Lust hätte, mit ihr mal ins Kino zu gehen. Ich war Feuer und Flamme, fragte nach dem Titel des Films. Frau A. faselte was von einer Überraschung und dann gingen wir los. Im Aushang des Foyers waren Plakate von verschiedenen Filmen angebracht. Frau A. holte die Karten und ich fragte mich noch, gespannt wie ein Flitzebogen, welchen dieser Filme sie wohl für uns ausgesucht hätte. Den Sandalenfilm, den Gruselstreifen – oder doch eher den Western? Wir betraten den halb dunklen Saal und nahmen in den Kinosesseln Platz. Es kam Reklame, dann wurde Eis verkauft. Dann ging das Licht im Kinosaal vollkommen aus, der Hauptfilm lief an – und ich bekam fast einen Schreikrampf: Es war ein Hardcore-Porno! Und zwar so Einer von der Sorte, in dem Vergewaltigungen am laufenden Meter gezeigt wurden. Eine geschlagene Viertelstunde hielt ich es durch. Nie zuvor im Leben hatte ich je einen Porno gesehen, wirklich nie! Als dann auch noch eine Szene kam, in der eine Frau von einem Hünen mit einem Riesenorgan von Achtern buchstäblich in die Analöffnung missbraucht wurde, drehte sich mir dann endgültig der Magen um! Gerade so etwas hatte ich noch vor nicht allzu langer Zeit am eigenen Leib erlebt!

Wie von der Tarantel gebissen sprang ich hoch, raste würgend aus dem Kino hinaus auf die Straße, wickelte mich um den nächstbesten Laternenpfahl und würgte mir fast die Seele aus dem Leib! Frau A. stürzte hinter mir her und fragte noch so blöde, was denn los sei. Ich würgte, heulte und sagte ihr, ich wolle auf der Stelle zurück nach Hause!

Daheim angekommen, fragte ich sie immer noch kreidebleich, warum sie mich denn ausgerechnet in einen Hardcore-Porno mit Vergewaltigungs-Szenario geschleppt hätte. Immerhin hätte ich ihr doch von meinen eigenen Vergewaltigungs-Erlebnissen lang und breit erzählt. Was sie sich in Dreiteufelsnamen bloß dabei gedacht hätte? Immer noch hilflos würgend versuchte ich Frau A. zu erklären, dass ich schon froh sei, dass Enddarm und After wieder abgeheilt wären und ich ohne Schmerzen Stuhlgang lassen und endlich wieder normal sitzen könne. Ob ich ständig diesen Schietkram unter die Nase gerieben kriegen müsse?

Frau A.s Antwort kam prompt: »Dieser Film sollte als eine Art Schocktherapie fungieren, um Ihre eigene Situation besser verarbeiten zu können!«

»Nein!«, fletschte ich Frau A. entgegen, »Das war mir ganz bestimmt keine Verarbeitungshilfe! Das war nur eine richtig deftige, saftige und ekelhafte Auffrischung!«

Ich war vollkommen platt vor Schock und Empörung und der Appetit war mir an diesem Abend sehr gründlich vergangen! Es hatte mir mehr als zünftig abgestellt! Frau A. durfte ohne mich zu Abendbrot essen...

Beim Einkaufen ließ es sich natürlich leider nicht immer vermeiden, dass Horst mir von Zeit zu Zeit über den Weg lief! Schließlich lebte ich immer noch im selben Vorort wie er und der Mensch kann seine Augen nicht überall haben. Sobald ich ihn sah, konnte ich nur versuchen, das Gesicht abzuwenden, mich um die nächste Straßenecke davon zu machen oder mich so unauffällig als möglich in den nächsten Hauseingang zu drücken. Aber das gelang mir eben auch nicht immer rechtzeitig und so wurde mancher Einkaufsgang für mich zum reinsten Spießrutenlauf!

Horst zeigte, wann immer er mich sah, auf offener Straße demonstrativ mit dem Finger auf mich und röhrte den Passanten entgegen, ich sei eine dreckige Schnalle! So weit ging Horst in seiner ekelhaften Rachsucht; er schreckte vor keiner Perversion zurück!

Ein andermal versuchte er, seine Taktik gänzlich zu ändern. Er lief neben mir her, bat und bettelte, ich sei doch sein kleines Deernchen und möge doch bitte, bitte zu ihm zurück kommen; das, was passiert sei würde nie mehr wieder geschehen!

Ich ließ ihn kalt abblitzen, sagte ihm. »Jaja, du hast schon so oft geschworen. Ich aber genieße meine neu gewonnene Freiheit in vollen Zügen und bin froh, von dir los zu sein. Gib´ deine Belästigungen endlich dran; sie langweilen mich allmählich. Zu dir zurück kehren? Einen Deibel werde ich tun! Nee! Meinetwegen balanciere ich ohne Stange, Netz und doppelten Boden über das Geländer einer Brücke, jedoch kehre ich auf gar keinen Fall zu dir zurück! Und damit basta!«

Horst sah seine Felle endgültig davon schwimmen. Er wurde jetzt handgreiflich, riss an meiner Jacke und etliche Leute blieben schockiert stehen und schimpften auf ihn, er solle gefälligst die kleine Deern in Frieden lassen! Als er nicht aufhörte, an mir herum zu zerren, handelte Horst sich von Einem der Passanten eine saftige Backpfeife ein! Woraufhin Horst dann doch lieber seine Frechheiten unterließ, denn der Mensch, der ihm diese gewaltige Tatze verpasst hatte, war ein gestandener Hüne, groß, breit, stämmig – und ca. 1,85 lang! Jetzt hatte das alte Ekel endlich kapiert, wo der Bongo schlägt! Horst belästigte mich nie mehr wieder!

Dank eines Fremden, der sich für mich eingesetzt hatte…

Nach einiger Zeit fand ich dann eine Stelle in einem kleinen Restaurant als Buffetkraft. Mein Dienst begann morgens um 9 Uhr und endete um 18.30 Uhr. Jetzt brauchte ich zwar glücklicherweise beim Mittagstisch nicht mehr zu beten, aber der größte Teil meines Lohnes ging natürlich immer noch für »Gott« drauf! Wozu man Gott nicht überall einspannen kann…

Übrigens blieb es mir jetzt freitags auch erspart, die Wohnung zu putzen – das durfte ich von nun an samstags erledigen! Es gab nun wirklich keinen einzigen Tag mehr in der Woche, an dem ich mal so richtig entspannen und ausschlafen konnte. Von montags bis freitags auf der Arbeit; samstags früh aus den Federn, weil die Wohnung geputzt werden musste und sonntagsmorgens rappelte der Wecker wegen des Gottesdienstes!

Wie glücklich war mir zu Mute, als Frau A. mal für einige Zeit nach Taizėė fuhr, einem Wallfahrtsort in Frankreich. Zu Mindest samstags schlief ich mich dann mal so richtig aus und ließ die Seele baumeln! Nur den vermaledeiten Gottesdienst durfte ich nicht schludern lassen; das wäre aufgefallen. Wenn ich da gefehlt hätte und es wäre Frau A. zu Ohren gekommen – Au weia! Aber während ihrer mir sehr willkommenen Abwesenheit konnte ich wenigstens den albernen Gebets-Firlefanz vor und nach jedem Essen auch wegfallen lassen. Wer es machen will, der soll es tun. Ich jedenfalls tat es jetzt nicht mehr. Weshalb sollte über die Gebete das Essen halb auskühlen? Ich wollte eine heiße Mahlzeit, keine lauwarme Pampe. Zweitens konnte Frau A. während ihrer Abwesenheit ja wohl schlecht überprüfen, ob ich irgend welche Dankgebete zusammenfaselte oder nicht...

Nein, ich habe grundsätzlich nichts gegen Glauben und Gebete. Das soll jetzt bitte nicht falsch verstanden werden. So lange ein Mensch – ganz für sich selbst – an seinem Glauben fest hält und betet, ist dagegen nichts einzuwenden. Der Mensch sollte einen Glauben haben oder zu Mindest von etwas überzeugt sein. So lange ein Mensch nicht versucht, Anderen seine Glaubenseinstellung aufzuzwingen und seine Mitmenschen damit nicht nötigt, ist das wirklich okay. Ich habe weder etwas gegen Moslems noch gegen Christen, Hindus, Shintuisten, Juden, Atheisten oder Spiritualisten *(zu denen ich übrigens selbst auch gehöre)*. Das Jenseits, diese »andere Seite«, hat so viele Türen, wie es Glaubenseinstellungen gibt. Dennnoch käme ich als eingefleischte und überzeugte Spiritualistin nie auf die Idee, meinen Mitmenschen meinen Glauben aufzuzwingen. Auch ich lebe meine Überzeugung ganz alleine für mich. Jeder Mensch hier auf dieser Welt ist ein Individuum und muss die Chance haben, frei zu wählen, an was er glauben will. Das beginnt bereits in der Kindheit. Haben Kinder keine eigene Entscheidungsfreiheit, werden sie irgendwann daran zerbrechen. Irgendwann beginnen sie von selbst, Gedanken um die Existenz einer höheren Macht zu entwickeln. Dazu bedarf es doch keiner bestimmten, vorgeschriebenen Religion. Der Glaube wird ihnen oftmals schon von den eigenen Eltern förmlich aufgezwungen, Jahre vor Eintritt der Religionsmündigkeit – und religionsmündig ist ein junger Mensch mit Vollendung des vierzehnten Lebensjahres! Was nützt der beste Glaube, wenn er erzwungen ist? Kinder brauchen eigene Flügel der Entscheidung, um gesunde, im Individualismus gereifte und geerdete Menschen zu werden. Seinen Glauben sollte Jeder für sich leben!

Aber was Frau A. sich da heraus nahm, war schon pathologisch...

Ab und zu machte Frau J. auch mal eine mehrtägige Tour mit ihrem Altenclub und ich bekam Coco zur Betreuung. Mit mir wollte das Spitzdämchen Gassi gehen, jedoch nicht mit Frau A. Die Hündin jaulte dann immer ganz erbärmlich und zog die Vierradbremse an!

Frau J. hatte mich eines Tages mal zu Kaffee und Kuchen eingeladen. Ich saß also unten in ihrer Wohnung und die alte Dame begann irgendwann zu erzählen, dass ihre Tochter eine Intrige gegen sie spinnen würde. Ihre Resi-Maria wolle sie aus dem Wege räumen! Ich würgte geplättet mein Stück Kuchen herunter, nippte am Kaffee und machte mir insgeheim so meine Gedanken bezüglich Frau J. Die alte Dame musste furchtbar einsam sein. Ich wusste, dass sie krampfhaft Kontakt zu anderen Menschen suchte. Sie hatte ja auch schon des Öfteren bei meinen Eltern angeschellt und Mutter gebeten, ihre Freundin zu sein. Mein Gott, ja, diese hilflose alte Omi tat mir wirklich irgendwie schrecklich Leid. Privat hatte sie so gut wie gar keine Menschen und ich rechnete damit, dass sie wieder mal einen Anfall von Trapperfieber hatte. Zeitweise war sie ganz klar im Hirn, aber im Moment schien sie es doch lieber vorzuziehen, sich in die gemütliche Höhle des Irrsinns zu verkriechen...

Wirklich bestürzt war ich dann allerdings einige Tage später. Frau A. führte gerade oben im Nebenzimmer ein Telefonat mit einer Bekannten, vermutlich auch einer Dame aus ihrem Fachgebiet. Die Türe war nur angelehnt, bis auf einen schmalen Spalt. So bekam ich einige Gesprächsfetzen mit. Es ging eigentlich um relativ belanglose Dinge. Doch mit einem Mal wurde ich verdammt hellhörig. Frau A. begann, am Telefon über ihre Mutter zu reden. Ich schlich mich von Außen an die Türe und lauschte. Frau A. sagte dieser Bekannten: »Ich werde schon dafür sorgen, dass meine Mutter entmündigt und in der Altenpsychiatrie untergebracht wird. Schließlich habe ich nicht umsonst das Fach »Psychologie« studiert! Sobald meine Mutter in der Altenpsychiatrie untergebracht ist, werde ich die Vormundschaft übernehmen. Dann kann ich auch frei über das Haus verfügen! Ich werde es verkaufen und eventuell ganz nach Taizėė ziehen. Und was diese verlauste und stinkende Hündin meiner Mutter betrifft: Coco wird eingeschläfert...«

Ich war sprachlos! In meinen Ohren begann es zu brausen. Das konnte doch alles jetzt nicht wahr sein. Mir blieb förmlich die Spucke weg; ich hatte ernsthaft geglaubt, Frau J. hätte sich eine Geschichte zusammenphantasiert! Mein Gott, die alte Dame hatte Recht behalten – und wie Recht! Das hatte ich nicht geahnt!

Mir drehte sich alles und ich hielt mich krampfhaft am Türrahmen fest. Das Herz raste bis hoch in den Hals, der Kopf schwirrte. Irgend etwas musste ich doch tun können. Ja, ganz einfach! Ich wusste, dass Frau J. daheim war und würde jetzt auf der Stelle hinunter gehen und der alten Dame die Sachlage schildern!

Was dann auch umgehend in die Tat umgesetzt wurde. Ich verließ die Wohnung, ging nach Unten, klappte absichtlich laut mit der Haustüre und pochte zugleich unauffällig bei Frau J. an. Die alte Dame öffnete und ließ mich ein. Ich schloss von Innen ganz leise die Wohnungstüre und sagte Frau J., ich hätte ihr etwas sehr Wichtiges zu sagen. Die alte Lady bot mir Platz an, holte Tassen, eine Kanne Tee und eine Schale Gebäck. Sie setzte sich zu mir, wollte wissen, was los sei. Ich sei ja ganz aufgewühlt. Mit hochrotem Kopf stotterte ich mit der Geschichte heraus. Dass ich soeben ihre Tochter bei einem Telefonat belauscht habe. Dass Frau A. vorhabe, die Mutter entmündigen und in die Altenpsychiatrie abschieben zu wollen. Dass die Tochter sich das Haus unter den Nagel reißen, die Immobilie verkaufen und ganz nach Taizėė auswandern wolle. Für Coco sei geplant, dass sie die Todesspritze bekommen solle. So, jetzt gab es kein Zurücknehmen der Worte mehr – jetzt war die Katze aus dem Sack!

Frau J. lächelte unter Tränen und sagte, ja, so etwas in dieser Richtung habe sie sich schon länger gedacht. Auch sie selbst habe bereits einige – wenn auch wenige – Gesprächsfetzen von ihrer Tochter abgelauscht. Wenn nämlich bei der Tochter der Telefonhörer abgenommen würde, knacke es unten bei der Mutter in der Leitung. Frau J. könne ihren Hörer dann sehr vorsichtig abheben und mithorchen. Umgekehrt ginge das natürlich ebenfalls. Die beiden Telefone seien über die Leitung gekoppelt. Ja, das Knacken war auch mir selbst schon mehrmals aufgefallen. Ich beschwor die alte Dame, von meinem Besuch absolutes Stillschweigen zu bewahren!

Frau J. lächelte und sagte, ich könne mich hundertprozentig auf sie verlassen und wenn ich mal einen Kummer hätte, könne ich jeder Zeit zu ihr kommen. Ich sei doch jetzt ihre Freundin!

Die alte Dame hat wirklich dicht gehalten...

Ein Mal bin ich dann bei Frau A. wirklich ausgerastet! Wir hatten einige Teenager aus ihrer Katechetengruppe bei uns sitzen und sprachen über Tiere. Frau A. äußerte, Tiere seien »niedere« Geschöpfe und hätten »unterentwickelte« Seelen. Irgendwann ging das Gespräch dann in das Thema »Stierkampf« über. Frau A. hatte während eines Spanien-Aufenthaltes in einer Stierkampfarena einem solchen Gemetzel bereits beigewohnt. Ihr habe das sehr gut gefallen!

Ich stellte ihr die Frage, mit welchem Recht der Mensch seinen Mitgeschöpfen so etwas antäte und wer ihm dieses Recht, diese armen Tiere derart barbarisch zu Tode zu quälen, überhaupt gäbe. Woraufhin Frau A. prompt erwiederte: »Zum Ergötzen von etlichen tausend Menschen ist das keine Sünde; Tiere empfinden ja auf Grund dessen, dass sie »minderbemittelt« sind, nicht so wie wir!«

Kreidebleich und nach Luft schnappend sprang ich vom Tisch auf, warf dabei sogar noch mein Weinglas um!

Dann stürzte ich, die verblüfften Blicke der armen Teenager auf mir kleben, aus der Wohnung, raste hinunter auf die Straße und hastete weinend zum Haus meiner Eltern. Auf der ganzen Strecke flennte ich buchstäblich Rotz und Wasser und es war mir egal, ob Leute glotzten!

Heulend hing ich an der Klingel und schellte Sturm! Paps ließ mich hinein, fragte total perplex, was denn geschehen sei. Ich stürzte an den Küchentisch, schmiss mich auf einen Stuhl und brauchte erst ein Mal einige Minuten, um mich wenigstens einigermaßen wieder einzukriegen. Als ich mich halbwegs in der Gewalt hatte, ließ ich den Mumbo mit den spanischen Kampfstieren vom Stapel! Paps schlackerte buchstäblich mit den Ohren und wurde rot wie ein gekochter Hummer! Er wanderte in der Küche auf und ab, blieb dann plötzlich ruckartig stehen, starrte mich an. Dann sagte er: »Du gehst jetzt auf der Stelle zu Frau A. und packst deine Siebensachen zusammen! Du kommst zurück zu uns nach Hause!«

Leider kam ich nicht mehr dazu, Paps um den Hals zu fallen, denn Mutter mischte sich dazwischen. Sie sagte, ich käme auf gar keinen Fall zurück und meinte lapidar: »Wenn du das Fräulein wieder zurück holst, gehe ich selbst!«

Paps fletschte: »Louise, du siehst doch die Einstellung dieser Hexe! Soll die A. unsere Wencke noch ganz vergiften und verderben? Dort wird unser Kind zum seelischen Wrack – es geht restlos vor die Hunde!«

Mutter aber blieb stur wie ein Panzer und erklärte eiskalt: »Das ganze Affentheater hat unsere Wencke sich selbst zuzuschreiben. Schließlich hat sie Keiner gezwungen, mit diesem abgehalfterten Säufer zusammen zu ziehen. Ich habe ihr ja oft genug gesagt, dass, wenn sie ein Mal ausgezogen ist, ein Zurück ins Elternhaus nicht mehr in Frage kommt. Und dabei bleibt es! Andernfalls nehme ich mir mit Julian eine Dienstwohnung und reiche die Scheidung ein!« Basta! Ende der Fahnenstange! Aus!

Ich erhob mich niedergeschlagen. Paps brachte mich zur Türe. Das war alles, was er in diesem Moment für mich tun konnte. Er hatte – wie so oft – verloren. In seinen Augen glitzerten Tränen...

Weiter ging es also im Takt mit Frau A. Mittlerweile durfte ich sogar nach Feierabend noch ihre private Wäsche mitwaschen. Sie drückte mir den Korb mit den schmutzigen Plünnen in die Hände. Die Waschmaschine stand im Keller. Irgendwann hatte ich dann mal Einige ihrer Slips in den Fingern und sah, dass sie im Schritt total rot befleckt und verschmiert waren! Es war das Menstrualblut dieser Frau!

Würgend schmiss ich die ekligen Fetzen in die Trommel, ging zum Waschbecken und schrubbte mir die Hände, bis sie vollkommen taub waren. Oh Gott, dachte ich, kennt diese Frau eigentlich keine Monatsbinden? So, wie ihre Slips aussahen, schien das Wort »Tampon« für sie ein Fremdwort zu sein. Ich war zwar gerade mal achtzehn Jahre jung, aber Frau A. war Fünfunddreißig. Da könnte man ja wohl annehmen, dass sie nach über zwanzig Jahren regelmäßiger Menstruationen die Biesterei langsam mal im Griff haben müsse. Außerdem sollte doch jede Frau, die etwas auf sich hält, zu Mindest aus rein ästhetischer Sicht, in der Lage sein, ihren Schiet selbst zu beseitigen!

Gut, es kann durchaus mal passieren, dass frau etwas daneben geht. Solche Art Malheurchen kriegt man mit etwas Salz und kaltem Wasser wieder heraus. Jedoch konnte bei drei blutigen Slips – und die auf einen Schlag! – von einem Malheurchen keine Rede mehr sein. Das, was sich mir da bot, war schlicht und ergreifend eine Riesen-Biesterei unterster Kanone! Ich fühlte mich durch und durch wie eine Sklavin, die für ihr Gnadenbrot auch noch sehr teuer bezahlt…

Oft genug lag ich nachts in der Dunkelheit, weinte leise in mein Kissen und grübelte ernsthaft über den Sinn meiner eigenen Existenz nach. Warum war ich eigentlich geboren worden? Ständig schob Mutter mich von sich. Hilfe war von ihr nicht zu erhoffen. Ich zahlte bei Frau A. das Doppelte an Kost und Logis, als eigentlich ausgemacht war – und Mutter wusste das auch. Ich durfte rackern gehen und Frau A. nebenbei noch die Wohnung putzen, damit sie ihrem Hobby »Gott« noch intensiver frönen konnte, spielte ihr buchstäblich ihre persönliche Freiheit in die Hände hinein.

Und jetzt drückte sie mir die mit ihrem – Entschuldigung! – Muschenblut beschmierten Unterhosen auch noch aufs Auge. Was würde als Nächstes folgen? Mutter hätte wohl besser keine Nachkommen. Mir wäre wahrlich Einiges erspart geblieben...

Was Frau A. betraf: Ich hatte dieser Frau vertraut. Sie war der rettende Strohhalm gewesen. Dann stellte ich fest, nach meiner Flucht von Horst in Grunde genommen praktisch nur vom Regen in die Traufe gekommen zu sein. Diese ganze Situation glich einem Sprung aus der Bratpfanne ins Feuer. Der einzig echte Vorteil bei Frau A. war der, dass ich zu Mindest in sexueller Hinsicht nichts zu befürchten hatte und so ganz nebenbei noch das Kochen erlernte. Da war kein Mann, der mich fast jede Nacht wie eine Zuchtstute missbrauchte. Und Parterre wohnte ja schließlich auch noch Frau J., für den Fall, dass ich mal Kummer hatte. Was halt blieb, war erneute Kontrolle und totale Bevormundung durch den fragwürdigen »Schutzengel« Resi-Maria...

Jetzt endlich konnte ich auch Herrn A. gut verstehen. Welcher geistig gesunde Mann konnte wohl schon ernsthaft in Erwägung ziehen, sich ein ganzes Leben lang an eine solche Person wie Resi-Maria A. zu verschwenden? Es gibt doch junge, hübsche, attraktive Frauen wie Sand am Meer. Wie mochten die Beiden sich bloß kennengelernt haben? Wie war die Heirat zwischen den Beiden zu Stande gekommen? Es muss sich bei Herrn A. um eine Form der geistigen Umnachtung gehandelt haben! Frau A. muss zu diesem Zeitpunkt doch ganz anders gewesen sein. Vielleicht hatte sie ja von ihrer Mutter eine angeborene Nervenkrankheit geerbt, die in den Jahren nach der Heirat so nach und nach zum Ausbruch gekommen war. Jedenfalls war mir jetzt endgültig klar geworden, weshalb Herr A. mit einer neuen Geliebten durchgebrannt war und seine Ehefrau in die Tundra geschickt hatte. Wenn Frau A. ernsthaft in dem Glauben war, ihr Ehemann würde irgendwann wieder zu ihr zurückkehren, dann wollte ich wieder anfangen, an den Klapperstorch zu glauben...

Und was Paps anging, so war es mir völlig schleierhaft, weshalb er anscheinend nicht in der Lage war, von Mutter los zu kommen. Immer wieder gab er nach, konnte sich ihr gegenüber wohl nicht behaupten und sich durchsetzen. Einem Vater sollte das Hemd doch näher als die Weste sein. Er ließ sich regelrecht von Mutter erpressen, gab jedes Mal klein bei, sah sich offenbar nicht in der Lage, ein Mal ordentlich mit der Faust auf den Tisch zu schlagen! Vielleicht reichte ihm, dass Onkel Justus bereits geschieden war. Ich möchte alle Väter dieser Welt fragen, was sie in solch einem Fall getan hätten. Wäre ich als Mann geboren und Vater einer Tochter, so wäre in spätestens diesem Augenblick meine Ehe beendet gewesen – und zwar ohne Hallo, Wenn und Aber! Das alleinige Sorge- und Aufenthaltsbestimmungsrecht für den Sohn hätte ich ebenfalls beantragt und unter Garantie auch durchgeboxt!

Das schwöre ich: Niemand hätte meine Familie auseinander gerissen…

Neue Liebe, neues Pech

Im Sommer 1980 lernte ich dann Tobias W. kennen!

Er kam mit seiner Mutter zum Essen ins Restaurant. Ich bediente ihn und kassierte. Es war nicht allzu Viel zu tun und so bekam ich mit, dass er zu seiner Mutter was von »nettes Deern« sagte und mich während des Essens fast ununterbrochen mit feuerrotem Gesicht fasziniert anstarrte! Als die Beiden wieder gehen wollten, kam dieser junge Mann an die Theke und fragte mich mit scheuem Lächeln: »Darf ich Sie wiedersehen?« Da er mir gefiel mit seiner schlanken, hoch gewachsenen Gestalt, seinem vollen, schwarzen Haar und seinen schönen, verträumten dunklen Augen, gab ich mein Okay. Er fragte, wann ich Feierabend hätte und sagte, er werde sich melden!

Gleich am selben Abend stand er lächelnd vor dem Laden! Er lud mich in ein Bistro ein und wir erfuhren ein Wenig von einander. Tobias war einundzwanzig Jahre jung und hatte in L. ein eigenes Appartement. Er arbeitete in einer Garnfabrik. Ich erzählte ihm auch ein Wenig von mir und wo ich lebte. Gott – Tobias lächelte so süß!

Wir sprachen von unseren Hobbies, tauschten unsere Adressen aus. Tobias war offensichtlich so angetan von mir, dass er mich regelmäßig von der Arbeit abholte. Ich nahm ihn mit zu Frau A. und wir besuchten auch des Öfteren meine Eltern. Tobias war sehr ruhig, freundlich und hatte eine äußerst einfühlsame Art. Es dauerte gar nicht lange, da wurden wir ein Liebespaar!

Aber Tobias war nicht nur sehr romantisch, er hatte außerdem noch eine gehörige Portion Humor! So konnte er zum Beispiel mit dem furztrockensten Gesicht die blödesten Witze reißen. Einen ganz besonders dicken Bock schoss er mal bei meinen Eltern. Mutter legte eine Musikcassette ein und Tobias fragte sie mit leiser Engelsstimme und einem total unschuldigen Augenaufschlag, ob man, wenn man eine Audiocassette in den Videorecorder schieben würde, denn auf dem Fernsehbildschirm die Musikgruppen sehen könne! Mutter starrte ihn völlig entgeistert an! Ich drehte mich nur leise prustend weg und lachte mich innerlich ins Fäustchen. Mir war ja schon so mancher Gag bekannt, aber solch ein kapitaler Bock, so ein urkomischer Mumbo war mir noch nie untergekommen!

Später nahm Mutter mich zur Seite und fragte mich in ungewohnt vertraulichem Ton, ob ich mit meinem Tobias wirklich auf Dauer zusammen bleiben wolle. Der Junge sei doch ganz offensichtlich nicht so ganz richtig im Kopf! Es sei doch schon mal logisch, dass man eine Audiocassette nicht in einen Videorecorder schieben könne. Wieso Tobias sich darüber eigentlich Gedanken mache? Sie könne mir schwören, dass der junge Mann irgendwie geistig nicht richtig dabei sei! Ich solle mir sehr gründlich überlegen, ob ich diese Beziehung wirklich weiter führen wolle!

Nun platzte mir wirklich der Kragen! Ich pflaumte zurück: »Hast du etwa nicht geschnallt, dass Tobias sich lediglich einen albernen Scherz mit dir erlaubt hat? Außerdem kamen von dir selbst ja schon immer so dufte Ratschläge. Du hast es wohl ständig und am laufenden Schnürchen nur immer gut mit mir gemeint. Gut genug ist ja alleine schon mal die Hilfe, die ich von dir zu erwarten habe – nämlich in jede Hand einen glitschigen Aal! Oh ja, und was für eine tolle Unterstützung ich in dir habe! Hätte ich mich jedes Mal, wenn es brenzlig wurde, auf dich verlassen, dann wäre ich ja getrost verlassen. Was mit der A. los ist, weißt du ja mittlerweile auch. Dennoch lässt du mich weiterhin bei ihr schmoren. Du bist doch im Grunde froh, die eigentlich lästige Tochter los zu sein! Jetzt kannst du dich auch bezüglich Tobias zurück nehmen! Bist du nicht in der Lage, mich glücklich zu sehen – und das Glück der einzigen Tochter zu ertragen? Dein Gift kannst du meinetwegen sonstwo verspritzen, jedoch nicht zwischen Tobias und mich...«

Wie konnte ich Mutter noch in irgend einer Weise auch überhaupt das geringste Vertrauen entgegen bringen? Was sollte oder konnte ich ihr überhaupt noch glauben? Sie hatte mir ja oft genug bewiesen, dass ich es nicht konnte. Zum Beispiel schon alleine die Schnüffeleien und das Gekritzel in meinem Tagebuch. Das eiskalte Abschieben an Frau A. Sollte Mutter sich doch sonstwo einschleimen. Aber sie hatte ja nicht ein Mal eine einzige Freundin. Für den Fall, sie hatte mal Eine gefunden, war sie Diese auf Grund ihrer vorsintflutlichen Lebenseinstellung sowieso sehr bald wieder los. Das war auch mehrmals so; ich hatte es selbst erlebt. Die Freundinnen waren innerhalb kürzester Zeit entsetzt von ihr weg gespritzt...

Mutter hatte mal gesagt, sie hätte in einer großen Tochter gerne eine Freundin gehabt. Nee – das lief nicht! Mutter und ich waren und blieben Mutter und Tochter! Eine Freundin kann man sich nicht man eben einfach so aufs Geratewohl selbst heran züchten. Zweitens bedeuten Familienallianzen nicht zwangsläufig auch Freundschaften. Drittens würde eine wirklich wahre Freundin in einer Notsituation die andere Freundin nie, aber wirklich nie im Stich lassen! Doch wie lautet das bekannte Sprichwort: Setz´ dich mit dem nackten Hintern in eine Klapperschlangengrube und du lernst deine wahren Freunde erst kennen!

Mit anderen Worten: Deine wahren Freunde sind nämlich genau die Jenigen, die trotz eigener Lebensgefahr zu dir hinunter in die Grube klettern und dir hinaus helfen...

Kurz darauf verlor ich meinen Job. Ich hatte in die Kasse gegriffen, aus dem Grund, um im Restaurant wenigstens mein Mittagessen bezahlen zu können! Das Personal konnte zwar verbilligt essen, aber eben auch nicht ganz umsonst. Hätte ich mir nichts aus der Kasse stiebitzt – ich hätte praktisch noch nicht ein Mal zu Mittag essen können! Was sollte ich denn tun bei meiner Finanzlage und dem mehr als dürftigen Taschengeld? Paps´ kleiner, heimlicher und sicher gut gemeinter Zuschuss war ein Tropfen auf den heißen Stein. Jedenfalls wurde ich eines Tages erwischt und musste ins Büro. Der Chef wollte meine Beweggründe für den Diebstahl wissen. Weinend erzählte ich ihm von meinen Lebensumständen. Glücklicherweise hatte der Chef genügend Empathie und verzichtete auf eine Strafanzeige. Aber den Job war ich trotzdem los...

Tobias hatte trotz Allem echtes Verständnis für mich!

Wir sprachen über diese Angelegenheit. Er kannte ja meine Lebenssituation, stand fest zu mir und meinte: »Das, was du getan hast, wäre mir unter den wie bei mir gegebenen Umständen auch passiert. Du kannst doch letztendlich nichts dafür und ich weiß, dass du es nicht mit böser Absicht getan hast. Aber wenn wir erst ein Mal verheiratet sind, werde ich dich glücklich machen!«

Ich zuckte zusammen, glaubte, mich verhört zu haben. Tobias sagte, ja, es sei ihm der pure Ernst. Er wolle mich gerne zu seiner Frau machen. Ob ich einverstanden sei. Vor tiefer Rührung schluchzend fiel ich ihm in die Arme, sagte einfach ja!

Kündigung und Heiratsantrag – an ein und dem selben Tag! Das war wirklich mal eine Erfahrung, die nicht Jeder erlebt...

Also verlobten wir uns ganz offiziell und Tobias besuchte mich auch weiterhin. Wenn wir uns ganz, ganz nahe sein wollten, schlichen wir uns leise und klammheimlich runter und liebten uns ganz einfach im Keller. Da lehnte im äußersten Winkel eine alte, aber gut erhaltene Matratze. Die legten wir uns so, dass Niemand, der vielleicht zufällig herunter käme, Augenzeuge unserer Liebesaktivitäten hätte werden können. Vor dem ersten Beischlaf musste Tobias mich erst ein Mal beruhigen; ich hatte einen Heidenbammel. Aber mein geliebter Schatz wusste ja, was mir mit Horst und Wolfgang passiert war; ich hatte ihn schon eingeweiht, dass es mit mir ein Wenig schwierig werden würde. Dem zu Folge und um mir die Angst zu nehmen, war er auch ganz besonders behutsam und zärtlich. Und dann meine dauernde blöde Angst, wir könnten doch noch erwischt werden! Ich war total verkrampft, von den Haarwurzeln bis unter die Fußsohlen! Später gewöhnte ich mich an das innige Beisammensein im Keller und wenn uns Frau A.s Gelaber auf den Zwirn ging, zwinkerten Tobias und ich uns heimlich zu, verabschiedeten uns höflich und schlichen uns klammheimlich in den Keller zur Liebesstunde. Dieser Zustand wurde für uns dann auch sehr, sehr bald schon zur totalen Selbstverständlichkeit. Wir waren jung und bis über beide Ohren verliebt…

Irgendwann kam die Zeit, in der Frau A. für drei Wochen nach Afrika flog, um die dortigen, letzten arglosen Menschen auch möglichst zum Katholizismus zu bringen!

Jetzt konnte Tobias auch mal heimlich die eine oder andere Nacht bei mir verbringen. Ich fuhr auch des Öfteren nach L. und nächtigte bei ihm in seinem Appartement. Den Haushalt regelte ich dennnoch mit Bravour. Ein oder zwei Tassen konnte man mal eben abspülen und ein oder zwei Teller eben so gut mal mit etwas Spülmittel unter heißes Wasser halten. Ich putzte auch ganz normal die Wohnung weiter und machte die Wäsche; die allermeiste Zeit war ich ja ohnehin allein, besonders bis zum späten Nachmittag, da Tobias ja arbeiten musste. Sonntags ging ich auch weiterhin brav zum Gottesdienst, um in der Gemeinde nicht aufzufallen. Dann fuhr Frau J. für einige Tage weg und ich bekam Coco zur Pflege. Aber das machte wenigstens Fez...

Mitten in der Nacht kam Frau A. zurück, was Coco, die neben mir auf dem Kopfkissen lag, dazu veranlasste, mir kräftig und ausdauernd in den Gehörgang zu kläffen!

Den ganzen nächsten Tag durfte ich Frau A. von Vorne bis Hinten bedienen. Sie las derweil in meinem Tagebuch herum. Glücklicherweise hatte ich nicht hinein geschrieben, dass Tobias bei mir genächtigt hatte oder ich so manche Nacht bei ihm gewesen war. Was sie mit Begeisterung las, war, dass fleißig geputzt worden war, die regelmäßigen Spaziergänge mit Coco, die Einkäufe, der Abwasch und natürlich – last but not least – die Gottesdienste. Der Löwenanteil dessen, was sie da las, war purer Schwindel...

Kurz darauf fuhren Tobias und ich gemeinsam nach L. und sprachen mit seinem Vermieter. Als wir Frau A. dann mitteilten, dass ich meine Sachen packen und zu Tobias ziehen würde, gab es zuvor noch einen verbalen Kampf auszustehen. Frau A. wollte mir nämlich das Restgeld des Monats nicht auszahlen! Das waren noch knapp vierhundert Mark. Sie meinte, vielleicht sei es ja besser, wenn sie meinen Eltern das Geld geben würde. Ich baute mich wütend vor ihr auf und fletschte ihr entgegen: »Das Geld stammt ja wohl von meinem Sparbuch, nicht vom Sparbuch meiner Eltern! Außerdem bin ich volljährig und wenn ich ausziehe – und zwar egal wohin – geht es Sie nicht das Geringste an. Mittlerweile kann ich sehr wohl selbstständig haushalten; das wissen Sie. Auch in der Küche bin ich jetzt firm genug. Wenn Sie keine Schwierigkeiten haben wollen, zahlen Sie mir jetzt sofort den mir zustehenden Betrag aus. Ich habe keinesfalls vor, auch noch eine Anzeige wegen Unterschlagung machen zu müssen. Es wäre nett, wenn wir diese Angelegenheit friedlich und in ziviler Form regeln!«

Ziemlich zerknirscht holte Frau A. das restliche Geld und reichte es mir!

Sie riet mir sogar noch, auch in L. eine Kirche zu suchen und regelmäßig am Gottesdienst teil zu nehmen. Für meinen Bräutigam sei es übrigens auch nicht so schlecht. Wir sollten nach den Geboten Gottes leben und möglichst auch unsere regelmäßigen Gebete nicht vergessen!

Tobias hatte aus dem Nebenraum jedes Wort mitbekommen. Er half mir beim Packen und trug die Koffer zur Türe. Auf das Abschiedsgebet verzichteten wir dankend! Auf der Straße machten wir Beide uns vor Lachen fast nass…

Bei Tobias wurde ich richtig fröhlich!

Er ging arbeiten und machte sogar Überstunden, trotzdem ich das eigentlich gar nicht wollte. In den Mittagspausen kam er und aß, was ich gekocht hatte. Und er aß mit Genuss. In seiner Abwesenheit machte ich das Appartement blitzsauber, steckte Wäsche ein und bügelte, kochte, machte den Abwasch vom Vortag, hörte dabei Musik und sang die Texte mit. Den Einkauf machten wir zusammen. Ich machte Tobias den Vorschlag, mir auch für einige Stunden einen Nebenjob zu suchen, damit wir uns etwas Geld auf die Seite legen könnten, doch damit war er nicht einverstanden. Er meinte: »Ich bin manns genug, meine künftige kleine Ehefrau alleine zu ernähren!«

Aber wir waren glücklich miteinander und uns konnte Niemand mehr an unserer Liebe hindern. Wir waren ein junges, verliebtes Paar und taten nichts Böses. Unser Leben gehörte endlich uns!

Wir besuchten auch Tobias´ Eltern regelmäßig. Er sagte, er wolle mich so schnell als möglich heiraten und wir wollten alsbald eine kleine Familie gründen. Wir sprachen mit seinen Eltern darüber. Wann wir die Hochzeit halten wollten, wo die Hochzeitsfeier statt finden sollte und wer alles eine Einladung bekäme. Wir sprachen von eventuellen Trauzeugen, über die Ringe, über das sehr baldige Aufgebot. Seine Eltern zuckten nur mit den Schultern, sagten aber weiter Nichts dazu. Irgendwie kam mir das sehr merkwürdig und mysteriös vor. Warum kam keine Äußerung? Passte den Leuten irgend etwas nicht? Dann sollten sie es doch sagen. Schließlich ging es um die Hochzeit ihres einzigen Kindes! Ich fand dieses Verhalten nun doch ein wenig sonderbar...

Am Abend darauf kam dann plötzlich Tobias´ Mutter bei uns vorbei. Ich setzte Kaffee auf und mir ging durch den Kopf, dass sie vielleicht einen Plan für die Hochzeitsfeier hätte. Selbst Tobias rechnete mit einer Überraschung. Ja, seine Mutter hatte in der Tat eine Überraschung: Sie meinte rabenschwarz und knochentrocken, ich könne nicht bei Tobias wohnen bleiben!

Mir rutschten fast die Tassen aus den Händen! Tobias und ich starrten uns entsetzt an, schnappten laut hörbar nach Luft und wurden weiß wie Kabeljau! Tobias stellte sich vor seine Mutter und fletschte ihr ins Gesicht: »Wencke wird bei mir bleiben – und zwar unter allen Umständen! Es spielt auch keine Rolle, ob ihr für oder gegen uns seid! Notfalls wird die Hochzeit ohne euch statt finden! Ich bin erwachsen, habe jetzt endlich meine ganz große Liebe gefunden – und das ist Wencke! Das lasse ich mir nicht zerstören! Eher geht die Welt unter!«

Ich sagte der Frau, sie möge mir doch bitte ihre plötzliche Abneigung gegen die Eheschließung oder gegen mich erklären. Ob sie etwa Angst habe, ich würde ihr den Sohn fort nehmen? Oder ob sie mich in irgend einer Weise ungehörig finden würde? Was an mir auszusetzen sei, das Aussehen oder etwas an meinem Benehmen? Im Grunde ginge es ja Niemanden etwas an, wen Tobias heiraten wolle. Wenn sie irgend eine persönliche Abneigung gegen mich habe, könne sie doch mit mir hier und jetzt darüber reden. Sie würde mich vielleicht im Moment noch nicht so mögen, aber mich doch mit der Zeit mögen lernen. Ich wolle Tobias doch nur glücklich sehen. Wenn auch nur das Geringste sei – dann bitte – solle sie es uns hier und jetzt ins Gesicht sagen! Die Frau sah mich betreten an, wurde zinnoberrot wie ein gekochter Hummer! Sie druckste herum, es sei keinesfalls gegen mich und sie würde mich selbstverständlich sehr mögen. Natürlich sei ich ein ganz liebes Deernchen und was ich für ihren Sohn empfinde, das wisse sie. Es habe absolut Nichts mit mir persönlich zu tun...

Tobias schob sich näher auf seine Mutter zu und blaffte sie jetzt regelrecht an! Warum sie dann Stunk mache? Es sei besser, sie fände sich mit unserer Beziehung und der kommenden Heirat ab! Er schimpfte sich regelrecht in Rage, regte sich fürchterlich auf. Plötzlich aber krümmte er sich, verdrehte die Augen. Schaum trat vor seinen Mund, er begann zu beben – und fiel wie ein vom Blitz gefällter Baum einfach um!

Mir fuhr der Schock durch den Leib!

Die Mutter beugte sich über ihren Sohn und kümmerte sich sofort um ihn. Sie warf mir einen Seitenblick zu und fragte: »Ja, hast du etwa nicht gewusst, dass Tobias krank ist? Seit eines schweren Unfalles in seiner Kindheit ist er Epileptiker!«

Ich stand da wie angewurzelt, mir drehte sich alles!

Der Anfall dauerte nicht lange und nach wenigen Minuten war Tobias wieder fit. Ich legte ihm einen feuchten, kühlen Lappen auf die schweißnasse Stirn, schaute ihn verdattert an und fragte ihn stotternd, warum er mir das bloß die ganze lange Zeit zuvor verschwiegen habe. Tobias antwortete unter Tränen, er habe ganz einfach Angst gehabt, mich zu verlieren! Ich verneinte das sofort und sagte ihm, wahrscheinlich wäre sogar noch das Gegenteil eingetreten. Epilepsie sei ja keine ansteckende Krankheit oder irgend eine Art Pestilenz. Ich merkte, dass Tobias dieser Anfall peinlich war, daher beruhigte ich ihn und versicherte ihm, selbst mit Krebs oder Lepra würde ich zu ihm stehen! Tobias hielt tapfer meine Hand, lächelte mich dankbar und verliebt an!

Seiner Mutter aber blies ich nun ganz gewaltig den Marsch! Wenn es Tobias derart dreckig ginge, wieso sie ihn dann jedes Mal habe ganz alleine nach P. fahren lassen? Schließlich hätte ihn während der Zugfahrt oder mutterseelenalleine auf dem großen Bahnsteig genau so gut ein epileptischer Anfall ereilen können! Wer ihm denn in einer solchen Situation hätte helfen sollen? Dann dürfe er ja praktisch ohne Begleitung nirgendwo mehr hin! In diesem Falle dürfe er nicht ein Mal einer Tätigkeit nachgehen. Was, wenn er plötzlich an einer der Maschinen einen Anfall bekäme und umkippe? Da er aber sowohl arbeiten als auch alleine Zug fahren könne, könne er so furchtbar krank nun auch wieder nicht sein. Er bräuchte nicht ein Mal einen speziellen Sturzhelm. Eventuelle spätere Kinder hätten gesundheitlich ebenfalls nichts zu befürchten, da die Epilepsie des künftigen Vaters durch einen Unfall und nicht durch einen Gendefekt hervorgerufen worden war. Und schließlich habe es seine Eltern ja auch nicht gestört, dass wir zusammen zogen. Nur eben, dass man jetzt urplötzlich was gegen eine Heirat habe! Das sei doch so hanebüchen, wie es im Buche stünde!

Die Frau nickte zwar, sagte an Sonsten aber nichts mehr dazu. Ihr waren wohl die letzten Argumente ausgegangen. Tobias rappelte sich hoch und fletschte seiner Mutter noch ein Mal mit kräftigem Nachdruck entgegen: »Wencke und ich werden heiraten – selbst, wenn der Bär steppt!«

Als die Frau dann endlich wieder fort war, fielen Tobias und ich uns in die Arme und flennten uns Rotz und Wasser unsere Anspannung aus dem Leib! Wir legten leise Musik auf, löschten das Licht, machten das kleine Lämpchen an, entkleideten uns, gingen zu Bett, hielten uns eng umschlungen in den Armen. Selbst der Geschlechtsakt, der eigentlich mit Glücksgefühlen verbunden sein sollte, lief unter Schluchzern und dicken Tränen ab. Beim Höhepunkt flüsterte Tobias mir noch leise schluchzend ins Ohr, vielleicht hätten wir ja jetzt, genau in diesem Moment, ein Baby gemacht. Dann könnten uns mit dem Schiet-Trennungs-Gelaber alle mal so richtig kreativ und kreuzweise! Ich kicherte tränenüberströmt und sagte, ja, mit der passenden musikalischen Untermalung könne das sehr interessant sein...

Am nächsten Morgen standen dann beide Elternteile von Tobias vor uns!

Die Mutter zog ihren Sohn nach Draußen und der Vater befahl mir: »Komm, mein Deern, pack´ deine Sachen! Ich fahre dich zu deinen Eltern!« Ich weigerte mich natürlich hartnäckig! Nach einigen Minuten kam Tobias wieder hinauf. Er war kreidebleich und wirkte ziemlich fertig mit den Nerven. Er sank in den Sessel, starrte nur mit stupidem, gebrochenem Blick vor sich hin. Ich fragte ihn, ob ich wirklich gehen solle. Er nickte total erschöpft!

Während ich wortlos und unter Schock stehend meine Koffer packte, sagte sein Vater, er werde mit meinen Eltern auch über Tobias´ Krankheit sprechen. Ich versuchte ihm klar zu machen, dass ich nicht mehr daheim leben dürfe. Der gute Mann sagte mir beruhigend, er werde auch diese Angelegenheit schon mit meinen Eltern regeln. Tobias saß flennend im Sessel, völlig außer Stande, mir in die Augen zu sehen!

Ich schnappte mir meine Koffer, ging ohne Abschied nach Unten und stieg mit diesen Leuten in den Wagen. Ab ging die Fahrt Richtung P. Ich war überhaupt nicht mehr fähig, klar zu denken geschweige denn zu wissen, was genau eigentlich los war. Nur, dass Tobias mich aus seinem Leben gestrichen hatte. Ich weinte während der ganzen Fahrt nonstop...

Herr und Frau W. sprachen mit meinen Eltern und in der Zwischenzeit ging ich vorsichtshalber bei Frau A. vorbei und erzählte ihr schluchzend den ganzen Mist. Auch, wenn mir das Ganze selbst nicht gefiel – ich hatte nur die Wahl zwischen Pest und Cholera. Frau A. sagte, sie nähme mich natürlich im Notfall ohne Weiteres wieder auf. Nur solle ich vorerst für einige Tage bei meinen Eltern bleiben, da sie selbst wieder bis zum Wochenende unterwegs sei. Und in meiner momentanen psychischen Verfassung sähe sie mich gar nicht gerne ganz alleine und isoliert in der Wohnung. Ich solle sie aber am Abend noch ein Mal anrufen, damit sie Bescheid wisse. Ich versprach es und ging zurück zum Elternhaus. Das Ehepaar W. war bereits wieder fort...

Ich saß mit hängenden Schultern im Kinderzimmer. Meine Eltern waren in der Küche. Mutter trompetete Paps an, Paps trompetete Mutter an! Vom Wortlaut war nichts zu verstehen. Ich hockte mit den Koffern auf dem Bett, konnte nur der Dinge harren, die da kommen würden. Plötzlich ging die Türe auf, Paps kam hinein und fragte: »Warum packst die Koffer nicht aus und räumst deine Sachen in den Schrank?« Ich starrte Paps mit großen Augen an! Er grinste und sagte, nun, er habe die Sache mit Mutter besprochen; ich sei wieder im Elternhaus aufgenommen und solle mein Zimmer beziehen!

Mir schlug ungläubig das Herz bis hoch in den Hals! Meine Fehler waren verziehen – ich sollte eine Chance bekommen? Vorsichtig ging ich in die Küche, um mir von Mutter die Bestätigung zu holen. Ja, meinte sie, das stimme! Ich erklärte, dann müsse ich aber jetzt eben noch Frau A. anrufen, um ihr Bescheid zu geben, dass sie auf mich nicht mehr zu warten bräuchte. Paps aber meinte nur, das sei doch rausgeschmissenes Telefongeld. Die A. werde schon merken, dass ich nichts mehr von mir hören ließe! Ich packte also meine Koffer aus und räumte alle meine Sachen wieder in die Schränke. Innerhalb einer Stunde sah mein Zimmer wieder bewohnt aus! Dann ging ich ins Bad, schrubbte mir die allerletzte Liebesnacht mit Tobias vom Leib, machte mich frisch und ging gleich nach dem Abendbrot nervlich total erledigt ins Bett…

Natürlich war der Gedanke an eine Heirat von beiden Seiten eine ausgemachte Idiotie gewesen. Eine Ehe zwischen einem gerade ein Mal achtzehnjährigen, halb flügge gewordenen Deern und einem einundzwanzigjährigen, liebeskranken und noch fast pubertierenden jungen Burschen, der zu allem Überfluss auch noch an Epilepsie leidet, hätte gar nicht gut gehen können. Das Projekt wäre von Anfang an ganz klar vorhersagbar zum Scheitern verurteilt gewesen. Beide waren wir uns der gesamten Tragweite einer Ehe noch in keiner Weise bewusst gewesen. Hatten wir Beide wirklich ernsthaft geglaubt, die große Verliebtheit würde auf ewig halten? Was wäre bis zur Silbernen Hochzeit? Bis zur Goldenen Hochzeit? In wie fern würde sich die Routine einschleichen

und unsere weitere Beziehung zueinander beeinflussen? Konnten wir bereits auf Jahrzehnte voraus schauen? Konflikte einbeziehen, die da unweigerlich kommen würden? Entsprechende Lösungsmöglichkeiten finden? Das kann so manch ein Erwachsener nicht!
Nein – wir waren verliebte, infantile und unreife Kinder…

Nächtliche Gedanken

Meine halbe Nacht bestand nur aus wild durcheinander kreiselnden Gedanken, die mir durch den Kopf spukten. Der Schlaf wollte sich einfach nicht einstellen. Einerseits die Freude, nicht mehr zu Frau A. zu müssen, andererseits die jähe, brutale Trennung von Tobias, meiner ganz großen Liebe. Das alles ging mir entschieden über den Horizont hinaus. Die Gedanken klapperten wie Billardkugeln in meinem Kopf herum, überschlugen sich förmlich. Tobias! Das war mein Hauptgedanke – Tobias!

Auf der einen Seite hatte Tobias sich als ein völliges, total instabiles Kurzketten-Molekül entpuppt, als ein mieser Versager auf der ganzen Linie. Wie konnte Jemand innerhalb von nicht ein Mal zwölf Stunden seine Meinung derart schnell und komplett ändern?

Erst war ich seine ganz große Liebe, um die er kämpfte wie ein Berserker – und am nächsten Tag verlangte er, ich solle für immer gehen!

War seine Zuneigung für mich denn nur eine Farce gewesen? Hatte er etwa die ganze Zeit nur gespielt? Dann hätte er weder von Heirat zu sprechen brauchen geschweige denn seiner Mutter gegenüber so hartnäckig um mich kämpfen müssen. Oder wusste er am Ende selbst noch gar nicht, was genau er eigentlich wollte? Vielleicht war er sich der Tragweite seiner Worte und seines Handelns überhaupt nicht bewusst. Er musste ja in gewisser Weise irgendwie ein echtes Muttersöhnchen sein, denn sonst hätte er auf ihr dummerhaftiges Geschnacke was gepfiffen!

Auf der anderen Seite war Tobias krank. Nicht geistig, aber körperlich. Oder hatte Mutter etwa doch von Anfang an Recht behalten, als sie sagte, dass mit Tobias verstandesmäßig etwas nicht stimme? Konnte ich mir wirklich jetzt noch sicher sein, dass er nicht doch eine gewisse Hirnschädigung hatte? Eventuell hatte Mutter von Anfang an das richtige Gespür gehabt, etwas, das ich in meiner Verliebtheit gar nicht sehen wollte. Mutter hatte die ganze Sache einfach objektiver gesehen. Ich hingegen sah alles durch die berühmte rosarote Brille. Tobias war Epileptiker. Mir war bekannt, dass bei einem epileptischen Anfall eine mehr oder minder große Anzahl an Gehirnzellen abstirbt. Hatte Tobias in seinem Leben schon genügend Anfälle erlitten, dass es für eine leichte Hirnschädigung reichte? Irgendwas musste dran sein. Denn normalerweise hätte er sich darüber im Klaren sein müssen, dass nämlich spätestens nach unserer Eheschließung irgendwann schon zwangsläufig rausgekommen wäre, dass er an Epilepsie leidet. Es war ihm wohl auch nicht gedämmert, dass ich in diesem Falle – falls ich gemein gewesen wäre – die Ehe hätte wegen arglistiger Täuschung annullieren lassen können. Ihm ging genau so Wenig auf, dass zwei Leute mehr Geld nach Hause bringen als nur Einer. Denn ich hatte ja mitverdienen wollen und wenn es auch nur halbtags sei. Es hatte nicht in meiner Absicht gelegen, mich lebenslang wie eine parasitäre Schlingpflanze an Tobias zu klammern. Aber so bald ich dieses Thema angeschnitten hatte, war er böse mit mir geworden. Ständig war er es, der gesagt hatte, dass er manns genug sei, seine zukünftige kleine Familie ganz alleine zu ernähren. Es waren seine eigenen Worte. Ein Baby hatte er sich von mir gewünscht. Ein Baby – prima! In einem 18-qm-Appartement!

Auch ich hätte mich über gemeinsamen Nachwuchs gefreut, wenn ich hätte mitverdienen und wir auf eine Dreizimmer-Wohnung hätten sparen können. Hätte Tobias mir bereits von Anfang an von seiner Krankheit erzählt – ich hätte keinerlei Überstunden bei ihm geduldet! Er sah auch keinerlei Sinn darin, dass mehr Geld auch mehr Vorteile gebracht hätte. Was nützten ihm da seine Überstunden, wenn ich nicht hinzu verdienen sollte? Im Prinzip hatte er von seinem Verdienst ja noch weniger als vorher, denn von den wenigen paar Kröten mehr, die er nach Hause brachte, hätte er andererseits für zwei (und später für drei) Personen sorgen müssen. Wir wären – das war mit jetzt klar – nie auch nur auf einen grünen Zweig gekommen. Und mit einem Baby wären wir dann hoffnungslos verarmt!

So oft ich versucht hatte, dies Tobias vor zu rechnen, desto sturer hatte er sich gestellt. Er sah den Sinn des Ganzen einfach nicht ein. Mir schwante jetzt so langsam, dass mit seiner Hirnfunktion wohl doch nicht alles so ganz richtig sein konnte. Mutter hatte es von Anfang an gecheckt und wollte mich wirklich nur vorwarnen. Und ich schwebte auf Wolken, war völlig blind vor Liebe gewesen!

Dass Tobias´ Gefühle mir gegenüber absolut ehrlich waren, daran zweifelte ich selbst jetzt im Nachhinein nicht. Er liebte mich ganz aufrichtig, hätte sich für mich sogar selbst verheizt. Doch zu einer wirklich stabilen und gut funktionierenden Beziehung gehört nun ein Mal mehr, als den Anderen nur anzuhimmeln, sich gegenseitig die Lippen fusselig zu küssen, von Heirat und Babies zu träumen, sich ständig liebevolle Worte ins Ohr zu sülzen, bei jeder sich bietenden Gelegenheit Händchen zu halten, bis an die Grenzen der Ohnmacht zu kopulieren und sich für den geliebten Partner buchstäblich selbst zu zerfleischen! Zu einer dauerhaften, sinnvollen Beziehung gehört auch ein ganz gehöriges Quantum an logischem Menschenverstand! Und jetzt ahnte ich langsam, dass Tobias das gesunde Denken total abging. Vielleicht aber hatte für ihn ebenfalls lediglich der Himmel voller Geigen gehangen...

Im Grunde genommen konnte Tobias ja auch gar nicht anders, als letztendlich gegenüber seinen Eltern klein beizugeben, denn er hatte lediglich dann einen Anfall, wenn er sich wirklich mal total aufregte. Dass er sich öfter aufregte als sonst, dafür hätte seine Mutter schon in ausreichendem Maße gesorgt! Komisch war ja alleine schon mal, dass er während unserer ganzen Zeit, in der wir zusammen waren, gesund und vital wirkte – und erst bei dem schroffen Auftritt seiner Mutter einen Anfall bekam. Und so krank, dass wir nicht hätten heiraten können, war er nun auch wieder nicht. Er hätte ein weitgehend normales Leben führen können, mit Ehefrau und ein, zwei Kindern. Urplötzlich schoss mir in diesem Zusammenhang ein weiterer Gedanke durch den Kopf. Genau – seine Eltern!

Sie hatten nichts dagegen gesagt, als wir zusammenzogen und konnten sich mit Leichtigkeit denken, dass wir bestimmt alles Andere taten, als den Rosenkranz zu beten. Allerdings hatte Tobias´ Mutter mich zum Beispiel nie danach gefragt, ob ich die Pille nehmen würde. Nun hätte Tobias mir ja theoretisch einen Braten in die Röhre schieben können. Wenn das nicht sogar noch in einer der letzten Nächte passiert sein konnte. Es war doch ohne Weiteres denkbar. Verhütet hatten wir nämlich nicht. Vielleicht hatte ich ja jetzt sogar ein Brot im Ofen, ohne davon zu ahnen. Wer wusste das schon? Wenn ja, was dann? Wie hätten Tobias´ Eltern sich überhaupt die Zukunft eines Enkelkindes vorgestellt? Vielleicht hätten sie versucht, mich zu einem Schwangerschaftsabbruch zu überreden. Gut, da ist was schief gegangen, da lässt man es wieder weg machen. Wahrscheinlich wären ihnen dabei meine Gefühle gänzlich am Saum vorbei gegangen. Schließlich war ich ja nicht ihre Tochter, sondern nur ein Mädel, dass der Sohn auf den Leisten gespannt hatte. Und wenn ich schwanger geworden sei und mich nun aber für das Kind entschieden hätte? Was bitte dann? Kein Mensch hätte mich zu einem Abbruch zwingen können. Wie wäre es mit einem Kind weiter gegangen? Wäre Tobias mit seiner Vaterrolle zurecht gekommen oder am Ende total überfordert gewesen? Wäre es nicht die Pflicht seiner Eltern gewesen, mit mir bereits über die Krankheit zu sprechen, bevor wir zusammen gezogen waren? Sie hatten mich ja schon kennen gelernt und wussten von unseren Gefühlen, eben so, was wir planten. Aber so weit hatten diese Leutchen wohl auch nicht gedacht. Hauptsache, der Sohnemann hatte für eine Weile war zum Knattern, ein Objekt, an dem er sich eine gewisse Zeit lang abreagieren konnte. Über Kurz oder Lang, so dachten sie wohl, würde er es schon satt an mir haben. Die braven Leutchen hatten auch nur von Zwölf bis Mittag gedacht. Was sie allerdings nicht bedachten, war die Tatsache, dass Tobias es wirklich Ernst mit mir meinte: Es dämmerte ihnen aber irgendwann und ich wurde zur Gefahr. Also mussten sie zusehen, dass sie mich schleunigst aus dem Dunstkreis ihres Sohnes entfernten und mal eben holterdiepolter hinaus wippten!

Und mal angenommen, in Einer der vergangenen Nächte wäre wirklich noch was passiert? Niemand konnte wissen, ob oder ob nicht. Es bliebe abzuwarten...

Und Tobias selbst? Er hatte bittere Tränen geweint, als ich meine Koffer nahm und wortlos ging. Freiwillig hätte er mich niemals ziehen lassen! Seine Mutter musste ihn an diesem Morgen draußen vor der Türe noch ganz massiv unter Druck gesetzt haben. Ich weiß nicht, womit, aber auf alle Fälle mit etwas, dem Tobias auf Grund seiner Krankheit beim besten Willen nicht mehr Stand halten konnte. Jetzt würde er mit Sicherheit schluchzend in seinem Bett liegen, alleine, sein Kissen fest im Arm haltend; das Kissen mit meinem Geruch. Ich sah ihn vor meinem geistigen Auge da liegen, wie er anklagend in die Dunkelheit starrte und fragte: »Warum?«

Mir selbst ging es ja auch nicht anders. Ich flennte leise in mein Kissen, roch noch immer sein persönliches Deodorant an mir. Und fragte mich gleichzeitig: Was hatten wir Schlimmes verbrochen, außer, dass wir glücklich miteinander waren?

Tobias war der erste Mann, dem wirklich etwas an mir lag und der es wahrhaft ehrlich mit mir meinte. Aber er hatte panische Angst vor einem neuerlichen Anfall. Vor jedem neuerlichen Anfall! Und gerade wegen dieser Angst sah er sich gezwungen, es hin zu nehmen, dass ihm seine Eltern die Zukunft mit einer Ehefrau und dem Recht auf ein selbst bestimmtes Leben von Vorne herein bis zur letzten Zuckung vermiesten!

Ich warf mich im Bett herum, fand vor lauter Gedanken keinen Schlaf. Das war so eine Nacht, so eine verwünschte lange, bekackte Nacht. Gestern noch so unendlich glücklich mit Tobias vereint – heute wieder komplett auf die Gnade meiner Mutter angewiesen! Erneut fremdbestimmt!

Gott sei Dank blieb mir wenigstens ein erneuter Aufenthalt bei Frau A. erspart!

Irgendwann schlief ich tief und traumlos ein...

Paps rastet aus

Gleich am anderen Morgen wurde ich durch ein ziemlich robustes Läuten an der Türe geweckt! Ich bekam mit, dass Paps zur Türe ging und aufdrückte. Die Stimme von Frau A. war zu hören. Paps sagte der Frau, ich schliefe noch. Sie aber hörte nicht auf ihn, wollte mich unbedingt sprechen. Ich wollte gerade aufstehen und mir was überziehen, als die Türe aufgerissen wurde und Frau A. im Rahmen stand!

Ich stand ihr gegenüber – nackt, wie die Natur mich geschaffen hatte!

Frau A. plärrte auch gleich ohne den geringsten Anflug von Schamgefühl los: »Wieso haben Sie sich denn gestern Abend nicht mehr bei mir gemeldet? Das war doch so ausgemacht! Können Sie sich denn in einer solch verzweifelten Lage noch ein derart unmögliches Benehmen leisten?«

Ich fletschte ihr als Antwort entgegen: »Ich bin nicht in einer verzweifelten Lage. Ich werde künftig wieder im Elternhaus leben! Hier wird zu Mindest nicht ständig gegen Tiere gewettert und ihnen ihre Seele abgesprochen! Hier kann ich mir mein Haustier nämlich halten! Und um auf Punkt zwei zu kommen: Die Einzige, die sich hier unmöglich aufführt, Sind ja wohl Sie. Das hier ist die Wohnung meiner Eltern, nicht die Ihrige. Ich möchte mich jetzt gerne in Ruhe anziehen. Wenn Sie mit mir palavern wollen, dann verschwinden Sie jetzt aus diesem Zimmer und warten Sie, bis ich angezogen und gewaschen bin. Und selbst dann werde ich Ihnen nur sagen, dass sich die Angelegenheit erledigt hat. Suchen Sie sich doch eine neue, Geld speiende Hausfee!«

Paps packte sie grob am Arm und zerrte sie aus dem Zimmer!

Wütend und geladen wie ein Trommelrevolver schnappte ich nach meinen Sachen und zog mich hastig an, um der Frau auch noch den letzten Rest meiner Meinung zu geigen. Doch dazu kam es dann nicht mehr. Aus der Küche war wieder die Stimme von Frau A. zu hören. Was sie sagte, konnte ich nicht verstehen, weil es zu undeutlich war. Dafür hörte und verstand ich Paps allerdings um so deutlicher!

Er trompetete: »So etwas lasse ich mir nicht bieten! Verschwinden Sie auf der Stelle, sonst werde ich Sie hinaus trimmen! Sie können gerne eine Anzeige wegen Hausfriedensbruchs an den Hals kriegen! Lassen

Sie meine Tochter für alle Zeiten in Frieden! Sie hat schon genug durchgestanden! Sie wurde gewaltsam von ihrem Bräutigam getrennt und weiß noch nicht ein Mal, warum! Sie steht noch völlig unter Schock! Und jetzt kommen Sie in ihrer Eigenschaft als Psychologin daher und veranstalten einen Wirbel! Eine schöne Psychologin sind Sie mir! Hobbypsychologin! Den Titel haben Sie sich wohl an der Jahrmarktsbude geschossen! Und jetzt verschwinden Sie auf der Stelle, sonst mache ich von meinem Hausrecht Gebrauch und bohner´ Sie windelweich! Zum Donnerkeil!«

Es rumste und polterte ein paar Mal gewaltig im Korridor, dann knallte die Wohnungstüre. Sekunden später knallte auch die Haustüre. Frau A. entfernte sich laut zeternd!

Langsam streckte ich den Kopf in den Korridor. Paps war knallrot angelaufen und zitterte am ganzen Leib. Er musste Frau A. ein paar kräftige Tatzen verabreicht haben! Ich fragte, was denn los gewesen sei. Doch Paps winkte ab und sagte, ich solle in die Küche kommen, das Frühstück warte...

Einige Stunden später kam Mutter von der Arbeit. Meine Eltern sprachen miteinander. Noch etwas später sprach ich dann mit Mutter, um vielleicht etwas von ihr zu diesem Vorfall in Erfahrung zu bringen. Mutter nahm mich zur Seite und erklärte es mir: Frau A. hatte Paps in der Küche auf meine ständigen Probleme bezüglich der Männer angesprochen. Wieso ich denn überhaupt immer mit den Mannsbildern zusammen ziehen würde? Von einem Mann sei ja ohnehin keinerlei Zuneigung zu erwarten und was die geschlechtliche Betätigung anginge: das funktioniere auch ohne einen Mann ganz gut. Zu diesem Zwecke sollten die Eltern doch mal mit mir einen Erotikshop aufsuchen. Es gäbe doch unzählige Hilfsmittel, auch für Frauen. Einige dieser Hilfsmittel hätte sie Paps sogar noch aufgezählt. Meine Eltern sollen doch mal darüber nachdenken, mir vielleicht solche Dinge zu besorgen, damit ich ein sexuelles Ventil hätte und nicht wie eine läufige Hündin in der Gegend umher streunen würde! Dann bekäme ich auch diese ekelhaften Mannsbilder aus dem Kopf!

Daraufhin war Paps ganz gewaltig die Hutschnur gerissen…

Mir blieb entsetzt der Mund offen stehen! Diese alte… nee! Mir reichte, dass ich Tobias gerade verloren hatte, die große Liebe meines Lebens! Ich hatte alles Mögliche im Kopf und musste meine Trauer verarbeiten, hatte noch immer keine wirkliche Ahnung, warum wir auseinander gerissen worden waren! Und dann kam die A. mir daher mit … es war einfach nur widerlich…

Julian hatte übrigens auf der Straße auch noch ihre Zeterei mitbekommen. Er kam gerade vom Kiosk und die A. lief mit flammend roter Wange an ihm vorbei, führte auf offener Straße einen lautstarken Monolog! Unsere gesamte Familie gehöre in die Psychiatrie! Alle seien wir seelisch krank! Der Vater krankhaft aggressiv! Die Mutter total emotionsgestört und gefühlskalt! Die Tochter habe einen seelischen Knacks! Alles sei voll gestopft mit Puppen und Plüschtieren! Man hielt sich lebendiges Viehzeug! Die ganze Familie gehöre in die Psychiatrie!

Julian war ganz schön verstört, als er heim kam…

Die A. hatte es ja ohnehin mit der Psychiatrie. Das kannte ich längst bei ihr. Alle sollten und gehörten in die Klapse, nur sie selbst nicht. Sie war so ziemlich der einzige normale Mensch auf Gottes Erdball! Selbst ihre eigene Mutter sollte in die Nervenklinik, weil sie Geld an den Füßen hatte, ein Haus besaß und ein kleines, harmloses Spitzchen hielt. Naja, mit der A. war ich jetzt endgültig durch. Zu Mindest aber wusste Mutter jetzt richtig über diese Frau Bescheid. In der Zeit, als ich nämlich noch bei der A. lebte und mich regelmäßig bei meinen Eltern ausflennte, hatte Mutter mir das Ganze nie abgekauft, im Gegensatz zu Paps. Der hatte meinen Kummer wenigstens noch für voll genommen. Aber nach Mutter´s Meinung hatte ich bezüglich der A. nur »Hirngespinste« im Kopf. Ihrem Denken nach habe ich immer nur versucht, von der A. weg zu kommen, weil ich zu faul zum Kochen und Haushalten sei und keine Lust auf Kirche und Religion gehabt hätte. Es sei mir ja doch nur um ein bequemes »Herumlümmeln« gegangen! Aber die Worte von Paps und Julian hatten ihr nun doch mehr als gründlich die Augen geöffnet.

Ich glaube, ein Teil meiner Familie begann, mich so langsam ein Wenig zu verstehen. Die ganze Aufregung mit der A., der Schock wegen der jähen Trennung von Tobias. Meine Eltern hätten ja auch nichts gegen eine Heirat einzuwenden gehabt. Ich war ja eigentlich sehr brav und Tobias hätte halt einen ganz leichten Knacks weg. Hauptsache, ich wäre glücklich geworden. Wir seien ja auch ein hübsches, junges Paar gewesen. Aber es hat halt eben nicht sein sollen, wie so oft im Leben...

Meist vergrub ich mich in der ersten Zeit in mein Zimmer und grübelte still in mich hinein. Mir kam auch mehrmals der Blitzgedanke in den Sinn, Tobias einen Brief zu schreiben oder ihn klammheimlich zu besuchen. Ich dachte daran, ihm den Vorschlag zu machen, gänzlich ohne das Wissen unserer Eltern zu heiraten. Dann nämlich seien wir ganz legal zusammen und man könne uns nicht mehr auseinander reißen! Wir könnten doch trotz dieser ganzen Widrigkeiten unser gemeinsames Leben meistern!

Diesen Gedanken verwarf ich aber sogleich wieder. Nein, das würde zu Nichts führen. Es wäre eine einsame Türe und die führe unweigerlich irgendwo ins absolute Nirgendwo. Ich selbst wurde mit dieser ganzen Situation kaum fertig, war hoffnungslos überfordert. Was wäre dann erst mit Tobias? Der würde das Ganze ja noch weitaus weniger verkraften! Seine Anfälle würden durch diesen ganzen Stress noch zunehmen – und das würde ihm im Endeffekt mehr Schaden als Nutzen bringen.

Wencke, dachte ich bitter, hör´ auf mit dem Spuk! Das läuft nicht! Finde dich mit der Trennung ab und lass´ Tobias in Frieden! Es ist aus! Ende der Fahnenstange!

Und ganz langsam begann ich, darüber hinweg zu kommen…

Nie wieder Krankenhaus!

Im Spätherbst 1981 machte ich dann einen Erste-Hilfe-Kurs bei einer Hilfsorganisation. Dieser Kurs ging eine Woche in Vollzeit. Mutter hätte mich gerne als Krankenschwester gesehen. Der Kurs beinhaltete neben den üblichen Sofortmaßnahmen auch einen gründlichen Lehrgang in stationärer Pflege. Dazu gehörten unter Anderem Dinge wie Pulskontrolle, Blutdruckmessung, bettlägerige Patienten waschen und umbetten, Wunden spülen, Verbände legen, Mundpflege, das Verabreichen von Medikamenten und Zäpfchen, Decubitusprophylaxe, das Säubern der Nasengänge. Das Entfernen von Wundsekreten, Blutbilder und Blutsenkungen, Patientenfütterungen, Nagelpflege und Vieles mehr!

Nach diesem Lehrgang ging es dann in ein dreiwöchiges Praktikum in das Krankenhaus in P., in welchem ich auch fast neunzehn Jahre zuvor das elektrische Licht der Welt erblickt hatte!

In den ersten drei Tagen arbeitete ich auf der Männerstation. Meine Hacke, das war von Anfang an der reinste Horror! Mehrmals versuchten Patienten, die sich schon auf dem Wege der Besserung befanden, mir beim Blutdruckmessen ans Hinterteil zu grabschen. Die anderen Schwestern außer mir selbst waren alle nicht mehr neu und schon leicht über das Verfallsdatum hinaus. Da kam den Mannsvölkern so ein knackiges, frisches Girlie wie ich natürlich gerade Recht! Einer der Patienten trieb es bereits am zweiten Morgen so toll, dass ich ihm Backenfutter verabreichen musste! Ja, also ich kam früh morgens ins Krankenzimmer – und dieses alte Ferkel lag unter der Decke und hatte seine »Kote« aufgebaut! Ich bekam einen zinnoberroten Kopf und dieser Freak packte mich am Arm, grinste mich frech an und fragte, ob ich nicht mal »Hand anlegen« und ihm »aus der Klemme helfen« wolle! Da habe ich dem wuschigen Luder eine Dröhnung verpasst, dass es nur so klatschte! Es totenstill im Zimmer; man hätte eine Stecknadel fallen hören können! Vier Männeraugenpaare glotzten mich borniert an! Ich hatte doch tatsächlich zugeschlagen! Daraufhin machte, zu Mindest in diesem Krankenzimmer, Niemand mehr irgend welche versauten Mätzchen...

Ein Patientengrüppchen saß regelmäßig im Flur beim Kartenspiel und egal, wie oft ich an den Spielern vorbei musste, es kamen laute Pfiffe und anzügliche Bemerkungen! Der diensthabende Chefarzt bekam das natürlich mit und ab dem vierten Tag steckten sie mich dann endlich auf die Interne Frauenstation!

Beim weiblichen Patientenklientel kam ich sehr gut an und sie kamen auch gut mit mir aus. Oftmals steckten sie mir Bonbons oder ein kleines Taschengeld zu. Dafür durfte ich ihnen dann die voll gekoteten Gummibeutelchen von den künstlichen Darmausgängen abziehen und neue Beutel aufkleben. Die kranken, alten Ladies fanden es einfach großartig, mit welchem Elan ich ihnen die voll gebrochenen Kissenbezüge gegen Neue ersetzte und waren begeistert, wie freundlich lächelnd ich sie aufs Thrönchen setzte und ihnen nach erfolgreicher Sitzung die Popos abwischte. Einer alten Patientin musste ich während einer Darmspiegelung das Händchen halten. Eine andere Omi litt unter chronischem Aftersausen – also massivem Durchfall – und musste mit ziemlicher Regelmäßigkeit alle halbe Stunde auf die Bettpfanne. Man nennt es auch »Azteken-Galopp«. Mein Gott, da war vielleicht was los! Schon vor dem Frühstück war ich so ziemlich satt!

Eine junge Lady hatte gerade ihre Menstruation – und außerdem noch zwei gebrochene Arme, komplett eingegipst. Bei ihr hatte ich dann die Ehre, die alten Tampons zu entfernen und Neue hinein zu schieben! Mahlzeit, kann ich da nur sagen!

Ein Omilein sollte ein Zäpfchen verabreicht bekommen. Die alte Lady war ja nun nicht mehr taufrisch, sondern voller Runzeln und Falten wie ein chinesischer Shar-Pei-Hund! Sie muss in der Vergangenheit ein massives Übergewicht gehabt und dann viel zu schnell und zu drastisch abgespeckt haben. Jetzt bestand sie praktisch von Oben bis Unten nur noch aus lauter weichen und labberigen Hautfalten. Ihre Hinterbacken glichen eher einem Versandhaus-Katalog. Ich musste quasi nach der richtigen »Seite« suchen und blätterte aufgeregt hinten an der alten Dame herum. Als ich dann endlich die »goldene Mitte« gefunden hatte, kam der nächste Schock: Noch mehr Schluchten! Ich wühlte mich da also auch noch durch, fand eine Öffnung und setzte das Zäpfchen an. Die Omi quiekte und fing an zu kichern! Ich schaute, mittlerweile etwas hektisch geworden, noch mal genau hin und wurde zinnoberrot! Wäre die alte Dame noch unberührt gewesen, hätte ich sie spätestens in diesem Augenblick defloriert! War mir das peinlich! Schnell schob ich ihr das Zäpfchen in den Po und machte, dass ich raus kam...

Eines Morgens mussten dann plötzlich mal zwei demente, alte Mütterchen getrennt werden, weil sie sich um ein einzelnes Bett zankten! Die Eine war einfach mit in die Koje der Anderen gekrochen, hieb der Rivalin den spitzem Ellenbogen mit Schwung in die Rippen und versuchte sogar noch, sie zu ohrfeigen und zu treten! Die andere Omi lag am Tropf, krallte sich schreiend an der Matratze fest und spuckte wie ein altes, wütendes Lama ihrer Widersacherin ins Gesicht! Jede der beiden Ladies beanspruchte das Bett für sich!

Man glaubt ja immer, alte Greisinnen hätten keine Kraft. Wir benötigten vier starke Personen, um die Beiden zu trennen...

Eine weitere Omi musste im Rollstuhl zum EKG gefahren werden. Sie war noch nie zuvor in ihrem ganzen Leben ernsthaft krank gewesen und kannte Krankenhäuser praktisch nur vom Hörensagen. Jetzt aber war sie krank und hatte furchtbare Manschetten. Um zum EKG zu kommen, mussten wir an der Entbindungsstation vorbei. Als ich sie dort den Gang entlang schob, machte Großmutti dann plötzlich schlapp und streckte die Flügel! Sie bespuckte sich den Morgenrock und sackte mir halb aus dem Rollstuhl, flüchtete vor der Situation einfach ins Land der tiefen Träume!

Jetzt hatte ich den Salat - weit und breit kein Arzt in Sicht!

Panisch rief ich um Hilfe, aber da wohl alle im Kreißsaal weilten und dort gerade eine gebärende Mutti brüllte, blieb mir nichts Anderes übrig, als in Eigenregie zu handeln. Ich stellte mit dem Fuß die Radblockierung, packte die bewusstlose Omi kräftig im Rautek-Griff und hielt sie erst ein Mal fest, damit sie mir nicht noch total aus dem Rollstuhl knallte. Als ich sie hoch hievte, kam die alte Dame glücklicherweise wieder zu sich, drehte sich halb zu mir um und murmelte grinsend: »Entschuldigen Sie bitte, ich habe mich wohl etwas gehen lassen...« Meine Nerven schleiften im Staub…

Dann kam mir Melanie, eine ehemalige Klassenkameradin, plötzlich auf dem Gang entgegen. Sie war hochschwanger und bereits seit zwei Wochen über die Zeit. Die Geburt sollte am kommenden Tage auf künstlichem Wege eingeleitet werden und ich bekam die Erlaubnis, ihr während der Entbindung beizustehen. Ich erschien pünktlich im Kreißsaal. Melanie schrie fürchterlich. Wäre ich nicht dabei gestanden, ich hätte nicht sagen können, ob diese Schreie von einem Menschen oder von einem Tier gekommen wären! Alles war blutverschmiert. Die Hebamme holte das Köpfchen – und dann bimmelte das Telefon. Ich wurde zurück auf die Interne beordert! Ein Notfall!

Am Nachmittag besuchte ich Melanie dann und erfuhr, dass sie einen Sohn geboren hatte. Der Erzeuger hatte sich nur ein einziges Mal kurz blicken lassen, den kleinen Mann eben begutachtet und war dann nicht mehr aufgetaucht. Melanie stand alleine da...

Dann musste ich eines Tages auf die Kinderstation, zu einem Fall, der zur Onkologie gehörte. Mit dem Begriff »Onkologie« konnte ich zu diesem Zeitpunkt noch nichts anfangen. Ich sollte dort nur einen kleinen Buben füttern. Gut, dachte ich, das ist ja wohl nicht so schwer. Der große Schock kam, als ich das Zimmer betrat und den Kleinen sah! Er hing an Schläuchen und Kathetern, hatte eine Glatze, war total mit Venenzugängen verklebt, ohne Wimpern und Augenbrauen, vollkommen ausgemergelt und zu schwach, um auch nur eine Weintraube zu halten! Es war die Kinder-Krebs-Station!

Ich riss mich ganz gepflegt zusammen, redete mit dem armen Kerlchen und machte mich daran, es zu füttern. Das Knirpschen erklärte mir, es habe Leukämie und wisse, dass es sterben müsse. Aber der arme, kleine Junge schien das allem Anschein nach ganz locker zu sehen. Er sagte mir, er habe absolut keine Angst vor dem Sterben, da er ja zu den lieben Engelchen in den Himmel käme. Traurig sei nur, dass er Mama und Papa dann nicht mehr bei sich habe. Und sein Spielzeug werde er wohl auch vermissen. Aber da Oben würden ja die Engel auf ihn aufpassen und die gäben ihm wohl sicher auch neues Spielzeug...

Das war der bitterste Moment während meines gesamten Praktikums!

Krampfhaft bemüht hielt ich die Tränen zurück und egal, was das tapfere kleine Jungchen über das Jenseits äußerte, pflichtete ich ihm bei. Zwischendurch hielt er meine Hand, lächelte mich ganz treuherzig an und fragte heiser flüsternd, ob ich ihn denn vor dem Sterben noch mal besuchen würde. Ich sagte ihm, das könne ich ihm jetzt noch nicht versprechen, aber wenn es mir möglich wäre, käme ich gerne wieder zu ihm. Ich musste mich ganz verdammt am Riemen reißen, um das Kerlchen zu Ende zu füttern. Zum Abschied flüsterte er mir noch ins Ohr: »Du bist eine ganz liebe Krankenschwester und ich habe dich ganz doll lieb!«

Danach bin ich aufs Klo und habe nur noch abgeflennt! Eine Krankenschwester holte mich da raus und meinte schlicht: »Sterben müssen wir irgendwann alle mal...«

Wenige Tage später ging ich nach Feierabend auf die Onkologie, um das arme Kerlchen zu besuchen. Dieser Kleine, dachte ich, ist so tapfer, der hat Freunde wirklich bitter verdient! Ich hatte ein paar Blümchen für den armen Wurm besorgt. So kam ich also auf die Kinderstation gewackelt. Eine Schwester kam mir entgegen und sprach mich an. Die Blumen könne ich wieder mitnehmen – das arme Jungchen war tot! Sein kleiner Leichnam sei bereits in der Friedhofskapelle!

Trotzdem es nicht mein eigenes Kind war: Ich fühlte mich, als würde mir der Boden unter den Füßen weg gerissen...

In die Unfallchirurgie wurde mal ein »Motorrad-Crasher« eingeliefert. Der junge Mann, gerade ein Mal neunzehn Jahre jung, trug zwar noch den Schutzhelm – aber keinen Unterkiefer mehr! Ich bekam bloß im Vorüberlaufen mit, wie sie mit ihm durch den Eingangsbereich sausten. Er war komplett abgedeckt und ein Notarzt raste neben der Trage her, einen Tropf haltend. Später wurde es auf den Stationen erzählt, was geschehen war. Der junge Mann war in voller Fahrt von seinem Motorrad gestürzt und aufs Kinn geknallt, das ihm bei dem heftigen Aufprall komplett weg gerissen worden war! Donnerhacke, dachte ich, wie hat er das denn nur fertig bekommen? So etwas gibt es doch nicht! Das kann doch von der Logik her gar nicht gehen!

Der junge Mann starb, selbstredend. Ich war total im Eimer und durfte mich für den Rest des Tages beurlauben lassen...

Da lobte ich mir doch wirklich die voll gespuckten, rülpsenden, furzenden und stinkenden Omis von der Internen! Gegen so einige Sachen war das die pure Erholung in Reinkultur! Lieber in diesen faltigen und teigigen Hinterteilen herum blättern, mich durch Hautfalten wühlen und Zahnprothesen schrubben!

An meinem letzten Praktikumstag bekam ich bei der Verabschiedung jede Menge Trinkgelder und sogar Blumen! Bei einigen Omis flossen reichlich Tränen...

Trotz meines sehr guten Zeugnisses – das Hospital hinterließ seine Spuren. Ich hatte vor Ekel zwölf Kilo abgenommen, sah aus wie ein Strich in der Landschaft! Nacht für Nacht verfolgten mich Horrorbilder von abgerissenen Unterkiefern, sterbenden Kindern und furzenden, verkackten, faltigen Hintern. Fürchterlich! Ohne Übertreibung – aber wahrhaft fürchterlich! Das Praktikum hatte gelangt und ich schwor: Nie mehr wieder – nee! Dieser Beruf ist definitiv nichts für dich!
In diesem Leben nicht mehr...

Neue Liebe, neuer Reinfall

In der Zwischenzeit war dann auch Gernot K. in mein Leben getreten! Ihn hatte ich über meine damalige Freundin Marlene kennen gelernt. Genau genommen handelte es sich um ein Blind Date. Eigentlich hätte mir gleich dämmern müssen, dass solcher Art Verkupplungen in den meisten Fällen nichts bringen. Als Frau hast du nämlich sehr schnell den Ruf als Sexobjekt weg und nicht wenige Männer haben schlicht nur einen gepflegten Samenkoller. Man bittet also Jemanden aus dem Bekanntenkreis, eine willige Deern oder einen strammen Kerl klar zu machen. Natürlich unter dem Deckmäntelchen der ehrlichen Absicht. In seltenen Fällen ist es ja auch tatsächlich ehrliche Absicht und aus so manch einem Blind Date gingen schon glückliche Ehen hervor. Ich wollte ja auch keinen Kerl, der mich auf den Leisten spannen sollte, war schlicht und ergreifend neugierig, was für ein Mensch das war, den Marlene mir nahe legte. Ich wollte – zum Donnerkeil – das Leben einfach wieder beim Schopf packen! Wencke, dachte ich, lass es doch einfach mal auf dich zu kommen! Es ist unverbindlich. Schau dir diesen Menschen halt an. Wenn er nichts ist, hat es sich. Vielleicht ist er aber doch etwas. Mal schauen, was weiterhin noch kommt. Du hast alle Zeit der Welt – und Tobias ist einfach nur noch Geschichte. Mach den Jux mit!

Im Stillen amüsierte ich mich immer über diverse Heiratsinserate und was sie wirklich aussagen. Da steht oft: »Junge Frau, sucht nach großer Enttäuschung...« Oder: »Mittvierziger, geschieden, sucht...« Oder: »Einsamer Boy, leider zur Zeit in Haft, sucht...« Oder: »Junge Mutti, allein stehend, mit niedlichem Baby, Traumfigur, langen, schlanken Beinen, samtweichen Haaren, süßem Schmollmund, sucht nach großer Enttäuschung...«

Was bitte soll man sich dabei denn denken? Entweder es wird oft genug die Figur betont – dann giltst du schon mal in erster Linie als ein wuschiges Objekt, das einen Kerl fürs Bett sucht. Fast automatisch. Oder Jemand stellt sich als »Nicht-Trinker« dar. Dann giltst du wahrscheinlich als trockener Alkoholiker, bei dem die Gefahr besteht, dass er bei den ersten kleinen Konflikten wieder ans Koma-Schlürfen kommen könnte. Ein »Nichtraucher« hat vielleicht in der Vergangenheit selbst mal gequalmt wie ein Schlot und sucht einen nicht rauchenden Partner, damit es nicht zu einem Rückfall kommt. Und bist du »zur Zeit in Haft«, hast du einen Dreck am Stecken und brauchst eine warme Bude, wenn deine Knastentlassung droht. Die neue Partnerin kann dann getrost auf dein nächstes Vergehen warten! Als »allein stehende Mutti« oder »allein erziehender Vati« wächst dir oft Haushalt und Kindererziehung über den Kopf und du suchst ein Nutztier, das dir die Arbeit mit den Kindern abnimmt und den lieben Kleinen eventuell auch noch einen ehelichen Namen gibt.

Was »vorhandener Kinderwunsch« bedeutet? Entweder es ist ein von verzweifelter Torschlusspanik befallener Mann, der eine Frau schwängern will oder eine von verzweifelter Torschlusspanik befallene Frau will geschwängert werden! Möglichst muss die Familienplanung dann regelrecht übers Knie gebrochen werden! Genau so sieht es meiner persönlichen Meinung (und Erfahrung) nach doch oft genug aus! Eine ähnliche Erfahrung wie gerade diese sollte ich zu einem späteren Zeitpunkt mit einem solchen Mann ebenfalls noch machen…

Eine meiner Bekannten erzählte mir mal folgende Geschichte, die sie selbst erlebt hatte: Sie hatte Jahre zuvor eine Annonce gelesen. Darin war ein »stattlicher Mann mit vollem, lockigem, brünettem Haar und Silberfäden an den Schläfen« beschrieben. Gut, sie setzte sich mit diesem »gelockten« Mann in Verbindung und es wurde ein Treffen ausgemacht. Diese Bekannte erschien also zu dem Treffpunkt und was kam ihr da entgegen? Ein total glatzköpfiger, instabiler Klappspaten! Sie sprach ihn auf sein »gelocktes, brünettes Haar« an – und er sagte ihr, ja, zehn Jahre zuvor sei das auch so gewesen!

Wie heißt es: Auch ich war einst ein Jüngling mit lockigem Haar – fahre aber mittlerweile schwer Richtung »Eierstadt«!

Himmlisch...

Nie wieder im Leben wird so kräftig Seemannsgarn gesponnen und so vergackeiert und betrogen als in Heiratsinseraten! Irgend einen Knacks müssen diese Menschen meiner Meinung nach doch alle weg haben. Ja, man muss nur tief genug bohren und graben. Gewisse Tatsachen kommen viel schneller zu Tage, als man glaubt!

Heiratsannoncen sind oftmals verlogen und schwülstig. Der Löwenanteil dieser gekenterten Janmaats, die sie aufgeben, wollen sich wohl in erster Linie das Geld für den Bordellbesuch sparen. Die kriegen es auf eine Heirats- oder Bekanntschaftsanzeige billiger und vor allem öfter...

Heute liest man ja oft: »Beruflich stark eingespannt, aus Zeitmangel...« Was bitte bringt einen Menschen dazu, auf eine solche Annonce überhaupt zu reagieren? Wenn man den Absender der Annonce ein Mal kennen- und mit der Zeit vielleicht sogar lieben gelernt hat – was verspricht man sich davon? Dass er dann mehr Zeit hat? Wenn ihm schon die Zeit fehlt, einen Partner kennen zu lernen, wie viel Zeit hätte er dann überhaupt noch dauerhaft für einen anderen Menschen? Hin und wieder kommt er mal auf einen kleinen »Sprung« vorbei! Solche Annoncen sind das Papier nicht wert, auf dem sie gedruckt stehen! Also schleunigst ab damit in die Tonne...

Im Endeffekt ist es doch auch Jacke wie Hose, ob es sich um ein Inserat oder um ein Blind Date handelt. Letztendlich läuft es doch nur auf das Eine heraus – nämlich auf die Befriedigung des eigenen Triebes!

Damals aber verstand ich das leider noch nicht. Der gesunde Menschenverstand, diese gewisse Abgeklärtheit einer erwachsenen Frau, fehlte mir einfach noch. Ich glaubte immer noch an das Gute im Mann und ließ mich auf dieses arrangierte Blind Date mit diesem Gernot ein. An besagtem Nachmittag fuhren Marlene und ich zum Dult. Marlenes Bruder Jochen und dieser Gernot warteten bereits an der Theke des großen Bierzeltes. Wo sonst? Gernot fing ein Gespräch mit mir an, fragte, ob ich tanzen wolle. Da ich schon immer gerne das Tanzbein schwang und außerdem im Zelt eine Live-Band spielte, sagte ich spontan zu. Wir tanzten reichlich, unterhielten uns, tranken. Gernot legte mir den Arm um die Schulter und irgendwann wanderte seine Hand tiefer und landete auf meiner Pobacke!

Heut zu Tage wäre darauf hin meine Hand schwungvoll in seinem Gesicht gelandet, aber damals fasste ich diese Grabscherei sogar noch als Kompliment auf. Heut zu Tage wäre Gernot in meinen Augen nicht mehr als ein gewöhnliches, altes Ferkel, aber damals war er echt ein Schatz. Und ich blieb, trotzdem Gernot an diesem Abend dermaßen turbomäßig Getreide einfuhr, dass er sternhagelvoll war. Um nicht zu sagen: hacke wie ein Waldkauz!

Und das Schönste: Ich fuhr noch mit ihm zu sich nach Hause, damit er unbeschadet in sein Bett kam, um seinen fetten Rausch auszuschlafen!

Danach fuhr ich heim...

Horsts ständige Schlürferei hätte mir im Prinzip ja schon den Rest geben müssen. Vielleicht war das bei Gernot jetzt nur eine Ausnahme, ging mir durch den Kopf. Er hat in der Freude halt Einige zu viel über den Durst getrunken. Ich war ja auch nicht verliebt. Gernot war nur eine flüchtige Begegnung. Ich hatte mal wieder was unternommen, hatte getanzt und mich gut unterhalten. Natürlich dachte ich hin und wieder an Tobias, aber ohne jegliche Wehmut. Für diese arme Sprotte hatte ich nur noch Bedauern übrig. Sein Gesicht war mit den Monaten immer mehr verblasst. Und Gernot würde sich ohnehin nicht mehr bei mir melden. Ich war nicht verliebt. Weshalb mir also noch einen Kopf darum machen...

Ich hatte mich gründlich geirrt, denn Gernot meldete sich bei mir!

Er entschuldigte sich auch sogleich für seinen Auftritt und lud mich auf einen Spaziergang ein. Wir bummelten durch die Innenstadt, lernten uns ein Wenig kennen.

Von da an machten wir oft Spaziergänge und Gernot war auch stets nüchtern wie ein Richter. Er nahm mich mit zu sich nach Hause und ich lernte seinen Mitbewohner kennen, Winnie. Der war schwul und hatte sein eigenes Zimmer. Küche und Bad teilten die Beiden sich. Winnie war sehr nett und freundlich. Gernot kam auch des Öfteren zu uns auf Besuch und lernte meine Familie kennen. Mit seiner Eigenen hatte er sich bereits seit Jahren überworfen. Er hatte keine Geschwister, war Achtundzwanzig und machte alles Mögliche an Gelegenheitsjobs. Zur Zeit arbeitete er als Straßenreiniger.

Gut, wir gingen eine Weile miteinander und erlebten sehr schöne Zeiten. Dann, eines guten Tages, kamen Gernot und sein Freund Jochen zu uns nach Hause. Sie hatten eine Flasche Sekt dabei. Ich überlegte, was es denn zu feiern gäbe. Niemand von uns hatte Geburtstag und es hatte auch Keiner im Lotto gewonnen. Jochen verzog sich in unser Wohnzimmer und Gernot tuschelte mit Mutter. Die schmunzelte, kramte Gläser heraus und meinte, ich solle mal kurz zu Jochen. Der grinste mich nur blöde an und kicherte. Dann rief Mutter uns in die Küche und wir stießen zu Viert an. Ich setzte das Glas an den Mund, ahnte noch immer nicht das Geringste. Alles glotzte mich erwartungsvoll an und Mutter sagte noch, ich solle sehr vorsichtig trinken. Hä? In diesem Moment klackte etwas gegen meine Zähne. Ich griff danach – es war ein Ring! Ich starrte alle der Reihe nach ganz borniert an und Gernot erklärte mir schmunzelnd und glucksend, dass er sich soeben mit mir verlobt habe!

Normalerweise hätte ich Gernot den Ring zurück geben sollen, da mir die ganze Angelegenheit viel zu überstürzt schien. Irgendwie fühlte ich mich total überrumpelt. Doch da Gernot es schon so offiziell machte, nämlich im Beisein meiner Mutter, schien er es ja wirklich Ernst zu meinen. Also ließ ich mir von meinem Bräutigam den Ring aufstecken...

Hin und wieder durfte ich auch schon bei meinem Liebsten übernachten. Winnie zog sich dann ganz friedlich in sein eigenes Zimmer zurück. Für ihn war ich so etwas wie eine kleine Schwester. Wir kamen sehr gut miteinander aus und liefen uns in der Wohnung auch nur selten über den Weg. Er hatte in seinem Privat-Gemach hin und wieder Männerbesuch, doch Gernot und ich bekamen von dem ganzen Trara nichts mit. Zu diesem Zeitpunkt hatte ich ja auch nichts Negatives gegen Schwule einzuwenden. Sie waren halt eben, wie sie waren…

Jedenfalls belästigten mich »die Jungs von der anderen Feldpostnummer« nicht. Gernot ließen sie auch in Ruhe und akzeptierten uns als Hetero-Paar. Winnie, Gernot und ich führten irgendwann mal ein langes, ausführliches Gespräch und wir setzten uns mit dem Vermieter zusammen. Ich packte also meine Sachen und zog nun endgültig zu meinem Bräutigam!

Gernot hatte zwar ein sehr schlechtes Verhältnis zu seinen Eltern, aber trotzdem besuchten wir sie mal. Wir saßen bei Kaffee und Kuchen zusammen, sprachen über eine baldige Heirat. Gernots Mutter schaute mich traurig an und sein Vater meinte nur, sein Sohn solle wenigstens diesmal keine Faxen mehr machen. Gernot habe ja bereits eine uneheliche Tochter und die Beziehung zur ehemaligen Freundin in den Sand gesetzt. Er solle sich endlich mal eine geregelte Arbeit suchen und für uns Beide nach einer eigenen Wohnung schauen, um von diesem Winnie weg zu kommen. Und für den Fall, dass wir Eltern würden, solle Gernot sich gefälligst seiner Verantwortung stellen. Meine Güte, putzte der Alte seinen Sohn zurecht!

Dass Gernot eine uneheliche Tochter hatte, wusste ich längst. Das Ganze war mir also nicht neu. Die Beziehung war halt schief gegangen. Zur Tochter hatte er auch keinen Kontakt. Seine Ex hatte mittlerweile auch einen neuen Freund und Gernot wollte zu seiner Tochter auch keinen Kontakt, weil die Kindsmutter wohl einen Vaterschaftstest verweigerte. Sie musste es ziemlich bunt getrieben haben. Daraufhin war er aus der Beziehung ausgebrochen. Aber deswegen, dachte ich, muss ihn sein Vater doch nicht so zurecht stutzen!

Sein Vater stutzte aber weiter und sagte seinem Sohn, dass Dieser jetzt, da er wieder in einer Beziehung leben würde, auch nicht mehr laufend sein ganzes Geld für Fußballkarten verprassen könne. Fußball könne Gernot auch vor dem Fernseher haben. Er könne mich für das Geld ja auch mal ins Restaurant ausführen. Und er solle sich mit dem Alkohol mäßigen. Sauferei sei nur Gift für eine Beziehung. Das Geld könne man besser verwenden, zum Beispiel für eine gemeinsame Wohnung. Wir wären dann von diesem schwulen Kerl weg und hätten auch mal so etwas wie eine ureigene Privatsphäre! Gernot grinste seinen Vater betreten an und antwortete, natürlich wolle er sich feste Arbeit suchen und sich um eine eigene Wohnung bemühen. Und jetzt, wo ich da sei, habe er zum Saufen ja eh keinen Grund mehr. Er wolle sich auf alle Fälle bessern!

»Jaja« heißt bekanntlich: Schmatz´ mich am Steiß...

Wir verabschiedeten uns bald. Kaum waren wir aus der Türe, schien Gernot die Worte seines Vaters eben so wie seine eigenen guten Vorsätze bereits wieder vergessen zu haben! Er führte mich noch in seine frühere Stammspelunke – wo er dann reihenweise Brote stemmte! Bis zur Schädeldecke dröhnte er sich mit Spiritus zu! Über drei Stunden hingen wir da in der Spelunke herum. Als Gernot bezahlen wollte, glitt ihm das Portemonnaie aus den Fingern. Er bückte sich danach, kam aber Minuten lang nicht mehr hoch! Zusammengefaltet, buchstäblich wie ein Grizzlybär in der tiefsten Winterruhe, lehnte er in Hockstellung unten am Tresen, den Rücken gegen das Holz gestützt, und ließ den Kopf hängen so nach dem Motto: Guter Mond, du hast es gut! Zwölf Mal im Jahr, da bist du voll – und ich bin´s alle Tage…

Ich war total entgeistert, aber der Wirt winkte nur lachend ab. »Ja, das ist so bei Gernot. Der Knabe ist mir schon bekannt, seit er ein kleiner Fietje war. Gernot hat bereits sehr früh das Schlürfen angefangen. Das ist jedes Mal so bei ihm. Vielleicht kommt er wieder hoch, vielleicht auch nicht. Er hat seinen Eltern schon immer Kummer bereitet. Jetzt macht er da Unten erst ein Mal ein Nickerchen. Ich kann dir nur dringend raten, diese Schnapsdrossel ganz schnell zu vergessen. Es gibt bessere Kerle als ihn…«

Ganz im Stillen wunderte ich mich über die Worte des Kneipenwirts. Wenn er der Meinung war, Gernot habe seinen Eltern immer wieder Kummer gemacht – warum schenkte er ihm dann noch reichlich und großzügig Alkohol aus? Half er damit nicht, den Kummer der Eltern noch zu vergrößern? Natürlich tat er das. Er verdiente sich am Elend der Säufer im Prinzip eine goldene Nase. Alles Andere konnte ihm im Grunde doch völlig schnuppe sein. Gerade diese Dauerhocker brachten das große Geld herein – und ein Kneipenwirt will ja schließlich auch leben...

Nach einigen Minütchen tauchte Gernot dann so langsam wieder aus der Versenkung auf! Wir zahlten; ich packte Gernot am Kragen und schleifte ihn ins Freie. Mittlerweile war es schon dunkel und ich wollte irgendwann ja auch gerne mal wieder nach Hause. Gernot lief wie bei Windstärke Zehn, in gepflegtem Zickzack, und brabbelte unverständliches Zeug vor sich hin. Er hing voll in den Wanten. Wir kamen an einem Haus mit Vorgarten vorbei. Was machte Gernot? Er stolperte über das niedrige Zäunchen, schlug der Länge nach in eine kleine Hecke und begann auf der Stelle, lauthals orgelnd zu schnarchen! Mein Gott, fuhr mir durch den Kopf, was für eine Blamage! Wie sollte ich meinen völlig zugeknallten Bräutigam jetzt hoch bekommen und wieder auf die Beine stellen? Mir hingen die letzten Nerven auf dem Schlips! Auf der spätabendlichen Straße war Niemand zu sehen – und ich stand da, neben meinem laut schnarchenden, im tiefen Koma liegenden Bräutigam!

Dann aber fasste ich einen Entschluss. Na gut, dachte ich, dann sieh mal zu, wie du die Nacht verbringst – ich jedenfalls fahre heim! Zuvor aber popelte ich noch seine Brieftasche mit dem Geld aus seiner Hose. Dann ließ ich ihn liegen, ging in Richtung Busbahnhof und fuhr ungerührt nach Hause...

Irgendwann am nächsten Vormittag kam er reichlich blass und verwuselt daheim an! Er war ganz aufgelöst und erklärte mir, man habe ihm die Brieftasche gestohlen. Er sei im Morgengrauen zu sich gekommen, habe sich in einem Vorgarten in einer Hecke liegend wiedergefunden – und ich sei fort gewesen! Das Letzte aus der Nacht, an das er sich erinnern könne, sei, dass er plötzlich von Hinten einen gewaltigen Schlag bekommen habe. Am Morgen seien Leute um ihn herum gestanden, die ihn besorgt angestarrt hätten. Er habe sich hoch gerappelt und festgestellt, dass seine Brieftasche entwendet worden sei. Er habe geglaubt, ich sei entführt worden oder einer Vergewaltigung zum Opfer gefallen. So habe er nach mir gesucht und sei dann nach Hause gelaufen – und zwar die gesamte lange Strecke!

Ich hielt ihm die Brieftasche hin und fletschte: »Das alles kommt durch deine Scheiß-Zwitscherei! Solche Mätzchen ziehst du mit mir nicht ab, mein Freund. Ich bin nicht so dämlich und bleibe brav und treu ergeben neben dir stehen, bis du dich geruhst, deinen Vollrausch in irgend einer Hecke auszuschlafen! Es ist mir absolut unbegreiflich, wie Jemand sich überhaupt bis zum völligen Black-out besaufen kann! Hoffentlich war dir das eine Lehre!«

Gernot stand da und glotzte mich blöde an! Ich sagte ihm, solch eine Show solle er nie mehr wieder mit mir abziehen. Ich wolle mich nicht bis auf die Knochen blamieren, weder in einer Gaststätte noch auf der Straße. Dass es außerdem noch andere Männer gäbe – und zwar Nicht-Schlürfer! Es gäbe genügend hübsche Fische im Teich...

Der schwule Winnie ließ mittlerweile mit seinen Gleichgesinnten auch so langsam den perfekten Supergau raus!

Die fäkalverschmierten Handtücher, mit denen sich die »sexuelle Minderheit« nach vollbrachtem körperlichem Beisammensein abwischte, lagen nun morgens mit schöner Regelmäßigkeit im Bad herum. Auf dem Boden, auf dem Toilettendeckel, über dem Wannenrand. Es roch nach Schweiß und Fäkalien. In der Klosettschüssel schwammen benutzte Kondome, die man vergeblich hatte zu entsorgen versucht. Ich schaffte alles weg und machte sauber. Zum Glück verfügte dieser Haushalt über dicke Gummihandschuhe und Desinfektionsspray! Vierundzwanzig Stunden später war das Bad wieder eine Achterbahn und es stank erneut wie in einem ordinären Zuchtbullen-Stall!

Erneut putzte ich alles weg und Winnie verließ sich anscheinend still schweigend auf mich. Nach dem zweiten, dritten Mal aber riss mir dann endgültig der Geduldsfaden und ich giftete Winnie zusammen!

»Es stinkt morgens im Bad!«, brüllte ich, »Überall liegen die Kondome und die Dreckfähnchen herum! Mir reicht es! Ich kann mittlerweile vor Ekel nicht mehr essen! Künftig wirst du deine Sauereien selbst weg machen! Ich will, dass das Bad glänzt! Und wenn nicht, werde ich mich beim Hauswirt beschweren und ihm alles zeigen! Du kannst mich beim Wort nehmen! Basta!«

Von diesem Tage an war das Bad blitzblank, wie geleckt...

Irgendwann kam dann durch einen dummen Zufall heraus, dass Gernot mich mit einer Anderen betrog. Er verriet sich selbst! Wir waren mitten in den körperlichen Aktivitäten, da stöhnte er mir plötzlich den Namen »Sabine« ins Ohr!

Ich glaubte, mich verhört zu haben und stieß ihn sofort von mir herunter. Gerald meinte ganz locker, ja, dann wüsste ich es jetzt eben. Diese Sabine sei um etliche Klassen besser als ich. Die würde nicht so einen Mumbo veranstalten, wenn er mal »Einen über den Durst« trinken würde – und zum Fußball könne er sie auch mitnehmen. Die würde sich auch wenigstens noch für Fußball interessieren. Sie würde die Titten nicht unter BHs und dicken Pullis verstecken, so wie ich das täte!

Ich nickte nur, stand auf, wusch mich und zog mich an. Jetzt hatte er endgültig bei mir verkackt! Ich setzte mein Pokergesicht auf und tat meine ganz normale Hausarbeit. Gernot machte sich frisch, grinste mich frech an und verließ die Wohnung. Es war ganz klar, dass er jetzt zu dieser Sabine ging, um sich das von ihr zu holen, was er ja ganz offensichtlich von mir nicht bekam. Er wollte es zu Ende bringen; in irgend ein Gefäß musste er schließlich jetzt dringend hinein spucken...

Ich war alleine – und auf diese Gelegenheit hatte ich auch nur gewartet!

Kurz und gut: Ich fuhr zum Pfarrbüro und erzählte dort, was los sei. Man besorgte mir ein winziges Appartement im Haus von Therese und Hans Gr., die ebenfalls regelmäßige Kirchgänger waren. Die hatten ein eigenes Mietshaus und unter dem Dach befanden sich drei Appartements. Im Ersten wohnte Nils, ein junger Student. Im Zweiten wohnte Björn-Gustav, ein älterer Schwede. Das Dritte war für mich. Eingerichtet war es mit Teppichboden, einem Bett, einem kleinen Tisch, einem Sessel, einem Tischregal, einer Kommode und einem Hängeschrank. Mehr wäre da auch beim besten Willen nicht hinein gegangen. Um es mal so auszudrücken: Das ganze Appartement war 8 qm klein und hätte ein Rottweiler sich drei Mal um die eigene Achse gedreht, wäre das

Kämmerchen hoffnungslos überfüllt gewesen! Aber ich war den Gr.s wirklich von ganzem Herzen dankbar!

Bad und Küche sollte ich mit den beiden Männern teilen. Diese Hüttchen waren auch so winzig. Da wäre besagter Rottweiler unter der Dusche abgesoffen – Schiff ahoi!

Aber mir war das egal. Ich würde halt unter äußerst beengten Verhältnissen leben, war dafür andererseits aber von Gernot weg. Und ich war Therese und Hans sehr dankbar. Es waren wirklich nette Leute und für die Warmmiete nahmen sie monatlich nur einhundert Mark. Die erste Miete zahlte ich sofort und nahm von Therese auch gleich die Schlüssel in Empfang!

Ich lächelte still vor mich hin und marschierte die kurze Strecke zum Elternhaus. Jetzt konnte Gernot ja seine »fußballtittensauferotische« Sabine haben. Mit meiner Überraschung aber würde er wohl nicht rechnen. Nun, Gelegenheit macht Diebe...

Ich trank bei Mutter einen Kaffee. Als sie fragte, was Gernot mache, sagte ich: »Fremd wildern!« Auf Mutters entsetztes Gesicht hin erklärte ich ihr mit ganz cooler Miene, ich hätte mir soeben ein eigenes kleines Appartement besorgt, übers Pfarrbüro, möbliert, wenige Minuten vom Elternhaus entfernt. Die Miete hätte ich bereits bezahlt, grinste ich und wedelte mit dem Schlüssel vor Mutter herum. Ob Mutter so freundlich wäre, mich zu Gernots Bude zu fahren, damit ich meine Koffer bei ihr ins Auto packen könne. Mutter war so freundlich; wir schnappten unsere Jacken und fuhren los!

Wir kamen an. Mutter wartete im Wagen. Ich ging hoch, packte wortlos und still vor mich hin lächelnd meine Sachen. Gernot hatte mittlerweile wohl seinen Trieb gestillt und war wieder zurück. Er saß auf der Couch und glotzte mich erstaunt an! Ich gab ihm den Verlobungsring und seine Schlüssel zurück und flötete fröhlich, damit könne er ja jetzt seine Sabine beehren!

Anscheinend machte Gernot mein Auszug doch mehr aus als gedacht, denn jetzt fing er an, kränkend und ungerecht zu werden. Er meinte, jetzt plötzlich, dass er mit mir die Ehe eingegangen wäre, wenn – oder sobald – ich schwanger geworden wäre. Ich sei ja zu blöde, um überhaupt schwanger zu werden. Über Kurz oder Lang hätte er mich eh raus geschmissen und er sei direkt froh, wenn ich weg sei!

Nun ritt mich der Teufel! Ich würde einen fiktiven Liebhaber entwerfen!

Ich lachte ihm ins Gesicht und sagte: »Das weiß ich. Glaubst du, ich selbst hätte nicht vor gehabt, bei dir Wurzeln zu schlagen oder mit dir die Ewigkeit zu verbringen? Dich kann man ja verkohlen, wo du dabei stehst Du bist ja echt so einfältig, dass dich die Gänse beißen! «

»Was soll das denn jetzt heißen?«, fuhr er mich zerknirscht an.

Ich schürzte demonstrativ die Lippen und meinte: »Naja, also Erstens mal deine überstürzte Verlobung mit mir. Es war mir von Anfang an klar, dass du das ganze Affentheater doch lediglich inszeniert hast, um öfter mit mir ins Bett hüpfen zu können. Ernst genommen habe ich diese Verlobung sowieso nicht. Für mich war es praktisch nur eine Gelegenheit, mal eine Zeit lang aus dem Dunstkreis meiner Eltern zu verduften. Glaubst du etwa ernsthaft, ich hätte Lust darauf, eine Dauerbeziehung mit einem Burschen einzugehen, der in Hockstellung vor der Kneipentheke ein Nickerchen macht, sich im sturzbeschlürften Kopf nachts in eine Hecke legt und auch noch so dämlich ist, sich in diesem Zustand die volle Brieftasche klauen zu lassen? Als ich dich zum ersten Mal sah, wusste ich gleich, wie du gestrickt bist. So eine arme, verkommene Sprotte habe ich als Vater für meine künftigen Kinder nicht eingeplant, eben so wenig für mein eigenes Leben! Und weil ich mit dir keine Kinder haben wollte, habe ich schließlich ja auch die Pille genommen. Du hast doch jeden Abend gesehen, dass ich sie nahm. Obendrein hat es mir fern gelegen, dir auch noch ein Kuckuckskind unterzujubeln!«

Gernot sprang wie von der Tarantel gebissen hoch, holte entsetzt Luft und setzte sich wieder. »So ist das also!«, fletschte er. »Es ist ein anderer Kerl im Spiel! Wie lange geht das schon?«

»Schon lange vor der Sache mit der Hecke.«, sagte ich abgebrüht, »Sicher erinnerst du dich doch bestimmt daran, wie oft ich dir gesagt habe, ich fahre auf einen Kaffee zu meinen Eltern. Gefahren bin ich, aber bestimmt nicht zu meinen Eltern! Denn da du vom Verstand her ja nicht gerade eine Leuchte bist, ist schlecht zu übersehen. Da habe ich mich halt anderweitig orientiert und daraus ist eine wahre Liebe gewachsen. Gut, dann weißt du es ja jetzt auch. Aller Wahrscheinlichkeit nach kenne ich meinen neuen Gefährten bereits länger als du deine Titten-Sabine.

Außerdem willst du mich doch ohnehin los werden. Da kann es dir also vollkommen gleich sein, dass da ein anderer Mann im Spiel ist!«

Gernot wurde leichenblass! Nun ritt mich erst so richtig der Beelzebub!

Ich nickte nur bierernst: »Nee, mein neuer Gefährte interessiert sich nicht wie du für Saufen, Fußball und Titten, sondern für das Tierreich dieser Erde. Der ist deutlich gebildeter als du und genießt abends lieber mal bei Kerzenschein in aller Gemütlichkeit ein Glas Rotwein, als in einer verräucherten, verqualmten Spelunke literweise die Biere in sich hinein zu schütten und seinen Verstand zu versaufen. Er ist es auch gewesen, der mich bei der Wohnungssuche tatkräftig unterstützt hat und nun bei der Renovierung mit anpackt. Ganz fertig ist die Wohnung zwar noch nicht, aber wäre sie es gewesen, wäre ich schon etwas eher aus deinem Leben verschwunden...«

Ich nahm meine Koffer und Taschen, drehte mich noch ein Mal frech feixend zu Gernot um und sagte: »Ach ja... grüß´ doch deinen warmen Genossen noch von mir! Winnie kann jetzt mit dem Klo wieder machen, was er will! Danke, bemüh´ dich nicht; ich finde alleine raus…«

Damit ließ ich den immer noch fassungslos glotzenden Gernot auf seinem Platz sitzen, ging nach Unten zu Mutter und lud die Koffer in den Wagen. Ab ging es zurück zu meinem neuen Appartement – und hinein in ein neues Leben als glücklicher Single!

Sollte Gernot sich doch von dieser fußballgeilen »Titten-Sabine« beglücken lassen. Es würde schief gehen, genau so wie Gernots Beziehungen immer scheiterten. Er würde sich sehr bald an diesem nächsten Objekt auch abreagiert haben!

Was übrigens Schwule angeht: Männer, die das natürliche Verhalten von Frauen in lächerlicher, affektierter und total überzogener Weise nachäffen, sich ganz offensichtlich noch an den Exkrementen des Anderen erquicken, ihre benutzten Kondome ins Klosett werfen, ohne abzuspülen, Flanell-Handtücher als Toilettenpapier zweckzuentfremden und es dann noch einem jungen Mädel überlassen, diese Sauereien tagtäglich zu entfernen – dazu will und kann ich nichts mehr sagen! Sie können ja meinetwegen so homophil sein, wie sie wollen: Jeder nach seiner Fasson – aber sie können sich dennnoch wie Menschen verhalten!

Diesen Ekel, den ich mit dieser »sexuellen Minderheit« erlebt habe, werde ich nie wieder los!
Respekt, Toleranz und Akzeptanz haben irgendwo ihre Grenzen…

Single-Glück

In meinem Vorort wohnte ich also jetzt in der B...straße und richtete mich auf ein Leben als eingeschworener Single ein. Da ich mittlerweile ja auch schon seit geraumer Zeit als Reinigungskraft in einem Theater arbeitete, hatte ich nun auch genügend Ablenkung, um die Enttäuschung mit Gernot zu schlucken. Und wenn ich abends nach Hause kam, war Hamsterdame »Mattie« schließlich auch noch da. Einen Fernseher brauchte ich nicht, denn ich war sehr oft mit Meral, meiner kurdischen Freundin, unterwegs. Die hatte Gernot auch kennen gelernt. Ich erzählte ihr den ganzen Schmus und wieso es zu dieser Trennung gekommen war. Meral stimmte mir zu und meinte, ich hätte genau richtig gehandelt; sie hätte es auch getan!

Nun ist es auch wirklich nicht so, dass mir das Ganze leicht gefallen wäre, trotzdem die Trennung ja von meiner Seite ausgegangen war. Im Gegenteil, ich fühlte mich ein Mal mehr wie das letzte Stück Dreck. Jetzt, da ich mein eigenes Appartement bezogen und genug Zeit zum Nachdenken hatte, begann ich sogar, die Schuld am Scheitern dieser unseligen Beziehung bei mir selbst zu suchen. Lange zermarterte ich mir den Schädel. Was hatte ich nur diesmal wieder falsch gemacht? War es ein Fehler, die Wohnung sauber zu halten, Wäsche zu waschen, zu bügeln, für den Bräutigam zu kochen, für ihn die Einkäufe zu machen, für ihn zu arbeiten, mit ihm zu reden, mich für ihn zu pflegen, mit ihm zu kuscheln, mit ihm durch die Pinten zu ziehen, mit ihm gemeinsame Freunde zu besuchen, mit ihm zu scherzen und für ihn die Beine zu spreizen? Waren das alles Fehler gewesen?

War es falsch, dass ich ihm eine Kameradin war – und gleichzeitig konterte, wenn mir seine mehr als derben Unarten nicht gefielen? Hätte ich zu Allem, was er tat, einfach Ja und Amen sagen sollen, auch wenn mich manchmal selber dabei das kalte Fräcken überkam? Hätte ich, während er volltrunken in der Hecke schlummerte, seinen seligen Schlaf bewachen und ihn mit Rosenblättern bestreuen sollen? Mich weiterhin von meinem eigenen Lebensgefährten verhonepiepeln lassen? Wortlos hin nehmen, dass er mich mit einer Anderen betrog? Mir auch weiterhin

Beleidigungen an den Kopf werfen zu lassen? Weiter die blöde, gutmütige, treudoofe Schnucke spielen?

Nee, danke! So schnell würde ich mich nicht noch ein Mal auf eine Beziehung einlassen. Mit so etwas erst recht nicht mehr. Gernot sollte bleiben, wo der Pfeffer wächst. Vergackeiern konnte ich mich auch alleine. Lieber würde ich Single aus Überzeugung. Und so prüde, wie er mich darstellte, war ich nun ehrlich und wahrhaftig nicht! Jedoch ist ein wirklich achtbare Mann doch wohl eher glücklich, wenn er der Einzige ist, der die nackten Brüste seiner Liebsten zu sehen bekommt – und eine Frau, die etwas auf sich hält, hat es doch bestimmt nicht nötig, sich zur Belustigung eines Kerls ohne BH und nur mit einem dünnen T-Shirt vor aller Welt öffentlich zur Schau zu stellen, nur damit irgend welche wuschigen Aasgeier was zu glotzen haben!

»Titten-Parade« gibt´s vielleicht am Ballermann – aber nicht bei mir!

Ich laufe weder in Sack und Asche herum noch trage ich einen Beutel über dem Kopf. Aber ich treibe auch keine optische Prostitution in aller Öffentlichkeit und trotz meiner erzkonservativen Kinderstube bin ich weder eine Heilige noch eine Femme fatale, sondern nur ein Mensch mit einem eigenen Willen! Und darum war ich auch gegangen...

Ich besuchte jetzt des Öfteren meine Eltern oder lud Julian zu mir ein auf Čevapčiči oder Spaghetti Bolognaise. Innerhalb kürzester Zeit bekam Frau A. natürlich automatisch spitz, wo ich jetzt wohnte. Sogleich versuchte sie ihre Chancen auszuspielen und lud sich des Öfteren selbst bei mir ein. Ich bekochte sie dann, gezwungenermaßen, aus Höflichkeit. Sie meinte, ich solle mich doch mal wieder bei ihr blicken lassen. Als ich ihr sagte, dazu hätte ich keine Zeit, meinte sie, jaja, ich hätte ja sonntags auch wohl keine Zeit mehr für den Gottesdienst. Ich antwortete ihr, jawohl, das sei richtig. Sonntags würde ich mich nämlich ausschlafen. Ich lege, jetzt, da ich frei sei, keinen gesteigerten Wert mehr auf total überholte Dogmatismen, Georgel, Predigten und Grabgesänge. Meine Freizeit sei knapp genug und die wolle ich genießen. Mit Arbeit, Haushalt, Familie und Freundin sei mein alltägliches Leben ausgelastet genug. Der Sonntag sei mein ganz ureigener, persönlicher Ruhetag, an dem ich auch gerne ein Mal zur Stricknadel griffe und Musik hören wolle. Das reiche mir dann auch!

Frau A. sah mich völlig entgeistert an und wollte wissen, seit wann ich mich von der katholischen Kirche abgewandt habe. Ich antwortete ihr, von dem Tage an, als ich bei ihr ausgezogen sei. Mir sei die Lust, vierundzwanzig Stunden am Tag mit mir aufgezwungenen und total überalterten Doktrinen leben zu müssen, ein- für alle Male gründlichst vergangen. Das Christentum sei nun ein Mal einfach nicht meine Werft. Nun, da ich gelernt habe, meine eigene Herrin zu sein, in meinem eigenen Appartement zu leben, zusammen mit meinem Tier, eigene Entscheidungen treffen zu können und mir meine Freizeit ganz nach meinem eigenen Gusto zu gestalten, ginge es mir sehr viel besser!

Frau A. war für´s Erste ziemlich bedient und verabschiedete sich dann auch sehr schnell. Ich gab mich so gelangweilt und gleichgültig wie eben möglich, zeigte dieser Frau demonstrativ deutlich meine gegen sie gerichtete Aversion. Ich machte auch keinerlei Anstalten, sie hinaus zu begleiten, nickte nur und nuschelte ihr zu, sie wisse ja, wo es raus ging...

Viel allerdings nutzte es nicht, denn sie schellte immer noch von Zeit zu Zeit bei mir an. Hörte ich, dass sie im Hause war, verhielt ich mich mucksmäuschenstill und machte gar nicht erst auf. Bekam ich es nicht mit, dann ertrug ich halt ihr frömmlerisches Getratsche und ihre verzweifelten Versuche, mich bekehren zu wollen, gab mich völlig desinteressiert und schlug vor Freude fast Purzelbäume, wenn sie wieder abrauschte...

Irgendwann aber kamen mir schließlich Meister Zufall und Mattie zu Hilfe!

Ich spielte gerade mit der Hamsterlady, als es schellte. Also ging ich zur Türe – Mattie in der Rechten – und öffnete. Es war – wieder ein Mal – Frau A.! Ihr erster Blick fiel auf das winzige Tierchen in meiner Hand! Sie wurde weiß wie ein Kabeljau, prallte mit weit aufgerissenen Augen zurück und schrie, dass es nur so durch das Treppenhaus schallte! Mattie, neugierig geworden, streckte sich lang, machte Männchen und glotzte der ungebetenen Besucherin herausfordernd ins geschockte Gesicht! Frau A. japste verkrampft nach Luft und nachdem sie sich halbwegs wieder in der Gewalt hatte, verlangte sie, ich solle dieses »Vieh« in den Käfig stecken – sonst käme sie nicht hinein!

Da mir ihre abgedroschenen Hirngespinste bezüglich der Fauna bekannt waren, ritt mich nun richtig der Teufel und ihr ich sagte ihr, das

käme überhaupt nicht in Frage! Schließlich sei Mattie hier ebenso Bewohnerin wie ich und wir Beide ließen uns in unserer eigenen Kajüte von Fremden keinerlei Befehle erteilen! Unter den gegebenen Umständen sei es wohl besser, wenn Frau A. erst dann wieder käme, wenn sie vernünftig geworden und zu Verstand gekommen sei! Ohnehin sei fraglich, wer hier in die Klapsmühle gehöre!
Das langte – ich sah Frau A. nie mehr wieder…

Böse Deerns

Nach Feierabend zog ich hin und wieder mit Meral durch die Kneipen, nicht, um auf Kaperfahrt zu gehen, sondern einfach des Tanzens wegen! Ich wollte so bald keine Beziehung mehr. Hin und wieder besuchten wir beiden Deerns uns gegenseitig, bekochten uns, tranken türkischen Tee und blieben ganz brav und zivil. Meral wohnte zwar mit ihrem Freund Süleyman zusammen, aber als Dieser in die Türkei zu einem mehrwöchigen Familienbesuch aufbrach, drehten wir beiden Deerns so richtig auf. Kaum war die Katze aus dem Haus, tanzten die Mäuse auf dem Tisch!

Eines Abends rissen wir uns dann doch zwei Burschen für einen One-Night-Stand auf. Es hatte sich halt so ergeben. Eines führte zum Anderen. Der Typ von Meral hieß Mansour, mein Typ hieß Hakan. Nun, wir flirteten heftig mit diesen beiden Typen und es wurde reichlich getanzt und getrunken. Als wir heimwärts marschierten, hatte Jede von uns beiden Deerns einen Typen im Schlepptau. Meral ging mit Mansour heim und ich nahm Hakan mit zu mir. Am nächsten Morgen musste er dann zurück zu Frau und Kindern. Er hatte ja auch keinen Hehl daraus gemacht, dass er verheiratet war. Zwar nicht ganz freiwillig und auf Druck seiner Verwandtschaft – aber verheiratet. Zu diesem Zeitpunkt war mir das auch völlig schnuppe. Ich hatte ihm schließlich auch von Vorne herein gesagt, es sei ausschließlich für diese eine Nacht. Ich suchte nicht mehr nach der Liebe und fühlte mich großartig dabei. Hin und wieder mal mit Genuss ein kleines Privatvergnügen, das genügte mir doch. No men – no trouble!

Ich machte mich frisch und spazierte mal eben die zwei Straßen weiter, um Meral einen Besuch abzustatten. Meral hing ganz geknickt und angefressen auf der Couch herum. Mansour war auch bereits fort. Als ich fragte, was los sei, winkte meine Freundin nur ab und meinte, sie habe Mansour bereits in der Nacht wieder fort geschickt. Er sei eine pure Enttäuschung gewesen, habe zwar ein bildhübsches Gesicht, aber ein Schniedelchen wie eine Maus, ganz klein und dünn. Ihr sei alleine schon beim Anblick fast die Galle hoch gekommen und sie habe mit diesem Mauseschwanz einfach nicht können!

Also ein echter Genital-Bonsai!

Woraufhin ich nur schmunzelte und meinte, ach so, dann sei Mansour wohl »oben Hui und unten Pfui« gewesen. Meral kannte diesen Ausdruck noch gar nicht und lachte sich dem entsprechend krumm und kringelig!

Gleich am selben Abend, in dieser türkischen Kneipe, sahen wir »Mr. Mauseschwanz« wieder! Er saß uns schräg gegenüber an einem anderen Tisch. Meral und ich steckten die Köpfe zusammen, tuschelten, schielten zu ihm hinüber, legten wieder los mit »oben Hui – unten Pfui« und mussten erneut lachen. Der arme »Mr. Mauseschwanz« lief zinnoberrot an wie ein gekochter Hummer! Irgendwie tat der arme Teufel uns sogar Leid und wir versuchten krampfhaft, ihn zu ignorieren. Doch das war einfacher gesagt als getan; unsere Blicke glitten immer wieder hinüber zu ihm. Prompt begannen wir wieder zu kichern und zu winseln!

»Mauseschwänzchen« erhob sich mit feuerrotem Gesicht und total verunsichert und mischte sich unter die anderen Männer. Meral und ich schauten uns groß an und bekamen einen erneuten Anfall von Heiterkeit. Laut lachen wollten wir nicht und so kullerten uns bei unserem leisen Gewinsel die Tränen der puren Schadenfreude über die Wangen!

Und warum auch nicht? Es machte den Herren der Schöpfung ja auch schließlich nie etwas aus, über Frauen her zu ziehen und sie zu ihren reinen Objekten zu machen. So war das halt eben. Zu allen Zeiten schon. Nun drehten Meral und ich den Spieß einfach mal um. Wir waren zwei böse Deerns, die Männer zu ihren Objekten machten und über sie her zogen. Auf so etwas gibt es dann meist jedoch nur zweierlei Reaktionen von Seiten dieser Kerle: Entweder sie werden gewalttätig (was sie sich aber in der Öffentlichkeit selten wagen) oder sie bekommen zeitweise vor lauter Selbstkomplexen und seelischem »Aua–Aua« gar keine Erregung!

Männer sind manchmal echt Mimosen – es schreit zum Himmel...

Jedenfalls hakte Meral den Fall »Mauseschwanz« sehr schnell wieder ab. Musste sie auch, spätestens, als Süleyman aus der Türkei zurück kam. Wir waren ab sofort wieder zwei brave, sittsame Freundinnen, die Tee tranken, Plätzchen und Kekse knabberten, strickten und häkelten und deren Lieblingsthemen »Wolle & Handarbeiten« waren!

Meral und ich waren reif für Hollywood...

Eines Tages war Julian bei mir zu Besuch. Er und Therese hatten sich bis zu diesem Tage noch nicht kennen gelernt. Außerdem sah er für seine fünfzehn Jahre reifer aus und war auch groß gewachsen. Jedenfalls hatte Therese nur spitz bekommen, dass gerade eben ein junger Mann zu mir hoch gegangen war. Julian hatte gerade seine Jacke ausgezogen, da klopfte Therese von Außen an die Türe. Sie glotzte von Julian zu mir und wieder zurück und ließ auch gleich einen Spruch vom Stapel:

»Also, das mit Männerbesuchen, das geht aber nicht. Das hier ist ein ordentliches Haus. Der junge Mann muss auf der Stelle gehen! Das hinterlässt sonst einen miserablen Eindruck…«

Julian und ich starrten uns an und prusteten amüsiert. Ich fragte ihn, ob er seinen Ausweis dabei habe. Prompt zückte er Diesen und hielt ihn der Hauseigentümerin unter die Nase. Die liebe Therese wurde knallrot, als sie peilte, dass es sich bei diesem ominösen, jungen Mann um meinen eigenen Bruder handelte! Oh, wie hat sie sich bei Julian entschuldigt! Ich lächelte sie an wie ein Honigkuchenpferd: »Verwandtenbesuche sind aber hoffentlich noch gestattet. Du hättest ja vorher fragen können, wer dieser junge Mann überhaupt ist. Im Übrigen bin ich erwachsen, suche mir meine Gäste selbst aus und brauche mit meinen neunzehn Jahren auch ganz gewiss keine Wächterin mehr. Keine Sorge, ich weiß schon, wen ich in mein Appartement lasse und wen nicht Die ganz frappierende Familienähnlichkeit zwischen Julian und mir ist ja nun bestimmt nicht zu leugnen – oder?«

Therese rauschte verlegen grienend ab…

Kurz darauf sammelte ich auf der Straße einen Täuberich mit einer gebrochenen Schwinge auf! Therese wollte wieder herum meckern, aber ich sagte ihr, dass ich den Vogel, so bald er auf dem Damm sei, wieder in die Freiheit entlassen würde. Obendrein sei die Taube ein Symbol des Friedens, sogar in der Bibel. Schließlich sei es eine Taube gewesen, die nach der großen Sintflut mit einem Palmzweig im Schnabel zur Arche Noah zurück geflogen sei, um anzuzeigen, dass sie Land gefunden hatte. In der Bibel stünde auch: Liebe deinen Nächsten wie dich selbst! Jedenfalls, so weit ich mich erinnern könne. Es stünde aber mit keiner Silbe geschrieben, dass dieser »Nächste« ausschließlich ein Mensch sein müsse. Dies hier sei zwar keine weiße Taube, nur ein ordinärer Stadttäuberich, aber auch er hätte eine Seele im Leib, ein Recht auf ein bissschen

Leben und eine liebevolle Zuwendung. Ob Therese sich vorstellen könne, selbst mit gebrochenen Knochen hilflos an der Häuserwand zu liegen – und Tausende von Menschen würden vorbei hasten, ohne zu helfen oder sie auch nur eines Blickes zu würdigen? Ich sähe es als meine verdammte Pflicht an, einem Lebewesen – und zwar egal, ob Mensch oder Tier – zu helfen! Egal, wer oder was sich in einer Notsituation befände! Mein Verhalten diesem armen Geschöpf gegenüber müsse ihrem Heiland dort oben doch gottgefällig sein! Es sei traurig, dass eine Nicht-Christin eine Christin darauf aufmerksam machen müsse, was »gottgefälliges« Verhalten sei! Zur Grausamkeit und Gleichgültigkeit jedenfalls sei ich nicht erzogen! So redete ich mir den Mund fransig, tat alles, um das Leben des verletzten Täuberichs zu retten!

Therese wurde ganz verschämt und hätte fast zu flennen angefangen! Aber sicher werde sie mir gestatten, das arme kleine kranke Täubchen gesund zu pflegen! Das sei überhaupt kein Thema! Sie wünschte dem Tierchen sogar noch eine gute Besserung! Ihr Christenherz war dahin geschmolzen...

Nun machte ich mich daran, dem armen »Abraxas« die gebrochene Schwinge zu richten. Glücklicherweise verfügte ich über stabile Schaschlik-Stäbe sowie elastische Streckverbände. Die Stäbe umwickelte ich zu guten Schienen, dann richtete ich die Schwinge, wobei ich mich an der gesunden Seite orientierte. Die gebrochene Schwinge legte ich sauber an den Vogelkörper an, stabilisierte sie mit der selbst gebastelten Schiene und legte einen stabilen Verband um Abraxas. Während der Prozedur ging mir Therese durch den Kopf. Warum – zum Deibel – musste ich mit ihr über jede noch so winzige Kleinigkeit feilschen wie ein gottverdammter Schauspieler um seine Gage und um seine Rollen? Sie kannte zwar den Inhalt der Bibel, so wohl des Alten als auch des Neuen Testamentes in- und auswendig, schien aber den Sinn dieser Texte in keiner Weise begriffen zu haben. Dennnoch: Therese war manchmal einfach nur unüberlegt und relativ harmlos. Frau A. dagegen war die Schlange im Paradies...

Doch jetzt erst ein Mal galt es, Abraxas die Schwinge zu verpacken und somit dem Tier, das total apathisch vor mir auf dem Tisch hockte und gottergeben alles mit sich geschehen ließ, weitere Qualen zu ersparen. Das Endergebnis war zufriedenstellend, Abraxas wurde sichtlich ruhiger und entspannter! Ich räumte auf und setzte den Täuberich auf ein gut gepolstertes Nest aus dicker Watte und Zellstoff. Dann ging ich los, rief von der Telefonzelle aus Paps an und erklärte ihm, was für einen Fall ich mir da eingehandelt hätte. Auch, wie ich das Tier behandelt habe, beschrieb ich ihm. Paps meinte, schön, dann bräuchte er jetzt nicht extra vorbei zu kommen, ich hätte alles richtig gemacht. Vogelknochen würden sehr schnell und gut wieder zusammenwachsen und heilen.

In den ersten drei Tagen war Abraxas furchtbar misstrauisch. Er trank nur Wasser. Wollte ich den Verband lösen, harkte der junge Mann mir mit dem Schnabel ganz gepfeffert und gepflegt auf den Fingern herum. Meine Hände sahen aus! Ich kam ganz nett ins Schwitzen, wollte ich die Schwinge kontrollieren und einen neuen Verband anlegen!

Am vierten Tag begann der Täuberich zu fressen und am fünften Tag begann er, seinen Blödsinn mit mir zu machen. Mal zwickte er mich ins Ohr, mal in die Hautfalte zwischen Daumen und Zeigefinger. Zwar nicht fest, aber es war zu spüren. Seine wahrhaft absolute Leib- und Magenspeise waren gekochte Nudeln und in Ei-Masse eingeweichtes Krümelbrot. Da war er hinterher wie der Teufel hinter der armen Seele! Natürlich kackte er dementsprechend. Dazu watschelte er an den Tischrand, hielt den Bürzel über die Kante und ließ es einfach platschen. So, erledigt! Vor dem Tisch lagen zu diesem Zwecke jede Menge alte Zeitungsseiten und Zellstoff. Oh nein, ein Nestbeschmutzer war er nicht; da war der junge Mann sehr penibel!

Außer vor meiner Person hatte Abraxas vor Allem eine Panik. Als ich mal Mattie zu ihm auf den Tisch setzte, schlotterte er am ganzen Leib und ging in Deckung. Dann wieder schauten Nils und Gustav, meine Nachbarn, kurz bei mir rein und Abraxas versuchte sich bei dessen Erscheinen aus der Affäre zu ziehen, indem er einfach umkippte und den »Toten Mann« markierte! Bei Therese, Meral und Julian wankte er auch und kippte abrupt um. Später gewöhnte Abraxas sich dann an, sich nur noch auf ein albernes »Stocksteif-In-Der-Gegend-Herum-Stehen« zu beschränken. Bei Paps zeigte er fast schon gar keine Paniksymptome mehr. Nur bei fremden Personen oder bei Leuten, die nur selten kamen, stand er da wie ein dekoratives Ausstellungsstück!

Nach kurzer Zeit benötigte Abraxas keinen Verband mehr! Nach und nach begann er damit, seine Schwingen zu trainieren. Die waren ja in der letzten Zeit reichlich eingerostet. Am Anfang der vierten Woche, die der Täuberich bei mir war, kam er mir dann plötzlich abends nach Feierabend an der Zimmertüre entgegen geflattert! Noch ein Wenig unsicher, aber stolz wie ein junger Adler, landete er auf meiner ausgestreckten Hand, trippelte an meinem Arm rauf und runter und gurrte, was sein Kröpfchen her gab. Als wolle er sagen: »Schau mal – ich kann fliegen!«

Irgendwie war ich auf der einen Seite froh und auf der anderen Seite tief traurig. Abraxas konnte wieder fliegen und das bedeutete gleichzeitig, dass wir bald Abschied von einander nehmen mussten. Oft ließ ich die Fensterluke einfach für Abraxas auf, wenn ich zur Arbeit ging. Sollte er seinen Fortgang selbst bestimmen – und mir bliebe der größte Abschiedsschmerz erspart. Wenn er weg sei, dann sei das halt so. Aber am Abend war er immer noch da und flatterte mit Mordsgetöse auf mich zu, um mich zu begrüßen! Irgendwann aber siegte sein Freiheitsdrang und als er draußen auf dem Dach hockte, schloss ich ganz einfach die Fensterluke. Ich kam mir vor wie ein Judas! Für Abraxas gab es von nun an kein Zurück mehr. Jedoch pickte er regelmäßig von Außen mit dem Schnäbelchen an die Scheibe, nicht begreifend, dass ich ihn verstieß. Er holte sich zur Verstärkung sogar noch andere Artgenossen herbei! Draußen klopfte und trommelte es gegen die kleine Fensterluke – und ich hockte drinnen im stillen Kämmerlein, heulte mir buchstäblich die Seele aus dem Leib!

Meine Güte, wie schnell man sich an ein Tier gewöhnen kann! Überhaupt, so ging mir durch den Kopf, hielt man sich wohl besser an Tiere als an Menschen. Ein Tier enttäuscht dich nie. Es gibt dir Gesellschaft, sorgt für Kurzweil, bringt dir Liebe und Vertrauen entgegen. Auch, wenn es der menschlichen Sprache nicht mächtig ist, hört es doch geduldig zu, wenn du mit ihm redest. Von den lieben Mitmenschen hast du ganz andere Dinge zu erwarten! Von dieser Seite hagelt es Betrug, Verrat, Prügel, Arschtritte, Hinterlist, Hass und absolute Gleichgültigkeit. Was bei den Menschen zählt, ist bestenfalls deine äußere Hülle. Und das in einer wirklichen totalen Ellbogen- und Individualgesellschaft, in der Jeder nur noch auf seinen eigenen Vorteil bedacht ist. Niemand hört dir zu, Niemand nimmt dich wahr. Außer vielleicht – falls du ein weibliches

Wesen bist – deinen Körper, so lange er noch gut genug ist, um benutzt zu werden. Für die Männerwelt, als Spucknapf! Oder so lange du Jemandem in irgend einer Weise zum Vorteil gereichst, sei es finanziell, als Kotzeimer, Fußabtreter oder was auch sonst immer. Das sind deine lieben, sehr geschätzten Mitmenschen!

Es geht Nichts über die Liebe und das Vertrauen eines Tieres! Oder wie ein kluger Mann mal sagte: »Seit ich die Menschen kenne, liebe ich die Tiere...«

So manch Einer mag sich vorstellen können, wie es mir erging, nachdem Abraxas draußen war. Ich hatte ihn verraten! Der einzige Trost für mich war, dass er nun geheilt war, Anschluss zu seinen Artgenossen gefunden hatte und dass er wahrscheinlich bald ein Täubchen finden und Vater von vielen Küken werden würde! Gut, dieser Gedanke erleichterte die Sache ein Wenig, denn Abraxas hätte ja schließlich auch auf offener Straße jämmerlich verrecken können. Nun aber war er geheilt und frei.

Trotzdem es mir innerlich fast das Herz zerriss, wünschte ich ihm viel Glück...

Julian

Inzwischen kam Julian tagsüber auffallend oft zum Theater. Auf meine Frage, ob er denn keine Schule habe, antwortete er nur, nein, zur Zeit seien viele Lehrer krank. Hin und wieder gab er auch an, er habe hitzefrei. Na gut, ich sagte dem Theaterleiter Bescheid und da Julian mein Bruder war, durfte er sich die Requisite ansehen und bei etlichen Proben dabei sein.

Überhaupt trieb es Julian auffallend oft zu mir. Eines Tages lud ich ihn mal wieder zum Essen ein. Wir waren fertig mit der Mahlzeit und ich packte die Teller fort, wischte den Tisch ab und holte Cola. Julian kam mir irgendwie an diesem Tage noch merkwürdiger vor als sonst. Als ich ihn darauf ansprach, wurde er plötzlich knallrot und begann, bitterlich zu weinen!

»Es ist so ein Desaster daheim!«, schluchzte er, »Ständig verlangt man von mir, ich soll für die Schule büffeln! Ich habe kaum noch Freiheiten! Es wird nur noch gemotzt und ich habe den Eindruck, als ob die Beiden fast jeden meiner Schritte kontrollieren wollen! Ständig wird an mir herum gepestet! Nichts, aber auch gar nichts kann ich den Beiden gut genug machen! Ich halte diese ständige Motzerei und diesen enormen latenten psychischen Druck bald nicht mehr aus! Komm´ doch bitte wieder nach Hause! Dann habe ich wenigstens einen Menschen zum Reden! Das Elend geht schon seit der Zeit, als du zu Horst gezogen bist! Und mit unseren Eltern zu reden wage ich mich nicht; das gibt noch mehr Druck! Ich weiß, was dabei heraus kommt, nämlich noch mehr Getrieze und Unverständnis! Komm´ bitte wieder nach Hause; ich brauche dich!«

Ich war sehr erstaunt über diesen gewaltigen Gefühlsausbruch meines Bruders! So kannte ich ihn gar nicht!

Trotzdem musste ich mit Julian reden und auf ihn einwirken, jetzt und sofort! Ich holte tief Luft und sagte ihm, ich käme auf gar keinen Fall zurück! Er wisse ja selbst, dass Mutter das jetzt nach der Sache mit Gernot nicht mehr wünsche. Außerdem würde ich mein Leben als selbst bestimmter Single sehr genießen. Es sei die bislang schönste Zeit, die ich je gehabt hätte. Gleichzeitig machte ich Julian aber den Vorschlag, er solle einen Vertrauenslehrer kontaktieren oder sich an das Jugendamt wenden und dort mit einem Sozialarbeiter reden. Und zur Not sei ich ja schließlich auch noch da. Wenn er es wünsche, könne er einen Zweitschlüssel haben und im Anschluss an den Unterricht seine Hausaufgaben dann bei mir machen. So habe er etwas mehr Ruhe und wenn er ein Ventil für seinen ganzen seelischen Druck bräuchte, könne er jeder Zeit bei mir reinschauen oder zum Theater fahren. Bis zu seiner Volljährigkeit seien es außerdem nur noch drei vermaledeite Pupsjährchen und – meine Hacke – die würde er auch noch auf einer Hinterbacke absitzen. Mir sei das ja auch gelungen!

Ich schaffte es immerhin, Julian so aufzurichten, dass er bei der Verabschiedung schon wieder ein Grinsen zu Stande brachte...

Kurz darauf war ich bei Mutter zu Besuch. Wir tranken Kaffee und redeten über dies und das. Auf ein Mal überraschte Mutter mich mit der Nachricht, vor einiger Zeit sei ein blauer Brief gekommen. Julian habe drei Wochen in einem Stück komplett die Schule geschwänzt! Mutter habe zur Schule gemusst und bekam dort zu hören, ihr Sohn habe bereits eine geraume Zeit vor dem Fernbleiben einen seltsam depressiven Eindruck gemacht. Ständig sei er mit hängenden Schultern dagesessen und habe sich immer mehr abgekapselt. Aus dem Knaben war aber nichts heraus zu bekommen. Es habe sich der Eindruck aufgedrängt, dass Norbert eine innerliche Blockade aufgebaut hatte und man schob es auf die Pubertät. Mutter habe auch nicht gewusst, was mit ihm los sei...

Auf mein ungläubiges Gesicht hin bemerkte Mutter, das sei ja noch längst nicht alles. Frau L. sei zu ihr gekommen und hätte sie darauf aufmerksam gemacht, an einem dicken Rohr im Keller, das an der Decke entlang führte, hinge ein Strick. Mutter war darauf hin in den Keller gegangen, fand diesen zu einer kräftigen Schlinge geknüpften Strick und nahm ihn ab. Später habe sie Julian zur Rede gestellt. Ja, habe er gesagt, er sei es gewesen. Er habe an Suizid gedacht!

In diesem Moment schoss eine Heidenwut auf Mutter in mir hoch!

»Hast du so wenig Gefühle im Leib, um nicht mal zu merken, was mit deinem Sohn los ist? Nimm´ ihn nur noch ein klein Wenig härter an die Kandare, beschneide ihm seine persönliche Freiheit noch mehr! Kontrolliere und piesacke ihn noch öfter! Dann kannst du ihm bald nämlich Blumen auf sein Grab pflanzen! Mich hast du ja mit deinem Verhalten schon erfolgreich aus dem Haus getrieben, in die Arme eines alternden Möchtegern-Luden hinein! Fast wäre ich auf dem Kiez gelandet! Du wirst es auch noch schaffen, deinen Sohn in die Schlinge zu hängen! Ich bin weg – und jetzt lässt du es an Julian aus! Um Sascha trauerst du ja ganz offensichtlich auch nur, weil er dir nie zur Last gefallen ist!«

Langsam bekam ich meine Fassung zurück und bat Mutter wirklich inbrünstig, bei Julian bitte nicht die gleichen Fehler zu machen wie bei mir. Ich sei echt schon versaut genug. Das würde doch wohl langen. Ich sei bestimmt nicht aus lauter Jux und Fez zu dieser alten, verlebten Schnapsdrossel gezogen. Mein Traumtyp sei Horst ganz bestimmt nicht gewesen, im Gegenteil. Es sei ihr vielleicht eine schmerzliche Tatsache, aber Horst sei für mich der rettende Strohhalm gewesen, das Nonplusultra schlechthin, zu Mindest bei meinem Auszug von Daheim. Dass ich davon ausgegangen sei, außerhalb des Elternhauses deutlich mehr Liebe und Verständnis erwarten zu können. Diese ganze Sache sei doch eigentlich schon weiß Gott ätzend genug! Und wenn Julian – der einzige noch lebende Sohn aus der selben Familie – den Hanfstrick als einzigen Ausweg sähe, um zur Ruhe zu kommen, sei das schon ganz extrem weit mehr als ätzend! Woran das wohl läge? Darüber solle mal nachgedacht werden!

Ich sagte Mutter: »Ja, Julian war vor Kurzem bei mir und hat mit mir über seine Probleme gesprochen. Wenn er doch zwei Stunden für seine Hausaufgaben braucht, ist es doch wahrhaftig nicht nötig, vier Stunden daraus zu machen! Er soll auch das Recht haben, Freunde zu treffen, zu basteln, Musik zu hören, fern zu sehen, zu malen, zu zeichnen oder auch einfach mal zu dösen. Schließlich soll er kein zweiter Einstein werden! Du solltest dich besser mal öfter mit ihm unterhalten und wenigstens ansatzweise versuchen, ihn Ernst zu nehmen, auch wenn dir das verflucht schwer fällt. Als Mutter hast du nämlich nicht nur Rechte, sondern auch Pflichten gegenüber dem Sohn!«

Mutter sah das wohl auch ein und versprach, sich alles durch den Kopf gehen und Julian etwas mehr Freiraum zu lassen...

Und tatsächlich schien mein Bruder von nun an gelöster und auch fröhlicher zu werden! Er hatte nicht mehr diesen bierernsten, grüblerischen Gesichtsausdruck, sondern alberte wieder herum wie ein Teenager. Er schnitt hinter Therese Grimassen und kicherte über jeden noch so kleinen Furz.

In der Schule lief es auch wesentlich besser…

Die große Sause

Meral hatte sich mittlerweile ein Motorrad zugelegt und als Süleyman wieder in der Türkei war, kurvten wir abends im angetrunkenen Kopf durch die leeren Straßen und lachten uns halb kaputt über unsere Schlangenlinien. Dass da nie was passierte, grenzte echt schon an höhere Magie!

Ein Mal waren wir in einer türkischen Kneipe und nach der Sperrstunde feierten wir dort mit ein paar Männern unten an der Kellerbar weiter. Meral war vom Met so zugeknallt und bedröhnt, dass sie außer Stande war, zu laufen. Plötzlich starrte sie mich mit ihren glasigen Augen an und lallte: »Musse Pipi machen!«

Ich amüsierte mich köstlich und lachte dementsprechend: »Ja, dann komm′ hoch, ich bring′ dich zum Klo!« Meral sah mich ganz ernst und fast feierlich an: »Nicht auf Klo! Kann nicht Klo! Musse Pipi machen!«

Die Männer und ich versuchten mit vereinten Kräften, meine Freundin vom Stuhl zu hieven – da schiffte sie auch schon los! Es plätscherte auf den Stuhl, der Boden war nass; von der Jeans will ich gar nicht reden! Zu Dritt packten wir sie und schleiften sie nach Hause in ihr Bett...

Ein andermal waren wir in einem italienischen Restaurant. Es lag in der Nähe des Theaters, in dem wir arbeiteten. Meral putzte ja ebenfalls im Theater, war also nicht nur eine Freundin, sondern auch meine Kollegin. An besagtem Abend, nach Dienstende, zog Meral mich also mit in dieses Restaurant, wo wir dann heftig mit den Kellnern flirteten. Wir tranken nur Jede eine Cola, standen unmittelbar neben einem gut bestückten Weinflaschenregal. Wir zahlten unsere Cola, warfen den Kellnern noch einige verheißungsvolle Abschiedsblicke zu und fuhren mit dem Bus nach Hause.

Kaum wieder auf der Straße, griff Meral dann plötzlich kichernd in ihren weiten Mantel – und zum Vorschein kamen zwei Muskateller-Flaschen! Lachend kippten wir uns das edle, süße Gesöff noch auf der Straße in die Hälse und waren gleich darauf wieder blau!

Nieder mit den Wäldern – freie Sicht auf Lappland!

Nicht, dass Meral das nur ein Mal, sondern sogar mehrmals gebracht hat! Ich probierte es auch und fuhr mit einer doppelten Ladung Lambrusco nach Hause...

Irgendwann aber wurden die Kellner misstrauisch, starrten uns mit so einem komischen Seitenblick an. Meral und ich beschlossen, das blöde »Fünf-Finger-Rabatt-Spiel« lieber von nun an zu unterlassen. Falls wir doch irgendwann mal gefilzt würden. So beschränkten wir uns auf die türkischen Kneipen und ließen uns dort kräftig von den Männern aushalten!

Oft genug war ich Merals Anstandswauwau, wenn sie wieder mal auf »Code blau« war. Ich selbst trank im Grunde eigentlich nur wenig Alkohol. Hin und wieder eine Whisky-Cola oder »Indochina«, das ist Batida de Coco mit Cola und Eiswürfeln gemixt. Meistens aber nur Cola. Es war selten, dass ich mal über die Stränge schlug. Meral dagegen putzte alkoholische Getränke weg wie Wasser, schlug regelmäßig kräftig über die Stränge. Sie war zwar Mohammedanerin, hielt sich allerdings noch lange nicht an den Koran. Sie trug moderne westliche Kleidung und verzichtete auf Kopftücher. Sie aß Schweinefleisch, trank Alkohol, rauchte und betrog Süleyman hinter dessen Rücken nach Strich und Faden. Nach ihrem Ableben wird sie sich bei Allah für sehr viele Sünden verantworten müssen...

Genau genommen war Meral nicht die Einzige, die betrog. Süleyman hatte auch Ehefrau und Kinder in der Türkei. Hier in Deutschland lebte er mit Meral – und seine Frau wusste auch nichts von seinem Verhältnis. Wenn er in die Türkei fuhr, spielte er seiner Angetrauten stets den liebenden, besorgten Gatten vor. Er war oft in der Heimat – und eben auch keinen Deut besser als Meral!

Wenn Süleyman da war, lud er uns Beide auch öfter in die türkischen Kneipen ein. Die Wirte und die Gäste, allesamt Männer, kannten Meral und mich nur zu gut. Mir wurde jedes Mal ganz mulmig und blümerant um die Rosette, wenn wir in Süleymans Begleitung eine dieser Kneipen betraten! Doch die Kerle setzten ihr Pokergesicht auf, behandelten uns ganz höflich wie vollkommen normale Gäste. Da sie selbst allesamt Moslems waren, hüteten sie sich, etwas durchsickern zu lassen. Meral und ich tranken brav unsere Cola, saßen am Tisch und waren todernst. Eben zwei züchtige, anständige, brave und ehrbare junge Frauen!

In Süleymans Gegenwart: Meral und ich betrunken? Nee! Niemals! Wir lehnten Alkohol in jeder Form kategorisch ab. Sexuelle Abenteuer? Frauen, die so etwas taten, waren Huren. Außer unserer Arbeit, Kochtipps, Handarbeiten und Familien gab es kaum andere Themen.
Süleyman war ganz begeistert über unsere Frauenfreundschaft...

Alles im Eimer

Irgendwann traf ich in der Nähe des Theaters einen flüchtigen Bekannten wieder – Jürgen P.!

Jürgen war der Stiefcousin von Jochen und Marlene, dem ehemals mit mir befreundeten Geschwisterpaar. Jürgen und ich waren, auch während meiner Zeit mit Gernot, verhältnismäßig distanziert, aber gut miteinander ausgekommen. Hin und wieder hatten wir alle zusammen mal was gemeinsam unternommen. Jürgen war damals ein bisschen wie ein Bruder und ich hatte mich bei ihm ausgeweint, wenn die Probleme mit Gernot überhand nahmen. Und jetzt stand er plötzlich lächelnd vor mir und streckte mir zur Begrüßung die Hand entgegen!

Ich hatte Feierabend und Jürgen einen Rucksack voll Zeit. Er lud mich in ein Cafè ein. Wir tratschten uns regelrecht fest. Da es schon spät war, nahm ich Jürgen mit zum Bus und wir fuhren zu mir. Wir hatten uns logischerweise eine Mordsmenge zu erzählen. Jürgen wohnte am anderen Ende der Stadt. Er teilte mir mit, dass in seinem Wohnhaus ein Appartement frei sei, für monatlich Zweihundertfünfzig Mark warm, mit Laminatboden und Heizung, möbliert. Okay, es sei zwar auch nicht gerade der Dschungel Borneos, aber immer noch besser als diese elende Hundehütte hier. Ich solle doch am kommenden Tag mal mit zu ihm fahren. Zuvor werde er sich schon mal mit dem Hausverwalter in Verbindung setzen. Ich vertraute auf Jürgen, denn er hatte auf mich ja auch schon immer einen ruhigen und seriösen Eindruck gemacht. Ich mochte ihn. Es versteht sich von selbst, dass wir in dieser Nacht nicht gerade den Rosenkranz beteten. Ich war schließlich frei...

Am nächsten Morgen nach dem Frühstück machte sich Jürgen dann auf den Weg. Ich fuhr zum Theater und versah meinen Dienst. Abends holte Jürgen mich dann ab und wir fuhren gemeinsam zu ihm. Dort schlief ich dann bei ihm. Am nächsten Tag – es war ein Montag und ich hatte frei – gingen Jürgen und ich hinunter zum Büro des Verwalters. Jürgen stellte mich als seine »Zukünftige«“ vor. Er erklärte dem Verwalter, ich hätte bisher in einem winzigen Zimmerchen gelebt und dass er mich gerne bei sich hätte. Nur, dass sein Appartement eben für zwei Personen auch nicht das Wahre sei. Er wolle mich nun endlich aus dieser Enge heraus holen und das leer stehende Appartement sei um Klassen besser als das winzige Hüttchen, in dem ich derzeit lebe. Obendrein blieben uns dann die ständigen Besuchsfahrten erspart. Über Kurz oder Lang würden wir doch ohnehin heiraten!

Alter Schwede – Jürgen sponn dem Verwalter das ganze Repertoire seines geballten Schauspielertalents herunter!

Der Verwalter fragte mich, ob ich das Appartement denn gerne mal sehen wolle. Ich nickte und er kramte den Schlüssel heraus. Wir gingen nach Oben. Der Raum war mehr als doppelt so groß als die Hütte, in der ich lebte. Es gab ein Bett, einen Tisch, einen großen Einbauschrank, ein Hängeregal, einen Sessel, eine Kommode und die Heizung war eingebaut. Klo und Bad mussten sich vier Leute teilen, aber das störte mich nicht. Ein Mal wöchentlich käme eine Putzfrau, die die Zimmer, das Bad, den Korridor und die Treppe reinigen würde. Das Haus lag in einer sehr ruhigen Straße und in unmittelbarer Umgebung gab es sehr viel Grünfläche. Meinen Hamster dürfe ich selbstverständlich mitbringen! Ich war begeistert!

Jürgen hatte den Verwalter mit seiner hinreißenden Story von der »Verlobung« schon platt geredet und mein freudiges Gesicht gab Diesem den Rest. Der Effekt war, dass ich innerhalb von wenigen Minuten den Mietvertrag und die Schlüssel in der Tasche hatte! Die erste Monatsmiete zahlte ich gleich cash...

Jürgen und ich fuhren zu meiner alten Hütte. Er half mir beim Koffer packen. Allzu viel war es ja nicht. Ich brauchte nur einige Plastiktüten und den Hamsterkäfig zu tragen. Jürgen plackte sich mit den schweren Koffern ab. Den Schlüssel ließ ich oben in der Zimmertüre stecken. Therese würde in den nächsten Tagen schon von alleine peilen, dass ich weg sei...

Am Abend feierten Jürgen und ich dann mit Whisky-Aroma-Tee und Keksen meinen Einstand!

Unsere Etagennachbarn waren nette und lustige junge Leute. Das Mädel hieß Mathilde, der junge Mann hieß Clemens. Jürgen stellte mich ihnen vor und gleich auf dem Korridor fingen wir an zu albern. Mathilde wollte ohnehin in der kommenden Woche eine Ulk-Party geben und nahm doch schwer an, dass ich auch käme!

Und ob man es glaubt oder nicht: Jürgen und ich schliefen in den nächsten Nächten Jeder für sich in seinem eigenen Appartement!

Dabei hätte es auch besser bleiben sollen, aber dazu komme ich später noch in mehr als überreichlichem Maße. Jedenfalls rückte der Tag der Ulk-Party näher und an besagten Nachmittag klopfte Mathilde an unsere Türen und holte uns rüber. Es waren noch einige andere junge Leutchen anwesend und alle waren sie sehr lustig drauf. Wir bekamen Spaghetti Bolognese, Kekse und Getränke vorgesetzt, hörten Musik und twisteten in Mathildes Kajüte rum. Jetzt war das »Napoleon-Spiel« an der Reihe. Eine echte Biesterei. Eine Person, die zuvor ausgeknobelt wurde, musste sich auf einen Stuhl setzen. Diese Person war dann Napoleon. Zwei andere Personen gingen vor die Türe, der Landvogt und sein Adjutant. Diese Beiden mussten sich draußen was einfallen lassen, um Napoleon von seinem Land (dem Stuhl) zu vertreiben. Dann kamen sie wieder herein und der Landvogt fragte: »Napoleon, gibst du dein Land frei?«

Es ist klar, dass Napoleon anfangs verneinte. Dann wurde das zuvor ausgedachte Exempel an Napoleon statuiert. Das machte der Adjutant. Dann fragte man das auf dem Stuhl sitzende Opfer erneut: »Napoleon, gibst du dein Land frei?«

Für den Fall, dass Napoleon erneut verneinte, schickte man aus der Gruppe einen neuen Landvogt und einen neuen Adjutanten vor die Türe, die sich für den hartnäckigen Napoleon eine neue Tortur einfallen ließen. Und das geht permanent so weiter, bis Napoleon es irgendwann nicht mehr aushält und angeekelt von seinem Stuhl flüchtet! Dann knobelt man einen neuen Napoleon aus und der Reigen beginnt von Vorne. Wer es als Napoleon am Längsten und am Tapfersten aushält, ist der Sieger und gewinnt eine Flasche Met! An diesem Abend musste der arme Clemens bitter dran glauben! Er war sehr hartnäckig, wollte sein Land partout nicht frei geben! Nicht ums Verrecken! Die Torturen bestanden aus kurzen Nadelpieksern in den Bauch, einem tiefen, männlichen Zungenschlag, dem Ausrupfen einiger Kopfhaare. Er bekam eine getragene Herrenunterhose unter die Nase gehalten, Zigarettenrauch in die Augen gepustet und das Gesicht abgeleckt. Oh ja, der gute Napoleon schlug sich wahrhaft wacker! Er gab sich erst geschlagen, als man ihm ein rohes Ei auf dem Kopf aufklopfte und ihm der Dotter vom Gesicht tropfte! Napoleon schoss von seinem Stuhl hoch und rauschte würgend in Richtung Bad. Die Flasche Met hatte er sich wahrhaft sauer verdient!

Seit diesem Tag grüßten wir Clemens nur noch als »Dotterkaiser«...

Nun, wie ich schon bemerkte, hätte ich mir Jürgen besser von Anfang an auf totale Distanz gehalten. Es sollte sich nämlich heraus stellen, dass er mich lediglich unter seiner Kontrolle haben und mich in eine gewisse Abhängigkeit zu ihm bringen wollte. Es begann schon damit, dass er regelmäßig an meiner Türe stand und mich zum Spaziergang abholte. Grundsätzlich fuhren wir auch nur gemeinsam in den Vorort zum Einkaufen. Jürgen meinte, da er den Hausverwalter glauben gemacht habe, wir seien miteinander verlobt, sei es natürlich auch besser, wenn wir so oft als möglich zusammen gesehen würden. In meiner damaligen Naivität klang das absolut logisch.

Heute würde ich sagen, dass daran kein Stückchen logisch war! Na, was denn? Dem Hausverwalter konnte es doch egal sein, ob Jürgen mein Verlobter, mein Ehemann, mein alter Schulfreund, ein ehemaliger Spielkamerad aus Kindertagen, ein Kollege oder mein ganz persönlicher, heiliger Obermufti war! Das Appartement war vermietet und der Verwalter nahm die Miete ein. Damit konnte er zufrieden sein. Ich passte vom Alter her zu den anderen Nachbarn, war gepflegt, ruhig, freundlich und zahlte meine Miete. Meine Relationen zu Jürgen dürften keinerlei Rolle gespielt haben...

Aber zu diesem Zeitpunkt erschien mir diese Erklärung logisch. Trotzdem erklärte ich Jürgen, dass diese Posse mit der »Verlobung« aber nur einige wenige Wochen laufen werde. Ich sei nach wie vor eine freie Frau und er solle sich ja nicht einbilden, nur weil wir einige Male miteinander geschlafen hätten, dass da ernsthaft etwas zwischen uns liefe. Wir seien jetzt Nachbarn und weiter nichts. Ich sagte Jürgen, er sei ohnehin nicht meine Kragenweite. Zwar sei er ganz nett, aber eben nun mal eben nicht meine Kragenweite, ganz einfach. Damit solle er sich abfinden!

Jürgen schien zwar geknickt, erklärte sich aber einverstanden. Er machte mir jedoch weiterhin sehr intensiv den Hof, kam mit Pralinchen und Blumen angewackelt oder schenkte mir auch schon mal ein kleines Schmuckstück. Irgendwann aber fragte er mich dann, ob ich mir denn wenigstens mit der Zeit eine ernste Beziehung mit ihm vorstellen könne.

Schließlich würden wir uns doch nicht erst seit gestern kennen, Ich könne doch sehen, dass er es wirklich ehrlich mit mir meine, denn sonst hätte er mir doch dieses Appartement gar nicht besorgt!

Ich ließ mir die ganze Sache noch ein Mal ernsthaft und in Ruhe durch den Kopf gehen. Sicher, Jürgen schien in rührender Sorge um mich und sogar, als ich meinen Job im Theater warf, weil der Chef mich angrabschte, half Jürgen mir weiter und ging mit aufs Sozialamt! Er ging sogar mit zur Sachbearbeiterin hinein und diese Frau P. fragte: »In welcher Beziehung stehen Sie zueinander?« Jürgen gab an, wir seien verlobt. Frau P. schickte ihn trotzdem hinaus und begann dann, mit mir den Antrag auf Sozialhilfe durchzugehen. Mehr als unfreundlich legte sie eine Akte für mich an und schrieb mir den ersten Scheck aus. Als sie ihn mir reichte, schnarrte sie mich unfreundlich an: »Sie sollten die Finger von diesem Mann lassen. Mit dem werden Sie eh nicht alt. Trennen Sie sich besser gleich von ihm, bevor es zu spät ist!«

Ich sagte ihr zum Abschied, mein Verhältnis zu Jürgen ginge sie gar nichts an. Dann verließ ich das Büro. Nach mir war Jürgen dran und holte sich auch seinen Scheck. Er kannte Frau P. schon länger und war anscheinend bereits an ihre Gehässigkeit gewöhnt. Ich hatte damals nicht den blassesten Schimmer, wie Recht sie noch behalten würde…

Wir lösten die Schecks ein, gingen also in das Einkaufszentrum, kauften ein und setzten uns noch für ein Stündchen in eine Kneipe. Jürgen bestellte für uns Beide Cola und als die Getränke kamen, ließ er sich vom Wirt etwas Kleingeld geben und ging zum Daddelautomaten. Er gewann eine Kleinigkeit; wir tranken aus, zahlten und fuhren heimwärts. Ich ging noch kurz zum Verwalter und zahlte die nächste Monatsmiete. Dann wurden die Lebensmittel weg gepackt und ich half Jürgen, sein Bett hinüber in mein Appartement zu tragen. Da wir ja verlobt waren, hatten wir dazu die offizielle Erlaubnis erhalten.

Wir besuchten nun auch des Öfteren meine Eltern. Mutter schaute ganz komisch, als Jürgen sich als der »zukünftige Schwiegersohn« vorstellte. Sie zuckte mit den Schultern; sonst aber gab es keine Reaktion von ihr. Jürgens Eltern besuchten wir sehr oft. Sie wohnten ja ganz in unserer Nähe. Marga, seine Mutter, war eine sehr herzliche Frau. Friedhelm, sein Vater, nahm mich genau wie Marga sofort mit offenen Armen an!

Jürgen hatte noch einen zehnjährigen Bruder, Ulf. Mit dem konnte man wunderbar herum albern und er war ein sehr lieber Bub. Dieter, der große Bruder, lebte mit seiner Freundin und dem gemeinsamen Söhnchen in einem anderen Vorort. Dieter und seine Tucke waren so eingebildet, dass sie die Köpfe nur auf den Schultern trugen, damit es ihnen nicht in die Hälse regnete! Zu diesen beiden hochnäsigen Lackaffen hatten wir auch nur ganz selten Kontakt und nach Möglichkeit wurde Dieser noch vermieden...

Hamsterdame Mattie starb sehr bald an Altersschwäche. Dafür holten wir dann »Elisa«, eine kleine Meersau! Die gewöhnte sich innerhalb allerkürzester Zeit an, sich wie ein Baby den halben Tag herum tragen zu lassen. Setzten wir sie ab, rannte sie hinter uns her und quiekte gotterbärmlich! Nahmen wir sie wieder hoch, war sie auf der Stelle ausgeglichen und ruhig.

Die Kocherei gestaltete sich immer zu einem unglaublichen Zirkusakt: In der einen Hand der Kochlöffel, auf dem anderen Arm eine glücklich gurgelnde Meersau! Ich löste das Problem mittels eines großen, langen Schals, den ich zu einem Babytragetuch band, mir Dieses um die Schultern hängte und Elise dort hinein setzte. So hatte das Tierchen den gewünschten Körperkontakt und ich konnte in aller Ruhe Gemüse schneiden oder Kartoffeln schälen. Eigentlich kam Elisa nur zum Fressen und zum Schlafen in ihren Käfig. Jürgen war der Papa, ich war die Mama! Glücklicherweise war sie in den Nächten ruhig. Wenn wir sie beim Schlafen auch noch dabei gehabt hätten – das hätte uns gerade noch gefehlt...

Frau P. legte mir auch weiterhin in sehr schnodderigem Ton nahe, mich von Jürgen zu trennen. Ich sagte ihr: »Dann machen Sie doch nicht nur komische Andeutungen und schleichen um den heißen Brei herum, sondern lassen Sie endlich mal die Katze aus dem Sack!« Frau P. meinte: »Dazu darf ich aus Gründen des Datenschutzes nichts sagen; nur so viel: Ihr Verlobter ist kriminell! Falls Sie sich nicht baldmöglichst an meinen Rat halten, gehen Sie über Kurz oder Lang an ihm ganz gewaltig zu Grunde. Sie bekommen bei ihm noch eine ganze Menge zu spüren!«

Als ich Frau P. dann vielleicht eine Spur schnodderiger fragte, was ich denn bitte dann zu spüren bekäme, meinte sie nur: »Das werden Sie dann schon noch früh genug merken!«

Wütend rauschte ich aus ihrem Büro...

Und tatsächlich begann Jürgens Verhalten sich bald ins Negative zu verändern. Erstmal verballerte er ohne mein Wissen den großen Fernseher, den Marga und Friedhelm und anlässlich unserer Verlobung geschenkt hatten. Als ich vom Einkaufen nach Hause kam, war das Gerät weg. Das Tischchen stand einsam in der Ecke. Der Fernseher lief auf Friedhelms Namen – und war noch nicht ein Mal abbezahlt!

Als ich Jürgen nach dem Warum seines Handelns fragte, meinte er nur, er habe das Geld dringend gebraucht. Ich fragte ihn, für welchen Zweck. Er meinte lapidar: »Das ist eine reine Männersache und geht dich nichts an!«

In der Wohnung eines Kumpels hatte er sich vor längerer Zeit einen kleinen, eisernen Morgenstern mit einer kurzen, stabilen Kette gebastelt. Ohne diesen nur pingpongballgroßen Morgenstern ging er auch grundsätzlich nicht mehr aus dem Haus! Hatte er Angst vor Irgendwem oder irgend etwas?

Eines Tages waren wir bei Meral und Süleyman zu Besuch. Die Beiden waren mittlerweile in eine andere Wohnung umgezogen. Wir saßen gemütlich zusammen und das Thema ging zu Meral´s Motorrad über. Später gingen wir zusammen hinunter, da Meral und Süleyman sowieso noch fort wollten. Jürgen fragte, ob er sich mal den Schlüssel für das Motorrad ausleihen dürfe. Er wolle auf der Maschine ein Wenig herum kurven. Später wolle er die Maschine wieder vor dem Haus parken und den Schlüssel anschließend in Merals Briefkasten stecken. Meral gab ihr Einverständnis, überreichte Jürgen den Schlüssel. Dann verabschiedete sie sich und ging mit Süleyman los. Jürgen warf sich auf die Maschine und sagte, er wolle eine kurze Runde drehen; ich solle ein paar Minuten warten, es werde nicht lange dauern. Dann kurvte er auch schon los. Nach einigen Minuten kam er zurück und stellte die Mühle wieder an ihren Platz. Wir kauften ganz in der Nähe einen braunen Umschlag, legten den Schlüssel hinein, verschlossen die Klebekante und steckten das Ganze in Meral´s Briefkasten. Dann gingen wir noch auf eine Cola in eine Kneipe. Ich trank und Jürgen daddelte eine Runde am Automaten. Er kam zurück an den Tisch und trank ebenfalls. Plötzlich fragte er mich, ob es mir was ausmachen würde, schon mal alleine nach Hause zu fahren. Er habe noch etwas Dringendes bei einem ganz in der Nähe lebenden Kumpel zu erledigen, käme aber bald nach. Also fuhr ich alleine zurück nach Hause. Zwei Stunden später kam Jürgen auch zurück, puppenlustig und völlig normal!

Der gewaltige Schock kam dann am nächsten Tag. Gegen Nachmittag schellte es plötzlich. Unten auf der Straße hörten wir die aufgeregten Stimmen von Meral und Süleyman. Jürgen flüsterte mir zu, er habe gestern Süleyman noch mal getroffen, habe ihn unbeabsichtigt beleidigt, sei jetzt offiziell nicht daheim – und ich werde das schon machen. Schnell huschte er in den Keller und schloss sich dort ein, noch bevor ich überhaupt eine einzige Frage stellen konnte!

Verdattert drückte ich auf. Meral und Süleyman kamen wutentbrannt hoch geschossen, schubsten mich ins Zimmer und wollten wissen, wo Jürgen sei. Ich fragte, was denn überhaupt los sei. Meral schrie mir entgegen: »Mein Motorrad ist gestohlen!«

Ich starrte entsetzt von Einem zum Anderen, schluckte krampfhaft und wurde kreideweiß! »Das kann doch gar nicht sein!«, rief ich, »Der Schlüssel liegt in einem braunen Umschlag! Schau´ doch in deinen Briefkasten! Jürgen hat das Motorrad anständig geparkt und der Umschlag befindet sich, wie auch abgemacht, zusammen mit dem Schlüssel im Briefkasten! Ich habe es doch mit eigenen Augen gesehen!«

Meral packte mich am Fraß und kreischte: »Nein, das Motorrad hat nirgendwo gestanden und es hat sich im Briefkasten auch kein brauner Umschlag mit Schlüssel befunden! Wo zum Teufel ist Jürgen?«

Ich log vor lauter Panik und schluchzte: „Er ist fort und leider weiß ich auch nicht, wo er ist und wann er wieder kommt. Ich rate dir nur, das Motorrad sofort als vermisst zu melden! Ich weiß doch selber nichts…“

Und das stimmte sogar! Hatte ich mit eigenen Augen gesehen, dass Jürgen sich die Schlüssel wieder geschnappt hatte und erneut mit der Mühle verschwunden war? Ich hatte nicht den geringsten Beweis, konnte nur sagen, was ich gesehen hatte. Nämlich – *nichts!*

Wenn Jürgen schon so Einiges zuzutrauen wäre, aber ganz bestimmt nicht einen massiven Diebstahl im eigenen Freundeskreis! Mit Sicherheit nicht!

Süleyman sagte: »Ich glaube dir. Um der alten Freundschaft Willen glaube ich dir. Du hast, so lange wir uns kennen, nie Jemandem etwas Schlechtes getan. Jürgen kann nur alleine dafür verantwortlich sein.

Aber die Freundschaft muss jetzt beendet sein! Und falls ich Jürgen in die Finger bekomme, werde Ich ihm die Kehle aufschlitzen!«

Er packte sich Meral und die Beiden verließen das Haus. Hinter der Gardine stehend und immer noch am ganzen Leibe schlotternd sah ich, wie sie zur Haltestelle gingen und in den Bus einstiegen...

Nachdem die Beiden fort waren, tauchte Jürgen so langsam aus der Versenkung auf! Ich packte ihn mir und brüllte ihm entgegen: »Du hast Merals Mühle gestohlen, stimmt´s? Während ich auf dem Heimweg war, bist du schnell zu Merals Briefkasten geschlichen, hast den Umschlag entwendet und bist mit der Maschine zu irgend einem Hehler gedüst, der dir dann Geld gegen Ware gegeben hat! Was hattest du denn sonst so Dringendes am gestrigen Tage wohl noch zu erledigen? Wie viel Kohle hast du denn für die Mühle rausgeschlagen, hm? Wieso musst du dich denn neuerdings vor Meral und Süleyman verstecken, wie? Warum verkriechst du dich, wenn Freunde vor der Türe stehen? Von einer »Beleidigung« ist nämlich kein einziges Wort gefallen! Du hast die Mühle verhökert, anders kann es ja nicht gewesen sein!«

Ich bebte noch immer am ganzen Leib wie Espenlaub und schrie mich völlig in Rage!

Jürgen antwortete gelassen: »Du hast echt Einen an der Murmel. Wenn das Motorrad wirklich weg ist, dann ist die Wahrscheinlichkeit sehr groß, dass wir von Jemandem beobachtet wurden. Dieser Jemand muss die Schlüssel heimlich aus dem Briefkasten an sich genommen haben und mit der Mühle abgehauen sein. Hör´ doch auf, mich wegen irgendwas zu beschuldigen! Was ist denn plötzlich mit mir los? Vertraust du mir nicht mehr? Meine Hacke, lass´ doch diese albernen Hirngespinste…«

Wäre ich doch nur auf den richtigen Trichter gekommen, hätte ich Meral und Süleyman den Weg in den Keller gezeigt! Hätte Jürgen die ganze Suppe doch alleine auslöffeln sollen! Aber auf diesen Trichter kam ich einfach nicht.

Andererseits: Jürgen hatte mir das größere Appartement besorgt, hatte mich aus dieser winzigen Hundehütte heraus geholt. Er hatte mir bei der Angelegenheit mit dem Sozialamt geholfen, mich auch seiner Familie vorgestellt. Als ich mit dickem grippalem Infekt hoch fiebrig auf der Nase lag, hatte er sich rührend um mich gesorgt, die ganze Zeit. Magda hatte heiße Hühnersuppe für mich gekocht und Jürgen hatte die Suppe mit nach Hause gebracht und mir Löffel für Löffel liebevoll eingeflößt. Er würde doch nie im Leben seine Freunde linken! Das könne doch gar nicht sein! Und ich hatte dafür ja nicht ein Mal einen einzigen hieb- und stichfesten Beweis!

Vielleicht hätte ich mich, statt Jürgen in Schutz zu nehmen, zur Abwechslung besser ein Mal fragen sollen, warum er für den Schlüssel des Mofas ausgerechnet auf einen großen Umschlag bestanden hatte, anstatt ihn einfach nur durch den Briefkastenschlitz zu werfen. Dann wäre mir nämlich aufgegangen, dass der gnädige Herr wohl bereits von Vorne herein geplant haben musste, in meiner Abwesenheit diesen Umschlag mit den Fingern ganz einfach wieder aus dem Briefkasten zu ziehen. Hätte er den Schlüssel nämlich einfach so eingeworfen, wäre er hinterher ja nicht mehr ran gekommen. Daher also der große Umschlag. Somit konnte er später den Schlüssel ganz leicht wieder entwenden – und genau das hatte er wohl auch getan! Ich wollte es einfach nur nicht wahrhaben!

Dass Meral ein linkes Frettchen sein konnte, wusste ich. Schließlich kannte ich sie lange genug. Sie hatte Süleyman ja nach Strich und Faden betrogen und beschiss und linkte ihn, wo sie nur konnte. Wem also sollte ich jetzt glauben? Ich war total verunsichert. Einerseits: Irgendwie ahnte ich vom logischen Verstand her, dass nur Jürgen diesen Mist mit der Maschine gedreht haben konnte. Andererseits: Mein Herz weigerte sich immer noch strikt, es zu glauben. Mir fehlten die Beweise...

Es ging auch eine Zeit lang gut und ich dachte schon, Jürgen habe sich wieder gefangen. Er nahm mich mit zu Frau W., seiner Bewährungshelferin. Die Bewährung hatte er schon vor meiner Zeit am laufen, angeblich wegen massiver Körperverletzung. Jürgen präsentierte mich mit stolz geschwellter Brust bei dieser Dame und strahlte ihr entgegen, wir würden im Laufe der nächsten Monate heiraten!

Frau W. wünschte uns sehr, sehr viel Glück...

Das Ganze ging auch nur so lange gut, bis wir Einen seiner alten Bekannten in der Stadt trafen. Heinz hieß der Typ. Er war Anfang bis Mitte Fünfzig und Frührentner. Er lud uns gleich in seine kleine Wohnung ein. Also fuhren wir mit. Jürgen und Heinz lachten und redeten von früheren Zeiten. Heinz machte auch keinen Hehl daraus, dass er gerade eben seine Invalidenrente abgeholt hatte. Ganz offensichtlich kannte er Jürgen tatsächlich aus einer anderen, besseren Zeit, denn er legte seine Geldbörse offen auf den Schrank. Wir tranken, redeten, lachten und merkten gar nicht, wie die Stunden vergingen. Heinz bot uns an, bei ihm zu übernachten. Wir könnten sein Bett haben. Er selbst schliefe auf der Couch. Da es bereits sehr spät war, nahmen wir das Angebot an. Wir gingen in das kleine Schlafzimmer, zogen uns aus, gingen zu Bett. Wenige Minuten später begann Jürgen, sich unruhig von einer Seite auf die Andere zu schmeißen. Auf meine Frage, was denn los sei, sagte er, er könne nicht schlafen. Wahrscheinlich sei der Kaffee zu stark gewesen, den Heinz gebraut hätte. Er seufzte, stand auf und zog sich an. Auf mein fragendes Gesicht hin meinte er, er wolle noch eine Runde um den Block gehen. Vielleicht für ein halbes Stündchen. Er nähme auch den Schlüssel mit, um uns gleich nicht heraus schellen zu müssen. Gab mir einen Kuss und ging. Ich schlief wieder ein – und erwachte ruckartig, als das Licht an ging und mir die Decke weg gezogen wurde!

Heinz stand mit zwei Polizeibeamten im Zimmer! Von Jürgen keine Spur!

Ich zitterte wie Espenlaub, war verwirrt und fragte mich, was denn jetzt schon wieder passiert sei, ahnte nur, dass Jürgen wieder was angestellt haben musste. Und ob Jürgen was angestellt hatte! Er hatte Heinz die gesamte Monatsrente gestohlen und sich damit aus dem Staub gemacht!

Ich musste mich Gott sei Dank nur kurz ausweisen. Heinz erstattete Anzeige gegen Jürgen. Die Polizei konfiszierte noch Jürgens eisernen, kleinen Morgenstern mit der Kette, den er dummerweise noch auf der Dielenkommode hatte liegen lassen. Hatte er etwa vor gehabt, Heinz damit notfalls Einen über den Schädel zu ziehen? Oder hatte er den Morgenstern schlicht vergessen? Keine Ahnung. Ich jedenfalls war mittlerweile kooperativ genug, der Polizei gegenüber gewisse, persönliche Vermutungen zu äußern. Auch erklärte ich, dass Jürgen noch Bewährung offen habe. Die beiden Beamten nahmen alles auf, tippten an ihre Dienstmützen und verabschiedeten sich...

Kaum waren sie fort, packte Heinz zu und schleifte mich ins Wohnzimmer. Dort schubste er mich in einen Sessel, schimpfte wie ein Rohrspatz auf mich ein! Ich solle ihm auf der Stelle sagen, wo Jürgen das

Geld bunkern würde und was wir damit vorhätten! Ich hockte da im Sessel wie ein Häufchen Elend, flennte Rotz und Wasser und zitterte wie ein junger Pinscher! Heinz rüttelte mich wieder und wieder an den Schultern, fletschte mich an. Fragen über Fragen – und ich konnte sie nicht beantworten! Er giftete mich an: »Ich lass´ dich nicht eher aus der Wohnung, bis du mir verraten hast, wohin Jürgen verschwunden ist!« Das Verhör ging die ganze restliche Nacht bis in den frühen Morgen hinein. Irgendwann stammelte ich nur noch heiser und müde: »Ich bin doch froh, wenn Jürgen geschnappt wird! Er hat ohnehin noch Bewährung offen und geht dann für einige Zeit in den Knast. Sobald er eingefahren ist, bin ich endlich von ihm los, kann mir in dieser Zeit eine andere kleine Wohnung suchen. Auf eine solche Gelegenheit warte ich jetzt doch nur noch. Jürgen hat mir doch schon zur Genüge Ärger und Aufregung eingebracht und hoffentlich wird er sehr bald geschnappt und bekommt eine möglichst lange Strafe reingedonnert! Dann bin ich aus seinem Dunstkreis! Was dann mit diesem Raubritter geschieht, ist mir mittlerweile vollständig egal!«

Horst starrte mich plötzlich ganz still und andächtig an und zog sich einen Sessel heran!

Ich bekam das nervöse Zittern einfach nicht unter Kontrolle. Heinz holte mir eine Wolljacke und legte sie mir um die Schultern. Er machte mir heißen Zitronentee und mein Schlottern ließ langsam nach. Heinz bat mich mit ruhiger Stimme, ihm alles zu erzählen. Ich begann damit, was Jürgen mit dem Fernseher seines Vaters und aller Wahrscheinlichkeit nach auch mit Merals Motorrad gemacht hatte. Dass ich sein Verhalten einfach nicht begreifen könne. Dass mir partout und um´s Verrecken nicht in den Schädel ging, dass ich Jürgen so weit weniger wert sei als ein Paar bedruckte Papierscheine. Ich machte Heinz klar, dass ich von diesem Gelddiebstahl wahrhaftig nichts geahnt habe. Wenn ich wirklich mit Jürgen unter einer Decke stecken würde, dann wäre ich doch in der Nacht zusammen mit ihm aus der Wohnung geschlichen und säße jetzt nicht in fester, materieller Form hier in diesem Sessel!

Jetzt fragte ich Heinz ganz direkt: »Bist du wirklich in der Annahme, ich bin – als Jürgens Komplizin – derart töricht, dass ich nach dem Diebstahl seelenruhig in deiner Wohnung hocken bleibe, ohne Angst vor irgend welchen Konsequenzen? Du und ich, wir sind doch ganz im

Prinzip Beide Jürgens Opfer! Du bist um einige Hunderter erleichtert worden – und mich hat dieses dreckige Aas einfach in deiner Wohnung sitzen lassen! Die Kohle ist diesem diebischen Frettchen ja wohl um Klassen wichtiger als unsere Beziehung. Und jetzt ist er mir egal genug. Nach dem Vorfall der vergangenen Nacht besonders gründlich! Falls du noch zur Polizei willst, komme ich gerne mit und unterstütze dich mit Freuden! Meinetwegen kann Jürgen ins Walhalla rauschen!«

Heinz starrte mich mit offenem Mund an und nickte bewundernd!

»Und jetzt«, schluchzte ich todmüde, »willst du mich nicht gehen lassen! Ich habe doch daheim eine Verpflichtung!«. Heinz fragte, ob ich ein Kind zu Hause hätte. »Ja«, gab ich zur Antwort, „so kann man es betrachten. Es ist ein hilfloses, kleines Meerschweinchen!« Wieder sackte ich mit einem Weinkrampf zusammen! Heinz reichte mir ein Taschentuch, hob mit den Fingern mein Kinn an und sagte: »Ich glaube dir und lasse dich gehen!« Ich wankte ins Schlafzimmer und kleidete mich an. Erst jetzt fiel mir auf, dass ich die halbe Nacht splitterfasernackt vor Heinz im Sessel gehockt hatte!

Ich wusch mich und später fragte Heinz mich leise und freundlich, ob ich noch einen Kaffee wolle. Ich sagte sofort zu und erklärte ihm, dass ich jetzt ohnehin nicht allein sein könne. Heinz bot mir an, mich auf dem Heimweg zu begleiten. Ich brachte ein Grinsen zu Stande und zischte: »Oh fein, vielleicht ist dieser Saubermann ja mittlerweile in die heimischen Gefilde zurückgekehrt, in dem irrigen Glauben, ich sitze auf dem Polizeirevier oder beim Präsidium fest. Wenn dem so ist, dann haben wir ihn ja am Wickel! Diesmal kann er sich nämlich definitiv nicht verstecken, das garantiere ich dir. Wir wohnen auf der ersten Etage. Sämtliche Wege um das Haus herum sind aus Beton. Was will der Schietkerl denn machen? Aus dem Fenster springen – und sich beim Aufschlag sämtliche Gräten brechen?«

Trotz des Elends musste Heinz herzhaft lachen...

Am späten Nachmittag fuhren wir dann zu mir nach Hause. Doch wie wir geahnt hatten, war Jürgen natürlich nicht da. Heinz hatte die kleine Elisa auf dem Schoß und ich setzte per Tauchsieder Wasser für Tee auf. Bei dieser Gelegenheit erzählte ich Heinz von Jürgens Daddel-Leidenschaft. Dass mein sauberer Herr Verlobter ja sogar die Angestellten der Spielhallen um Geld und Extra-Spiele linken würde. Heinz schaute mich ganz entgeistert an und meinte: »Jürgen bräuchte dringend eine Therapie, denn er ist krank! Diese Krankheit heißt Spielsucht!«

Als Heinz sich später von mir verabschiedete und ging, war ich um Einiges schlauer...

Jürgen tauchte eine ganze Woche nicht auf!

Dann, eines Abends, kam er plötzlich völlig unvermutet zur Türe hinein spaziert, als ob nicht das Geringste vorgefallen sei! Bevor ich überhaupt fragen konnte, legte er einen fingerdicken Stapel Geldscheine vor mir auf den Tisch. Ich starrte ihn ungläubig an und fragte, woher er das viele Geld hätte. Jürgen gab zur Antwort, er habe sich in E. eine Woche lang auf dem Dult verdingt. Doch ich hatte mittlerweile dazu gelernt! Misstrauisch, wie ich mittlerweile geworden war, rief ich am kommenden Tag klammheimlich beim für diese Stadt zuständigen Fremdenverkehrsamt an und erfuhr, dass dort in der letzten Zeit gar kein Dult stattgefunden habe!

Also nahm ich das Geld und sagte keinen Ton mehr. Mir war ohnehin mittlerweile alles gleich. Woher er das Geld nun tatsächlich hatte, blieb ein Geheimnis und es war mir so ziemlich egal. Wenn ich über Jürgens kriminelles Handeln nachdachte, dann durfte ich ja ebenfalls ein ganz klein Wenig egoistisch sein...

Wie oft ich wegen Jürgen auf dem Polizeipräsidium gesessen bin – ich weiß es nicht! Wie oft ich vor lauter Horror-Gedanken bei seiner Abwesenheit gezittert habe –ich weiß es nicht! Wie oft ich verzweifelt und hungrig zu seinen Eltern gelaufen war, um ein wenig Suppe zu bekommen – ich weiß es nicht! Wie oft ich bei einem Türschellen aus Angst vor einem Polizeieinsatz zusammengezuckt war – ich weiß es nicht! Wie oft ich für Jürgen irgendwelche dubiosen Typen an der Türe abgewimmelt habe – ich weiß es nicht! Wie oft ich mich halbe Nächte lang schlaflos im Bett hin und her gewälzt habe, den Kopf voller Gedanken, wie es in der Zukunft weiter gehen sollte – ich weiß es nicht! Wie oft ich unruhig durch die Wohnung getigert war und bei jedem Geräusch ans Fenster lief – ich weiß es nicht! Warum ich das alles für Jürgen in Kauf nahm und für diese Beziehung, die diese Bezeichnung in keiner Weise wert war, sogar komplett mit meiner eigenen Familie gebrochen hatte – ich weiß es nicht! Wie viel geballte, kriminelle Energie noch in ihm stecken mochte – ich wusste es nicht!

Ich wusste nur Eines, nämlich genau das, was ich nicht anders kannte: Männer waren ausnahmslos allesamt Raubsaurier und Erzverbrecher! Entweder sie pichelten oder sie prügelten, bedrohten, vergewaltigten, erniedrigten, betrogen, heuchelten, waren dabei noch feige – und ließen die Partnerin, wenn´s drauf ankam, einfach fallen wie eine heiße Kartoffel!

So waren Männer nun ein Mal; das war mein Bild von ihnen...

Jürgen konnte innerhalb weniger Stunden ohne Weiteres mehrere hundert Mark verdaddeln. Er ging ja sogar regelmäßig zum Blutspenden, um Geld für seine heiß- und innig geliebten Daddelautomaten zu haben! Wenn er dann Tage lang auf Tour war: Ob ich daheim was zu Fressen hatte oder nicht, interessierte ihn scheinbar herzlich Wenig…

Ganz unten

Ich hatte Mietschulden und es kam, wie es kommen musste: Das Appartement wurde mir fristlos gekündigt!

Da ich ohnehin die Trennung von Jürgen anstrebte, kam mir das in gewissem Sinne sogar irgendwie ganz gelegen. Elisa kam bei Mathilde unter und ich wusste, es war ein Abschied für immer. Ich telefonierte bei den verschiedenen Behörden herum. Äußerst günstig war die Tatsache, dass Jürgen mal wieder für mehrere Tage auf der Rolle war. So bekam er von der ganzen Aktion natürlich auch nichts mit. Nach einigem Hin und Her bekam ich in einem Außenbezirk der Stadt einen Platz in einem Wohnheim für nicht sesshafte Frauen!

In diesem Wohnheim lief das folgendermaßen:

Bei der Ankunft bekam man eine Aufnahmebescheinigung. Damit musste man sich beim zuständigen Einwohnermeldeamt als wohnhaft in diesem Heim anmelden. Anschließend ging es ab zum speziell für diesen Vorort zuständigen Sozialamt. Dort gab es ein Büro, welches speziell für diese Heimbewohnerinnen zuständig war und wo man eine Bescheinigung für das Büro des Wohnheimes erhielt. In diesem Wisch stand dann drin, dass Einem pro Monat für Nahrung, Kleidung und Hygieneartikel zweiundachtzig Mark Taschengeld ausgezahlt werden sollte – alles inclusive! Davon kannst du nicht existieren.

Natürlich kam es noch darauf an, ob man in dieser Bescheinigung auf »VV« (Vollversorgung) oder »SV« (Selbstversorgung) gesetzt wurde. Für die ersten beiden Wochen war ich eine »VV«; ich bekam Frühstück, Mittagessen und Abendbrot im Hause. Danach war ich eine »SV«, musste zusehen, wie ich mich ernährte und kleidete – *von zweiundachtzig Mark pro Monat!* Versuch´das mal...

Ich lag in einem Zweibettzimmer zusammen mit Birthe R., einem Mädel in meinem Alter. Birthe kam am selben Tag an wie ich. Wir freundeten uns sehr dick miteinander an. Halbe Nächte saßen wir gemeinsam auf der Bettkante, grübelten darüber nach, wie es weiter gehen sollte. Wir warfen unsere paar Kröten zusammen, überlegten, wie lange wir uns wohl damit über Wasser halten konnten. Die schlimmsten Vorstellungen und die ekligsten Horrorbilder versuchten wir zu verdrängen, so gut und so lange es ging. So weit als möglich schoben wir die grausame Realität und das, was früher oder später doch unweigerlich auf uns zukommen würde, vor uns her. Eines Nachts war es dann doch so weit. Wir nickten uns zu, fielen uns weinend in die Arme und beschlossen, die Zähne tapfer zusammen zu beißen und das zu tun, was wir krampfhaft zu vermeiden versucht hatten, vor dem wir uns so sehr gefürchtet hatten: Birthe und ich landeten gemeinsam auf dem Straßenkiez!

Wir warfen unsere letzten Kröten zusammen, gingen in eine Drogerie und besorgten uns »Klapperstorchbetrüger«, also Kondome. Dann fuhren wir zu einer berüchtigten Straße in der Nähe des Rathauses, stellten uns an eine Häuserwand und warteten. Wir hatten rasch Erfolg. Die ersten Wuschermänner waren ekelhaft, trotz der Geldscheine, die nun in unseren Taschen waren. An diesem ersten Abend als Junghuren schworen wir: Das war unser erstes und garantiert auch unser letztes Mal! Wir schworen von da an jeden Abend auf's Neue. Wir waren Beide schon zu tief im Sumpf drin, um überhaupt noch irgendwo festen Grund zu sehen. Ich sah die spindeldürren, zitternden Gestalten, die zerstochen, eingefallen und bleich mit stupidem Blick in unserer Nähe an die Kaimauer gelehnt auf Freier warteten. Diese lebenden Zombies machten uns eine sagenhafte Angst. Es ist kaum zu glauben: Birthe und ich waren die Einzigen, die nicht wegen Drogen oder Alkohol, sondern wegen Lebensmittel anschaffen gingen! Den Drogen-Deerns schnappten wir natürlich die Freier weg – und blieben zu ihnen, bevor sie ernsthaft böse wurden, auf gehörigem Abstand! Mit der Zeit wurden wir mutiger und gingen mit den Wuschermännern jetzt sogar in billige Stunden-Hotels. Bald hatten wir auch eine Reihe von Stammfreiern, zu denen wir privat gingen. Hin und wieder getrennt, hin und wieder gemeinsam. Grundsätzlich Verkehr nur mit Gummi, denn weder Birthe noch ich nahmen die Pille. Von AIDS war zwar noch keine Rede, aber weder wollten wir uneheliche und vaterlose Kinder von irgend welchen unbekannten Freiern in die Welt setzen noch uns einen Tripper, Syphilis, Schanker oder Feigwarzen einhandeln. Achsel- und Schamhaare rasierten wir uns ratzekahl fort – Filzläuse hatten keine Chance! An Sonsten war außer Verkehr nur Massage angesagt. Mundverkehr, war nicht drin, nicht ein Mal mit »Klapperstorchbetrügern«! Wir wären aus dem Würgen nicht mehr raus gekommen...

Die alten Opas waren uns die Liebsten; sie waren immer schnell fertig. Die brauchten wir nur zuvor ein Wenig mit unserem heißen Gerede vorzuglühen und kaum waren sie aus der Unterhose, ging es auch schon los! Wir brauchten sie kaum noch anzulangen!

Dann hatten wir auch noch moslemische Wuschermänner. Die versuchten krampfhaft, um jede Mark zu feilschen wie auf einem Fleischbasar. Sie versuchten es zu Mindest. Wenn wir uns dann umdrehten und Anstalten machten fort zu gehen, waren sie aber plötzlich doch mit der Preisforderung einverstanden! Die meisten Moslems wollten natürlich ohne Gummi. Das aber machten wir nicht mit und so konnten sie es sich aussuchen: Entweder mit Gummi – oder gar nicht! Zu guter Letzt gaben die Freier klein bei.

Die »Klapperstorchbetrüger« besorgten wir uns immer selbst. Zur Sicherheit, denn bei den Parisern, die die Freier mitbrachten, durfte man sich der Sache nie wirklich sicher sein. Bei den Drogen-Deerns kreiste das Thema rund; die Spatzen pfiffen es praktisch von den Dächern. Vielleicht waren die Dinger zuvor bereits manipuliert worden, dass sie beim Benutzen unweigerlich reißen mussten und somit der Freier dann doch praktisch blank zog. Wussten wir es? Einigen Fixerinnen muss das wohl schon bereits des Öfteren passiert sein. Bei den eigenen Parisern waren Birthe und ich auf der sicheren Seite – kein einziges Teil ist uns jemals gerissen!

Der große Löwenanteil waren die ganz normalen Freier. Die zahlten anständig, waren sauber, akzeptierten die geforderten Kondome, waren jüngeren Semesters, behandelten uns wie Menschen und waren ziemlich schnell fertig. Einfach unkompliziert. Es gab sogar einige Wenige, die sich hinterher noch bei uns bedankten...

Um unser sauer verdientes Geld zu sparen, aßen Birthe und ich sehr oft in der Bahnhofsmission, denn dort gab es Suppe und Brot umsonst. Nur wenn uns das Missions-Essen fast zu den Nasenlöchern heraus kam, leisteten wir uns schon mal ein Schnitzel mit Pommes. Aber Dank unseres Gewerbes brauchten wir jetzt kein Leitungswasser mehr zu trinken, sondern hatten Colaflaschen vor den Kojen stehen. In der Nacht futterten wir Brötchen mit Fleischwurst...

Zeitweise kam bei uns Beiden der eine oder andere Hang-over zum Vorschein. Wir waren seelisch ausgebrannt, überzeugt, dieses Elend keinen Tag länger mehr zu überstehen. Birthe verschanzte sich auf dem Klosett und weinte; ich lag unter der Decke und ließ den Tränen freien Lauf. Wir existierten in einem andauernden, extremen und permanenten Ausnahmezustand. So konnte es doch auf die Dauer einfach nicht weiter gehen. Auf dem Kiez verkaufst du nämlich nicht nur dein Fleisch, sondern auch jedes Mal ein Stück deiner eigenen Seele. Mit jedem Freier wurde es schlimmer. Wir fühlten uns von mal zu mal immer mehr zerstückelt. Birthe und ich hatten an so manchem Abend in unserem Zimmer das Gefühl, jeden Moment zu ersticken. Die Sorgen und Nöte, dieses Gefühl der völligen Aussichtslosigkeit, drohten uns wie Wogen zu überrollen. Waren wir zu Babyhuren erzogen? Nein. Beide hatten wir eine sehr konservative Erziehung genossen. Hatten unsere Mütter uns als Löwenfraß, als Aasfleisch für irgendwelche Freier geboren? Auf keinen Fall. Hatten wir uns dieses Dasein ausgesucht? Bestimmt nicht. Wie lange sollten wir uns noch anbieten und gegen ein paar mickrige Geldscheine wie Vieh benutzen lassen? Sollten sexuelle Handlungen nicht aus Vertrauen und Liebe geboren sein? Gut, wir verdienten ein wenig Geld, aber Liebe hatten wir nicht zu erwarten! Es hielt uns über Wasser, das war es aber auch schon. Birthe und ich waren dem Wohnheim, der Behördenwillkür und den Freiern praktisch vollkommen hilflos ausgeliefert. Wir waren Beide erst zwanzig Jahre jung – und schon Schaschlik auf Beinen!

Wir schienen einen Stempel auf der Stirne zu haben, auf dem in schillernden Leuchtbuchstaben zu stehen schien: *Benutz' mich!* Wie lange sollte dieses Desaster noch gehen? Es war wie eine Spirale, auf der es nur einen einzigen pfeilschnellen Weg gab – nach Unten! Je tiefer du rutschst, desto schneller geht es abwärts. Ein Killer-Highway ohne Ende – nur noch schnurgerade in Richtung Abgrund! Kämen wir irgendwann aus dieser Sackgasse wieder heraus?

Es gab immer wieder Augenblicke, in denen wir selbst nicht mehr daran zu glauben vermochten. Es stand uns ganz klar und deutlich vor Augen. Es war genau das eingetreten, was wir eigentlich mit aller Macht verhindern wollten: Jetzt waren wir wirklich ganz unten, auf dem Kiez, gelandet! Die Freier nutzten uns zu ihrer eigenen Lustbefriedigung aus, das Heim hielt uns ganz bewusst an der kurzen Leine, weil es eine Daseinsberechtigung brauchte. Die Frauen kamen nicht mehr fort, die

Zimmer waren voll belegt, die Quote stimmte. Birthe und ich versuchten uns nur gegenseitig bei der Stange zu halten. Irgendwie schafften wir es immer wieder, uns erneut aufzurappeln für die eklige Drecksarbeit...

Es kam der Tag, an dem ich total abstumpfte. Ich konnte nicht anschaffen gehen und so machte sich Birthe allein auf den Weg, um für uns Beide zu arbeiten. An diesem Tag drückte es mir völlig die Luft weg. Mich überkam die ohnmächtige Verzweiflung – und ein Gefühl totaler Hoffnungslosigkeit!

Ich war einfach nur noch groggy von diesem ganzen Mist, jetzt war mir restlos alles egal. Ich ging in eine Apotheke und besorgte mir eine Schachtel Schlaftabletten. In der nächsten Apotheke noch eine Schachtel. Dann noch eine Schachtel aus einer dritten Apotheke. Ich war der Annahme, das müsse für einen guten Abgang reichen. Also ging ich zurück ins Wohnheim, packte die Schlaftabletten weg und ging unter die heiße Dusche, wo ich mich von Kopf bis Fuß gründlich abschrubbte. Ich trocknete mich ab, kämmte mir das Haar, machte mich frisch, schlüpfte in ein frisches, sauberes Nachthemd, schminkte mich noch ordentlich, lackierte mir die Nägel, schrieb einen Abschiedsbrief und rauchte noch eine letzte Zigarette. Meine Gedanken liefen Amok, sammelten sich, wurden dann plötzlich glasklar. Ich hatte kein Elternhaus und keinerlei familiäre Unterstützung mehr. Mutters Worte aus der Vergangenheit schienen sich jetzt zu bewahrheiten – ich war eine wandelnde Versagerin! Ständig war ich betrogen, ausgenutzt und fort geschoben worden. Jetzt existierte ich in diesem Weiber-Asyl.

Was käme als Nächstes? Noch mehr Betrug? Noch mehr Ekel? Ein Albtraum jagte den Nächsten. Ein Ende dieses Elends war nicht in Sicht. Ich konnte einfach nicht mehr! Nach den Frauen, die hier in diesem Heim lebten, grunzte doch ohnehin keine Wildsau mehr. Sie alle hatten mit ihrem eigenen vergeudeten Leben zu kämpfen. Es würde mich Niemand vermissen und – außer Birthe und vielleicht ein paar anderen Bewohnerinnen – keine Krähe um mich trauern. Was es letztendlich noch gäbe, wäre bestenfalls ein vom Sozialamt unwillig gezahltes Pennerbegräbnis!

Ich fand nichts Verstörendes daran, zu sterben. Ich war mit nacktem Hintern geboren worden und mit nacktem Hintern würde ich diese Welt jetzt auch wieder verlassen. Nun stand ich da – in der linken Hand die sechzig Schlaftabletten, in der Rechten ein Glas Wasser. Mir zitterten noch nicht ein Mal die Hände, als ich den Mund öffnete, um die gnadenbringenden, kleinen Tabletten zu schlucken. Ich betrachtete es ganz logisch. Mein Zug war abgefahren. In einer Stunde spätestens würde es vorbei sein. Nach mir die Sintflut…

Doch urplötzlich schoss mir ein anderer Gedanke durch den Kopf: Was um Gottes Willen hatte ich da nur vor? Ich war dabei, mein Leben einfach auf die Müllkippe zu werfen! Im Alter von gerade ein Mal zwanzig Jahren! Wencke, dachte ich, ja spinnst du? Ich verging ja schon förmlich in Selbstmitleid! Wenn ich diese Tabletten jetzt schlucken würde, täte ich der Welt doch den größten Gefallen überhaupt. Die einzigen Kosten, die noch anfielen, wären die Kosten für das Begräbnis. Dafür hätte der Staat sich an mir allerdings die laufende Sozialhilfe gespart. Das käme den Behörden doch nur Recht. Nee – so nicht!

Ein kluges Sprichwort ging mir durch den Kopf: Mitleid kriegst du geschenkt – Neid musst du dir verdienen!

Wencke, dachte ich, du hast dich in diesen Schlamassel hinein manövriert und du wirst dich auch wieder hinaus manövrieren! Den Gefallen wirst du der Gesellschaft nicht tun! Du wirst dich dem Leben stellen und ihm die Zähne entgegen fletschen! Du wirst kämpfen!

Die Tabletten flogen im hohen Bogen aus dem Fenster auf den Rasen. Die Vögel und Ratten müssen in der nächsten Zeit ganz schön bedröhnt gewesen sein...

Birthe und ich gingen weiterhin anschaffen. Von meinem Beinahe-Suizidversuch sagte ich ihr nichts. An manchen Tagen blieben wir auch ganz im Wohnheim. Was soll´s, dachten wir, kommt Zeit, kommt Rat. Schlimmer konnte es doch ohnehin nicht mehr werden. Höchstens besser!

Dass es in meinem Leben noch tausendfach schlimmer kommen würde, ahnte ich zu diesem Zeitpunkt glücklicherweise noch nicht…

Dann kamen eines Tages zwei Briefe. Einer für Birthe und Einer für mich. Vom Gesundheitsamt. Sie luden uns ein zu einem Gespräch und einer körperlichen Untersuchung!

Birthe und ich waren ratlos. Also ging ich mit meinem Brief zu Jackie, einer anderen Heim-Insassin, die bei uns als »Stille Ratgeberin« fungierte. Ihr zeigte ich also diesen Brief. Jackie überflog ihn nur, zuckte mit den Schultern und nickte. Ja klar, das kenne sie. Wenn ich zum angegebenen Termin erscheine, müsse ich Tinte gesoffen haben. Auf mein unwissendes Gesicht hin grinste Jackie nur und meinte: »Ja logisch. Die schnacken dich dort so richtig herrlich zu und schicken dich anschließend nach Nebenan auf den Folterstuhl. Mit Birthe machen sie das auch. Na ja, du weißt ja wohl! Wenn sie mit euch fertig sind, bekommt ihr vorne eure Bockscheine. Dann seid ihr ganz offiziell als Huren registriert und dürft jeden Monat auf dem Gesundheitsamt antanzen und euch auf Tripper und Filzläuse checken lassen. Wenn ihr ein Mal in diese Tretmühle hinein geraten seid, kommt ihr so schnell auch bestimmt nicht wieder raus. Denn sobald sie euch den Bockschein verpasst haben, seid ihr gezwungen, monatlich nach Termin zum Check-up zu gehen. Geht ihr dann nicht, schicken sie euch die Polizei an den Hals, die euch dann zwangsvorführt. Vergiss′ diesen Brief direkt jetzt schon, denn wenn ihr hin geht, gebt ihr praktisch zu, dass ihr auf den Strich geht. Das Gesundheitsamt geht nämlich davon aus, dass Frauen, die eine solche »Einladung« erhalten, auch Bescheid wissen. Dieser erste Brief hier ist lediglich eine Einladung. Vergesst diese amtlich bestellten Muschen-Grabscher – und die werden euch auch mit der Zeit vergessen!«

Mir stockte der Atem, als Jackie mir erklärte, dass im Durchschnitt ungefähr 80-90% aller Insassinnen dieses Hauses heimlich ihr Geld auf dem Straßenstrich verdienten! Verfluchte Hacke – all diese verlorenen Seelen!

Natogrün im Gesicht rannte ich in unser Zimmer zurück und klärte Birthe sofort über diese Briefe auf. Natürlich nahmen wir diese Termine nicht wahr. Es kamen noch zwei »Einladungen«, doch dann gaben sie es endgültig auf und es passierte tatsächlich nichts mehr. Na also – es geht doch!

Mehr als ein Mal ging mir in den düstersten Augenblicken durch den Kopf, dass das Wohnheim die Bewohnerinnen wohl beim Gesundheitsamt namentlich meldete. So musste es sein, denn sonst wären diese Schreiben ja gar nicht gekommen. Wenn aber die Frauen beim Gesundheitsamt gecheckt wurden und tatsächlich eine amtliche Bestätigung zur Ausübung der Prostitution erhielten, dann musste das Wohnheim davon wissen. Warum bekamen wir von Seiten des Heimes nur zweiundachtzig Mark pro Monat, wenn doch völlig logisch war, dass kein Mensch von diesem Betrag existieren kann? Was sollte dieser Bullshit? Warum diese hohe Prostitutionsrate unter den Frauen?

Gab es da eventuell ein still schweigendes Abkommen zwischen Gesundheitsamt und Wohnheim? Weshalb sonst machte man es den Bewohnerinnen so unendlich schwer? Ich fand auf diese Fragen keine Antwort…

Unser einziges Bestreben war jetzt nur noch, aus diesem gottverdammten Hundezwinger heraus zu kommen – notfalls mit Hilfe von Männern! Ich weiß, das klingt bescheuert. Wie konnte ich meinen Körper auf dieses Stückchen Fleisch zwischen meinen Beinen beschränken? Mich selbst zu einem Samenabort degradieren? Mein Denken, Fühlen, Handeln, meine gesamte Zeit und mein Geschick immer wieder auf´s Neue von irgendwelchen Männern abhängig machen?

Die Erfahrungen hatten mir doch bereits zur Genüge gezeigt, dass ich immer nur den Schwarzen Peter gezogen hatte. Ich ließ mich beherrschen durch zu viel falsches Selbstmitleid. Allerdings fehlte mir auf Grund der voran gegangenen Erfahrungen mittlerweile der letzte Funke eigenes Selbstvertrauen; ich hing dermaßen im Burn-out, wollte mich hängen lassen und alles, was mit meinem Leben zusammen hing, nur noch anderen Menschen überlassen. Meine eigenen Entscheidungen hatten bereits zu viele grobe Fehler hervor gebracht. Ich selbst traute mir Eigenregie schon gar nicht mehr zu, aus Sorge, es kämen neue grobe Fehler dabei heraus...

Natürlich wollte ich nach wie vor aus diesem Wohnheim fort – und zwar auf Biegen und Brechen! Die einzige Chance aber, aus dieser Lage heraus zu kommen, war über einen Mann. Sicher habe ich es mit einem Job versucht. Den hatte ich mir selbst besorgt. Ich wollte mit aller Macht hinaus aus dem Dreck. Auf einer Einkaufsmeile in einer Crêperie. Dort buk ich dann Crêpes (französische Pfannkuchen) für hungrige Touristen. Ich durfte am Öfchen stehen, backen, die Crêpes mit Dosenobst belegen oder mit Nougatcreme bestreichen, den Teig rollen und kassieren. Den ganzen Tag umwehten mich die herrlichsten Düfte von gebackenem Teig, Nougat und süßem Obst! Das Essen war so nahe – die Gerüche und der Anblick hätten mich fast erschlagen!

Ich selbst konnte mir keinen Crêpe leisten. Das Personal konnte zwar verbilligt essen – ich aber hatte kein Geld! Und einen Vorschuss wollte man mir noch nicht zahlen. Ich zitterte wie ein junger Pinscher, krallte mich am Tresen fest und hatte schwarze, flimmernde Wolken vor den Augen. Mein laut gurksender Magen fühlte sich an wie eine Schuhsohle. Ich musste permanent gegen Hunger, Magenkrämpfe, Schwindelgefühle und Übelkeit ankämpfen. Am zweiten Tag zahlten sie mir meine paar Mark aus und warfen mich dann gleich wieder raus. Sie hatten ganz offensichtlich Angst, ich würde ihnen hinter dem Tresen zusammenklappen. Dieses Risiko wollten sie nicht eingehen. Da ließen sie mich dann doch lieben gehen...

Und? Hat es die Situation letztendlich besser gemacht? Was brachte dir eine feste Arbeitsstelle, wenn du dir keine angemessene Ernährung leisten konntest? Dann wäre mir vom Monatslohn nämlich – nur für die Heimunterbringung – eine derart horrende Summe abgezogen worden, dass ich mir für eine eigene kleine Wohnung – bei aller Bescheidenheit – nichts mehr hätte bei Seite legen können. Dieses perverse Spiel war mir von einigen wenigen berufstätigen Mitbewohnerinnen bereits in ausreichendem Maße bekannt. Die Regeln des Spieles lauteten: Du darfst nicht hoch kommen! Die Quote muss stimmen! Es bestätigte mir im Endeffekt ja nur meinen Verdacht. Zum Beispiel hatte ich da eine Kameradin, die in einer Fabrik am Fließband stand, acht bis neun Stunden täglich. Ihr Lohn betrug monatlich 1.2oo.- DM netto. Davon musste sie aber alleine schon 900.- DM an das Wohnheim abführen. Es blieben ihr zu guter Letzt sage und schreibe ganze 300.- DM zum Leben. Damit kann ein erwachsener Mensch vielleicht (inclusive sämtlicher unvermeidlicher Kosten) gerade eben mit Hängen und Würgen seinen Lebensunterhalt bestreiten – aber bestimmt nichts großartig für eine Wohnung, Möbel, Miete, Nebenkosten und Kaution zurück legen! Wie lange hätte sie sparen sollen? Zehn Jahre?

Diese Frau musste sich von diesen 300.- DM ernähren, kleiden und auch ihre dringendsten Hygieneartikel selbst zahlen. Was war also letztendlich der traurige Effekt? Sie schleppte sich nach Feierabend todsterbensmüde auf den Straßenkiez und hoffte, irgendwann – vielleicht durch einen glücklichen Zufall – doch einem Mann zu begegnen, der mehr als die billige Schnalle in ihr sah, es ehrlich mit ihr meinte und sie aus diesem mistigen Dasein heraus holte. Tags über Fließband – abends für ein

wenig Geld die Beine breit machen und hoffen, hoffen, hoffen. Mit Hoffnung aber füttert man Narren. Es war ein ewiger Teufelskreis...
Und was war mit den Frauen, die tatsächlich auszogen? Sie machten es über einen Mann. Es war eine traurige, aber unabänderliche Tatsache. So war das eben –eine andere Wahl blieb ihnen nicht…

Rumänische Hexe

Eines Tages begegnete ich in der Bahnhofskneipe einem ehemaligen Mitschüler – Rudi M.!

Völlig überraschend stand er an der Theke. Er musterte mich eine ganze Weile. Irgendwie kam er mir sehr bekannt vor. Dann stand er auf, kam auf mich zu und fragte: »Sag′ mal… bist du die Wencke?«

Ich fragte zurück: »Wer will das wissen?«

Der junge Mann lächelte mich an und antwortete: »Ja, erkennst du mich denn wirklich nicht mehr? Ich bin′s! Dein damaliger Schulfreund Rudi!«

Ja, nun erkannte ich ihn! Wir Beide waren gemeinsam zur Grundschule gegangen. Rudi war damals schon ganz schwer in mich verknallt und hatte mir ständig Gummibärchen, Schokolade und selbst gepflückte Blümchen von der Wiese geschenkt. Wir hatten oft genug gemeinsam über den Hausaufgaben gebüffelt. Nach Feierabend hatten wir mit unseren beiden Schildkröten gespielt. Er hatte damals eine Maurische und ich eine Griechische Landschildkröte. Wir konnten uns alles erzählen und spazierten als Kinder Hand in Hand die Straßen hinunter. Mal aß er bei uns, mal ich bei ihm. So bald ich ihn auf dem Schulhof angelächelt hatte, war er rot angelaufen wie ein Puter!

Ein hübscher Junge war er zwar nie gewesen, aber dafür war er ein echter Kamerad, der auch schon mal andere Jungs vertrimmte, wenn sie mir gegenüber frech werden wollten. Es war eine richtig niedliche Kinderliebe gewesen! Du süße Nostalgie! Nach dem Umzug im Jahre 1974 hatten wir uns dann aus den Augen verloren...

Und jetzt stand er vor mir, dieser breitschultrige, hoch gewachsene junge Mann mit der dichten, blonden Lockenmähne und den strahlenden blauen Augen!

Er hatte sich wirklich ganz schön heraus gemacht!

Wir setzten uns gemeinsam an den Tisch, redeten und fielen uns immer wieder gleichzeitig lachend und weinend um den Hals! Ich erzählte Rudi von meiner gegenwärtigen Situation und er antwortete nur: »Komm, Wenckelein, wir fahren zusammen in dieses Heim und du packst deine Sachen! Du kommst zu mir! Da lass´ ich dich nicht hängen!«

Gesagt, getan. Abends kamen wir dann endlich mit gepackten Koffern in seiner Wohnung an. Das allgemeine Chaos versetzte mir einen echten Schock. In der Spüle stapelte sich das schmutzige Geschirr, Kleidungsstücke lagen wild verteilt über den Polstern, der Aschenbecher quoll fast über und über allem lag eine dicke Staubschicht!

Es fehlte ganz eindeutig eine weibliche Hand!

Doch das war uns jetzt in diesem Augenblick egal. Ich hatte meinen alten Schulkameraden aus Kindertagen wieder und er seine geliebte, kleine Deern. Wir redeten noch eine ganze Weile und gingen dann irgendwann zu Bett, in dem sich in dieser Nacht noch eine ganze Menge abspielte. Mann, fuhr mir durch den Kopf, früher haben wir über den Hausaufgaben geochst und mit unseren Schildkröten gespielt – und jetzt liegen wir kuschelnd im Bett zusammen! Das gibt es doch nicht...

Am nächsten Morgen ging Rudi dann hinunter in den Keller, um noch einige seiner Kartons auszupacken. Ich machte derweil den Abwasch, räumte auf, putzte Staub, saugte durch die Wohnung, lüftete, kochte Kaffee und bereitete das Frühstück zu. Zwischendurch kam Rudi hoch und sah sich sehr erstaunt in der Wohnung um. Wir frühstückten gemeinsam und Rudi strahlte mich lächelnd an und sagte im Brustton der Überzeugung: »Glaube mir, Wenckelein, dich lass´ ich nicht mehr fort!«

Nach dem Frühstück begab Rudi sich fröhlich pfeifend und puppenlustig wieder hinunter in den Keller. Ich machte den Abwasch vom Frühstück fort und steckte die schmutzige Wäsche in die Maschine. Plötzlich hörte ich ein leises Gerumpel und Gepolter im Korridor, dann Rudi´s Stimme. Sie klang eigenartig brüchig: »Bitte erschreck´ dich jetzt nicht; ich hab´ gerade im Keller einen Unfall gehabt!«

Die Türe öffnete sich und Rudi taumelte hinein. Seine Sachen waren von Oben bis Unten blutverschmiert. Sofort half ich ihm auf die Couch und fragte, was denn geschehen sei. Rudi ächzte, er habe im Keller die Paketschnur von Einem der Kartons herunter schneiden wollen. Dabei sei ihm das Messer abgerutscht und in seine Brust gedrungen! Ich hängte mich umgehend ans Telefon und alarmierte den Rettungswagen. Dieser kam auch sofort und nach der ersten Notversorgung durfte ich auch mitfahren. Rudi umklammerte meine Hand und würgte mit kreideweißem Gesicht. Ich hielt ihm die Spuckschale und wischte ihm den Schweiß von der Stirne. Rudi spuckte hellrotes, schaumiges Blut und jammerte wie eine hungrige Katze nach mir. Ich wich nicht von seiner Seite!

Im Krankenhaus stellte sich dann heraus, dass das äußere Gewebe der Lunge angekratzt war. Das hatte ich mir selbst bereits gedacht, da das Blut, das er von sich gegeben hatte, ganz hellrot und schaumig gewesen war. Rudi hatte noch Glück im Unglück gehabt!

Irgendwann tauchte dann plötzlich seine Mutter auf. Sie war bereits von der Klinik aus informiert worden und hatte sich sogleich auf den Weg gemacht. Sofort musterte sie mich prüfend von Oben bis Unten. Als ich mich ihr vorstellte, sagte sie: »Ach ja… du bist ja diese junge Rumänin!«

Ich wollte mich nicht mit ihr streiten, schließlich ging es hier um ihren Sohn. Als sie erfuhr, dass Rudi mich am Abend zuvor zu sich geholt hatte, meinte sie nur, nein, das ginge nicht. Na gut, sie hatte mich auch schon in der Vergangenheit nicht sonderlich gemocht. Sie fuhr sofort mit mir zu Rudis Wohnung, damit ich meine Koffer heraus holen konnte. Sofort im Anschluss fuhr ich erst ein Mal zum Frauenwohnheim, wo ich wieder Aufnahme fand…

Wie konnte diese Frau mich aus der Wohnung ihres erwachsenen Sohnes hinaus komplimentieren? Sollte ihr der Zustand ihres Sohnes nicht sehr viel wichtiger sein? Und wieso war ich »diese Rumänin« für sie? Ich tippte auf übersteigerte mütterliche Eifersucht und auf eine offensichtlich stockpanische Angst vor dieser Ausländerin, die ich nicht ein Mal war!

Abwarten, du altes Trampeltier, ging mir durch den Kopf, ich werde schneller wieder mit deinem Sohn zusammen sein, als du denkst! Immerhin war Rudi ja bereits Drei mal Sieben und ließe sich von seiner Mutter mit Sicherheit nicht mehr den Hinterschinken auswischen und das Schnoddernäschen putzen...

Gleich am nächsten Tag fuhr ich zum Spital, um Rudi einen Besuch abzustatten, nur, um zu erfahren, dass der Patient in eine andere Klinik verlegt worden war!

Also begab ich mich gleich zu dieser Klinik. Es war ein riesiger Komplex. Um sich dort durch zu wühlen, musste man schon »Daniel Boone« oder »Davy Crockett« heißen!

Nach mehrmaliger Fragerei hatte ich Rudi dann endlich ausfindig gemacht. Blass lag er in den Kissen, mit einem Schlauch in der Nase. Er konnte nur mühsam krächzen, antwortete mir aber bereits mit einem kleinen Zwinkern!

Am folgenden Tag wünschte er sich Erdbeeren, die ich ihm sofort besorgte. Gleich zwei Schalen brachte ich mit. Eine Schale stellte ich in den Patientenkühlschrank. Der Nasenschlauch war bereits entfernt worden. Ich fütterte Rudi liebevoll und er brachte ein verliebtes Lächeln für mich zu Stande!

Am darauf folgenden Tag, als ich das Krankenzimmer betrat, bekam ich den Schock meines Lebens: Alle saßen sie um Rudis Bett herum – Mutter, Stiefvater und die beiden Stiefbrüder!

Sämtliche Augen waren auf mich gerichtet, aus denen mir ganz unverhohlener Hass entgegen triefte! Wenn Blicke hätten töten können…

Als ich fragte, was denn los sei, meinte Rudi: »Ich sehe das Kapitel zwischen uns als beendet! Mit einer Frau, die mich ganz offensichtlich behext hat, kann ich unmöglich zusammen bleiben!«

Im ersten Augenblick verstand ich gar nichts – war wie vom Donner gerührt!

Waren das wirklich und wahrhaftig Rudis Worte? War das seine neue Meinung von mir? War das der frühe Freund aus Kindertagen, der mir einst Schokolade und Gummibärchen geschenkt hatte und der niedliche bunte Blumensträußchen für mich pflückte? Der selbe Junge, der sich auf dem Schulhof fast einschiffte, wenn ich ihm zulächelte? Der mit mir gemeinsam mit den beiden Schildkröten gespielt hatte und mit mir Händchen hielt? Mein bester und treuester Kamerad?

Was war jetzt aus ihm geworden? Seine Gefühle für mich schienen plötzlich aus der Tiefkühltruhe von Käpt´n Iglo höchstpersönlich zu stammen!

Nein, das war eindeutig nicht seine eigene Meinung, sondern die seiner Mutter, die ihm diesen Schiet noch schnell auf dem Krankenbett eingeimpft hatte!

Aber ich hatte begriffen! Jetzt ging mein eigener, trotziger Blick in die Runde! Mit ausgestreckten, überkreuzten Fingern wies ich auf die Familie und zischte durch die Zähne, nein, ich hätte nicht nur einen Fluch über Rudi gelegt – sondern auf die gesamte Mischpoke! Schließlich sei ich ja eine rumänische Hexe! Sie würden sich allesamt in der nächsten Zeit noch sehr wundern über diverse Unglücksfälle, die da kämen! So, und jetzt – Tschüssi!

Wütend verließ ich den Raum und nahm die Erdbeeren auch gleich wieder mit!

Wieder ein Mal um eine schlechte Erfahrung reicher…

Kurdische Gewalt

Irgendwann kam Gusta, eine Kameradin aus dem benachbarten Zimmer, zu mir herüber und meinte, sie habe einen Mann für mich in Petto! Es handele sich um einen kurdischen Asylanten, der eine Scheinehe eingehen wolle, um legal in Deutschland bleiben zu können. Seine Duldung liefe im September ab und würde nicht mehr verlängert. Ihm drohe die sehr baldige Abschiebung – und er brauche ganz dringend eine deutsche Ehefrau. Er sei bereit, ihr am Tage der Hochzeit 10.000.- DM zu zahlen und würde ihr nach den abgelaufenen drei Ehejahren auch die Wohnung überlassen, selbst zu einem in K. lebenden Onkel ziehen. Er wolle auch die Scheidungskosten sowie die weitere laufende Miete für die Ex-Gattin zahlen. Seine Verwandtschaft habe das Hochzeitsgeld bereits zusammen gelegt. Donnerhacke, dachte ich, Wencke – das ist deine Chance! So was kriegst du nie wieder!

Also arrangierte Gusta schnellstens ein Treffen in einer Gaststätte und nachdem ich mich so ordentlich als möglich hergerichtet hatte, fuhren wir los. Der junge Mann nahm uns direkt in Empfang. Sein Name war Hidir Ö.; er war achtundzwanzig Jahre jung, hatte volles, rabenschwarzes Haar, hübsche lange Wimpern, dunkle Kohleaugen und schöne ebenmäßige weiße Zähne. Rein optisch gefiel er mir schon mal recht gut! Auch ich gefiel ihm wohl ganz offensichtlich, denn während des Gespräches wanderten seine Augen ständig zu mir herüber. Seine Pupillen saugten sich an mir fest und er lächelte mir ununterbrochen zu. Okay, dachte ich, mit diesem Mann würde ich mich mit Sicherheit während der dreijährigen Ehezeit super verstehen. Alles Andere außer den in Aussicht gestellten 10.000.- DM und einer eigenen kleinen Wohnung war mir eh relativ egal. Auch juckte es mich herzlich Wenig, dass Hidir ein Kurde war und somit also auch noch einem völlig anderen Kulturkreis angehörte! Es ging mir ebenfalls an der Logik vorbei, dass Hidir ja ein Moslem war. Ich steckte schon viel zu tief im Sumpf drin, zu tief, um noch Platz für eigene, genaue Überlegungen zu haben. Unter normalen Umständen hätte ich mich auf einen moslemischen Mann niemals eingelassen. Erstens die Glaubensfrage und Zweitens eben die völlig fremden Sitten und Gebräuche. Die Kluft wäre mir einfach zu gewaltig…

Ich möchte klar stellen, dass ich keinerlei rassistisches Gedankengut hege. Auf Grund meiner eigenen bitterbösen Erfahrungen in der Schulzeit ist das auch schlecht möglich. Natürlich kennt Liebe keine Grenzen. Es ist auch kein Verbrechen, sich in einen anders-kulturellen Menschen zu verlieben – aber viele gemischte Ehen scheitern einfach an dieser religiösen und kulturellen Kluft! Daher wäre für mich persönlich ein moslemischer Mann unter normalen Umständen gar nicht in Frage gekommen. Doch die Umstände waren eben nicht normal und da mir das Wasser buchstäblich bis zum Halse stand, war ich bereit, mich an diesen Strohhalm zu klammern. Egal, wie viel Pech auch eventuell an ihm kleben mochte. Wenigstens der Ekel, einen nach Kümmel und Knoblauch stinkenden, verlebten und faltigen alten Bock heiraten zu müssen, würde mir erspart bleiben...

Hidir bot mir dann auch in dieser Gaststätte ziemlich bald an, ich solle doch, wenn ich wolle, sofort zu ihm ziehen. Ich war einverstanden und so fuhren wir zu Zweit zum Wohnheim. Hidir musste im Aufenthaltsraum warten und ich begab mich aufs Zimmer und packte meine Koffer. Dann verabschiedete ich mich von einigen Bewohnerinnen. Birthe weinte heiße, dicke Tränen! Hidir nahm lächelnd meine Koffer und wir marschierten zum Busdepot. Wir fuhren durch die Stadt zu Hidirs Vorort und betraten das Haus. Hidir hatte nur ein kleines Zimmerchen, das mehr einer winzigen Kajüte glich. Das Klo befand sich im Treppenhaus. Ein Bad gab es gar nicht. Herd, Kühlschrank und Spüle standen an der Wand neben der Couch. Das Bett stand unter dem Fenster. Ein Kleiderschrank war auch vorhanden. Tisch und Sessel vervollständigten das Bild!

Hidir holte inzwischen die Hauseigentümerin, eine ältere, schäbige und ungepflegte, mürrisch wirkende Frau. Er erklärte diesem Besen, ich sei seine Braut und wir würden sehr bald heiraten. Der Besen musterte mich von Oben bis Unten und meinte, okay, ginge in Ordnung. Dann rauschte sie wieder ab. Hidir machte türkischen Tee und wir setzten uns, tranken und rauchten dabei eine Zigarette. Es sollte wohl so eine Art »House-Warming-Party« sein. Irgendwann aber streckte Hidir lächelnd die Hand aus, berührte sanft meine Wange und meinte, ich sei sehr hübsch. Ja, ein sehr hübsches Mädel! Er zog die Vorhänge zu und flüsterte mir ins Ohr: »Ich möchte gerne mit dir schlafen…«. Ich sah ihn knallrot und mit großen Augen an, aber er sagte nur, ich könne mich ruhig vor ihm ausziehen. Schließlich sei ich bald seine Frau und er sähe keine Gründe für Schamgefühle. Da Hidir mir selbst sehr gefiel, ritt mich der Teufel. Als ich begann, mich auszuziehen, tat er das Selbe. Ich schlüpfte unter die Decke und staunend betrachtete ich seinen nackten Körper. Wie hübsch er war! Hidir kroch zu mir und wir hatten leidenschaftliches Beisammensein…

Dann lag er neben mir, dieser mir noch völlig fremde junge Mann, mit dem ich bald verheiratet sein würde!

Eigenartig, dachte ich, auf dem Kiez hatte es mir kaum noch etwas ausgemacht, mit wildfremden Männern Sex zu haben. Nun aber lag ich neben Hidir, verliebt wie ein junger Maikäfer und knallrot wie eine überreife Tomate! Hidir sah mir mit strahlenden Augen lächelnd ins Gesicht, zog mit den Fingern die Konturen meiner Wangen nach. Wie reagierte ich darauf? Mit noch mehr Röte!

Hidir stand auf, machte sich frisch, zog sich an und sagte strahlend, ich solle doch schon mal Tee kochen. Er wolle uns etwas Gutes zu Essen besorgen. Drückte mir einen herzhaften Kuss auf den Mund und ging los. Ich stand in unserem Zimmerchen, setzte türkischen Tee auf und schüttelte den Kopf. Wencke, dachte ich, du musst echt eine Meise haben! Auf was für ein Abenteuer lässt du dich da ein? Wie kannst du dich in einen Menschen verlieben, der dir wenige Stunden zuvor noch absolut unbekannt war, von dem du noch nicht ein Mal wusstest, dass er überhaupt irgendwo existierte? Aber egal, ich würde alles daran setzen, um ihn in den nächsten paar Jahren so glücklich als möglich zu machen!

Eine Frage jedoch stellte ich mir nicht: Wieso wollte Hidir, obwohl es sich doch lediglich um eine Scheinehe handeln sollte, unbedingt mit mir schlafen? Auf die glorreiche Idee, auch ein Mal darüber nachzudenken, kam ich gar nicht erst. Ich war ganz frisch verliebt, was mir Stunden zuvor selbst gar nicht in den Sinn gekommen wäre. Doch Liebe ist nicht planbar; sie trifft einen Menschen einfach aus völlig heiterem Himmel. Allem Anschein nach hatte es aber auch Hidir schwer erwischt. Ob es etwa doch eine ernste Sache werden sollte? Oh, meine Hacke...

Hidir kam zurück und packte leckere gerollte Teigfladen aus, die mit Fleischsauce, Weißkraut, Tomaten- und Gurkenstückchen gefüllt waren. Das sei »Lahmaçun«, strahlte er, türkische Pizza! Er stellte Cola- und Limoflaschen dazu und forderte mich auf, zu essen und zu trinken! Ich solle ruhig ordentlich zugreifen! Ich schenkte meinem Bräutigam heißen Tee ein und setzte mich zu ihm an den Tisch. Das Essen war köstlich! Hidir kaute lächelnd und schlürfte das heiße Getränk. Oh ja, der Tee sei mir prima gelungen, ich hätte vorhin sehr gut aufgepasst. Er habe einen wahren Glücksgriff mit mir gemacht! Ich sei außergewöhnlich hübsch, schlank, jung, entspräche genau seinem Typ und hätte mir die Art, wie man türkischen Tee zubereitet, gleich auf Anhieb von ihm abgeschaut. Genau die richtige Menge Tee und gut gesüßt! Ich hätte keinerlei Vorurteile gegenüber Ausländern und sei so richtig lieb! Hidir lobte mich in den höchsten Tönen so richtig von Vorne bis Hinten über den grünen Klee...

Kinners, dachte ich, was ist denn mit dem los?

Wir unterhielten uns bis in den späten Abend hinein. Ich sprach von meinem bisherigen Leben und erfuhr gleichzeitig Einiges aus dem Leben Hidirs. Er arbeitete illegal in einer türkischen Dönerbude. Hidir war in E. in der Osttürkei geboren und erst seit einigen Jahren hier in Deutschland. Er sprach von seiner Familie, von seinem zwölfjährigen Bruder Kemal, den er noch nie im Leben gesehen hatte, mit dem er aber sehr oft am Telefon sprach. Wir redeten den gesamten Abend lang, lernten uns auf diese Art aber ein Wenig besser kennen. Hidir machte mir klar, dass wir uns so Viel als möglich voneinander merken sollten. Wegen der Ausländerbehörde, die eventuell sehr bald Einen ihrer Mitarbeiter schicken würden, um uns über den jeweils Anderen auszufragen. Da seien nämlich einige sehr, sehr scharfe Hunde dabei! Das leuchtete mir ein.

Hidir nahm mich an diesem Abend noch mit in seine türkische Stammkneipe, stellte mich seinen Freunden vor, mit stolz geschwellter Brust! Wir feierten Verlobung und als wir in dieser ersten Nacht in unserem Zimmerchen zärtlich wurden, war Hidir kein »Alien« mehr für mich...

Während Hidir arbeiten ging, machte ich den Haushalt, ging einkaufen, brachte unsere schmutzige Wäsche in den Waschsalon, spülte, kochte »Makkarna«, türkische Weizennudeln in selbst gemachter Tomatensauce. Etwas Anderes verlangte Hidir nicht zu essen. Kein Fitzelchen Fleisch, nichts. Ab und zu brachte er für uns aus der Dönerbude »Lahmaçun« mit. Wir fuhren zum Konsulat, um unsere Papiere für die Eheschließung übersetzen zu lassen. Von einem Arzt besorgten wir uns noch unsere Ehefähigkeitsatteste. Abhorchen, Blutdruck messen, Wiegen – und tschüss, das war´s. Der Arzt stellte uns die beiden Ehefähigkeitsatteste aus, die wir dann auch noch beim Konsulat einreichten. Kurz darauf konnten wir uns die übersetzten Unterlagen abholen. Sofort ging es los Richtung Standesamt, wo wir das Aufgebot bestellten. Der Termin für die Eheschließung war auf den 12. Juni 1983 anberaumt. Wir hatten also noch einen knappen Monat Zeit...

Hidir machte mir dann irgendwann plötzlich klar, dass er keine Scheinehe, sondern eine richtige Ehe mit mir führen wolle! Ich fiel aus allen Wolken und starrte ihn an!

»Ja«, meinte er, »ich bin keineswegs verrückt. Höchstens verrückt vor Liebe! Sicher, ursprünglich habe ich tatsächlich eine deutsche Frau zum Zwecke einer Scheinehe gesucht. Ja, ursprünglich. Doch als ich dir dann bei diesem arrangierten Treffen in dieser Gaststätte begegnete, habe ich mich spontan wie mit einem Paukenschlag in dich verliebt! Darum habe ich auch mit mir schlafen wollen. Wäre es mir bei dir nur um eine Scheinehe gegangen, hätte ich dich mit Sicherheit nicht angerührt. Einerseits stimmt es; diese Ehe mit dir ist für mich in gewisser Weise zwar ein Mittel zum Zweck, aber ich habe auch andererseits wiederum nicht damit gerechnet, einer so lieben und süßen Frau zu begegnen. Ich schwöre, mir hat bei deinem Anblick das Herz bis hoch in den Hals geschlagen!«

Ich fragte ihn, warum er mir denn nicht gleich von Anfang an die Wahrheit gesagt hätte. Warum erst jetzt, wo das Aufgebot bereits bestellt sei und der Termin zur Trauung schon fest stünde? Hidir begann zu weinen und gab zur Antwort: »Es ist mir doch nichts Anderes übrig geblieben. Ich hatte Angst, du hättest nicht mitgemacht. Ich habe dich so verdammt lieb gewonnen! Kannst du dir denn wirklich keine Ehe auf Lebenszeit vorstellen?«

Ich nickte gerührt, nahm ihn in die Arme und flüsterte: »Doch, das kann ich. Denn auch ich habe dich sehr lieb...«

Von dem Tage an begann Hidir schlagartig, sich zu verändern!

Es begann damit, dass er mir kurzärmelige T-Shirts untersagte. Dann verlangte er, ich solle mich an Kopftücher gewöhnen. Was ich natürlich nicht tat. Ich durfte keinem Mann mehr offen in die Augen sehen und hatte mich nicht mehr zu schminken, außer abends für ihn ganz privat. Selbstverständlich hatte ich mich seinen Essgewohnheiten anzupassen. Das hieß: Fünf Mal in der Woche »Makkarna« – zwei Mal wöchentlich »Lahmaçun«!

Hidir aß absolut kein Fleisch und verlangte von mir, dass ich mich eben so ernährte wie er selbst. Mir hing dieser ewig gleiche Schlangenfraß sehr, aber sehr bald zum Halse heraus. Das beste Essen hängt Einem irgendwann zum Hals heraus, wenn man es nur noch vorgesetzt bekommt. Ich quoll auf wie ein Hefekringel, nahm sehr schnell einige Pfunde zu und musste obendrein noch die türkische Sprache büffeln. Dafür nahm Hidir Deutschunterricht bei mir. Das Sprachprogramm lief mal eben während der Mahlzeiten. Hidir verlangte, ich solle ihm dann beim Abendbrot immer ein Glas Wasser neben seinen Teller stellen. Das trank er gewohnheitsmäßig. Für Limo, Cola oder einen gelegentlichen Kaffee war wohl kein Geld mehr da. Das Wasser hatte aber bitte gut temperiert zu sein. War es eine Winzigkeit zu warm oder zu kalt, dann rutschte ihm die Hand aus und ich bekam eine schallende Backpfeife! Ja, er begann, mich zu schlagen!

Mit der Zeit bekam ich die Wassertemperatur in den Griff und Hidir fand andere Gründe, um mir Weh zu tun. Er begann mittlerweile sogar, mich zu vergewaltigen – und zwar unabhängig von meinem jeweiligen Befinden! Als meine Regel einsetzte, befahl er mir, die Binde zu entfernen, mir statt Dessen einen Tampon einzuführen und mich gründlich zu waschen. Und zwar hier, jetzt und sofort! Schlotternd vor Panik folgte ich seiner Anweisung. Hidir zwang mich bäuchlings über den Tisch, grätschte mit seinen Knien meine Beine und drang von Hinten tief und glühend schmerzhaft in meinen After ein. Vor meinen Augen explodierten bunte Brezel und schillernde Kometen. Mein Magen drohte sich umzustülpen, mein Leib bebte und zuckte vor Schmerzen. Ich hatte das Gefühl, mein Mastdarm zerreißt. Die Hölle ist harmlos gegen so etwas!

Viel später fand ich heraus, dass ein moslemischer Mann sich einer Frau in der Menstruation auf gar keinen Fall nähern darf. Sie gilt nämlich als unrein und beschmutzt. Warum also tat Hidir so etwas? Nahm er selbst den Koran etwa nicht Ernst? Oder legte er sich die Gebote so zurecht, wie ihm das gerade passte? Es schien so zu sein. Ich litt erneut die reinsten Höllenqualen. Es gibt immer wieder den einen oder anderen Schietkerl, der eine Frau erst buchstäblich kaputt machen muss – und sich dann hinterher noch darüber beklagt, dass er einen toten Körper vergewaltigt...

Hidir brachte mich mit einem anderen kurdischen Nachbarn zusammen, Ümit S., dessen Frau Sibel mir die kurdische Sprache näher bringen sollte. Die beiden Nachbarsleute wohnten in zwei winzigen, verlotterten Zimmerchen. In der Küche befanden sich lediglich eine Spüle und ein Propangas-Kocher. Diese Sibel trug ein kunterbuntes, eng um die Stirne gebundenes Kopftuch, eine bunt schillernde Bluse, eine weite, dunkle Pluderhose – und sprach kein Wort Deutsch!

Sie war Ümits Zweitfrau. Die erste Frau lebte mit ihren Kindern in einem abgelegenen, ostanatolischen Dorf und wusste nicht ein Mal von Sibels Existenz. Mit Sibel hatte Ümit zwei kleine Söhne, die sogar – ohne jegliche medizinische Hilfe – in der Wohnung geboren worden waren. Mit den eigenen Händen hatte Sibel auf dem Boden des Schlafzimmers ihre Babies empfangen! Seit ihrer Ankunft vor einigen Jahren hier in Deutschland – noch jungfräulich – hatte sie die Wohnung noch kein einziges Mal verlassen, ja, es war ihr strengstens untersagt – und aus Angst vor ihrem Mann gehorchte sie! Ümit schloss während seiner Abwesenheit sogar die Wohnungstüre von Außen ab! Diese junge Kurdin war in der Wohnung gefangen, um sie unwissend zu halten! Keinerlei Kontakt zur westlichen Außenwelt bedeutete für ihren Mann, dass er sich der absoluten, bedingungslosen Gefügigkeit seiner Zweitfrau dauerhaft sicher sein konnte. Sibel wurde gänzlich von der westlichen Außenwelt abgeschottet, damit sie keine Möglichkeit bekam, zu erfahren, dass sie auch als Frau eigene Rechte hatte. Inmitten der deutschen Gesellschaft lebte sie ausschließlich in ihrer eigenen, heimatlichen Kultur, lebte nach den strengen Gesetzen der Umma (islamische Gemeinschaft), die auch in ihrem Heimatdorf geherrscht hatten. So verfiel sie niemals auf den Gedanken, sich gegen die Herrschaft ihres Mannes zur Wehr zu setzen. Von Klein auf bekam sie von Seiten der Familie eingetrichtert, weit weniger wert zu scin als der Mann, unrein und beschmutzt. Durch diese erzwungene Isolation erlernte sie daher logischerweise die deutsche Sprache nicht – und war somit bar jeglicher nützlicher Informationen! Eine Frau, die ihre Rechte nicht kennt, ist ihrem Mann gegenüber absolut gefügig. Es ist die denkbar praktischste Methode. Ich lernte die wahren Ausmaße dieser muslimischen Parallelwelt erst jetzt so richtig begreifen…

Die Männer boten mir einen Platz auf einem Kissen an und ließen uns beiden Frauen allein. Missmutig stellte Sibel mir einen Tee vor die Nase, verzog sich in die andere Ecke des Zimmers und begann, ihren erst vor wenigen Wochen neu geborenen Sohn zu stillen. Der ältere Sohn, ein etwa zweieinhalbjähriger Knabe, wackelte auf seinen kurzen, stämmigen Beinchen hinüber zu mir. Sibel zischte ihm in sehr gereiztem Ton etwas zu. Sofort zog der Kleine sich vor mir zurück. Ich versuchte freundlich, mit der Frau ins Gespräch zu kommen, gab es aber bald auf. Sie reagierte in keiner Weise und warf mir nur von Zeit zu Zeit misstrauische und feindselige Blicke zu. Wir wussten, dass wir einander aufgezwungen wurden. Unsere einzige Unterhaltung bestand aus eisigem Schweigen!

Kälter hätte es am Nordpol auch nicht sein können...

Nach einiger Zeit betrat Ümit das Zimmer. Sogleich sprang Sibel auf die Füße und servierte ihrem Mann eine Tasse Tee, außerdem ein silbernes Tablett mit Zigaretten, einem kleinen Aschenbecher und einer Schachtel Streichhölzer. Ümit bot auch mir eine Zigarette an. Während ich rauchte, schnatterte er wütend auf Sibel ein, wobei er abwechselnd auf die Zigaretten und auf mich zeigte. Ich verstand! Sibel hatte die Gesetze der kurdischen Gastfreundschaft missachtet! Sie musste gemaßregelt werden!

Nach einigen weiteren »Besuchen« begriffen die Männer, dass Sibel und ich uns niemals anfreunden würden und ich mit der kurdischen Sprache nicht einen winzigen Deut weiter kam. Daher gaben sie es auf und ich durfte endlich wieder unten in der eigenen Hütte bleiben...

Zwei Etagen über uns wohnte Sybille Ü. Mit ihr kam ich sehr gut aus. Auch sie hatte vor einigen Jahren einen Kurden geheiratet und sogar auf ihren alleinigen Namen für ihn eine Kneipe eröffnet. Aber an Statt Geld zu machen, lud Faruk Ü. regelmäßig seine Freunde ein und soff mit ihnen durch. Irgendwann setzte der Haudegen sich von Heute auf Morgen ab. Sybille wusste nicht ein Mal, wo ihr sauberer Herr Gemahl überhaupt steckte. Er konnte überall und nirgends sein. In Deutschland? In der Türkei? Vielleicht sogar unter falschem Namen? Wer weiß. Nur hatte Sybille urplötzlich satte 90.000.- DM Schulden am Hals!

Übrigens hatte ihr prächtiger Gatte sie auch in der Hochzeitsnacht ans Bett gefesselt und sie geknebelt, geprügelt und vergewaltigt! Letzteres sogar mehrfach, um sie gefügig zu machen! Mittlerweile lief die Scheidung. Jetzt lebte sie mit Tarkan zusammen, einem verknitterten mageren alten Mann. Der war ebenfalls verheiratet und hatte seine treue, brave Ehefrau in Ost-Anatolien in einem winzig kleinen Dorf, völlig abgelegen von der westlichen Zivilisation und somit fernab von jeglicher böser Versuchung...

Das ging mich nichts an. Für mich war jetzt wichtig, dass ich mich Sybille mitteilen konnte. Und zwar in jeder Beziehung. Als Hidir anfing davon zu faseln, in einigen Jahren mit mir in die Ost-Türkei auswandern zu wollen, warnte Sybille mich sehr eindringlich: »Lass´ dich um alles in der Welt niemals darauf ein! Du weißt nicht, was du da tust!« Sie riet mir dringend, mich von Hidir zu trennen – und zwar schnellstens, so lange ich überhaupt noch die Gelegenheit zur Flucht hätte! »Hidir ist ein Killer, eine tickende Zeitbombe! Mehr kann ich dir nicht sagen!«

Ich beherzigte ihren Rat, packte klammheimlich meine Koffer und fuhr zurück ins Frauenwohnheim. Birthe war mittlerweile ausgezogen; sie lebte jetzt mit einem Mann. Ich war traurig und froh zugleich. Traurig, dass meine liebste Freundin nicht mehr da war. Froh, dass sie es geschafft hatte, aus diesem Wohnheim heraus zu kommen. Ich tröstete mich mit dem Gedanken, dass Birthe vielleicht mehr Glück hatte...

Schon am nächsten Tag tauchte Hidir auf und holte mich zurück – unter heißen Tränen und 1000 Versprechungen, mich nie mehr zu schlagen!

Meine Hacke, war ich damals naiv! War ich wirklich in der Annahme gegangen, er werde sich je ändern? Wie unüberlegt kann ein Mensch nur sein? Heute ist mir das selbst völlig unbegreiflich...

Ich machte Hidir klar, dass ich nur unter der Bedingung mitkäme, wenn er mir verspräche, mich nie wieder anzufassen, weder in handgreiflicher noch in sexueller Hinsicht. Ich sei nämlich, wie auch ursprünglich abgemacht, ausschließlich an einer Scheinehe interessiert.

Die große Liebe hätte ich ihm nur vorgespielt, seine Berührungen lediglich erduldet. Ein Auswandern in die Ost-Türkei könne er sich daher getrost von Vorne herein abschminken. Nach Beendigung der drei vorgeschriebenen Ehejahre wolle ich wieder als Single leben. Ich würde nach Ablauf dieser Zeit ohnehin die Scheidung einreichen, ob ihm das nun gefalle oder nicht. Keinen Sex, keine Prügel, keine Verbote, keinerlei Befehle mehr – das seien meine Bedingungen! Er könne mir nur für meine Hilfe dankbar sein! Sollte er mich auch nur noch ein einziges Mal anfassen, würde ich mich umgehend an die Ausländerbehörde wenden und alles heraus posaunen! Egal, ob vor oder nach der Hochzeit! Auch eine Meldung nach der Eheschließung würde ihn den Aufenthalt in Deutschland kosten! Ich ließe mich niemals in eine fügsame, fremdbestimmte kurdische Bauersfrau verwandeln! Und ich wolle wie eine deutsche Durchschnittsfrau kurzärmelige T-Shirts tragen, mich schminken, Kaffee trinken und deutsches Essen mit Kartoffelsalat, Kabeljau und einer prickelnden Cola! Ich sei keine gebietertreue, unterwürfige Dorfbäuerin! Keinen Vegetarier-Fraß mehr! Und das alles gehe – in vollem Umfang – alleine zu meinen Bedingungen!

Hidir schluchzte herzzerreißend und versprach, sich daran zu halten – und zwar an jede Einzelne meiner Bedingungen! Er trug brav meine Koffer und während der Fahrt zu unserem Zuhause war er sehr still und in sich gekehrt. Ab und zu wischte er sich ganz verstohlen eine Träne aus den Augen. Doch als wir gerade wieder daheim waren und die Türe hinter uns ins Schloss fiel, zog er ein langes Fleischmesser aus der Innentasche seiner Jacke und fletschte mir entgegen: »Falls du nicht mitgekommen wärst, wäre dieser Tag heute dein letzter Tag gewesen!«

Allerdings schien er zu akzeptieren, dass ich angeblich überzeugter Single war. Er ließ mich in sexueller Hinsicht absolut in Ruhe! Doch anscheinend wollte er mich noch auf die Probe stellen, ob ich nicht doch in Eifersucht geriete, denn nach wenigen Tagen tauchte er mit einer anderen Frau in unserer Bude auf. Ob es mir etwas ausmache, wenn diese Frau mit ihm auf der Couch schlafen würde? Er brauche es halt.

Ja, jetzt musste ich das Spiel auch weiter spielen! Nein, antwortete ich ihm gelassen, so lange die Beiden leise wären und mich schlafen ließen, hätte ich nichts dagegen. Hidir sah mich völlig entsetzt an und wurde mit einem Schlag leichenblass! Diese Astrid war nämlich so ein dickes, vor Pickeln strotzendes Blondinchen, das so ganz und gar nicht nach Hidirs Geschmack war! Und Astrid war mir auch noch bekannt! Sie sollte noch gehörig ihr Fett weg kriegen...

Aber dazu später. Hidir baggerte diese Astrid vor meinen Augen an und schielte dabei ständig zu mir hinüber, um meine Reaktion zu testen. Ich blätterte ungerührt in einem Buch und schielte unauffällig zu Hidir und dieser Astrid rüber. Wobei mir keinesfalls entging, dass Astrids Grabschereien ihm ganz eindeutig auf den Zwirn gingen! Er verdrehte angewidert die Augen und ertrug die Fummeleien dieses pickligen Pummelchens. Lieber hätte er mich gehabt!

Spät am Abend zogen die Beiden sich auf die Couch zurück und ich legte mich ins Bett. Es war stockdunkel im Zimmer und ich konnte an den klatschenden Geräuschen eben so wie an Astrids leisem Stöhnen nur hören, dass die Beiden es trieben. Hidir war, ganz gegen seine Gewohnheit, gar nicht zu hören. Was soll´s, dachte ich, lass´ die Beiden nur machen. Es war mir piepegal. Wie heißt ein berühmtes Sprichwort: Mein ist die Rache, sprach der Herr! Ich wusste nämlich, dass auch Astrid verlobt war. Sie würde – viel schneller als sie »Peng« sagen könne – ein gewaltiges Exempel statuiert bekommen! Schadenfreude ist bekanntlich ja die schönste Freude...

Am darauf folgenden Morgen musste ich mich krampfhaft zusammenreißen, um beim Anblick in Hidirs käsebleiches, langes Gesicht nicht laut zu lachen, als er mit allen Mitteln versuchte, seinen Ekel vor Astrid zu verbergen! Haha – er hatte die ganze Nacht neben dieser »Traumfrau« ausharren müssen! Er schrubbte sich hektisch ab, kleidete sich an, würgte sein Frühstück herunter, warf dem dicken Blondinchen noch einen letzen, angesäuerten Blick zu und ging zur Arbeit. Ich frühstückte in aller Seelenruhe mit dieser Astrid und brachte sie auf die Idee, wir könnten doch gemeinsam in eine Kneipe, was trinken gehen. Die unwissende, arglose Astrid ging auch prompt darauf ein, nicht ahnend, welche perfiden Gedanken mir gerade durch den Kopf spukten!

Der Offenheit halber muss ich sagen, dass ich nichts gegen Blondinen habe. Ich bin selbst blond. Haarfarbe hat nicht das Geringste mit Intelligenz zu tun. Diese Astrid aber war in der Tat ein Studienobjekt an Blond- und Blödheit, wie es im Buche steht! Sie verkörperte sämtliche gängigen Klischees. Wie ich bereits bemerkte, war mir bekannt, dass sie verlobt war. Aber nicht nur das. Ich wusste auch, mit wem! Und ich kannte ihre genaue Adresse. Um diese Zeit war ihr Verlobter immer daheim. Sie würde sich einige ganz leckere Tatzen einhandeln!

Astrid und ich gingen also los und betraten wenige Minuten später eine Kneipe. Wir setzten uns an einen Tisch und bestellten zwei Cola, rauchten gemütlich eine Zigarette und schnackten dabei völlig belangloses Zeug. Dann begann ich mit meiner Aktion: Ich trank mein Glas an, schlug mir plötzlich mit der flachen Hand an die Stirn und sprang scheinbar erschrocken hoch! Astrid fragte, was denn los sei. Ich stotterte: »Ach, du Schreck; ich muss mal eben kurz nach Hause, habe ganz vergessen, das Teewasser auf dem Herd abzuschalten. Warte bitte einen Augenblick; ich bin in wenigen Minuten zurück!«

Astrid nickte naiv und voller Gottvertrauen. Ich verließ in Windeseile die Lokalität. Mein Weg führte mich direkt zu Astrids Adresse. Abdul, ihr Bräutigam, drückte mit totenblassem Gesicht auf und ließ mich hinein. Hastig erzählte ich ihm, dass Astrid in der vergangenen Nacht bei uns gewesen sei. Abdul atmete auf; er hatte sie bereits seit dem gestrigen Nachmittag vermisst und die halbe Nacht vergeblich nach ihr gesucht! Ich winkte hastig ab und stotterte los, dass Astrid nicht nur bei uns genächtigt habe, sondern sich von Hidir sogar noch habe nach allen Regeln der Kunst beglücken lassen! Die Beiden hätten auf der Couch geschlafen und ich hätte gehört, was der Hidir mit der Astrid gemacht hatte! Abdul starrte mich an – ihm entgleisten sämtliche Gesichtszüge!

Ich beschwor ihn, Hidir gegenüber zu schweigen. Ich würde an Sonsten nämlich eine fürchterliche Sause mitmachen! Abdul war mir gegenüber schon immer wie ein großer Bruder und er versprach mir hoch und heilig, sich – sogar gegen sein eigenes Ehrgefühl – nicht mit Hidir anzulegen, da er mich schützen wolle. Er wusste nämlich selbst ganz genau, was ich mit meinem Bräutigam durchzustehen hatte. Oft genug war Abdul sogar dazwischen gegangen! Selbst ihm als gläubigem Moslem stieß Hidirs Gewalttätigkeit mir gegenüber mehr als stinksauer auf und sogar er selbst hatte mir schon mehrmals geraten, mich lieber von Hidir zu trennen!

Da ich Abdul also wirklich absolut vertrauen konnte, ließ ich die nächste Schote platzen und verriet ihm jetzt sogar, in welcher Spelunke Astrid gerade saß!

Abdul schnappte sich wutentbrannt seine Jacke und stürmte aus der Wohnung. Ich rannte in einem gewissen Sicherheitsabstand hinter ihm her und wechselte die Straßenseite. Abdul stürmte in die Kneipe. Sekunden später hörte ich Astrids gellende Schreie! Die Kneipentür flog auf und Abdul zerrte seine Braut an den Haaren heraus! Mit Schlägen und Tritten prügelte er sie durch die Straßen. Ich ging langsam im Abstand von fünfzig Metern hinterher, schlug bei Astrids Gebrüll nun entsetzt die Hände über den Kopf – und konnte das, was nun lief, definitiv nicht mehr verhindern!

Abdul drosch Astrid mit der geballten Faust ins Gesicht und sie flog mit dem Kopf gegen die Hauswand, wo sie zusammenbrach. Es gab einen kleinen Menschenauflauf, aber Niemand griff ein. In einem Türken- und Kurdenviertel mischt sich Niemand in einen Beziehungsstreit. Die Zaungäste waren selbst Mohammedaner und fast allesamt Frauen. Abdul zerrte die halb bewusstlose Astrid zur Haustüre. Ich war ehrlich entsetzt über seinen mehr als heftigen Gewaltausbruch, hatte felsenfest damit gerechnet, Astrid werde sich einige fette Klatscher einhandeln. An Hidir konnte ich mich ja für die nächtliche Sauerei nicht rächen. Aber ein Beteiligter an dieser nächtlichen Biesterei sollte bluten. Das war in diesem Falle Astrid. Warum sollte immer nur ich bluten? Unschuldig bluten? Astrid war die Schuldige in diesem Spektakel und Hidir würde diese Frau jedenfalls nicht mehr flach legen. Mich durfte er nicht haben – und Astrid sollte er nicht haben! Wenn ihm der Sinn danach stand, konnte er ja schließlich auch woanders auf seine Kosten kommen, aber nicht in unserer gemeinsamen Wohnung – und schon gar nicht in meinem Beisein! Denn immerhin rettete ich Hidir die Haut! Da konnte ich doch wohl zu Mindest ein wenig Respekt erwarten! Genau genommen war ich Astrid und Hidir auch gar nicht böse, dass sie miteinander Sex gehabt hatten. Nur die Tatsache, dass sie es in meiner Anwesenheit getrieben hatten – das schlug dem Fass den Boden aus! Das hatte mit Respekt und Dankbarkeit nicht das Geringste mehr zu tun!

Doch jetzt war dieser Anblick von Astrid, die bewusstlos, zuckend und völlig zusammengekrümmt in einer Blutlache auf dem Bürgersteig lag, für mich in diesem Moment ein ehrlicher, ganz tief ins Mark gehender Schock! So arg hatte ich es weiß Gott nicht geahnt – und auch niemals gewollt!

Abdul trat ihr noch ein Mal kräftig ins Gesicht und stürmte ins Haus. Wenige Augenblicke später wurde oben das Fenster aufgerissen und es flogen einige Koffer und Frauenkleider auf die Straße hinunter. Dann kamen die Polizei und ein Krankenwagen! Astrid war so erledigt, dass die Sanitäter sie buchstäblich vom Asphalt kratzen mussten! Man legte ihr in aller Eile einen Venenzugang, schnallte sie auf eine Trage und stülpte ihr eine Sauerstoffmaske auf. Mit Blaulicht und Martinshorn wurde sie abtransportiert!

Hidir erfuhr nichts von der ganzen Aktion, aber seine Astrid tauchte auch nicht mehr auf. Ich habe keine Ahnung, was aus ihr geworden ist und hoffe nur von ganzem Herzen, dass sie es überlebt hat. Abdul wurde ebenfalls nicht mehr gesehen...

Hidir hatte mir mittlerweile meinen Personalausweis fort genommen, da er in dem Irrglauben war, mich dadurch an der Flucht hindern zu können. Auch fing er wieder damit an, von einer Dauerehe zu faseln. Erneut machte er nachts auf mir herum und schikanierte mich am Tage, wo er nur konnte. Ehrlich gesagt – ich war an meine absolute Belastbarkeitsgrenze angekommen, hatte sie schon lange überschritten. In dieser fremden Gesellschaft wollte ich nicht untergehen! Ständig bastelte ich im Stillen an Fluchtplänen. Es musste jetzt ganz schnell gehen, denn mir blieb kaum noch Zeit. Die Schlinge zog sich immer enger um meinen Hals So oft ich konnte, packte ich die Gelegenheit beim Schopfe, telefonierte bei den verschiedensten kirchlichen Einrichtungen herum und hielt emsig Augen und Ohren offen…

Herberge und Frauenhaus

Zwei Tage vor der Hochzeit war es endlich so weit! Hidir befand sich auf der Arbeit und wollte anschließend noch die letzten Hochzeitsvorbereitungen in einem angemieteten Saal treffen. Es wurde noch geschmückt und dekoriert. Einige Verwandte stellten die Musikinstrumente zusammen und Hidir wollte sich auch noch um die Bestuhlung kümmern. Die Gelegenheit hätte an diesem Tage nicht besser sein können!

Ich hatte nämlich ausbaldowert, dass sich nur eine Straße weiter eine Jugendherberge befand. An besagtem Tag lief ich also dort hin und schilderte meine Situation. Herr V., der Herbergsvater, hörte mir geduldig zu und sagte dann, ich solle sofort die Koffer packen und meine Sachen schnellstens zur Herberge bringen. Er wolle mir weiter helfen und einen wirklich guten und sicheren Platz für mich suchen. Bis dahin solle ich erst ein Mal in der Herberge bleiben! Der Mann kam mir vor wie ein Engel!

Schnell rannte ich zurück in unsere Bude, kramte die Koffer aus der Versenkung und packte zitternd und hastig mein ganzes Hab und Gut zusammen. Ich hatte keine Ahnung, wann Hidir nach Hause käme; es musste jetzt ganz schnell gehen. Beladen wie ein Lama verließ ich das Haus, steckte den Schlüssel in den Briefkasten, nahm die Koffer auf und schleppte mich in Richtung Herberge!

Wie der Teufel es will: Hidir erwischte mich bei der Flucht! Vielleicht hatte ich mich Tage zuvor schon etwas zu auffällig benommen, eventuell hatte er den Braten gerochen. Hatte er mich vielleicht sogar von Einem seiner zahlreichen Freunde oder Verwandten beobachten lassen? Keine Ahnung, aber möglich war es durchaus. Jedenfalls sah er mich mit den Koffern auf der Straße. Er lief etliche Meter hinter mir her und rief meinen Namen. Mein Herz drohte vor Angst auszusetzen und ich kämpfte gegen einen plötzlichen, heftigen Brechreiz an, aber dennnoch ging ich stur weiter. Hidir brüllte erneut und ich bekam es jetzt mit echter Todespanik zu tun. Mein Herz raste wie das eines Kaninchens in der Schlinge. Mir lief das Blut fast rückwärts! Hidir rannte hinter mir her, überholte mich, stellte sich mir zähnefletschend in den Weg und fragte mit gefährlich schneidender Stimme: »Wohin willst du?«

Mir war jetzt eh alles egal und ich sagte ihm so ruhig wie möglich: »Ich verlasse dich – und dieses Mal für immer!«

Kaum hatte ich ausgesprochen, rastete Hidir total aus! Er riss mir die Koffer aus den Händen, holte zum Schlag aus. Ich sah die Faust nicht ein Mal kommen. Innerhalb Bruchteilen von Sekunden knallte die Sicherung durch. Es rumste und klatschte; ich ging wie ein gefällter Baum zu Boden. Hidir warf mich auf den Bauch, packte mein Haar, krallte sich darin fest und schlug mich mit der linken Schläfe auf den Asphalt, immer und immer wieder. Ich hörte es knirschen, merkte, dass mein linkes Auge sofort zu schwoll. Schmerzen spürte ich gar keine. Auch nicht, als Hidir meinen Körper mit Fußtritten traktierte. Ich war wie betäubt, fühlte nur dumpfe Stöße. Es war wie in einem halb wachen Zustand bei einer Narkose. Schlagartig fiel all meine Angst von mir ab. Ich sah grelle Lichter und mir war klar: *Das ist das Ende – du gehst ins Walhalla!* Ich sah den Tod in all seiner bunt schillernden Fluoreszens vor mir, ganz klar und deutlich. Wirklich den absolut personifizierten Tod! Und doch hätte ich ihn nicht ein Mal bildlich beschreiben können, um alles in der Welt nicht! Kein noch so surrealistischer Maler hätte ein farbenfroheres, naturgetreueres und lebhafteres Bildnis erschaffen können! Der Anblick war grausam und gleichzeitig war er etwas so Wunderbares. Eine angenehme Wärme ging mir durch den Körper und mir war bewusst, dass der Tod mir diese Wärme gab. Hidirs Tritte und Schläge fühlte ich jetzt gar nicht mehr. Ich wehrte mich nicht, schrie noch nicht ein Mal. Wencke, schoss mir durch den Kopf, der Tod ist da – lass´ ihn kommen! Gleich ist Alles vorbei! Warum mich also noch wehren? Hidir würde mich ins Walhalla prügeln...

Dann sah ich mich plötzlich schweben oder viel mehr, ich fühlte, dass ich schwebte. Ich blickte auf die Straße hinunter, auf den Körper einer noch sehr jungen Frau. Sie war blutverschmiert, lag bäuchlings mit verdrehten Gliedern auf dem Bürgersteig in einer roten Lache. Ein Mann kniete über dieser Frau und drosch auf sie ein, wie von Sinnen! Dieser geschundene Körper, der mit unkoordinierten Bewegungen zuckend in einer Blutlache lag, kam mir irgendwie bekannt vor – und ganz plötzlich begriff ich, dass es mein eigener Körper war!

Eigenartig, dachte ich gleichzeitig, dass du ausgerechnet heute verrecken musst! Der Tag ist warm und sonnig. Du hast dir wirklich einen

Supertag ausgesucht, um zu krepieren! Sicher sitzen die Eltern jetzt im Garten bei Kaffee und Kuchen. Die Vögel würden singen, der Garten wäre voller Blumen – und du verreckst nur ein paar Katzensprünge weiter wie eine räudige Ratte auf der Straße!

Irgendwie kamen mir plötzlich ganz spontan die Worte des Lakota-Häuptlings Crazy Horse in den Sinn: »Es ist ein guter Tag zum Sterben!«

Ich staunte über meine eigenen Gedankensprünge und fühlte mich gleichzeitig ganz leicht, wie in einem Vakuum. Mein Seh- und Hörvermögen war extrem geschärft. Die Farben und Umrisse der Umgebung traten stärker hervor, ich hörte von irgendwo her herrliche, unbekannte Töne; sie waren so beruhigend und sanft...

Urplötzlich war ich wieder in meinem Körper! Und Hidir hatte sich gemein verrechnet – und zwar ganz gemein! Denn auf der anderen Straßenseite, vielleicht zwanzig Meter weiter, befand sich ein türkisches Lokal. Davor hatten fünf Männer gesessen, drei Türken und zwei Deutsche. Sie hatten Karten gespielt und logischerweise die Aufführung mitbekommen. Jetzt waren sie aufgesprungen und wie durch eine rote Nebelwand sah ich sie auf uns zugerannt kommen!

Die Türken rissen Hidir von mir herunter, die beiden Deutschen sammelten meine Koffer und Taschen auf, stellten sie an die Häuserwand und zogen mich auf die Beine. Ich zitterte am ganzen Leib. Mein Herz holperte unregelmäßig, der Puls raste, der ganze Kreislauf lief Amok. Ich wusste in diesem Moment echt nicht mehr, wo backbord oder steuerbord war. Die beiden Männer mussten mich stützen, damit ich nicht erneut zusammenklappte. Langsam beruhigte sich der Kreislauf wieder. Auf die beiden Deutschen gestützt schielte ich, so gut ich konnte, zu Hidir hinüber und bekam einen hysterischen Lachkrampf, als ich mitbekam, was die Türken mit ihm veranstalteten! »Verunstalten« hätte allerdings besser gepasst! Seine Landsmänner packten Hidir an Händen und Füßen und schaukelten ihn gehörig durch. Dann schmissen sie ihn im hohen Bogen wie ein altes Stück Sperrmöbel quer über die Straße mitten auf die Fahrbahn. Sie rannten auf ihn zu, griffen sich seinen Kopf und knallten ihn mit der Stirne immer wieder auf den Asphalt. Einer der Männer packte Hidir an den Fußknöcheln, hob die Beine meines Peinigers an wie die Griffe einer Schubkarre und schob den am Boden liegenden Körper mit voller Kraft vorwärts. Hidir pflügte mit seinem Gesicht den rauen Straßenbelag. Er kreischte und quiekte wie ein Spanferkel am Spieß! Jetzt, dachte ich, rauscht er in den Orbit! Das überlebt er nicht…

Die Männer verpassten ihm noch Blumenkohlohren, ein paar kräftige Tritte in den Allerwertesten und ließen dann von ihm ab – und ich stand da und konnte mich einfach nicht mehr bremsen!

Hidir torkelte langsam auf die Beine und stand nun in einigen Metern Entfernung vor mir. Blut tropfte aus seinem Mund und seine Nase sah krumm und verbreitert aus. Seine Zähne waren nun gar nicht mehr so ebenmäßig. Das linke Ohr war geschwollen und schien leicht vom Kopf abzustehen. Zwischen den oberen Schneidezähnen war deutlich eine Lücke zu erkennen. Sein Gesicht sah aus wie ein paniertes Rotbarschfilet!

Und ich hing zwischen den beiden Deutschen und schrie die drei Türken an wie eine Furie! Dabei schlug mein Herz immer noch wie ein Schmiedehammer!

»Warum habt ihr denn jetzt aufgehört?«, brüllte ich im Schock, »Gebt es diesem Monstrum! Er wollte mich killen! Diese feige Töle!«

Ich glaube, was mir in diesem Moment so alles entfuhr, war mit das Ordinärste, was ich je in meinem gesamten Leben gebracht habe! Es war der Schock. Ich zitterte am ganzen Leib wie Espenlaub, hatte die Hände zu Fäusten geballt und konnte ganz ohne Hilfe immer noch nicht richtig stehen. Meine Beine waren wie gelähmt, der Kreislauf machte gewaltige Sperenzchen. Die Stimmbänder dagegen funktionierten. Und wie! Ich zeterte wie ein Rohrspatz! Meine Schmähparade ging in die zweite Runde!

»Ich wünsche dir die stinkende Pest an den Hals!«, kreischte ich mit sich hysterisch überschlagener, schriller Stimme, »Mein Liebchen, ich werde dich bei der Ausländerbehörde anschwärzen! Heute noch! Darauf kannst du Gift nehmen! Jetzt gehst du unter! Du solltest dir besser gleich in der Imbissbude einen langen, kräftigen Hähnchen-Spieß schnappen und »Harakiri« begehen!«

Es war eindeutig der Schock, der sich nun löste...

Hidir starrte mich blutverschmiert, hasserfüllt, zähnefletschend und erstaunt aus seinen blutunterlaufenen Augen an. »Du dreckige Nutte!«, zischte er flüsternd. Aus seinem zerschlagenen Gesicht funkelte mir der pure Hass entgegen. Unsere Blicke sagten alles. Stumm schworen wir uns ewige, tiefe Feindschaft. Hidir machte einen taumelnden Schritt auf mich zu, wobei ihm das Blut vom Kinn tropfte. Sofort bauten sich meine türkischen Leibwächter drohend vor ihm auf! Hidir überlegte es sich dann doch lieber anders. Er drehte sich wie in Extrem-Zeitlupe um und torkelte langsam davon, wobei er sich noch leise und gefährlich fluchend an den Hauswänden abstützte.

Es war das Letzte im Leben, was ich von ihm sah...

Nachdem ich mir meinen ganzen Schock und Hass aus der Kehle geschrien hatte, ging es mir bedeutend besser. Auch in körperlicher Hinsicht. Nun war ich auch wieder in der Lage, ohne Hilfe – wenn auch noch ein wenig wacklig – alleine auf den Beinen zu stehen. Mein Schädel dröhnte wie eine bleierne Glocke und drohte zu explodieren. Ich war weiß wie ein Laken. Die Türken kamen nun auf mich zu, besahen sich mein verquollenes Gesicht, tasteten sehr vorsichtig und behutsam meine Schläfen und die Schädelknochen ab. Sie fragten, ob es mir gut ginge und ob sie mir irgendwie helfen könnten. So gut es ging, erklärte ich den Männern in groben Umrissen die Vorgeschichte und dass ich nun auf dem Wege zur Jugendherberge sei. Ich bedankte mich bei allen fünf Männern und sagte ihnen unter Tränen, dass der Himmel sie mir geschickt habe! Es war eine reine Feststellung!

Heiliger Moses, war ich fertig…

Die Deutschen stützten mich, die Türken nahmen die Koffer und Taschen auf. Sie brachten mich zur Herberge. Einer der deutschen Männer gab Herrn V. Bescheid. Der kam sofort, sah sich mein blutiges, aufgedunsenes Gesicht und mein verschmiertes T-Shirt an und blieb wie angewurzelt stehen! »So wie jetzt«, meinte er, »haben Sie aber vor einer Stunde noch nicht ausgesehen!« Ich brachte ein mühsames Grinsen zu Stande und antwortete: »Zum vorherigen Zeitpunkt war ich ja auch noch nicht mit diesem Drachen kollidiert!«

Meine fünf Schutzengel verabschiedeten sich und ich fiel den Männern reihenweise um die Hälse...

Herr V. holte sofort seine Frau und seine beiden Teenager-Töchter. Man half mir, mich auf eine Verandatreppe zu setzen. Ich pfiff aus dem hinterletzten Loch! Frau V. holte einen feuchten, kühlen Lappen und tupfte mir das Blut vom Gesicht. Ihre Töchter verpflasterten mir die Füße. Frau V. fragte mich, ob das mein Bräutigam getan habe. Ja, gab ich zur Antwort, das sei Hidirs Handschrift, aber meine fünf Leibwächter hätten sich ihn ebenfalls ganz ordentlich vorgenommen. Er sähe nun wohl sogar noch um Einiges schlimmer aus als ich. Frau V. redete mit ihrem Mann. Es sei mal besser, wenn er mich sogleich zur Polizeiwache führe, damit ich Strafanzeige gegen Hidir erstatten könne. Ich nickte und sagte, ja, genau das hätte ich allerdings auch im Sinn!

So geschah es dann auch. Herr V. packte mich in seinen Wagen und wir fuhren zur nächstgelegenen Polizeiwache. Die Beamten schauten ganz entgeistert, als ich die Schote mit Hidir platzen ließ! Ich gab seinen vollständigen Namen, seine aktuelle Adresse, seinen Geburtsort sowie sein Geburtsdatum heraus und erklärte ganz genau, was passiert war. Dass es sich ohnehin nur um eine Scheinehe handeln sollte. Das Aufgebot sei bereits gestellt und in zwei Tagen sollte die Trauung stattgefunden haben. Hidirs Duldung werde im September unwiderruflich ablaufen. Seine bisherige Duldung werde nun endgültig nicht mehr verlängert. Ich gab Hidirs Adresse an und erklärte den Beamten, dass er außerdem noch im Besitz meines Personalausweises sei, den er mir entwendet habe, um mich an einer eventuellen Flucht zu hindern. Er habe jetzt schnell die anstehende Scheinehe erzwingen wollen, da er in der Türkei in irgend eine Sache mit einer Blutrache verwickelt sei und nun persönliche Lynch-Justiz fürchtete. Das hatte Hidir mir gegenüber tatsächlich mal geäußert. Den Beamten schlackerten die Ohren und sie nahmen dann auch äußerst interessiert und sehr, sehr flott meine Aussage zu Protokoll! In Hintergrund tackerte lustig und munter ein Fernschreiber mit!

Ich erklärte ihnen auch, dass sie jetzt nicht mehr nach einem Fahndungsfoto ausgehen könnten, weil meine fünf »Bodyguards« ihn gründlichst durch die Mangel genommen hätten. In Hidirs Gesicht hinge nun so Einiges schief und krumm. Die Beamten lachten und der Mann, der das Protokoll aufnahm, meinte nur, das sei kein Problem. Auf Grund meiner Aussage könne man sofort etwas gegen Hidir unternehmen. Man werde die Angaben zu seiner Person sogleich überprüfen und für den Fall, dass seine Daten mit meiner Aussage überein stimmen, werde Hidirs Aufenthalt hier in Deutschland mit sofortiger Wirkung enden – und nicht erst im September!

Der Beamte erklärte mir weiter, dass ich bezüglich meiner Anzeige gegen Hidir wegen schwerer Körperverletzung noch ein medizinisches Gutachten für die Polizei benötige. Das würde in jedem Krankenhaus gemacht. Danach solle ich bzw. Herr V. dieses Gutachten noch bei der Wache einreichen. Als ich fragte, was dann passieren werde, meinte der Beamte nur: »Dann schnappen wir uns den Matrosen!«

Herr V. fuhr mich zur nächst gelegenen Klinik. In der Unfallaufnahme versorgte und reinigte man behutsam die Platzwunde am Auge. Ich bekam eine antibiotische Spritze ins Augenlid gesetzt und Jod auf das Veilchen gepinselt. Die nette Unfallärztin besah sich auch noch meine übrigen Verletzungen vom Scheitel bis zur Sohle, gab dann die Befunde laut durch. Eine Helferin tippte alles auf ein spezielles Formular. Die Ärztin unterzeichnete und stempelte ab. Nachdem mein Schädel noch von allen vier Seiten geröntgt worden war, war ich entlassen. Ein Klinikbote wurde umgehend los geschickt, um das medizinische Gutachten zur Polizei zu bringen...

Herr V. packte mich ins Auto und wir fuhren zurück zur Herberge. Frau V. hatte bereits ein Zimmer hergerichtet. Meine Koffer und Taschen hatte sie neben das Feldbett gestellt. Sie fragte, ob ich Hunger habe. Ich verneinte und sagte, ich wolle nur duschen. Beim Entkleiden benötigte ich absolut ihre Hilfe, wie ein Kleinkind. Gott, war das peinlich! Doch mittlerweile spürte ich, bedingt durch den sich lösenden Schock, jede einzelne Gräte im Leib. Mein Schädel brummte und in meinem linken, zugeschwollenen Auge loderte es. Ich hatte eine ganz leichte Gehirnerschütterung und am Schädelbruch war ich durch viel Glück vorbei gekommen. Aber was soll´s; ich fühlte mich einfach nur noch dreckig und besudelt. Frau V. half mir dann auch beim Duschen. Währenddessen erzählte ich ihr etwas ausführlicher, was ich bei Hidir alles habe erdulden müssen. Die Herbergsmutter fragte, ob man meine Eltern verständigen solle. Ich antwortete ihr, Erstens wolle ich da nicht mehr hin und Zweitens dürfe ich das auch gar nicht mehr. Meine Mutter habe mir ja schließlich ausdrücklich gesagt, sie habe keine Tochter mehr. Es sei ohnehin zwecklos; wir würden uns gegenseitig nur noch hassen. Die Situation sei nun ein Mal total und hoffnungslos zerrüttet.

Ich wolle meine Familie ebenfalls nicht mehr wiedersehen – nicht mehr in diesem Leben!

Frau V. nickte verständnisvoll und half mir beim Abtrocknen. Ich sprühte mir Deo auf, kroch in ein frisches, sauberes Nachthemd und fragte dann nach einem Spiegel. Bis zu diesem Augenblick hatte ich noch keinen blassen Schimmer, was Hidir überhaupt genau alles in meinem Gesicht angerichtet hatte. Frau V. führte mich vor einen Badezimmerspiegel. Vorsichtig schielte ich hinein – und prallte entsetzt zurück! Von der linken Augenbraue bis hinunter zum Wangenknochen war alles dick angeschwollen und schwarz verfärbt! Das linke Auge war fast komplett zu und meine Unterlippe aufgeplatzt. Zum Glück waren die Zähne okay. Ich kam mir vor wie der Glöckner von Notre Dame! Doch trotz allem kam ich letztendlich zu dem Schluss, dass Hidirs Gesicht noch wesentlich grässlicher aussah als mein Eigenes!

Ich stand vor dem Spiegel, bekam einen Lachkrampf und erzählte der Herbergsmutter, was die Männer mit Hidir getrieben hatten. Frau V. schlug entsetzt die Hände vors Gesicht! Ich sagte ihr ungerührt, mit ihm brauche man kein Mitleid zu haben, denn dieses Monstrum habe es nicht anders verdient. Jetzt hatte ich wirklich nur noch einen einzigen Wunsch: Ins Bett fallen und schlafen! Frau V. brachte mich ins Zimmer und wünschte mir eine gute Nacht. Oh ja, gab ich zurück, das würde wirklich die erste gute Nacht seit geraumer Zeit werden!

Es tat verdammt gut, auf dem Feldbett zu liegen unter den warmen Decken, gemütlich im Dunkeln – und keinen Muskel zu rühren! So hatte ich auch kaum Schmerzen. Bis auf das Pochen in meinem dick geschwollenen Veilchen. Und das würde vergehen. Einfach nur ohne Angst und ganz entspannt da zu liegen und diesen elenden Radebrech nicht mehr ertragen zu müssen. Nie mehr...

Ich lag noch keine Viertelstunde, da ertönten Polizeisirenen! Glücklicherweise verfüge ich über ein sehr gutes Gehör und mir war schon oft nachgesagt worden, ich hätte Ohren wie ein Luchs. Jetzt lag ich da und sperrte die Lauscher weit auf Radar. Die Polizeisirenen zischten an der Herberge vorbei. Es waren vier oder fünf Streifenwagen und ich konnte an der guten Akustik und dank meines exzellenten Ortungssinnes wahr nehmen, dass sie an der nächsten Straße nach links abbogen - und zwar exakt in Hidirs Straße! Mir schlug das Herz buchstäblich bis hoch in den

Hals, als ich hörte, dass das Sirenengeheul abrupt abbrach! Am Liebsten wäre ich aufgesprungen, durch die Straße bis zur Ecke gelaufen, um mir die Bestätigung anzusehen. Aber dazu hätte ich über das hohe Tor klettern müssen und für eine solch waghalsige Aktion fehlte meinen lädierten Muskeln einfach die Kraft; ich war ziemlich groggy! Aber um was sonst als um Hidir sollte es sich wohl handeln? Ich ging getrost davon aus, dass die Beamten Hidirs Daten überprüft hatten und das Gutachten aus der Klinik lag ja mittlerweile auch vor. Nebenbei hatte ich auf dem Polizeirevier einen Fernschreiber gesehen, der fleißig getackert hatte, als ich meine Aussage tätigte. Die Beamten hatten sich wohl in der Zwischenzeit mit der Ausländerbehörde in Verbindung gesetzt und eventuell auch mit dem zuständigen Konsulat. Ich hatte ja auch von einer geplanten Scheinehe gesprochen. Bei so etwas werden die deutschen Beamten nämlich auf Schlag hellwach!

Ich lag im Bett und gluckste trotz meiner Schmerzen still in mich hinein. Tja, Hidir, schoss mir durch den Kopf, jetzt haben sie dich am Wickel! Jetzt packen sie dich in den Abschiebeknast und dann schaffen sie dich in Handschellen und in strengster polizeilicher Begleitung zusammen mit einigen anderen straffällig in Erscheinung getretenen Landsleuten in den nächsten Flieger Richtung Türkei! Flugticket einfach!

Er hätte mich nicht vergewaltigen und prügeln dürfen. Es war sein Pech, denn in mir hatte er nun seine Meisterin gefunden. Jeder Krug geht bekanntlich nur so lange zum Brunnen, bis er bricht. Und dieser Krug war gebrochen!

Nach wenigen Minuten ertönten die Sirenen erneut und die Geräusche entfernten sich. Ich war mir ziemlich sicher, dass sie sich Hidir gekrallt hatten. Tröstlich über den Gedanken, fand ich endlich den benötigten Schlaf...

Irgendwann am nächsten Morgen wurde ich durch ein Pochen an der Türe geweckt. Frau V. kam mit einem Tablett mit frischen Brötchen, Wurst, Käse, Eiern, Marmelade – und einer Kanne dampfendem Kaffee! Sie grüßte mich freundlich und sagte: »Frühstücken Sie erst mal in Ruhe und wenn Sie dann später frisch gemacht haben und angezogen sind, warten Sie oben im Büro auf meinen Mann. Er hat eine sehr gute Nachricht für Sie!«

Also wusch ich mich, kleidete mich an und frühstückte. Dieses Frühstück war für mich das reinste Paradies! Ich hatte, seit meines Einzuges bei Hidir, keinerlei deutsches Essen mehr genossen! Nur dieser ewig gleiche Schlangenfraß und diese Nudel-Tomaten-Pampe! Und nun saß ich an diesen kleinen Tisch, aß frische, warme Brötchen, ein herrliches Ei, leckere Wurst, Käse, Marmelade – einfach deutsches Essen! Der Kaffee war unbeschreiblich…

Nach dem Frühstück watschelte ich, noch ein wenig unbeholfen, hoch zu Herrn V.s Büro. Es war nur seine Sekretärin anwesend. Sie bot mir lächelnd Platz an und meinte, Herr V. käme gleich, bot mir einen Kaffee und eine Zigarette an. Auch der Sekretärin entgleisten die Gesichtszüge, als ich ihr die Schote des vergangenen Tages erzählte. Wir mussten Beide herzhaft lachen, als sie sagte, ich sähe aus, als sei ich mit dem Gesicht in eine Dampframme geraten!

Ich sagte der Sekretärin, dass ich am späten vergangenen Abend mehrere Polizeisirenen gehört habe, die eindeutig in die B...straße abgebogen seien. Dort seien die Geräusche ganz abrupt abgebrochen. Ob das tatsächlich mit Hidir könnte zu tun gehabt haben? Die Sekretärin nickte und meinte, ja, das sei absolut im Bereich des sehr Wahrscheinlichen. Gerade bei Verdacht auf Scheinehe würden sich die deutschen Behörden nämlich sofort und unmittelbar dahinter klemmen. Da würden sie sehr miefig! Es sei genau richtig gewesen, dass ich dieses Monstrum angezeigt hätte!

Ich schmunzelte verkrampft: »Oh, dann ist Hidir jetzt aber wohl noch wesentlich miefiger als die Behörden!«

Nach einer zweiten Tasse Kaffee, einer weiteren Zigarette und reichlich Gelächter erschien Herr V.! Er strahlte über das ganze Gesicht und eröffnete mir, er habe einen Platz im Frauenhaus P. für mich gefunden!

Ich starrte erstaunt von Einem zum Anderen. Unter einem Frauenhaus konnte ich mir nun gar nichts vorstellen, bestenfalls ein neues Weiber-Asyl, wie ich es gewohnt war. Auf mein borniertes Gesicht hin erklärte mir die Sekretärin, ein Frauenhaus sei eine Einrichtung zum Schutz für geschlagene und misshandelte Frauen. Dort könnten diese Gewaltopfer leben, bis sie eine eigene Wohnung gefunden hätten. Die Kosten für die Unterbringung übernähme das Sozialamt und ich bekäme meine ganz normale Sozialhilfe. Es sei absolut nicht mit einem Nichtsesshaftenwohnheim zu vergleichen. Die Frauen würden sich gegenseitig helfen und sie bekämen von den Mitarbeiterinnen im Bedarfsfall auch Unterstützung bei Behördengängen. Dort würde man den Opfern von häuslicher Gewalt Gehör schenken und sie notfalls auch schützen, falls ein verlassener Ehemann oder Ex-Lebensgefährte auftauche. Männern sei der Zutritt eines Frauenhauses ohnehin nicht gestattet. Ausnahmen seien Handwerker, Notärzte so wie Polizeibeamte. Die Adresse eines Frauenhauses müsse absolut geheim bleiben für die Öffentlichkeit. In den Telefonbüchern stehe lediglich die Nummer des jeweiligen Frauenhauses, jedoch nicht die Adresse. Frauen, die eine Aufnahme wünschen, könnten per Telefon einen Treffpunkt vereinbaren, von wo sie dann abgeholt und ins Frauenhaus gebracht würden. Dort seien sie dann in Sicherheit vor ihren gewalttätigen Partnern!

Das Frauenhaus sei für mich der beste und auch der sicherste Ort und ich könne mich dort absolut geborgen fühlen!

Sehr beruhigt verabschiedete ich mich von der Sekretärin, ging zu Frau V. und dankte ihr für all ihre Mühe und Hilfe. Herr V. packte meine Koffer und Taschen in den Wagen. Ich stieg zu und wir fuhren los. Herr V. fuhr mit mir zu einer zuvor telefonisch vereinbarten Stelle. Dort hielt er und wir warteten. Kurz darauf erschienen eine Frau mittleren Alters und ein etwa siebenjähriger Junge. Sie begrüßten mich sehr freundlich und Herr V. holte meine ganzen Sachen aus dem Wagen. Dann verabschiedete er sich und ich fiel ihm um den Hals und dankte ihm für alles. Er stieg in den Wagen, wendete und fuhr los. Ich winkte dem Wagen nach, bis er nicht mehr zu sehen war...

Die Frau nahm meine Koffer und Taschen, der Junge streichelte mitfühlend meine Hand. So gingen wir über verschlungene Wege und Pfade zu einem Bungalowbau, der ganz idyllisch im Grünen stand: Das Frauenhaus!

Dort angekommen, wurde ich ins Büro geführt. Die Mitarbeiterinnen lächelten mir ermutigend zu und boten mir Platz an. Sie fragten, wie das geschwollene Auge und die aufgeplatzte Lippe zu Stande gekommen seien. Also fasste ich Mut, erzählte von Hidir und packte die ganze Story auf den Tisch. Eine der Mitarbeiterinnen fragte, ob ich diesen Haudegen denn auch angezeigt habe. Jawohl, gab ich zurück, das hätte ich am gestrigen Abend noch erledigt und wahrscheinlich sei er in der vergangenen Nacht auch schon von der Polizei abgeholt worden. Die Vereinsdamen hielten Plenum, beratschlagten hin und her. Sicher, meinten sie, sei es möglich, dass man Hidir in Abschiebehaft gesetzt hätte, aber eine wirklich hundertprozentige Gewissheit hätte ich trotzdem nicht. Es könne genau so gut sein, dass er sich bei irgend welchen dubiosen Typen oder bei Einem seiner Landsleute verschanzt habe. In diesem Falle sei es dann nicht auszuschließen, dass ich ihm irgendwann – durch einen ganz dummen Zufall – irgendwo in der Stadt plötzlich in die Fittiche laufen könne! Ich sei, abgesehen von den momentanen Blessuren, doch eine sehr hübsche Deern und das, was Hidir mir jetzt angetan habe, sei bereits schlimm genug! Dann fragten sie mich, ob ich eventuell bereit sei, auch in eine andere Stadt in ein Frauenhaus zu wechseln. Natürlich könne ich auch hier in P. bleiben, aber in meinem Fall rieten sie mir wirklich zu dieser Vorsichtsmaßnahme. Es sei sicherer für meinen Leib und mein Leben und Vorsicht sei ja bekanntlich die Mutter der Porzellankiste...

Ich brauchte gar nicht lange zu überlegen. Ohne mit der Wimper zu zucken sagte ich, okay, dann ginge ich halt in eine andere Stadt. Schlimmer, als es in P. gelaufen war, könne es woanders auch nicht kommen!

Man rief also im Frauenhaus M. an und es wurde ausgemacht, dass ich am nächsten Tag käme und zwar in Begleitung einer ebenfalls dort lebenden Bewohnerin, die gerade in P. zu Besuch war. Eine Nacht würde ich also noch in meiner Heimatstadt verbringen…

Erst ein Mal saß ich im Gemeinschaftsraum und beobachtete die anderen Frauen. Kinder spielten um sie herum, einige kleine Krabbelchen krochen auf der Erde lang, zogen sich an ihren Müttern hoch. Eine Mutter stillte ihren erst wenige Tage alten Säugling! Unfassbar, dachte ich, diese armen Geschöpfe! Sie hatten kleine Kinder, waren trotz Allem von ihren Männern ins Frauenhaus geprügelt worden. Einige vermutlich bereits in der Zeit ihrer Schwangerschaft! Die stillende Mama erklärte mir, sie selbst sei direkt von der Entbindungsstation ins Frauenhaus geflohen!

Wie lange hatten die Frauen dieses Elend wohl schon ertragen? Was hatten diese armen kleinen Kinder schon alles in ihrem kurzen Leben erfahren müssen?

Schnell kramte ich meinen kleinen Taschenspiegel und meine Puderdose hervor und machte den krampfhaften Versuch, mein doch recht eindrucksvolles Brillen-Hämatom und die geschwollene Wange zu kaschieren, so gut es ging. Eine der Mitarbeiterinnen, die gerade vorbei ging, fragte, warum ich das täte. Ich sagte ihr, dass die Kinder mich nicht unbedingt für ein Monster zu halten bräuchten. Die Frau winkte nur ab und meinte: »Wencke, glaube mir, ein solcher Anblick ist hier keinem der Kinder noch fremd. Geschwollene Lippen, ausgeprügelte Zähne, dicke Brillen-Hämatome, Knochenbrüche, Blutergüsse, Kratzer und diverse andere Dinge sind diese Kinder schon zur Genüge bei ihren eigenen Müttern gewohnt…«

Die Vereinsdame hatte wohl wirklich nicht ganz Unrecht. Ich spielte mit den Kleinen und tatsächlich schien keines dieser Kinder von meinem zerschlagenen Gesicht auch nur die geringste Notiz zu nehmen. Sie gingen total unvoreingenommen auf mich zu, als würde das riesige, fast schwarze Brillenhämatom gar nicht existieren!

Waren diese Kleinen schon derart abgestumpft, dass sie selbst die größten Entstellungen nicht mehr wahr nahmen?

Ich war starr vor Unglauben und Entsetzen und merkte, wie sich in meinem Hals ein Knoten zu zog und mir saure Galle hoch in die Kehle stieg. Bevor mir die Tränen kamen, musste ich aktiv werden, mich mit irgend etwas beschäftigen. Nur nicht über diesen ganzen Wahnsinn weiter nachdenken müssen! Also nutzte ich diesen letzten Tag in meiner Heimatstadt, um meine gesamte Wäsche zu waschen, zu schleudern, raus in den Garten zu hängen, wieder hinein zu holen, zu bügeln, zu falten und dieses Mal ordentlich in die Koffer und Taschen zu packen. Der Tag war brüllend heiß und die Wäsche trocknete extrem schnell. Deshalb kam ich sehr gut voran. In den Koffern und Taschen sah es jetzt wieder zivilisiert aus, denn bei meiner überstürzten Flucht von Hidir hatte ich ja in hastigem Chaos alle meine Sachen total hektisch und wild in die Behältnisse gepfropft – und zwar so, wie sie gerade kamen! Jetzt aber war alles wieder sauber, geordnet und im richtigen Lot. Die Koffer wischte ich noch mit einem feuchten Lappen ab. Nach dem Abendbrot ging ich dann gründlich duschen. Man zeigte mir mein Bett und ich kroch todmüde hinein...

Am nächsten Morgen erhob ich mich früh, wusch mich, machte mich frisch und frühstückte gemeinsam mit den anderen Frauen und Kindern. Der Gedanke, in eine wildfremde Stadt zu ziehen, löste in mir eine super wahnsinnige Abenteuerlust aus! Nebenbei hatte ich hier in P. ohnehin Niemanden mehr, zu dem ich hätte gehen können. Da waren keine Freunde und kein Elternhaus mehr – und die Gefahr, dass sie Hidir doch nicht erwischt hätten und ich ihm irgendwo in die Fittiche laufen könnte, war einfach zu groß.

Und sonst? Was band mich noch an P.? Gut, ich kannte mich hier aus, wusste, wie und wann man mit welchem Bus wohin fahren konnte und wo die Behörden und Ämter waren. Das war aber auch praktisch schon alles. Konnte ich mir wirklich sicher sein, dass Hidir sich tatsächlich nicht mehr in der Stadt aufhielt? Zwar glaubte ich fest daran, dass er geholt worden war, aber »Glauben« und »Wissen« sind zweierlei Paar Schuhe. Einen endgültigen Beweis hatte ich nicht. Und in M. würde ich mir ganz gewiss mit der Zeit einen ganz neuen Freundes- und Bekanntenkreis aufbauen. Ich würde auch dort lernen, mich zurecht zu finden. Es könnte eigentlich ja nur noch besser werden! Das dachte ich zu Mindest…

Seraphina, meine Begleiterin, plauderte ganz locker mit mir. Auch sie war vor einiger Zeit aus P. nach M. geflohen, mit ihren beiden kleinen Söhnen. Einen ihrer Buben hatte sie bei sich, der Andere war im Frauenhaus M. und wurde dort während der Abwesenheit seiner Mutter von den anderen Bewohnerinnen betreut. Nach dem Frühstück rüsteten wir beiden Frauen uns für den Aufbruch. Seraphinas kleiner Sohn war auch schon reisefertig. Ich packte ihn mir an die Hand. Seraphina half mir mit meinen Koffern. Dann verabschiedeten wir uns. Die Frauen hatten gesammelt und steckten mir sogar noch reichlich Geld zu! Wir schwangen uns zu Dritt – vollgepackt mit Kind und Kegel – in den Bus und fuhren zum Hauptbahnhof. Ich passte auf das kleine Kerlchen auf, während Seraphina die Billetts besorgte. Den Kopf hielt ich die ganze Zeit gesenkt. Ich hatte meine Spiegelsonnenbrille aufgesetzt, sah weder nach Links noch nach Rechts aus Angst, Hidir könne hinter jeder Ecke plötzlich wie ein springender Schatten auftauchen. Ich zitterte wie Espenlaub, war nur noch ein Bündel geballter Angst!

Kurz darauf saßen wir im Zugabteil. Immer noch hatte ich fürchterliche Manschetten und einen Heidenbammel. Dann fuhr der Zug an. Ich drehte mich um, sah aus dem Abteilfenster. Das Rathaus wurde immer kleiner und bald verschwand es. Würde ich es jemals wieder sehen?

Der Zug ratterte durch die Landschaft. Alle Angst und Panik fiel nach und nach von mir ab, je weiter wir uns von P. entfernten. Sehnsucht nach Zurück? Katzenjammer? Du liebe Güte – nee!

Mir konnte es in diesem Augenblick gar nicht weit genug von meiner Heimatstadt weg sein. Hätte man mir angeboten, mich mit einem Flieger an den Klondike zu bringen: Auch das hätte ich in dieser momentanen Gemütsverfassung sofort akzeptiert! Es war so. Mir war völlig egal, wohin diese Reise ging! Das Einzige, was ich im Augenblick wirklich anstrebte: Bloß weit weg von Hidir! Bloß weit weg von seinen Schlägen und Vergewaltigungen! Bloß weit weg von all den traumatischen Erlebnissen! Nur hinein in ein neues Leben, in ein Leben in Freiheit und ohne alltägliche Fremdbestimmung, latenter Todesangst und Gewalt!

Ich hätte in diesem Augenblick dafür sogar meine Seele verpfändet…

Eine andere Stadt

Irgendwann hielt der Zug dann auf dem Hauptbahnhof in M. Wir packten zusammen und schleppten das Gepäck hinaus. Dann verließen wir den Bahnsteig und gingen zu einem kleinen Busbahnhof. Dort stiegen wir dann in einen der Busse und gondelten eine geraume Strecke durch diese für mich völlig fremde Stadt. Irgendwann stiegen wir aus und Seraphina führte mich auf ein altes Gebäude zu: Das Frauenhaus!

Ich wurde sehr freundlich und lieb empfangen! Die Vereinsdamen baten mich ins Büro, schenkten mir einen Kaffee ein, stellten eine Schale Gebäck auf den Tisch und ließen mich in aller Ruhe erzählen, was passiert war. Dann bekam ich die Hausordnung erklärt und erhielt einen Hausschlüssel. Ich unterschrieb die Aufnahmebescheinigung und bekam einen Beleg für Sozial- und Einwohnermeldeamt ausgehändigt. Im Anschluss zeigte man mir mein Zimmer. Es war ein Zweibettraum, sehr gemütlich unterm Dach, mit einer schrägen Wand. Ich packte die Koffer und Taschen aus, räumte meine Sachen in den Schrank. Die Kosmetikartikel stellte ich auf die Ablage am Spiegel über dem Waschbecken. Meine Puppe legte ich aufs Kopfkissen, der Cassettenrekorder kam auf die Nachtkonsole. Außer mir wohnte zur Zeit Niemand mit in diesem Zimmer. Nebenan im Zimmer lebte Gül, eine Türkin, mit zwei Kindern. Wir freundeten uns auf der Stelle miteinander an. Gül reichte mir ihren entzückenden Ellbogen, führte mich durch das ganze Haus und stellte mich den restlichen Leidensgenossinnen vor. Und nun hockten wir, ein Haufen geschlagener Frauen, in der Küche und erzählten uns bei einer Tasse Kaffee unsere schlimmen Geschichten. Da war zum Beispiel die hochschwangere Maxima, die ein Kind von einem Zuhälter erwartete und das Baby gleich nach der Entbindung zur Adoption frei geben wollte. Oder Gudrun mit ihren beiden kleinen Söhnen, Zoran und Ratko. Sie war mit einem Serben liiert gewesen. Er war auch der Vater der beiden Kinder. Zoran war zweieinhalb Jahre jung und schwer behindert. Er war nicht in der Lage, ein Wort zu sprechen. Das Kind hatte massive Gleichgewichtsstörungen, war fast taub, stolperte und schrie oft. Außerdem war der Bub schwer verhaltensgestört. Bei jeder sich bietenden Gelegenheit schlug er sich an Stuhllehnen, Tischkanten und Türpfosten die Stirne blutig – scheinbar absichtlich! Und das alles nur, weil sein Vater im Suff Gudrun während der Schwangerschaft mit voller Wucht in den Bauch getreten hatte! Mich überkam nur noch der pure, innere Schüttelfrost…

Wir nahmen zusammen das Abendbrot ein und redeten bis in den späten Abend. Mann, Wencke, dachte ich, von all diesen Frauen bist du selbst wohl ehrlich noch am Harmlosesten weg gekommen...

Irgendwann ging ich nach Oben in mein Zimmer, zog mich aus, machte mich fertig und schlüpfte überglücklich unter die Decke.

Dann kam schlagartig die Erkenntnis: Das wäre normalerweise der Tag gewesen, an dem ich Hidirs Frau geworden wäre! Wencke Ö. – krumm, lahm und blau! Das hätte mir gerade noch gefehlt! Doch zu meinem Glück war es mir gelungen, im letzten Augenblick gerade noch die Reißleine zu ziehen…

Ich lag in der Dunkelheit und kicherte still in die Decke hinein. Jetzt, als ich die nötige Ruhe gefunden hatte, kam mir die Zeit mit diesem Monstrum fast schon vor wie ein rabenschwarzer Horrorfilm. Ich schmiss mich auf den Bauch, biss in mein Kissen und mir liefen vor Lachen die Tränen übers Gesicht. Es war ein stilles, schluchzendes, befreiendes Lachen, kam aus tiefster Seele. Mich faszinierte einfach der Gedanke, was jetzt wohl in Hidirs Schädel so vorgehen würde. Denn wenn er mich nicht geprügelt, vergewaltigt und drangsaliert hätte, wäre ich nicht getürmt. Wenn ich nicht getürmt wäre, hätte ich ihn auch nicht bei der Polizei verpfiffen. Hätte ich ihn nicht bei der Polizei verpfiffen, hätte die Streife ihn nicht abgeholt. Hätten sie ihn nicht abgeholt, wäre ich jetzt seine Ehefrau, nämlich eine Wencke Ö.! Mit an Sicherheit grenzender Wahrscheinlichkeit wäre es mir dann noch dreckiger gegangen. Wie dreckig, darüber wollte ich gar nicht nachdenken. Hidir wäre mein Ehemann gewesen und hätte lediglich drei Jahre durchhalten müssen. Bis zur Scheidung wären dann ungefähr vier Jahre vergangen. Danach hätte er sich ganz frei in Deutschland bewegen können, ohne Angst vor einer Abschiebung. Er hätte eine gültige Arbeitserlaubnis erhalten. Später hätte er dann eine gefügige Kurdin heiraten können, die alles mit sich geschehen ließ. Er hätte praktisch bis zur letzten Zuckung hier in Deutschland Wurzeln schlagen können!

Aber er war ein miserabler Schauspieler und hatte bereits im ersten Akt sein wahres Gesicht gezeigt. Günstig für mich, aber ungünstig für ihn selbst. Durch seine Gewalttätigkeit und Brutalität mir gegenüber hatte er sich selbst eigenhändig auf der ganzen Linie die Tour verkackt! Selbst wenn er der Polizei entwischt sein sollte: Keine einzige deutsche Frau könnte ihm jetzt noch helfen, selbst dann nicht, wenn sie naiv genug dazu wäre. Denn um erneut mit einer anderen Frau die Papiere zu regeln und das Aufgebot zu bestellen, blieb ihm ohnehin keine Zeit mehr. Spätestens dann würde er in Abschiebehaft kommen. Er stand nun auf der Fahndungsliste. Diese ganze Regelung mit den Papieren würde wieder mehrere Wochen in Anspruch nehmen – und die Zeit hätte er ganz einfach nicht mehr! Bis dahin wäre seine Duldung nämlich unwiderruflich abgelaufen. Selbst wenn ich ihn nach meiner Flucht nicht angezeigt hätte: Würde es ihm wider allen Erwartens gelingen, schnell noch eine andere gutgläubige und in Not geratene Deutsche zu finden und mit ihr die Papiere zu regeln, würde er spätestens beim Aufgebot scheitern. Auf dem Standesamt würde man sich nämlich mehr als wundern, dass er innerhalb weniger Wochen zum zweiten Mal ein Aufgebot bestellte. Mit zwei verschiedenen Partnerinnen – und Beides deutsche Frauen! Und der Bräutigam ist Kurde und steht kurz vor der endgültigen Abschiebung! Es würde gar nicht erst zur Eheschließung kommen! Man würde ihn gleich auf dem Standesamt festnehmen!

Gut, die Festnahme war wohl auf Grund meiner Strafanzeige höchstwahrscheinlich sowieso erfolgt. Davon ging ich getrost aus. Und ob er noch in einer winzigen deutschen Zelle in Abschiebehaft saß oder in der Türkei schon von seinen Häschern die Hucke voll bekam – egal! Was juckte es mich? Es spielte auch keine Rolle, denn verfluchen würde er mich eh bis zum St.-Nimmerleins-Tag!

Ich selbst war sozusagen noch ein Mal mit einem blauen Auge davon gekommen – im wahrsten Sinne des Wortes! Selig wie ein Engel schlief ich ein...

Am nächsten Morgen, gleich nach dem Frühstück, nahm Gudrun mich mit auf den Behörden-Trip. Erst zum Einwohnermeldeamt, wo ich mich als neue Bürgerin von M. registrieren ließ und gleich einen neuen Personalausweis beantragte. Ich bekam eine vorläufige Bescheinigung. Für einen endgültigen Ausweis bräuchte ich ein Passfoto und durch mein zerschlagenes Gesicht sei das leider zur Zeit unmöglich. Man sagte mir, erst ein Mal müsse die bunte Schwellung zurück gehen. Ich grinste den Mitarbeiter an und sagte: »Ja klar, sonst werde ich vermutlich noch als Mandrill im zoologischen Garten landen – und zwar im Affenhaus!« Allgemeine Lachsalve im Büro!

Dann ging es zum Arbeitsamt, wo ich gemeldet wurde. Anschließend ging es ab zum Sozialamt, wo ich meinen ersten Scheck mit meiner Sozialhilfe bekam. Frau F., die Sachbearbeiterin, war ziemlich geschockt, als ich die Sonnenbrille abnahm und ihr mein prangendes Veilchen präsentierte! Ich erklärte der Dame alles in groben Zügen. Ja, meinte sie, dieser Stadtwechsel sei wirklich das Gescheiteste gewesen. Ich solle mir jetzt alle zwei Wochen meinen Sozialhilfe-Scheck abholen. Frau F. lächelte, wünschte mir gute Besserung und einen glücklichen neuen Start!

Es gab anscheinend tatsächlich noch wirkliche Menschen auf den Sozialämtern – Menschen mit einem Herz...

Gudrun und ich fuhren zurück zum Frauenhaus. Dort gab ich im Büro meinen Anteil in die Gemeinschaftskasse und erzählte, immer noch lachend, die Schote aus dem Einwohnermeldeamt. Maria, die Vereinsdame, meinte, ja, ich sähe in der Tat wie ein Mandrill aus! »Oh«, bemerkte ich, »da kann ich aber froh sein, weder einen Stummelschwanz noch einen feuerroten Arsch zu haben!«

Maria lachte sich hinter ihrem Schreibtisch krumm und kringelig...

Nach dem Mittagessen half ich beim Abwasch, dann ging ich hoch in mein Zimmer und legte mich hin, um etwas zu dösen. Irgendwann ging die Türe auf. Maria kam herein und stellte einige Koffer ins Zimmer. Hinter ihr erschien eine Frau, eine Enddreißigerin. Kastanienbraune schulterlange Wellenfrisur. Die Frau war etwa so groß wie ich und sehr schlank. Sie stellte sich mit »Julla« vor!

Maria nickte freundlich und ging wieder.

Julla, meiner neuen Mitbewohnerin, blieb der Mund offen stehen, als sie mein zugeschwollenes Veilchen sah! Sie meinte: »Das ist aber ein beeindruckender Pferdekuss!« Ich sagte seufzend, ja, so ungefähr könne man es tatsächlich ausdrücken. Hidir hatte mir in der Tat eine heiße Dröhnung verabreicht! Nun, lachte Julla, in einem solchen Zustand sei sie selbst auch schon oft genug herum gelaufen. Sie sprach ein wirklich sehr putziges Deutsch! Ich half ihr, ihre Koffer auszupacken und alles in den Schrank zu räumen. Im Handumdrehen freundeten wir uns an!

Julla kam aus Nordeuropa. Sie war viele Jahre lang von ihrem deutschen Gatten durchgebeutelt worden, hatte auch den alltäglichen ehelichen Psychohorror ertragen. Da ihre beiden Söhne nun im Teenageralter waren, fand sie es an der Zeit, dem grässlichen Dauerterror ein Ende zu setzen. Die Söhne wollten, bis Julla eine eigene Wohnung gefunden hätte, beim Vater bleiben. An die beiden halbwüchsigen Buben wagte sich dieser miese Kerl ja nicht heran...

Ich nahm Julla mit ins Nebenzimmer zu Gül. Die setzte gleich türkischen Tee auf. Und so saßen wir zu Dritt auf dem Bett, schlürften das heiße, süße Getränk und sprachen – selbstredend – über die Männer!

Frauen-Fez

Überhaupt waren Männer unser Lieblingsthema. Es ging ums Heiraten, um ihre Borniertheit und um die verschiedenen Formen von Erniedrigungen, die wir von ihnen erhielten. Es ging um pichelnde Kerle, um ihr Geheuchel, ihre Krokodilstränen, ihre chronische Sportbegeisterung, ihr ständiges Gemeuter und Gemecker, ihre Umtriebigkeit und um ihr allgemein unmögliches Benehmen, so wohl an der Theke, zu Hause, in der Familie oder im Bett. Wir sprachen von fast nichts Anderem mehr und winkten nur noch dankend ab! Dieses Hundeelend lag hinter uns…

Eines Abends kam Gül, beladen mit einem Tablett mit türkischem Tee und einer Schale Gebäck, zu Julla und mir rüber ins Zimmer. Es war so eine Art Pyjama-Party zu Dritt. Wir machten es uns kommod und wie üblich ging es um das Thema Männer. Plötzlich grinste Gül ganz unverschämt und fragte mich, ob ich nicht wieder einen kurdischen Mann wolle. Natürlich war das nur aus purem Jux und Dollerei gemeint. Ich winkte entsetzt ab und meinte: »Nee, von solchen Individuen hab´ ich seit Hidir ein für alle Mal die Nase gestrichen voll! Ich wäre fast ins Walhalla gegangen!« Gül fragte mich gespielt Ernst, ob ich mir da wirklich sicher sei. Dabei konnte sie sich das Lachen selbst kaum noch verkneifen! Ja, rief ich, da sei ich mir sogar hundertprozentig sicher! Mit gedehntem Lächeln säuselte Gül: »Das ist aber schade, denn kurdische Männer haben doch so schöne dicke, schwarze Augen!«

Julla und ich starrten uns gegenseitig an und es wurde sehr still im Zimmer. Man hätte eine Stecknadel fallen hören können!

Doch dann bekamen wir im selben Augenblick einen gewaltigen Lachkrampf, der sich gewaschen hatte! Ich warf mich rücklings aufs Bett, mit hoch gezogenen Beinen, und röhrte los. Julla krümmte sich, fiel dabei von der Bettkante und gibbelte sich in Fötushaltung auf dem Teppich doof und duselig! Sie war einfach vornüber vom Bett gefallen! Die Einzige, die uns verständnislos anstarrte, war Gül! Als wir uns halbwegs wieder eingekriegt hatten, mussten wir ihr den Unterschied zwischen »groß« und »dick« erklären. Ich fragte Gül, immer noch prustend, ob denn wirklich sämtliche kurdischen Männer Froschaugen hätten! Das sei mir an Hidir aber gar nicht aufgefallen! Gut, zum Schluss allerdings…

Gül bekam im Augenblick des Verstehens nun ebenfalls einen ziemlich gemeinen Lachkrampf! Der Abend bzw. eine halbwegs vernünftige weitere Konversation war für uns Drei jetzt ja wohl gelaufen...

Überhaupt hatten wir als Dreier-Gespann eine wahnsinnige Gaudi miteinander. Waren wir zusammen, ergab sich ganz automatisch ein richtiger Mords-Fez. Wir wuchsen als echte Freundinnen zusammen!

Julla wollte mich eines Abends mal mitnehmen auf einen Kneipenbummel. Ich winkte dankend ab und erklärte ihr, in der Angelegenheit bezüglich Hidir und den anderen Kerlen seelisch noch längst nicht über den Berg zu sein. Okay, mein Gesicht sähe zwar mittlerweile wieder menschlich aus, aber deswegen sei ich noch lange nicht wieder im Gleichgewicht. Die inneren Narben seien noch viel zu frisch und daher lege ich auch keinen gesteigerten Wert darauf, schon wieder mit irgend welchen Männergeschichten anzufangen!

Julla setzte sich neben mich aufs Bett, legte mir eine Hand auf die Schulter und fragte mich ernst: »Wie lange willst du denn hier in diesen Mauern noch Trübsal blasen? Wenn du immer nur hier im Frauenhaus hocken bleibst, wirst du automatisch noch mehr grübeln und das wird sich mit der Zeit noch steigern. Du wirst immer nur Hidirs Visage vor dir sehen und dabei über Kurz oder Lang in eine echte Depression hinein schlittern. Damit hat Hidir im Endeffekt nur erreicht, was er will, nämlich dich zu einem kaputten, seelischen Wrack zu machen. Ganz ehrlich, wenn du darüber hinweg kommen willst, dann greif′ dir einen netten Galan – und sei es auch nur für ein Paar Tänzchen und ein schönes, süßes Wuscherchen! Mensch, du siehst doch verdammt nicht übel aus! Hol′ dir jetzt so schnell als möglich deinen Spaß und amüsier′ dich mit den Typen! Nur dazu taugen diese Nullnummern halbwegs! Meine Güte, kein Mensch spricht von einer Dauerbeziehung! Du sollst dir ja schließlich keinen Lebenspartner suchen. Davon ist keinerlei Rede. Nur tanzen, knutschen und ein kleines Wuscherchen! Auch wenn du mir das im Moment nicht glaubst: Nur so kommst du von diesem Albtraum Hidir runter und auf andere Gedanken! Na, wie schaut es denn jetzt aus?«

Wortlos stand ich auf, schlüpfte in mein Mini-Kleid, stieg in meine translgen Stiefel, ging an den Spiegel und begann mich zu schminken, meine Ohrhänger anzulegen und mich zu kämmen. Julla strahlte übers ganze Gesicht! Sie schob mir zwinkernd noch zwei Kondome zu…

Gemeinsam verließen wir das Frauenhaus. In der Nebenstraße war eine Spelunke, die sich »Hüpfendes Komma« nannte. Wir traten ein, setzten uns an einen Tisch, bestellten Cola und Persico. Das war damals ein echtes Modegetränk. Wir drückten Platten an der Juke-Box. Und all zu lange blieben wir natürlich nicht alleine! Zwei Dänen kamen zu uns an den Tisch, ein Älterer und ein Jüngerer. Knud, der Ältere, bändelte mit Julla an. Lasse, der Jüngere, flirtete mit mir. Knud erklärte, dass Lasse sein Stiefsohn sei. Da der junge Mann kein Wort Deutsch sprach, übersetzte Knud für ihn. Es wurden an der Juke-Box Platten gedrückt, es wurde getanzt. Ich sah in Lasses eisblaue Augen und wurde doch tatsächlich geneigt! Wir tanzten aber nicht nur; die beiden Recken hielten uns auch reichlich aus. Sogar unsere ersten Getränke übernahmen sie. Irgendwann hatten wir alle vom vielen Persico ganz lecker Einen in der Tüte!

Die Männer zahlten die Zeche und im Vierer-Pulk ging es hinaus auf die dunkle Straße. Julla knutschte ganz unverschämt mit Knud herum. Lasse und ich beschränkten uns aufs Händchen halten. Wir liefen im Mondschein leicht angeheitert durch den lauen Sommerabend und lachten uns halb scheckig. Wie die Kinder spielten wir Vier auch noch in Toreinfahrten und hinter den geparkten Autos Verstecken. Doch plötzlich waren Julla und Knud abkömmlich. Sie hatten sich klammheimlich zurück gezogen! Lasse und ich waren ratlos. Etwas belämmert liefen wir Hand in Hand durch die Straßen und riefen nach den Beiden. Nach kurzer Zeit hörten wir ein Keuchen und Stöhnen. Wir folgten den Geräuschen und kamen in eine kleine, ziemlich abgelegene und stille Gasse, zu einem niedrigen Mäuerchen. Julla befand sich bereits in inniger Umarmung mit ihrem Geliebten. Knuds nacktes Gesäß wippte glänzend im Licht des Mondes!

Julla schmunzelte uns verklärt an und fragte uns, ob wir zu feige seien. Knud übersetzte keuchend seinem Stiefsohn ins Dänische. Ruckzuck zog der junge Bursche mich zum gegenüber liegenden Mäuerchen ins Gebüsch. Ich überreichte Lasse ein Kondom. Es war voller Zärtlichkeit. Julla und Knud waren wenige Meter entfernt am Mäuerchen beschäftigt. Alles drehte sich. Ein Glück, dass Niemand vorbei kam…

Irgendwann in der Nacht, nach einem weiteren molligen Beisammensein, verabschiedeten wir uns für´s Erste von unseren Kurschatten und watschelten Richtung Frauenhaus. Kichernd verschwanden wir nach Oben und gingen erst mal ins Bad. Nachdem wir uns gewaschen hatten, huschten wir in unser stilles Kämmerlein. Julla musste lachen, als ich meinen Slip unter dem Gürtel meines Mini-Kleides hervor zog. Sie zwinkerte mir zu, öffnete ihre Handtasche und zog ihren eigenen Slip hervor. An den Schrank gelehnt, lachten wir Tränen!

Aber Julla hatte Recht behalten: Hidir war nur noch ein Schatten…

Natürlich sahen wir Knud und Lasse jetzt öfter. Wir gingen im »Hüpfenden Komma« tanzen, trinken. Wenn wir satt waren, suchten wir uns abends dunkle Toreinfahrten und holten uns unser Vergnügen. Da Knud verheiratet war, konnten wir schließlich nicht zu ihm. Julla und mir war es auch piepegal, ob die Kerle vergeben waren oder nicht. Was zählte, war lediglich unser persönliches Stück Normalität. Mehr wollten wir nicht. Waren nicht alle Mannsvölker dieser Welt gleich gestrickt? Sie holten sich schließlich auch bei uns Frauen ihren Spaß, wie sie wollten. Also drehten Julla und ich den Spieß einfach nur um. Männer waren für uns jetzt auch nicht mehr als pure Objekte. Warum sollten wir uns also erneut an einen festen Partner binden und damit alles nur verkomplizieren? Julla und ich hatten doch, was wir wollten!

An so manchem Abend holten wir uns unseren Trost, selbstverständlich auch nur mit Gummi. Wir amüsierten uns spätabends in finsteren Gebüschen und in einsamen Toreinfahrten. Es steppte der wilde Bär. Wir benahmen uns wie zwei wilde, ungestüme Teenager – genossen aber dennnoch unsere persönliche Freiheit!

Julla reichte auch die Scheidung von ihrem Ehemann ein. Sie nahm mich zu ihrem ersten Anwaltstermin mit, damit ich gleich lernen könne, wie so etwas ablief. Beim Anwalt legte sie ihre Unterlagen auf den Tisch und bestand auf meine Anwesenheit. Die Scheidung wurde eingeleitet. Dann rauschten wir wieder ab...

Tagsüber waren wir zwei durch und durch kreuzbrave Deerns. Wir beteiligten uns am Gemeinschaftseinkauf, kochten mit den anderen Frauen, beaufsichtigten die kleinen Kinder unserer Leidensgenossinnen, nahmen fleißig an den wöchentlichen Versammlungsabenden teil. Wir halfen beim Abwasch und trösteten die traumatisierten Neuankömmlinge, halfen Gül beim Ausfüllen ihrer Formulare. Oder wir hockten abends mit unseren Kameradinnen in der Küche und erzählten uns bei einem Fläschchen Wein nach getaner Arbeit die verrücktesten Männerwitze – das hielt uns vom Durchdrehen ab…

Sicher blieben wir an den meisten Abenden ganz im Frauenhaus, aber so manchen Abend nutzten wir Beiden auch, um ein wenig Freude zu haben und das körperliche Verlangen zu stillen. Es gibt nicht wenige Männer, die Frauenhäuser als »Hurenhäuser« oder sogar als »Lesben-Kommunen« bezeichnen.

Eines sei hier für unwissende Männer mal ganz klar und deutlich gesagt: Die Bewohnerinnen von Frauenhäusern sind weder Lesben noch Huren! Diese Frauen sind in panischer Angst vor ihren Männern oder Lebenspartnern geflohen. Viele von ihnen sind verheiratet, haben Kinder. Irgendwann in der Vergangenheit waren sie die Ehe oder eine Beziehung zu einem Mann eingegangen, hatten sich diesen Partnern körperlich hingegeben, wie sie dachten, aus Liebe. Es ist absolut unverschämt, diese Frauen als Lesben oder Huren zu bezeichnen! Das nämlich tun verlassene Männer oft sehr gerne. So etwas bringt mich heute noch auf. Mit Sicherheit gibt sich eine wahre, überzeugte Lesbe niemals im Leben körperlich einem Mann hin – und gebiert ihm sogar noch Kinder!

Eine Hure wiederum nimmt für Sex noch Geld. Ehefrauen und Lebenspartnerinnen hingegen schmeißen den gesamten Haushalt und ziehen die Kleinen unentgeltlich groß. Sie rackern sich oftmals noch auf ihren Arbeitsstellen ab, stecken ihr sauer verdientes Geld in den Haushalt und wenn sie Feierabend haben, lassen sie sich noch gratis von ihren Kerlen anpflaumen, herunter kanzeln, vertrimmen und vergewaltigen!

Diese armen Frauen flohen in Todespanik und aus Angst vor weiterer Prügel und Demütigungen vor ihren Männern in die Frauenhäuser! Manche dieser Prügel- und Vergewaltigungsopfer lebten dort nicht nur für Wochen, sondern für viele Monate bis hin zu einigen Jahren. Das Längste, von dem ich weiß, sind zwei Jahre! Sollen diese Opfer, nur weil der gewalttätige Ex-Partner sie ins Frauenhaus geprügelt hat, den gesamten Rest ihres Lebens wie im Zölibat verbringen? Sollen sie zusätzlich noch durch Einsamkeit gestraft sein? Nicht mehr ausgehen, sich mit Niemandem mehr treffen? Nicht mehr tanzen gehen? Sich nicht mehr neu verlieben? Auch Frauen haben Gefühle im Herzen und körperliche Bedürfnisse, tatsächlich! Warum sollten sie nicht das Recht auf eine neue Beziehung oder die sexuelle Erfüllung haben? Die meisten Opfer gehen im Laufe der Zeit, nachdem sie den Schock der Gewalt überwunden haben, eine neue Ehe oder Partnerschaft ein. Und selbst bei den wenigen Ausnahmen, die wie Julla und ich keinen Bedarf mehr auf eine feste Beziehung hatten, existierten doch noch körperliche Gefühle. Wenn Männer sich schon das Recht heraus nehmen, Frauen zu benutzen, wie sie lustig sind, ja, dann muss man den Frauen genau die selben Rechte an Männern zugestehen. Außerdem hurten Julla und ich keinesfalls herum. Das Einzige, wonach wir uns sehnten, war ein klein wenig Abwechslung. Es gibt schließlich mehr als genügend Kerle auf der Welt, die eine Frau nach der Anderen verschleißen und sich weiter nicht die geringsten Gedanken darüber machen. Solche Typen gelten dann noch in der Männerwelt als gestandene, ganze Platzhirsche! Die Freibeuter der Meere! Hansdampfs in allen Gassen! Aber wenn eine Frau bei einem Mann nur etwas Trost sucht, wird sie gleich als Hure abgestempelt!

Julla und ich sehnten uns lediglich nach ein wenig Normalität. Und zur Normalität gehört auch – zu Mindest hin und wieder – Zärtlichkeiten mit einem Mann auszutauschen. Mir ist heute noch total unklar, was falsch oder pervers daran sein soll. Weder nahmen wir Geld dafür noch lümmelten wir uns kreuz und quer durch die Gemeinde. Einzig Knud und Lasse waren unsere Seelentröster. Wir wollten lediglich hin und wieder etwas Ablenkung von unserem Elend – und keinen Weltrekord im Männerverschleiß aufstellen...

Irgendwann vormittags war Julla alleine im »Hüpfenden Komma«, um sich mit Knud zu treffen. Ich lag voll mit einer dicken Grippe auf der Nase und dümpelte fiebrig im Bett vor mich hin. Die Frauen brachten mir Zwieback und heißen Tee. Schnell poofte ich wieder weg. Kurz darauf schreckte ich hoch, weil sich Jemand auf meine Bettkante setzte. Es war Julla; ich hatte sie gar nicht kommen hören. Sie grinste über das ganze Gesicht. Auf meine Frage, was los sei, zuckte sie nur mit den Schultern und sagte: »Ich habe gerade eben mit Knud Schluss gemacht!«

Ich setzte mich im Bett auf: »Wie, du hast Schluss gemacht? Nee! Doch nicht etwa im »Hüpfenden Komma« vor versammelten Leuten?«

»Oh ja«, gackste Julla, »in der Tat hab´ ich das getan. Knud ist mir zu aufdringlich geworden und wollte die Treffen jetzt mittlerweile sogar schon selbst bestimmen, diese Sprotte! Da hab´ ich die Sache beendet – und jetzt will er mich damit bestrafen, in dem er sich sinnlos bezwitschert. Damit ich sehe, wie sehr ihm das Herz blutet! Ich trage nun die Schuld an seinem heftigen Besäufnis!«

Ich lachte und hustete gleichzeitig! Männer!

Julla zwinkerte mir zu und meinte, sie sei ja mal gespannt, wie lange es dauern würde, bis er aus der Kneipe käme. Vor allen Dingen, in welchem Zustand! Dann kniete sie sich auf das Fußende meines Bettes und stierte aus unserem Dachfenster. Von dort aus konnte man nämlich das kleine Seitensträßchen sehr gut einsehen und quasi bis vor die Kneipentüre schauen! Julla hing nun am Fensterchen und plierte hinüber zum »Hüpfenden Komma«. Sie hätte wirklich einen »Oscar« fürs Dauerglotzen kriegen sollen! Nach über zwei Stunden fuchtelte sie ganz fickerig und aufgeregt an meiner Decke herum: »Schnell! Komm ans Fenster, Wencke! Schnell, schnell! Er kommt!«

Da stand Knud in der Türe zum »Hüpfenden Komma«! Er sah aus wie Catweazle – bedröhnt bis zum absoluten Limit! Sein Haar war zerzaust und er hatte reichlich Sound in den Hosenbeinen; sie warfen Falten ohne Ende! Mit Hilfe des Gastwirtes setzte er ganz vorsichtig einen Fuß vor den Anderen und stolperte fast noch über das Stüfchen zur Straße. Den Rest des Weges hatte er alleine zu bewältigen! Knud lief wie eine Singer-Nähmaschine. In ganz gepflegtem Zickzack taumelte er kreuz und quer über die Straße, küsste dabei noch völlig ungebremst ein parkendes Auto auf den Kotflügel. Puh – Windstärke 10 auf dem Oberdeck! Der hatte die Schotten aber richtig dicht! Irgendwie rappelte er seine morschen Gebeine wieder hoch, torkelte weiter und wickelte sich um einen Laternenpfahl. Bei der Aktion, sich wieder los zu wickeln, knallte er gegen eine Hauswand, an der er sich dann vorsichtig abstützte und langsam weiter wackelte. Irgendwie muss er den Wahn gehabt haben, seine Schnürsenkel seien offen. Er bückte sich, um sie zu zu binden. Da waren nur leider Keine; er trug Slipper. Erst ein Mal rollte er sich auf dem Bürgersteig ab, zog sich am nächsten Auto mühsam wieder hoch. Dann wurde es noch ein Mal richtig kritisch, als er um die Straßenecke bog. Er versuchte krampfhaft, die Kurve zu nehmen. Plötzlich und völlig unvermutet röhrte er lauthals orgelnd los! Ziemlich herzhaft und im hohen Bogen übergab er sich schwungvoll und großzügig geradeaus im Abstand von mindestens einen Meter vor sich hin auf den Bürgersteig. Schwapp! Das große Würfelrülpsen! Das war ein Anblick – so richtig zum Abgewöhnen! Der Met sprudelte in einem dicken Strahl aus ihm heraus wie bei einem Wasserspeier am Brunnen! Die übrigen Passanten sprinteten ziemlich entgeistert in alle Richtungen in Deckung! Was dazu fehlte, wäre ein lustiges Volkslied aus dem hohen Norden gewesen!

Julla und ich schlugen uns laut kreischend und gacksend auf die Schenkel!

Und der sagenhafte Radau, den Knud bei seinem röhrenden, orgelnden Gewürge schlug, hätte ihm ganz ohne Übertreibung mindestens einen Gastauftritt in der Fernsehserie *»Königreich der Tiere«* einbringen können! Das dröhnende »Löwengebrüll« beherrschte er jedenfalls meisterhaft!

Nach dieser netten Performance taumelte er endgültig aus unserem Blickfeld in Richtung Heimathafen. Knuds Frau musste schließlich jetzt ihren nach Met und Erbrochenem stinkenden und mit verdrehten Augen lallenden Mann ertragen – nicht Julla oder ich! Wenn sie das perverse Spiel mitmachte, war es ihr Problem, nicht Unseres…

Naja, es gibt ja reichlich Korsaren wie Knud, die sich mit allen nur erdenklichen Mitteln der Lächerlichkeit preis geben müssen. Die Welt wimmelt nur so von ihnen. Man braucht im Prinzip kein Kino mehr; die Aufführungen werden live geboten! Diese Trennung war für Knud ja nun auch ein erneuter Grund gewesen, zu picheln. Für jeden Kummer ´ne andere Nummer! Wer keine Gründe hat, der schafft sie sich! Julla und ich hingen jedenfalls oben in unserem Stübchen und ölten uns über Knuds Einlage halb tot!

Mit Lasse hatte ich von nun an natürlich auch nichts mehr am Hut. Mein Appetit auf ihn war ohnehin gedeckt. Was taten diese Mannsvölker denn Anderes, als saufen? Ich hatte einfach keinen Drive mehr auf ihn. Der Auftritt seines Stiefvaters hatte mir für´s Erste die weitere Lust auf Männer vergällt.

Ich war dankbar, frei zu sein…

Schicksale

Statt uns weiter mit diesen Altlasten abzuplagen, die uns ohnehin nur jegliche Laune verdarben, mussten wir uns um zwei Neuzugänge kümmern, Heidi und Ilse. Heidi war Achtundzwanzig und kam mit sechs Kindern bei uns an. Eigentlich hatte sie zehn Kinder, aber die vier Ältesten wollten lieber bei der Großmutter leben. Heidi zuckte ziemlich schnell bei jedem kleinsten Geräusch zusammen und ihre Augen irrten ständig ziellos und gehetzt umher. Ihr sauberer Ehegatte hatte sie buchstäblich halb invalide geschwängert!

Ilse war Landwirtin und kam mit zwei Kindern. Sie war grün und blau am ganzen Körper und hinkte. Wenn sie seelisch umzukippen drohte, richteten wir anderen Frauen sie wieder auf. Ungefähr eine Woche lang nützte das auch was. Dann aber packte sie die Koffer und sagte: »Es tut mir Leid, ich gehe zu meinem Mann zurück. Die Kinder weinen; sie vermissen ihr Lieblingspony!«

Ah ja, das Lieblingspony! Das ist natürlich auch ein schlagkräftiges Argument. Wir versuchten krampfhaft, sie von einer Rückkehr zu ihrem gewalttätigen Mann abzuhalten. Ich sagte ihr, ja sicher würden die Kinder erst ein Mal ihr Pony vermissen. Das würde wohl auch noch einige Zeit anhalten. Aber sie kämen darüber hinweg. Ilse solle einfach nicht darauf reagieren, wenn die Kinder anfingen, von dem Tier zu reden. Über Kurz oder Lang würden sie schon selber damit aufhören. Die Kinder sollten so oft als möglich abgelenkt werden, um auf andere Gedanken zu kommen. Und überhaupt: wieso Ilse auf die Idee käme, sich rangniedriger zu stellen als dieses Pony? Nur um die Kinder glücklich zu machen, sei sie also bereit, sich weiter prügeln und vertrimmen zu lassen. Wenn sie jetzt nachgäbe, hätte sie ihrem brutalen Mann doch nur ein Mal mehr bewiesen, welche Macht er über seine Frau hätte. Alleine die Tatsache, dass sie zu ihm zurück gehen würde, werde ihn nur um so gewalttätiger machen. Brutaler denn je!

Julla sagte, das Beste, was sie jetzt definitiv machen könne, sei, die Scheidung einzureichen und per Gerichtsbeschluss den finanziellen Anteil an dem Hof für sich und die Kinder einzuklagen. Zahlen müsse ihr Kerl, das sei gar keine Frage. Auch, wenn es sein Ruin wäre. Sie solle sich aber eine Tatsache mal klar und deutlich vor Augen halten: Sein Ruin wäre der Aufstieg für sie und die Kinder!

Wir Frauen weinten und redeten uns die Lippen fransig. Hat nur nicht viel genutzt. Ilse hinkte mit den Kindern zurück zu ihrem Mann!

Maxima hatte mittlerweile auch ihr Kind geboren, einen Jungen. Sie gab ihn zur Adoption frei und war noch am selben Tage wieder zurück im Frauenhaus!

Gott, war das alles ein Elend...

Mir persönlich fiel es mit der Zeit auch immer schwerer, das alles zu ertragen. Irgend etwas fehlte mir. Ich sehnte mich so langsam wieder nach einem Mann, nach Kindern, eben nach einer intakten Familie. Hin und wieder ging ich schon mal mit Heidi oder Gudrun in die »Flackernde Kerze«, einer anderen Kneipe. Einfach, um mal abzuschalten und die weinenden, geschundenen und zerschlagenen Gestalten einige Stunden nicht ertragen zu müssen. Ich hatte den Glauben an Männer noch nicht total verloren und muss irgendwie eine stockpanische Angst vor der Einsamkeit gehabt haben. Ein Leben völlig alleine? Ich war erst Zwanzig, hatte noch praktisch das ganze Leben vor mir! Es musste doch noch etwas Anderes geben, als über Jahrzehnte hinaus mein Dasein den ganzen, langen Rest meines Lebens in absoluter Einsamkeit zu fristen und irgendwann gänzlich isoliert, einsam, auf mich alleine gestellt und komplett abgeschottet die Pupillen auf Null zu stellen! War ich – nur, um dauerhaft in Frieden leben zu dürfen – dazu verdammt, in lebenslanger Einsamkeit zu existieren?

War das der Preis, den ich unweigerlich zu zahlen hatte?

Da könnte ich mich ja gleich lebendig begraben lassen...

Weit über die Schmerzgrenze

In genau dieser Gemütsverfassung lernte ich in der »Flackernden Kerze« einen jungen Mann kennen, Frederik W. Er war Achtundzwanzig. Natürlich war er nicht so ganz nüchtern, aber an so etwas war ich ja bereits ausreichend gewöhnt. Anders als saufend kannte ich Männer eigentlich nur prügelnd. Oder saufend und prügelnd. Welcher Mann war schon normal? Also, außer Paps hätte ich Keinen gekannt – und der stemmte auch oft genug ganz schön die Brote! Wenn Männer wirklich abstinent und friedlich lebten, waren sie gewöhnlich Luschen auf einer anderen Ebene. Siehe Tobias.

Nun, dieser Frederik machte wenigstens noch einen heiteren Eindruck. Wir tanzten, tranken und unterhielten uns am Tisch. Vom Aussehen gefiel er mir ganz gut. Schulterlanges, hellbraunes glattes Haar, nussbraune Augen, ein breites, kantiges Gesicht. Er war so groß wie ich und schlank, aber kräftig gebaut, so richtig was zum Packen. Er arbeitete in einer Metallfabrik und erzählte, dass er Kinder über alles liebe. Wenn ihm irgendwann mal die richtige Frau begegne, hätte er schon gerne eine Familie. Na prima, dachte ich, halt´ dich ran. Das scheint ein Familienmensch zu sein!

Es kam, wie es kommen musste: Wir verabredeten uns von nun an regelmäßig, unternahmen Spaziergänge und führten lange Gespräche. Frederik stellte mich ganz stolz seiner älteren Halbschwester Gerlinde vor. Oder wir gingen zu ihm in seine kleine Bude. Als wir das erste Mal miteinander zärtlich sein wollten, bekam Frederik vor lauter Aufregung gar keine Erregung! Wir kuschelten, schmusten und hatten uns trotzdem lieb. Beim nächsten Mal klappte es dann auch bei Frederik. Er sagte mir dann hinterher, er sei schon länger nicht mehr körperlich mit einer Frau zusammen gewesen. Daher auch beim ersten Anlauf diese Nervosität. Ich sagte ihm, das sei schon okay...

Frederik hatte auch zwei junge Kätzchen, Paul und Tiffy. Es waren Geschwister. Mit denen spielten und alberten wir auch immer herum. Als ich die kleine Tiffy mal wie ein Baby in den Armen wiegte, meinte Frederik, ich würde bestimmt später mal eine wundervolle Mutter sein.

Ob ich mir vorstellen könne, mit ihm mal eine kleine Familie zu gründen? Er hätte so gerne Kinder mit mir!

Ich lächelte ihn nur an und nickte. Ja, meinte er, dann sollten wir doch Nägel mit Köpfen machen. Ich solle doch ganz zu ihm kommen und dann könnten wir doch das erste Kindchen planen!

Wo ein Fettnäpfchen ist, musste ich natürlich voll hinein stapfen! Ich packte also meine Sachen und zog zu Frederik und den Kätzchen in die kleine Kajüte. Es gab in meinem Leben kein Halten mehr. Der Grundstein für die nächste Katastrophe war gelegt...

Ehemals war unsere Unterkunft ein kleiner Laden. Die Wirtsleute der »Flackernden Kerze« waren auch gleichzeitig unsere Vermieter. Das Klo war eine halbe Treppe höher. Bad hatten wir nicht. Der Wohnkomfort war gleich Null! Frederik meinte, er werde uns was Anderes besorgen; dies hier sei ja nur für den Übergang.

Ich muss dazu sagen, dass meine Eltern damals auch nicht viel anders ihr gemeinsames Leben begonnen hatten. Daher war der Gedanke daran für mich nicht ganz so dramatisch. Was mir nach einiger Zeit wirklich Sorgen machte, war, dass Frederik langsam damit begann, in den Kneipen abzuhängen. Man hätte doch denken sollen, dass er jetzt, wo er die Bude sauber hatte, lecker bekocht wurde und eine junge Frau zum Reden, Kuscheln und Zärtlichkeiten hatte, mehr Freude daran hätte, seine Abende lieber daheim zu verbringen. Aber nein! Schlag auf Schlag begann er, sein wahres Gesicht zu zeigen! Es kam innerhalb weniger Wochen – piffpaff!

Er begann, die Kätzchen zu schubsen, brüllte oder pflaumte die Tierchen völlig grundlos an. Erneut nahm das Elend Gestalt an. Eines Nachts vergewaltigte er mich dann im Suff. Am nächsten Tag, als ich packen wollte, fiel er vor mir auf die Knie und entschuldigte sich x-mal dafür! Ich resignierte. Na gut, dachte ich, vielleicht bin es ja tatsächlich ich, die alles zu verbissen sieht. Vielleicht ist so etwas ja doch üblich in einer ganz normalen Beziehung. Du legst die Messlatte eindeutig zu hoch. Ja, was hast du denn erwartet, Deernchen? Den Ritter auf dem weißen Pferd? Schraub´ deine Ansprüche ordentlich zurück. Vielleicht übertreibst du wirklich und bist einfach überempfindlich. Solche obszönen Dinge verlangen Männer nun ein Mal. Vielleicht wird es ja besser...

Einige Tage war es dann auch tatsächlich besser mit ihm. Doch dann setzte meine Regel ein. Ich lernte Frederik als Monster kennen. Ungeachtet meiner Höllenschmerzen und der Krämpfe verging er sich an mir. Er wollte so bald als möglich einen Sohn! Und wenn mir das nicht passen würde, könne ich ja gehen!

Logisch hätte ich gehen können. Aber nicht in das Frauenhaus M. zurück, weil ich wusste, dass Frederik die Adresse kannte. Es ist ja für einen Mann schließlich auch keine allzu große Kunst, wenn er nur schräg gegenüber auf der anderen Straßenseite wohnt…

Also ließ ich mich trotz Monatsregel weiterhin von Frederik vergewaltigen. Er schien auf einer echten Sadismuswelle zu reiten. Wenn es dann endlich vorbei war, wuschen wir uns ab und gingen zu Bett. Ich lag am ganzen Leibe zitternd und bebend neben ihm, schwitzte Wasser und Blut. Oh ja, ich hätte mich sehr gerne wieder von Frederik getrennt, aber das hätte bedeutet, wieder in eine andere Stadt ziehen zu müssen und wieder in ein anderes Frauenhaus. Und trotz allem, was Frederik mir antat, hätte ich einen solchen Schritt – zu Mindest momentan – nicht noch ein Mal verkraften können. Jetzt war ich also wirklich ein seelisches Wrack. Mir war alles egal, auch, dass Frederik im Schrank meine Anti-Baby-Pillen aus P. fand und die Packung demonstrativ vor meinen Augen ins Spülbecken ausdrückte. Er bestand darauf, ich solle ihm einen Sohn gebären! Und nur einen Sohn! Mit einer Tochter bräuchte ich gar nicht erst nach Hause zu kommen! Ein Deernchen werde er nicht anerkennen!

Die anderen beiden Pillenpackungen fand Frederik glücklicherweise nicht. So musste ich heimlich damit verhüten. Wir besuchten auch seine Eltern. Diese Leute gefielen mir überhaupt nicht. Vom ersten Augenblick an nicht. Sie hatten sehr schlechte Manieren und schienen aus der untersten sozialen Klasse zu kommen. Alarich, der Vater, pichelte wie ein Gaul und ließ sich von Hedwig, seiner Frau, von Vorne bis Hinten bedienen. Hedwig war klapperdürr, wirkte total ausgemergelt und verlebt. Sie muss ehemals eine sehr schöne, begehrenswerte Frau gewesen sein – vor der Eheschließung! Nun aber sah sie aus wie ein wandelnder Leichnam. Sie schien mir gegenüber alles tausendmal besser zu wissen und war ziemlich autoritär und vorlaut. Auch gab es reichlich Tiere im Haus. Da war zunächst Donna, eine schwarze Dogge. Ihr Fell war mehr als ungepflegt. Seit dem Welpenalter hing sie auf einer mistigen alten Decke in einem halb dunklen, zugigen Gang hinter dem Haus an der Kette. Dann waren da zwei Kater, Chuck und Pepper. Chuck war kastriert, Pepper jedoch nicht. Die Beiden waren Zwillingsbrüder. Zu guter Letzt waren da noch Kessi und Minnie, die beiden Katzen. Zur Zeit waren sie Beide tragend – von Pepper!

Und wenn man von der Zahl des Nachwuchses in dieser Familie ausgeht, dann müssen Hedwig und Alarich ein mehr als lebhaftes Sexualleben gehabt haben. Die hatten Kinder wie die Orgelpfeifen. Bis auf Gerlinde, die Älteste, waren alle Anderen von Alarich. Alle Sieben!

Ich gehe sie mal der Reihe nach durch: Gerlinde war bereits verheiratet und hatte einen schulpflichtigen Sohn. Frederik, der Zweitälteste, war leider Gottes mein Lebensgefährte und der schlimmste Säufer vor dem Herrn. Mechthild war auch schon verheiratet und hatte eine kleine Tochter. Sie hinkte und war auch geistig nicht so ganz auf der Höhe. Ottokar habe ich nie kennengelernt. Er lebte in V. Axel war ein ziemlich eingebildeter Schrumpfkopf. Seine einzige Kunst bestand darin, ein Mädel zu schwängern – und es dann sitzen zu lassen! Antje war eine ziemlich linke und missratene Person. Sie war Frederiks Lieblingsschwester und meinte, mir permanent und bei jeder sich bietenden Gelegenheit nachspionieren zu müssen. Damian war eine von Grund auf brave und ehrliche Haut. Er gefiel mir aus dem ganzen Chaoten-Clan neben Gerlinde noch am Besten. Dagmar war das ärmste Glied in der Kette. Sie war geistig zurück geblieben, schlimmer noch als Mechthild. Sie war Siebzehn, benahm sich zeitweise wie ein Kleinkind – und hinkte ebenfalls!

Eigentlich wäre da noch eine weitere Tochter gewesen. Ich schlackerte buchstäblich mit den Ohren, als Hedwig mir erzählte, wie sie das Kind verlor und was dann geschah:

Das Ganze hatte sich Ende der Fünfziger Jahre abgespielt. Hedwig war im vierten Monat schwanger, war in der Küche gestanden und hatte gekocht Plötzlich hatte sie einen Unterleibskrampf bekommen und verlor Fruchtwasser. Sie hatte geistesgegenwärtig noch den Herd abgeschaltet, den Topf von der Kochplatte geschoben und war in die Knie gesackt. Als sie sich die Hose herunter riss, lag der Fötus auch schon in einer Blutlache auf dem Linoleum! Hedwig sah, dass es ein kleines Mädel war. Sie hatte sofort nach Alarich geschrien. Der kleine Frederik begriff noch gar nichts. Er hatte neben der stark blutenden Mutter gestanden und kreischte!

Alarich war angesaust gekommen und hatte das Dilemma gesehen. Er hatte Zeitungspapier geholt, den toten Fötus mit samt Nabelschnur und Plazenta darin eingewickelt und sich das Päckchen in die Manteltasche gestopft. Dann war er die ganze Strecke bis zur Klinik gerannt. Seine blutende Gattin und den brüllenden Sohn ließ er zurück! In der Klinik angekommen, hatte er das Päckchen aus der Manteltasche geholt, den Fötus aus dem Zeitungspapier gewickelt und die Ärzte inbrünstig angeschrien, sie sollen doch sein kleines Töchterchen retten! Man sagte ihm, für den Fötus könne man nichts mehr tun. Das Baby sei tot. Als man Alarich fragte, wo seine Frau sei, meinte er, sie sei zu Hause und ihr ginge es gut. Die Ärzte schüttelten ihn! Ob er denn ganz verrückt sei? Seine Gattin laufe Gefahr, zu verbluten! Ob ihm etwa an seiner lebenden Frau weniger läge als an einem tot geborenen Fötus?

Sofort war ein Krankenwagen losgeschickt worden, um Hedwig abzuholen! Eine echte Gnade für das Baby, dass es ungeboren blieb...

Diese Familie stand mir größtenteils noch eine Spur mehr im Hals als Frederik selbst. Wenn es eben ging, vermied ich all zu häufige Besuche. Dieser unmögliche Clan war mir ganz gewaltig zu ungehobelt!

Eines Tages musste Frederik würgen, krümmte sich und spuckte reichlich Blut. Er wollte mir weis machen, es sei Magenkrebs im vorletzten Stadium. Ihm blieben höchstens noch zwei Jahre!

Heute denke ich, dass es sich wohl eher um ein ausgewachsenes Magengeschwür gehandelt hatte, das aufgeplatzt war, denn Frederik hatte Erstens einen sehr gesegneten Appetit – und konnte Zweitens picheln wie ein Ketzer! Er nahm auch, wie es im Allgemeinen bei Krebs üblich ist, an Körpergewicht nicht ab, sondern eher zu. Damals aber glaubte ich ihm diese Magenkrebs-Schote. Na gut, dachte ich, dann würde ja wohl bald endlich Ruhe einkehren…

Also brutzelte ich weiterhin Frederiks heiß geliebte Hähnchenflügel, wenn er bis spät in die Nacht zechte und bis unter die Schädeldecke zugedröhnt angetorkelt kam. Ich ließ mich auch weiterhin wie eine Eselin benutzen und bis weit über die Schmerzgrenze demütigen, wenn ihm gerade wieder danach war. Ich stand weiterhin morgens um fünf Uhr auf und schmierte ihm seine Brötchen, wenn er zur Arbeit musste, fuhr mitten in der Nacht mit ihm zur Klinik, damit ihm sein gebrochener Finger geschient wurde, den er sich bei irgend einer Prügelei eingehandelt hatte. Fuhr sogar weiterhin mit ihm zu seiner Familie und machte gute Miene zum bösen Spiel, auch wenn mir tief im Innersten nach Knochenspucken zu Mute war. Ich hatte auch, wie schon gesagt, zu diesem Zeitpunkt ganz definitiv nicht mehr die psychische Kraft zu einer Trennung. Das war bereits pure Gefügigkeit. Frederik hatte es geschafft! Meine Batterien waren absolut leer; ich hatte einen tief greifenden Burn-out...

Als meine nächste Regel einsetzte, ließ ich es erneut zu, dass Frederik sich in widerlicher Weise in seiner Abartigkeit an mir verging. Er war wie ein Rüde im Blutrausch. Es war an Obszönität kaum noch zu überbieten. Mich überkam ein nie gekanntes, namenloses Grauen. Mein ganzer Leib zuckte und bebte vor Übelkeit und Schmerzen, tauchte ein in ein wogendes Meer aus dunklen Qualen. Ich biss dennnoch eisern die Zähne zusammen, konnte nur noch alles mit mir geschehen lassen, war traumatisiert und erschöpft bis zum Gehtnichtmehr…

Wir feierten in Gerlindes Partykeller sogar noch im großen Stil unsere Verlobung, mit Freunden und Verwandten von Frederiks Seite. Ich ließ es willenlos geschehen und hatte den Eindruck, jeden Augenblick an dem kalten Buffet zu ersticken...

Es ist ein fürchterliches Gefühl, wenn man laut schreien möchte – und es einfach nicht kann!

Diese innere Blockade verhinderte, dass ich mich in der Lage sah, einfach zu packen und in einer anderen Stadt ganz für mich alleine wieder neu zu beginnen. Alles Neue machte mir nun eine grauenhafte Angst. Ganz gleich, wohin es mich auch verschlug – es lief immer wieder auf ein erneutes Scheitern heraus! Ich fühlte mich wie eine Fliege im Spinnennetz, fand keinen Ausweg mehr, schaltete das gesunde Denken nur noch ab und funktionierte ganz nach Frederiks Wünschen. Es war einfach die erlernte Reaktion eines Menschen, dem in seinem Leben immer wieder Hoffnungen zerstört worden waren. Sollte sich Oma Josephinas trauriges Schicksal nun bei der Enkeltochter wiederholen? Wenn das alles so war, dann war es eben so...

So bald als möglich wollte Frederik unser mehr als unseliges Verhältnis legalisieren, mir den Namen »W.« geben – und schnellstens einen Sohn zeugen!

Eine Packung »Triquilar« hatte ich noch. Damit würde ich diesen Monat noch ohne Angst überstehen. Leider fand Frederik die Packung dann doch noch und warf sie fort. Er zerrte mich an den Haaren, brüllte mich zusammen. Irgend etwas in mir blitzte ganz kurz auf – für den Bruchteil einer Sekunde. Mein Selbstbewusstsein regte sich. Es war das erste Mal, dass mir die Hand ausrutschte!

Ich wurde auch noch ein zweites Mal handgreiflich. Das kam so:

Frederik wollte nachmittags noch in die Spelunke, wie üblich. Wir hatten ein Kilo Hähnchenflügel gekauft und die sollte ich abends braten. Ich fragte ihn, wann er wieder zurück sei, wegen des Essens. Er sagte, er sei um 20.15 Uhr wieder daheim Ich könne mich darauf verlassen. Sprach´s und verschwand. Ja, wenn man sich mal auf einen Frederik W. verließ!

Kurz vor 20.00 Uhr abends stellte ich also die Pfanne auf den Herd. Ein Kilo Hähnchenflügel zu brutzeln geht ja sehr schnell und ist kein großer Aufwand. Wenn Frederik um 20.15 Uhr heim käme, könnte er essen. Na gut, es wurde 20.15 Uhr und er kam nicht. Gut, dachte ich, er hat nicht auf die Uhr geschaut. Es wurde 20.45 Uhr. Okay, dachte ich, er hat sich fest geschnackt. Das kann vorkommen. Es wurde 21.30 Uhr. So ein Mist, dachte ich, er hat es wieder vergessen. Aber na gut, dann wird er sicher bald auftauchen. Ich kramte die Pfanne hervor und wärmte die mittlerweile längst kalt gewordenen Hähnchenflügel wieder auf. Es wurde 22.00 Uhr. Mittlerweile waren die Hähnchenflügel wieder kalt. Es wurde 23.30 Uhr. Erneut wärmte ich die Dinger auf. Um 23.50 Uhr war ich damit fertig. Es packte mich langsam die kalte Wut. Okay, dann sollte er halt eben Kohldampf schieben! Ich stellte die Pfanne auf den Tisch, legte Servietten bereit, stellte einen Teller für die Knöchelchen und eine Flasche Cola dazu und fing an zu futtern. Das ganze Kilo Hähnchenflügel mampfte ich in mich hinein! Nach dieser Fress-Aktion und einer Verdauungszigarette war es mittlerweile 00.30 Uhr. Ich stellte mich ans Becken, spülte den Kram weg, trocknete ab, packte alles fort und wischte den Tisch ab. Mittlerweile war es 01.10 Uhr. Oh warte, Frederikchen, dachte ich, du kriegst dein Fett weg…

Also ließ ich die Rolllade des Vorderfensters ganz fest hinunter, steckte von Innen den Schlüssel in die Türe und stellte eine Kerze auf den Tisch. Das Küchenfenster, das sich auf der Rückseite des Hauses befand, lehnte ich nur an. Es führte nämlich zum Hinterhof hinaus und wir wohnten ja parterre. Wenn Frederik von Außen nämlich kein Licht sah und der Schlüssel von Innen steckte, würde er denken, ich schliefe bereits. Dann würde er wohl versuchen, über den Hinterhof ins Küchenfenster zu steigen. Diese Masche kannte ich bereits von ihm. Na okay, an dieser Aktion meinerseits war ja eigentlich weiter auch nichts schlimm. Gut, die Rolllade war fest unten, der Schlüssel steckte von Innen, das Küchenfenster war nur angelehnt. Was war schon dabei? Im Grunde nichts, bis auf die Tatsache, dass ich in Wut war! Und eben darum stellte ich den Besenstiel neben den Kühlschrank. Frederik würde dieses Mal wirklich sein himmelfunkelblaues Wunder erleben! Wer sich zupicheln kann, der kann auch die Konsequenzen ertragen…

Um 02.10 Uhr blies ich die Kerze aus und hockte nun völlig im Dunkeln. Um meine Nerven für das nun unvermeidlich Kommende zu beruhigen, rauchte ich noch eine Zigarette. Das Einzige, was zu erkennen war, war das bisschen Mondlicht, das durch das Küchenfenster fiel. An Sonsten war es zappenduster!

So gegen 02.30 Uhr hörte ich, wie die Haustüre ging. Dann klapperte es leise an unserem Wohnungsschloss. Frederik fluchte zischend vor sich hin; seine Schritte klangen kaum vernehmlich durch den Hausflur in Richtung der rückwärtigen Seite. Dann wurde die Türe zum Hinterhof geöffnet. Ich schlich mich leise in die Küche, schnappte mir mit tattrigen Händen den Besenstiel und positionierte mich neben das Fenster. Selbiges wurde leise aufgeschoben. Die Silhouette meines Bräutigams schob sich durch das Fenster in die Küche. Ich hörte Frederikchen leise vor sich hin ächzen. Fallreep gefällig?

Meine Wut hatte sich so richtig heftig aufgestaut und sich nun in echte Rage verwandelt. Langsam hob ich die Arme mit dem Besenstiel an. Und kaum stand Leopold in der Küche, schlug ich gnadenlos und unbarmherzig zu!

Das »Corpus delicti« traf genau die Fontanelle! Frederik sackte laut brüllend an der Wand hinab!

Ich lief zum Lichtschalter und machte volle Festbeleuchtung! Mein Bräutigam hockte mit lang ausgestreckten, gegrätschten Beinen in der Küchenecke auf dem Boden, starrte mich von Unten hinauf aus der Froschperspektive total ungläubig an und hielt sich die blutende Schwarte!

Während ihm das Blut vom Gesicht tropfte, stammelte er nur verdattert: »Wencke… das hätte ich dir auf keinen Fall zugetraut!«

Ich stand mit gefletschten Zähnen vor ihm, das Prügelinstrument mit beiden Händen umklammert – wie ein Racheengel!

Und fauchte ihn an! »Ja, bist du etwa verrückt? Ich habe bereits geschlafen und an einen Einbrecher geglaubt! Das machst du nicht noch ein Mal! Schließlich ist jeder normale Mensch in der Lage, an die Türe zu klopfen!«

Frederik kam schwankend hoch, drehte den Hahn an der Spüle auf, hielt den Kopf unter das kalte Wasser und wickelte sich aus einem Handtuch einen Turban. Langsam drehte er sich um und fragte: »Hast du die Hähnchenflügel denn schon fertig?«

So eine Dreistigkeit – mir fiel nichts mehr ein! Dieser Trampel…

Nun begab ich mich ausnahmsweise ein Mal ganz tief hinunter auf sein Niveau, stellte mich ganz dicht vor ihn und rülpste ihm mit einem lang gezogenen, laut blökenden Geräusch demonstrativ und herausfordernd ins Gesicht!

»Was?«, fragte Frederik ungläubig, »Du hast doch nicht etwa das ganze Kilogramm verputzt?«

»Oh ja!«, nickte ich, »Das ganze Kilogramm! Denn nach zweimaligem Aufwärmen habe ich es nicht verkommen lassen wollen! Aber es hat doch noch sehr gut geschmeckt!«

Frederik starrte mich an wie ein Gespenst! »Aber was soll ich denn jetzt essen?«, meuterte er, »Ich habe Hunger!« Seine Fahne stank sieben Meilen gegen den Wind…

Ich zuckte nur gleichgültig mit den Schultern und sagte ihm: »Na, dann halte dich halt an abgemachte Zeiten. Du kannst mich nicht über sechs Stunden mit dem Essen hängen lassen und dann noch verlangen, dass ich dir noch einen crossen, heißen Mitternachts-Imbiss serviere. Wenn du sagst, du bist um 20.15 Uhr daheim, dann heißt das auch, dass du um 20.15 Uhr daheim zu sein hast! Ich gehöre nicht zu der Sorte

Frau, die nachts auf Pfiff aus dem Bett in die Küche springt, damit der gnädige Herr sich den Wanst voll schlagen kann. Wenn du Kohldampf hast: Im Abfalleimer sind noch eine Hand voll Knöchelchen. An Sonsten steht im Hinterhof noch Blumenkübel, die er leer putzen kannst! Oder schmier´ dir gefälligst ein Butterbrot! Ich jedenfalls gehe jetzt wieder ins Bett…«

Frederik maulte: »Das kann sich meine Mutter bei meinem Vater so nicht erlauben!«

Ich antwortete ihm: »Falls dir das noch nicht aufgefallen sein sollte – ich bin auch nicht deine Mutter!« Dann ging ich zu Bett…

Tatsächlich wurde Frederik von dieser Nacht an pünktlicher!

Wenn er von der Arbeit kam, ging es erst heim zum Essen. Wenn er in der Kneipe saß, kam er, genau nach Absprache, nach Hause. Er brachte jetzt auch lieber seine Freunde mit zu uns, als dass er bei ihnen herum hing.

So lief er wenigstens nicht Gefahr, wieder mit irgendwelchen »Attacken« seiner jungen Braut konfrontiert zu werden...

An ein halbwegs friedliches Leben denkend, wollte ich schon aufatmen, doch es kam anders! Frederik hatte nie einen Mietvertrag unterschrieben und ich erfuhr, dass er den Wirtsleuten schon Monate lang keine Miete mehr gezahlt hatte!

Mitten in der Nacht setzten die Leute uns vor die Türe! Die Katzen durften wir in eine Reisetasche packen und mitnehmen, aber unsere restlichen Klamotten bekämen wir erst, wenn Frederik die Mietschulden begleichen würde. Dennoch gelang es mir, meinen Recorder, einige Cassetten, meine Papiere und Einiges von meiner Kleidung mit hinaus zu schmuggeln.

Wäre ich clever gewesen und hätte richtig geschaltet, hätte ich auf der Stelle die Polizei verständigt. Die Wirtsleute hätten mir meine persönlichen Dinge nämlich heraus geben müssen! Ich wäre hinüber zum Frauenhaus gegangen, hätte dort den Rest der Nacht verbracht und mich am kommenden Tag in ein anderes Frauenhaus versetzen lassen. Somit wäre ich diesen Saufmolch von Bräutigam auch gleich los gewesen; das Kapitel wäre geschlossen! Aber auf diese glorreiche Idee kam ich in diesem Moment nicht. Es kam alles so plötzlich und absolut unvermutet für mich! Total unter Schock stand ich zitternd neben Frederik auf der spätabendlichen Straße, mit der Katzentasche, der Futtertasche mit meinen paar Habseligkeiten, meinen Papieren unter dem Shirt und meiner Puppe unter der Jacke! Ich zitterte im Schock unkontrolliert wie Espenlaub!

Frederik rief ein Taxi und wir fuhren mitten in der Nacht zum Fachwerkhaus seiner Eltern. Sie nahmen uns ohne Probleme auf. Wir bezogen dort eines der oberen Kämmerchen. Damian schlief mit in dem selben Raum. Bei all den Tieren kamen Tiffy und Paul eben auch noch mit hinein in das ganze unmögliche und wilde Tohuwabohu! Außer Damian lebten noch Antje, Axel und die geistig zurück gebliebene Dagmar mit im Haus. Das hieß, wir waren nun acht Personen. Von nun an stand ich unter der Fuchtel und dem Gängelband von Hedwig – lebte ständig im Schatten der Familie W.!

Auf was für einer Hacienda war ich nun gelandet?

Ich war nun keine einzige Sekunde mehr allein; um mich herum ging es permanent zu wie auf einem Transit-Bahnhof!

Was mich allerdings mehr als wunderte: Hedwig schlief in der Wohnküche auf der Pritsche – während Dagmar neben ihrem Vater im Ehebett ihren Platz hatte! Was mochte da laufen oder nicht laufen? Was spielte sich in diesem Hause ab? Ich wusste es nicht. Auch nicht, wieso Hedwig sich das gefallen ließ. Die Frau wurde mir immer unheimlicher. Als sie mal Einen von Alarichs Blaumännern nähen wollte, nahm sie dazu einen weißen Zwirnfaden und eine Schwammtube mit schwarzer Schuhwichse. Sie zog mit einer Nadel den Faden durch den Schwamm, um ihn schwarz zu färben. Auf meine Frage, warum sie nicht gleich dunklen Zwirn nehme, antwortete Hedwig: »Es ist kein dunkler Zwirn im Hause. Ich kann das Geld nicht sinnlos verplempern.«

Auf die Idee, dass der schwarz gewichste Faden an der Naht bei der ersten Wäsche abgeben würde, kam sie gar nicht erst. Nein, sie strahlte mich sogar noch an und sagte: »Siehst du, mein Deernchen – du kannst noch eine ganze Menge von mir lernen!«

Ha – wegen eines blöden Röllchens Zwirn! Um einige wenige Groschen einzusparen, lief sie lieber mit schwarz gewichsten Fingern durch die Gegend!

Die Frau schien doch echt an ausgeprägter Gehirnmauke zu leiden…

Hedwig besorgte mir auch eine Putzstelle in einer Schule. Sie selbst und Damian gingen ebenfalls dort putzen. Also kam ich nun auch in das Team. An Sonsten spannte Hedwig mich mehr als gehörig in die Hausarbeit ein. Von nun an musste ich mich zu mindestens 70 % an diesem großen Acht-Personen-Haushalt beteiligen!

Und so sah ab sofort mein Tagesplan in Stunden gesehen aus: 06.30 Uhr morgens: aufstehen, anziehen und Brötchen holen gehen. Zurück ins Bett; eine Stunde erzwungenen Geschlechtsakt. 8.00 Uhr morgens: Kaffee kochen und für die gesamte Bagage den Tisch decken. Dann die Haustiere abfertigen. 9.00 Uhr morgens: Die ganze Brigade wecken. Dann Frühstück. 10.00-12.00 Uhr vormittags: Abwasch machen und Wohnung putzen, dann Mittagessen vorbereiten. 13.00-15.00 Uhr nachmittags: Zum Dienst. 16.00 Uhr nachmittags: Verspätetes Mittagessen, dann einen Kubikmeter Wäsche bügeln und Kaffee kochen. Beim Abwasch helfen. 18.00 Uhr abends: Abendbrot vorbereiten und den Tisch decken. 19.00 Uhr abends: Abwasch vom Abendbrot weg spülen und die Haustiere abfertigen. 20.30 Uhr abends: Pflichtprogramm: Mindestens noch 2-3 Videofilme mit Familie Waldner anschauen. 02.00 Uhr nachts: Frederiks Hengstlaune ertragen.

Viereinhalb Stunden schlafen – und der Reigen begann von Vorne...

Meistens lief es so ziemlich nach dem gleichen Schema ab. Hobbies? Das konnte ich vergessen. Wie gerne hätte ich mir mal Wolle gekauft und einen Pullover gestrickt! Oder mal an einer Tischdecke gehäkelt! Wie gerne hätte ich mal ein, zwei Mußestunden ganz für mich gehabt! Antje dagegen sah ich nie irgend etwas im Haushalt schaffen – und sie war die Tochter des Hauses und auch in meinem Alter...

Frederik war es in der Zwischenzeit mit großem Erfolg gelungen, seinen Job zu verlieren! Er hatte wohl früh morgens einen Kollegen angepöbelt und dem Vorarbeiter fiel auf, dass Frederik sturzhacke war – um nicht zu sagen: er war besoffen wie ein Wasserbüffel! Er durfte auf der Stelle gehen! Es schien ihm noch nicht mal das Geringste auszumachen. Wozu sollte er denn auch arbeiten gehen, wo er doch die fügsame, stille, emsige und fleißige Wencke hatte, die Kohle heran schaffte? Und sogar im Bett hielt ich still! Praktischer ging es doch quasi gar nicht mehr…

Mein Leben schien durch den alltäglichen und hektischen Trott in diesem schwirrenden Bienenstock buchstäblich im Sande zu versickern. Ich war geistig wie paralysiert, stand in manchen Momenten kurz vor einer Paranoia – oder vor der Katharsis! Über Kurz oder Lang würde irgend etwas kommen. Ich konnte nur abwarten…

Hin und wieder – in winzig kleinen Augenblicken – wagte mein Bewusstsein ganz kurze, zaghafte Vorstöße in die Realität. So bald dies geschah, begab ich mich nach Oben, um meine paar Habseligkeiten zu packen. Was für ein Schicksal mich in dieser Familie auf lange Sicht erwartete, leuchtete mir ein. Ich würde – genau wie Oma Josephina, Tante Waltraud oder Hedwig – in einem extremen Zeitraffertempo altern, weit vor meiner eigentlichen Zeit. Mit Mitte Vierzig wäre mein Gesicht voller Runzeln und Falten. Umgeben von harter Arbeit, etlichen kreischenden Kindern und einem ständig brüllenden und prügelnden, notorisch dauerpichelnden, faulen und grottensturzbetrunkenen Ehemann, der mein Leben zur Hölle werden ließ, mich buchstäblich zu Schrott prügelte und meinen Körper Nacht für Nacht in bizarrer Weise missbrauchte – um mir das nächste Kind in den geschundenen Leib zu schieben! Mit Mitte bis Ende Dreißig sei ich vermutlich schwer krank und fast verbraucht! Gefangen zwischen der besserwisserischen, schnatternden Schwiegermutter, verräterischer Schwägerin, Haushalt, Milchflaschen, Babybrei, endloser Hausarbeit, dem Anblick von Tierquälereien, Beschimpfungen und gebeutelt durch still erduldete, permanente Vergewaltigungen würde ich wie ein Automat funktionieren und ständig um die Familie kreiseln – bis zum endgültigen Zusammenbruch!

Ich sah meine Zukunft plastisch vor mir. Keine Sekunde länger hielt ich diesen namenlosen Horror noch aus – hier und jetzt würde ich gehen! Auf der Stelle! Doch kaum war ich in unserer Kammer, um mein Vorhaben auszuführen, zog sich mein innerer Schweinehund in extremer Panik zurück – der Augenblick der Selbstüberwindung war vorbei! Mir grauste entsetzlich vor dem Mut der eigenen Courage! Vor Erschöpfung am ganzen Leibe bebend ging ich automatisch wieder an die Arbeit…

Meine lautlosen, stummen Schreie verhallten ungehört in einem endlos langen, hohlen und dunklen Korridor. Mein Innerstes schien in einem Meer aus grauen Wogen zu versinken. Rings um meinen Geist baute sich eine unsichtbare Mauer auf; mein Selbst hüllte sich in einen Kokon, umgab sich mit einem Schutzpanzer. Zeit zum Nachdenken blieb mir praktisch keine mehr. Wie eine Marionette hing ich an den Fäden der Familie W. Gefangen in einem endlosen Labyrinth, fand ich den Ausgang nicht mehr. Es gab keinen rettenden Anker. Das Hier und Jetzt bestand aus einem brodelnden Hexenkessel. Meine täglichen Aufgaben erledigte ich mehr oder weniger halb im Tran, existierte in einem Gefühl der grenzenlosen Ohnmacht, fühlte mich permanent wie von einem Achtzig-Tonner überrollt. Mein momentanes Leben war die Blutgrätsche. Ich fühlte mich wie ein Hamster im Rad. An manchen Tagen meinte ich, unter der körperlichen und seelischen Last jeden Augenblick zusammen zu brechen. Ständig schwirrte die Familie um mich herum. Verließ ich ein Mal kurz das Haus, wurde ich stets von Antje oder Hedwig flankiert – wahrscheinlich, um zu verhindern, dass ich türmen ging!

Nacht für Nacht erlitt ich unbeschreibliche Torturen. Meine Stimme war versagt, meine Lippen wie verklammert. Der Schädel schien wie mit Watte gefüllt; ich lebte in einem seelischen Vakuum, wollte gar nicht mehr wissen, dass es woanders – außerhalb dieses Clans – noch eine andere Welt gab. Jegliches Zeitgefühl war mir abhanden gekommen. Nachts ließ ich mich von Frederik benutzen, ging fast willenlos auf seine perversen und abartigen Sexspiele ein. Desto mehr ich mich fügte, desto eher war es zu Ende. Es war nur noch das reinste Gewürge. Ich war mittlerweile viel zu down, um auf die Idee zu kommen, meinem Schicksal eine neue Wendung zu geben. Nachdenken war jetzt ganz und gar nicht mehr mein Ding, noch weniger als zu früheren Zeiten. Also fügte ich mich. Ich schleppte, putzte, bügelte, kochte, fegte, wischte, scheuerte, schrubbte, wienerte, gehorchte und poppte mich buchstäblich durch die Tage und Nächte, hatte das Gefühl, der Tag habe weit mehr als zweiundsiebzig Stunden!

Wie tief war ich eigentlich gesunken?

Nun, auf jeden Fall noch nicht annähernd so tief wie Hedwig. Ihr Verhalten war ganz extrem. Wenn Alarich von der Arbeit kam, pflanzte er sich gleich in den Sessel. Sofort kam die unterwürfige Gattin angetanzt, zog ihm das verschwitzte Oberhemd aus und holte einen Waschlappen und eine Schale Wasser. Alarich streckte die Arme nach Oben und Hedwig wusch ihm den Oberkörper. Dann zog sie ihm die Schuhe und Socken aus und wusch ihm die Füße. Sie hatte eine Dose Efasit-Pulver, mit dem sie ihm die Zehen puderte. Zu guter Letzt brachte sie ihm seine Pantoffeln und setzte ihrem heiligen Mufti das Essen vor!

Außerdem war Alarich ein großer Fußball-Maniac. Ganz besonders, was die Heim-Mannschaften anging. Wenn M. gewann, zog er seine Frau am helllichten Tage nach Nebenan ins Schlafzimmer. Kamen sie dann wieder, hatten Hedwigs Augen einen fast überirdischen, verklärten Glanz! Verlor M. jedoch, brach er einen Ehestreit vom Zaun und jagte seine Gattin tretend und prügelnd durch das ganze Haus!

Ich nannte das insgeheim: »Poppen oder Kloppen«!

Mich aber schien Alarich wirklich zu mögen. Er schob mir oft seinen Salatteller rüber und sagte, ich solle mich ruhig mit bedienen. Oder ich solle mir ein Stück von seinem Schnitzel nehmen, damit ich bei Kräften bliebe. Kein anderes Familienmitglied hätte es je gewagt, sich von Alarichs Teller zu bedienen! Nicht ein Mal im Scherz!

Eines Nachmittags saßen wir zusammen am Kaffeetisch. Frederik befahl mir, ich solle seine Tasse neu füllen. Ich gab ihm zur Antwort: »Bedien´ dich selbst; die Kanne steht ja unmittelbar vor deiner Nase.« Frederik pflaumte: »Du aufmüpfige, faule Henne!« Und das reichte schon. Alarich sprang aus dem Sessel hoch, holte aus und verpasste seinem erstgeborenen Sohn so richtig schwungvoll eine schallende Backpfeife. Um ein Haar wäre Frederik mit samt Stuhl umgekippt! Heissassa, wie mich dieser Anblick erfreute! Carpe diem – genieße den Tag…

Und trotzdem ich mich fragte, in was für eine Sippe ich da wohl hinein geraten war, so war ich doch wirklich so manches Mal echt dankbar für die Anwesenheit des Familienmuftis!

Kessy und Minnie hatten mittlerweile auch die Geburt hinter sich, aber die sechs Katzenwelpen durften nicht leben. Frederik trug die winzigen Geschöpfchen in den Garten und nahm ihnen das Dasein. Als er zurück kam, waren seine Hände blutig. Ich hatte keine Tränen mehr und schuftete wie ein Roboter weiter...

Glücklicherweise hatte ich wenigstens in Damian einen engen Verbündeten. Wir verstanden uns sehr gut. Wir putzten, wie bereits erwähnt, gemeinsam in der Schule. Hedwig durfte nicht mehr putzen, Alarich hatte es ihr verboten. Er war der Meinung, sie solle mehr im Haushalt tun, statt fast alles nur mir zu überlassen!

Also putzten Damian und ich jetzt gemeinsam die Klassenzimmer und Treppenhäuser. Nach Feierabend teilten wir uns im Putzraum schon mal ein »Milky Way« und eine Cola. Damian stank es auch daheim alles ganz gewaltig. Oftmals half er mir bei der Hausarbeit. Im Putzraum sprach er auch mal davon, dass er am Liebsten los ziehen würde, um eine eigene kleine Wohnung zu suchen. Dann wolle er mich auch aus der Familie weg und zu sich holen. Aber leider hatte er selbst kein Geld, um sein Vorhaben in die Tat umzusetzen. Er wolle jetzt aber zusehen, eine gut bezahlte Arbeit zu bekommen. Wenn er etwas Kohle zusammen hätte, wolle er mich von Frederik weg holen. Ich sagte Damian, dass mir sein ältester Bruder schon lange zum Ekel geworden sei. Er nickte nur traurig. Zur Zeit waren uns Beiden aber die Hände gebunden. Damian finanziell und mir finanziell und seelisch. Wir mussten unser gesamtes Geld an Hedwig abtreten. Wie sollten wir aus dieser Misere heraus kommen? Im Moment war das undenkbar. Damian wurde nie direkt, aber was er von sich gab, war ganz eindeutig eine unausgesprochene Liebeserklärung!

Er wurde daheim ja ebenfalls wie der letzte Hund behandelt. Ich sah es doch jeden Tag. Unsere Situation schweißte uns natürlich eng zusammen...

Eines Tages, Ende September, fuhren wir nach Feierabend wie gewöhnlich mit dem Bus zurück. Damian hatte einen Arm um meine Schulter gelegt, ganz liebevoll und in allen Ehren. Wir stiegen zwei Haltestellen eher aus, um noch etwas reden zu können. Aber irgend ein Bekannter (oder ein Mitglied der Familie) hatte uns im Bus wohl beobachtet und uns schnell mal eben bei der Familie verpfiffen. Dieser Jemand muss uns gekannt haben, aber wir hatten ihn wohl nicht bemerkt. Rückwirkend habe ich Antje ganz stark in Verdacht. Genau so etwas hätte nämlich exakt zu ihr gepasst. Als Damian und ich nach Hause kamen, war jedenfalls plötzlich der Teufel los! Frederik schoss hoch – kaum, dass wir zur Türe herein waren – und packte sich seinen jüngeren Bruder am Fraß!

»Wie – du hast Wencke im Arm gehalten?«, trompetete er lautstark, »Du hast deine dreckigen Griffel gefälligst von ihr zu lassen! Es gibt was auf's Zifferblatt! Von wegen, hier die künftige Schwägerin anbaggern! Du altes Frettchen!«

Frederik verpasste seinem Bruder eine ziemlich deftige Maulschelle!

Damian, nicht feige, prügelte zurück und schmetterte Frederik seine Gefühle für mich ins Gesicht! »Ja, großer Bruder, ich habe Wencke im Arm gehalten! Weil ich sie – ganz im Gegensatz zu dir – nämlich wirklich aufrichtig liebe! Und oh ja, ich habe sie bereits mehr als nur ein Mal im Arm gehalten! Und ich werde dir Wencke fort nehmen! Du elender Nichtsnutz! Es ist eine einfach kotzhafte Sauerei, wie du das arme Deernchen behandelst! Du dreckiger Rüpel!«

Die beiden ungleichen Brüder hatten sich gegenseitig am Wickel und stürmten keifend, zähnefletschend und polternd hinaus auf den Hinterhof, wo die Prügelei gründlich und gediegen weiter ging – aber volle Power!

Es rumste, klatschte und knallte. Jetzt flogen zwischen den Brüdern so richtig die Fetzen – zwei Zyklone tobten! Es war einfach verheerend. Die derbsten Kraftausdrücke, die von beiden Seiten fielen, möchte ich hier nicht wiedergeben...

Hedwig machte mir unterdessen den unglaublichen Vorschlag, doch erst mal zurück ins Frauenhaus zu gehen, zu Mindest, bis ich mich entschieden hätte, ob ich nun lieber mit Frederik oder mit Damian leben wolle. »So bald du eine Entscheidung getroffen hast, kannst du ja wiederkommen!«

Tief in meinem Inneren begann es zu brodeln. Ein plötzliches, ungeahntes Kraftfeld baute sich in mir auf. Nun schwoll mir endgültig der Hahnenkamm!

Wenn ich diesen Moment der eigenen Courage jetzt nutzlos verstreichen ließe, würde ich vielleicht für immer schweigen – und lebenslänglich in diesem Clan untergehen!

Auch, wenn ich mich damit eventuell selbst in Zugzwang brachte, durfte ich sie dieses Spiel unter gar keinen Umständen gewinnen lassen. Selbst, wenn es jetzt brenzlig wurde; es war meine vielleicht einzige Chance. Verdammte Hacke – ich musste aus diesem gottverdammten Hexenkessel raus!

Wenn sie dich jetzt über die Reling wirft – ja und? Fängst du halt woanders neu an, hast dafür aber den Vergewaltiger und Katzenkiller endlich vom Hals! Überwinde dich, Mädelchen! Zeig´Courage! Lass´ es endlich raus – Jetzt!

Ich holte tief Luft und fauchte Hedwig an: »Was stellst du dir eigentlich unter einem Frauenhaus vor? Was ist das jetzt für ein geschwollener Schiet? Bist du etwa in dem Glauben, es macht Ulk, in einem Frauenschutzhaus zu leben?«

Hedwigs Augen wurden groß wie Untertassen! Entsetzt starrte sie mich an!

»Wenn du genug von mir hast«, zischte ich ihr entgegen, »sag´ es mir hier und jetzt ins Gesicht! Dann werde ich auf der Stelle gehen – und zwar endgültig!«

Hedwig starrte mich noch immer völlig entgeistert an! »Deernchen…«, schnappte sie entsetzt, »was ist denn in dich gefahren…?«

Doch ich hatte mich mittlerweile in Rage geredet und kam so richtig herrlich in Fahrt! Jetzt entlud sich mit einem Schlag ein heftiges, knallendes Donnerwetter!

»Obendrein«, fletschte ich, »bist es ja wohl eher du, die das Frauenhaus nötig hat! Du lässt dir von Alarich schon seit Jahrzehnten viel zu Viel gefallen. Kann er sich – zum Donnerkeil – nicht selbst waschen? Du pennst wie eine Hündin in der Wohnküche auf der Pritsche und lässt dich nach Strich und Faden vermöbeln und verplätten! Wir leben doch nicht mehr im finstersten Mittelalter! Aus welchem Universum kommst du? Bist du denn nur geboren, um zu ertragen? Nee, nicht mit mir! Du sagst mir laufend, dass ich, wolle ich den Namen »W.« tragen, eine Menge erdulden lernen müsse. Ich habe mit Frederik bereits viel zu Viel erduldet. Wie lange soll ich mich denn noch, wenn er in entsprechender Stimmung ist, von deinem Ältesten vergewaltigen lassen? Vielleicht, bis es nach der siebten oder achten Geburt zu einem Blutsturz kommt? Wie lange soll ich mich noch keulen und schrotten lassen? Bis ich eine Invalidin bin und an Krücken gehe? Wie lange soll ich noch tatenlos zuschauen, wie er winzige Katzenbabies killt? Wie lange soll ich mich noch von deinem Ältesten als frigide titulieren lassen, nur, weil ich nicht länger auf seine abartigen, allnächtlichen Gelüste eingehen will? Wie lange muss ich denn noch Nacht für Nacht für deinen Günstling herhalten? Pfui Deibel! Ich komme mir schon regelrecht vor wie eine ungarische Hafermastgans! Gestopft – nicht geliebt!

Mir bleiben pro Nacht nur knapp viereinhalb Stunden Schlaf. Meinst du etwa, das ist ausreichend für einen sehr hart arbeitenden Menschen?

Ich muss mich mittlerweile selbst mit Gewalt in die Nachtruhe knüppeln, weil ich vor permanentem Dauerstress nicht mehr durchschlafen kann. Schon vormittags zittern meine Beine vor Müdigkeit und Erschöpfung. Zum Donnerkeil – ich bin groggy! Was du selber machst, ist mir – verflixt noch mal – aber so was von egal! Ich aber habe keine Lust darauf, spätestens mit Dreißig wie eine Mumie auszusehen – und, von zahlreichen Geburten durchgebeutelt, irgendwann buchstäblich aus dem Rucksack zu fressen! Ich kann nicht mehr! Wenn du vor deinem Mufti auf dem Zahnfleisch kriechen willst, ist das verdammt noch mal dein Ding. Meines jedenfalls nicht! Und überhaupt – wieso darf ich mich nicht mehr schminken? Was ist mit eigenen Interessen und Hobbies? Meine ganzen Kosmetika sind ja noch bei Frederik in der alten Kajüte – und ich komme nicht ran! Es ist schließlich nicht meine Schuld, dass dieser Trampel dort raus geflogen ist. Er hat ja bereits vor unserem Kennenlernen Mietschulden gehabt – und mir nie etwas davon gesagt! Und Frederik hat bestimmt, seine zukünftige Frau hat sich nicht zu schminken! Das wird sich von nun an aber gewaltig ändern! Gleich vom nächsten Putzlohn werde ich mir neue Kosmetika zulegen und das Verlorene ersetzen. Außerdem Strickgarn und Nadeln. Zur harten Arbeit gehört nun ein Mal auch ein gewisser Ausgleich. Du wirst nicht einen roten Heller in die Finger bekommen! Schließlich nehme ich dir ja bereits weit über die Hälfte des gesamten Haushaltes ab. Somit sind Kost und Logis in mehr als ausreichendem Maße abgearbeitet. Ich rackere und lebe ja nur noch wie eine Schindmähre für die Familie! Pflichten, Pflichten und nochmals Pflichten! Meine Akkus sind leer! Frederik wird sich mir gegenüber mit seinem mehr als rüpelhaften Gehabe um 180 Grad drehen müssen. Er weiß, was ich meine. Picheln, Sex und Faulenzen! Brot kann schimmeln, Fleisch kann gammeln – und was kann Frederik? All zu lange Zeit zum Nachdenken hat er nicht, denn Damian ist mir absolut nicht mehr völlig gleichgültig. Das kannst du deinem ältesten Heißsporn stecken. Ich habe die Nase so was von restlos gestrichen und hochachtungsrandvoll! Ich bin kein von Männern und der Familie beherrschtes Gulasch auf Beinen. Das habe ich lange genug mitgemacht. Im Gegensatz zu dir begebe ich mich nicht mehr in völlige Abhängigkeit zu einem Kerl – und in absolute Fremdbestimmung! Ich lasse mich nicht mehr länger vermurksen! Jetzt weht ein völlig anderer Wind! Es ist Schluss mit Lustig! Ganz im Übrigen gehe ich heute früh zu Bett und schlafe mich wirklich mal richtig gescheit aus – und zwar Alleine! Basta!«

Ich holte tief Luft, steckte mir mit zitternden Händen eine Zigarette an, setzte mich und wartete auf Hedwigs Reaktion auf meinen plötzlichen Ausbruch – sie blieb aus! Damian und Frederik waren mittlerweile auch wieder in der Stube und hatten zugehört. Ich hatte mich so dermaßen in Fahrt geschimpft, dass ich ihr Kommen gar nicht mitbekommen hatte. An diesem Abend durfte Hedwig das Abendbrot machen. Ich trank in aller Ruhe eine Tasse Kaffee und genoss die Feierabendzigarette. Damian zwinkerte mir lächelnd zu, Frederik schmollte vor sich hin und schwieg. Beide sahen sie lecker aus, wie zwei halb gerupfte Kampfhähne!

Gott sei Dank hatte Alarich diese Aufführung nicht mitbekommen; er war beim Fußball. So konnte sich meine gesamte angestaute Wut und meine Verzweiflung endlich ein Mal entladen. Ich hatte in der Tat eine ganze Menge Dampf abgelassen –und das nicht zu knapp! Wencke heißt nicht rein zufällig »die Wehrhafte«!

Ja – Wencke hatte sich gewehrt! Zwar sehr spät, aber besser als nie. Aller Wahrscheinlichkeit nach hatte ich mit diesem Ausbruch eventuell sogar ganz bewusst einen Rauswurf und somit den Kurs in die Freiheit provozieren wollen!

Hedwig blieb ganz ruhig und friedlich. Ihr Erstaunen hatte ihr wohl die Lippen versiegelt! Dass sie etwas ganz Anderes plante, kam mir noch nicht in den Sinn…

Übrigens sprach Frederik für den Rest des Abends kein einziges Wort mehr mit mir. Ich unterhielt mich bei Tisch ausschließlich mit Damian. Und das sehr gut! Nach dem Abendbrot machten Damian und ich gemeinsam den Abwasch und schnackten und lachten weiter. Frederik schoss mit seinen Blicken giftige Pfeile auf uns ab. Die Eifersucht schoss ihm fast zu den Nüstern heraus!

Er war reichlich angefressen und stinkig. Na und? Was juckte es mich? Um 22.00 Uhr zog ich mich zurück in Antjes Kammer. Antje schlief ohnehin zur Zeit bei Mechthild, der älteren Schwester. Also konnte ihr das egal sein. Ich schloss sogar die Türe von Innen ab…

Nur fort!

Auch am nächsten Morgen schwieg Frederik eisig. Er hatte in der Nacht kein Sexobjekt gehabt und musste in der Frühe selbst Brötchen holen. Wahrscheinlich war der gnädige Herr unausgeschlafen und hatte einen ganz gepflegten Samenstau. Daran war Seine Lordschaft nicht gewöhnt!

Alarich war schon fort zur Arbeit und Alex bei einem Kumpel. Frederik, Hedwig, Damian und ich frühstückten. Dagmar war bereits zur Sonderschule. Nach dem Frühstück musste Hedwig einkaufen. Kurz bevor sie ging, fragte sie mich in ungewohnt freundlichem Ton, ob ich gleich eben noch die Küche durchfegen und wischen könne. Gut, dachte ich, wenn sie einen freundlichen und zivilisierten Ton anschlägt, bist du auch kooperativ. Ich nickte und sagte, klar werde ich das machen. Als Hedwig fort war, machten Damian und ich uns gemeinsam an den Abwasch. Dann fegte ich und holte einen Eimer heißes Seifenwasser, einen Aufnehmer und den Schrubber. Damian fertigte die Haustiere ab. Frederik hockte am Tisch und belauerte uns zähnefletschend und mit wilden, böse funkelnden, braunen Argusaugen!

Ich packte die Stühle auf den Tisch, fegte und wischte die Küche. Frederik nahm sogar seine Füße hoch, damit ich unter ihm her wischen konnte! Welche Nettigkeit! Während Damian die Stühle wieder herunter stellte, machte ich Eimer und Aufnehmer sauber. Dann putzte ich Salat, pellte und würfelte Zwiebeln, schnitt Tomaten und schälte Kartoffeln. Damian machte das Dressing und setzte frischen Kaffee auf. Frederik sah uns zu und schwieg und schwieg...

Mittlerweile war es an der Zeit, mit Damian zum Dienst zu fahren. Wir machten uns auf den Weg, taten unsere Pflicht, plauderten noch ein Wenig, teilten uns eine Cola und fuhren zurück. Frederik saß am Tisch und löste Kreuzworträtsel. Hedwig kam auf mich zu und fragte, ob ich nicht heute morgen die Küche gewischt haben wolle. Ich gab ihr zur Antwort, klar, das sei geschehen. Hedwig sagte: »Nee, mein Deern – nichts ist geschehen!«

Irgendwie witterte ich eine Falle. Dennnoch blieb ich ruhig, nickte zu Frederik hinüber und sagte Hedwig, sie solle doch ihren ältesten Sohn fragen; er sei dabei gesessen. Hedwig sah zu Frederik rüber. Der glotzte nur blöde von seinem Rätsel auf und bemerkte, tja, er sei zwar den ganzen Morgen in der Küche gewesen – aber es sei nicht gewischt worden!

Aha, Wencke, schoss es mir durch den Kopf, so läuft der Hase! Du funktionierst und gehorchst nicht mehr auf's Wort! Du entwickelst ihnen nun plötzlich zu viel Selbstbewusstsein, lässt nicht mehr alles kampflos mit dir geschehen, bist nicht hausbacken und untergeordnet genug! Hedwig will dich los werden! Du passt nicht zu ihrem Sohn, kannst Leine ziehen! Eine kriegerische Amazone, die die Autorität der künftigen Schwiegermutter untergräbt, kann sie in der Familie unter gar keinen Umständen gebrauchen! Sie will, dass du freiwillig gehst! Dieser alte, hinterhältige Drache ist verdammt mit allen Wassern gewaschen!

Gerissen, gerissen… ganz schön gerissen…

Damian rief aus dem Nebenraum: »Doch, sie hat gewischt!«

Frederik grinste gemein zu mir rüber und blieb bei seiner Meinung: »Nee, sie hat nicht gewischt! Diese faule Henne und tut hier doch keinen Handschlag mehr! Selbst die Kartoffeln hat sie mich schälen lassen!«

In genau diesem Moment kam bei mir der große Kick! Ich würde heute genau das tun, was ich bereits schon vor Wochen hätte tun sollen. Jetzt war es so weit. Der Schock löste sich wie mit einem Paukenschlag. Mein innerer Schweinehund war wieder erwacht!

So ruhig und beherrscht als möglich erhob ich mich, verließ die Küche und ging nach Oben. Dort nahm ich mir eine große Plastiktüte, griff nach meinen Habseligkeiten und stopfte die Sachen hektisch hinein. Dann ging ich mit der Tüte in gemessenem Schritt nach Unten und stellte sie hinter der Haustüre im Korridor ganz leise ab. In dieser Familie konnte ich nicht in Frieden leben. Mit Frederik erst recht nicht. Ich tat nur, was getan werden musste. Dieses jähe Ende war unvermeidlich. Gelassen betrat ich die Küche wieder, steckte mir eine Zigarette an und trank sogar in aller Seelenruhe noch einen Kaffee. Sie will, dass du gehst? Das kann sie haben!

In meinem Schädel hämmerte nur noch ein Gedanke: Wenn du jetzt gleich aus der Haustüre trittst, gibt es endgültig kein Zurück mehr. Frederik und seine verlotterte Horde zerebral Minderbemittelter werden dich nie mehr im Leben wiedersehen. Schade nur um Damian! Wie dem auch sei, du wirst ganz still und leise ohne Abschied gehen, ohne die geringsten Spuren zu hinterlassen. Sieh´ zu, dass du Land gewinnst! Raus aus dieser Hacienda! Du wirst nicht aus dem Rucksack fressen!

So normal als möglich erhob ich mich und griff nach meiner Jacke. Frederik fragte blaffend, wo ich denn hin wolle. »Hinaus an die frische Luft!«, blaffte ich zurück, »Bevor ich nämlich explodiere! Mir platzt der Kragen! Ich will eine halbe Stunde für mich haben!«

Frederik brummte nur: »Ja, dann geh´ doch spazieren! Mach´ doch, was du willst...«

Ich verließ grinsend die Küche, griff nach meiner Plastiktüte, öffnete die Haustüre und trat ins Freie. Ich hatte es geschafft! Adieu, Frederik!

Mein Weg führte mich direkt zur Bushaltestelle. Der Bus kam, ich stieg zu und fuhr zu Gerlinde. Die konnte ihren Halbbruder Frederik nämlich auch ab wie Schmierseife! Ich erklärte ihr die Sachlage, sprach direkt den Vorfall dieses Tages an. Gerlinde tippte sich an die Stirne. Ja, das habe sie geahnt. Frederik sei sowieso nicht ganz dicht. Sie rief sofort im Frauenhaus an und erklärte denen meine Situation. Ja, kein Problem, sagte man ihr. Ich solle kommen!

Gerlinde trank mit mir noch einen Kaffee. »Ja, das habe ich wirklich geahnt. Schließlich kenne ich meinen Halbbruder nicht erst seit gestern. Der Spacken ist auch vom Alkohol nicht mehr weg zu kriegen. Er ist halt eine ewige Schnapsdrossel. Seit seinem sechzehnten Lebensjahr hängt er hart an der Flasche. Glaube mir, es ist deutlich einfacher, Satan das Vaterunser zu lehren als Frederik vom Alkohol weg zu bekommen! Wegen seiner elenden Pichelei und seiner Einstellung Frauen gegenüber hat er bereits schon mehrmals eine feste Beziehung in den Sand gesetzt. Er war innerhalb der Familie schon immer ein Mister Universum, Hedwigs absoluter Günstling. Von Anfang an hat sich praktisch alles nur um ihn gedreht. Nun, vielleicht ist es besser, wenn er zeitlebens alleine bleibt. So tut er keiner Frau mehr Weh!«

Ich drängte zum Aufbruch und Gerlinde brachte mich zur Türe. Ich fiel ihr zum Abschied um den Hals und merkte, dass sie still weinte. So schnell es ging, rannte ich zur Bushaltestelle...

Ich hastete in den Bus, wollte so schnell als möglich zum Frauenhaus. Nur eine winzige Kleinigkeit kam mir noch dazwischen: Es war Kontrolle – und ich hatte keinen Fahrschein! Mein Ausweis war so tief in der voll gestopften Tüte verbuddelt, dass ich ihn nicht fand. Also brachte der Kontrollfreak mich zur Polizei. Auf der Wache erklärte ich dem Beamten meine Situation und dass ich mich auf dem Weg ins Frauenhaus befände. Endlich fand ich auch meinen Ausweis. Jetzt war ich aber bei den Waldner´s nie gemeldet und da Frederiks Adresse noch überprüft werden musste, gab ich dem Beamten auch gleich die Telefonnummer. Der gute Mann rief auch dort an und hatte prompt Hedwig an der Strippe. Ja, quäkte sie in die Muschel, ich sei die Verlobte ihres ältesten Sohnes Frederik. Ob etwas geschehen sei? Nichts Schlimmes? Gott sei Dank! Sie sei ja so in Sorge gewesen!

Ich verdrehte die Augen im Kopf! Alte Heuchlerin...

Der Wachtmeister ließ sich Frederik an den Apparat geben und erklärte, man habe mich beim Fahren ohne Fahrausweis erwischt. Frederik sagte, er wolle mich sprechen. Der Beamte reichte mir den Hörer herüber. Das Telefon war auf Mithörtaste gedrückt! Ich meldete mich. Frederik flippte fast aus! Er röhrte in die Muschel: »Du dreckige Zippelgusse! Wie kommst du dazu, schwarz zu fahren? Du kommst jetzt auf der Stelle nach Hause! Meine zukünftige Frau hat keinen Schiet zu bauen! Du alte Dörrpflaume! Wart´ nur ab, mein Deern, wenn du nach Hause kommst! Du Rindvieh! Du erlebst dein blaues Wunder! Mach´ schon mal dein Testament!«

Jetzt schlug es endgültig Dreizehn! Ich antwortete so ruhig als möglich: »Danke für deinen reizenden Kommentar. Die Polizei hat nämlich mitgehört. Im Übrigen kannst du lange auf meine Rückkehr warten – sehr lange! Meinetwegen bis Pflaumenpfingsten! Wir sind ab sofort geschiedene Leute. Es ist aus mit der Transaktion. Ich hab´ dich lange genug gewarnt. Ja, schau´ ruhig oben in der Kammer nach. Meine Sachen sind weg. Die hab´ ich hier bei mir. Der Verlobungsring liegt unter deinem Kissen. Den ersehnten Sohn wirst du dir wohl oder übel schnitzen müssen. Von mir bekommst du ihn garantiert nicht. Aus die Maus, Ende der Fahnenstange! Du machst mir weiß Gott keine Angst mehr. Du bist so jämmerlich! Also spar´ dir deine dummen Einschüchterungsversuche. Du bist ja nur ein kleiner Pinscher – zu einer Bulldogge fehlt dir nämlich jegliches Format…«

Puh – ich reichte den Hörer wieder zurück! Meinen ganzen aufgestauten Hass hatte ich ihm entgegen gefletscht! Jetzt war mir wohler…

Der Beamte reichte mir eine Zigarette und meinte: »Ihr Herr Ex-Bräutigam ist ja ziemlich ausfallend geworden. Läuft der immer so hochtourig?«

Ja, sagte ich, aber es sei nicht nur sein Mundwerk. Das sei mit Abstand noch das Harmloseste. Ich erzählte von den zahllosen, nächtlichen Vergewaltigungen, bei denen er nicht ein Mal auf meine Regelblutungen Rücksicht genommen habe. Dass er mit aller Gewalt die Geburt eines Sohnes erzwingen wolle und sogar meine Pillenpackungen entsorgt habe. Ich hätte von früh morgens bis in den späten Abend für ihn und seine Familie geschuftet. Er sei ein Tierkiller und ein Sadist. Ich erzählte von den kleinen Katzenwelpchen, von Hündin Donna – und erstattete bei dieser Gelegenheit auch gleich Anzeige wegen massiver Tierquälerei und grundlosem Töten von neugeborenen Wirbeltieren! Erzählte von Frederiks ständiger Pichelei. Und darum sei ich jetzt auch von ihm weg...

Der Beamte rief über Funk Bescheid, er brauche zwei Kollegen. Hier sei eine junge Frau, die sofort und umgehend ins Frauenhaus gebracht werden müsse! Es sei zu riskant, mich alleine den Weg machen zu lassen. Der Ex-Verlobte sei ziemlich brutal! Kurz darauf stand ein Streifenwagen bereit. Ich nahm meine Tüte. Der Beamte auf der Wache erklärte mir noch, dass er die Anzeige wegen Fahrens ohne Fahrausweis werde fallen lassen, da ich mich in einer ganz akuten Notsituation befinde. Somit käme also nichts mehr gegen mich!

Ich verabschiedete mich und dankte dem Beamten für alles. Dann stieg ich in den Streifenwagen. Die beiden Polizisten fuhren mich zum Frauenhaus. Die Vereinsdamen waren noch da. Sie nahmen mich sehr liebevoll in Empfang. Dieses Mal kam ich auf die erste Etage in ein Zimmer. Ich erzählte, wie es mir ergangen war und dass ich alles verloren hatte. Ganz spontan begannen die Frauen, für mich zu sammeln. Slips, BH´s, Unterhemden, Strumpfhosen, Socken, Röcke, T-Shirts, Jeans, passende Schuhe, Nachthemden, einen Kamm, eine Bürste, Deodorant, eine Zahnbürste, Zahncreme, einen Becher, Seife, Shampoo, Duschgel, Parfüm, Nagellack, diverse Kosmetikartikel, Taschentücher, Pantoffeln, Modeschmuck, ein Maniküre-Set, Tampons, Binden, Slipeinlagen. Sogar Geld sammelten sie für mich!

Ich hatte jetzt deutlich mehr als vorher und brach vor Rührung in Tränen aus! Die Vereinsdamen klopften mir noch aufmunternd auf die Schulter und fuhren ins Wochenende. Es war ein Freitag...

Das Erste, was ich tat: Ins Badezimmer und heißes Wasser mit viel Schaum in die Wanne! Heiß bis an die äußerste Schmerzgrenze! Ich hatte seit Wochen nicht mehr richtig gebadet und schwang nun meinen Hintern mit Wonne in das heiße Nass! Es war ein Hochgenuss! Meine Haut war bald krebsrot vom Schrubben. Ich ließ die Drecksbrühe ab, spülte die Wanne aus, ließ neues Wasser einlaufen und seifte mich noch ein zweites Mal von Oben bis Unten ab. Dieses Verhalten ist, wie mir später gesagt wurde, typisch für Vergewaltigungsopfer. Erst nach sage und schreibe zwei Stunden fühlte ich mich vom Scheitel bis zur Sohle wirklich porentief sauber!

Ich frottierte mich ab, deodorierte mich, schlüpfte in eines meiner neuen Nachthemden, kämmte mein feuchtes Haar durch und lackierte mir die Fuß- und Fingernägel in knalligem Pink. Seit Frederik hatte ich keinen Nagellack mehr gesehen! Mann, war ich stolz!

Die Frauen saßen noch in der Küche zusammen. Bei einem Glas Cola und einer Zigarette erfuhr ich, dass Julla und Gül nicht mehr da waren. Julla hatte eine Wohnung gefunden und Gül war offenbar dumm genug, dass sie zu ihrem Mann zurück gegangen war. Von Gudrun erfuhr ich dann auch noch, dass Frederik hinter meinem Rücken in der Spelunke herum posaunt habe, er müsse mich jeden Morgen aus den Daunen poppen, denn wenn er mich nicht kräftig hernehmen würde, käme ich überhaupt nicht aus dem Bett! Ich sei ein richtiger Gierschlund. Außerdem sei ich völlig frigide und würde auf seine Zärtlichkeiten reagieren wie ein kalter Lachs!

Ich schmunzelte und meinte, das sei mir aber neu, dass eine völlig frigide Frau auf allmorgendlichen Sex bestünde und ohne die Hallo-Wach-Nummer den Hintern nicht aus den Daunen bekäme. Bislang sei ich nämlich immer davon ausgegangen, dass eine völlig frigide Frau Sex in jeder Form total ablehnend gegenüber stünde. Frederiks Version könne man ja schon fast vergleichen, als rede er von einem hoffnungslos impotenten Mann mit einer chronischen Dauererregung!

Ja, Frederik, ich sag´s ja: Dunkel war´s, der Mond schien helle...

Gudrun musste selbst herzhaft lachen. Wir wunderten uns nur noch über diesen grenzdebilen Dummerjan!

»Wenn Blödheit lang machen würde«, meinte Maxima, »könnte er im Schneidersitz auf dem Bürgersteig hocken und an einem New Yorker Wolkenkratzer ganz bequem aus der Regenrinne saufen!«

Eine andere Bewohnerin meinte nachdenklich: »Vielleicht hat dieser Frederik seinen Verstand bereits hoffnungslos versoffen. Mein Mann sülzt auch immer so eine gequirlte Kacke daher, wenn er im totalen Alko-Rausch ist. So sind diese Heulbojen nun mal. Die leiden doch allesamt an ausgeprägter, chronischer Gehirnfäule!«

Gudrun fragte mich nun, warum um alles in der Welt ich denn nicht schon viel eher ins Frauenhaus zurück gekommen sei. Ich sagte ihr, um das alles zu erklären, müsse ich weiter ausholen. Das sei mir heute Abend echt zu Viel. Ich hätte seit Wochen lediglich viereinhalb Stunden Schlaf gehabt und sei entsprechend down. In der Tat, der tote Punkt war gekommen, ich gähnte jetzt fast schon nonstop. Die Anspannungen der letzten Zeit forderten unweigerlich ihren Tribut. Das heiße Schaumbad, das Gefühl von Sauberkeit und das lockere Gespräch mit den Frauen taten das Übrige. Und die Gewissheit, dass ich jetzt in Sicherheit war und meine Ruhe hatte!

Die Frauen nickten verstehend und sagten, ich solle jetzt ruhig zu Bett gehen. Sie ließen mich morgen ausschlafen und Niemand würde mich stören. Sie wünschten mir noch eine gute Nacht. Ich grinste dankbar, umarmte meine Kameradinnen und ging erschöpft in mein Zimmer. Gott, war das herrlich, in dem sauberen, frischen Bett zu liegen und mich in den großen, weichen Kissen zu rekeln!

Kaum lag ich, ging unten das Telefon. Schritte klangen die Treppe hinab. Der Hörer wurde abgenommen, es wurde gesprochen. Dann wurde wieder eingehängt und die Schritte gingen treppauf. Meine Zimmertüre öffnete sich; Gudrun stand im Rahmen! Ich fuhr aus dem Halbschlaf. Fragte, was los sei. Gudrun nickte nur zur Türe hin und sagte: »Dein einsamer Seemann hat gerade angerufen!«

Ich riss entsetzt die Augen auf und fuhr hoch! Nun war ich plötzlich hellwach!

Gudrun winkte ab. Nein, er wisse nicht, dass ich hier sei. Sie habe ihm nichts gesagt. Er habe furchtbar geflennt und gefragt, ob ich wieder im

Frauenhaus sei. Gudrun habe sich dumm gestellt und gefragt, was denn überhaupt los sei. Sie habe bereits seit längerer Zeit nichts mehr von mir gehört und wisse nur, dass ich seit einigen Wochen wie vom Erdboden verschwunden sei. Frederik habe Rotz und Wasser geflennt und gesagt, falls ich doch noch im Frauenhaus auftauche, habe er eine Botschaft an mich: Ich möchte doch bitte, bitte wieder zu ihm zurück kommen! Er habe mich ganz schrecklich lieb und mir werde in keiner Weise etwas geschehen! Er habe grobe Fehler gemacht, das wisse er – und die würden sich nicht wiederholen!

Ich starrte Gudrun entsetzt und angewidert an! Mir drehte sich der Magen um. Noch zuckersüßer und geschwollener ging es ja wohl echt nicht mehr…

Meine Kameradin wiederum schmunzelte und sagte, sie hoffe, ich sei doch wohl nicht so blöde und ließe mich auf das dummerhaftige Gesülze ein! Ich fragte sie, ob sie mich für komplett verrückt hielte. Weder litte ich an Gehirnmauke noch hätte ich Tinte gesoffen. Ich ließe mich nicht mehr für ihn und seinen Clan vor den Hundeschlitten spannen. Nee, besten Dank! Aber in dem Punkt, dass er mich ganz furchtbar liebe, habe er vollkommen Recht. In der Liebe sei er wirklich ganz furchtbar!

Gudrun fragte, ob Frederik überhaupt, so, wie er schlürfe, jemals halbwegs etwas zu Stande bekommen habe! Ich solle mir jetzt aber keine Sorgen machen; sie habe am Telefon definitiv nichts von mir gewusst und ich sei auch hier im Frauenhaus offiziell nicht aufgetaucht. Ja und? Also sei doch alles gebongt! Jetzt solle ich erst ein Mal eine große Mütze voll Schlaf nehmen; ich sei ja blass wie ein Gespenst! Sie wünschte mir eine friedliche Nacht und ging wieder. Ich rollte mich ab.

Mein letzter bewusster Gedanke vor dem Einschlafen war: Jetzt hatte Frederik endlich doch so langsam mal geschnallt, was er nun wirklich mit mir verloren hatte...

Überraschenderweise war ich am nächsten Morgen schon wieder sehr früh auf. Vielleicht war es auch bereits Gewohnheit. Wenn ein Mensch auf eine gewisse Regelmäßigkeit gedrillt ist, kann er nicht von Jetzt auf Gleich einfach umschalten. Ich duschte, machte mich frisch, zog mir mein neues Mini an und probierte das neue Kosmetika aus. Aus dem Spiegel blickte mir ein völlig fremdes Gesicht entgegen, ein Gesicht mit

Make-up, Rouge, Kajal, Lidschatten und Lippenstift! Die neuen Ohrhänger und der Modeschmuck taten das Übrige. Aber holla! Nee, Wencke, dachte ich fasziniert, das bist nicht du!

Beim gemeinsamen Frühstück klärte ich meine Mitbewohnerinnen dann über Frederiks Gewalttätigkeiten und die Gemeinheiten seiner Mutter und seiner Schwester auf. Über seine Sauftouren, seine Allüren, seine Marotten, seine Mietschulden, unseren Rauswurf, dem nächtlichen Umzug zu seiner Familie, seiner Tierquälerei, den alltäglichen Schikanen und Hedwigs Borniertheit. Wie Frederik mich sogar während meiner Regelblutung vergewaltigt hatte…

Maxima schob ihren Teller bei Seite – sie war satt!

Jetzt äußerte ich mich auch zu Gudruns Frage bezüglich des vergangenen Abends, nämlich, warum ich nicht schon viel eher zurück ins Frauenhaus gekommen sei. Dass ich es psychisch einfach nicht geschafft habe, einen Neuanfang zu wagen. Ich sei zeitweise wie paralysiert gewesen. Frederik und seine Familie hätten mich derart mürbe gemacht, dass mir einfach die entscheidende Kraft und Willensstärke gefehlt habe. Erst nach diesem gestrigen Vorfall in der Küche sei es mir gelungen, meinen inneren Schweinehund zu überwinden und zu gehen. Es sei ganz plötzlich über mich gekommen, als ob ein Schalter in mir umgelegt worden sei!

Nach dem Frühstücks-Matinee machten wir den Abwasch und putzten die Küche. Irgendwann um die Mittagszeit fiel mir auf, dass meine Zigaretten zu Ende gingen. Ich kramte Kleingeld aus meiner Tasche und griff nach meiner Jacke. Gudrun stand am Fenster. Sie fragte, wo ich hin wolle. Ich sagte ihr, ich wolle nur mal eben Zigaretten holen. Es werde nicht lange dauern. Gudrun packte mich am Arm und riss mich zurück! Auf mein borniertes Gesicht hin meinte sie: »Na, späh´ doch mal vorsichtig hinter der Gardine her.« Das tat ich dann auch, machte den Hals lang und schielte durch die Gardinen nach Draußen. Oh, Hacke – auf der gegenüber liegenden Straßenseite patroullierte Frederik langsam auf und ab!

Ja, meinte Gudrun, er würde mich wohl suchen. Es sei besser, wenn ich im Haus bliebe. Ich solle ihr das Geld geben; sie werde mir die Zigaretten schon eben holen. Er werde sie wahrscheinlich auf mich ansprechen und nach mir fragen. Sie wisse dann noch immer nichts von mir;

ich sei noch nicht aufgetaucht. Sie werde jetzt los gehen. Ich solle die Ruhe bewahren und nur um alles in der Welt vom Fenster weg bleiben!

Ich beherzigte ihren Rat und passte so lange auf ihre beiden kleinen Söhne auf. Von Draußen glaubte ich, ein Männerschluchzen zu hören. Mir schlug das Herz bis in den Hals. Es kostete mich eine ungeheure Überwindung, mich nicht dazu hinreißen zu lassen, ans Fenster zu gehen! Die Zeit kam mir vor wie eine kleine Ewigkeit!

Dann war Gudrun wieder zurück, drückte mir meine beiden Zigarettenschachteln in die Hand. Ja, Frederik habe sie angesprochen und wieder nach mir gefragt. Sie habe ihm gesagt, dass ich immer noch nicht aufgetaucht sei. Er solle doch mal bei Freunden und Bekannten nachfragen, ob die was wüssten. Schließlich könne ich mich ja unmöglich in Luft aufgelöst haben!

Darauf hin habe Frederik mitten auf der Straße einen Moralischen bekommen und erneut geheult wie ein Schlosshund! Er liebe mich doch so sehr – und er hätte doch so gerne einen Sohn mit mir gehabt! Er sei die ganze Nacht wach gelegen und habe sich in Sorge um mich fast die Augen aus dem Kopf geflennt. Er habe heute morgen schon den ganzen Freundeskreis abgeklappert, sei in aller Frühe los gegangen. Bei der Polizei wisse man seit gestern Abend auch nichts weiter mehr über meinen Verbleib. Er könne mich nie mehr vergessen! Er könne nicht leben ohne mich!

Ach nee, dachte ich schadenfroh feixend, in den ersten achtundzwanzig Jahren seines Daseins konnte er das doch auch. Gerade gestern noch warst du obendrein ja für ihn eine faule Henne, eine Zippelgusse, ein Rindvieh, eine alte Dörrpflaume…

Gudrun schaute mich skeptisch an. Oh nein, beruhigte ich sie, ich werde nicht wieder umkippen! Dieser Saufmolch habe diese Ehre gar nicht verdient! Gudrun atmete erleichtert auf...

Am nächsten Tag, dem Sonntag, wurde es übrigens mit Frederik noch heißer. Er patroullierte zwar immer noch vor dem Frauenhaus auf und ab – nur hatte er sich diesmal zur Verstärkung noch seine Schwester Antje mitgebracht!

Dieser grenzdebile Schrumpfkopf! War er tatsächlich derart begriffsstutzig? Mal sah man Frederik, mal sah man Antje, mal sah man die Geschwister zusammen. Die Beiden hatten einen echten Hau. Sie verplemperten sinnlos ihre Zeit. Antje besorgte sogar für sich und ihren Bruder noch ein Fresspaket aus der Frittenbude! Und so belauerten die Geschwister W. nun gemeinsam das Frauenhaus und mampften ungeniert auf der Straße rum!

Als Gudrun es Leid war, ging sie rüber zu den Beiden und sagte, sie sollen es aufgeben. Ich sei immer noch nicht da, hätte wohl wahrscheinlich längst eine neue Unterkunft. Frederik – sogar stocknüchtern! – bekam erneut das arme Tier und heulte und rotzte wie ein verliebtes Mondkalb!

Hartnäckig, hartnäckig, kann man dazu nur sagen...

Ich erklärte Gudrun, ich müsse fort, könne unmöglich noch länger hier bleiben. Meine Fresse, es sei doch nur eine Frage der Zeit, bis ich Frederik in die Fittiche liefe! Ich könne mich doch schließlich nicht bis zur letzten Zuckung hier verschanzen! Ich müsse ja auch zum Sozialamt. Oder zum Einkaufen. Oder wenn ich mal in eine Disco oder zum Shopping wolle. Oder mir Zigaretten holen und mir mal für einen kurzen Moment die Beine vertreten. So wie die Dinge im Augenblick stünden, sei es ja schon ein großes Risiko für mich, auch nur an der Haustüre zu stehen und mal eben frische Luft zu schnappen! Ich könne ja noch nicht ein Mal aus dem Fenster schauen, ohne ernsthaft Gefahr zu laufen, von meinem verlassenen Bräutigam, diesem degenerierten Scheusal, gesehen und erneut total bedrängt zu werden! Jedes Verlassen des Hauses sei praktisch ein Eiertanz auf der Kirchturmspitze! Ich sei aus dem einen Kerker praktisch nur in einen Anderen übergewechselt. Meine Bewacher und Folterknechte aber seien die gleichen Personen geblieben. Hier in M. würde ich eine ewige Gräfin von Monte Christo bleiben. Das ginge auf die Dauer so einfach nicht weiter. Ich würde ja selbst in Freiheit noch ein fremdbestimmtes Dasein führen. Was für eine Art Freiheit das künftig sein solle? Meine Nerven hingen mir ja jetzt bereits wieder ganz gewaltig auf dem Schlips!

Ja, meinte Gudrun, es sei wohl günstiger, ich würde das Frauenhaus tatsächlich wechseln. Sie werde morgen mit Maria, der Vereinsdame, reden und ihr erklären, dass Frederik mich das ganze Wochenende über mit seinen dramatischen Auftritten dauergenervt hätte. Donnerhacke, der Typ sei doch echt und wahrhaftig schizophren...

Am nächsten Morgen kam Maria dann zu mir ins Zimmer. Gudrun habe ihr alles erklärt. Sie werde mich heute noch zu einem anderen Frauenhaus bringen. Wo ich denn lieber hin wolle, nach F. oder L.? Ich wollte wissen, wo der Unterschied sei. Maria sagte, F. sei ein kleines, L. ein großes Frauenhaus. Da ich jetzt Kameradinnen dringend nötig hatte, erklärte ich Maria, dann wolle ich nach L. Gut, sagte Maria, dann solle ich schon mal die Taschen packen und hinunter ins Büro kommen. Sie riefe jetzt eben in L. an und gebe Bescheid!

Ich faltete und packte meine ganzen neuen Sachen in die Taschen und Tüten. Dann schleppte ich die Brocken hinunter und verabschiedete mich von den Frauen, dankte ihnen für alles. Besonders aber dankte ich Gudrun...

Maria hatte den Wagen so dicht als möglich an die Haustüre gefahren und packte, so schnell es ging, meine Sachen in den Kofferraum. Sie sagte mir, ich solle in den Wagen auf den Beifahrersitz springen und mich ducken. Denn falls Frederik da draußen irgendwo lauere, bräuchte er mich ja nicht unbedingt auch noch zu sehen! Ich sprang geduckt in den Wagen, schloss die Türe. Maria nahm auf der Fahrerseite Platz und schon ging die Fahrt los. Ich wartete noch eine Weile ab und kam langsam wieder hoch. Wir verließen M. und fuhren auf die Autobahn. Nach geraumer Zeit ging es in diese andere Stadt und wir hatten im Nu das Frauenhaus L. erreicht!

Die Vereinsdamen des Frauenhauses L. nahmen mich in Empfang und erneut ließ ich den ganzen Mumbo mit Frederik vom Stapel. Wieder eine Aufnahmebescheinigung. Maria verabschiedete sich und fuhr wieder ab...

Die Frauen schenkten mir einen Begrüßungskaffee ein und ich und kam sofort mit ihnen ins Gespräch!

Eine Bewohnerin, Karla, hatte auch zwei Kinder. Sie war – ob man es nun glauben mag oder nicht – aus der Beziehung zu einem Allgemeinmediziner geflohen! Tags über schrieb er des Öfteren geschlagenen Frauen ein Gutachten aus, behandelte ihre Wunden und riet ihnen, sich von ihren gewalttätigen Partnern zu trennen. Und was machte er mit seiner eigenen Partnerin? Er prügelte sie ins Frauenhaus! Meine Güte, konnte das Leben paradox und schizophren sein! Ich peilte es einfach nicht!

Ein Mediziner, ein gebildeter Mann, der seiner eigener Partnerin die Augen marmoriert und sie ins Frauenhaus prügelt – das ging nun wirklich weit über meinen Horizont!

Es muss ausdrücklich dazu gesagt werden: Geprügelt wird grundsätzlich in allen Berufsschichten – ohne Ausnahme! Ob es sich nun um Mediziner, Rechtsanwälte, Staatsanwälte, Richter, Professoren, Dozenten, Polizeibeamte oder sonstige hochrangige Berufszweige handelt. Ein hoher Bildungsstand, ein vornehmes, gewähltes Auftreten, gepflegte Bekleidung und ein noch so sagenhafter Intellekt hindert manche Männer durchaus nicht an privater, häuslicher Gewalt!

Ein Mann mit Universitätsabschluss kann sich dennnoch letztendlich innerhalb der eigenen Familie als keulenschwingender »Steinzeitmensch« entpuppen!

Man zeigte mir mein Zimmer. Es war ein Zweibettraum, ganz Oben und sehr gemütlich! Die anderen Bewohnerinnen des Hauses stellten sich mir vor und ich wurde sehr lieb empfangen. Eine der Frauen bot mir gleich einen frischen, heißen Kaffee an. Ich erzählte, was alles in M. passiert war. Dann führte man mich ins Büro. Dort unterschrieb ich das Aufnahmeformular und berichtete den Vereinsdamen noch ein Mal ganz ausführlich über die ganzen Schikanen. Dann ging ich hoch in mein Zimmer, bezog mein Bett und packte meine ganzen Sachen in den Schrank. Gut, war ich jetzt halt in L. gestrandet. Eines jedoch schwor ich mir: Es war das allerletzte Mal! Schluss mit den Kerlen! Ich würde nicht noch durch halb Deutschland trampen wie eine Nomadin. Ich war ja kein ewiger Wanderpokal. Mein Dasein als ständige Globetrotterin musste ein- für alle Male ein Ende haben. Irgendwo musste auch mal ein Heimathafen sein. Und der war nun hier in L.! Keine Kerle mehr, keine überstürzte Flucht mehr...

Ich ging mit Edda, die ebenfalls aus meiner Heimatstadt stammte, nach Oben und erzählte ihr den ganzen Mist. Auch mit Agathe, die aus L. stammte, verstand ich mich astrein. Mit ihr ging ich des Öfteren tanzen und sie zeigte mir ihre Heimatstadt. Nach wenigen Wochen hatte ich mich prima eingelebt...

Irgendwann kam mir der Gedanke, dass ich mir zu Mindest Frederik hätte ersparen können. Warum musste es ausgerechnet noch ein solch abgerissener Freak sein? Hatte mich das plötzliche Wissen um die Existenz von Frauenhäusern einfach zu leichtsinnig und übermütig werden lassen? Gut, da ist es mit einem Kerl schief gegangen, da gehst du halt ins Frauenhaus. Später lässt du dich auf den nächsten Typen ein. Wenn es dann nicht klappt, gehst du halt wieder ins nächste Frauenhaus…

War ich zu risikobereit geworden? Konnte es nicht so gewesen sein?

Jetzt, da ich endlich zur Ruhe kam, begann ich, Selbstkritik zu entwickeln. Hielt mir höchstpersönlich den Spiegel vor, ging tief in mein eigenes Inneres hinein, sortierte die vom Leben verwüsteten Schubladen, ordnete die Akten meiner Vergangenheit, studierte meine gesamte Lebensbilanz, öffnete das Fenster meiner eigenen Seele…

Ich war dankbar für diese Auszeit…

Liebe ist nur ein Wort

Und dann erwachte ich eines Morgens und mir war schlagartig klar, was immer total falsch gelaufen war in meinem ganzen bisherigen Leben. Es fiel mir urplötzlich wie Schuppen von den Augen!

Ich hatte stets an die Liebe auf den ersten Blick geglaubt, hatte mir Jahre lang eingeredet, irgendwann ein Mal die wirklich wahre, große Liebe zu finden. Tatsache aber war für mich in diesem Augenblick, dass es die plötzliche Liebe, diesen gewaltigen Kick auf Paukenschlag zwischen Mann und Frau, nicht geben konnte! Es hatte sie in der Vergangenheit nie gegeben und es würde sie auch in naher oder ferner Zukunft nicht geben! Ich kannte ja nicht ein Mal die elterliche Liebe. Wie zum Henker konnte ich da noch aufrichtige Liebe von einem Mann erwarten? Wenn dich die eigenen Eltern schon tatenlos auf den Bugspriet fallen ließen: was bitte erwartest du erst von einem Mann? Dass er dir – quasi auf Knopfdruck – die ganz große, ewige Liebe schenkt? Nein! Bestimmt nicht!

Der einzig wahre Grund, weshalb die beiden Geschlechter zu einander finden, ist der Sexual- und Fortpflanzungstrieb. Das ist doch schon naturgegeben. Klar, Sex muss Gaudi machen. An Sonsten wäre dieser Planet ohne Leben! Und nur aus diesem einen, natürlichen Grund, nämlich wegen Sex, taten sich Männer und Frauen schon seit Bestehen der Menschheit zusammen. Genau das tun andere Tierarten auch. Stellen wir uns doch ein Mal bildlich vor, der Sexualtrieb würde ganz plötzlich aufhören zu existieren. Wenn eben dieser naturgegebene Trieb nicht mehr wäre, würde sich kein Wesen je auch nur im Geringsten noch für das andere Geschlecht interessieren! Denn was die Psyche betrifft, passten das Männliche und das Weibliche doch überhaupt in keiner Weise zusammen! Die Wesensart eines Mannes ist völlig anders gestrickt als die Wesensart einer Frau. Männer sind Krieger, Jäger, Platzhirsche, Clan-Oberhäupter und nehmen sich zu passender Gelegenheit die Frei- und Frechheiten heraus, wie sie gerade lustig sind. Frauen dagegen sind – in den Augen der Männer –Huren (der Mann versorgt sie mit materiellen Dingen, beschützt sie – und dafür dürfen sie dann zum Dank die Beine spreizen), Sammlerinnen, Mütter und Bewahrerinnen von neuem

Leben. Sie haben wesentlich seltener Zeit, sich auf sich selbst zu konzentrieren…

Gehen wir doch einfach mal zurück in die Anfänge des zwanzigsten Jahrhunderts. Opilein riss seine zehn bis zwölf Stunden Arbeit ab. Kam er heim, hatte er Feierabend. Zu Mindest bei den Stadtmenschen war das doch so. Was aber bitte hatte dagegen Omilein von ihrem Dasein? Sie putzte den gesamten Haushalt, kochte, kümmerte sich um den oft sehr großen Abwasch, hatte einige Kubikmeter Bügelwäsche, putzte den oft zahlreichen Kindern reihenweise die Nasen und stand halbe Nächte am Waschzuber. Omilein nähte Kleidung für die ganze Familie und putzte die Stiegen .Sie war vierundzwanzig Stunden praktisch im Dauereinsatz!

Was haben die Frauen der heutigen Zeit? Okay, sie besitzen mittlerweile Staubsauger, Mikrowelle, Waschmaschinen, Geschirrspüler, Wäschetrockner und diverse andere nützliche Dinge, die den Alltag erleichtern. Sie benutzen Spiralen oder schlucken die Anti-Baby-Pille. Sie brauchen nicht mehr bei jedem sexuellen Verkehr zu beten und zu zittern. Sie können das Abitur machen und studieren. Sie sind überall: In der Politik, in Anwaltskanzleien, in Gerichten, im Pilotendienst, in Forschung, Technik und Medizin. Dafür wird mittlerweile jede zweite bis dritte Ehe bereits nach wenigen Jahren wieder geschieden!

Was hat eine Frau davon, wenn der Mann ihr heute im Kreißsaal die Hand hält, ihr bei der Geburt beisteht – und morgen abhaut und sich vor der Verantwortung und den Unterhaltszahlungen drückt, wo er nur kann? Was hat eine Frau davon, wenn der ihr angetraute Gatte heute mit einem bombastischen Rosenstrauß angewackelt kommt – und sie morgen krankenhausreif drischt? Was hat die Frau von alle dem? Nichts! Es existierte keine wirkliche Liebe mehr für mich! Selbst eine Verlobung zählte heut zu Tage nicht mehr. Genau so rasch, wie du verlobt warst, warst du aber auch wieder entlobt.

Tatsache war für mich in diesem Augenblick: Liebe ist wirklich nur ein Wort!

Es hätte mir ja schon immer zu denken geben müssen. Für Dschingis war ich das junge, exotische und unverdorbene Frischküken, ein kleines, pikantes Appetithäppchen. Er hatte gewusst, dass ich noch absolut unberührt war und nur weil er als Erster seine Männlichkeit in mich bohrte, glaubte er wohl, er habe sich einen Orden verdient. Für Horst war ich Hure und Sklavin in Einem und dazu noch jung, hübsch und naiv. Er wollte ein Geschöpf, das er formen konnte wie einen Klumpen Wachs, ganz nach seinen persönlichen Bedürfnissen. Vermutlich (oder sogar sehr wahrscheinlich) aus Angst vor gleichaltrigen Frauen. Denen war er nämlich nicht gewachsen. Ich war ja so verdammt praktisch für ihn! Tobias sah in mir nur die süße, schnucklige Zuckerpuppe, die die Wuschigkeit in ihm kochen ließ. Für ernsthafte Verantwortung war er viel zu krank und auch zu unreif. Genau genommen waren wir Beide noch viel zu jung und zu unreif. Dann die Sache mit Gernot. Ich sollte still schweigend seine Sauftouren und seine Umtriebigkeit erdulden. Er brauchte ein Weib für Haushalt und zum eigenen Gaudi. Mit einer Frau, die ihr ach so großes Maul nicht halten konnte, konnte er beim besten Willen nichts anfangen! Für Jürgen war ich die Gans, die goldene Eier legte. Durch mein bisschen Geld hatte er öfter als sonst die Möglichkeit, an seinen geliebten Daddel-Automaten zu hängen. Meine persönlichen Belange juckten ihn herzlich wenig. Rudi hatte es halt mal wieder gejuckt. Die Wuschermänner mit ihren an der Straßenecke gezückten Geldbörsen machten es nicht leichter. Hidir wollte mich als Mittel zum Zweck, um hier in Deutschland bleiben zu können. Wer weiß, was er sonst noch alles mit mir vor hatte. Jedenfalls wäre es ihm fast gelungen, mich in den Orbit zu dreschen! Frederik, diese Mammutbirne, wollte mich sehr gerne als hart arbeitende, brave, duld- und schweigsame Mama mit dickem, geschwollenem Bauch sehen. Ich sollte so wohl in der Familie als auch in der Öffentlichkeit präsentiert werden wie eine gezähmte und dressierte Leopardin – ja, und der gnädige Herr war der große Dompteur! Der gebumsfiedelte heilige Obermufti! Ich sollte für ihn und seinen Clan, sinnbildlich gesagt, durch den brennenden Reifen springen, sollte ihm einen Sohn gebären; war letztendlich nichts weiter als sein Stempelkissen, sollte lediglich seine Gene austragen. Mit einem Sohn hätte er nämlich wunderbar die Kraft seiner Männlichkeit zur Schau stellen können. Und dafür sollte ich, auf Deutsch gesagt, die Musch und den Bauch herhalten! An Sonsten rangierte ich bei ihm unter »ferner liefen«! Eben so wie bei allen bisherigen Kerlen. Ich fühlte mich wie eine Einbeinige im Wettbewerb für Arschtreten…

Selbst Mutter hatte mir in der Vergangenheit immer wieder eingetrichtert, so schön und klug sei ich nun auch wieder nicht, als dass sich jemals ein Mann ernsthaft für mich interessieren würde. Langsam begann ich, ihren Worten Glauben zu schenken. Ich war denunziert und gebrandmarkt. Mein Selbstbewusstsein sank erneut auf den Nullpunkt. Es lag einzig an mir. Mich zu lieben lohnte sich einfach nicht. Ich war – genau wie meine ebenfalls vom Leben verwundeten Kameradinnen – in den Augen der Männer ein wertloses Stück Dreck und würde auf alle Ewigkeit ausgenutzt, vergewaltigt, geprügelt, betrogen und gehasst werden!

Ich hatte – verdammt noch Mal – die Schnauze so voll davon, mich weiter piesacken zu lassen, nur als lebenslanges Freiwild und als Wunschkindautomat zu fungieren! Ich würde mir nicht mehr die Finger verbrennen! Ich war geläutert…

Anscheinend standen Frauen rund um den Globus auf der Abschussliste – wir reden von der Hälfte der gesamten Menschheit auf diesem Planeten!

Ich begann, Männer zu hassen, wirklich abgrundtief zu hassen. Und das voller Inbrunst. Frederik hatte mir endgültig den Rest gegeben. Nun war ich tatsächlich ein kalter Lachs. Der hübscheste Kerl durfte mir nicht mehr zu Nahe kommen. Ich tanzte ausschließlich mit meinen Kameradinnen und vertrieb die Männer schon alleine durch meinen Gesichtsausdruck. Kam mir ein Mann in der Disco zu nahe, sprang ich ruckartig hoch und schoss giftige Pfeile aus den Augen ab. Die Kerle hielten mich sehr bald für eine eingefleischte Lesbe und zogen es dann doch lieber vor, sich aus meinem unmittelbaren Dunstkreis zu verkrümeln!

Eines Tages fegte ich vor dem Frauenhaus Laub zusammen. Ein Mann kam vorbei, fragte mich ganz harmlos nach der Uhrzeit. An Statt sie ihm zu sagen, spie ich aus, drohte mit dem Besenstiel und schrie den armen Teufel an, er solle sich auf dem schnellsten Wege verdünnisieren! So weit war es jetzt bereits mit mir!

Aber machen wir uns doch nichts vor. Wer zu schnell an die Liebe glaubt, rennt einem Phantom hinterher. Diesem unerreichbaren Hirngespinst. Je schneller man diesem Phantasiegebilde »Liebe auf den ersten Blick« hinterher rennt, desto bösartiger stolpert man. Logisch, klar doch, das passiert nicht nur uns Frauen. Es gibt auch mehr als genug Männer, die auf dieses Traumgebilde herein fallen, je nach ihrem Naivitätsgrad. Auch eine Stubenfliege bemerkt ihren größten Irrtum erst dann, wenn sie bereits im klebrigen Netz der Spinne hängt. Doch dann ist es bereits zu spät. Sie haucht ihr Leben aus in diesem traumhaft schönen, überwältigend prachtvoll glitzernden hauchzarten Gebilde. Das Spinnennetz und die große Liebe haben Eines gemeinsam: Zu Beginn wirken sie so wundervoll und zeigen die grausame Wahrheit erst, wenn man hinein geschlittert ist! Und ein Spinnennetz ist eben so wenig in der Lage, auf längere Zeit zu bestehen wie die so genannte Liebe auf den ersten Blick!

Wenn ein Mensch tatsächlich überzeugt an diese Form der Liebe glaubt, kommt noch etwas dazu: Er verliert viel zu schnell das Herz und den Kopf, wird zu vertrauensselig und geht mit dem neuen Partner viel zu schnell viel zu weit. Und genau das war in der Vergangenheit bei mir immer der Knackpunkt. Jedem Mann, der nur ein wenig »nett« zu mir war, erzählte ich immer viel zu Viel über mich. Andererseits war das ja auch nur zu natürlich. Ein Mensch, der die elterliche Liebe und den familiären Halt nicht kennt, sucht sich irgendwann einen Ausweg, will zwangsläufig einem anderen Menschen vertrauen. Doch besser wird es dadurch nicht. Je mehr von deiner seelischen Kotze hoch kommt, desto mehr wirst du am Ende selbst als Kotzeimer missbraucht. Je mehr der Andere von dir weiß, desto mehr demonstrierst du deinem Gegenüber deine eigene gewisse Art von persönlicher Hilflosigkeit. Doch damit beweist du deiner »großen Liebe« nur Eines, nämlich, dass sie mit dir machen kann, was sie will. Sie wird es auch tun – und zwar gründlich!

Der Mensch muss wieder lernen, mit seiner eigenen Vergangenheit, egal, wie hart sie auch gewesen sein mag, und mit seinen Problemen selber fertig zu werden. Schafft er es wirklich nicht alleine, sollte er klug genug sein, sich lieber an einen Therapeuten zu wenden (oder im Falle einer Frau zum Beispiel an eine vernünftige Frauenberatungsstelle). Das ist wesentlich sinnvoller, als sich in eine Kneipe zu setzen, auf den so genannten Traumprinzen zu warten und Diesem dann viel zu verfrüht seine wunden Punkte zu demonstrieren. Der Mensch muss wieder lernen, sich in allererster Linie selbst der beste Freund zu sein!

Gibt man dem so genannten Traumprinzen viel zu verfrüht alles preis, kann und wird er mit der Zeit ganz gezielt und immer öfter in den Wunden des Anderen herum stochern, weiß nur zu gut und zu genau, wann, wie und womit er die Partnerin verletzen kann. Nur um mal zu diesem Thema ein simples Beispiel zu geben: Eheliche Dresche! Ein Mann, der eine Frau auch nur ein einziges Mal vertrimmt hat, wird es immer wieder tun. Unweigerlich. Selbst dann, wenn ihn seine eigene gewalttätige Aktion ganz zu Beginn selbst schockiert. Meistens beginnt es mit einem verbalen Streit. Irgendwann verliert der Mann die Kontrolle, ihm rutscht die Hand aus und es hagelt die allererste Backpfeife. Es klatscht; der Mann zieht entsetzt die Hand weg und starrt auf die ängstliche und verstörte Frau. Er zieht sie hoch, umarmt sie und entschuldigt sich etliche Male. Vielleicht besorgt er sogar einen dicken Blumenstrauß, eine Schachtel Pralinen oder sonstigen Schnickschnack. Vielleicht glaubt er, dadurch diese Backpfeife ungeschehen zu machen. Irgendwann ist die Backpfeife für den Mann dann auch tatsächlich ungeschehen. Gerade Männer verdrängen erfahrungsgemäß sehr gut und sehr schnell – und es zeigt die Erfahrung, dass es mit der Zeit nicht mehr nur bei der einen Backpfeife bleibt. Immer häufiger kommt es zu körperlichen Übergriffen. Es hageln weitere Backpfeifen, und aus diesen Backpfeifen werden irgendwann Schläge. Aus den Schlägen werden Tritte. Es wird vermöbelt, gewürgt und vergewaltigt. Die Frauenhäuser sind voll von diesen Opfern – und diese Opfer bestätigen meine Worte immer wieder. Besserung? Sie alle hofften vergeblich darauf…

Wie oft habe ich von Frauen gehört, die es immer wieder noch mal versucht hatten. Oh ja, der Mann hatte ein Mal zugeschlagen, hatte die Beherrschung verloren. Er hatte versprochen, es nie, nie wieder zu tun, hatte es unter Tränen geschworen. Die Frau glaubte es und verzieh. Der Mann schlug nach einiger Zeit erneut zu und schwor zum zweiten Male. Und zum zweiten Male glaubte die Frau und verzieh. Bis sie vielleicht irgendwann mit blutender, aufgeschlagener Lippe und zerschmettertem Kiefer vollkommen resigniert auf dem Boden lag und selbst nicht mehr an die Lüge ihres tyrannischen Mannes glaubte. Und die Frau blieb dennnoch, alleine wegen der Kinder. Sie sollten ihren Vater nicht verlieren. Also wurde wegen der Kinder die Ehe aufrecht erhalten, oft über viele Jahre. Die Frau biss lieber die Zähne zusammen und ertrug, denn an den Kindern vergriff sich der Mann ja nicht. Nicht wenige Frauen ließen sich erst ins Krankenhaus dreschen, bevor sie ernsthaft in der

Lage waren, einen endgültigen Schlussstrich zu ziehen und ins Frauenhaus zu flüchten! Und all diese Frauen hatten einst aus Liebe geheiratet!

Ich hatte mittlerweile in meinem noch sehr jungen Leben bereits genügend Erfahrungen mit den Mannsvölkern gemacht, war also qualifiziert genug, um diese Geschichten bestätigen zu können. Wieso hatten wir uns gerade solche Mannsvölker ausgesucht? Oder suchten sich diese Kerle gerade uns aus? Diese Frage kreiste mir in ruhigen Augenblicken durch den Kopf. Eine Frage, auf die ich keine Antwort wusste und bis zum heutigen Tage nicht weiß. Zwar war ich nie mit Einem dieser Männer verheiratet und Kinder gab es auch nicht, aber eine Frau braucht nicht zwangsläufig verheiratet und Mutter zu sein, um unter die Räder zu geraten. Und selbst ich hatte oft genug vergeblich auf Besserung gehofft. Auf eine Besserung, die niemals kam!

Im Gegenteil – ein Overkill jagte den Nächsten. Ich hatte gelernt, in den heulenden Chor der verwundeten Wölfinnen einzufallen…

Es gibt genügend Frauen, die gerade noch rechtzeitig den Ausstieg aus einer solchen Beziehung schaffen. So, wie es mir immer wieder gelungen war. Es gibt allerdings auch Frauen der anderen Kategorie. Die gehen vielleicht lebenslänglich unter. So wie Hedwig zum Beispiel, Frederiks Mutter. Die hielt seit Jahrzehnten aus, hatte ein Kind nach dem Anderen geboren und selbst Alarich hatte es nicht geschafft, ihr mit seinen langjährigen Gewalttätigkeiten den ausreichenden Verstand zu einer Trennung ins Gehirn hinein zu dreschen. Sie hatte sich für ihren eigenen Untergang entschieden. Worte, um so etwas zu beschreiben und in vernünftige Sätze zu fassen, gibt es nicht. Hedwig war erledigt, schlicht und ergreifend erledigt. An ihr war Hopfen und Malz verloren. Sie blieb, weil sie Alarich einfach dankbar war. Dankbar dafür, dass er sie trotz eines vaterlosen Kindes geheiratet hatte. Gerlindes leiblicher Vater hatte Hedwig mit dickem Bauch sitzen lassen. Dann war Alarich gekommen, hatte Hedwig zu einer »ehrbaren« Frau gemacht und Gerlinde seinen Familiennamen gegeben. Und dafür sah Hedwig sich Alarich gegenüber zu lebenslanger Dankbarkeit verpflichtet! Sie selbst kam ja ebenfalls aus einem gewalttätigen Elternhaus. Der Vater hatte ebenfalls auf die Mutter eingedroschen. Hedwig kannte es nicht anders und als Alarich nach der Eheschließung auf sie eindrosch – ja und? Er machte es so oft. Auch Vergewaltigungen waren bald Alarichs so genannte »Gewohnheitsrechte«. Er konnte es sich leisten!

Hedwigs hündisch ergebener Dank würde ihm ewig nachschleichen…

Was war mit Ilse, die Landwirtin, die mit ihren Kindern ins Frauenhaus M. geflüchtet war und nach wenigen Tagen zurück zu ihrem prügelnden Ehemann ging, weil die Kinder ihr geliebtes Pony vermissten?

Oder mit Sybille aus P., die durch ihren kurdischen Ehemann bereits in der Hochzeitsnacht massiven Folterungen ausgesetzt war? Durch ihren eigenen Ehemann, der sie von Heute auf Morgen verließ und sie mit satten 90.000.- DM Schulden stehen ließ und die sich wieder einen Kurden wählte!

Oder mit Gudrun, die vor ihrem serbischen Lebensgefährten geflohen war? Der Typ hatte das erste Kind bereits im Mutterleib stark gesundheitlich beeinträchtigt getreten und dennnoch trug sie für ihn noch ein zweites Kind aus. Der Haudegen musste Gudrun erst das Nasenbein brechen, bevor sie es wagte, sich zu trennen!

Die Gewalt der Männer ist die Geduld der Frauen! Was diese Männer ihren Partnerinnen antun, ist durch Nichts zu entschuldigen. Es ist schlicht die höchste Form von Gewalt und die niederste Form von Verstand...

Die Frauen hatten es immer wieder noch Mal versucht, nur, um zu erfahren, dass die Brutalitäten nicht ab-, sondern zunahmen. Es war im Laufe der Jahre immer schlimmer und härter geworden!

Wir alle hatten wirklich in der Vergangenheit einen Haufen Illusionen mit uns herum geschleppt…

Die Misshandlungen gehen weiter! Geht eine Frau, macht sie genau das Richtige. Bleibt sie, hat es nichts mit Liebe zu tun. Es ist Abhängigkeit und hündischer Gehorsam. Das eigene Ego wird im Keim erstickt und der Wille wird gebrochen. Ähnlich ergeht es einem Pferd, das man mit kalifornischen Sporen, Fesseln und Peitschen traktiert. Irgendwann gibt selbst die heißblütigste Mustangstute auf. Sie wird sich absolut ruhig verhalten, um nicht die Aufmerksamkeit ihres Peinigers zu erregen. Das große, kräftige, muskulöse Tier wird parieren und peinlich genau die Aktionen ausführen, die man von ihm verlangt, aus Angst vor weiteren Peinigungen. Dieses Verhalten bezeichnet man in der Zoologie auch als »Schock-Vermeidung«. Ähnlich ergeht es einem fröhlichen, kommunikativen Hund, der plötzlich – gerade wegen seines Bellens – ständig geprügelt wird und von nun an nicht mehr bellt, nur, um ja weiteren Misshandlungen zu entgehen. Beim Menschen ist es genau der gleiche Effekt. Aber bevor ich mich aufgab, wollte ich lieber ein freier, wilder Mustang, ein laut und fröhlich bellender Hund sein!

Die Leserinnen und Leser mögen mir bitte den Vergleich verzeihen. Es sollte nur als Beispiel dienen, damit Sie sich in Etwa eine gewisse Vorstellung von einer solchen Situation machen können. Ich möchte Niemanden diffamieren und es liegt nicht in meiner Absicht, einem Menschen zu nahe zu treten! Falls ich es unbeabsichtigt doch getan haben sollte, möchte ich mich hiermit in aller Form entschuldigen!

In meinem Leben hatten Männer von nun an keinen Platz mehr. Alleine wäre ich – auf Dauer gesehen – wahrhaftig glücklicher dran. Irgendwann hätte ich meine eigene Wohnung, eine Arbeit und könnte meine Freizeit ganz nach meinem ureigenen Gusto gestalten. Nie wieder ein Leben als permanente, gehetzte und gejagte Globetrotterin! Kein Mann mehr, der mich laufend unter massiven Druck setzen, mich verplätten und zu seinen eigenen Zwecken benutzen würde. Nie wieder würde ich einem Mann Rechenschaft ablegen müssen. Nie wieder stille, nächtliche Tränen!

Frederik war definitiv der Letzte der Mohikaner. Der Hinterletzte!
Mein eigenes, freies, selbstbestimmtes Leben als Einzelkämpferin!
Ich würde mich senkrecht halten!

Kinderwunsch

Klar, über Kinder dachte ich auch nach. Ich wollte irgendwann gerne mal ein bis zwei kleine Ablegerchen haben. Es gab so viele allein erziehende Mütter. Warum sollte ich das nicht auch können?

Also kam mir irgendwann der Einfall, mir einen vollkommen ahnungslosen Mann zu schnappen und mich gerade so lange auf ihn einzulassen, bis es zu einer Schwangerschaft käme. Dann hätte ich, was ich wollte, würde in eine andere Stadt wechseln, mir von dort eine eigene Wohnung suchen und diesen Mann aus meinem Leben streichen. Zur Zeugung eines Kindes bräuchte ich mit diesem Menschen ja nicht unter einem Dach zu leben. Bisher hatten mich sämtliche Männer stets mit ihrem extremen Besitzanspruchsdenken und den damit unweigerlich verbundenen Gewalttätigkeiten vertrieben. Sie hatten deutlich mehr verlangt, als ich – oder auch jede andere Frau – zu geben überhaupt jemals in der Lage war!

Tief in meinem Inneren kämpfte ich immer noch heftig mit der eigenen Vergangenheit. Ich hatte doch bislang immer irgendwie in der Kacke gesteckt, nur die Tiefe hatte sich von Zeit zu Zeit geändert. Immer wieder hatte ich Zuflucht in Beziehungen gesucht, die mich letztendlich noch mehr hinunter zogen. Jetzt wollte ich keinen Partner mehr in meinem Leben. Eine kleine freundliche Samenspende würde völlig ausreichen. Also musste ich Gefühle heucheln, bis sich die Balken bogen, denn kaum ein Mann wäre wohl freiwillig bereit, mit mir etwas anzufangen, wenn er wüsste, dass er lediglich als Samenspender fungieren sollte. Aber so, wie ich es geplant hatte, würde der betreffende Mann es ja nie erfahren. Ich würde, so bald ich schwanger sei, das Frauenhaus wechseln und beim dort zuständigen Jugendamt angeben, den Erzeuger des Kindes nicht zu kennen. Den Leuten dort würde ich etwas von etlichen, sehr, sehr oberflächlichen, flüchtigen Zufallsbekanntschaften erzählen. So nach dem Motto: Setz′ dich mit dem Hintern auf eine Kreissäge…

Für mein Kind würde es keine Erziehung nach dem »Hüh-Hott-Prinzip« geben; es würde nicht zwischen zwei Elternteilen hin- und her gerissen, wie ich das selbst in meiner eigenen Kindheit erlebt hatte. Ein Elternteil verbietet – das Andere erlaubt! Der Eine brüllt – der Andere tröstet! Die eine Seite bestimmt rigoros – die andere Seite gibt ständig klein bei!

Mein Kind würde nicht ständigem Zank, permanenten elterlichen Machtspielen und verwirrenden Erwachsenenstreitereien ausgesetzt sein, denen es längst noch nicht gewachsen war. Solch einen Horror würde ich meinem eigenen Nachwuchs von Vorne herein ersparen. Wolle ein Mann mit mir eine feste Beziehung eingehen und auf »heile, glückliche Familie« spielen, hätte er halt riesengroßes Pech. Dann lieber nur eine halbe Familie. Für ein Kind war ich ja auch absolut bereit, die Verantwortung zu tragen, wollte auch, so bald es in den Kindergarten käme, stundenweise wieder arbeiten, aber einen Mann wollte ich mir wahrhaftig nicht mehr ans Bein binden. Nee! So derart begriffsstutzig war ich jetzt ehrlich nicht mehr. Ab sofort würde ich den Spieß total umdrehen. Ein Kind, okay. Den dazu gehörigen Vater?

Nein danke – aber danke nein!

Dabei hätte ich – aus heutiger Sicht – im Prinzip zu diesem Zeitpunkt absolut keinen Nachwuchs gebrauchen können! Ich lebte in einer mir noch völlig fremden Stadt, in einem Frauenhaus, war ohne Beschäftigung und somit – zu Mindest momentan – abhängig von der Sozialhilfe. Wer konnte heute schon sagen, für wie lange? Was hätte ich einem Kind also längerfristig bieten können? Die Verwandten hatten mir den Rücken zugekehrt; die Fallreepe hinter mir waren endgültig zerstört. Ein Zurück gab es definitiv nicht mehr. Was hätte ich also zusätzlich noch in absolut unverantwortlicher Weise mit einem vaterlosen Kind anfangen sollen? Würde ich, genau wie meine eigenen Eltern, in der Erziehung pausenlos überreagieren? War ich emotional in der Lage, ein Kind zu erziehen? Ganz davon abgesehen, dass ich ihm den leiblichen Vater, auf den es sogar dem Gesetz nach ein Anrecht hat, bewusst vorenthalten würde? Mir einen eigenen, heilen und glückseligen Familienclan aufbauen? Sollten meine potentiell künftigen Kinder das wieder gerade rücken, was die Männer zuvor reihenweise an mir vermurkst hatten? Mir die Isolation nehmen? Mich von diesem Trauma heilen?

Auf die Idee, dass ich immer noch schwer traumatisiert war, wäre ich zu eben diesem Zeitpunkt im Leben niemals gekommen…

Also ging ich jetzt öfter mal aus, eben zu dem einzigen Zweck, einen ahnungslosen potentiellen Erzeuger zu finden. Eines Tages lernte ich Søren, einen jungen Dänen, kennen. Der lud mich zum Chinesen ein, schenkte mir Blumen und himmelte mich total an. Søren war extrem hellhäutig, weißblond, hager, hatte blaue Augen und drängte sich zu sehr auf, entsprach also nicht wirklich meinem Geschmack. Er dagegen war – im Gegensatz zu mir – mehr als interessiert. Ständig wollte er mich um sich haben. Nee, Kinners! Die blauen Augen und das weißblonde Haar waren ja durchaus okay, aber die käsige Haut und dieser gewohnt männliche, abstoßend-penetrante Charakter törnten mich absolut nicht an. Eines guten Tages kam er mit einem billigen Metallring angelurcht und wollte sich mit mir verloben. Und ich solle zu ihm ziehen! Aber zuvor solle ich mir noch meine Tattoos entfernen lassen. Er stünde nicht auf »Tattooweiber«!

Aha – erneute Bevormundung!

Ich griente ihn an wie ein Elch und sagte ihm, wenn ihm nach Verlobung sei, könne er sich ja mit einer alten Straßenlaterne oder einem Schiffspoller verloben! Zu keiner Zeit hätte ich eine ernste Beziehung vor gehabt, weder zu ihm noch zu überhaupt irgend einem Kerl. Wenn ihm meine Tattoos nicht gefielen, hätte er mich doch gar nicht erst ansprechen brauchen. Und was ihn selbst anginge: Er solle sich auch mal regelmäßig auf die Sonnenbank legen. Ich stünde ebenfalls absolut nicht auf »Käseblöcke«!

Mein eigenes, tiefes Trauma sorgte dafür, dass ich eine feste (und in diesem speziellen Falle: *unnütze*) Beziehung definitiv nicht mehr zuließ!

Es würde ja eh nur immer wieder in die selbe Richtung driften. Diese Mannsvölker waren allesamt auf Gewalt gepolt. Selbst Mutter hatte es mir immer wieder von Kindesbeinen an gepredigt. Egal, welche Beziehung ich auch eingehen würde – es würde erneut eine Beziehung, die auf Gewalt und Erniedrigung geprägt wäre. Es war das Testosteron. Diese Korsaren konnten einfach nicht anders! Sie gaben das Kommando und die Frauen hatten brav zu rudern…

In Gedanken richtete ich mich auf ein Leben als dauerhafte Junggesellin ein!

Mir waren jegliche Illusionen restlos vergangen…

Jahreswechsel

Weihnachten ′83 war sehr deprimierend und traurig!

Die Frauen hatten eine große Tanne besorgt und prächtig geschmückt. Jede der Frauen hatte noch kurz vor Heiligabend ein kleines, liebevoll verpacktes Geschenk besorgt, das in einen großen Jutesack kam. Zur Bescherung musste dann jede Frau hinein greifen und blind ein Päckchen ziehen. Ich zog ein Päckchen mit einem winzigen Kerzenständer und einem Mini-Kerzchen!

Dieses Geschenk bedeutete mir in diesem Moment mehr als alle Geschenke, die ich je zuvor im Leben erhalten hatte! Die Frauen hatten alle nicht viel Geld, mussten knallhart mit jedem Pfennig rechnen – und dennoch versuchten sie, sich trotz des Elends gegenseitig eine kleine Freude zu machen und etwas menschliche Wärme zu geben. Es war einfach traurig-rührend! Ich saß da, hielt den kleinen Kerzenständer an mich gedrückt und heulte wie ein Schlosshund!

Die Kinder der Bewohnerinnen schauten in das Licht des festlich geschmückten Tannenbaumes und weinten bitterlich, weil sie ihre Väter vermissten. Keine von uns war in der Lage, auch nur ein Weihnachtslied anzustimmen. Wir fielen uns nur gegenseitig schluchzend in die Arme und wünschten uns eigentlich nur Eines: Dass alles besser würde! Das war kein Weihnachtsfest – das war eine Trauergemeinde!

Ich verzog mich dann auch schnell in mein Zimmer und kroch unter die Decke...

Dann kamen Silvester und Neujahr. Eines aber schwor ich mir: Das neue Jahr würde gänzlich anders verlaufen als die Jahre zuvor!

Ein Witzblatt-Casanova

Eine Kameradin, Heike, meinte es mal sehr gut mit mir und arrangierte für mich ein Treffen mit einem gewissen Roland St. Heike wusste natürlich, dass es mir ausschließlich um eine freundliche Samenspende ging, aber das hatte sie diesem Roland logischerweise nicht auf die Nase gebunden. Das Treffen sollte völlig zwanglos bei Einer von Heikes Freundinnen stattfinden. An besagtem Tag fuhren Heike und ich also zur vereinbarten Zeit zu dieser Freundin. Wir drei Frauen saßen am Tisch, tranken Kaffee und da der junge Mann noch nicht anwesend war, unterhielten wir uns über ihn. Heike kannte meinen persönlichen Geschmack und sagte, sie habe Roland extra für mich ausgesucht. Er werde mir bestimmt gefallen! Auch er wisse, dass das Treffen arrangiert sei und dass da eine junge, einsame Frau anwesend wäre, die ihn gerne kennen lernen wolle. Roland sei auch sehr einsam und sehne sich nach weiblicher Zuneigung. Und er sei ganz bestimmt nach meinem Geschmack! Ich für meinen Teil hoffte auf einen hübschen, »spendablen« Kerl…

Es schellte; Heikes Freundin ging zur Türe – und da stand er, der Traummann! Hallelujah!

Er hatte dichtes, rabenschwarzes Haar, dunkle Augen, war mindestens Mitte Vierzig *(also ein verdammt »spätes« Jungchen)* und lächelte mich mit feuerrotem Gesicht schüchtern an! Roland war klapperdürr und hatte eine leichte Gehbehinderung. Er hinkte, schlug beim Gehen buchstäblich fast mit den Knien Funken und trug eine total eulenhafte Brille, deren Gestell sein gesamtes Gesichtsprofil überlagerte. Dazu hatte er einen dichten, buschigen Schnauzbart, dessen lange Borsten ihm in alle Richtungen wild von der Oberlippe abstanden. Obendrein roch er ziemlich streng nach »Pitralon«. In seiner ganzen Erscheinung wirkte er wie ein schlecht gebundenes Gesangbuch. Es passte Eines nicht zum Anderen! Der Typ war ein echter Kalauer! Ich musste mich sehr gepflegt am Riemen reißen, um ihm, trotz eines gewissen Mitleides, nicht laut ins Gesicht zu lachen!

Heimat, deine Sterne – der war ja schneller gemalt als fotografiert!

Wenigstens Haar- und Augenfarbe stimmten. Er kam mit schlaksigen Schritten näher, wurde noch eine Spur feuerroter im Gesicht und fuchtelte total verlegen an seinen knochigen, sehnigen Händen herum. Nach der Begrüßung wurde er direkt neben mich auf die Couch platziert. Wir Vier unterhielten uns und Roland taute so langsam auf. Es ging dazu über, dass Heike und ihre Freundin sich so nach und nach im Gespräch von uns absonderten. Die Beiden rückten zusammen und ließen Roland und mich auf der Couch immer mehr für uns. Wir sprachen von unseren Hobbies und Interessen. Roland sagte, er interessiere sich für Filmerei und Fotografie. Freunde habe er keine und es täte ihm richtig gut, sich mal mit einem netten Menschen unterhalten zu können. Roland schien eindeutig auf der Schattenseite des Lebens zu stehen. Für die Frauenwelt rangierte er wohl lediglich unter der Kategorie »Fallobst«. Er machte einen warmen, sympathischen, aber mitleiderregenden Eindruck und wirkte auf mich mit seinem knochigen Körperbau und den eingefallenen Wangen, als käme er geradewegs aus dem Gruselkabinett!

Es soll nun nicht diffamierend klingen – es war einfach Tatsache!

Trotzdem musste ich mir zwischendurch immer wieder das Lachen verbeißen, wenn er mich wie ein treuer Fiffi mit seinen dunkelbraunen, verklärten Kalbsaugen hinter seiner viel zu großen Eulen-Brille verträumt anstarrte! Echt rattenscharf…

Wir Vier gingen noch in eine Gaststätte. Nach einer Weile verabschiedete sich Heikes Freundin. Heike musste natürlich auch bald aufbrechen, aus irgend einem fadenscheinigen Grund. Roland sah mich verträumt an und meinte: »Sicher wirst du aber doch noch etwas bleiben wollen.«

Heike zwinkerte mir grienend und nickend hinter seinem Rücken zu. Oh ja, sagte ich, gerne bliebe ich noch ein Weilchen. Heike rauschte schmunzelnd ab. Roland und ich tranken noch etwas und redeten in aller Gemütlichkeit – besser gesagt: er redete!

Als ich aufbrechen wollte, brachte Roland mich zum Bus und fragte, ob er mich wiedersehen dürfe. Ich nickte freundlich und gab ihm die Nummer des Frauenhauses. Zum Abschied hielt er meine Hand deutlich länger, als es bei einem gewöhnlichen ersten Treffen üblich sein sollte...

Im Frauenhaus angekommen, kam Heike sofort angewackelt, um mich auszufragen. Ich lachte krampfhaft und meinte, naja, er sei ja sehr lieb, aber auch sehr naiv. Na okay, was soll´s. Es könnte ja trotzdem ein ganz süßes, niedliches Baby dabei heraus kommen. Gut, er sei höflich und freundlich, aber an Sonsten eigentlich doch ein schierer und purer Witzblatt-Casanova. Heike nickte nur und meinte, trotzdem sei es fies von mir, mich so über ihn zu äußern. Denn sie habe, als ich kurz auf Toilette gewesen sei, Roland auch schon nach seiner Meinung gefragt. Er fände mich wunderhübsch und sehr lieb und er könne sich vorstellen, dass aus ihm und mir eventuell mit der Zeit mehr werden könne! Ich sei ein wirklich ganz liebes Deern!

Ich lachte schallend, griente Heike an und meinte, für einen solch verzweifelten, einsamen und mitleiderregenden Mann sei vermutlich jedes Deern dieser Welt ein ganz liebes Deern – wenn er überhaupt jemals das unverschämte Glück hätte, an ein Deern heran zu kommen! Doch da solle er sich bloß in mir man nicht täuschen...

Roland meldete sich bereits am nächsten Tag und wir vereinbarten am Telefon ein Treffen. Er holte mich am Busbahnhof ab und wir fuhren zu ihm nach Hause. Er goss mir Cola ein, stellte was zu Knabbern auf den Tisch und legte Musik auf, richtig kuschelige Schmusesongs. Jau, Wencke, dachte ich, jetzt wird´s gleich richtig schön knuddelig!

Ja, Pustekuchen! An Statt auf Schmusekurs zu gehen, zeigte er mir ganz stolz seine gesamte Kamera-Ausrüstung samt Okular, Linsen, Knöpfchen, Hebelchen und allen möglichen und unmöglichen Aufsätzen, textete mich regelrecht damit zu. Seine Zunge rotierte in seinem Mund wie ein Propellerblatt! Er machte überhaupt nicht die geringsten Anstalten, mich in den Arm zu nehmen und ein Wenig zu knuddeln. Nein, es ging ums Fokussieren, Lichteinstellungen, Farbfilme, Schärfe und ums Entwickeln. Oh ja, Roland war ganz offensichtlich auch sehr gut entwickelt! Als wir dicht beieinander saßen und ich seinem langweiligen Monolog lauschte, konnte ich es deutlich genug erkennen. Der arme Tropf war scharf wie ein Rettich und hatte echte Manschetten davor, sich an mich ran zu tasten! Für einen Mann schien er ganz außergewöhnlich verklemmt zu sein. Na gut, dachte ich, das wird bei ihm bald schon werden; lass´ ihm etwas Zeit. Es passierte – nichts! Es war echt frustrierend...

Beim dritten Treffen kochten wir bei ihm in der Kombüse gemeinsam Spaghetti Mirácoli. Eigentlich hatte er mich zum Essen eingeladen, dann aber ganz kurzfristig umdisponiert und war nun völlig spontan auf die Idee gekommen, wenn wir schon gemeinsam essen wollten, könnten wir ja auch gemeinsam kochen. Nun standen wir in der Kombüse und werkten. Ich dosierte falsch; der Fraß war total versalzen. Es zog Einem förmlich die Mundschleimhaut zusammen! Ich war halt ein miserabler Smutje. Aber Roland hatte nicht mal die Traute, seinen Teller bei Seite zu schieben! Mit gewürzten Tränen in den Augen und schwer atmend kaute er mannhaft weiter und lobte mich sogar noch für meine Zauberei am Herd!

Ja, Roland schien in jeder Beziehung ein ganz armer und treuer, aber feiger Fiffi zu sein. Er brachte es einfach nicht fertig, zu seinen Gefühlen und zu seiner Männlichkeit zu stehen. Hatte er Angst, mich zu verletzen? Egal; ich jedenfalls schob meinen Teller bei Seite und sagte ihm, ich hätte die Spaghetti hoffnungslos versalzen und es würde grauselig schmecken!

Beim vierten Treffen meinte Roland, er wolle herzlich gerne meine Familie mal kennenlernen. Ich sagte ihm, er werde sie nicht kennenlernen; das Thema sei für mich endgültig abgehakt. Roland allerdings beharrte darauf und meinte, er wolle die Eltern des Mädels kennenlernen, wenn er doch schon mit einem Mädel zusammen sei. Auch ich solle seine Eltern kennenlernen. Seiner Mutter habe er bereits von mir erzählt und dass er vorhabe, mich ihnen bald vorzustellen. Es sei endlich langsam an der Zeit, dass wir nach P. zu meiner Familie fahren würden!

Ich erklärte ihm, das, was zwischen meinen Eltern und mir sei, könne er Erstens gar nicht wissen, sei Zweitens meine alleinige Angelegenheit und Drittens sei ich die einzige Person, die das zu entscheiden hätte. Es sei innerhalb der Familie in der Vergangenheit einfach viel zu Viel vorgefallen und für mich sei somit das Thema Elternhaus ein für alle Mal erledigt. Ihn ginge das gar nichts an; es sei meine Entscheidung und die habe er gefälligst zu respektieren. Ich sei eine erwachsene Frau und keine Schulgöre mehr! Und überhaupt, warum ihm das so verdammt wichtig sei?

Roland setzte sich zu mir, sah mir mit todernstem Blick tief in die Augen und eröffnete mir: »Ich will dich zur Ehefrau!«

Ich schluckte, starrte ihn an und wurde vermutlich noch eine Spur blasser! Wie bitte? Er wolle mich – *was?*

Roland nahm meine schreckenskalten, flatternden Hände in die Seinen, nickte ernst und sagte: »Ja, mein Deernchen – ich liebe dich! Wenn du meine Gefühle erwiederst, kannst du doch deine Sachen aus dem Frauenhaus holen und zu mir ziehen. Es wäre eine solche Freude für mich! Dann ist endlich eine geliebte Frau im Haus und sehr bald soll auch das Trippeln kleiner Kinderfüßchen zu hören sein. Es wäre doch herrlich, kleene Windelschieter im Haus zu haben, so´n paar stramme Jungs und süße Deerns! Und darum ist es wichtig, dass du mit deiner Familie wieder ins rechte Lot kommst. Die zu erwartenden Kinnerchens sollten Großeltern haben!«

Oh Herr – schmeiß´ Hirn vom Himmel! Noch so ein Psychopath! Der hatte den Verstand ganz offensichtlich auch mit dem Schaumlöffel gefressen…

Während andere junge Frauen mit Ende Zwanzig abends gemeinsam mit ihren Freundinnen auf die Piste gingen, würde ich mit gerade ein Mal Mitte Zwanzig, umgeben von mehreren brüllenden und plärrenden Kindern, den jüngsten Windelschieter auf dem Arm und mit erneut leicht gewölbtem Bauch, tieftraurig und schweigend aus dem Fenster starren und an die Zeit zurückdenken, als ich in meinem Leben noch die Wahl hatte. Genau eine solche Zukunft konnte ich mir bei Roland mit Leichtigkeit ausmalen – und genau eine solche Zukunft nämlich forderte und erwartete er von mir! Ohne Wenn und Aber – ohne Rücksicht auf Verluste!

Mir würde noch so Etliches mit ihm bevor stehen…

Es war mir natürlich klar, dass dies unser definitiv letztes Treffen war. Ich würde nicht mehr kommen. Er hatte es sich restlos bei mir verkackt. Noch hatte ich die Wahl. Ich musste es beenden, bevor es richtig begann. Jetzt noch würde er es schlucken. Das erste körperliche Beisammensein dagegen würde es für ihn nämlich endgültig machen. Ich bekäme diesen Spinner gar nicht mehr vom Hals. Da braute sich wirklich was zusammen. Was hatte ich in meinem letzten Leben nur verbrochen, dass ich immer wieder auf´s Neue an solche Nieten und Luschen geriet?

Andererseits tat der arme Teufel mir irgendwie verdammt Leid. Dennoch machte ich mir so meine Gedanken. Er und ich waren völlig alleine in der Wohnung. Was würde passieren, wenn ich ihm, jetzt in diesem Augenblick, die ungeschminkte Wahrheit sagen würde? Roland war ein durch und durch wahrhaft verzweifelter Mensch, der mit aller Macht endlich ein Mal das in seinem Leben wollte, was gewöhnliche andere glückliche Männer schon längst hatten. Meine Signale kamen nicht bei ihm an. Sein persönliches Glück ausschließlich stand für ihn im Vordergrund. Notfalls würde er es erzwingen. Er mutierte ja bereits jetzt schon zu einem frenetischen Klammeraffen. Dass sein strahlendes Glück ganz eindeutig und klar mein Untergang wäre, daran verschwendete er ganz offensichtlich nicht einen einzigen Gedanken. Wie würde er auf meine Erklärung reagieren? Er war nicht gewöhnlich, sondern einsam, todunglücklich und seelisch krank. Käme es im schlimmsten Falle zu einer Kurzschlussreaktion? Ich konnte es nicht einschätzen. Eventuell würde ich meine ehrlichen Worte von einer Sekunde zur Anderen bitter bereuen.

Am Telefon würde die Wahrheit für mich nicht zu einer potentiellen Gefahr. Bevor es jetzt noch richtig brenzlig wurde, musste ich also schnellstens aus seinem Dunstkreis verduften. Darum sagte ich ihm nur, ich werde mir das Ganze durch den Kopf gehen lassen. Sein Antrag ehre mich; nur sei ich jetzt total überrascht. Er solle mich am Abend ab 20.00 Uhr anrufen. Dann könne ich ihm vielleicht eine Antwort auf seine Frage geben. Roland brachte mich zum Bus und gab mir zum Abschied einen schnellen, sanften und schüchternen Kuss...

Am frühen Nachmittag war ich wieder im Frauenhaus. Kaum im Korridor, kam Heike angerauscht und sagte: »Roland hat soeben angerufen. Er wollte wissen, ob du schon da bist.« Ich bekam einen nervösen Lachkrampf und erzählte Heike von dem ganzen blöden Mumbo, den Roland vom Stapel gelassen hatte. Dass er ganz schön drängende Torschlusspanik habe und mich komplett überrumpeln wolle. Falls er am Tage noch mal anrufe, solle Heike ihm ausrichten, ich sei noch nicht daheim. Schmunzelnd flüsterte ich meiner Freundin zu, ich müsse mir noch einen entsprechenden Text überlegen...

In der Tat – Roland rief an diesem Tage noch reichlich an. Praktisch alle dreißig Minuten ging das Telefon. Ich ließ ihn über meine Kameradinnen abwimmeln. Aus welchem Sanatorium war der getürmt? Meine Hacke – der hatte ja echt einen gepflegten Sonnenstich! Am Abend packte mich endlich die richtige Wut und ich rief ihn an. Jetzt würde er eine passende Standpauke zu hören bekommen!

Roland rief erfreut meinen Namen! Ob ich eine Entscheidung getroffen habe?

»Oh ja«, zischte ich in die Muschel, »ich habe eine Entscheidung getroffen! Ich werde dich nicht heiraten – und es wird auch kein Wiedersehen geben! Du kannst mit deinen ständigen Telefonanrufen keine Entscheidung erzwingen. Am Abend, ab 20.00 Uhr, habe ich dir gesagt! Jetzt ist es knapp 18.45 Uhr und du hast mindestens schon neun Mal angebimmelt! Das, was du da betreibst, ist ja der reinste Rohr-Terror! Fliegen kann ich schließlich nicht, eben so Wenig, wie ich als freier Mensch dir gegenüber Rechenschaft schuldig bin. Du hast ja wohl komplett einen Sonnenstich! Dein Auftritt hat mir ohnehin schon restlos gelangt. Ich lasse mich von Nichts und Niemandem unter Druck setzen! «

Roland stotterte in weinerlichem Ton: »Aber bitte, ich will dich doch nicht unter Druck setzen…« Ich antwortete: »Genau das tust du aber. Meine persönliche Familiensituation geht dich einen feuchten Schiet an. Was glaubst du wohl, warum ich denn – im Alter von gerade ein Mal einundzwanzig Jahren – in einem Frauenhaus sitze? Wäre das familiäre Verhältnis absolut in Ordnung, würde ich in P. im Elternhaus leben und nicht hier im fremden L. in einem Frauenhaus! Hast du dir ein Mal Gedanken darüber gemacht, was ein Frauenhaus eigentlich ist?«

»Äääh…nee…nicht so wirklich…« Ein toller Kommentar!

»Warum hast du mich zum Beispiel nie nach meiner eigenen Vergangenheit gefragt?«, fragte ich, »Hat dich anscheinend gar nicht erst interessiert, wie? Ist wohl zweitrangig, wo die Partnerin her kommt und was sie durchgestanden hat. Wählerisch mit einer Frau bist du nicht. Du nimmst in deiner Not und Einsamkeit einfach, was du kriegst. Hauptsache, du hast ein Vehikel, das dir deine heiß ersehnten Nachkommen liefert! Dir geht es wohl ausschließlich um dich selbst. Ist es nicht so?«

Roland schluckte hörbar. Sein restliches Schweigen war mir Antwort genug!

»Ein Frauenhaus ist dazu da, um Frauen in einer akuten Notsituation gerade vor Männern wie dir zu schützen. Die Gründe, warum ich dort lebe, sind wirklich und wahrhaftig sehr schwer wiegend. In meiner Familie ist nämlich überhaupt nichts in Ordnung! Weil sie mich gnadenlos auf die Schnauze hat fallen lassen, geriet ich immer wieder an die falschen Partner. Die wollten mich auch pausenlos schwängern, schikanierten und kommandierten mich herum.! Prügel gab es mehr als regelmäßig. Ein Mal hätte ich es fast mit meinem Leben bezahlt. Gerade darum lebe ich in einem Frauenhaus!«

Woraufhin Roland tief traurig meinte: »Naja, das konnte ich leider nicht wissen. Das tut mir auch von ganzem Herzen Leid. Zur Not werden die Kleinen halt dann eben ohne Großeltern mütterlicherseits aufwachsen. Gut, ich werde deine Gefühle respektieren. Aber bitte, denke doch wenigstens noch ein Mal über Heirat und Kinder nach. Ich liebe dich wirklich über Alles!«

Ja, wer es glaubt, wird selig! Was für ein gnadenloser Enthusiast! Er peilte es einfach nicht! Der lebte ja wahrhaftig – und das trotz seines Alters – immer noch vollkommen in einem tangerinbonbonrosaroten Wolkenkuckucksheim…

Roland schien eindeutig die harte Schiene zu benötigen. Normalerweise wäre ich in meiner Formulierung deutlich höflicher und gewählter gewesen, doch ohne Kandare und Sporen bekäme ich diesen Menschen offenbar gar nicht mehr vom Hals. An der Strippe konnte er mir nicht gefährlich werden; er konnte ja schlecht durch den Hörer springen und mir den Kopf abreißen. Ihm fehlte eindeutig die Peilung. Auf welchem Traumplaneten lebte er? Bevor er in seinem testosterongesteuerten Gefühlschaos noch ganz in den siebenten Wonnehimmel abdriftete, musste ich ihn jetzt ganz flott und brutal aus seinem zuckersüßen Wolkenkuckucksrefugium auf den knallharten Boden der Realität zurück holen!

Ich fletschte in die Muschel: »Ja, schnallst du es immer noch nicht? Da gibt es nichts mehr nachzudenken. Ich werde dich nicht heiraten. Ich will überhaupt Niemanden heiraten, weder jetzt noch in der Zukunft. Die Freiheit, für mich selbst zu denken, zu entscheiden und zu handeln, nimmt mir kein Mann mehr. Nie wieder in meinem ganzen Leben! Nach gerade mal dem vierten Treffen kannst du mir doch nicht gleich mit einem Heiratsantrag kommen! Nee, Kinners! Jetzt plötzlich, peng – mit Mitte Vierzig – fällt dir völlig spontan ein, dass du ja noch eben ganz auf die Schnelle eine Familie gründen musst! Was soll dieser Bullshit? Ich lebe in einem Frauenhaus, habe noch immer mit der eigenen Vergangenheit zu kämpfen, die nur aus männlicher Gewalt bestanden hat – und du willst mich zu einer völlig überstürzten Ehe überrumpeln und mich so schnell als möglich ins Wochenbett zwingen! Du hast überhaupt nichts begriffen, da es bei dir ja alleine schon am Zuhören mangelt. Ich bin doch kein Blitzableiter! Du suchst keine geliebte, gleichberechtigte, fühlende und denkende Partnerin, sondern lediglich einen fertilen, seelenlosen Fleischklumpen, mit dem du dich vermehren kannst. Ein Wesen, in dem der Mann seine eigenen Erbfaktoren weiter geben kann. Alter, Aussehen, Charakter, Vergangenheit so wie die Gefühle, persönlichen Interessen und Neigungen einer Frau sind dir doch im Grunde so was von schnuppe. Hauptsache, sie ist im fruchtbaren Alter und kann noch ein paar stramme Stammhalter werfen! Aus dem Frauenhaus ins Ehebett und gleich wieder jede Menge neuer Verpflichtungen – als vom Ehemann eingeschüchtertes, schweigendes Hausfrauchen und sehr bald fünffache Mutti! Ay ay, Herr Kapitän! Halb traumatisiert und kaum erholt von männlicher Tyrannei raus aus dem Frauenhaus und hinein in erneute Fremdbestimmung durch einen Mann. Volle Hacke in die nächste Kacke – wir Deerns sind ja so flexibel! Hältst du dich selbst etwa für so unwiderstehlich – oder mich für derart wuschig? Du kennst mich doch praktisch gar nicht. Nur, weil ich dir vielleicht ein paar Mal zugelächelt habe, fühlst du dich jetzt total gebumsfiedelt. Du verliebst dich ja schneller, als ein Pferd rennen kann! Auf eine solch entsetzlich testosterongesteuerte Selbstbeweihräucherung kann ich nicht. Andere Paare lassen sich zu einer solch wichtigen Entscheidung bis zu mehreren Jahren Zeit. Kurz nach dem Kennenlernen gleich man im Schweinsgalopp zum Standesamt – und dann gleich ab in die Koje! Das Schlafzimmer wird zum Besamungsraum! Wie verzweifelt bist du? Mein Gott, was diese Mannsvölker immer gleich mit dem Heiraten haben! Heiraten, Hochzeitsglocken und die Braut am Besten sofort in der Hochzeitsnacht drall stempeln! Möglichst noch mit Zwillingen! Die Frau soll nach Möglichkeit auf persönlichen Wunsch ihres Großmoguls unmittelbar nach dem ersten Kuss gleich einen kugelrunden Bauch, heftigste Heißhungerattacken und die Schwangerenübelkeit kriegen! Und zwar schneller als der Schall! Du hast mich noch nicht ein einziges Mal angefasst – und träumst schon von Heirat und trippelnden Kinderfüßchen! Glanzparade! Was für ein Brüller! Was Kinder angeht: Die kann ich getrost auch ohne Partner bekommen...«

Roland unterbrach mich und seufzte weinerlich: »Wir hätten doch Kinder miteinander haben können...« Er hatte es noch immer nicht gepeilt!

»Ja«, fauchte ich und holte tief Luft, »genau das ist es: Miteinander! Aber auch als Mutter will ich ledig und eigenständig bleiben! Ein bis zwei Kinder, ja gerne. Den dazu gehörigen Erzeuger – nein Danke! Vielen Dank, aber danke nein! Und so ganz nebenbei: wie gedenkst du eine potentielle Familie überhaupt auf Dauer zu ernähren? Kinder kosten einen Haufen Geld – und du bist langzeitarbeitslos! Dazu hast du mich alleine mit deinem Film- und Fotohobby schon fast nonstop mundtot geredet und mich praktisch, was meine eigenen, persönlichen Interessen angeht, gar nicht erst zu Wort kommen lassen. Selbst meine Vergangenheit scheint dich nicht zu interessieren, sonst hättest du auch mir ein Mal aufmerksam zugehört und dir ein paar Gedanken gemacht, an Statt pausenlos ohne Punkt und Komma ausschließlich über dich und deine eigenen Interessen zu schnabulieren, bis die Zunge glüht. In den zwei Stunden bei dir habe ich vielleicht mit Mühe und Not ganze fünf Sätze heraus bekommen! Ich lasse mich doch nicht über den Haufen reden! Alleine bei dem bloßen Gedanken an ein solches Leben kommt mir schon das kalte Grausen. Das ist ja der schiere Holocaust! Wie das wohl in der weiteren, von dir erträumten Zukunft, läuft? Der Papa spricht – Die Mama schweigt! Alles klar, de Beukelaar! Dadurch hast du garantiert keine Pluspunkte bei mir gesammelt. Ganz im Gegenteil. Du verkörperst mit deinem Benehmen sämtliche abstoßenden, ekelhaften und widerlichen Verhaltensweisen, die ein Mann nur haben kann! Ich möchte noch in Frieden ein paar Jahre Jugend genießen! Und so ganz nebenbei gesagt: Ich werde niemals mehr blindlings und blauäugig in eine so derart unselige Beziehung tappen, laufe nicht mehr mit Schwung ins offene Messer hinein. Das habe ich bereits in mehr als ausreichendem Maße hinter mir und bin, was Beziehungen angeht, mittlerweile drei Mal chemisch gereinigt. Du dagegen existierst offenbar vollkommen in einer bunt schillernden Märchenwelt. Roland, du bist krank! Werd´ endlich erwachsen! Ich musste es auch! Wenn dich bislang keine andere Frau genommen hat, werde ich selbst ebenfalls keinen ultraschnellen Turbostarter erwählen, der gleich man mit der Türe ins Haus poltert. So ein heißer Feger bist du nun wirklich nicht. Ich bin vielleicht verpeilt, aber so verpeilt nun auch wieder nicht, dass ich ausgerechnet dich nehme. Du bist ja ein wahrer Begriffslegastheniker! Hast du es jetzt endlich geschnallt? Ich will dich nicht! Lieber bleibe ich ganz für mich alleine!

So, du weißt nun Bescheid; es ist alles gesagt, was zu sagen war – und ich werde nun auflegen. Such´ dir ein anderes Opfer und ruf´ mich nicht mehr an. Hast du das jetzt endlich gerafft?«

Roland sagte nur weinerlich, das sei sehr, sehr schade, aber er verspräche, mich ab sofort in Ruhe zu lassen. Ich legte total angewidert auf…

Ja klar! Prinz findet Prinzessin, küsst sie wach, fragt sie dann gleich auf der Stelle, ob sie mit ihm auf sein Schloss kommen und als Königin an seiner Seite leben wolle. Die Prinzessin sagt freudestrahlend ja – praktisch auf Paukenschlag!

Und wenn sie nicht gestorben sind, lieben sie sich noch immer, zeugen fleißig kleine Prinzchen und Prinzesschen am laufenden Band und sind miteinander glücklich bis an das Ende ihrer Tage! Ein dreifaches Hoch! Das perfekte »Familien-Xanadu«!

Da hatte doch wohl eindeutig Jemand zu viele Märchen gelesen…

Neuzugänge

Irgendwann im Februar'84 kam Oxana ins Frauenhaus. Sie hatte ihre drei Kinder dabei: Mirela, Karol und Jendrich. Oxana wirkte sehr verwirrt und gab vor, Französin zu sein. Tatsächlich kam sie aus Tschechien. Den Vereinsdamen war sie bereits von einem früheren Frauenhausaufenthalt bekannt. Es wurde uns gesagt, sie sei stark verhaltensgestört und es bestehe eine schwere psychische Erkrankung. Wir sollten sie um Gottes Willen nicht all zu Ernst nehmen. Mit einigen Frauen aus den östlichen Ländern sei es manchmal etwas schwieriger...

Oh ja – dann kriegten wir Nellie! Sie kam mit ihren beiden dreijährigen Zwillingstöchtern, Jette und Natalie. Die Drei kamen mit zu mir aufs Zimmer. Nellie sah lecker aus: Ein Auge metallisch blau, die oberen Frontzähne ausgeschlagen, geschwollene Lippe und das Haar büschelweise ausgerissen. Ihr ganzer Körper war mit Blutergüssen übersät. Dennnoch hielt sie sich stolz und aufrecht und hatte einen einfach um werfenden Humor. Den lernte ich noch früh genug kennen.

Dazu eine kleine Story: Nellie hatte in der Innenstadt einen Backfisch-Stand, der auf ihren alleinigen Namen lief. Allerdings arbeitete ihr Mann darin. Nun wollte sie diesen Schietkerl fertig machen und das Gewerbe abmelden. Dazu musste sie zum Gewerbeamt. Da sie Angst hatte, ihrem Göttergatten vor die Flinte zu laufen, nahm sie mich mit. Nellie meldete das Gewerbe ab, dann ging es wieder nach Draußen. So weit, so gut. Wir kamen am Rathaus vorbei. Auf den breiten Steinstufen hatten sich etliche gut gelaunte Menschen versammelt, mitten drin ein junges Brautpaar. Die Braut strahlte glücklich in ihrem langen, weißen Schleier!

Doch dann, als wir an ihr vorbei defilierten, sah sie Nellies dickes Veilchen und die angeschwollene, verkrustete Lippe. Die junge Braut starrte ganz entgeistert auf meine Kameradin!

Nellie grinste böse und rief ganz laut und quer über den Platz der jungen Gattin zu: »Jaja, präg'dir das marmorierte Auge und die zerschlagene Fresse gut ein! In ein paar Jährchen wirst du nämlich genauso herum laufen! Dann wirst du auch von deinem Kerl nach Strich und Faden vermöbelt und vertrimmt! Der verarbeitet dich noch früh genug zu Möwenfutter! Hoffentlich ist dir klar, dass du soeben im Trausaal dein eigenes, ganz persönliches Todesurteil unterschrieben hast! Willst du schon mal die Telefonnummer des Frauenhauses haben? Früher oder später wirst du nämlich unweigerlich auch dort landen!«

Alles starrte Nellie an! Es war echt friesisch-herb! Die junge Braut schlug entsetzt die Hände vors Gesicht und schüttelte fassungslos den Kopf! Dem jungen Bräutigam entgleisten spornstreichs sämtliche Gesichtszüge! Er stand da wie »Pik Sieben« und wurde zinnoberrot!

»Ja«, röhrte Nellie ihm entgegen, »noch so ein zukünftiger Frauenschänder! Halt´ doch Maulaffen feil!«

Ich packte Nellie am Arm und zog sie rasch um die nächste Ecke, wo wir uns vor Lachen dann halb ausschütteten. Tatsache aber war: Sie hatte ihren eigenen Schock ebenfalls noch nicht verarbeitet…

Dschingis, Horst, Tobias, Gernot, Jürgen, Rudi, Hidir, Frederik und Roland spukten mir Nach wie Vor im Kopf herum. Männer wurden mir immer bedrohlicher und mysteriöser. Wie gnadenlos pervers und abartig waren diese Wesen eigentlich gestrickt? Was hatten sie immer mit ihrem schnellen überstürzten Heiratenwollen und ihrem penetranten Zeugungswillen? Für ihre Kinder übernahmen sie ja ohnehin praktisch keinerlei Verantwortung.

Ich dachte über die Ehemänner und Lebenspartner meiner Mitbewohnerinnen nach. Wie ekelhaft gefühllos konnten diese gewaltbereiten Männer sich mit ihren faulen Hirnen an den unzähligen Leiden und Qualen der Frauen weiden? Was waren das für feige Memmen, arme Bruchpiloten, elende Raubritter und kranke Spinner? Warum taten Männer so etwas? Was für ein Drüsenfieber trieb sie zu so einem Verhalten? In welcher Galaxie lebten sie? Welche berauschende Allmacht glaubten sie, zu besitzen?

Was hatten sie von all dem?

Sie zerstörten mutwillig ihre ursprünglich heilen, liebevollen Beziehungen. Nur warum? Ich wusste auf all diese Fragen keine Antworten mehr. Alles, was ich aus eigener, leidvoller Erfahrung kannte: Männer waren der hinterletzte Abschaum und frau täte besser daran, sich – bis vielleicht zum Akte der Kindszeugung – komplett und restlos von ihnen fern zu halten! Keine Männer, keine Tränen!

Ich schottete mich total im Frauenhaus ab und fühlte mich nur noch wohl in ausschließlich weiblicher Gesellschaft. War ich irgendwo draußen mit einer Gruppe Frauen zusammen und es gesellte sich auch nur ein einziger Mann hinzu, verkrampfte sich Alles in mir vor Ekel und Abscheu! Es kam der große Aha-Effekt: Ich war eine bekennende Männerhasserin!

Weiter ging es im Takt mit Nellie!

Eines guten Tages waren wir Beide mit dem Großeinkauf dran. Wir schoben im Aldi Jede einen Einkaufswagen vor uns her und luden auf. Dabei kamen wir an einer Propagandistin vorbei, die Reklame für »Kemper´s Korn« machte. Nellie und ich zwitscherten uns Jede einen Doppelten hinter die Binde. Nachdem die Wagen voll gepackt waren, zog Nellie mich erneut zu diesem Fuselstand. Wir konnten nicht widerstehen – und noch einen Doppelten rein! Und noch Einen! Auf dem Weg zur Kasse waren wir bereits leicht beschwipst! Krampfhaft ernst zahlten wir und sahen zu, dass wir ohne Gelächter und großes Ahoi aus dem Aldi raus kamen!

Auf der Straße kullerten unsere »Gogos« hin und her, denn der Bürgersteig hatte zur Bordsteinkante hin ein leichtes Gefälle und nüchtern waren wir beiden Deerns, wie gesagt, auch nicht mehr so ganz. Wir hatten echte Probleme, unsere Einkaufswagen und uns selbst in den Griff zu kriegen. Nellie gluckste sich Einen weg. Ich drehte mich um und kreischte mich über Nellie halb kaputt, wie sie krampfhaft bemüht war, den Einkaufswagen in der Spur zu halten. Wir beeumelten uns über einen Pudel, ein Auto, ein Verkehrsschild, über uns gegenseitig und über uns selbst. Dem entsprechend kamen wir natürlich auch nur im Schritttempo vorwärts. Nellie kicherte hinter mir plötzlich: »Dreh´ dich jetzt bloß nicht um und lach´ mir ins Gesicht! Dann schiff´ ich mich nämlich ganz gemein und kräftig ein!«

Selbstverständlich drehte ich mich um und lachte ihr ins Gesicht. Nellie blieb stocksteif stehen und wurde kreideweiß! Ihre Hose verfärbte sich im Schritt dunkel und unten plätscherte es munter!

Leise rauscht es am Missouri…

Ich starrte Nellie an und fragte noch so töricht grinsend, was sie denn jetzt gemacht habe! Nellie kicherte und sagte: »Gib´ das bescheuerte Grienen dran! Zum Donnerkeil – ich hab` mich eingeschifft! Ich hab´

dir doch ausdrücklich gesagt, du sollst dich nicht umdrehen und mir ins Gesicht lachen! Jetzt hab´ ich den Schiet!«

Gemeinsam watschelten wir lachend in Richtung Frauenhaus. Vor der Türe blieben wie erst ein Mal stehen, lachten uns scheckig und versuchten krampfhaft, wieder nüchtern zu werden. Nach etwa einer halben Stunde war der Alkohol abgebaut. Wir schoben die Wagen ins Haus und Nellie sprang hoch ins Bad, duschte ausgiebig und wechselte die Hosen...

Eines Abends hatte ich ein zu heißes Bad genommen. In der Nacht darauf setzte dann meine Menstruation ein – sehr kräftig! Als ich am kommenden Morgen zur Toilette wollte, merkte ich plötzlich, wie mir das Blut warm an den Beinen entlang lief. Im Nu waren das Nachthemd, meine Füße und der Boden eingesaut! Ich quiekte und lachte gleichzeitig! Cordula, meine Zimmerkameradin, kam sofort angewetzt und sah das Dilemma. Sofort holte sie mir einige Taschentücher, damit ich mir erst ein Mal was zwischen die Beine klemmen konnte. Während ich breitbeinig mit den Taschentüchern in dem kleinen Malheur stand, eilte Cordula geschwind hoch ins Bad. Augenblicke später erschien sie mit einem feuchten Waschlappen und kniete sich vor mich. Liebevoll wischte sie mir die Beine und die Füße ab, sah mich von Unten herauf treuherzig an und lächelte. Dann sagte sie mit sanfter, tröstender Stimme: »Du armes Deernchen! Heute bleibst du mir aber man fein in der Koje!«

Cordula war nicht älter als ich!

Ich stand da und bekam bei ihren Worten einen tierischen Lachkrampf – aber Cordula meinte es wirklich todernst! Nachdem ich sauber, frisch und verpackt zurück in unserem Zimmer war, schickte sie mich schnurstracks wieder unter die warmen Daunen. Sie brachte mir die Mahlzeiten, die Getränke und kleine Knabbereien ans Bett, streichelte mir liebevoll über den Kopf. An diesem Tag hatte ich Room-Service mit allen Schikanen!

Es war richtig rührend, wie sich die Frauen umeinander sorgten. Nein, von einem Mann hatten wir dergleichen nie zu erwarten gehabt. So viel Elend hatten diese Frauen erlebt, dass sie sich die Zeit, die sie miteinander im Frauenhaus verbrachten, so angenehm und friedlich machen wollten, wie es nur möglich war!

So übernahm ich sehr gerne die Aufsicht über die Kinder meiner Mitbewohnerinnen oder begleitete sie zu den Treffen mit ihren Männern, wenn sie Angst hatten. Wir waren einfach bedingungslos füreinander da, wie Schwestern, eingebettet in einen Kokon aus Familie, Verständnis und Geborgenheit!
Mich erfüllte ein tiefer, warmer Frieden…

Das Leid der Frauen

Es gab aber auch immer wieder Situationen, über die wir wahrhaftig nicht mehr lachen konnten. Sie erfüllten uns nur noch mit tiefster Abscheu. Zum Beispiel einige Fälle, die wir ins Frauenhaus bekamen. Da waren zum Teil echte Kriminalgeschichten dabei!

Nehmen wir ein Mal Adelheid, die junge Friesin. Sie kam eines Abends, in der einen Hand einen dicken Koffer, an der anderen Hand ihre siebenjährige Tochter Sigrid. Beide klammerten sich verstört und weinend aneinander. Wir stellten ihnen in der Küche erstmal was zu Trinken auf den Tisch. Adelheid zitterte am ganzen Körper und sagte, sie müsse gleich noch ein Mal zurück in die eheliche Wohnung, ihren zweieinhalbjährigen Sohn Vinzent holen. Als wir sie fragten, warum sie ihn denn nicht gleich mitgebracht hätte, begann sie erneut, bitterlich zu weinen. Ihr Mann sei von Beruf Paketbote. Er habe schon Tage zuvor spitz gekriegt, dass seine Frau flüchten wolle und habe ihr gesagt, die Tochter könne sie mitnehmen, den Sohn aber gebe er um keinen Preis der Welt hinaus! Und als Adelheid an diesem Morgen aufstand, um die letzten Sachen zu packen, war das Kinderbettchen leer! Von dem kleinen Vinzent keine Spur! Adelheid hatte die Kinderschränke durchgeforstet, aber an Kleidung fehlte kein Stück. Auch aus der Pampers-Packung war keine Ersatzwindel entnommen worden. Der Schlafanzug des Jungen war aber auch Nirgends zu finden und der Vater war zur Arbeit. Langsam dämmerte es Adelheid: Ihr Mann hatte den Jungen zum Dienst mitgenommen! Das hieß im Klartext: Der kleine Vinzent saß mit der vollen Windel und nur in seinen dünnen Pyjama gekleidet hungrig, durstig, frierend, müde und verängstigt hinter seinem Vater auf dem Rücksitz des Bullys! Und das seit mittlerweile über zwölf Stunden! Das arme Kind…

Adelheid sagte schluchzend, sie werde jetzt in die eheliche Wohnung fahren und den Kleinen holen. Nun sei ihr Mann wieder daheim; er habe seit einer knappen Stunde Feierabend. Auch auf die Gefahr hin, dass er Adelheid tot schlüge: Sie müsse versuchen, ihren Sohn aus dieser Hölle zu holen! Sigrid ließe sie im Frauenhaus und falls sie selbst es nicht überlebe, sei die Tochter wenigstens in Sicherheit!

Wir hängten uns ans Telefon und klingelten die Vereinsdamen aus der Freizeit. Kurz darauf trafen sie im Frauenhaus ein. Adelheid erklärte ihnen weinend die Situation. Die Vereinsdamen beruhigten sie und erklärten ihr, sie ließen sie nicht alleine fahren. Zwei Frauen würden sie begleiten, damit ihr nichts zustieße und sie ihren Jungen holen könne. Adelheid nickte dankbar und erschöpft und bat ihre Tochter, im Frauenhaus bei den anderen Frauen zu bleiben. Mami käme gleich wieder. Doch Sigrid klammerte sich hysterisch schreiend an der Mutter fest! Wir mussten sie mit sanfter Gewalt von Adelheid trennen!

Die Frauen schwangen sich also zusammen mit Adelheid in den Wagen und fuhren los. Irgendwann, eine ganze Weile später, kamen sie zurück. Sie trugen weitere Koffer und Taschen. Adelheid hatte weitere, frische Spuren von Schlägen im Gesicht, doch erleichtert trug sie den kleinen Vinzent auf dem Arm!

Später, in der Gemeinschaftsküche, erzählte sie uns bei einer Tasse Kaffee, was soeben passiert war: Adelheid war mit den beiden Vereinsdamen zur ehelichen Wohnung gefahren. Die drei Frauen waren die Treppe hinauf gegangen und Adelheid hatte geschellt. Ihr Mann hatte geöffnet und seine Frau mit weiblicher Verstärkung gesehen. Adelheid hatte ihm gesagt, sie sei gekommen, um Vinzent zu holen. Der Kerl hatte sie am Arm gepackt, sie in die Wohnung gerissen und habe die Türe hinter sich zu geschlagen! Die Vereinsdamen waren im Treppenhaus gestanden und hatten ein lautes Gepolter, Gebrülle und Geschepper gehört. Es hatte ein paar Mal geklatscht und Adelheids gellende Schreie waren durch die Türe nach Außen gedrungen. Die beiden Vereinsdamen hatten sich nur kurz angeschaut. Eine war oben geblieben, die Andere war hinunter gerannt und hatte über eine andere Anwohnerin die Polizei verständigt. Es waren gleich mehrere Streifenwagen gekommen. Die Vereinsdame, die unten im Treppenhaus gestanden war, hatte die Haustüre geöffnet. Die Beamten hatten den Kerl aufgefordert, die Wohnungstüre zu öffnen, anderenfalls werden sie sie eintreten. Endlich hatte der Kerl aufgemacht. Adelheid war blutend mitten im Korridor gelegen und der Kerl habe wieder auf sie eindreschen wollen. Die Beamten haben ihn mit aller Gewalt in Schach halten müssen, damit Adelheid mit den Vereinsdamen die restlichen Sachen und ihren kleinen Sohn aus der

Wohnung holen konnte! Der Gewaltmensch wurde in Handschellen zum Präsidium gefahren...

Dann die weit mehr als schockierende Geschichte von Hildegard: Sie kam gemeinsam mit ihrem elfjährigen Sohn Jörn ins Frauenhaus. Ihr Schicksal war – so ziemlich mit ganz großem Abstand – das Grauenvollste, was mir jemals zu Ohren gekommen ist!

Hildegard war mal zu einer früheren Zeit mit einem Mann zusammen. Gerade lange genug, bis sie schwanger wurde. Mit dickem Bauch hatte der Erzeuger des Kindes sie sitzen lassen. Später, nach Jörns Geburt, begegnete sie ihrem späteren Ehemann. Vor der Eheschließung hatte er sie auf Händen getragen und ihr stets mit kleinen Aufmerksamkeiten die eine oder andere kleine Freude gemacht. Doch nach der Heirat war es immer schlimmer geworden. Er drosch Hildegard nicht nur ein Mal, sondern mehrmals ins Krankenhaus! Eines Tages trat dieses Monstrum Hildegard derart brutal und mit Brachialgewalt in den Rücken, dass einige Wirbel sich verschoben und die Nervenbahnen für körperliche Empfindungen rissen und unrettbar zerstört worden waren. Der Effekt war, dass Hildegard keinerlei Schmerzen mehr spüren konnte. Sie empfand von nun an weder Hitze noch Kälte noch Stiche oder Schnitte und Verbrennungen. Man hätte ihr praktisch ohne jegliche Betäubung einen Weisheitszahn ziehen können!

Eines Abends war Hildegard zu später Stunde vor dem Fernseher eingeschlafen, richtig tief und fest. Als sie in der Nacht erwachte, baumelte ihr Unterarm in mehrfach unnatürlicher Stellung über die Sessellehne hinab. Das Monstrum hatte ihr, während sie geschlafen hatte, den Arm über die Lehne gelegt, sich auf den Oberarm gekniet und dann mit Schwung den Unterarm hinunter gedrückt. Das Handgelenk hatte er mit Ruck zur Seite weg geknickt! Elle, Speiche und Handgelenk waren mehrfach gebrochen!

Sogar Jörn wurde von seinem brutalen Stiefvater aufs Gemeinste und Dreckigste beschimpft. Er sei ein blöder Dummdödel und habe ja schon einen viereckigen Schädel, damit er nicht von der Düne rausche!

Hildegard hatte auch eine tiefe, lochartige Narbe im Oberschenkel. Als ich sie fragte, woher sie das denn hätte, sagte sie, ihr Mann habe ihr in einem Anfall von Jähzorn den glühend heißen Lötkolben in das Fleisch des Oberschenkels gedrückt!

Hildegard demonstrierte den ganz Hartgesottenen unter uns sogar ihre Unfähigkeit zur Schmerzempfindung. Wir hatten eine alte, ausgediente kleine Pfanne. Die stellte sie auf den Herd, gab ein Paar Tropfen Öl hinein und brachte es zum Sieden. Dann drückte sie ganz kurz die Spitze ihres Daumens in die Pfanne. Es zischte, aber Hildegard stand da und verzog keine Miene. Als sie die Hand wieder hoch nahm, war eine dicke Brandblase auf der Haut – und im heißen Öl war sogar noch ganz kurz der Abdruck des Daumens zu sehen! Es haute uns buchstäblich aus den Galoschen!

Hildegard war erst geflohen, als das Monstrum auch noch begann, auf Jörn einzudreschen. Da, in diesem Moment, kam ihr der entscheidende Kick!

Sie war einige Tage bei uns. Als sie begann, endlich zur Ruhe zu kommen, brach sie plötzlich – wie aus heiterem Himmel – mitten im Wohnzimmer zusammen! Der sofort herbei gerufene Notarzt diagnostizierte schweres Nervenfieber. Nach einer Spritze kam sie wieder auf die Beine. Als es ihr besser ging, telefonierte sie mit ihrer Verwandtschaft. Ein Familienmitglied fand sich bereit, Hildegard und Jörn bei sich aufzunehmen...

Bettina ging es auch dreckig genug. Sie kam mit ihrem vierjährigen Sohn Norman und der fast einjährigen Tochter Lisa. Auch ihr Mann hatte sie bereits in der Vergangenheit ins Spital gedroschen. Kurz, bevor sie ins Frauenhaus floh, hatte sie in der Badewanne noch einen Schwung Kinderwäsche eingeweicht. Als ihr Kerl das sah, packte er ihren Kopf und drückte ihn, so fest und brutal er nur konnte, in das Seifenwasser! Erst, als Bettina das Bewusstsein verlor und sich nicht mehr rührte, hörte er auf und verließ fluchtartig die Wohnung. Das heißt, er hätte somit also ihren Tod durchaus billigend in Kauf genommen! Als der Kerl aus dem Haus war, rappelte Bettina sich irgendwie hoch, packte schleunigst die Koffer, schnappte sich die Kinder und floh in panischer Angst mit ihnen ins Frauenhaus!

Kurz darauf hatte sie einen Termin bei einer Frau R., einer Familiensozialarbeiterin. Bettina sollte sich dort mit ihrem Mann zu einer Aussprache treffen. Auch sollte das Besuchsrecht für die Kinder geklärt werden. Bettina hatte verständlicherweise wahnsinnige Manschetten vor dieser Begegnung und bat mich, sie doch bitte zu begleiten. Bei dem abgrundtiefen Hass, den ich mittlerweile für Männer empfand, tat ich ihr nur zu gerne den Gefallen!

Wir Beiden machten uns also auf den Weg und fuhren zu dieser Sozialstelle. Bettina klärte gleich, dass ich als ihr Bodyguard anwesend bleiben solle. Frau R. war einverstanden und wir tranken erst mal, so lange dieser Kerl noch nicht da war, einen Kaffee. Bettina erzählte Frau R. von dem ganzen ehelichen Dauerterror. Wir saßen zu Dritt um den Tisch und warteten. Dann plötzlich ging der Türsummer. Bettina wurde kreidebleich! Frau R. drückte auf und da kam dieser Raubritter auch schon herein geschneit! Er hatte seine beiden Unterarme frei gemacht, kam wie eine böhmische Wildsau auf Bettina zugestürmt und hielt ihr seine Handgelenke unter die Nase. Da waren frische Wunden zu sehen, mit schwarzen Nähten zusammengeflickt! Bettina wich zitternd und leise keuchend zurück. Der Kerl erklärte Bettina, er habe nach dem Fortgang von Frau und Kindern die Einsamkeit nicht mehr ertragen und einen Suizidversuch unternommen. Er wolle und könne nicht mehr leben ohne seine Familie! Bettina solle sich anschauen, was sie durch ihr Verschwinden angerichtet habe! Er habe versucht, sich die Pulsadern zu öffnen! Und falls Bettina mit den Kindern nicht zu ihm zurück käme, würde er es erneut versuchen!

Jetzt platzte mir der Kragen! »Männlein, du bist vielleicht lustig! Hast wohl ganz eindeutig während der letzten Eiszeit den Fanfarenstoß zum Intelligenz-Paradigmenwechsel nicht mitbekommen!«, fauchte ich, »Hast du den Gong nicht gehört?«

Der Kerl konnte nichts mehr sagen! Er starrte mich nur entsetzt an und muss sich gedacht haben: Himmel – was ist denn das für eine Kampfbestie?

Jetzt wollte Frau R. mich doch vor die Türe schicken, doch Bettina bestand absolut darauf, dass ich blieb! Sie sagte, wie froh sie sei, Jemanden bei sich zu haben, der wirklich und ungeschminkt das ausspräche, was er denkt. Ich solle ruhig weiter reden, denn sie selbst habe diesen Mut nie gehabt! Ich spräche ihr vollkommen aus der Seele!

Der Kerl wollte von Bettina wissen, wo sie denn zur Zeit lebe. Sie aber antwortete lediglich, sie sei mit den Kindern an einem sicheren Ort. Die Adresse ginge ihn nichts an. Woraufhin Bettinas Mann meinte: »Sicher geht mich meine Familie und deren Wohlergehen etwas an!«

Woraufhin mir erneut der Kragen platzte! Ich grinste ihn frech und voller Sarkasmus an und gab ihm zur Antwort, um seine Familie und deren Wohlergehen hätte er sich besser Jahre zuvor mal Gedanken machen sollen. Und zwar bevor er seine Ehefrau grün und blau vermöbelte und sie wie eine räudige Katze halb in der Badewanne ertränkte! Unter solch derartigen Umständen könne ja wohl von einer »Sorge um das Wohlergehen der Familie« nicht mehr die geringste Rede sein! Erst prügele und würge er Frau und Kinder ins Frauenhaus, hocke schön gemütlich alleine in der großen Wohnung – und seine kleine Familie sei gezwungen, sich in der Not zu Dritt in einen kleinen Raum zu pferchen! Sogar jetzt, in dieser Situation, überschütte er Bettina doch nur mit Vorwürfen! Für was für einen Gockel er sich wohl hielt? Was das affige Getue mit den halbherzig angeschnippelten Handgelenken denn sonst sei? Pfui Deibel! Er käme herein gestürmt und hielte seiner verängstigten Frau erst Mal direkt die genähten Wunden unter die Nase! Wenn Bettina gescheit sei, würde sie sich auf derartig billige Erpressungsversuche gar nicht einlassen! Er habe eine solch brave Frau gar nicht verdient! Ich an Bettinas Stelle würde ihm sogar noch das Besuchs- und Sorgerecht für die Kinder komplett entziehen lassen! Denn ein Krimineller, der erst die Ehefrau halb ersäuft und sich nach deren Flucht an den Pulsadern herum schnippelt, könne meiner persönlichen Feststellung nach doch nicht so ganz normal sein! So ein Haudegen könne ja wohl erst recht keinerlei Verantwortung für zwei kleine Kinder übernehmen! Was wäre, wenn er plötzlich in deren Beisein einen Ausraster bekäme und durchdrehen würde? Wer bitte könne in einem solchen Moment für die Sicherheit von zwei hilflosen Kindern garantieren? Und dass er zum Ausrasten neige, habe er ja bereits mit seinen zerschnippelten Handgelenken zur Genüge bewiesen! Und als Mutter wäre mir ja schließlich das Hemd auch näher als die Weste! Fairer sei es vielleicht, wenn er Frau und Kindern die große Wohnung überließe und selber ginge!

So, ich hatte meinen gesamten Dampf abgelassen – jetzt war mir schon bedeutend wohler!

Der Bursche nickte nur betreten und meinte, ich hätte ja Recht. Dennoch könne er nur versuchen, das, was er zerstört habe, so gut als möglich wieder in Ordnung zu bringen. Erneut wandte er sich an Bettina und bat sie um eine Rückkehr. Die wiederum gab ihm zur Antwort, vorläufig sei daran nicht zu denken. Sie werde sich das Ganze gründlich überlegen, bräuchte nun aber Zeit. Frau R. stand halb hinter ihm, sah Bettina an und schüttelte den Kopf. Ich sagte ihm nur ganz ruhig und ernst, wäre ich an Bettinas Stelle – ich käme nicht zurück!

Der Kerl nickte nur betreten und fragte Bettina, ob sie etwas Geld bräuche. Bettina sagte nicht nein. Er gab ihr einen Fünfziger. Wir verabschiedeten uns. Bettina bat Frau R., uns einen zehnminütigen Vorsprung zu geben, damit ihr Mann uns nicht folgen könne. Also verließen wir Beiden das Büro und fuhren Richtung Frauenhaus. Bettina lud mich noch in eine Kneipe ein, wo wir den Fünfziger redlich verspeisten und vertranken!

Gegen Dummheit ist kein Kraut gewachsen: Wenige Tage später ging Bettina mit den Kindern zu ihrem Mann zurück...

Allerdings traf ich sie ein knappes Jahr später in der Innenstadt wieder. Sie war immer noch mit ihrem Mann zusammen – und glücklich! Ihr Mann hatte sich wahrhaftig zu einer Therapie entschlossen und nahm auch regelmäßig daran teil. Er war zu Verstand gekommen! Sein ganzes Wesen hatte sich grundlegend geändert. Bettina strahlte ein ganz neues Selbstbewusstsein aus!

Ihr Mann war Einer der äußerst seltenen, glücklichen Einzelfälle…

Sabine war ein ganz verrücktes Huhn! Sie kam aus F. und war vor ihrem türkischen Lebensgefährten geflohen. Auch sie trug deutlich sichtbare Spuren von voran gegangenen Misshandlungen am Leib. In unserem Frauenhaus fand sie Zuflucht. Ich bekam sie auf mein Zimmer. Sie kotzte sich erst ein Mal alles von der Seele. Ihr Ahmed sei ja so was von gewalttätig! Sabine leierte und betete mir buchstäblich die gesamte Litanei ihrer Misshandlungen herunter. Etwas sehr Vergleichbares kannte ich noch in ausreichendem Maße von Hidir. Sabines Geschichte war weiß Gott schlimm genug. Noch schlimmer und unbegreiflicher aber war, was dann kam: Nach einigen Tagen im Frauenhaus sagte sie, sie müsse noch Mal kurz nach F., ihre restlichen Sachen holen. Sie sei am Abend zurück. Sprach´s, verschwand – und wurde für zwei Tage nicht mehr gesehen!

Als sie endlich zurück ins Frauenhaus kam, hatte sie einige Prellungen und Quetschungen mehr. Sie habe nicht eher kommen können. Ahmed habe sie ständig bewacht und es sei ihr fast unmöglich gewesen, erneut zu fliehen. Na gut, wir Frauen glaubten es ihr.Wenigstens, Sabine war auch zum zweiten Male halbwegs heil und in einem Stück aus dieser Nummer heraus gekommen!

Einige Tage später wollte sie erneut nach F., ihren vergessenen Regenschirm holen – und kam eine ganze Woche nicht wieder! Als sie dann erneut bei uns auftauchte, hatte sie weitere frische Blessuren am Leib!

Nach dieser Aktion redeten wir Sabine ernsthaft ins Gewissen. Sie solle sich ihr weiteres Handeln gründlichst überlegen. Ich erzählte ihr sogar noch in allen Einzelheiten von meinem Elend mit Hidir. Dass zwar längst nicht alle, aber eben auch nicht wenige moslemischen Männer es von ihrem Glauben und ihrer Kultur her gewohnt seien, dass die Frauen absolut zu spuren haben. Die Frau werde nun ein Mal sehr oft als Eigentum des Mannes betrachtet. Diese frauenfeindliche Einstellung werde sich auch aller Wahrscheinlichkeit nach in den nächsten Generationen so bald nicht ändern. Mein Gott, ich habe Stunden lang nonstop auf Sabine eingeredet!

Es nutzte nur nicht sehr Viel, denn nach einigeren weiteren Tagen wollte Sabine, dass ich ihr ein Herz mit den Initialen »S & A« *(Sabine & Ahmed)* in den Oberarm tätowiere. Erst habe ich kategorisch abgelehnt. Bis mir Sabines Bettelei endgültig auf den Zwirn ging. Sie wollte es mir sogar bezahlen. Also habe ich sie tätowiert. Sie war hernach sehr stolz und ich dachte nur: Selig sind die Bekloppten – sie brauchen keinen Hammer!

Sabine fing mittlerweile sogar an, regelrecht von ihrem Ahmed zu schwärmen! Ehrenwort, sie war fast wie eine rindernde Kuh, die dem Stier nachrennt. Regelrecht schizophren war Sabine. Ich konnte nichts Anderes tun, als sie erneut vor diesem Ahmed zu warnen. Aber auch die Tatsache, dass mir irgendwann die Nerven durch gingen und ich sie anbrüllte, half Sabine nicht. Sie ging erneut zu diesem Ahmed!

Als sie nach einigen Tagen wieder mit einem frischen Veilchen und total verheult vor der Türe stand, ließ man sie nicht mehr hinein! Die Vereinsdamen sagten ihr, sie solle sich gefälligst eine andere Bleibe suchen...

Dann hatten wir Beate aus R. Auch sie hatte zwei Kinder, die dreieinhalbjährige Ida und den zehnmonatigen Rudi. Auch Beate hatte reichlich eheliche Dresche bezogen. Ihr Sohn war noch viel zu klein, um den ganzen Wahnsinn zu begreifen. Er hatte ohnehin von den Attacken seines Vaters gegen die Mutter nichts mitbekommen; er hatte immer nebenan in seinem Gitterbettchen geschlafen, wenn »es« passierte. Auch Beate wollte ihren Kindern viel zu lange den Vater erhalten und ihnen die »heile Welt« vorgaukeln. Bis der Tag kam, an dem die kleine Ida der Mutter endlich auf ihre Art die Augen öffnete: Sie war am Tage erheblich länger auf als ihr Brüderchen. Und bekam dem entsprechend auch wesentlich mehr von den Gewaltausbrüchen des Vaters mit. Oft genug war Beate verplättet worden und hatte gleichzeitig noch dabei ihre kleine Tochter am Schürzenzipfel hängen! Hin und wieder war Beates Mann aber auch mal in guter Laune. An besagtem Tag hatten Mutter und Tochter zusammen vor dem Fernseher gesessen. Dann war die Türe auf gegangen; der Kerl war grinsend zum Sofa gegangen und hatte sich dazu gesetzt. Er wollte Beate einfach nur den Arm um die Schultern legen. Ida war in genau diesem Augenblick kreidebleich geworden, hatte sich an ihrer Mutter fest geklammert und angefangen, gellend zu schreien und am ganzen Leibe zu zittern!

Das war genau der Ausschlag gebende Moment, der Beate endgültig zu Verstand brachte! Bei der nächstbesten Gelegenheit floh sie mit den Kindern zu uns ins Frauenhaus. Nach einiger Zeit meldete sich ihr Mann. Er wolle gerne die Kinder sehen. Beate machte mit ihm einen Treffpunkt in der Innenstadt aus, auf neutralem Boden. Trotzdem hatte sie natürlich entsprechendes Fracksausen, ohne Begleitung mit den Kindern zu fahren. Da ich unter den Bewohnerinnen des Frauenhauses bereits berühmt-berüchtigt war, als »Bodyguard« zu fungieren, bat sie mich, mit zu kommen. Also packten wir uns die Kinder und fuhren in die Innenstadt zu diesem Treffpunkt. Beates angetrauter Herr Gemahl erwartete uns bereits. Er küsste und herzte die Kinder, begrüßte Beate und streckte mir auch die Hand entgegen. Ich verweigerte sie ihm. Wir zockelten alle zusammen los und gingen in ein McDonald´s. Beates Mann fragte mich, was ich essen und trinken wolle. Ich nahm nur eine Coke, denn zum Essen war ich in diesem Moment nicht in der Lage. In Gegenwart eines Mannes, der seine Familie ins Frauenhaus gedroschen hatte, hätte ich nichts hinunter bekommen! Die Coke zahlte ich selbst; ich bestand darauf. Nun, wir saßen am Tisch. Beate und ihr Mann sprachen miteinander. Beate sagte ihm, sie habe bereits die Scheidung eingereicht. Es ging nur noch um den Unterhalt und um das Besuchsrecht für die Kinder. Ida ließ sich von ihrem Vater auf die Arme nehmen. Rudi jauchzte, als er durchgekitzelt wurde. Wir verließen das MacDonald´s und Beates Mann brachte uns noch zum Bus. Er verabschiedete sich recht herzhaft von den Kindern, reichte Beate die Hand (ich dagegen weigerte mich erneut, sie anzunehmen!) und ging seiner Wege. Wir Frauen stiegen mit den Kindern in den Bus und nahmen Platz. Ida war auffallend ruhig. Zu ruhig wirkte sie, fast schon grüblerisch. Sie reagierte auf Nichts, war ganz nach Innen gekehrt. Beate und ich sahen uns ratlos an. Ida sprach kein einziges Wort, auch nicht, als wir im Frauenhaus ankamen. Beate versorgte Rudi und legte ihn schlafen. Dann setzte sie sich zu mir in die Küche. Wir tranken einen Kaffee. Ida saß auch bei uns, ganz apathisch. Aber urplötzlich hob das kleine Mädel den Kopf, sah mich an und sagte: »Der Papa ist bös´! Der Papa hat die Mama immer ganz doll gehau´n! Der Papa hat der Mama ganz, ganz doll Weh getan! Die Mama hat ganz viel geweint! Ich will nicht mehr zum Papa!«

Beate und ich starrten uns an – wir waren baff!

Es waren Wochen vergangen, Wochen, in denen Ida keinerlei Kontakt zum Vater hatte. Wochen, in denen das kleine Mädel aufgeblüht war, weil es ihm gelungen war, das Böse zu verdrängen. Wochen, in denen alles gut gegangen war! Und jetzt hatte Ida zum ersten Male seit dieser vergangenen Wochen den Vater wieder gesehen. Jetzt war alles auf einen Schlag wieder hoch gekommen – diese ganzen albtraumhaften Erinnerungen! Hoffentlich würde es dem kleinen Deernchen gelingen, mit all diesen schrecklichen Erinnerungen fertig zu werden!

Ob so manch ein gewalttätiger Familienvater eigentlich begreift, was er mit seinen Ausbrüchen nicht nur der Frau, sondern so ganz nebenbei auch noch seinen Kindern antut? Nein, ich denke, nicht...

Mit Oxana kam es dann ganz verschärft:

Von Anfang an vernachlässigte sie ihre Kinder. Mirela (damals fast Sieben), und Karol (fast Fünf) bekamen oft genug von uns anderen Frauen das Frühstück vorgesetzt. Jendrich (fast ein Jahr alt damals) hörte man den ganzen Tag nur brüllen. Er konnte weder sitzen noch krabbeln und wenn er das Köpfchen anhob, gelang es ihm nur unter Aufbietung der allerletzten Energiereserven. Das arme Wurm lag die meiste Zeit in seinem Gitterbettchen, glotzte buchstäblich Löcher in die Wand, plärrte sich die Seele aus dem Leib und konnte froh sein, wenn er von Oxana zwei Mal am Tage geholt wurde. Wir Frauen halfen ihr ein Wenig mit Jendrich. Meistens übernahm ich ihn jetzt. Da Oxana mir vertraute, kümmerte ich mich öfters um das Baby. Ich fütterte Jendrich, sang ihm was vor und holte ihn ab und an in mein Bett.

Oxana war dermaßen neben der Tasse, dass sie mir Baby Jendrich sogar zur Adoption abtreten wollte. Sie meinte, in Tschechien ginge das! Sie habe den kleinen Jendrich ohnehin nicht wirklich gewollt…

Eines Tages kam ich auch mal dazwischen, als sie Mirela verdreschen wollte! Gerade noch zur rechten Zeit konnte ich die Tat verhindern. Natürlich meldete ich den Vorfall im Büro. Von da an achteten wir noch deutlicher auf Oxanas Stimmungsumschwünge...

Karol war sehr still und zurückhaltend. Er benahm sich stets sehr manierlich und war ein ordentliches Kerlchen. Oft half er den anderen Kindern bei kleineren Problemen. Er meckerte nie herum und war selig, wenn man ihm Nüsse schenkte. Die aß er so gern!

Waren die Kinder krank – Oxana vergnügte sich in den Spelunken! Wir Frauen wechselten uns mit ihren Kindern ab. Das Einzige, was Oxana tat, war, Jendrich zu waschen und zu wickeln. Alles Andere, was die Kinder betraf, erledigten wir. Oxana war es Recht. So hatte sie mehr Zeit für´s Tanzen und Feiern! Für´s Kochen war sie zu zart, beim Hausputz brach sie fast durch, beim Spülen bekam sie raue Hände – kurz und gut: Oxana war sich für fast alles zu fein! Diesen Wesenszug kannten wir mittlerweile schon zur Genüge von ihr. Sie war mit den Kindern hoffnungslos überfordert und obendrein ein psychisches und seelisches Wrack. Sie tat uns allen Leid und darum sagten wir nichts mehr und machten es lieber selbst...

Heinrich

Eines guten Tages rief Oxanas Mann an und wollte, dass sie wegen einer finanziellen Regelung zu einem Gespräch zur ehelichen Wohnung kommen solle. Da Oxana Panik zu haben schien, alleine zu fahren, bat sie mich, mit zu kommen.

Ihr Mann hatte sich bereits einige Zeit zuvor am Telefon mit mir in der Wolle gehabt. Er hatte mich eine »Schiet-Emanze« genannt und ich hatte ihn als »schmierigen Macho« tituliert. Er schien ja auch Oxana kaputt gemacht zu haben. Aus diesen Gründen kam mir nun diese Fahrt gerade Recht. Oh fein, dachte ich, sollte dieser ungehobelte Korsar frech werden – dann erfährt er, wo der Weizen blüht!

Nie im Leben hätte ich je daran gedacht, wem ich da gleich begegnen würde...

Nun ja, wir begegneten uns oben am Aufzug! Heinrich starrte mich an - und ich starrte Heinrich an! Er nahm uns mit in die Wohnung, mixte uns »Quench« in die Gläser. Wir tranken und sprachen über das eigentliche Problem. Heinrich machte einen freundlichen, gelassenen Eindruck. Er blieb auch sehr sachlich. Die Einzige, die wieder ein Mal ausflippen wollte, war Oxana!

An diesem Abend lernte ich langsam, Heinrich zu verstehen! Du meine Güte – wie hatte er es mit Oxana bloß in den Paar Ehejahren aushalten können? Langsam dämmerte mir, dass nicht er, sondern Oxana das eigentliche Monster war. Er war auf sie herein gefallen – nicht sie auf ihn! Und als sie dann mit den Kindern ins Frauenhaus gekommen war, hatte sie nicht nur das Kindergeld, sondern auch noch das letzte kleine Bisschen Haushaltsgeld komplett mitgehen lassen. Sie hatte ihn eiskalt abgezogen! Nun gab auch Oxana endlich zu, dass er sie niemals vermöbelt hatte! Er habe ihr schlicht und ergreifend kein Luxusleben bieten können!

Heinrich und ich ließen Oxana vor sich hin meutern und unterhielten uns miteinander. Mir wurde das gesamte Ausmaß klar. Oxana gehörte nicht in ein Frauenhaus, sondern in die Psychiatrie. Sie hatte auch bereits mehrmals eine Therapie begonnen und nach kurzer Zeit wieder abgebrochen. Heinrich musste es sehr schwer mit ihr gehabt haben. Als er mir den Weg zur Toilette zeigte, sagte ich nur staunend: »Donnerkeil – Sie müssen ja Nerven wie Drahtseile gehabt haben...«

Später, als wir Frauen wieder zurück fahren mussten, kam Heinrich mit hinunter zur Bushaltestelle. Oxana ging einige Meter voraus und schwieg. Heinrich ging neben mir her, strahlte über´s ganze Gesicht und entschuldigte sich für die »Schiet-Emanze« am Telefon. Ich nahm meinerseits den »dreckigen Macho« zurück. Wir Beide schnackten noch ein Wenig und als der Bus kam, winkte Heinrich zum Abschied...

Im Frauenhaus angelangt, schmiss ich mich zwischen Nellie und Beate auf die Couch und heulte wie ein Schlosshund. Es war etwas passiert: Der Knoten, der Monate lang in mir schnürte, war auf gegangen! Ich empfand plötzlich zum ersten Mal seit langer Zeit tiefes, ehrliches Verständnis für einen Mann!

Nellie schob das auf einen ganz gehörigen Samenkoller. Da ich ja mehrere Monate vollkommen abstinent gelebt hätte, sei das doch nur ganz natürlich. Ich allerdings wusste, dass dem nicht so war. Beate hielt mich im Arm und schwor, absolutes Stillschweigen zu bewahren. Nellie versprach mir, immer möglichst schnell am Telefon zu sein. Und falls Heinrich dran wäre, würde sie mich rufen...

Tatsächlich drückte sie sich jetzt ziemlich oft in Reichweite des Telefons herum, nahm permanent Anrufe entgegen. War Heinrich dran, drückte sie mir den Hörer in die Hand. War Nellie nicht beim Telefon, verband Beate mich mit ihm. Wir schnackten über Gott und die Welt und sonst noch was. Auf diese Weise kamen wir uns auf gedanklicher Ebene etwas näher…

Auf Leben und Tod

Dann passierte die Sache mit Jendrich!

Oxana wollte morgens auf's Amt und bat mich, auf die Kinder aufzupassen. Sie war gerade mal zwanzig Minuten außer Haus, da kam mir auf der Treppe Mirela entgegen und sagte, der Jendrich würde stinken. Ob ich mal eben kommen und ihn neu wickeln könne? Klar, ich ging hinunter in Oxanas Zimmer. Dort pulte ich eine Pampers aus dem Schrank und ließ mir von Karol Tücher, Puder und Creme geben. Jendrich lag wie üblich da, glotzte die Wand an und plärrte. Ich nahm ihn aus dem Bettchen, legte ihn auf die Couch, beugte mich über ihn, packte ihn aus – und was ich sah, ließ mir fast das Blut in den Adern stocken: Der magere Babypopo war komplett wund, nässend – und feuerrot!

Mir schossen die Tränen in die Augen und ein Kloß in die Kehle! Ich packte mir Jendrich auf den Arm, so, wie er war und verließ das Zimmer. Mit dem Ellenbogen stieß ich die Türe zum Büro auf und präsentierte den Vereinsdamen Jendrichs nackten Popo!

»Schnell!«, stieß ich nur noch hervor, »Einen Krankenwagen! Der Jendrich geht uns hopps!«

Irgendwer nahm mir das arme Wurm aus den Händen, Irgendwer brachte mich ins Wohnzimmer, Irgendwer brachte mir einen Kaffee, Irgendwer nahm mich tröstend in die Arme. Irgendwann ertönte ein lautes »Lalü-Lala«; dann klappte die Haustüre und das »Lalü-Lala« entfernte sich. Oxana erfuhr später im Büro von der Aktion. Sie nahm es fast gleichgültig. Ich aber war für den Rest dieses Tages nicht mehr ansprechbar...

Am anderen Tag fuhr ich mit Oxana ins Spital, weil ich erfahren wollte, ob der Bub noch lebte. Eine blonde Frau, die Stationsärztin, nahm mich bei Seite und fragte: »Sind Sie die Person, die die Einlieferung veranlasst hat?«

Ich bejahte und erklärte ihr, wie das Ganze gekommen war. Da sagte die Ärztin etwas, das mir bald den Hammer gegeben hätte: »Sie sollten den Friedensnobelpreis erhalten! Der Lüttje war schon fast ausgetrocknet! Bedingt durch die schlimmen Wunden hat er übermäßig Lymphflüssigkeit verloren! Keine Angst, er kommt durch! Sie haben ihm das

Leben gerettet – und zwar gerade im letzten Moment! Ohne Ihr Eingreifen wäre das Kind noch mit Sicherheit im Laufe dieser Woche verstorben!«

Ich zitterte und war leichenblass. Die Ärztin drückte mich auf einen Stuhl und brachte mir ein Glas Mineralwasser. Dann hängte sie sich ans Telefon und verständigte das Frauenhaus. Oxana stand ganz unbeteiligt im Korridor herum, als ginge sie das alles nichts an...

Ich durfte Jendrich sehen. Er hing an einigen Infusionsschläuchen, der nackte Babypopo war schneeweiß eingecremt. Aber er atmete ganz ruhig und gleichmäßig. In dem Moment habe ich einfach nur weinen müssen vor Freude!

Im Frauenhaus bekam ich einen Riesen-Applaus von allen Seiten und wurde mit großem Ahoi empfangen! Als Heinrich das nächste Mal anrief, informierte ich ihn über Jendrichs Zustand und wo der Bub war. Es dauerte nicht all zu lange und der kleine Mann wurde vollkommen geheilt und putzmunter entlassen! Nun kam immer eine Mitarbeiterin des Jugendamtes und kontrollierte das Kind sehr genau. Von nun an durfte ich Jendrich immer baden, wickeln und füttern...

Ich muss dazu erklären, dass die Bewohnerinnen eines Frauenhauses grundsätzlich für ihre eigenen Kinder selbst verantwortlich sind. Keine der Frauen wird behandelt, als sei sie entmündigt. Es wird davon ausgegangen, dass eine Mutter in der Lage ist, sich um das Wohl ihrer eigenen Kinder zu sorgen. Oxana lebte mit den Kindern auf einem eigenen Zimmer – und daher konnte auch Niemand wissen, wie oft sie Jendrich wickelte. Es stimmt, er hatte sehr oft gebrüllt. Oxana sagte uns, er zahne im Moment. Wir überprüften es. Ja – Zähne bekam er in der Tat gerade! Der Kleine war die meiste Zeit in Oxanas Privatraum. Da sie ihn auch nur in ihrem eigenen Zimmer badete, bekamen wir ihn nie unbekleidet zu sehen.

Das Frauenhaus trug daher auch keinerlei Schuld daran, was geschehen war…

Wahres Vertrauen

Dann, am 12. April 1984, lud Heinrich mich zu seinem achtunddreißigsten Geburtstag ein! Er holte mich am Busbahnhof ab und wir fuhren zu ihm. Wir tranken ein Gläschen Sherry und gingen zum »Du« über, sprachen über Oxana und die Kinder. Heinrich bedankte sich bei mir noch ein Mal für Jendrichs Rettung. Er erzählte aus seinem Leben. Auch ich sprach von meinen Erfahrungen. Wir verstanden uns sehr gut! Als es dunkel wurde, wollte ich zurück zum Frauenhaus fahren. Heinrich machte den Vorschlag, ich könne doch bei ihm schlafen. Gemeinsam gingen wir zur Telefonzelle; ich rief daheim an und hatte gleich Nellie an der Strippe. Ich sagte ihr, dass ich bei Heinrich übernachten wolle. Aber klar ginge das, kicherte Nellie. Ich solle nur am nächsten Vormittag wieder zurück sein...

Ich blieb über Nacht. Heinrich hörte mir zu, ich hörte Heinrich zu. Wir unterhielten uns über mehrere Stunden, lagen nebeneinander auf der Klappcouch, kuschelten und schmusten – aber wir blieben keusch! Es war einfach ein tiefes, gegenseitiges Verständnis!

Heinrich schlief bereits. Ich lag noch wach und dachte: Wencke, das gibt es doch gar nicht! Mir kamen Maikes Worte wieder in den Sinn, einer ebenfalls spiritualistischen Mitbewohnerin aus dem Frauenhaus M. Maike hatte mir damals geweissagt, mit dem nächsten Mann, der in mein Leben trete, würde ich glücklich. Heinrich sah genau so aus, wie Maike ihn mir beschrieben hatte! Schulterlanges, brünettes Haar mit vielen naturblonden Strähnen, einer Brille, eine schlanke Statur... einfach alles! Es stimmte bis in die allerkleinste Einzelheit! Sollte das der Mann sein?

Wencke, dachte ich, das gibt es doch gar nicht...

Kurze Zeit später musste Oxana das Frauenhaus verlassen. Sie hatte auf Beate eingedroschen. Oxana packte zusammen und zog mit den Kindern nach S. zu ihrer Mutter. Dann bekam sie eine eigene Wohnung. Da sie die Kinder erneut stark vernachlässigte, wurden die Kleinen dauerhaft in einem Heim untergebracht. Oxana hatte die Scheidung eingereicht und nach fast einem Jahr war sie durch. Heinrich und ich waren mittlerweile zusammen gezogen. Wir kämpften gemeinsam mit

Gericht und Jugendamt um die Kinder. Heinrich gewann und erhielt das alleinige Sorge- und Aufenthaltsbestimmungsrecht. Wir holten Mirela, Karol und Jendrich regelmäßig in den Ferien zu uns. Es war sehr schön, endlich so eine Art Familienleben zu haben...

Einige Monate vor unserer Eheschließung tauchten dann völlig überraschend Mutter und Julian auf. Ich befand mich zu dieser Zeit gerade bei meiner Freundin zum Babysitten. Heinrich hatte auf das Türklingeln geöffnet. Ein wildfremder, junger Mann stand in der Türe, deutete eine leichte Verbeugung an und stellte sich namentlich vor. Heinrich erklärte ihm, ich sei bei einer Freundin. Julian sagte, Mutter wolle mich sprechen. Heinrich meinte, sie solle doch herauf in die Wohnung kommen. Woraufhin Julian meinte, nein, das wolle sie nicht. Also ging Heinrich mit hinunter auf die Straße. Mutter fragte ihn sogleich, wer er denn sei. Heinrich stellte sich vor und sagte ihr, er sei mein Verlobter und wir wollten bald heiraten.

»Jaja«, meinte Mutter, »das kenne ich bereits. Meine Tochter war in ihrem Leben ja schon so oft verlobt. Jedes Mal haben diese Kerle nur ihr bisschen Geld gewollt. Was sollten sie auch sonst von ihr gewollt haben? Wencke ist schon immer von irgendwelchen Typen ausgenommen worden wie eine Weihnachtsgans. Wie lange kennen Sie sie eigentlich? Zwei Wochen? Sie kann weder haushalten noch kochen. Es wird ständig Essen aus der Dose geben, das garantiere ich. Diese Ehe wird ohnehin nach kurzer Zeit scheitern; Wencke ist ja überhaupt nicht fähig für eine feste, lang anhaltende Beziehung. Sie wird es wohl auch niemals sein …«

Heinrich baute sich mit ernstem Gesicht vor Mutter auf und antwortete mit fester Stimme: »Ihre Worte lassen tief blicken und werfen nicht gerade ein gutes Licht auf Sie. Die Unfähigkeit und das Versagen eines Menschen hängen letztendlich mit permamentem, mütterlichem Erziehungsversagen zusammen. Wenn Sie also der Meinung sind, Ihre Tochter sei eine ständige Versagerin, können Sie selbst sich also nicht gerade einen Orden anstecken oder Lorbeerblätter ins Haar flechten. Übrigens habe ich mein eigenes Geld und bin auf meine Wencke, die sehr lecker kocht und mit der ich übrigens bereits seit gut anderthalb Jahren zusammen bin, nicht angewiesen. Wenn Sie nur vorbei gekommen sind, um Stunk zu machen, können Sie gleich wieder heimwärts gondeln!«

Julian, der direkt hinter Mutter stand, konnte sich seine Heiterkeit nicht ganz verkneifen. Mutter hatte das leise Prusten ihres Sohnes wohl gehört und drehte sich nach ihm um! Sofort wurde Julian wie auf Kommando wieder todernst!

Mutter erklärte Heinrich, sie sei eigentlich auch nur gekommen, weil ihr ständig Briefe von Seiten des Sozialamtes L. ins Haus flatterten, in denen sie aufgefordert würde, Unterhalt für mich zu zahlen. Sie würde aber auf keinen Fall für mich zahlen, da sie es definitiv nicht einsehe, mein lustiges Lotterleben das ich schon seit Jahren führen würde, auch noch zu finanzieren!

Heinrich fletschte ihr mit fester Stimme entgegen: »Die Briefe vom Sozialamt; ich verstehe. Das scheint Ihre einzige Sorge zu sein! Sie haben ja gar keine Ahnung, was für ein Leben Wencke in den letzten Jahren überhaupt geführt hat, da keinerlei Kontakt bestand! Und von einem »lustigen Lotterleben« kann schon mal definitiv gar keine Rede sein! Viel mehr hat es sich so verhalten, dass meine Wencke sich in den letzten Jahren immer wieder als Einzelkämpferin an den eigenen Haaren aus dem Schlick nach Oben gerappelt hat! Sie hat mir bereits zu Beginn unserer Beziehung alles über ihre Vergangenheit und über ihr Leben erzählt – und ich weiß viel mehr von ihr, als Sie jemals in ihrem ganzen Leben erfahren werden! Sie selbst haben sich bereits seit Jahren nicht mehr gefragt, wie es Wencke ergangen ist. Das scheint Sie ja auch jetzt nicht zu interessieren. Sie hat den Kontakt zur Familie wohl nicht umsonst gänzlich abgebrochen. Ich lasse mich nicht gegen mein Deernchen aufwiegeln! So, und wenn weiter nichts zu sagen ist, dann schwingen Sie sich in ihren Wagen und schauen Sie zu, dass Sie dahin zurück fahren, wo Sie her kommen!«

Julian schmunzelte hinter ihrem Rücken in einer Mischung aus Ungläubigkeit und Begeisterung. So hatte noch nie Jemand gewagt, mit Mutter zu reden! Donnerhacke – dieser Heinrich hatte ihr aber mal so richtig den Wind aus den Segeln genommen!

Entrüstet und ohne ein weiteres Wort wandte Mutter sich ab, schnappte sich ihren Sohn, stieg in ihren Wagen und rauschte wieder ab Richtung Heimat...

Schon lange vor unserer Hochzeit hatte ich Heinrich von meiner Vergangenheit erzählt, von der verfahrenen Familiensituation, an der nichts mehr zu retten war. Heinrich hörte mir stets geduldig zu. Ich hatte ihn von Anfang an vorgewarnt, dass es mit mir zeitweise schwierig werden könne. Mein bisheriges Leben war schließlich absolut alles Andere als ein gemütlicher Segeltörn gewesen. Ständig war ich ausgebeutet und verletzt worden, so wohl physisch und psychisch, war praktisch permanent gezwungen gewesen, gegen meine eigene Natur und meine persönliche Überzeugung zu handeln. Die emotionale Kälte meiner Mutter hatte so wohl mein Leben als auch mich selbst stark geprägt.

Heinrich zeigte wahrhaft großes Verständnis – aber kein wirkliches Verstehen. Er glaubte, die hoffnungslose Situation retten zu können, in dem er nach unserer Trauung verlangte, ich solle jetzt endlich daheim anrufen, um meiner Mutter zu beweisen, dass ich glücklich verheiratet war. Das schlechte Verhältnis zwischen meiner Mutter und mir musste doch in irgend einer Weise zu kitten sein. ..

Gerettet hat er letztendlich gar nichts. Mittlerweile sieht er es selbst ein. Leider nur knapp drei Jahrzehnte zu spät!

Vor einiger Zeit sagte er mir mal: »Weißt du, Wenckemaus… wenn ich das Ganze voraus geahnt hätte, dann hätte ich damals nicht darauf bestanden, dass du dich mit Louise in Verbindung setzen und erneut mit ihren Jahrzehnte langen Intrigen und Gemeinheiten plagen sollst. Vielleicht wäre es dir dann wirklich auf die Dauer leichter gefallen, die ganzen grausamen Geschehnisse, die du erlebt hast, zu verarbeiten. Niemals hätte ich geahnt, welche Formen das Ganze annimmt. Im Grunde kam im Laufe der letzten Jahrzehnte nur noch mehr gegenseitiger Groll heraus. Mittlerweile aber kenne ich Louise fast so gut wie du. Du hast Recht; ich hätte es dir damals in der Tat besser ersparen sollen…«

»Ach, Heinrich«, gab ich zur Antwort, »es war einfach ein netter Versuch. Doch Eines kannst du mir glauben: ich kenne unsere Mutter schon fast dreiundzwanzig Jahre intensiver als du und wusste, sie würde sich in ihren Ansichten niemals ändern. Du hast es sicher nur gut gemeint, das weiß ich. Mittlerweile hast du Einiges mehr begriffen. Ich bin dir auch nicht mehr böse wegen damals, aber zwischen Mutter und mir war schlicht etwas gesprungen. Vergleiche es mit einer angeschlagenen Tasse. Du kannst sie meinetwegen kitten, wie du willst, kannst sogar wieder deinen geliebten Kaffee aus dieser gekitteten Tasse trinken, doch der Sprung in ihrem Inneren ist und bleibt halt, was er ist – ein Sprung…«

Heinrich aber hatte es in der Vergangenheit nicht verstanden. Da nützt das beste Verständnis nichts, wenn man es nicht selbst erlebt hat. Verständnis heißt nicht gleich Verstehen. Heinrich hatte das, was ich erlebt hatte, nicht selbst am eigenen Leib erlebt. Diesen Ekel, diese permanente Todesangst, diesen Abscheu, der mir für den Rest meines Lebens langte. Was sollte ich meiner Mutter denn durch meine eigene Heirat beweisen? Was sollte die Tatsache, dass ich nun Ehefrau war, zwischen uns besser machen? Dass sie mich jetzt plötzlich Ernst nehmen würde? Dass wir, die wir zwei so grundverschiedene Frauen waren, nach meiner Eheschließung Freundinnen würden – nur, weil ich ihr jetzt mal wirklich etwas bewiesen hatte? Zuvor waren wir auch keine Freundinnen, würden es niemals sein. Der Graben zwischen uns war und blieb unüberwindbar. Heinrich hatte Mutters weit mehr als spektakulären, lautstarken Auftritt und ihre Aufwiegelungsversuche doch selbst mit eigenen Augen und Ohren erlebt. Sogar die Bäckereiverkäuferin aus dem Laden schräg gegenüber hatte es mitbekommen!

An dieser verfahrenen Situation – und ich als Tochter wusste das (neben Julian und Paps) besser als jeder Andere – war auf Dauer definitiv nichts mehr zu retten!

Es ist nun ein Mal so. Um einen Menschen voll und ganz verstehen zu können, muss man wahrhaftig erst ein Mal wirklich tausend Meilen in dessen Schuhen gegangen sein…

Hochzeit und Eheleben

Am Freitag, dem 25. Oktober 1985, war unsere Eheschließung. Wir heirateten sehr bescheiden, nur mit ein paar Freunden – und ohne die Eltern!

Nach der Trauung rief ich (wie gesagt: nur auf Heinrichs ausdrücklichen Wunsch) meine Mutter an. Sie kaufte mir die Hochzeit anfangs nicht ab, hielt das Ganze – wie immer – für eine Phantasterei meinerseits. Wir kopierten die Heiratsurkunde und schickten sie ihr zu.

Einige Monate später tauchten Mutter und Paps dann völlig überraschend bei uns auf. Das Verhältnis wurde nun ein Wenig besser. Gut, es hätte besser sein können, aber so, wie es war, musste es genügen. Julian, mein Bruder, war mittlerweile Versicherungsangestellter. Er lebte damals schon mit Susanne zusammen, einer Kollegin. Wir hielten auch weiterhin den Kontakt...

Drei Monate nach unserer Hochzeit musste ich mich einem gynäkologischen Eingriff unterziehen. Es war Gebärmutterhalskrebs (Zervix-Karzinom), ganz im Anfangsstadium, festgestellt worden. Die befallene Stelle wurde entfernt und es wurde obligatorisch noch eine Ausschabung des Uterus vorgenommen. Bei der anschließenden Histologie (feingewebliche Untersuchung) und einer hormonellen Bestimmung hatte sich dann noch heraus gestellt, dass das ausgeschabte und abgesaugte oberflächliche Gebärmuttergewebe total vernarbt und mit winzigen, verkapselten Gewebepartikelchen versetzt war, die eindeutig – bereits seit meiner extrem frühen Jugend – von einem sehr früh im Anfangsstadium entwickelten männlichen Fötus, ca. aus Mitte bis Ende der dreizehnten Woche der Schwangerschaft, stammten!

Meine Hacke, schoss es mir durch den Kopf – Dschingis!

Wäre es nicht zur Verkapselung gekommen, sondern zur Zersetzung, hätte ich im ungünstigsten Falle an einer Sepsis sterben können und wäre innerhalb kurzer Zeit meinem Kind gefolgt! Ein ganzes Bataillon Schutzengel musste auf mich aufgepasst haben!

An Sonsten sah es gar nicht schlecht aus. Der mittlerweile in den Kliniken routinemäßig durchgeführte HIV-Test zeigte ein negatives Ergebnis; die Blutwerte waren in Ordnung.

Eine Woche später konnte ich als völlig geheilt entlassen werden...

Frau A. hatte übrigens mit ihrem damaligen Verhalten mir gegenüber genau das Gegenteil dessen erreicht, was sie ursprünglich zu erreichen beabsichtigte. Im September 1987 trat ich aus der katholischen Kirche aus. Julian hatte sich einige Zeit zuvor bereits ebenfalls zu diesem Schritt entschlossen...

Dann, im Jahre 1991, traf ich während einer beruflichen Maßnahme meinen ehemaligen »Märchenprinzen« wieder – Roland St.!

Er marschierte morgens plötzlich in die Werkshalle hinein, wurde uns vom Lehrgangsmeister vorgestellt, blieb wie angewurzelt stehen – und starrte mich an!

Wenige Minuten später kamen wir ins Gespräch. Er hatte mich noch in deutlicher Erinnerung und begann sogleich, mich erneut heftig anzubalzen! Mit schmachtendem Blick verfolgte er jede meiner Bewegungen und seufzte leise vor sich hin, wo es definitiv nichts zu seufzen gab. Ständig suchte er meine Nähe, gab mir einen Kakao nach dem Anderen aus, ging immer ausgerechnet dann in die Raucherpause, wenn ich in die Raucherpause ging und wollte sich von mir alles erklären lassen, über das Werkzeug, die Maschinen, den Ablauf des Geschehens. Er fragte mir fast ein Loch in den Bauch, ließ mich wieder kaum zu Wort kommen. In altbekannter Manier, wie schon Jahre zuvor! Die Weisheit hatte ihn gejagt – doch er war ganz offensichtlich schneller!

Oh nein, schoss mir durch den Kopf, nicht schon wieder! War ich nicht schon bestraft genug im Leben gewesen? Warum musste mir dieses krankhaft verzweifelte, arme Teufelchen wieder über den Weg hinken? Konnte er nicht da bleiben, wo der Pfeffer wächst? Ist die Welt denn wahrhaftig so klein? Mensch, Kinners...

Der viele Kakao kam mir fast zu den Nüstern und Ohren heraus! Die Kollegen begannen bereits, sich deftig feixend über Roland lustig zu machen!

Da wir aus sicherheitstechnischen Gründen während der Lehrgangsstunden keinerlei Schmuck tragen durften, sah er natürlich auch keinen Ehering und wähnte mich immer noch als ledig. Jetzt wollte er erneut seine Chancen bei mir ausloten. Er ging davon aus, ich sei unverheiratet, fragte daher auch nicht. Und ich sagte auch nichts. Na, ging mir durch den Kopf, den Zahn wirst du ihm ziehen! Den schickst du jetzt diesmal aber endgültig in die Tundra!

Wie günstig, dass Karol, unser Ältester, gerade für einige Tage zu Besuch war!

Kaum wieder Daheim, prustete ich dann auch sogleich mit der Story heraus! Heinrich wusste sofort, wen ich meinte. Karol, der mittlerweile Zwölfjährige, hörte amüsiert zu und spitzte sehr interessiert die Lauscher, als ich ihn ins Bild setzte. Ob er am kommenden Tag Lust auf einen kleinen »Spaß« habe, wollte ich wissen. Karols schelmisch funkelnder Blick und sein breites Grinsen sprachen Bände! Also steckten wir Drei die Köpfe zusammen und heckten für den kommenden Tag kichernd und prustend ein kleines Exempel aus…

Gleich am nächsten Morgen schnappte ich mir klammheimlich meine Kollegen und den Lehrgangsmeister (der ebenfalls über ein sagenhaft sonniges Gemüt verfügte) und klärte sie über Roland und seine Schwärmerei aus der Vergangenheit auf. Sie möchten sich bitte heute Nachmittag nicht wundern; es käme noch ein richtig fetter Streich!

Alle grinsten, prusteten und nickten begeistert! Jeder Einzelne aus dem Team wusste Bescheid – nur Roland ahnte nichts! Am Nachmittag reinigten wir Tische und Maschinen, räumten das Werkzeug weg und fegten wie gewohnt die Halle aus. Dann standen wir mit gepackten Arbeitstaschen an den Werkbänken und warteten auf den Meister. In diesem Moment öffnete sich die Aufzugtüre – und heraus kamen Heinrich und Karol! Unser Junge kam spornstreichs auf mich zu gestürmt, sprang mir in die Arme und rief voller Begeisterung: »Mama! Gehen wir gleich noch ein Eis essen?«

Von Heinrich bekam ich noch ein »Hallo, mein Schatz!« und einen Begrüßungskuss!

Roland stand da, wie vom Donner gerührt! Ihm entgleisten sämtliche Gesichtszüge! Er sah aus, als wolle er mir im nächsten Augenblick Eine schallern!

Roland starrte uns nur ungläubig durch seine Eulenbrille an und stieß laut, überrascht und vorwurfsvoll aus: »Aber Wencke – du wolltest doch nicht heiraten!«

Meister und Kollegen brachen alle zusammen in ein gröhlendes Gelächter aus!

»Hab' ich aber!«, gab ich dem total verstörten Roland zur Antwort.

»Warum ihn?«, wollte er eben so laut wissen, »Warum nicht mich?«

Alles brüllte vor Heiterkeit! Der arme Roland merkte es noch nicht ein Mal!

»Er hat mir die nötige Zeit gelassen!«, erwiederte ich, »Darum!«

Dann packten wir unsere Taschen und gingen heiter und fröhlich ins Wochenende. Roland jedoch schlich mit bebenden Lippen und hängenden Nasenflügeln davon…

Daheim fragte Karol seinen Vater, was das denn für ein Hampelmann gewesen sei. Heinrich sagte ihm, dieser »Hampelmann« habe mich vor einigen Jahren unbedingt heiraten und Kinder mit mir haben wollen – nach dem vierten Treffen!

Karol holte tief Luft, spitzte die Lippen und meinte: »Jaaa – nach dem vierten Treffen wird's aber auch mal so langsam höchste Eisenbahn!«

In der darauf folgenden Woche hatte ich während der Pause, etwas abgesondert von den Kollegen, noch ein Mal ein ernstes Gespräch mit Roland, bei dem ich ihn auf gewisse, aber sehr gravierende Fehler seinerseits aufmerksam machte. Wobei ich bemerkte, klar sei ich zum damaligen Zeitpunkt selbst vollkommen überzeugt gewesen, niemals eine Ehe eingehen zu wollen. Man dürfe aber auch nicht vergessen, dass ich das heftige Trauma der eigenen Vergangenheit damals noch längst nicht überwunden hatte. An Sonsten sei Roland auch wirklich nicht mein Typ gewesen!

Ich wünschte ihm aber trotzdem noch Glück. Irgendwann werde er bestimmt noch eine liebe und verständnisvolle Frau finden! Nachdem er den Schock verdaut hatte, kamen wir dann gut, kollegial und locker miteinander aus…

Im Jahre 1992 hatte ich in der Stadt, in der ich lebe, eine mehrwöchige Indianerausstellung mit selbst gemalten Portraits, passend zum Thema »500 Jahre Kolumbus«!

Es handelte sich um eine pan-indianische Ausstellung, von Kanada bis hinunter zu den Anden. Meine Absicht war, den interessierten Besuchern zu zeigen, wie weit gefächert und so wohl sprachlich als auch kulturell völlig unterschiedlich die Völker des amerikanischen Kontinentes sind und dass es »den Indianer« nicht gibt!

Diese Ausstellung war dazu gedacht, mit den leider heute immer noch allgemein gängigen deutschen Karl-May-Klischees aufzuräumen und den Besuchern zu vermitteln, dass amerikanische Ureinwohner – wie wir Europäer, Aborigines, Afrikaner oder Asiaten – auch nur Menschen dieser Erde sind, die eben so Respekt und Achtung verdienen…

Stalking

Zwischendurch gab es auch immer wieder herbe und ganz gewaltige Nackenschläge. Ein äußerst unliebsamer Zeitgenosse und Ex-Lebensgefährte meldete sich – Jürgen P.!

Zum Einen belästigte er Julian am Telefon. Er war, wie ich erfuhr, auch schon vor den verschiedensten Frauenhäusern aufgetaucht und hatte dort Randale gemacht. Sogar an Frederiks Wohnadresse war er gekommen und hatte dort durchgedreht. Wie es ihm immer wieder gelang, an die besagten Adressen zu kommen, ist mir bis zum heutigen Tage schleierhaft. Zumal ich auf sämtlichen Einwohnermeldeämtern stets eine komplette Auskunftssperre beantragt hatte und Diese auch genehmigt wurde.

Jedenfalls hatte Jürgen plötzlich auch noch meine eheliche Adresse. Er machte am Telefon Stunk mit meinen Eltern und bedrohte sie massiv. Ich war in ständiger Panik, er werde über Kurz oder Lang auch bei uns auftauchen. So bald es an der Türe schellte, begann ich zu hyperventilieren, bebte am ganzen Leib wie Espenlaub und hatte Herzrasen. Meine Panik steigerte sich im Laufe der Zeit zu einer regelrecht hysterischen Manie. Jürgen P. war mir zum ärgsten Feind geworden!

Heinrich rief sogar bei der Polizei an, um sich zu erkundigen, was man in einem solchen Falle tun könne. Der Beamte sagte ihm nur, dass Jürgen in der Polizeiakte einschlägig bekannt sei und im Falle der massiven Bedrohung vom Hausrecht Gebrauch gemacht werden könne. Heinrich deponierte sogar einen Baseballschläger hinter die Wohnungstüre im Korridor, um mich zu beruhigen. Ich war von Ängsten gejagt, konnte mittlerweile keine Nacht mehr durchschlafen und zuckte bereits beim geringsten Geräusch zusammen. Wenn Heinrich das Haus verließ, bestand ich darauf, dass er seinen Schlüssel einsteckte. Ich selbst öffnete Niemandem die Türe. So weit hatte die Panik mich gepackt! Ich wurde zum reinen Nervenbündel!

Was wollte Jürgen mit seiner Masche bezwecken? Wollte er mich im Grab haben? Mich wie ein wildes Tier durch halb Deutschland jagen? War er ein solcher Bluthund? Wollte er mich total kirre machen? War er vielleicht selbst kirre? Mittlerweile wusste er ja, dass ich verheiratet war. Warum konnte er nicht endlich einen Schlussstrich unter die Vergangenheit ziehen? Sah er nicht ein, dass ich nichts mehr von ihm wollte? Warum wohl sonst war ich mit einem anderen Mann verheiratet? Jürgen hatte endgültig verloren. Jedem normal denkenden Mann wäre doch spätestens in dem Moment, in dem er erfährt, dass die Ex-Partnerin mit einem Anderen verheiratet ist, aufgegangen, dass dies das endgültiges Aus für ihn selbst bedeutet! Wie durchgedreht musste Jürgen sein?

Bei aller hochkrimineller Bauernschläue – aber ein Gehirnakrobat war er wohl weiß Gott nicht…

Zweifellos muss er sich zum Zeitpunkt meiner Eheschließung im Vollzug befunden und keine Möglichkeit gehabt haben, Nachforschungen über mich anzustellen. Wäre er auf freiem Fuß gewesen – er hätte in jedem Fall versucht, die Hochzeit zu verhindern!

Dann, eines Tages, tauchte er wirklich vor unserem Haus auf!

Ich befand mich glücklicherweise gerade bei meiner Freundin zum Babysitten. Jürgen verschaffte sich Zutritt ins Haus und bedrohte Heinrich ganz massiv. Heinrich indessen machte nun von seinem Hausrecht Gebrauch – und wies ihm dann mit geballter Faust den Weg nach Unten! Jürgen knallte brüllend die Stufen hinab und blieb auf Parterre liegen! Dann rappelte er sich mühsam hoch und verließ das Haus. Heinrich beobachtete, wie mein ehemaliger Peiniger blutüberströmt davon humpelte. Dieser Denkzettel hatte gelangt!

Und das war es dann endgültig! Seit einem viertel Jahrhundert ist Ruhe eingekehrt! Fast sechs Jahre Verfolgung waren zu Ende…

Die Fragen eines Kindes

Im Sommer 1997 hatten Heinrich und ich unsere drei Kinder zu Besuch. Samstags kamen meine Eltern vorbei, mit einem großen Kuchen. Wir saßen gemütlich beisammen; es war ein wundervoller Nachmittag. Mutter fragte uns, ob wir damit einverstanden seien, wenn sie Mirela für eine Nacht mit zu sich nehmen würden. Mirela schaute uns erwartungsvoll an. Natürlich gaben wir unser Okay. Wir freuten uns doch auch sehr, dass meine Eltern unsere Tochter in ihr Herz geschlossen zu haben schienen und als ihre Stiefenkelin akzeptierten. Die Kleine jauchzte vor Freude und ging vertrauensvoll mit den Stiefgroßeltern hinunter zum Wagen...

Natürlich ging es nicht gut; ich hätte es wissen müssen. Keine vierundzwanzig Stunden später standen die Eltern mit Mirela wieder in der Türe. Alle Drei hatten sie lange Gesichter!

Ja, ich hätte es – verflixt noch mal – wissen müssen. Kaum waren die Eltern zur Türe hinein, begannen sie gleich, sich über Mirela zu mokieren. Sie habe am Mittagstisch pausenlos gezappelt, habe ununterbrochen frech und unaufgefordert geredet. Mit ihr könne man nicht spazieren gehen; sie blamiere ja die Innung!

Meine Eltern beschrieben in Mirela ein Verhalten, wie wir es selbst von unserer Tochter nicht kannten. Mirela saß die ganze Zeit starr wie eine Puppe dabei, hörte sich alles an und sagte kein Wort! Als die Eltern sich dann endlich verabschiedeten, hörten wir das lautstarke Gemecker noch bis hinunter auf die Straße...

Mirela hatte sich in der Zwischenzeit still und leise ins Schlafzimmer verdrückt und die Türe hinter sich geschlossen. Gut, dachte ich, lassen wir dem Mädel erst mal seine Ruhe. Doch als ich einige Zeit später an der Schlafzimmertüre vorbei kam, hörte ich von Drinnen ein Schluchzen. Leise öffnete ich die Türe und trat ins Schlafzimmer. Mirela saß auf Heinrichs Bettkante und weinte leise vor sich hin. Also setzte ich mich neben sie, legte ihr sanft den Arm um die Schultern und schwieg erst ein Mal. Plötzlich aber drehte Mirela den Kopf in meine Richtung und blickte mir mit ihren blauen, verweinten Kinderaugen ins Gesicht. Dann fragte sie plötzlich: »Sind Oma und Opa seelisch gestört?«

Die Frage kam aus völlig heiterem Himmel! Nichts im Leben hatte mich auf so etwas vorbereitet! Jetzt war es wohl an der Zeit für ein wichtiges Mutter-Tochter-Gespräch!

»Wollen wir darüber reden?«, fragte ich meine Stieftochter. Sie nickte nur und begann mit leiser Stimme zu erzählen, von ihren bösen Erlebnissen bei Oma und Opa. Beim Mittagstisch hatte sie gefälligst zu schweigen und wenn die Großeltern sich miteinander unterhielten, auch keinerlei Zwischenfragen zu stellen. Es gebe nur Gardinenpredigten. Nach dem Essen sei der Opa mit ihr in die Stadt gefahren. Nach einem Museumsbesuch seien sie durch die belebten Einkaufsmeilen gegangen und an einem Softeis-Stand vorüber gekommen, vor dem selig strahlende, schleckende Kinder mit Eishörnchen in den Händen standen. Mirela habe gefragt, ob sie denn bitte auch wohl ein Softeis bekommen könne. Woraufhin der Opa sie gleich angepflaumt und geantwortet habe, er ließe sich nicht anbetteln. Bettelnde Kinder bekämen schon ein Mal gar kein Eis!

In der kommenden Nacht habe sie sich zum Trost an die Oma kuscheln wollen – aber die Oma habe sie sofort wieder zurück in ihre Betthälfte geschoben!

Erneut begann Mirela zu schluchzen und wollte nun wissen, ob denn Oma und Opa früher auch keine Liebe bekommen hätten.

Also begann ich von der Vergangenheit meiner Eltern zu sprechen. Von der Oma, die in einem kalten und lieblosen Elternhaus von ihrem eigenen Vater regelrecht krank geprügelt worden war. Von dem Opa, der als verwirrter und traumatisierter Zwölfjähriger seine Eltern verloren hatte und in einem Budapester Waisenhaus unter menschenunwürdigen Bedingungen und mit drakonischen Strafen heran wuchs. Völlig ohne jegliche Art von Liebe!

Mirela hörte sehr aufmerksam zu und nickte verstehend. Sie klammerte sich an meinem Oberschenkel fest und fragte ängstlich: »Aber ich muss doch nicht wieder dort hin?«

»Nein!«, gab ich lächelnd zur Antwort, »Nie wieder! Nicht, wenn du das nicht willst! Ganz großes Indianer-Ehrenwort!«

»Aber«, fragte sie nun, »wie hast du das denn früher bei ihnen ausgehalten? Du bist doch ihr Kind!«

»Ja, weißt du«, gab ich zur Antwort, »ich kannte es halt nicht anders. Für Onkel Julian und mich war das also alles völlig normal...«

Mirela nickte erneut: »Ja, jetzt verstehe ich auch, warum Oma und Opa eine seelische Störung haben. Das ist doch eine Krankheit, oder?«

»Ja«, lächelte ich und wischte meiner Stieftochter die letzten Tränchen fort, »ganz recht. Es ist nur eine Krankheit…«

Wenige Minuten darauf spielten wir bereits wieder munter und entspannt...

Was Kindererziehung angeht:

Vor einiger Zeit war ja ein ganz schrecklicher Fall von Kindesmisshandlung durch die Nachrichten gegangen! Ein erwachsener Mann (ein Vater?) hatte einen kleinen Buben im Grundschulalter gepackt und zu Boden geschleudert! Dann war er noch auf dem hilflosen, kleinen Wurm herum getrampelt! Mit der Begründung, er sei »genervt« gewesen!

Als Julian diesen grauenhaften Vorfall bei Mutter ansprach, meinte sie nur: »Wer weiß, was das Kind sich aber auch geleistet hat. Manchmal können Kinder ihre Eltern aber auch wirklich zur Weißglut treiben…«

Ach so! Dann haben Elternteile also das gute Recht, hemmungslos und bei jeder passenden Gelegenheit auf ihren Kindern herum zu trampeln? Dann kann man eine solch brutale Tat also gut heißen und das Verhalten des Täters, ja den Täter selbst, auch noch in Schutz nehmen?

Eine erwachsene Frau kann im Falle der massiven häuslichen Gewalt fliehen – einem kleinen Kind bleibt diese Möglichkeit gänzlich versagt!

Was veranlasste Mutter zu einer solch verbohrten Äußerung? Wie konnte ein Mensch – noch dazu selbst eine Mutter – derart gegen Kinder gerichtet sein? Gegen das Leben im Allgemeinen? Ein Kind im Grundschulalter hat einem erwachsenen Menschen in keiner Weise etwas entgegen zu setzen. Wie konnte ein Mensch diesem brutalen Täter überhaupt das geringste Verständnis entgegen bringen? Wie konnte Mutter so rückwärts gerichtet sein? Was für eine bemooste Einstellung muss man haben, sich derart kinderverachtend zu äußern?

Julian und auch mir blieb nach dieser Bemerkung wirklich restlos die Spucke weg!

Darauf gibt es keine Worte mehr…

Hier und jetzt

Wie ging es weiter?

Mittlerweile haben wir das Jahr 2015. Den neunundzwanzigsten Hochzeitstag haben Heinrich und ich bereits hinter uns. Er ist jetzt Neunundsechzig und ich bin Zweiundfünfzig. Berufsmäßig hatte ich weniger Glück. Es gab etliche sinnlose Maßnahmen von Seiten des Arbeitsamtes, die letztendlich allesamt in´s Nichts führten…

Im Jahre 2000 hatte ich ein sechsmonatiges Praktikum im Bereich Tierpflege und hätte dort auch eine zweijährige Umschulung machen können. Der Chef der Zoohandlung war sehr zufrieden mit meiner Arbeit – und mir machte es einfach Freude! Ein Mitarbeiter des Arbeitsamtes, ein älterer Mann, wollte das unterstützen und die Kosten für die Umschulung sollten vom Amt auch übernommen werden. Ich fuhr quasi von Pontius zu Pilatus, um meine nötigen Unterlagen zusammen zu bekommen, besorgte alles, was das Arbeitsamt an Papieren verlangte. Leider teilte mir ein anderer Sachbearbeiter, ein Jungspund und mindestens drei Jahrzehnte jünger als sein Kollege, dann wenige Tage vor Umschulungsbeginn lapidar mit, das würde nicht übernommen; ich sei zu alt. Vier Worte, vier Silben! Mit Neununddreißig ist man angeblich zu alt! Du bekommst den Weg gewiesen – und gleichzeitig nimmt man dir das Ziel!

Man bläst dir einen Ballon auf – und wenn du danach greifst, lassen sie die Luft heraus! So ist es jedes Mal…

Statt dessen folgten weitere absolut sinnlose Maßnahmen und Ein-Euro-Jobs in diversen Altenheimküchen, bei denen die Arbeiten übernommen werden mussten, für die das fest angestellte Personal sich zu schade war. Es waren teilweise echte menschenverachtende Nerven- und Knochenjobs – übelstes Mobbing inclusive! Bringen tut dir das letztendlich gar nichts. Lediglich die Arbeitslosenzahlen werden beschönigt. Daher auch die gewissen Plan- und Zielvorgaben bei den Mitarbeitern des Jobcenters. So- und so Viele müssen pro Jahr in irgend welche total sinnlosen und hirnrissigen Maßnahmen gesteckt werden, als kleine Beschäftigungstherapie. In einigen dieser Maßnahmen wird gebastelt, gerätselt, geknobelt und Karten gespielt auf Teufel komm raus. Eine ganze Klasse Maßnahme-Teilnehmer sitzt in einem Raum vor der Tafel und spielt gemeinsam mit dem Dozenten zwei Unterrichtsblöcke lang hingebungsvoll »Galgenmännchen«! Ein ganz besonderes Highlight sind Gruppenspaziergänge mit Lamas. Schwupps – wieder gehen die Arbeitslosenzahlen sprunghaft nach Unten! So lässt sich die Statistik bemerkenswert frisieren. Der Bund zahlt ja die Fördergelder. Man muss nur das Prinzip kennen. Hauptsache, du bist eine kleine Weile aus der Statistik – und der Maßnahmeträger streicht die dicke Kohle ein!

Bewerbe ich mich auf feste Stellen, kommen – wenn überhaupt – Absagen. Sie stapeln sich mittlerweile. Ab einem gewissen Alter hast du schlicht verkackt. Es ist einfach so. Die über Fünfzigjährigen ohne jegliche berufliche Qualifikationen zählen zu den so genannten »Sockel-Arbeitslosen«, als Stützpoller für das Riesengebäude namens Jobcenter. Irgendwann mal einen gut und fair bezahlten Job finden? Im Alter von Zweiundfünfzig, ohne jegliche Qualifikation und mit einem deutlich älteren, chronisch kranken, fast erblindeten Mann?

Jedem potentiellen Arbeitgeber gegenüber muss ich ehrlich sein und ihn von Vorne herein über Heinrichs Erkrankung informieren. Eben so, dass es durchaus geschehen kann, dass ich ganz plötzlich wegen meines Mannes ein Mal eine Weile ausfallen muss. Zu diesen Vorinformationen bin ich sogar dem Gesetz nach verpflichtet, so fern ich mich nicht strafbar machen will. Informiere ich einen potentiellen Arbeitgeber nämlich nicht und Heinrich benötigt plötzlich wirklich eine Zeit lang meine Hilfe, erhalte ich sehr bald die Kündigung wegen arglistiger Täuschung und lande schneller wieder beim Jobcenter als gedacht. Sage ich jedoch von Vorne herein die Wahrheit, werde ich gar nicht erst eingestellt. So manch ein Boss sagte mir schon unverblümt ins Gesicht, dann solle ich doch wohl besser ganz daheim bleiben und meinen kranken Mann versorgen. Jeder halbwegs normal denkende Mensch kann sich vorstellen, dass mir Niemand mehr Kusshände zuwirft und den roten Teppich ausrollt! Ich habe die Hoffnung mittlerweile aufgegeben. Der Zug ist abgefahren…

Adieu, Paps!

Julian lebt immer noch glücklich mit Susanne zusammen. Die Beiden sind ein ganz wunderbares Paar und freiwillig kinderlos…

Im Jahr 2000 zogen unsere Eltern weit weg in ein anderes Bundesland. Mutter brach sich vor einigen Jahren bei einem Sturz auf Glatteis mehrere Rippen. Sie ist sehr stark übergewichtig, geht am Rollator, leidet massiv an Diabetes und hat mit dem Herzen zu tun. In seinen letzten Lebensjahren tat Paps für sie, was er konnte. Doch im Sommer 2012, kurz nach seinem neunundsiebzigsten Geburtstag, wurde bei ihm ein bösartiger Lungentumor festgestellt. Dieser hatte noch nicht gestreut und wäre sogar heilbar gewesen. Paps sollte einige Chemotherapien erhalten, um den Tumor zu schrumpfen. Die Reste sollten dann mittels einer Bronchoskopie entfernt werden. Dazu kam es nicht mehr. Nach der zweiten Chemotherapie erlitt Paps einen sehr schweren Schlaganfall. Außerdem hatte er bereits zwei versteckte Herzinfarkte erlitten. Er kam vom Spital in die Reha und war nun ein Pflegefall. Von der Reha aus ging es in ein Alten- und Pflegeheim. Julian holte mich ab und wir besuchten Paps. Eine Kommunikation war kaum mehr möglich. Er saß auf der Bettkante und starrte uns nur ausdruckslos mit eingesunkenen, glanzlosen Augen an!

Der Anblick dieses alten, zittrigen, hilflos speichelnden Greises hätte mich fast rückwärts aus dem Raum getrieben! Es tat sagenhaft Weh, ihn so leidend zu sehen!

Er war am Ende seines Lebens angelangt – und schien das auch zu wissen…

Gerade zu der Zeit, als wir bei ihm waren, wurde er am 20. September 2012 vom Pflegeheim ins Hospiz gebracht. Dort starb er dann, unter starken Beruhigungsmitteln stehend, ganz sanft und friedlich im Tiefschlaf an akutem Herzversagen. Julian und ich nahmen im Sterbezimmer Abschied von ihm. Er sah aus, als ob er friedlich schlief; seine Hände waren noch warm, die Gesichtszüge so glatt, entspannt und erlöst!

Wir vermissen Paps sehr, doch wir sind froh, dass er uns, bevor er starb, noch ein Mal sehen konnte...

In den Jahren zuvor hatte Julian wegen Mutters Verhalten bereits den Kontakt abgebrochen. Als Paps wenige Monate vor seinem Tode erfuhr, dass er an Krebs erkrankt war, hatte er Mutter gebeten, sich mit Julian in Verbindung zu setzen und ihm über die Erkrankung des Vaters Bescheid zu geben. Mutter wollte sich wieder in gewohnt alter, stolzer Manier winden und meinte: »Ferdinand, das muss doch jetzt nicht unbedingt sein; Julian will mit der Familie ohnehin nichts mehr zu schaffen haben.«. Darauf hin hatte Paps ihr mit fester Stimme gesagt: »Louise – jetzt ist Sense! Ich bestehe darauf!«

Und so geschah es dann auch, auf energischen Druck unseres Vaters. Nur aus diesem Grunde erfuhr Julian von dessen schwerer Erkrankung. Hätte Paps nicht darauf bestanden, dass Julian unterrichtet werden sollte – er hätte seinen Sohn in diesem Leben nicht ein Mal mehr sehen können!

Die Beiden hatten auch noch, kurz vor dem Schlaganfall unseres Vaters und knapp drei Monate vor dessen Tode, ein sehr ausführliches Gespräch. Julian erklärte Paps, zu ihm hätte er den Kontakt von Herzen gerne gehalten. Sie hätten ja auch schließlich nicht miteinander im Clinch gelegen. Wenn es nach ihm gegangen wäre, hätte er den Kontakt wenigstens zum Vater gehalten. Der Abstand sei auch ihm selbst alles Andere als leicht gefallen, aber Mutter habe einfach mit ihren massiven Beleidigungen weit mehr als über die Stränge geschlagen. Wäre der Kontakt zwischen Vater und Sohn bestehen geblieben, hätte Mutter den Dorn noch tiefer in die ohnehin schon kaputte Familienatmosphäre hinein gebohrt. Sie hätte mit an Sicherheit grenzender Wahrscheinlichkeit die aufgeheizte Stimmung aufrecht gehalten. Das wäre bestimmt nicht in Paps´ Sinne gewesen. Um des Friedens Willen habe Julian den Kontakt lieber ganz unterlassen, bevor die Sache noch wirklich eskalierte.

Paps hatte ihm nach einiger Überlegung geantwortet: »Ja, ich glaube, ich hätte es genau so gemacht.«

Mutters eigendünklerisches Verhalten und ihre permanente Intriganz hatte Vater und Sohn im Endeffekt einige wertvolle Jahre des Miteinanders gestohlen…

In seinen letzten Lebensjahren hatte es hin und wieder das eine oder andere Telefonat mit Paps gegeben. Er rief immer dann an, wenn Mutter gerade im Krankenhaus lag. Es blieb ihm offensichtlich nichts Anderes übrig, als heimlich mit der Tochter und dem Schwiegersohn zu sprechen. Das war für Paps die einzige Möglichkeit, sich endlich ein Mal den eigenen Frust von der Seele reden zu können. Mehr als ein Mal gestand er mir, er habe damals mit Mutter eindeutig den falschen Griff getan. Ihre Gefühlskälte, ihre Gleichgültigkeit, ihr ständiges Gemeuter. Er sei es so Leid, immer nur als Kuli und ewiger Duckmäuser zu fungieren! Sie selber stopfe sich permanent mit Kuchen, Weingummi und Windbeuteln voll – und beklage sich am laufenden Band über seine »Qualmerei«. Dabei habe sie von Anfang an gewusst, dass er Raucher war! Laufend versuche sie, ihn komplett umzukrempeln! Sie sei schon immer der Mittelpunkt ihrer eigenen Welt gewesen. Es wäre das Beste gewesen, er hätte sie damals im Tanzcafè gar nicht erst angesprochen! Das blonde, seidige Haar, die strahlend blauen Augen und die langen Wimpern hätten ihn getäuscht!

In den ersten elf Jahren der Ehe habe sie sich ihm gegenüber praktisch wie eine parasitäre Schlingpflanze verhalten. Er habe oft genug Doppelschichten geschoben –und sie habe sich überhaupt in keiner Weise bemüht, weder um eine Stelle noch so richtig um die Familie. Damals sei er geblieben, weil ihm klar war, dass sie mit uns Kindern nicht zu Rande gekommen wäre. Er hatte sich Gedanken gemacht, dass sie uns genau so versaut hätte, wie sie versaut worden sei. Und nun könne er nicht mehr gehen. Er könne sie – krank und stark übergewichtig wie sie jetzt sei – nicht einfach ihrem Schicksal überlassen.

Letzten Endes musste er sie doch verlassen...

Seitdem Paps nicht mehr unter uns ist, geschieht es immer wieder, dass kurze, blitzartige Erinnerungen aus der Vergangenheit aufkommen. Paps und die Hummel im Portemonnaie, Paps und die blökende Puppe, Paps im Park beim Bocksprung über meinen Kopf hinweg, Paps und das Gummipüppchen in der Regenrinne, Paps beim Stutzen von Falkos Flügeln, Paps beim Formen einer Knetgummi-Ziege, Paps und seine technischen Zeichnungen, Paps beim Schlittschuhlaufen, Paps beim Köpper im Schwimmbad, Paps und seine Kringel aus Zigarettenrauch, Paps und sein Gefluche, Paps und sein Lachen, Paps am Verandafenster mit heruntergelassenen Hosen, Paps beim Mundharmonika-Spielen, Paps im Urlaub mit dem Bettlaken, Paps und seine kratzigen Bartstoppeln, Paps und sein Geruch, Paps und seine tiefe, sonore Stimme…

Es sind Bilder, die aus heiterem Himmel ganz spontan aufblitzen. Der Verlust ist nicht leicht zu verdauen. Nur die Erinnerungen bleiben. Wer sich erinnert, der vergisst auch nicht!

Ich weiß, dass es Paps drüben auf der »anderen Seite« gut geht…

In der Silvesternacht 2013 hatten Heinrich und ich ein langes Gespräch bezüglich Mutter. Dabei kam etwas Interessantes heraus:

Vor vielen Jahren hatten Heinrich und Paps mal ein Gespräch unter vier Augen. Paps vertraute Heinrich an, dass er – wenn es nach ihm gegangen wäre – mit Mutter gerne fünf bis sechs Kinder gehabt hätte. Paps kam ja, wie bereits erwähnt, selbst aus einer kinderreichen Familie. Er wollte ebenso eine Großfamilie gründen. Eigentlich hatten die Eltern auch geplant, ihre erste gemeinsame Wohnung in einem weiter entfernt liegenden Vorort zu nehmen, da Paps nicht unbedingt Wert darauf legte, dass seine junge Frau ständig weiter von ihren Eltern drangsaliert wurde und sich von ihnen permanente Vorschriften machen ließ. Sie hätten die kleine Wohnung im Hause meiner Großeltern als erste Notlösung gesehen, da Mutter somit aus der ganz unmittelbaren Nähe ihrer Familie fort kam und ein eigenes, kleines Reich mit einer verschließbaren Wohnungstüre hatte: eine gewisse Rückzugsmöglichkeit eben. Paps wollte Mutter aus dem Einflussbereich ihrer Eltern fort bekommen. Bei jeder Kleinigkeit habe mein Großvater auf der Matte gestanden und sich in die Belange der jungen Ehe eingemischt! Andererseits sei Mutter fast täglich oben bei meiner Großmutter zum Kaffeetrinken gesessen. Dieser Zustand sei Paps doch ziemlich an die Substanz gegangen und auf Dauer nicht mehr zuträglich für ein normales Eheleben gewesen. Die kleine Wohnung im Erdgeschoss hätten sie dann auch ein Jahr nach meiner Geburt ziemlich schnell wieder verlassen und waren in einen anderen Vorort gezogen. Aber Mutter habe sich zeitlebens nie richtig aus dem Einfluss ihrer Eltern befreien können…

Zum Beispiel hatten meine Eltern ziemlich zu Beginn ihrer Ehe – ich war noch nicht ein Mal gezeugt – einen kleinen, dummen Streit, bei dem es wieder ein Mal um den Kinderwunsch meines Vaters ging. Mutter habe daraufhin Paps als »Wattwurm« tituliert. Paps verließ brummig das Haus und lief dabei meinem Großvater in die Fittiche. Opa fragte, was denn los sei. Paps erklärte es ihm. So weit, so gut.

An nächsten Nachmittag ging Mutter wieder wie gewohnt hoch zu ihren Eltern. In der Küche wurde sie gleich mit einer geharnischten Standpauke von ihrem Vater empfangen!

Was das heißen solle, den eigenen Ehemann als »Wattwurm« zu bezeichnen? Schließlich habe man ihr ein ordentliches Benehmen beigebracht!

Mutter stritt ihrem Vater gegenüber die Sache ab und meinte, das habe sie nicht zu Paps gesagt. Selbst wenn sie es gesagt hätte – das könne ihr Vater glauben – dann hätte sie wahrhaftig einen triftigen Grund dafür gehabt!

Womit sie es also ja praktisch schon zugab!

Opa fletschte daraufhin seiner Tochter entgegen: »Für so etwas gibt es keine triftigen Gründe! Wenn ich von Ferdinand noch ein Mal höre, dass du ihm solche Schimpfworte an den Kopf wirfst, dann komm´ ich höchstpersönlich runter und verpass´ dir eigenhändig einen Satz heißer Ohren! Eine Frau hat ihren Ehemann zu achten – und nicht zu beleidigen!«

Mutter kuschte brav – Ende der Transaktion…

Kurz nach unserer Hochzeit, beim ersten Besuch der Eltern, hatte Paps Heinrich bei Seite genommen, weil er erfahren wollte, wie es mir in den drei Jahren, in denen ich keinerlei Kontakt zu den Eltern hatte, ergangen sei. Ob Heinrich Genaueres darüber wisse. »Ja«, hatte Heinrich geantwortet, »in der Tat weiß ich Einiges mehr – aber ich werde nichts davon hinter Wenckes Rücken ausplaudern. Nur so viel: Sie ist buchstäblich durch die Hölle auf Erden gegangen und wenn ich jetzt darüber reden würde – davon bin ich überzeugt – bist du spätestens an diesem Abend freiwillig wieder Single! Wencke ist meine Frau und ich stehe voll und ganz hinter ihr, mag da kommen, was will. Schließlich hat sie sich mir bedingungslos anvertraut – und dieses Vertrauen werde ich nicht brechen! Sollest du etwas erfahren, dann ausschließlich von deiner Tochter persönlich – oder gar nicht!«

Paps hatte anerkennend genickt und Heinrich gesagt: »Whow – genau das habe ich hören wollen!«

Auch hatte Heinrich vor über zwanzig Jahren mal ein Gespräch mit Mutter. In einem schwachen Augenblick habe sie ihm gestanden, dass sie bei meiner Geburt nicht nur ihre Stelle beim Einwohnermeldeamt aufgeben musste, sondern sogar ihre angestrebte Laufbahn als Beamtin! Sie habe damals quasi mitten in den Prüfungen gesteckt – und dann habe ich mich dazwischen gedrängt und ihre Karrierepläne zerstört! Daher habe sie mich von Anfang an auch nicht lieben können, sondern immer eine gewisse Ablehnung empfunden.

Heinrich sagte Mutter, aber für die geplatzte Beamtenkarriere könne ich doch schließlich nichts. Woraufhin Mutter ihm antwortete: »Natürlich kann Wencke dafür nichts – nur, dass sie sich in dem denkbar ungünstigsten Augenblick in mein Leben gedrängt hat! Sie ist gekommen, als ich es am Wenigsten habe gebrauchen können!«

Mutter gestand Heinrich, im Grunde habe sie Kinder gar nicht in ihre Lebensplanung mit eingenommen; sie habe, genau genommen, nie so richtig den Wunsch nach Kindern verspürt. Wenn es nach ihr gegangen sei, wäre diese Ehe kinderlos geblieben!

Als Heinrich mir das endlich erzählte, konnte ich mir plötzlich einen Reim darauf machen, weshalb Mutter immer so kalt und gleichgültig reagierte. Sie hatte völlig überstürzt geheiratet, trotzdem Paps im Grunde gar nicht ihre Kragenweite war. Er war ihr viel zu dürr. Tatsächlich hatte Paps eine sehr hagere, sehnige, aber athletische Statur. Seine »Qualmerei« gefiel ihr ebenfalls nicht. Dabei war Paps schon Jahre zuvor Raucher. Seine »Pichelei« widerte sie an. Ja, hin und wieder trank er mal was. Paps hatte Kinder haben wollen; sie hatte ihm den Gefallen getan. Sie war das Vehikel, das ihm seine Nachkommen lieferte. Da er diese Nachkommen haben wollte, sollte er sich auch gefälligst um deren Belange kümmern!

Und ich hatte ihre Pläne zerstört…

Mutter muss diese Heirat wohl eindeutig zum Anlass genommen haben, um zu ihren Eltern auf einen gewissen Abstand gehen zu können. Paps kann für sie ganz klar nur das Sprungbrett in ein selbst bestimmtes Leben gewesen sein! Kaum ein Vermieter hätte Anfang der Sechziger Jahre eine Wohnung an eine junge, hübsche, allein stehende Frau vermietet. Die Hauseigentümer wollten keine Scherereien. Also musste eine Frau schon verheiratet sein, einen Ehemann an ihrer Seite haben, einen Trauschein nachweisen, um eine eigene Wohnung beziehen zu können. Der Mann wollte Kinder; sie hatte nachgegeben, bevor er seine Sachen packte. Eine Scheidung hätte zu Anfang der Sechziger Jahre für eine sehr junge Frau nämlich bedeutet, die Wohnung zu kündigen, zu räumen und wieder zurück zu den Eltern ziehen zu müssen…

Heinrich wusste es von Paps. Mutter hatte ihn dessen Meinung nach offensichtlich nur genommen, um aus der elterlichen Wohnung fort zu kommen. Den Wunsch nach Kindern habe sie Paps im Laufe der Zeit schon ausreden wollen. Daraufhin habe Paps ihr mit Trennung und Scheidung gedroht. Woraufhin Mutter zähneknirschend nachgegeben habe. Jetzt wusste ich endlich, wo der Weizen blüht!

Ein frohes neues Jahr…

Mutter bleibt stur

Mutter ist so stur wie eh und je. Sie hätte es in einer Seniorenwohnanlage besser gehabt, war aber nicht davon zu überzeugen. Soziale Kontakte wünschte sie nicht. Sie hatte ihren Fernseher, ihr Handy und das Telefon. Meistens riefen Julian und ich sie in den vergangenen Jahren an, ganz selten war es umgekehrt. Es ist uns Kindern völlig unklar, ob sie für Paps jemals so etwas wie Liebe empfunden hat. Wir wissen nicht, ob sie uns je geliebt hat oder an uns lediglich ihre mütterliche Pflicht erfüllte.

Sie ist stark depressiv, kapselt sich, so weit es geht, von der Außenwelt ab. Depressiv und schrullig war sie schon immer, aber nun, da sie Witwe ist, verstärken sich die Symptome um ein Vielfaches. Da sie weit entfernt lebt, konnten wir ihr auch leider nicht zu jeder Zeit helfen. Was weiterhin mit Mutter wird, ist nicht voraus zu sagen...

An Paps´ Sterbetag hatte sie sich auch bereits einen dicken Knaller geleistet. Nachdem wir telefonisch von seiten des Hospizes von Paps´ Ableben erfahren hatten, stiegen wir zu Dritt in Mutters Wagen, um uns endgültig von unserem Vater zu verabschieden. Es kann sich jeder Mensch vorstellen, dass meinem Bruder und mir der Schock ganz gewaltig in den Knochen steckte. Auf der einen Seite kann man sich nicht vorstellen, dass der Vater nicht mehr lebt. So lange man zurück denken kann, war da immer der Vater. Jetzt plötzlich gibt es ihn nicht mehr. Auf der anderen Seite die Erleichterung, dass er im Tiefschlaf verstarb und sich nun nicht mehr quälen muss. Gleichzeitig dann wiederum der Gedanke, dass man als Angehörige nun gleich die Leiche des Vaters vor Augen geführt bekommt. Wie wirkt dieser Anblick? Ist das Gesicht des verstorbenen Vaters verkrampft oder entspannt? Hat er sehr gelitten? Die Gedanken klappern wie Billardbälle im Kopf herum. So erging es Julian und mir ebenfalls. Wir standen noch völlig unter Schock; die ganze Situation kam uns absolut unwirklich vor!

Eine dröhnende Stimme, die aus einem langen, dunklen Gang zu kommen schien, hallte unaufhörlich in meinem Kopf: »Paps ist tot… er ist tot… tot…«

Auf der Fahrt zum Hospiz war es bereits dunkel. Keiner von uns sagte ein Wort. Plötzlich zeigte Mutter auf ein Haus, aus dem hinter den Gardinen Licht schimmerte. Sie meinte, wenn ich einen Nebenjob suche, könne ich ja dort anfangen. Auf meine Frage, was das denn für ein Haus sei, meinte Mutter: »Das ist der Puff!«

Es kam aus heiterem Himmel, völlig unvorbereitet, traf mich wie ein Faustschlag in den Magen! Ich hatte vor noch nicht ein Mal einer Stunde erfahren, dass mein Vater verstorben war!

Meine Gedanken waren mit ganz anderen Sachen beschäftigt! Das Allerletzte, woran ich in diesem furchtbaren Augenblick gedacht hätte, wären Lust und Liebe gewesen! Mein Innerstes erstarrte zur Salzsäule!

Mutter blieb vor dem Hospiz draußen im Wagen sitzen und überließ es uns Kindern, uns endgültig von Paps zu verabschieden…

Wieder zurück im Elternhaus, meinte Julian, der Spruch mit dem Puff wäre absolut nicht nötig gewesen. Mutter wollte ihm gegenüber auch gleich wieder anfangen, die Sache herunter zu spielen – das reichte! Jetzt schlug es Dreizehn! Zum ersten Mal im Leben wurde ich richtig laut und blies Mutter ganz gewaltig den Marsch!

Seitdem Paps nicht mehr lebt, ließ Mutter uns Kindern gegenüber erst recht den absoluten emotionalen Supergau heraus! Bei Julian hatte sie sich auch bereits über die Tatsache mokiert, dass ich den Verwandten gegenüber meine Ratten und Schlangen erwähnte. Es könnte ja schließlich auf Mutter zurück fallen, dass ich mir solche Tiere halte. Was sollten die Verwandten denn für einen Eindruck von Mutter bekommen, dass sie ihre Tochter zu einer solchen Tierhaltung erzogen habe?

Außer Mutter hatte sich im Restaurant Niemand von der Verwandtschaft daran gestoßen. Niemand – bis auf Mutter! Im Anschluss an die Urnenbeisetzung, im Restaurant, hatte meine Cousine Stephanie mich nämlich gefragt, weshalb mein Mann nicht mitgekommen sei. Ich antwortete ihr, Heinrich wäre liebend gerne mit zur Beisetzung seines Schwiegervaters gekommen, aber Erstens habe er selbst einige massive gesundheitliche Probleme und Zweitens müsse Einer bei den Tieren bleiben. Stephanie wollte wissen, was für Tiere wir hätten – und wenn das Gespräch darauf kommt, bin ich die Letzte, die sich für die eigenen tierischen Hausgenossen schämt! Ich sehe keinen einzigen Grund darin, meine Tiere zu verleugnen. Und genau so sollte wahre Tierliebe nämlich aussehen!

Im Gegensatz dazu sagte Mutter immer, dass Falko, der Ara, Hund Hexi gegenüber ja eigentlich die älteren Rechte hätte, da er schließlich vor dem Vierbeiner in unseren Haushalt gekommen war!

Meiner Meinung nach sollte kein Tier »ältere Rechte« haben. Entweder ist jedes einzelne Geschöpf ein genau so gleichrangiges Familienmitglied wie das Andere oder man sollte besser generell jeglichen Gedanken an Tierhaltung unterlassen! Wer solche verdrehten Gedanken hegt, dürfte für die Haltung von Tieren wohl kaum wirklich geeignet sein…

Mutters Äußerungen zum Tode unseres Vaters wären deutlich mehr Grund zu Schamgefühl gewesen. Sie hatte nämlich noch am Tisch den Verwandten ausgerechnet, was sie für Paps´ Unterbringung im Pflegeheim alles aus eigener Tasche hat bezahlen müssen und wenn Paps noch ein Jahr länger gelebt hätte, was da für Kosten auf sie zugekommen wären! Das klingt doch, als könne man meinen, es sei ihr in der Hauptsache um Geld gegangen – und weniger um Paps!

Julian und mir drehten sich die Mägen wie Pfannkuchen…

Eben so unbegreiflich war ihre Bemerkung bezüglich der Traueranzeige. Sie meinte, regulär hätte sie auch gerne in einer Zeitung in P. eine Anzeige zum Tode unseres Vaters aufgegeben, aber dann müsse sie ja zu jeder Zeit damit rechnen, dass vielleicht plötzlich Eine meiner Ex-Beziehungen vor ihrer Türe auftauchen und sie bedrohen oder belästigen könnte! Julian meinte: »Du solltest dir mal lieber Gedanken darum machen, wer vor Wenckes Türe auftauchen könnte. Es ist aber wieder ein Mal typisch für dich, nur an dich selbst zu denken – und an deine Tochter und deren Sicherheit nicht den geringsten Gedanken zu verschwenden!« Mutters Gesicht wurde zinnoberrot!

Austeilen kann sie gut, aber nicht einstecken. So schulmeisterte und schikanierte sie lieber ihren Sohn. Julian ist ihrer Meinung ja auch mit der falschen Frau zusammen. Dabei ist Susanne ein sehr liebenswerter Mensch. Mutter stellt Julian sogar als »schwermütig« hin. Sie erzählt Jedem, der es hören oder nicht hören will, sie habe ja nichts von ihrem Sohn. Dabei war es gerade Julian, der jeden Tag bis zu mehrere SMS an sie los schickte! Und ebenso war er es, der regelmäßig 400 Km mehrere

Stunden im Eiltempo über die Autobahn düste, um zu ihr zu kommen, wenn sie wieder ein Mal Hilfe brauchte!

Mutter hat immer weniger vertraute Menschen um sich. Wenn sie mit ihrem impulsiv zänkischen, streitsüchtigen Verhalten so weiter macht wie bisher, dürfte sie sich in allernächster Zeit die restliche Verwandtschaft auch noch sauer kochen können…

Der »verschollene« Sohn

In den letzten Jahren verhielt es sich so, dass die Eltern oft abwechselnd in der Klinik lagen. Mal war es Paps in der Lungenfachklinik, mal war es Mutter in der Herzklinik. Julian ging mehr als ein Mal durch den Kopf, was wohl geschehen würde, wenn sich die Klinikaufenthalte der Beiden plötzlich überschnitten. Nun, der Supergau ließ auch nicht lange auf sich warten. Eines schönen Mittags ging bei Julian das Telefon. Mein Bruder nahm ab – Paps!

Er japste verkrampft pfeifend in den Hörer: »Julian, du musst umgehend für ein paar Tage kommen! Mutsch liegt wieder in der Herzklinik und ich selbst muss wegen meiner Lungenprobleme auch heute noch ins Spital! Jemand muss Falko und Hexi versorgen!« Paps keuchte und klagte über massive Atemprobleme. Julian sagte ihm, er werde sofort kommen. Paps erklärte ihm, er werde die Schlüssel von einem Sanitäter nebenan im Hotel abgeben lassen. Dann hängte er ein. Julian erklärte Susanne die Sache und packte in Windeseile seine große Reisetasche. Dann ging es hinunter zum Wagen und mein Bruder düste sofort los; ab ging es auf die Autobahn. Mehrmals musste er nachtanken und geriet immer wieder in die dicksten Staus hinein. Als er endlich vor dem Elternhaus ankam, war es 21.40 Uhr! Über sechs Stunden Fahrt lagen hinter ihm!

Julian eilte zum Hotel und holte sich die Schlüssel zur elterlichen Wohnung. Dort angelangt, war alles dunkel. Mein Bruder machte erst ein Mal überall Licht, stellte die Reisetasche ab, versorgte Hexi, ging kurz mit ihm Gassi und reinigte anschließend Falkos Voliere. Dann rief Paps aus der Klinik an. Er hatte seine Medikation schon bekommen und es ging ihm etwas besser. Julian notierte sich, was Paps für die Klinik haben wollte. Paps meinte, es reiche aber, wenn er in zwei Tagen die Sachen brächte. Am folgenden Tag sollte er erst ein Mal zu Mutter in die Herzklinik. Paps habe sie bereits angerufen; sie wisse Bescheid!

Es war aber nicht so, dass Mutter bei Julian anrief, um sich zu Mindest zu erkundigen, ob er gut angekommen sei. Das schien nebensächlich zu sein. Sie setzte anscheinend voraus, dass er wie immer tadellos funktionierte!

Nach dem Telefonat blieb meinem Bruder gerade noch Zeit, zu duschen und ein kleines Abendbrot einzunehmen. Dann fiel er todmüde auf die Couch…

Am nächsten Morgen versorgte er die Tiere, rief Mutter in der Herzklinik an und notierte sich, was sie benötigte. Nachdem er die Tasche gepackt hatte, holte er für Mutter noch Fruchtnektar und ein wenig Obst. Mutter gab ihm auch gleich die schmutzigen Sachen zum Waschen mit. Auf dem Rückweg zur elterlichen Wohnung kaufte er für sich und die Tiere ein. Kaum zurück, packte er Paps´ Tasche und putzte die ganze Wohnung. Er reinigte den Balkon, brachte den Müll hinunter, ging mit dem Hund Gassi und putzte das Treppenhaus. Abends versorgte er die Tiere, duschte kurz, schob sich das Abendbrot ein und war platt wie ein Schuhkarton…

Am kommenden Tag fuhr er dann in die Lungenklinik und lieferte die Tasche ab. Auch Paps gab ihm benutzte Wäsche mit. Kaum zurück, warf Julian die Waschmaschine an. Er fragte auch die Eltern, was er an Konserven einkaufen solle. Nach der großen Einkaufstour mussten die Tiere wieder versorgt werden. Rund herum im Ringelreihen…

So pendelte Julian also täglich im Wechsel zwischen zwei verschiedenen Klinken hin und her, kaufte ein, wusch Wäsche, versorgte die Tiere und putzte die große Wohnung. Zeit für sich selbst hatte er praktisch nicht…

Paps war als Erster wieder daheim. Julian wollte bleiben, bis Mutter auch wieder auf den Beinen war. Wenige Tage später kam sie dann auch nach Hause. Julian besorgte noch ein paar Einkäufe und reinigte gründlich die Tiere.

Abends wollten die Eltern zur Feier des Tages gemeinsam mit Julian noch in ein Restaurant. Kaum saßen sie beim Essen, öffnete sich die Türe. Eine Bekannte der Eltern trat an den Tisch und fragte die Beiden, wer denn der junge Mann sei. Mutter sagte: »Das ist der verschollene Sohn! Man kann ja froh sein, wenn man die Kinder überhaupt noch mal zu Gesicht bekommt! Kinder kümmern sich ja einen Dreck um die Eltern!«

Julian hatte in diesem Augenblick das Gefühl, als habe man ihm ein klatschnasses Handtuch ins Gesicht geschlagen! Jetzt war endgültig Zapfenstreich!

Er stand das Essen still durch und sagte auch auf dem Weg zur elterlichen Wohnung keinen Ton mehr. Dort angekommen, griff er stumm zur Reisetasche und packte seine Sachen. Mutter sagte ihm, sie habe doch im Restaurant nur einen harmlosen Jux gemacht. Paps meinte, Julian solle doch noch ein paar Tage bleiben. Die Sache würde Mutter mit dieser Bekannten schon klar stellen. Julian war allerdings verständlicherweise tief getroffen und sagte, da gäbe es nichts mehr klar zu stellen; gesagt sei gesagt. Diese fremde Frau müsse nun sonstwas von ihm denken. Er werde am kommenden Tage abreisen. Dieser verbale Einlauf war zu Viel. Am nächsten Morgen versorgte Julian noch ein letztes Mal die Tiere, griff nach seiner Reisetasche und ging – ohne Frühstück und Abschied – hinunter zum Wagen. Ihm war endgültig der Kragen geplatzt!

Auf der gesamten 400-Km-Strecke bis nach P. kam er sich nur noch vor wie der hinterletzte Hanswurst…

Das, was Mutter von ihren Kindern abverlangt, sind im Grunde genommen – auf Dauer betrachtet – absolut unerfüllbare Forderungen. Realistisch gesehen bräuchte sie ständige Unterstützung, so wohl im Haushalt als auch beim Einkaufen oder bei der Körperpflege. Wie sollte das langfristig gehen? Julian müsste praktisch zwei Mal im Monat diese Mammutfahrt auf sich nehmen, um ihr auch nur halbwegs helfen zu können. Jede Hin- und Rückfahrt kostet ihn an Spritgeld ca. 150.- Euro. Würde er auch nur zwei Mal monatlich fahren, beliefen sich die Kosten pro Jahr Summa summarum auf etwa 3.600.- Euro. Mit einem einzigen Tag wäre es aber nicht gedient. Um alle anfallenden Aufgaben Mutter gegenüber zu erledigen, bräuchte Julian mindestens fünf Tage Aufenthalt. Da Mutter aber mit wachsender Begeisterung pestet und stänkert bis aufs Blut und Julian es bei ihr keine vierundzwanzig Stunden am Stück aushält, kämen noch Kosten für eine Ferienunterkunft hinzu. Selbst bei der preiswertesten Unterkunft käme er pro Übernachtung auf ca. 20,- Euro. Pro Jahr kämen also noch ein Mal ca. 2.400.- Euro dazu. Somit summieren sich die Gesamtkosten jährlich auf ca. 6.000.- Euro. Eine stolze Summe! Hat Julian das Geld dazu? Er ist ein einfacher Angestellter und spart schon auf einen neuen Wagen, legt mühsam jeden Cent zur Seite, weil der alte Wagen bereits respektable vierzehn Jahre auf dem Buckel und auch schon einige Macken hat! Wie sollte er also die laufend wiederkehrenden, immens hohen Kosten tragen? Er kann sie sich schlecht aus den Rippen schneiden. Derart berauschend ist sein Einkommen auch wieder nicht. Mutter ersetzt ihm (trotzdem sie finanziell durchaus dazu in der Lage wäre) diese Fahrtkosten nicht; sie setzt einfach voraus, dass Julian spurt, scheint ihren Sohn praktisch als »Eigentum des Hauses« zu betrachten, als Jemand, über den man jederzeit frei nach Belieben verfügen kann. Sie verlangt absoluten Kadavergehorsam. Das ist schon moralischer Sadismus. Über die laufenden, hohen Kosten macht sie sich keinerlei Gedanken…

Und ich selbst? Ich habe keinen Wagen, geschweige überhaupt einen Führerschein. Alles, was ich daheim habe, ist ein deutlich älterer, gehbehinderter, lungenerkrankter und fast erblindeter Ehemann, die Tiere, meinen Haushalt – und Hartz IV! Holte Julian mich mit dem Wagen ab, musste Heinrich für mehrere Tage selbst schauen, wie er alleine zu Rande kam. Was wäre (wie in den vergangenen Jahren bereits wiederholt geschehen), wenn ein akuter Notfall eintritt und Heinrich ins Spital müsste? Ich brauche meine ganze Kraft für meinen Mann und unser gemeinsames Leben, muss den Haushalt machen, einkaufen, Wäsche waschen, bügeln, mich um die Tiere kümmern, abwaschen, die Treppe putzen, Anträge ausfüllen, Besorgungsfahrten für Heinrich erledigen und kochen. Mein Mann kann mich, außer, dass er die Müllbeutel zum Container bringt, nicht unterstützen. Neulich erst stürzte er auf der untersten Treppenstufe, als er einen großen Müllbeutel entsorgen wollte. Glücklicherweise knallte er auf den Beutel, der den Sturz abmilderte. Fast hätte Heinrich sich den Arm gebrochen. Der Notarzt gab Entwarnung. Heinrich hat nur eine ziemlich deftige Gelenkprellung, kann aber vorerst den rechten Arm nicht benutzen und trägt ihn in der Schlinge. Als Ehefrau habe ich also schon weit mehr als genug Verpflichtungen. Hat man ein Kind zu betreuen, geht es im Laufe der Zeit immer mehr aus der Unselbstständigkeit in die Selbstständigkeit hinaus. Hat man einen älteren Menschen, verhält sich die Sache genau ins Gegenteilige. Es leuchtet somit deutlich ein, dass ich mich unmöglich zeitgleich um zwei Haushalte – mit je einem chronisch erkrankten Menschen – kümmern kann, die ca. 350 Km auseinander liegen! Ein unmöglicher Spagat! Durchteilen und doppelt schlagen kann ich mich schließlich auch nicht. Ziehen kann ein Mensch ja, wohin er will, kann aber dann nicht solch auf die Dauer unmöglichen Forderungen an die Angehörigen stellen. Auch das interessiert Mutter nicht; ihr geht es einzig und alleine um ihren eigenen Vorteil. Sie manipuliert und instrumentalisiert ihre Mitmenschen ganz nach ihren persönlichen Wünschen und Vorstellungen, einschließlich ihres eigenen Fleisch und Blutes. Sie hätte genau das, was sie im Leben wollte. So wenig Kontakt zur Außenwelt als möglich, ohne Sorge, jemals in ein Pflegeheim ziehen zu müssen, stets die Wohnung gereinigt, sauber und ordentlich, sämtliche Einkäufe erledigt – und dabei noch die eigenen Kinder gegen deren Partner aufbringen!

Doch je mehr man ihr in die Hände spielt, desto mehr bricht man selbst zusammen. Dass sie sich je ändert, gehört ins Reich der Utopie...

Irgendwann sagte Julian mir mal: »Weißt du, Wencke... es ist schon verrückt, aber seit ich von Daheim fort bin, habe ich Einiges auf die Beine gestellt. Ich bin Angestellter, habe eine Eigentumswohnung, eine liebe Partnerin, einen Mofa- und einen KFZ-Führerschein, einen Wagen... echt Wahnsinn! Das hätte ich mir daheim niemals zugetraut! Du musst erst aus dem Elternhaus fort und alles klappt plötzlich wie am Schnürchen!«

Aber die Sache mit dem »verschollenen Sohn« machte es auch nicht unbedingt leichter. Schließlich hatte Julian sich ja wahrhaftig bemüht, hatte die langen Fahrten auf sich genommen. Mutters spitze und unnötige Bemerkung war absolut unpassend und zog meinen Bruder wieder hinunter. Er hatte seine Aufgabe erledigt und durfte nun Leine ziehen. So einfach war das. Zurück blieb ihm nur das schale und bittere Gefühl, dass er auf Granit gestoßen und letzten Endes wieder nur ein Mal zu einem bestimmten Zwecke benutzt und instrumentalisiert worden war...

Es war auch eine Schnapsidee von den Eltern, in ein anderes Bundesland zu ziehen. Niemand hatte sie dazu gezwungen. Im Jahre 1999 fuhren sie in diesen Kurort, um ihren Urlaub dort zu verbringen. In der kleinen Ortschaft war auf Plakaten eine Wohnungsbesichtigung angekündigt. Die Eltern entschlossen sich spontan, hin zu gehen, eigentlich nur so zur Abwechslung. Man sah sich verschiedene Wohnungen an. Eine Wohnung gefiel den Eltern gleich auf Anhieb. Es handelte sich um ein kleines Einfamilienhaus. Keine Nachbarn, denn die gesamte Häuserzeile daneben stand komplett leer. Sie erkundigten sich nach der Höhe der Miete und Nebenkosten. Ganz spontan, aus einem irrigen Impuls heraus, schlossen sie auf der Stelle den Mietvertrag. Mutter ging sofort los und überwies Kaution und die ersten Monatsmieten. Mutter musste ja noch einige Monate arbeiten, dann ging sie in Rente. Sie erklärte dem Menschen vom Mieterbund, Anfang Januar des kommenden Jahres wollten sie umziehen. Auf der Stelle nahmen sie die Schlüssel in Empfang!

Gleich am nächsten Tag fuhren sie in ein Bauhaus und besorgten alles, was benötigt wurde: Tapeten, Kleister, Farbe, Pinsel, Quasten und einen Tapeziertisch. Während Mutter sich um die Ummeldungen kümmerte, war Paps mit der Renovierung der Wohnung eingespannt. Dann war der Urlaub beendet und die Wohnung komplett bezugsfertig!

Was wir erst für einen Witz hielten, wurde dann zur Realität. Einige Monate später ging Mutter in Rente. Die Eltern packten ihre Sachen zusammen und im Januar 2000 – piffpaff! – da waren sie fort!

Was hielt sie denn noch in P.? Laut unserer Eltern (besonders Mutter) hatten sie ja nichts mehr von ihren Kindern. Sie erzählten es Jedem, der es hören oder auch nicht hören wollte. Über viele Jahre hinaus schießt sie diese Geschichte unter der Verwandtschaft ins Kraut. Und dort, an diesem kleinen, abgelegenen Kurort, kam dann die gähnende Langeweile. Gerade Mutter wurde im Laufe der Jahre dort vom Wesen immer hexenhafter. Es gelang ihr, wie auch zuvor in P., nicht, Freundinnen zu finden. Ständig greift sie die Leute böse mit Worten an, zieht die Verwandtschaft durch die Zähne. Nach Paps´ Tod verstärkte sich das noch um ein Vielfaches…

Heinrich, mein Mann, sieht in ihren Augen aus wie ein Landstreicher. Er sei ein richtig schäbiger Korsar. Warum? Weil er sein Haar lang trägt? Sie trägt ihm ganz gewaltig nach, dass er nicht auf Paps´ Beisetzung war! Sein verstorbener Schwiegervater sei ihm wohl gleichgültig genug! Auf dem ersten Jahresgedenken bräuchte er jetzt auch nicht mehr zu kommen!

Was er ohnehin schon nicht könnte, da er fast erblindet ist und, wie gesagt, auch sonst massive gesundheitliche Probleme hat. Außerdem muss Jemand bei den Tieren bleiben. Das aber sieht Mutter dann nicht ein! Wie Heinrich während meiner Abwesenheit zu Rande käme oder nicht, schert sie nicht im Geringsten…

Für Susanne gilt in vollem Umfange das Selbe. Dabei hat sie selbst eine sehr schwer kranke Mutter, um die sie sich sorgen muss. Dazu kommt, dass Susanne auch ganz massive Rückenprobleme hat und dem zu Folge nicht mehr in der Lage ist, eine mehrere Stunden andauernde Autofahrt durchzustehen. Und selbst, wenn sie gesund wäre: Für Mutter ist sie eh die falsche Person, die nicht zu meinem Bruder passt! Was würde das geben? Susannes Anwesenheit wäre für Mutter nur der passende Anlass und ein gefundenes Fressen für neuen Streit und ein erneutes Zerwürfnis zu Julian!

Es würde also praktisch noch Öl ins Feuer gegossen!

Paps hätte das ganz bestimmt nicht gewollt. Julian, Susanne, Heinrich und ich sind dankbar, dass er diese Querelen nicht mehr miterleben braucht…

Einfach unbelehrbar

Vor geraumer Zeit (kurz vor diesem endgültigen Zerwürfnis) hatte Julian sie noch besucht. Mutter saß wie üblich vor dem Fernseher. Anfangs achtete Julian im angeregten Gespräch gar nicht auf das Fernsehbild, aber irgendwann fiel es ihm auf. Die Menschen wirkten ziemlich klein, aufgedunsen und gedrungen und wackelten auf ihren kurzen, stämmigen Beinchen und mit Pfannkuchen-Gesichtern durch das Programm! Julian erklärte Mutter, das Bildformat sei nicht richtig eingestellt und er werde es eben ins rechte Lot bringen. Sprach´s, ging zum Fernseher. Nach wenigen Handgriffen hatten die Menschen wieder eine ansehnliche Normalfigur. Mutter verzog das Gesicht und meinte, vorher hätten die Leute aber deutlich besser ausgesehen!

Einige Jahre zuvor (Paps war selbst noch gut dabei) waren sie mal zu Dritt im Hallenbad. Nach einiger Zeit betrat eine junge Frau im Bikini die Halle. Laut Julians Beschreibung hatte sie eine vollkommen normale Statur, war weder zu dick noch zu dünn. Mutter flüsterte Julian nur zu: »Schau´ dir dieses dürre Klappergestell an! An der ist doch nichts dran! Die ist ja viel zu dürre!«

Kurz darauf betrat eine andere Dame im Badeanzug die Schwimmhalle. Sie war, im Gegensatz zu der ersten jungen Frau, massiv übergewichtig. Die Fettquaddeln und Cellulite-Beulen schwabbelten nur so an ihr herab. Mühsam und unbeholfen tapste sie zum Beckenrand. Mutter hatte diese Dame ebenfalls eindeutig gesehen – und hielt dezent den Mund!

Vor einiger Zeit hatte Mutter sich wirklich aufgeregt. Sie war im Supermarkt an der Kasse gestanden. Hinter ihr unterhielten sich zwei andere Kundinnen im verschwörerischen, aber deutlich zu verstehenden Flüsterton. Eine der beiden Frauen raunte der Anderen zu: »Ja, klar kenne ich die Frau mit dem Rollator. Die wohnt hier in der Nähe…« Die andere Kundin antwortete der Ersten, eben so wenig leise: »Habe ich mir doch gedacht. Die fette Wampe kam mir gleich so bekannt vor...«

Diese Geschichte hatte Mutter später Julian erzählt und sich lautstark lamentierend bei ihm über die Äußerungen der beiden Frauen beklagt – wobei sie noch lustig eine Schale Kartoffelchips verputzte!

Kartoffelchips hier, Windbeutel da, Gummibärchen dort – und ein Stückchen Sahnekuchen und ein paar Pralinen passen auch noch! Mutter hat doch bereits Diabetes, gibt aber jedem kulinarischen Genuss völlig hemmungslos nach – um sich dann über zwei völlig ungebildete und grenzdebile, in die Jahre gekommene Dorfweiber zu beklagen! Natürlich wird in den kleinen Nestern gnadenlos geschnackt und geschwätzt. Wenn ein neu Zugezogener sich gleich von Anfang an absolut gut in die bestehende Dorfgemeinschaft anpasst und sich schnell einfügt, kann er in seiner neuen Heimat durchaus Freunde finden, ein gutes Leben haben und glücklich werden. Mutter aber passte sich noch nie an. Sie fällt alleine durch ihr Äußeres auf und verhält sich ihren Mitmenschen gegenüber sehr ungewöhnlich. Dazu kommt: Einige Leutchen haben einfach auf dem Lande oft zu viel Zeit. Selten ereignet sich etwas Besonderes. Manche Dorfbewohner nutzen jede sich bietende Gelegenheit, um mit irgend welchen unhaltbaren Geschichten herum zu posaunen und buchstäblich schon mit einem Pfannkuchen Wind zu machen, nur damit sich in ihrem eigenen, ständig tristen und eintönigen Dasein endlich wieder mal ein kleines Rädchen dreht! Ihre gesamte intellektuelle Bildung scheinen sie aus dem Kuhstall oder von der Gänseweide zu haben. Es wird jede noch so kleine Gelegenheit genutzt, eine unbedeutende Sache aufgebauscht, um ein neues Ereignis, einen brandaktuellen, heißen Gesprächsstoff, zu haben. Das wurde schon seit Urzeiten praktiziert, als vom Mittelalter längst noch nicht die Rede war. Es ist überall, wo Menschen auf kleinerem Raum zusammen leben. Einer erzählt was, dem Zweiten ist es nicht genug. Also schiebt er noch eine kleine Extra-Schote mit ein. Der Dritte würzt das Ganze zusätzlich, in dem er die Geschichte noch extremer aufbauscht. Der Vierte schaut, wie er das Gehörte deutlich bizarrer ausschmücken kann. Letztendlich ist die eigentliche Sache, um die es geht, längst in Vergessenheit geraten und somit absolut nicht mehr relevant. Jetzt kursieren plötzlich die wildesten Räuberpistolen kreuz und quer durch das Dorf. Gerade Zugezogene werden erfahrungsgemäß oft sehr flott durch den Kakao gezogen und sind bald die Opfer der gesamten verschworenen Dorfgemeinde – eben weil sie sich nicht anpassen! Es kommt zu den heißesten Scherereien. Ja, je mehr über Kommunikation gesprochen wird, desto weniger findet sie statt! Das war schon immer so und wird sich auch in der Zukunft nicht ändern. Damit hätte Mutter rechnen müssen. Aber sie wollte ja unbedingt aufs Land...

Wie oft wurde ihr von verschiedener Seite ins Gewissen geredet und an sie appelliert, sie müsse ihr massives Übergewicht drastisch reduzieren. Entweder ist ihr tatsächlich nicht bewusst, wie sie auf andere Menschen wirkt, oder aber sie verdrängt ihr Äußeres. Das, was sie da betreibt, ist Selbstmord auf Raten. Selbst ein Klinikarzt hatte ihr wohl bereits klar und drastisch ins Gesicht gesagt, dass es ihm auf Grund ihres extremen Übergewichtes auch kein Vergnügen mache, sie bei den Untersuchungen berühren zu müssen!

Im vergangenen Jahr war Mutter bereits in der Wohnung gestürzt. Sie war alleine und brauchte fast vier Stunden, um wieder hoch zu kommen! Unter ihrem massiven Übergewicht ist bereits ein Stuhl aus kräftigem, stabilem Eichenholz zusammengebrochen. Doch was soll man dazu noch sagen? Es sind Jahrzehnte lange Stereotypien, immer wieder die gleichen fehlerhaften Verhaltensmuster, ständig sich wiederholende, endlose Sequenzen. Appelle an die Logik haben noch nie etwas gebracht. Mutter lernt nicht aus ihren Fehlern. Selbst ich musste mir meine eigenen Fehler irgendwann eingestehen. Mutters Blick schweift immer wieder zurück in die Vergangenheit. Progressivität – der Blick nach Vorne in die Zukunft – ist ein Fremdwort für sie. Sie ist rückwärts gerichtet und wird es wohl bleiben…

Es ist traurig und erschreckend, wenn ein Kind sich in dieser Weise über die eigene Mutter gezwungen sieht, zu äußern, doch es ist nun ein Mal so. Julian und ich hätten uns von Herzen gewünscht, es wäre anders. Eine liebevolle Mutter, der man sich in jeder Beziehung bedingungslos anvertrauen kann. Die auch zu Mindest versucht, die Meinung ihrer Kinder zu verstehen. Die eine eigene Sicherheit ausstrahlt, geerdet ist. Eine Mutter, die emotionale Stärke und auch Güte ausstrahlt. Ein Anker, ein Heimathafen, ein Fels in der Brandung! Eine Mutter, die in überlegter und vernünftiger Weise konsequent ist. Die frühzeitig ihren Kindern eine ermutigende Stütze ist. Die ihnen hilft, ihren eigenen Weg zu finden. Die einfach nur Mutter ist!

Wie sehr hätten wir uns gewünscht, in ihr einen Menschen zu haben, der eine wahre Vertrauensperson ist, zu dem wir einen freundschaftlichen Kontakt hätten. Ein Mensch, der Stillschweigen bewahren könnte

und versucht, die Familie möglichst zusammen zu halten. Ohne Sorge haben zu müssen vor ständig bissigen Kommentaren, pausenlosen Vorhaltungen, bitterbösen Grundsatzdiskussionen und ellenlangen Gardinenpredigten. Eine wahre Freundin, bei der man sich für eigene Fehler nicht abgrundtief schämen müsse. Ein Mensch, der in der Lage wäre, zu verzeihen. Eine Frau, die gönnt. Die sich für das Glück der eigenen Kinder freut!
Für Julian und mich blieb es leider nur ein schöner Traum…

Kalt wie eine Hundeschnauze

Mutter ist psychisch und seelisch stark traumatisiert, das ist uns klar. Sie will ihre Kinder bei sich haben und stößt sie gleichzeitig von sich fort! Das geht von kleinen Spitzfindigkeiten über gewisse Unflätigkeiten bis hin zu offenen, groben Beleidigungen. Sie ist kalt wie eine Hundeschnauze. Alles, was sie prophezeit, trifft Jahre später dann auch tatsächlich ein. Dafür sorgt sie mit ihrer pfiffigen, gerissenen Bauernschläue selbst.

Ein bestes Beispiel: Als sie im Jahre 1999 innerhalb der Verwandtschaft von ihrem bevorstehenden Umzug in den Kurort sprach, wurde sie gefragt, warum es denn direkt so weit entfernt von P. sein müsse. Sie solle doch ein Mal an ihre Kinder denken, an diese sehr lange und beschwerliche Anreise, wenn sie die Eltern besuchen wollten. Mutter hatte daraufhin in gewohnt alter, bauernschlauer Manier gemeint, sie und Paps hätten doch ohnehin nichts von den Kindern, hätten es niemals gehabt. Nein, wir hätten uns noch nie um die Eltern geschert. Es wird dargestellt, als habe sie sich ihr Leben lang auf dem Altar der Mutterschaft geopfert. So schießt sie unter den Verwandten permanent die wildesten Geschichten und Gerüchte ins Kraut!

Zeitgleich sorgte sie aber dann dafür, dass Julian und ich auf Grund ihrer ständigen, ganz tief unter die Gürtellinie gehenden, massiven Beleidigungen (von denen die Verwandtschaft allerdings nichts weiß) irgendwann tatsächlich zu ihr auf Abstand gingen. Wir sind ihren Unkenrufen gerecht geworden – und sie hat ihre Bestätigung!

Julian und ich sind innerhalb der Verwandtschaft madig gemacht; man glaubt den Worten, geht uns explizit aus dem Wege. Was sich tatsächlich hinter verschlossenen Türen abspielte, was für böse Worte fielen, kommt auf diese Weise niemals heraus…

Genau so machte sie die Leute hinter deren Rücken bei uns madig – in der Hoffnung, dass wir ihnen ebenfalls explizit aus dem Wege gehen!

Sie hält die Familie bewusst auseinander, indem sie einen dicken, unsichtbaren Keil zwischen die einzelnen Mitglieder treibt. Gleichzeitig gibt sie in der gesamten Verwandtschaft vor, wie liebenswürdig, aber einsam und verlassen sie sei. Sämtliche Nichten und Neffen halten sie bis heute für eine gütige, freundliche alte Tante! Einzig Julian und ich sind die Querulanten! Stets kommt sie von Achtern. Dieses perfide Spiel betreibt sie seit mehreren Jahrzehnten voller Hingabe und Inbrunst, manipuliert die Menschen und bringt die verrücktesten Gerüchte in Umlauf. Sie ist ihr eigener Dreh- und Angelpunkt und kann offensichtlich nur glücklich sein, wenn um sie herum alles restlos in Trümmern liegt…

Zum Beispiel in der Vergangenheit die Sache mit Dschingis U. Mutter hatte mich ständig als »frühreife Lolita« hingestellt – und zwar lange, bevor es überhaupt zum Äußersten kam. Gleichzeitig sprach sie Tage lang kein einziges Wort mit mir, sorgte also mit eben diesem Verhalten gerade dafür, dass ich mir die fehlende Zuneigung woanders suchte und somit irgendwann dann zwangsläufig meinem Ruf als Lolita nur noch gerecht werden musste!

Fragte ich Mutter nach Strickgarn, weil ich endlich meinen ersten Pullover stricken wollte, hatte sie mir stets Resteknäuel gegeben mit der Begründung, für einen »Putzlappen« reiche das vollkommen; ich sei ja bereits bei den ersten Strickversuchen gescheitert und würde eh nichts Gescheites auf die Nadeln bekommen. Der Effekt war dann, dass mein Selbstvertrauen schrumpfte, ich mir letztendlich nichts mehr zutraute und tatsächlich nur labberige »Putzlappen« produzierte!

Hatte ich einen Job verloren, sagte sie, genau das habe sie kommen sehen. Nahm ich einen anderen Job an, fragte sie mich, wie lange das jetzt diesmal wieder gehen würde bis zum nächsten Rauswurf. Ich hielt mich mittlerweile selbst für total unfähig, erfüllte vor lauter Verunsicherung nicht die gewünschten Anforderungen und stand ruckzuck wieder draußen!

Es war eine Endlosschleife, in der ich gefangen war und nun den Ausweg nicht mehr fand. Ja – ich war eine lebenslange Versagerin! Meine ständigen, vergeblichen Versuche, hoch zu kommen, scheiterten nicht an eigener, mangelnder Kraft, sondern letztendlich an dem Willen unserer Mutter. Sie hatte mich ständig ausgebremst und zurück gepfiffen – und ich hatte mich ausbremsen und zurückpfeifen lassen!

War es eine gewisse Form von Stutenbissigkeit? Glühender Neid und brennende, nagende Eifersucht auf die junge Tochter? Dass ich mir Dinge erlauben konnte, die ihr selbst als jungem Menschen absolut verwehrt waren? Dass ich das Glück hatte, den Zweiten Weltkrieg so wie seine unweigerlich damit verbundenen Folgen niemals miterlebt zu haben? Dass ich in einer Zeit heran wuchs, in der selbst bei Kindern und Jugendlichen freie Meinungsäußerung herrschte? Dass Teenager nun plötzlich ein eigenes Mitspracherecht hatten? Dass ich frei denken, frei handeln und lachen konnte? Musste sie mich aus diesem Grund Zeit meines bisherigen Lebens immer abwürgen, ausbremsen und permanent zurück pfeifen? Mein ständiges Scheitern befördern, um selbst Oberwasser zu gewinnen?

Es konnte da kommen, was wollte: ihre Worte bestätigten sich wahrhaftig jedes Mal! Ging es ihren Kindern schlecht, schien sie sich erst wohl zu fühlen…

Es ist irgendwie unglaublich. Ich musste erst zweiundfünfzig Jahre alt werden, mich auf den Weg machen und in diesem Buch meine ureigene, persönliche Reise durch die Zeitschleife erneut durchwandern, diesen gewaltigen Trip durch das Fegefeuer meines Lebens noch ein Mal durchleben, um endlich zu erkennen, was die Wahrheit ist…

Seit ihrer Jugend hat Mutter die Angewohnheit, die Sterbe- und Beisetzungsdaten sämtlicher Verwandter in einem Kalender zu notieren, bis hin zur genauen Todesminute. Jedes Jahr trägt sie diese Daten peinlich genau in den jeweils neuen Jahreskalender ein. Eben so verhält es sich mit den Taschenkalendern. Mutter scheint praktisch für die Verstorbenen zu leben; sie scheint fast eine Art Totenkult zu betreiben. Sie vergrub sich in ihrem ausgeprägten Weltschmerz, wurde immer bemooster, kapselte sich in ihren eigenen vier Wänden, in ihrem dunklen, muffigen Mausoleum, vom Rest der Menschheit ab, sieht sich Tierfilme und traurig-rührende Heimatschnulzen an und studiert die Sterbedaten der Verwandten. Ich sah selbst vor nicht allzu langer Zeit Einen dieser Kalender in Mutters Küche hängen. Es ist irgendwie makaber. Selbst Paps hatte in seinen letzten Lebenstagen mehr Leben im Leib und kämpfte bis zu seinem letzten Atemzug. Ja, Paps liebte das Leben. Mutter scheint in ihrer selbst geschaffenen (und gewollten) Isolation immer mehr in eine schwere Depression hinein zu schlittern. Es ist, als ob sie an einer Art Todessehnsucht leidet. Damals in P. hätte sie ja noch einige Kontakte gehabt. Totale Einsamkeit ist nie gut für ein Gruppenwesen wie den Menschen. Julian und mir stellt sich manchmal wirklich die Frage, ob sie – trotz Atmung und Pulsschlag – in emotionaler Hinsicht überhaupt noch zu den Lebenden zählt. Ihr Verhalten ist geradezu unheimlich. Sie ist dabei, sich aktiv ihr eigenes Grab zu schaufeln. Es ist ihr nicht bei zu kommen. Wer sollte ihr helfen? Sie bräuchte dringend therapeutisch-psychologische Hilfe. Weder Julian noch ich wären entsprechend qualifiziert. Wir konnten Jahre lang mit Engelszungen auf sie einreden – letztendlich machte sie ja doch genau das Gegenteil…

Der endgültige Bruch

Den telefonischen Kontakt zu Mutter hatte ich gehalten, bis Spätherbst 2013. Irgendwie tut sie mir wirklich Leid; sie ist selbst das Opfer einer lieblosen und brutalen, elterlichen Erziehung, aber ich konnte auch nur versuchen, sie auf diese Weise über das Telefon vor der endgültigen Isolation ein Wenig zu bewahren!

Zum endgültigen Bruch zwischen Mutter und mir kam es dann, wie gesagt, im November 2013. Es begann mit einem harmlosen Telefongespräch. Irgendwann ging das Thema zu »Achtung und Respekt vor dem Alter« über. Mutter meinte, alten Menschen müsse unbedingter Respekt entgegen gebracht werden. Ich ahnte schon, worauf das Gespräch hinauslaufen würde, antwortete ihr aber, es käme doch nicht alleine auf das Alter eines Menschen an, sondern darauf, wie dieser Mensch seinen Zeitgenossen entgegen kommt. Ich könne auch vor einem Teenager Achtung haben, wenn er ein höfliches und hilfsbereites Verhalten an den Tag legt oder sachliche Argumente hat. Natürlich hätte ich auch Achtung vor alten Menschen, wenn sie höflich auftreten. Käme mir allerdings ein Mensch total krumm und wolle mich völlig grundlos auszischen, dann könne ich – und zwar unabhängig vom Alter – vor dieser Person keinerlei Respekt und Achtung mehr aufbringen!

Ich vertrat nur meine eigene Meinung!

Daraufhin suchte Mutter den nächsten Streitpunkt und meinte: »Ja klar, die alten Leute haben sich schließlich ihr gesamtes Leben lang halb schachmatt geochst. Du selbst dagegen hast bloß ein Faulenzerdasein geführt…«

Aha – sie war wieder ein Mal auf Krawall gebürstet!

Ich antwortete: »Mit ein Wenig mehr Verständnis und Mutterliebe hätte auch aus mir was werden können.«

»Nein«, meinte Mutter in gereiztem Ton, »man kann nicht immer nur den Fehler bei den Eltern suchen. Viel daran sind die Kinder Schuld. Eltern unterläuft zwar auch der eine oder andere Fehler in der Erziehung, aber so gravierend können diese kleinen Fehler gar nicht sein!«

Ich antwortete ihr: »Du hast in mir schon immer die wandelnde Versagerin gesehen. Hast du mich jemals gelobt? Nein, darauf warte ich heute noch. Guter Zuspruch ist schließlich der beste Anreiz, ein Kind zu motivieren.«

Warum ließ mich darauf ein? Ich warf ihr den Köder praktisch noch hin!

Jetzt ließ Mutter die Schote platzen und ranzte: »Da hat es nichts zu motivieren gegeben. Schon im Kindergarten wurdest du ständig von den anderen Kindern schikaniert und gepiesackt. In der Schule ging es dann weiter. Prügel, Erpressung und pausenlose Unterdrückung von den Mitschülern. Später sind es reihenweise die Kerle gewesen…«

Ich sagte Mutter: »Du brauchst mich nicht wie ein kleines Kind zu behandeln. Meine Vergangenheit kenne ich selbst am Besten; es ist nicht nötig, mich immer wieder mit der Nase darauf zu stoßen. Ich bin eine erwachsene Frau von fast einundfünfzig Jahren!«

Mutter lachte ins Telefon und sagte in höhnischem Ton: »Ja – du wirst Einundfünfzig! Und bis heute hast du im Leben nichts geschafft! Ständig hast du nur versagt! Auf dich kann Niemand stolz sein!«

Bumms – das saß! Jetzt hatte sie richtig auf den Putz gehauen!

Ich beendete schnell das Gespräch und mir war klar, dass sie zum letzten Mal in diesem Leben meine Stimme gehört hatte!

Nun ist sie endgültig für mich Geschichte. Es muss so sein. Sie will es allem Anschein nach auch so. Gut, dann soll sie es auch so haben. Auf so ein mütterliches Über-Ich kann der Mensch verzichten. Weder Julian noch ich müssen es still schweigend hinnehmen, uns von der eigenen Mutter weiterhin wie die hinterletzten Janmaats behandeln zu lassen…

Mutter war und ist schon immer im Umgang mit ihren Mitmenschen takt- und wahllos in ihren Äußerungen. Selbst die persönliche Verfassung der betreffenden Personen jucken sie anscheinend nicht. Kurz, nachdem Paps verstorben war, erzählte sie uns mit eigenen Worten, dass sie ihn noch ca. drei Wochen, bevor es zu Ende ging, im Altenpflegeheim besucht hatte. Paps hätte auf der Bettkante gesessen. Sein Gesicht sei voller unregelmäßiger Bartstoppeln gewesen. Mutter hatte ihn gefragt, ob er sich selbst rasiert hätte. Da Paps kaum noch in der Lage war zu sprechen, nickte er nur. Mutter muss darauf hin gesagt haben: »Das sieht man, dass du das selbst gemacht hast. Du siehst aus wie ein Russland-Heimkehrer!«

Paps war zwar todkrank, zittrig und hilflos – aber deswegen noch lange nicht dement! Er verstand jedes einzelne Wort glasklar, fasste die Zusammenhänge immer noch sehr gut auf. Mutter wusste das auch. Wie, um Himmels Willen, kann man einem sterbenden, aber geistig noch völlig klar bei Verstand existierenden Menschen, eine solche Bemerkung ins Gesicht sagen? Hatte das noch in irgend einer Weise mit Taktgefühl und Pietät zu tun? Wäre es nicht besser gewesen, sie hätte ihn gelobt, um ihm etwas Hoffnung zu machen, ihn ein Wenig aufzubauen? »Da hast du noch ein paar kleine Stoppeln übersehen, aber das wird mit der Zeit. Du brauchst nur noch etwas Übung. Es sieht aber für den Anfang schon gar nicht so schlecht aus. Bald klappt das auch wieder…«

Oder besser noch: dieses Thema gar nicht erst anschneiden?

Was muss Paps in diesem Augenblick durch den Kopf gegangen sein? Herrgott, er wusste, dass ihm hier auf Erden nicht mehr viel Zeit blieb. Tag für Tag sah er sich im Spiegel. Das Gesicht, das immer mehr einfiel und von Tag zu Tag grauer wurde. Glanzlose, eingesunkene Augen. Die bebenden Lippen. Der Speichel, der ihm in langen Fäden an den Mundwinkeln hinunter rann und den er nicht mehr kontrollieren konnte, eben so wenig wie seine Inkontinenz. Im Bad hing ein großer Spiegel. Tagtäglich sah Paps seinen eigenen körperlichen Verfall in aller Deutlichkeit – und das bei absolut gesunder, geistiger Verfassung. Ein Mensch, dessen Lebensspanne sich unwiderruflich dem Ende zuneigt und der nun gezwungen ist, sich mit dem eigenen Sterben auseinander zu setzen. Muss man da noch Einen drauf setzen, noch mehr Öl ins Feuer kippen? Reicht das, wie es ist, nicht?

Später sprach ich mit meinem Bruder über diese Sachen. Mutter hätte doch eine Familie haben können, wenn sie sich nur etwas zusammengerissen hätte. Julian meinte daraufhin: »Nein, die legt gar keinen Wert auf Familie. Die erlegt sich auch ihren Mitmenschen gegenüber keine Mäßigung auf. Was sie braucht, sind Lakaien und Diener, die sie laufend herum kommandieren und madig machen kann und die alles für sie machen. Im Anschluss, wenn alles erledigt ist, kann ihr die Familie dann nämlich im Mondschein begegnen! Genau wie alle anderen hilfsbereiten Menschen!«

Dazu eine Geschichte, die fast noch unglaublicher ist:

Seit Paps´ Tod kam Mutter, wie bereits erwähnt, mit Haushalt und kleineren Reparaturen nicht mehr alleine zurecht. Nun war da ein mit den Eltern befreundetes, altes Ehepaar, Henriette und Maximilian Sch. Die Beiden lebten nur eine Straße von Mutter entfernt. Seit Paps´ Ableben kam Herr Sch. immer bei Mutter vorbei, um zu helfen. Er hatte den zerbrochenen Stuhl zusammengeflickt, die Bettautomatik repariert, die Batterien des dauerpiepsenden Rauchmelders ausgewechselt, für Mutter Einkäufe erledigt und andere gute und hilfreiche Dinge getan.

Herr Sch. war ein wahrer Engel! War etwas zu richten, war er zur Stelle! Zu Paps´ Urnenbeisetzung waren die beiden Leutchen auch gekommen!

Mutter hatte uns Kindern (und sogar Heinrich gegenüber am Telefon) laufend erzählt: »Seine Frau ist geistig zurück. Schon von Geburt an. Die tickt nicht richtig im Kopf und geht den Leuten ständig auf die Nerven. Herr Sch. hat sie damals anscheinend nur geheiratet, weil er wohl kein anderes Mädel bekommen hat. Sie kann nicht kochen, nicht haushalten, ist total verwirrt und muss sich von ihrem Mann komplett versorgen lassen. Herr Sch. hat auch bereits Vorsorge getroffen, falls er vor ihr sterben sollte. Seine Frau kommt in ein betreutes Pflegeheim.«

Mutter sah sie am Liebsten von Achtern …

Nun hatte das Ehepaar Sch. aber auch einen guten Kontakt zu Frau B., der netten, rüstigen alten Dame, die Falko, den Ara der Eltern, zu sich genommen hatte. Frau B. arbeitet mit dem ansässigen Tierschutzverein zusammen und gestattete Julian und mir Besuche, um einen gewissen Kontakt zu Falko zu halten. Wir waren da – und daher kennt Frau B. uns natürlich persönlich. Wir haben einen sehr guten Draht zu ihr und stehen auch miteinander in telefonischem und brieflichem Kontakt…

In der ersten Dezemberwoche des vorletzten Jahres nun ist es passiert: Herr Sch. brach plötzlich zusammen und war auf der Stelle tot!

Ich rief sofort bei Frau B. an, um Genaueres in Erfahrung zu bringen. Mir tat es wirklich sehr Leid um diesen selbstlosen, noblen Menschen!

Und ich brachte Einiges in Erfahrung. Frau B. hatte von dem Todesfall durch die Witwe erfahren. Sie rief sofort Mutter an und teilte ihr mit, was geschehen war. Dann bat Frau B., Mutter möchte doch bitte so lieb sein, bei Frau Sch. anzurufen, um ihr zu kondolieren und ein paar nette und tröstende Worte zu sagen, damit sich die Witwe nicht so verlassen fühle. Mutter meinte daraufhin, nein, das möchte sie lieber nicht so gerne. Eigentlich wolle sie mit Frau Sch. auch gar nichts zu tun haben!

Frau B. war empört und ehrlich tief geschockt über Mutters Reaktion!

In aller Unschuld fragte ich, wie es denn jetzt mit der armen Frau Sch. weiter gehe, wo sie doch diesen angeborenen Hirnschaden hätte. Frau B. fragte zurück: »Was meinen Sie?« Ich berichtete ihr, Mutter habe Julian und mir bereits vor längerer Zeit gesagt, dass Frau Sch. einen angeborenen geistigen Defekt habe. Dass sie laut Mutters Angaben »nicht ganz richtig im Kopf« ticke…

Erst ein Mal wurde es sehr still am anderen Ende – dann holte Frau B. tief Luft!

»Nein«, sagte sie, »Frau Sch. ist vollkommen richtig im Kopf! Sie ist aber auch schon Mitte Achtzig und hat ein Hörproblem. Wenn sie ihr Hörgerät nicht im Ohr hat, interpretiert sie manches Gesagte falsch und gibt Antworten, die nicht in Relation zu den gestellten Fragen stehen. Aber sie ist geistig voll auf der Höhe, trotz eines vergangenen Schlaganfalles, das kann ich Ihnen versichern. Man kennt sich schließlich schon ein paar Jährchen länger. Frau Sch. ist hundertprozentig richtig im Kopf! Wenn Einer nicht mehr ganz richtig im Kopf tickt – dann aber Ihre Mutter!«

Da Frau B. ja von Julian bereits wusste, dass er den Kontakt zu Mutter abgebrochen hatte, riet sie mir ebenfalls, besser wohl auf Abstand zu gehen. Das familiäre Lügengerüst war endgültig zusammengebrochen. Der nächste Keil wurde erkannt – Frau B. ließ sich nicht umdrehen!

Sie brach ebenfalls den Kontakt zu Mutter gänzlich ab…

Es ist einfach unbegreiflich, wie man es sich mit so wirklich herzensguten und hilfsbereiten Menschen (und deren Angehörigen) aus einem blinden und völlig unüberlegten Impuls heraus derart verkacken kann! Herr Sch. hatte, wie gesagt, alles für Mutter getan, sich um wertvolle Freundschaft bemüht – und er hatte nie etwas dafür verlangt! Mutter tritt diese Freundschaft mit Füßen. Sie scheint das Gemüt eines Fleischerhundes zu haben. So etwas kann Niemand verstehen…

Eben so unverständlich äußerte sie mir ein Mal gegenüber, dass Frauenhäuser im Grunde überflüssig seien. Eine Frau solle vorher die Augen aufmachen, wen sie sich da zusammenheiratet oder mit wem sie sich generell zusammen tut. Dass ich im Frauenhaus war, weiß sie – aber die genauen Gründe und Umstände, die mich hinein gebracht haben, sind ihr unbekannt. Sie meinte nur, ich hätte ja nicht in ein Frauenhaus zu gehen brauchen, wenn ich vorher die Augen aufgehalten hätte. Und wenn eine Frau schon in einer solch desolaten Beziehung steckt, könne sie sich ja eben so eine eigene Wohnung nehmen, um von ihrem Haudegen fort zu kommen!

Ein Mal ganz davon abgesehen, dass Mutter keine Ahnung von diesen Dingen hat:

Wie lange soll eine geschlagene Frau denn auf eine eigene Wohnung warten? Bis das Monster ihr sämtliche Knochen im Leibe bricht?

Wie lange dauert es, eine passende und bezahlbare Wohnung zu bekommen? Zwei Wochen? Sechs Monate? Weiß eine Frau, die massive, häusliche Gewalt durchmacht, ob sie morgen überhaupt noch lebt? Sie braucht hier und jetzt Hilfe – auf der Stelle!

Davon aber leider versteht Mutter nichts. Ihren eigenen, ständigen Worten nach musste sie ja in ihrer Ehe mit Paps ständig nur erdulden, ertragen und aushalten. Sie kann ihrem Herrgott wahrhaft dankbar sein, solche Erfahrungen, wie sie mir oder manch anderen Frauen widerfuhren, nie mit einem Mann durchlebt zu haben. Für sie zählen nur Selbstmitleid, die eigene Verstocktheit, absoluter Dogmatismus und elterliche Fremdbestimmung…

Anfang Spätherbst vorletzten Jahres hatte Mutter ihren vierundsiebzigsten Geburtstag. Weder Julian noch ich riefen sie an. Auch im letzten Jahr verkniffen wir es uns, eben so wie dieses Jahr. Wir lassen uns keinen Sand mehr in die Augen streuen und uns bis in alle Ewigkeit weiterhin durch ein permanentes Gespinst aus innerfamiliären Intrigen einwickeln. Das gehört ab sofort der Vergangenheit an. Es muss ein Ende haben…

Einen Tag vor meinem einundfünfzigsten Geburtstag kam – völlig überraschend –ein Anruf von meiner Cousine Stephanie! Mutter sei zum mittlerweile zweiten Mal in der Wohnung gestürzt – und diesmal nicht mehr hoch gekommen! Es sei ihr noch gelungen, die Feuerwehr zu verständigen. Man habe sie in ein Spital gebracht und nun würde sie auf mögliche Knochenbrüche untersucht!

Ich antwortete Stephanie, Mutter habe sich noch nie helfen oder raten lassen und was jetzt käme, habe sie sich selbst zuzuschreiben. Sie könne nicht Jahre lang in bösartigster Weise hemmungslos auf den Gefühlen ihrer eigenen Kinder herum trampeln, uns pausenlos fort stoßen – und dann noch erwarten, dass wir ihr auch weiterhin die Kastanien aus dem Feuer holen!

Einige Tage später rief ich bei Stephanie an und erfuhr, dass Mutter sich bei dem Sturz eine Fraktur des Rückenwirbels zugezogen hatte…

Im Sommer 2014 dann erhielt Julian einen überraschenden Anruf von Kerstin, Mutters Cousine. Kerstin machte sich Sorgen, weil Mutter nicht mehr bei ihr anrief und auch auf Anrufe nicht mehr reagierte. Julian erfuhr, dass sie dabei sei, in eine Seniorenwohnanlage zu ziehen. Dort sollte sie auch mittlerweile bereits sein. Allerdings ginge sie absolut nicht freiwillig in diese Seniorenwohnanlage. Ihr langjähriger Vermieter jedoch wollte das Haus abreißen und einen Tennisplatz errichten. Er habe plötzlich bei Mutter in der Türe gestanden und sie mit der Tatsache konfrontiert. Mutter solle sich aber keine Sorgen machen; die Kosten für den Umzug werde von Seiten des Vermieters im vollen Umfange übernehmen. Mutter solle nur sagen, was sie an Möbeln und Gegenständen mit in die neue Wohnung nehmen wolle. Sie selbst bräuche gar nichts zu tun. Mutter hatte sich wohl in dieser Seniorenanlage eine kleine Wohnung ausgesucht und den Vertrag gemacht. Mittlerweile müsse der Umzug bereits erfolgt sein. Mutter habe dort Aufzüge im Haus, barrierefreie Fußböden und eine große, begehbare Dusche. Sie habe Kerstin schon die neue Adresse und die Telefonnummer zukommen lassen. Doch nun reagiere sie plötzlich nicht mehr. Kerstin habe schon etliche Male versucht, sie anzurufen und immer ginge nur der Anrufbeantworter. Selbst bekäme Kerstin aber auch keine Anrufe mehr. Ob wir etwas wüssten?

Julian gab Kerstin zur Antwort, nein, er habe den Kontakt zu Mutter gänzlich abgebrochen. Sie habe sich in der Vergangenheit einfach zu Viel geleistet, sei permanent am stänkern, habe uns Kinder am laufenden Band kritisiert, uns ständig klein gemacht und sogar versucht, uns Beiden gegeneinander aufzuwiegeln. Kerstin versuchte wohl, Julian zu beschwichtigen und meinte, ja, sie wisse, dass Louise oft sehr schwierig und verstockt sei, aber sie sei doch dennnoch unsere Mutter. Julian erzählte darauf Kerstin frei heraus, was Mutter sich in den letzten Jahren uns gegenüber so alles heraus genommen hatte. Kerstin fiel am Telefon fast aus den Puschen! Klar – denn davon hatte ihre Cousine ihr wohlweislich nichts gesagt!

Mutter muss wohl Kerstin gegenüber mehrmals geäußert haben, sie wisse nicht, was sie mit uns Kindern falsch gemacht habe. Sie habe doch immer so gerne Kinder haben wollen und es nur gut mit uns gemeint. Julian erwiederte ihr, nein, wenn Mutter Eines ganz bestimmt nie gehabt habe – dann den Wunsch nach Kindern und Familie! Im Gegenteil; die Tatsache, dass wir Beide überhaupt existieren, hätten wir ausschließlich Paps zu verdanken. Julian erklärte Kerstin, Paps habe Mutter gegenüber massiv auf den Putz hauen müssen und mit Trennung und Scheidung gedroht. Woraufhin Mutter, um ein Fiasko zu verhindern, widerwillig nachgegeben habe. Sie habe offensichtlich einige Tatsachen ganz gewaltig verbogen, um innerhalb der Verwandtschaft wieder ein Mal als leuchtender Stern dazustehen – natürlich wie immer ausschließlich zu ihrem eigenen Vorteil!

Wie sich die Sache mit dem Kinderwunsch verhält, bleibt stark anzuzweifeln. Vor Kurzem erzählte Julian mir von einer Begebenheit, die sich während seiner eigenen Schulzeit abgespielt hatte. Es war von Seiten der Schule wieder ein Mal ein Elternsprechtag anberaumt worden. Julian hatte Mutter das Datum und die Uhrzeit mitgeteilt. Mutter hatte Julian gefragt, ob er etwas ausgefressen habe. Er hatte verneint. Ob seine Versetzung gefährdet sei, wollte sie wissen. Julian verneinte abermals. Daraufhin hatte Mutter nur mit den Schultern gezuckt und gemeint: »Ja, wenn nichts vorgefallen ist… was soll ich denn dann in der Schule? Dann kann ich mir den Humbug ersparen!«

So Viel zum Thema »Interesse an den schulischen Leistungen eines Kindes«. Eine wahrhaft überzeugte Mutter nimmt an Elternsprechtagen teil – auch, wenn nichts vorgefallen ist. Alleine aus Interesse an ihrem Kind…

Von Kerstin erfuhr Julian des Weiteren, dass Mutter auch noch ein drittes Mal in ihrer alten Wohnung gestürzt sei. Sie habe sich aber – auf verwandtschaftliches Anraten – mittlerweile einen Notruf-Pieper zugelegt. Diesen hatte sie wohl betätigt. Die Helfer seien auch kurz darauf hoch gekommen und hätten sie wieder auf die Beine gestellt. Kerstin mache sich wirklich Sorgen. Louise sei ihr doch wie eine Schwester. Wenn sie nun im Krankenhaus läge?

Julian erklärte Kerstin: »Falls Mutsch sich tatsächlich im Krankenhaus befindet, ja, dann ist sie doch dort deutlich besser aufgehoben als alleine in der Wohnung. Selbst wir haben ihr bereits mehr als ein Mal zu einem Notruf-Pieper geraten, aber auf uns hat sie ja nicht hören wollen. Unsere Worte sind bei ihr schon immer auf taube Ohren gestoßen. Glaube mir, Kerstin, du hast nicht die geringste Ahnung, was für ein Mensch sie sein kann. An ihrer Lage kann und will ich daher auch nichts mehr ändern. Mutsch hat das Familienverhältnis mit ihrem Verhalten ein für alle Mal zerrüttet. Sie sieht sich in unantastbarer, gottähnlicher Position. Was immer in der Familie geschah, geschah abgeschottet hinter verschlossenen Türen. Ich bin nicht Paps, der sein Fähnchen ständig nach dem Wind hängte, der nach jedem großen Krach immer wieder angewackelt kam und nachgab, weil er sich einfach nur nach Ruhe und Frieden sehnte. Paps war vielleicht stark beeinflussbar, aber ich dagegen nicht. Ich lege jedenfalls absolut keinen Wert mehr auf einen erneuten Kontakt zu Mutsch – und Wencke übrigens auch nicht mehr! Seitdem absolute Funkstille herrscht, geht es uns Beiden deutlich besser…«

Julian und ich hatten bereits ein ernstes, sehr intensives Gespräch und sind überein gekommen, dass wir im Fall des Falles nicht länger die Verantwortung für Mutter tragen. Das soll eine amtlich bestellte Betreuungsperson übernehmen. Da das gesamte mütterliche Erbe laut Mutter ohnehin restlos an den Tierschutz gehen soll, könne diese Amtsperson sich dann auch um alles Weitere kümmern. Eben so, was danach kommt. So Leid sie uns nach allem auch tut – wir können nicht mehr!

Sie ist das Opfer eines schweren Verbrechens, das bereits in früher Kindheit an ihr begangen wurde. Diese Auswirkungen führten letztendlich dazu, dass sie unfähig ist, Ursache und Wirkung zu verknüpfen und voraus zu denken. Dieser Umstand ist Julian und auch mir vollkommen bewusst. Sie ist eine wahre Expertin im Verdrängen von Tatsachen. Gerade aus diesem Grunde ist sie auch absolut beratungsresistent.

Lange genug haben wir – einschließlich Paps – mit Engelszungen auf sie eingeredet. Mit der Frage nach dem »Warum?« – gleichgültig, in welchem Zusammenhang – war man bei ihr noch nie weiter gekommen. Ein Eichhörnchen, das den strengen Winter nicht voraus ahnt, hortet keine Nüsse und wird in der kommenden, extremen Kälteperiode unweigerlich verhungern. Dieser Effekt des Nachdenkens muss doch klar sein: Wenn ich »A« mache, kommt »B« dabei heraus. Wenn ich es mir heute mit meinen wirklich herzensguten Freunden vergeige, werden sie mich morgen fallen lassen und mir dauerhaft jegliche weitere Hilfe verweigern. Wenn ich es mir jetzt permanent und kaltblütig mit meinen Kindern verkacke, drehen sie mir bald endgültig den Rücken zu. Mit diesem Verhalten meinen Mitmenschen gegenüber füge ich mir im Endeffekt nur selbst den größten Schaden zu!

Newtons Drittes Gesetz!

Diese Form der Vorausschau jedoch fehlt Mutter – und wir können ihr einfach nicht mehr helfen…

Im Februar diesen Jahres bekam Julian einen erneuten Anruf von Kerstin. Mutter sei gar nicht in der Seniorenwohnanlage angekommen. Während der Umzugszeit muss es wohl zu irgend einem Unfall gekommen sein, bei dem Mutter sich eine ziemlich üble Fußverletzung zugezogen hatte. Sofort war sie ins Spital gebracht worden. Vom Spital aus kam sie dann unmittelbar in das Altenpflegeheim, in dem auch Paps seine letzte Zeit verbracht hatte. Seit gut einem Dreivierteljahr muss sie sich nun laut Kerstins Angaben dort als Bewohnerin befinden. Es dürfte stark bezweifelt werden, dass sie dort jemals wieder heraus kommt. Kerstin selbst hatte diese Informationen von einer Bekannten, die in Mutters Nähe wohnt. Nachdem sie Monate lang vergeblich versucht hatte, Mutter anzurufen, rief sie diese Bekannte an, von der sie ja ebenfalls die Nummer hat. Diese Frau wusste es nun. Mutter ist immer noch zu stolz, innerhalb der Familie Bescheid zu geben. Die Bekannte wusste es – von uns wusste es Niemand! Nicht ein Mal Kerstin, ihre Lieblingscousine! Die bekam bei einem späteren Anruf von Seiten des Altenpflegeheims jegliche Auskünfte verweigert. Was nur beweist, dass Mutter sich absichtlich in voller Gänze vom Rest der Verwandtschaft abkapselt – und es somit ganz klar auch so will!

Zu hoffen bleibt jetzt nur, dass sie im Altenpflegeheim eine entsprechende Ernährungsumstellung bekommt, damit sie wenigstens etwas von ihrem massiven Gewicht verliert. Vielleicht findet sie ja ein klein wenig Kontakt zu einigen Mitbewohnern. Sofern sie Kontakt zulässt. Es wäre ihr zu wünschen.

Weiterhin hoffen wir, dass sie die Wohnung in der Seniorenwohnanlage hat canceln lassen und Jemand das Mobiliar übernehmen konnte. Sie kann unmöglich zwei Wohnkosten zugleich bezahlen – Altenpflegeheim und Seniorenwohnanlage!

Wir wünschen ihr die nötige Einsicht…

Was weiter mit ihr wird, ist nun ihre persönliche Sache. Sie hat sich ihre Situation, in der sie sich nun befindet, wahrhaftig selbst zuzuschreiben. Ich war zum damaligen Zeitpunkt eine vollkommen unreife, traumatisierte Achtzehnjährige, die sich lediglich nach einem Zuhause, nach einer Führerfigur, nach einem geliebten »Alphawolf«, nach einem heilen, friedlichen und intakten, künftigen Familienleben gesehnt hatte und nachträglich für die mütterlichen Erziehungsfehler grausam zu büßen hatte! Es wurde auch nicht danach gefragt, wie ich mich dabei fühlte. Im Gegenteil – Mutter hatte sich ganz bewusst von mir fort gedreht! Ich war ein stocknaives, unfertiges junges Mädel, kaum dem Teenageralter entwachsen, zur Unreife erzogen, das hilflos und verwirrt den Stürmen des Lebens ausgesetzt war, schutz- und heimatlos dahin trieb und selbst zuschauen musste, wie es mit der rauen und brutalen Wirklichkeit zurecht kam! Das in einem rasanten Tempo in Richtung Abgrund rutschte, im stinkenden Schmutz der Straße landete und sich aus dem Schlick dieses Traumas selbst wieder hoch rappeln musste! Im Gegensatz dazu ist Mutter eine erwachsene Person, die wissen musste, was sie tat. Ich war zum damaligen Zeitpunkt gänzlich ohne ihre Hilfe und Unterstützung gezwungen, auf Grund meiner eigenen Erfahrungen zu erkennen, dass das Leben alles Andere als ein gemütlicher Spazierritt ist, dass nicht alles nach meiner Mütze geht. Nun muss sie es – für ihr eigenes Schicksal – ebenfalls lernen!

Ich habe immer noch ihr höhnisches Lachen im Ohr…

Befreiung

Warum ich dieses Buch erst nach massiven Änderungen von Orts- und Namensangaben und somit unter streng privaten Sicherheitsmaßnahmen zur Veröffentlichung bringe?

Zuvor muss ich ausdrücklich erklären, dass das, was ich nun zu sagen habe, kein verspäteter Racheakt oder ein Kreuzzug gegen Mutter ist. Rache üben kann man nur an einem Menschen, wenn man dessen wahre Identität preisgibt und ihn somit in der breiten Öffentlichkeit beschämt!

Doch ich habe zu lange geschwiegen…

In diesem Buch sind etliche Vorkommnisse aus meinem Leben geschildert, die ich selbst während des Schreibens nur sehr mühsam unter großem Kraftaufwand verarbeiten konnte. Vorkommnisse, von denen Mutter gar nichts wissen kann, weil sie in der Zeit geschahen, in denen ich keinerlei Kontakt zu den Eltern hatte. Dinge wie Obdachlosigkeit, Prostitution, Vergewaltigung. Mutter würde diese Dinge niemals verkraften. Sie hat ja schon ganz massiv mit dem Herzen zu tun. Ich möchte sie auf gar keinen Fall diffamieren oder bei Nennung ihrer wahren Identität öffentlich an den Pranger stellen. Sie degradiert sich mit ihrem Verhalten ihren Mitmenschen gegenüber selbst. Das alleine ist bereits Strafe genug. Vieles in diesem Buch ist so verändert, dass Niemand von uns persönlich mit dieser Geschichte in Verbindung gebracht wird. Wir müssen alle zur Ruhe kommen. Viele Angaben zu Personen oder Ortschaften mussten gravierend verändert oder unkenntlich gemacht werden, um mögliche Spuren zu verwischen. Die Geschehnisse aber sind absolut real! Mutter hatte schon vor vielen Jahren immer wieder gesagt, dass sie gar nicht alles wissen wolle. Daran habe ich mich gehalten. Sie wird von meiner Vergangenheit nichts erfahren. Das habe ich mir geschworen und dabei soll es auch bleiben. Sie ist mehr als genug gestraft, in dem sie nun ohne ihre Kinder ihren holprigen Weg künftig alleine gehen muss…

Dennnoch möchte ich sagen: Das Schreiben war für mich wie eine Befreiung. Mit jedem Satz, mit jedem Kapitel wurde mir leichter. Jahrzehnte lang habe ich geschwiegen. Aber ein Mensch kann nicht immer nur schweigen, für alle Ewigkeit alles in sich einschließen. Das Herz ist einfach zu voll. Irgendwann ist die persönliche Grenze erreicht. Die Arbeit an diesem Buch half mir, mit der Vergangenheit endgültig abzuschließen und einen Schlussstrich zu ziehen. Die Last ist von meinen Schultern. Ich habe mein »lebenslänglich« bereits hinter mir.

Persönliche Erfahrungen machen einen Menschen stark. Es ist, als ob man einen sehr hohen, sagenhaft steilen Berg besteigt. Der Aufstieg ist unglaublich beschwerlich und kostet die letzte Kraft. Zwei Meter an den zerklüfteten, rutschigen Felsen hoch ziehen, sieben Meter stürzen, neun Meter mit blutenden, aufgeschürften Händen und zitternden Knien erneut nach Oben kraxeln – jetzt bist du schon zwei Meter höher als vor dem Sturz! Der ganze Körper bebt vor Anstrengung. Du bist in Schweiß gebadet. Die Gedanken kreiseln. Du schaffst es nicht. Doch, du schaffst es! Gib´ auf. Reiß´ dich zusammen! Steig´ wieder ab. Mach´ weiter! Erneutes Stürzen, erneuter Aufstieg. Die kleinen Erfolge stellen sich erst Nach und Nach ein. Ist aber erst ein Mal der höchste Gipfel erreicht, breitet sich tief unten das gesamte blühende Tal vor dem Blick aus!

Mit der Veröffentlichung dieses Buches habe ich mir alles von der Seele geredet, habe diesen Gipfel erreicht!
Ich bin frei…

Glaube an die Liebe

Mirela ist mittlerweile Siebenunddreißig und bei einer Kosmetikfirma tätig. Sie lebt alleine. Einen passenden Mann hat sie noch nicht gefunden. Sie hat einen guten Freundeskreis und ist beruflich sehr eingespannt. Da sie sehr weit entfernt lebt, hatten wir in den letzten Jahren leider keinen direkten persönlichen Kontakt mehr. So weit geht es ihr aber gut.

Karol ist Fünfunddreißig, bei einer Werbefirma tätig, mit seiner Jennifer verheiratet und Vater eines mittlerweile fünfjährigen Sohnes. Er lebt in der selben Stadt wie Mirela und hat ebenfalls viel zu tun. Das letzte Mal sahen wir ihn zu Heinrichs sechzigstem Geburtstag. Das liegt acht Jahre zurück. Den kleinen Markus kennen wir nur von Fotos und einem DVD-Film. Karol muss sich nun um seine eigene Familie sorgen.

Jendrich ist nun Einundreißig und Vater eines dreijährigen Sohnes. Er und die Mutter seines Kindes haben sich vor geraumer Zeit getrennt. Jendrich lebt in einer anderen Stadt, arbeitet bei einem Versandhandel und muss nun schauen, dass er den Unterhalt für seinen Sohn bezahlt. Er sieht den kleinen Kevin regelmäßig und kümmert sich rührend um ihn. Wir haben diesen kleinen Jungen ebenfalls noch nie gesehen, noch nicht ein Mal Fotos von ihm. Man meint ja immer, dass erwachsene Kinder eine andere Denkweise bekommen, wenn sie erst selbst Eltern sind, doch in Wirklichkeit ändert sich nichts. Heinrich telefoniert oft genug seinen Kindern hinterher. Von sich aus melden sie sich, wenn wir Geburtstag haben. Die Telefonanrufe, die wir von den Kindern innerhalb eines Jahres bekommen, sind an einer Hand abzuzählen. Das macht mich traurig, doch daran ist scheinbar nichts zu ändern. Man ist gezwungen, sich zu sagen: So lange sie sich nicht melden, geht es ihnen gut...

Was aus Oxana geworden ist, wissen wir nicht. Nur, dass sie wohl an Hepatitis B leidet und vor einigen Jahren an der Leber operiert wurde, da sie drohte, innerlich zu verbluten. Entweder war sie mit einem Trinker zusammen oder sie trank selbst. Es ist ihr Leben und sie muss selbst wissen, was sie daraus macht.

Heinrich ist nun Achtundsechzig, bezieht eine kleine Rente. Mittlerweile hat er eine starke Gehbehinderung, leidet an COPD und hat den Altersstar. Eventuell könnte er in den nächsten Jahren an den Augen operiert werden, um seine Sehfähigkeit zu Mindest ein klein Wenig zu verbessern. Hundertprozentig wird es dann allerdings auch nicht mehr sein. Den Haushalt mache ich mittlerweile praktisch alleine.

Dennnoch halten wir fest zusammen. Unser gemeinsames Interesse gilt unseren Tieren. Wir haben vier Ratten und einige Schlangen. Gemeinsame Kinder haben wir nicht. Die Entscheidung dagegen kam von mir. Ich wollte nicht die gleichen Fehler machen wie meine Eltern. Man kann doch nur das an die nächste Generation weiter geben, was man von der vorherigen Generation erhalten hat. Liebe gehörte nicht dazu. Ich habe bereits ziemlich zu Beginn unserer Ehe Monate lang sehr gründlich über die eigene, weitere Zukunft nachgedacht und kam zu dem Entschluss, keine Kinder in diese Welt zu setzen. Heinrich hatte damals meine Entscheidung respektiert und ließ an sich eine Sterilisation vornehmen. Da es keine nächste Generation gibt, konnte auch nichts Weiteres vermurkst werden. Die Tiere sind unsere Familie!

Nein – ich bereue nichts!

Was empfinde ich Mutter gegenüber?

Sie ist mir zeitlebens fremd geblieben, trotzdem wir ja sehr eng blutsverwandt sind. Lediglich Mitleid empfinde ich noch für sie. Ich hasse sie nicht. Ich hasse ihre Krankheit. Diese Krankheit, gegen die sie nie ankämpfte! Sie war der Mensch, der –völlig gedankenlos – in einem unüberlegten, impulsiven Akt eine weitere, folgende Generation in diese Welt setzte, ohne auch nur im Geringsten jemals für diese Kinder mütterliche Empfindungen zu entwickeln und wahre Verantwortung zu übernehmen. Die ausschließlich blinden Kadavergehorsam verlangte. Sie war es, die Paps gegenüber nachgegeben hat, um eine Scheidung zu verhindern. Sie war der Mensch, der mich stets alleine ließ, zu dem ich zwangsläufig kein Vertrauen aufbauen konnte. Sie war es, die sich von mir abwandt und die Augen vor der Wahrheit verschloss, mich mit ihrem impulsiv jähzornigen, sprunghaften Fehlverhalten und ihrer eigenen Unfähigkeit zur Mutterliebe viel zu verfrüht und unfertig aus dem Hause trieb - und mich dann völlig überfordert und gleichzeitig kaltblütig meinem Schicksal überließ! Die mir dann die ausschließlich alleinige

Schuld an diesem Schicksal gab, von dem sie noch längst nicht alles weiß, weil sie sich fort gedreht hatte, um nicht mit ansehen zu müssen, was ich in den folgenden Jahren durchstand. Die mir den Glauben an die Liebe nahm. Die mich zwangsläufig zu einer späteren Rebellin erzog. Die es nur mit sich selbst gut meinte. Die Tochter und Sohn endgültig von sich weg trieb und sich dennnoch niemals die Frage stellte, warum die Kinder den Kontakt abbrachen. Die ihre Nachkommen zu Duckmäusern dressierte. Die den Wind sääte und den Sturm erntete und niemals wirklich eine überzeugte Mutter war. Die auf ihre Weise nicht unerheblich dazu beitrug, dass dieses Buch überhaupt erst entstand!

Das Schicksal nahm seinen Lauf. Das, was geschah, ist nun ein Mal geschehen und lässt sich nicht mehr rückgängig machen. Die Trümmer lassen sich nicht mehr flicken. Das künftige Schicksal eines Kindes liegt bereits im ersten Ansatz maßgeblich in den Händen der Eltern. Der Grundstein, wie es mit einem jungen Menschen im späteren Leben weiter geht, wird schon in der frühkindlichen Erziehung gelegt. Kommt ein Stein erst ein Mal ins Rollen und gewinnt immer mehr an Schwung und Geschwindigkeit, kann er irgendwann in seinem immer rasanteren Fall nicht mehr aufgehalten werden. Er stößt weitere, schwerere Steine an, löst sie – und das Ganze wird zur tosenden Geröll-Lawine, zur brachialen Urgewalt, die alles auf ihrem donnernden Weg mit sich reißt. Es kommt zwangsläufig nur noch, wie es kommen muss…

Die Wunden, die mir das Leben schlug, sind inzwischen vernarbt. Doch tief in meinem Inneren loderte es weiter, glühend heiß und sengend. Heinrich half mir, die Vergangenheit hinter mir zu lassen und es hinaus zu schreien. Ich schrieb dieses Buch. Schwere Albträume verfolgten und peinigten mich Nacht für Nacht, über einen Zeitraum von fast zweieinhalb Jahren. Wie sollte ich den Leserinnen und Lesern meine damaligen, wahren Gefühle vermitteln? Die Vergangenheit ließ sich nicht so leicht abschütteln. Ich musste lernen, mich erneut mit ihr auseinander setzen, musste mir während des Schreibens – sinnbildlich gesprochen – erneut die Wunden aufreißen und diesen ganzen angestauten Gefühlseiter abfließen lassen. Immer wieder musste ich die Vergangenheit aufs Neue Revue passieren lassen. Erneut stieß Mutter mich zurück, verweigerte mir ein geborgenes Nest. Erneut schlug die Türe zu. Erneut geriet ich auf die schiefe Bahn, ertrug die massiven Gewaltausbrüche, spürte die Schläge und Tritte, erduldete die Vergewaltigungen, roch die Alkoholfahnen und den Schweiß dieser Männer, hörte ihr Stöhnen und ihr befriedigtes Grunzen. Erneut überkamen mich die alten Ekelgefühle und die hilflose Ohnmacht. Erneut floh ich voller Todesangst mit rasendem Herzen ins Frauenhaus. Die nächtlichen Albträume waren der Preis, den ich während des Schreibens an diesem Buch zahlen musste!

Die schlimmsten Horrorgeschichten schreibt bekanntlich das Leben selbst. Um einen solchen Horror habe ich mich wahrhaftig nicht gerissen. Niemand, der es nicht selbst durchlebt hat, kann nachvollziehen, wie es sich anfühlt. Ständig um Liebe und Anerkennung kämpfen zu müssen – notfalls bis zur völligen Aufgabe der eigenen Persönlichkeit und des ureigenen, freien Willens. Sich pausenlos in einer extremen Ausnahmesituation zu befinden, nur darauf bestrebt, irgendwie den Kopf möglichst über Wasser zu halten…

Ich musste mich während des Schreibens selbst ganz gewaltig zurück nehmen, damit einige Vorkommnisse, die in diesem Buch beschrieben sind, eben so wie meine Gedanken und Gefühle, nicht allzu zornig, leidenschaftlich oder schnodderig herüber kamen. Gleichzeitig sollten aber meine wahren Gefühle zum Ausdruck gebracht werden. Es ist gar nicht so leicht, ein Buch zu schreiben. Doch irgendwann stimmte der Text. Es war geschafft!

Ich gewann im Laufe des Schreibens immer mehr an Abstand, übte auch Selbstkritik, ging mit mir selbst schonungslos und hart ins Gericht und betrachte die Vorkommnisse der Vergangenheit mittlerweile aus einer gewissen logischen Distanz. Niemals habe ich mich dem Schicksal ergeben, werde es auch künftig niemals tun. Niemals mehr werde ich mein Leben geduckt und in stummer Selbstverleugnung ertragen, niemals wieder an die Grenze zur totalen Selbstaufgabe gehen. Der Kreis der Gewalt ist durchbrochen! Dass es in meiner Vergangenheit so weit kam und daran nichts mehr zu ändern ist, habe ich akzeptiert. Niemals jedoch werde ich eine eben solche Zukunft akzeptieren. Niemals wieder werde ich zu Kreuze kriechen, ein rechtloses Stück Fleisch sein, mich bedingungslos unterordnen, mir neue Wunden schlagen lassen. Niemand wird mehr über mich dominieren und mich über den Löffel barbieren. Vor keinem Mann der Welt mehr werde ich im Staub liegen! Das liegt weit hinter mir. Ich trug lange genug das feurige Kainsmal auf der Stirne. Die gesamte Summe meiner Erfahrungen hat mich eines Besseren belehrt. Die Dämonen der Vergangenheit habe ich zu Grabe getragen. Die schwere Eisentüre zu der finsteren Halle, in der sie lauern, ist geschlossen. Ich habe mich mit aller Macht dagegen gestemmt und den Riegel zuschnappen lassen. Es ist überstanden. Heute kann ich darüber sprechen. Diese grausamen Dinge sind zwar geschehen, haben mich aber im Endeffekt nicht umgebracht. Sich ergeben heißt aufgeben. Aufgeben heißt sterben.

Ich bin nicht gestorben! Ich bin geheilt und frei…

Das stockdumme, strunznaive Deern, das angeblich nie etwas zu Ende bringt, hat ein Buch geschrieben – völlig eigenständig! Zweieinhalb Jahre dauerte alleine die Arbeit am Laptop – rund achtundzwanzig Jahre die Vorbereitungen!

Ja, ich bin stolz!

Mein Mann, mein Bruder – und dieses Buch – waren die besten Therapeuten, die man sich denken kann! Heinrich – dieser laut Mutters persönlichen Worten angeblich so »schäbige Korsar« – hielt stets meine Hand und holte mich sanft zurück, zog mich aus den Albträumen ganz nah an sein Herz. In gerade den Situationen, wo Mutter mich fallen ließ und ausbremste, wo es brenzlig wurde, war er stets für mich da, gab mir den nötigen Schwung. Vollkommen bedingungslos. Er half mir durch seine wahre und unerschütterliche Liebe, dass es mir gelang, diesen Holocaust der Vergangenheit endlich zu überwinden und ich dabei wieder an mich selbst glauben kann!

Ja, ich glaube wieder an die Liebe, aber ich denke: Man darf sie nicht suchen, sondern man muss sie finden! Man findet die wirklich wahre Liebe nur ein einziges Mal im Leben!

Wencke H., im Jahre 2015

Nachwort und Danksagung

Jeder, der mein Buch nun kennt, versteht, warum meine wahre Identität – so wie die Identität sämtlicher in diesem Buch vorkommenden Personen – streng geheim bleiben müssen. Nur auf diese Weise bleibt der Schutz meiner Angehörigen sowie meine eigene Sicherheit gewährleistet!

Bei einigen Menschen möchte ich mich recht herzlich für ihre Unterstützung bedanken:

Zu Nächst danke ich meinem Ehemann Heinrich. Er ermutigte und unterstützte mich immer wieder, wenn ich selbst schon aufgeben wollte. Oft war meine Laune für ihn während meiner Arbeit an diesem Buch auch nicht leicht zu ertragen. Diese Zeit war mit Sicherheit kein Vergnügen für ihn. Aber er glaubte fest an mich und machte mir Mut. In ihm habe ich meinen wahren »Alphawolf« gefunden – und konnte im Laufe der kommenden Jahrzehnte an meinen Aufgaben wachsen! Und zwar als gleichberechtigte »Alphawölfin«! Danke, mein Liebling!

Meinem Bruder Julian danke ich für seine ehrlichen Worte. Er sagte, dieses Buch müsse einfach geschrieben werden und gestand mir, er selbst hätte das Schreiben eines solchen Buches sowie diese damit zwangsläufig verbundene Verarbeitung und Bewältigung der Vergangenheit wohl nicht durchgestanden. Das Manuskript ist ihm bekannt; lange schon vor Veröffentlichung hat er das Buch durchgelesen, Schritt für Schritt, Seite für Seite. Was geschehen ist, riss auch in seiner Seele die alten Wunden der Vergangenheit wieder auf; er selbst hatte beim Lesen die Geschehnisse der Kindheit nur löffelweise verdauen können. Er sagte mir, mit diesem Buch hätte ich eine unglaubliche Stärke bewiesen. Ich sei das einzige Familienmitglied, das wahrhaftigen Schneid gezeigt habe, in dem es mit der Familiengeschichte an die Öffentlichkeit ginge. Das habe in der gesamten Verwandtschaft (in der es schon mehr als genügend Leid gab) noch Niemand gewagt. Er selbst könne meine Courage nur bewundern. Julian und ich sind zwei Kinder aus ein- und dem selben Elternhaus und das, was wir gemeinsam erlebten und in diesem Buch geschrieben steht, kann er nur bestätigen. Seite an Seite gingen wir durch die gemeinsame Kindheit, erlebten den gesellschaftlichen Umbruch, in dem sich unsere Eltern nicht mehr zurecht fanden. Julians Worte und sein Beistand bauten mich zusätzlich positiv auf. Er kennt den gesamten Inhalt dieses Buches und hält fest zu mir, schämt sich, trotz Allem, was geschah, nicht für seine Schwester. Du bist nicht nur Bruder – sondern der beste Kumpel, den ein Mensch überhaupt haben kann! Danke, Julian!

Des Weiteren danke ich Karol, meinem ältesten Stiefsohn, für die zauberhafte telefonische Hilfe am Laptop. Ohne diese Kniffe wäre ich wohl nie so weit gekommen. Er gab mir auch telefonischen Rat bezüglich des Kopierens und druckte mir die entsprechenden Leseproben für den Verlag so wie das gesamte Manuskript für Julian aus. Junge, du bist einfach fabelhaft!

Auch danke ich ganz herzlich den autonomen Frauenhäusern, in denen ich liebevolle Aufnahme gefunden habe. Dort erfuhr ich zum ersten Male in meinem Leben das Gefühl von bedingungslosem Schutz und tiefer, menschlicher Geborgenheit! Wasser kann durchaus wesentlich dicker als Blut sein!

Den Vereinsfrauen und Bewohnerinnen meinen ganz lieben, schwesterlichen Dank!

Recht herzlich danke ich Frau B. für ihre aufopfernde und liebevolle Pflege, die sie Falko zukommen lässt. Sie gibt ihm ein bedingungsloses Zuhause, ist stets für ihn da, gewährt ihm mehr Freiheit, als er es je zuvor hatte. Solche Menschen gehören einfach in die Welt! Danke, Frau B.!

Selbstverständlich danke ich auch den drei unbekannten türkischen Männern, die mir damals auf der Straße zu Hilfe kamen. Eben so den beiden deutschen Männern. Das, was sie taten, ist heute längst nicht mehr selbstverständlich. Ohne sie würde es mich heute wohl längst nicht mehr geben. Das sind die wahren Helden! Es ist wunderbar zu wissen, dass es doch noch Männer mit echtem Schneid und wahrer Zivilcourage gibt. Ihnen gebührt mein ganz großer Dank!

Meinen ganz herzlichen Dank den Herbergsleuten V., die mich für eine Nacht wie eine Familie aufnahmen und mir verständnisvoll weiter halfen! Mein großes Danke!

Recht herzlich bedanke ich mich bei der VHS in meiner Stadt, bei der ich in einem Kurs für ausgiebigen Intensivunterricht in Neuer Deutscher

Rechtschreibung geschult wurde. Diese Kenntnisse kamen mir für das Schreiben an meinem Buch sehr zu Gute. Danke an Frau D., meine zuständige Dozentin!

Eben so gilt mein Dank Herrn Daniel Bieter vom Re Di Roma Verlag. Er bot mir jederzeit seine Beratung und fachliche Unterstützung bei der Umsetzung meines Buch-Projekts, hatte stets ein offenes Ohr. Ein ganz dickes Danke an meinen Verleger!

Es versetzt mich heute noch in ein großes Erstaunen, dass die Menschen, die mich stets bei der Entstehung dieses Buches sehr rege unterstützt haben, ausgerechnet allesamt Männer sind. Niemals hätte ich das für möglich gehalten!

Es mag vielleicht ein Wenig paradox klingen, doch was ist mit den Männern, die mir in der Vergangenheit das Leben schwer machten? Gerade weil sie es taten, kam dieses Buch ja erst zu Stande. Wenn der Verstand versagt, sprechen die Fäuste. Diesen Kreaturen fehlt der Verstand restlos. Was empfinde ich diesen Individuen gegenüber? Ich kann sie einfach nicht als zivilisierte Menschen erkennen. Weder kann ich sie hassen noch ihnen den geringsten Respekt als menschliche Wesen zollen. Solche Berserker liegen auf der sozialen Stufe ganz tief unten im Dreck. Sie sind mir derart gleichgültig, dass mir bei dem Gedanken an sie nicht ein Mal mehr übel wird. Sie haben der Peinlichkeit weit mehr als Genüge getan...

Was habe ich von meiner Vergangenheit zurück behalten? Geblieben ist mir eine unüberwindliche, stockpanische Angst vor alkoholisierten Männern, eben so ein sehr starkes Misstrauen überhaupt Männern gegenüber. Das wird wohl auch in der Zukunft so bleiben…

Autoritätspersonen gegenüber entwickelte ich im Laufe der Zeit eine ausgeprägte Aversion, begegne ihnen nur mit äußerstem Widerwillen. Ich kann es nur sehr schwer ertragen, wenn ein anderer Mensch über mich bestimmt. Niemand ist Herr, Niemand ist Hund. Sich anpassen ist eine Sache – sich unterordnen eine Andere. Die Menschheit muss nicht in absolut strammem, zackigem Gleichschritt marschieren. Das hatten wir lange genug. Ich denke sehr autark, lasse mir den Willen Anderer nicht mehr aufzwingen, will weitgehend meine eigenen Entscheidungen treffen und für mich selbst denken und handeln. Autonomie und ein weitgehend selbstbestimmtes Leben – genau das bedeutet persönliche Freiheit für mich!

Eines jedoch hat mich das Leben gelehrt: Wenn du nicht fest zusammengeschraubt bist, gehst du unter. Verlass´ dich nicht auf Andere – greif´ dir ein Werkzeug und zieh´ die Schrauben selbst wieder fest an! Rappel´ dich wieder hoch! Einem anderen Menschen gegenüber brauchst du nichts zu beweisen – nur dir selbst! Sei stolz auf deine eigenen Leistungen und halt´ dich senkrecht! Dann bist du für das Leben gerüstet…

Ich hoffe, dass mein Buch dazu beiträgt, Frauen, die sich in einer ähnlichen oder noch schlimmeren Situation befinden als ich damals, aufzurütteln und ihnen Mut zu machen. Wenn es auch nur einer einzigen Frau oder einem Mädel gelingt, auf Grund dieses Buches den nötigen Schneid und die nötige Kraft zu finden, um sich aus dem eigenen Elend zu befreien, hat dieses Buch seinen Zweck erfüllt. Ein einziges Paar strahlender, befreiter Frauenaugen würde mich sehr glücklich machen!

Wencke H., im Jahre 2015

Hilfsangebote für Frauen und Mädel

Polizeinotruf	110
Feuerwehr und Rettungswagen	112
Telefonseelsorge	0800 / 1 11 01 11 oder 0800 / 1 11 02 22 (bundesweit kostenlos)

Jugendamt (regional)

BFF: Frauen gegen Gewalt e. V.
Runge Str. 22-24
10179 Berlin
Tel. 030 / 32 29 95-00
Fax 030 / 32 29 95-01
Info@bv-bff.de
oder www.frauen-gegen-gewalt.de

Terre des Femmes
Referat Häusliche Gewalt
Merseburger Str. 3
10823 Berlin
Tel. 030 / 40 50 46 99-0
Fax 030 / 40 50 46 99-9
gewaltschutz@frauenrechte.de
oder www.frauenrechte.de

Frauenhauskoordinierung e. V.
Tucholsky Str. 11
10117 Berlin
Tel. 030 / 92 12 20-83 / 84; 030 / 32 66 12 33
Fax 030 / 26 07 41 30
Fhk@paritaet.org
oder www.frauenhauskoordinierung.de

ZIF – Zentrale Informationsstelle Autonomer Frauenhäuser
Postfach 101 103
34011 Kassel
Tel./Fax 0561 / 8 20 30 30
Zif-frauen@gmx.de
oder www.autonome-frauenhaeuser-zif.de

Frauenhaussuche vor Ort:
http://www.frauenhauskoordinierung.de/index.php?id=14
oder http://autonome-frauenhaeuser-zif.de/autonome_adressen.htm
Referat Beratung
Postfach 2565
72015 Tübingen
Tel. 070 71 / 79 73-0
Fax 07071 / 79 73-22
beratung@frauenrechte.de
oder www.frauenrechte.de

pro familia
Bundesverband
Stresemannallee 3
60596 Frankfurt am Main
Tel. 069 / 63 90 02
Fax 069 / 63 98 52
info@profamilia.de
oder www.profamilia.de
Weißer Ring
Weber Str. 16
55130 Mainz
Tel. 06131 / 83 03-0 / 45

Opfer-Telefon (bundesweit kostenlos) 11 60 06
info@weisser-ring.de
oder www.weisser-ring.de
Auswärtiges Amt
Werderscher Markt 1

10117 Berlin
Tel. 030/ 18 17 20 00
Fax 030/ 18 17 34 02
poststelle@auswaertiges-amt.de
oder www.auswaertiges-amt.de

Für junge Mädel, die permanenter elterlicher und häuslicher Gewalt ausgesetzt sind, gibt es die Möglichkeit, sich an spezielle Einrichtungen wie z. B. »SOS Kinderdorf«, »Wildwasser« oder »Zartbitter« zu wenden. Entsprechende Anlaufadressen können im Internet aufgerufen werden.

Dies sind nur einige Hilfsangebote, die Ihnen in einem Notfall zur Seite stehen. Scheuen Sie sich nicht, Hilfe anzunehmen. Sie sind nicht der Täter – Sie sind das Opfer!

Doch hier zum Abschluss noch einige Ratschläge, die Sie beherzigen sollten, damit Sie möglichst von Vorne herein gar nicht erst in eine Gefahrensituation geraten:

Sollte es in einer Partnerschaft zu den ersten Gewalttätigkeiten gekommen sein, dürfen Sie auf keinen Fall damit rechnen, dass es bei einem Einzelfall bleibt. Es gibt keine so genannten »Ausrutscher«! Jede dritte Frau hat schon mindestens ein Mal in ihrem Leben häusliche Gewalt erfahren – und erlebt sie immer noch! Unternehmen Sie so schnell als möglich etwas gegen den gewalttätigen Partner!

Es besteht keinerlei Grund zur Scham!

Sollte Ihnen eine ganz frische, aktuelle männliche Bekanntschaft den Vorschlag machen, zu ihm zu ziehen: Lassen Sie sich bitte – egal, wie sehr Sie auch in Nöten sein oder sich verlassen fühlen mögen – niemals überstürzt darauf ein!

Ganz egal, wie viel »Hilfe« der Mann Ihnen auch anbietet! Ein solcher Fehler endet meist sehr schnell mit ganz fatalen Folgen!

Der Partner zeigt sich zu Erst von der netten, ausgesprochen sanften und verständnisvollen Seite, wird Liebe zu Ihnen heucheln - und so bald Sie zu ihm gezogen sind, zeigt er sich als Monster. Er hat Sie in seiner Hand. Sie machen sich erpressbar. Entweder Sex – oder ausziehen!

Rechnen Sie damit, dass er – und zwar unabhängig von Ihrem eigenen, jeweiligen Befinden – zu jeder Zeit gewisse sexuelle Gelüste an Ihnen auslebt. Sie waren vielleicht zuvor obdachlos oder haben Ihre eigene Wohnung zu Gunsten des Mannes aufgegeben – und Sie kennen den Mann noch längst nicht in ausreichendem Maße, um einen solch bedeutenden Schritt zu wagen! Jedenfalls hat der Mann sie nun völlig in seiner Gewalt. Nichts liegt ihm ferner, als es gut mit Ihnen zu meinen! Er meint es in erster Linie gut mit sich selbst!

Sie wohnen bei ihm, machen den gesamten Haushalt – und dafür müssen Sie von nun an gleichzeitig mit den schlimmsten, sexuellen

Attacken rechnen und sich diesem Mann Tag und Nacht willenlos unterordnen! Er wird Ihren Körper missbrauchen, so oft ihm der Sinn danach steht! Sind Sie mit den ständigen, plötzlichen Forderungen nicht einverstanden, befinden Sie sich schneller wieder auf der Straße als gedacht – und diesmal wirklich auf der Straße!

Für den Mann bedeutet das: Obdach und Nahrung gegen Sex!

Tatsächlich handelt es sich hier aber um Mietprostitution!

Für den Mann ist es nämlich eine sehr profitable Sache. Er stillt ja seine sexuellen Gelüste zu jeder Zeit an Ihnen. Wenn er sich genau so regelmäßig in ein Bordell begeben und zusätzlich noch eine private Haushälterin einstellen würde, beliefen sich die damit verbundenen Kosten sehr viel höher, als wenn er eine Frau in seiner Wohnung ernährt und dafür mit ihr seinen Sex und zugleich ein sauberes Heim hat!

Und Sie stehen – im Gegensatz zu einer Prostituierten – rund um die Uhr diesem Mann zur Verfügung! Begeben Sie sich niemals in eine solch fatale Situation – und in eine derart fremdbestimmte Abhängigkeit!

Ganz besondere Vorsicht sollten Sie auch walten lassen, falls Sie gedenken, dauerhaft ohne festen Partner bleiben zu wollen und nur hin und wieder eine flüchtige Bekanntschaft mit in Ihre Wohnung zu nehmen. Manch ein Mann mag diesen Deal akzeptieren – aber noch längst nicht Jeder!

Rechnen Sie im schlimmsten Falle damit, dass die männliche Bekanntschaft zum frenetischen Klammeraffen wird und Ihnen so wohl mit nervendem Türklingeln oder permanenten Telefonanrufen das Leben zur Hölle macht. Es gibt immer wieder Männer, die deutlich mehr in eine kleine Liebelei hinein interpretieren, als Sie ahnen. Im Extremfall kann es sogar so weit gehen, dass der entsprechende Mann mitten in der Nacht vor ihrem Wohnhaus auf der Straße steht und wie ein rolliger Kater lautstark nach Ihnen ruft oder permanent Steinchen an Ihr Fenster wirft, weil Sie aus Ihrem Wunsch nach persönlicher Ruhe die Türe nicht öffnen – und er aber seine körperlichen Bedürfnisse unbedingt ausleben will!

In einem solchen Fall kann es gut sein, dass Ihre gestressten und um die eigene Nachtruhe gebrachten Nachbarn sich über Kurz oder Lang beim Vermieter beschweren. Das bedeutet für Sie: Rechnen Sie mit einer Abmahnung und bei Wiederholung mit Kündigung!

Der Bekannte kann praktisch zu jeder Zeit bei Ihnen auftauchen – da er ja Ihre Wohnadresse kennt!

Rufen Sie gleich beim ersten Male, falls so etwas passiert, umgehend die Polizei!

Überlegen Sie sich bitte ganz genau, wen Sie in Ihre eigenen vier Wände einlassen und wen nicht…

Sollten Sie sich in einen ausländischen Partner verlieben und sogar eine multikulturelle Ehe anstreben, so ist dies absolut keine Schande. Liebe kennt keine Grenzübergänge. Bedenken Sie aber eventuell später auftretende Beziehungsprobleme.

Setzen Sie sich daher – bereits im Vorfeld – sehr intensiv mit dem Glauben, der Kultur und den Gesetzen des Herkunftslandes Ihres künftigen Ehemannes auseinander!

Falls Sie eine Auswanderung in das Heimatland ihres Partners ins Auge fassen, bedenken Sie bitte: Im Heimatland des künftigen Ehemannes herrschen unter Umständen ausschließlich dessen Gesetze! Erkundigen Sie sich bereits vor der Ausreise aus Ihrem eigenen Ursprungsland (beim Auswärtigen Amt), ob Sie – und ggf. die gemeinsamen Kinder – im Heimatland Ihres Ehemannes Ihre eigene Staatsangehörigkeit behalten werden. Fragen Sie bitte auch nach dem dort bestehenden Scheidungs-, Sorge- und Aufenfhaltsbestimmungsrecht für eine Frau – so wie nach den eventuell damit verbundenen Folgen. Oft erhalten Kinder aus binationalen Ehen im Heimatland des Vaters auch automatisch dessen Staatsbürgerschaft! Fragen Sie also sehr genau nach, bevor Sie sich zu einer Auswanderung entschließen! Sie können die Gesetzgebungen und Rechte, die Sie in Ihrem eigenen Heimatland genießen, nicht in eine Reisetasche packen und mitnehmen!

Sollte es sich bei einem ausländischen Partner um eine geplante Scheinehe handeln – lassen Sie sich unter allen Umständen niemals zu einem solchen Schritt verleiten! Dieser entsprechende Partner wird Sie weich reden, Ihnen einen sehr hohen Geldbetrag (bis zu mehreren Zehntausend Euro) versprechen, den sie am Tage der Eheschließung (unmittelbar an die Trauung) erhalten sollen. Eventuell werden seine Verwandten das sogar bestätigen. Glauben Sie jedoch kein Wort davon!

Aller Wahrscheinlichkeit nach wird dieser anders-kulturelle Partner recht schnell mit Ihnen Sex haben wollen. Er lässt Sie glauben, von seiner Seite sei doch Liebe zu Ihnen gewachsen. Glauben Sie mir getrost – nichts liegt ihm ferner! Im Gegenteil, er wird mit der Zeit versuchen, bei Ihnen Liebe zu ihm zu wecken, wird Ihnen sogar seinen Glauben näher bringen und Sie zum Konvertieren ermuntern. Lassen Sie sich niemals darauf ein! Konvertieren Sie niemals aus reiner Liebe – sondern nur aus eigener, fester spiritueller Überzeugung! Diese Überzeugung darf niemals ausschließlich etwas mit dem Partner zu tun haben!

Liebe ist eine sehr starke Macht, aber bitte bedenken Sie in speziell einem solchen Falle: Der einzige Grund, dass Sie sich verlieben, ist für den Partner, dass er Ihnen am Tage der Eheschließung den versprochenen (und tatsächlich nur erfundenen) Geldbetrag nicht auszahlt – weil es ja nun keine Scheinehe mehr ist!

Im Anschluss an die Eheschließung müssen Sie im schlimmsten Falle damit rechnen, dass der anders-kulturelle Ehemann Sie massiv unter Druck setzt und plötzlich vollkommen gegen eine Scheidung ist. Er muss jetzt sogar einige Jahre mit Ihnen leben. Kommt es ganz schlimm, wird er Sie von Freunden und Bekannten seinerseits ständig überwachen lassen, Ihnen seinen Glauben, seine Sprache, seine Kleidervorschriften, seine Kultur und seine Lebensweise mit Gewalt eintrichtern, um Sie zu einer Frau zu machen, die ihm und seiner Familie Ehre bringt. Sie hängen an diesem Ehemann fest, führen von nun an ein absolut fremdbestimmtes Dasein!

Sollte Ihnen die Flucht aus einer solchen Ehe gelingen – rechnen Sie im schlimmsten Falle mit blinder Verfolgung und massiver Rache…

Was Ihnen auch – und sehr viel wahrscheinlicher – im Falle einer Scheinehe passieren kann:

Dem Partner geht es lediglich darum, eine dauerhafte Aufenthalts- und Arbeitserlaubnis in Ihrem Land zu erlangen. Also spielt er Ihnen die große Liebe vor, um Sie möglichst so lange wie nötig zu halten – und sich gleichzeitig das versprochene (und ohnehin nicht existierende) Hochzeitsgeld zu sparen! Er hält also einige Jahre der Ehe mit Ihnen durch. So bald er jedoch den für ihn so dringend benötigten schriftlichen Bescheid von der heimatlichen Behörde seiner Frau in den Händen hat, sind Sie als Person für ihn nicht mehr interessant. Über die Verwandtschaft lässt Ihr Ehemann sich eine Frau aus seinem Ursprungsland in Ihre Heimat kommen, mit der er sich nach mohammedanischer Sitte (die dem Mann bis zu vier Ehefrauen gestattet) von einem Imam verheiratet. Er wird seine Landsfrau eventuell sogar in Ihrer gemeinsamen Wohnung unterbringen – und wenn diese Frau einzieht, werden Sie, da Sie wohl kaum gewillt sind, eine Ehe zu Dritt zu führen, ausziehen! Nach der Scheidung von Ihnen geht er mit seiner Landsfrau dann auch vor dem Standesamt die Ehe ein und verschafft ihr damit ebenfalls einen dauerhaften, profitablen Aufenthalt in Ihrem Heimatland!

Im Anschluss an die erfolgte Scheidung von Ihnen können Sie auch das ganz zu Beginn versprochene Hochzeitsgeld nicht einklagen. Damit würden Sie dem Gericht gegenüber zugeben müssen, dass Sie eine Scheinehe eingegangen sind. Ohnehin sind eine Scheinehe und die Zahlung eines damit verbundenen Hochzeitsgeldes in Deutschland ungesetzlich. Sie werden vor Gericht also nicht nur verlieren, sondern zusätzlich auch selbst noch zu einer hohen Geldbuße verurteilt. Ihr Ex-Ehemann wird selbstverständlich abstreiten, zum damaligen Zeitpunkt mit ihnen eine Scheinehe eingegangen zu sein!

Eine Scheinehe lässt sich nach mehreren Jahren des Zusammenlebens nicht mehr ohne Weiteres nachweisen. Es sei denn, Sie selbst geben es offiziell zu. Über ein Hochzeitsgeld existiert ebenfalls keinerlei schriftliche Vereinbarung und Ihr Ex-Ehemann streitet vehement ab, Ihnen jemals Geld angeboten zu haben! Letztendlich sind Sie finanziell genau so »blank« wie zuvor – und können ohne ein Obdach selbst schauen, wie sie zu Rande kommen! Sie werden in jedem Falle den Kürzeren ziehen. Egal, wie sehr Sie sich auch in finanziellen Nöten befinden – gehen Sie eine Scheinehe gar nicht erst ein! Es ist ohnehin kriminell und Sie machen sich strafbar!

Sollten Sie ganz aktuell einen Mann kennenlernen und er lädt Sie ein, z. B. in eine Gaststätte – beobachten Sie unbedingt sein Trinkverhalten!

In welche Art Gaststätte führt er Sie? Wie ist das dortige Ambiente? Wie benehmen sich die übrigen Gäste? Finden gedämpfte Unterhaltungen statt oder wird gelallt und gegröhlt? Ist Ihr Partner dem Gastwirt oder den anderen Gästen wohl bekannt? Wird er geduzt, mit Schulterklopfen oder Umarmungen begrüßt? Vorsicht – er ist dort ein Stammgast und ständiger Dauerhocker!

Ist er in der Lage, nach zwei, drei alkoholischen Getränken auf ein nichtalkoholisches Getränk überzugehen oder gar die Rechnung zu verlangen? Trinkt er in Maßen – oder in Massen? Bleibt es bei zwei, drei Bieren oder ein, zwei Gläsern Wein? Trinkt er schnell oder genussvoll? Kommt eventuell Hochprozentiges dazu? Hat er den »Tiger« im Tank – oder ist er in der Lage, sich zu beherrschen?

Sollte Ihre neue Bekanntschaft nach dem Genuss einiger alkoholischer Getränke einen leicht glasigen Blick bekommen oder seine Aussprache etwas verwaschen klingen (und sich dennnoch weitere Alkoholika bestellen) – lassen Sie dieses Treffen möglichst Ihr Letztes sein! Beenden Sie diese Sache, bevor sie richtig begonnen hat! Gehen Sie ganz sicher davon aus: dieser Mann hat ein Alkoholproblem! Es ist bereits ein erster Einblick dessen, was Sie später mit schöner Regelmäßigkeit miterleben werden!

Sollte ein Mann also beim ersten Kennenlernen bereits etwas stärker angeheitert sein, verzichten Sie bitte von Vorne herein auf eine nähere Bekanntschaft und lehnen Sie eine Unterhaltung möglichst höflich, aber sehr bestimmt ab! Lassen Sie sich generell nicht in einer Gaststätte oder einer Bierbude von einem Mann ansprechen! Eine Kneipe oder ein Bierstand ist ganz bestimmt kein Ort, an dem Sie den Mann für´s Leben finden!

Bedenken Sie bitte: Alkohol verändert nicht den Charakter – er verdeutlicht ihn!

Sollten Sie das Opfer einer Vergewaltigung werden, so wehren Sie sich in diesem Augenblick nach Möglichkeit nicht. Erzwungenen Geschlechtsverkehr werden Sie überleben! Wehren Sie sich dagegen, könnte es passieren, dass sie nicht nur vergewaltigt, sondern im schlimmsten Falle Ihr Leben lassen!

Lassen Sie die Vergewaltigung möglichst still schweigend über sich ergehen, tun Sie alles, was der Täter verlangt – und versuchen Sie, sich gleichzeitig so viele Einzelheiten einzuprägen, wie es eben geht! Stimme, Dialekt, Statur, Haar- und Augenfarbe, Bekleidung des Täters, Narben oder Tätowierungen so wie sonstige besondere Auffälligkeiten. Ich weiß aus eigener Erfahrung, wie sagenhaft schwer das fällt. Doch dies wird der Polizei später helfen, ein möglichst detailliertes Täterprofil zu erstellen!

Falls Sie sich körperlich gegen einen Vergewaltiger zur Wehr setzen (zum Beispiel, indem Sie ihm sehr kräftig in die Innenseite des Oberschenkels kneifen oder ihm in die Genitalien treten), kann es gut gehen – muss es allerdings nicht! Sie haben nicht unbedingt die Gewähr, in wie weit der Täter eigene Schmerzen erträgt! Ist der Angreifer nämlich relativ robust und unempfindlich, ist er Ihnen nach wenigen Schrecksekunden schneller wieder auf den Fersen, als Sie glauben – und rächt sich nur um so schlimmer an Ihnen!

Pfefferspray kann bei einem Angriff hilfreich sein. Beachten Sie aber bitte: Bei falscher Windrichtung sind im schlimmsten Falle Sie selbst außer Gefecht gesetzt! Das bedeutet: Sie müssen mit der Spraydose ganz nah an das Gesicht des Täters!

Bitte begehen Sie auf keinen Fall den Fehler, sich nach einer erfolgten Vergewaltigung zu duschen – selbst, wenn Sie sich noch so beschmutzt fühlen!

Suchen Sie – möglichst unmittelbar im Anschluss an die Tat – das nächste Krankenhaus auf. Dort wird man einen Vaginalabstrich vornehmen und so eventuelle frische Spermaspuren sichern. Eben so wird man nach DNA-Spuren des Täters auf der Hautoberfläche und der Kleidung suchen.

Bringen Sie eine Vergewaltigung bitte unbedingt zur Anzeige! Bedenken Sie: Wird der Täter nicht gefasst, vergreift er sich zu einem späteren Zeitpunkt an einer anderen Frau. Helfen Sie mit Ihrer Anzeige, dies zu verhindern!

Schämen Sie sich nicht – Sie sind das Opfer!

Sollten Sie ebenfalls ein Opfer häuslicher Gewalt gewesen sein und den Mut zum Absprung gewonnen haben:

Ist Ihnen schon ein Mal der stille Gedanke gekommen, selbst ein Buch zu schreiben?

Träumen Sie den Gedanken nicht – verwirklichen Sie ihn! Gehen Sie mit Ihren eigenen, persönlichen Erlebnissen an die Öffentlichkeit!

Etliche Frauen vor Ihnen sind diesen Weg bereits gegangen. Denken Sie an Schriftstellerinnen wie Waris Dirie, Choga Regina Egbeme (†), Natascha Kampusch, Katja Schneidt, Sultana, Fatma B., Inci Y., Zana Muhsen, Sally East, Audrey Delaney, Jenny Tomlin und Vicky Jaggers so wie andere zahlreiche und namhafte, couragierte Autorinnen. Sie alle sind diesen mutigen Weg geschritten!

Vielleicht kann gerade Ihre Geschichte dazu beitragen, weitere Opfer von häuslicher Gewalt aufzurütteln und sie zum Absprung in ein selbstbestimmtes, freies Leben zu ermutigen! Je mehr ehemalige Opfer von häuslicher Gewalt an die Öffentlichkeit gehen, kleine Kreise durchbrechen, desto mehr potentiell künftige Opfer sind vorgewarnt. Diese Frauen werden sich vielleicht während des Lesens wesentlich intensiver mit dieser Thematik auseinander setzen, sich ihre eigenen Gedanken machen, ihre künftigen Partner überlegter und nach anderen Kriterien aussuchen und solche schlechten Erfahrungen gar nicht erst machen. Auf Grund neuer Informationen geraten sie vielleicht gar nicht erst in einen solchen Teufelskreis. Viele kleine Kreise vereinen sich zu einem großen Ring.

Tragen Sie mit Ihrer Geschichte doch mit dazu bei, dass gewaltbereiten Männern der Zündstoff genommen wird – und solche Berserker möglichst von Vorne herein gar keine Partnerinnen mehr finden!

Ein solches Projekt kostet vielleicht ungeheure Kraft und Überwindung und ist ein sehr steiniger Weg, aber glauben Sie mir – es lohnt sich!

Sollten Sie noch sehr jung sein und eigenen Kinderwunsch haben:

Denken Sie bitte daran, dass das Leben mit Kindern alles andere als einfach ist. Kinder sind keine niedlichen Püppchen, die nach den persönlichen Vorstellungen der Eltern »funktionieren«, die man einfach in eine Ecke setzen kann, wenn man die Lust oder die Nerven verliert. Es sind eigenständige Individuen – nicht das Eigentum der Eltern! Weder müssen sie unweigerlich zu einer »guten Ehe« gehören (wie noch zu Zeiten unserer Vorfahren) noch darf ein Paar die Zeugung eines Kindes als Anlass sehen, eine zerrüttete Beziehung zu kitten. Bislang hat noch kein Kind eine ohnehin schon durch und durch zerrüttete Beziehung gekittet! Im Gegenteil; ein Kind, das nur zu diesem Zwecke gezeugt wird, macht die Situation noch deutlich schlimmer!

Kinder müssen sich bedingungslos angenommen, ermutigt und geliebt fühlen, damit sie sich zu emotional gestärkten Menschen entwickeln können. Daher sollten Sie sich hundertprozentig sicher sein, dass Sie einem Kind (oder mehreren Kindern) auch ein warmes geborgenes Nest, emotionale Liebe und eine garantierte Vertrauensbasis_geben können. Sie müssen ein absolut bedingungsloses Ur-Vertrauen zu den Eltern haben!

Kinder haben völlig anders geartete Probleme als Erwachsene. Das bedeutet allerdings nicht, dass sie gar keine Probleme haben!

Sollten Sie selbst aus einem stark emotionsgestörten Elternhaus kommen, überdenken Sie bitte Ihren eigenen – und absolut verständlichen – Kinderwunsch dennnoch sehr genau. Gehen Sie bitte nicht in dem völlig utopischen Irrglauben, sich durch eine überstürzte Heirat und dem raschen Aufbau einer eigenen, kleinen Familie eine glückliche und friedliche, nach eigenen Vorstellungen nostalgische Wunsch-Harmonie schaffen zu können, die Ihnen selbst in der eigenen Kindheit fehlte!

Es gibt kein so genanntes selbst geschaffenes, harmonisches und glückseliges »Familien-Shangri-La«! Dieser Gedanke gehört ins Reich der Märchenwelt!

Genau das Gegenteil wird dann nämlich unweigerlich der Fall sein. Die innerfamiliären Probleme treten schneller zu Tage als gedacht und werden sich auf Grund der eigenen elterlichen Überforderung massiv summieren. Depressionen im späteren Leben sind sehr häufig auftretende Folgeerkrankungen. Kinder aus massiven Problemfamilien werden Eltern mit massiven Familienproblemen sein! Diese Endloskette aus Gewalt und Kontrollverlust zieht sich durch die kommenden Generationen. Eine falsche Erwartungshaltung ist absolutes Gift für ein normales Familienleben!

Kinder entwickeln sich oftmals anders, als man glaubt!

Die elterliche Erziehung schafft das Fundament und die Grundlage für das spätere Sozialverhalten und das Familienleben eines Kindes!

Hier bieten sich einige sehr gute Möglichkeiten, um Ihren Wunsch nach eigenen Kindern zu prüfen:

Leihen Sie sich von Verwandten oder Freunden doch stundenweise deren Kinder aus – vielleicht sogar ein Mal für ein Wochenende! Die betreffenden Elternpaare werden Ihnen für Ihre Unterstützung und ein wenig persönlichen Freiraum dankbar sein!

Auf diese Weise haben Sie – und auch Ihr Partner – die Möglichkeit, Ihr eigenes nervliches Limit im Umgang mit Kindern zu testen!

Kommen Sie mit Müttern und Vätern ins Gespräch und hören Sie ihnen zu! Machen Sie sich frühzeitig Gedanken, was eine künftige Elternschaft für Sie persönlich bedeutet!

Falls Sie selbst in der Kindheit emotional vernachlässigt wurden und sich nicht wirklich sicher sind, streben Sie bitte erst eine eigene Therapie an!

Nehmen Sie Hilfe an, setzen Sie sich sehr intensiv mit Ihrer eigenen Vergangenheit auseinander, lassen Sie Ihre Seele heilen – bevor später eine verwirrte und verletzte Kinderseele geheilt werden muss!

Bevor Sie ernsthaft über Kinder nachdenken, sollten Sie wirklich fest im Leben stehen und emotional entsprechend geerdet sein. Dann werden Sie die Elternschaft genießen!

Künftige Generationen haben das Recht auf eine gewaltfreie Erziehung und auf die eigene Entscheidungsfreiheit!

Sie sind unsere Zukunft!

Selbstverfasste Gedichte der Autorin

Seele im Staub

Einst war sie eine stolze Frau,
wann, das wusste sie nicht mehr genau.
Seitdem war Jahr um Jahr vergangen;
nun war sie in einem Käfig aus Gewalt gefangen.
Ihr Partner hatte sie einst auserkoren
und wahre Liebe ihr geschworen.
Doch war er für ihre wahren Gefühle taub;
nun keucht ihre Seele bebend im Staub!
Ihr geschundener Leib hat ihm die Kinder getragen;
zu sprechen durfte sie nicht mehr wagen.
Stets tat sie, was ihr Peiniger will
und ihre Lippen schwiegen still.
Ihr Gefährte wurde ihr zum geseufzten Fluch:
ihre Wunden bedeckte sie mit einem Tuch.
An ihr wurde begangen ein Seelenraub:
nun liegt ihre Seele verwundet im Staub!
Wie oft hatte sie in mancher Nacht
ihren Schoß und ihre Liebe ihm dargebracht,
wie oft hatte sie ihm ihren Leib gegeben
und ihm unter Schmerzen geboren neues Leben.
Er prügelte sie, bis ihr geschundener Körper taub:
nun krümmt ihre Seele sich blutend im Staub!
Eines Tages hielt sie es nicht mehr aus
und verließ in arger Not dieses grausame Haus.
Sie versuchte zu fliehen; er wollte sich rächen
und beging an ihr das schlimmste Verbrechen.
Sie kam nicht weit; er holte sie ein,
schändete ihren Leib in elender Pein.
Zum ersten Mal schrie sie, doch seine Ohren waren taub;
nun liegt ihre Seele sterbend im Staub…

Starke Mädels

Was in der Vergangenheit bedeutete genau
das Leben zu führen als eine Frau?
Warten, bis im Kindergarten angenommen,
warten, bis sie in die Schule gekommen,
warten auf die lange Sicht,
fleißig lernen im Brautunterricht!
Dort bekam sie beigebracht,
wie man den Bräutigam selig macht,
mit Kochen, Braten, Backen,
Pudding zaubern, Kräuter hacken,
Hemden bügeln tagein und tagaus:
damit der Gatte auch gepflegt schaut aus!
Irgendwann in Feld und Au
nahm ein Jüngling sie zur Frau.
Es war noch kein Jahr dahin gezogen,
da kam der Storch schon angeflogen,
bracht´ Kinderchen mit viel Gebrülle –
beendet war die traute Stille!
Der Mann ging morgens zur Arbeit raus,
die Gattin war gefangen im Haus
zwischen Haushalt, Kindern, unbestritten;
braucht´ sie Geld, musst´ den Mann sie bitten!
Ihre Bildung ging flöten, sie saß nur noch zu Haus,
verkam zu einer grauen Maus!
Sie saß am Weiher mit anderen Müttern,
um Socken zu stricken und Schwäne zu füttern.
Irgendwann verließen die Kinder das Haus
und sie war eine graue Maus!
Kam nach Hause gestresst der Mann,
hört´ sie sich noch sein Gemecker an!
Das Leben lief dahin im Alltagsgrau;
nun ist sie eine alte Frau!
Der Gatte vergnügt zum Frühschoppen geht,
nach den jungen Dingern sich den Hals verdreht!

Die Gattin sich derweil in der Küche quält,
für das Essen die Kartoffeln schält!
Der Mann kommt heim, wann er es will,
die Frau sagt nichts und schweigt nur still.
Der Gatte frönt der Heiterkeit,
die Gattin weint vor Einsamkeit!
Ihr Gesicht trägt erste Kummerfalten;
ihren Mann, den kann sie nicht mehr halten!

Über ihr Leben senkt sich finst´re Nacht.
Was hat im Leben sie vollbracht?
Gespurt, pariert und Kinder geboren;
den Gatten an eine Jüngere verloren.
Bildung gab´s zu keiner Zeit –
das war die gesamte Seligkeit!
Nun kommen starke, neue Mädels daher,
die sagen: »Das machen wir nicht mehr!«
Sie wollen das Leben ganz versteh´n
und nicht im Ehetrott untergeh´n!
Nicht vor dem Gemahl auf den Knien liegen,
sondern frei wie die Adler fliegen!
Sie wollen frei denken, tanzen, lachen
und sich unabhängig machen,
finden einen Partner aus freien Stücken,
wollen mit ihm auf eine Ebene rücken.
Vergessen ist der alte Frauenstand –
Neue Mädels hat das Land!
Wencke H.

Glossar (in alphabetischer Reihenfolge)

Ay ay =	Jawohl, jawoll
backbord =	linksseits
Bugspriet =	Schiffsschnabel, Vorderseite
Corpus luteum =	Gelbkörperhormon (hält eine bestehende Schwangerschaft aufrecht)
Deern, Deerns =	Mädel, Mädels
Donnerhacke =	Donnerwetter, du meine Güte
Dult =	Jahrmarkt, Volksfest
Dummerjan =	Trottel, Idiot
Fallreepe =	Außenbordtreppen, Rampen
Fietje =	kleiner Junge, Knirps
hacke =	betrunken, besoffen
Kajüte =	Logis, Schiffskabine
Kiez =	Rotlichtmilieu
Klönschnack =	Geplauder, Unterhaltung
Knaus-Ogino-Methode =	vaginale Temperaturmessung (zum angeblichen Verhindern einer unerwünschten Schwangerschaft)
kobern =	anlocken, neugierig machen
Koje =	Bett, Schiffsbett
Kombüse =	Küche, Schiffsküche
Korsar =	Freibeuter, Pirat
Janmaat =	Seefahrer, Leichtmatrose
Lüttje =	Kleiner, Bengelchen
Met =	Honigbranntwein, Göttertrank
Reepen =	Haltetaue
schnacken =	quasseln, quatschen
Smutje =	Koch, Schiffskoch
steuerbord =	rechtsseits
Uldras =	nordische Waldgnome
von Achtern =	von Hinten, hinterrücks
Wanten =	Schiffstaue
Walhalla =	nordisches Totenreich